Sander Olds

LA LENGUA ESPAÑOLA
GRAMÁTICA Y CULTURA

THE SCRIBNER SPANISH SERIES
General Editor, CARLOS A. SOLÉ
The University of Texas at Austin

LA LENGUA ESPAÑOLA
GRAMÁTICA Y CULTURA

MATILDE O. CASTELLS / HAROLD E. LIONETTI

CALIFORNIA STATE UNIVERSITY, LOS ANGELES

CHARLES SCRIBNER'S SONS · NEW YORK

ACKNOWLEDGMENTS

The authors wish to thank the following persons and companies for permission to reprint material appearing in this book:

Emecé Editores, S.A., for "Un soldado de Lee" by Jorge Luis Borges. From *El otro, el mismo* © Emecé Editores, S.A., Buenos Aires, 1960. In Jorge Luis Borges: *Obra Poética* (Madrid: Alianza Editorial) © 1972 Alianza Editorial.

Doris Dana for "El himno cotidiano" by Gabriela Mistral. From *Poesías completas*, edición de Margaret Bates, 3a. edición (Madrid: Aguilar S.A. de Ediciones, 1966). Reprinted by permission of Doris Dana. Copyright 1924 by Gabriela Mistral.

Editorial Losada, S.A., for selections from "Poema 20" by Pablo Neruda. From *Veinte poemas de amor y una canción desesperada* (1924) by Pablo Neruda, reprinted in *Antología esencial* (Buenos Aires: Editorial Losada, S.A.) © Editorial Losada, S.A., Buenos Aires, 1971.

Don Fernando de Unamuno for "1495. Todo el misterio se encierra" from Volume VI of *Obras completas* by Miguel de Unamuno (Madrid: Escelicer, S.A., 1969). © Herederos de Miguel de Unamuno, 1969.

Copyright © 1974 Charles Scribner's Sons

This book published simultaneously in the United States of America and in Canada—Copyright under the Berne Convention

All rights reserved. No part of this book may be reproduced in any form without the permission of Charles Scribner's Sons.

3 5 7 9 11 13 15 17 19 Q/C 20 18 16 14 12 10 8 6 4 2

Printed in the United States of America
Library of Congress Catalog Card Number 73–1315
ISBN 0-684-13750-X

Cover: PÉREZ CELIS. *Sun Bird*. 1966. Serigraph, $21\frac{11}{16} \times 17\frac{7}{8}$ inches. Collection, The Museum of Modern Art, New York. Inter-American Fund.
Photo: Felix Cooper

Text and cover design by Lenni Schur
Photo research by Kati Boland
Maps by Felix Cooper

PREFACE

La lengua española: gramática y cultura is a new text for first-year college Spanish. It describes the basic grammar of Spanish, provides dialogs and exercises to help the student acquire language skills, and introduces the culture of contemporary Spain, Spanish America, and the Spanish-speaking communities of the United States. A flexible structure of 48 short grammar lessons, differentiation between optional and required material, and over 100 sections of self-testing to permit individual students to work effectively on their own, make the text usable in classes meeting for as few as two hours a week, or as many as five, during the school year.

The number of grammatical structures studied is normal; many fine exceptions are left for a second-level course. Great care has been taken, however, to make each basic structure that is presented readily understandable, even to the student who is working largely on his own. Dialogs accompanied by English translations first show the structures in use. The formal description of a structure ordinarily begins with a blackboard-like display of example sentences. Illustrative classroom exercises follow, some with responses given, others without. Finally, sections of self-testing allow the student to determine the extent of his comprehension of the grammar—at home, before class, or before an exam. Additional self-testing covering the same grammatical points is found in the optional chapters of supplement and review. Written exercises are available in a separate workbook. This multifaceted presentation of grammar is designed to increase the efficiency of the student's study time at home and, by lessening the instructor's need to explicate overly concentrated grammatical material in class, to free class time for communication and expression.

Students able to begin their study of Spanish in Mexico, Spain, or some other Spanish-speaking country find themselves surrounded by Hispanic culture outside the classroom.

The grammatical explanations and exercises in this book are surrounded by cultural materials: dialogs, pictures with detailed bilingual captions, and especially the readings in the "recap" chapters (chapters of *recapitulación y ampliación*) which appear after every three grammar lessons. The balance of materials in the book is as follows:

	pages
Preliminary chapter on pronunciation	15
Dialogs, grammar, and exercises	284
Self-testing in grammar lessons, worked at home	51
Photographs in grammar lessons	113
Optional recap chapters of supplement and review	210

The function of the photographs and bilingual captions is to create a visual impression of the far-flung Spanish-speaking world and to suggest some of the excitement and interest of contemporary life in these communities. The readings in the recap chapters, while phrased within the limits of available syntax and vocabulary, are mature in attitude and concerned with matters of genuine importance in various Hispanic countries. Any or all of the recap chapters may be incorporated into the regular course of instruction or be used as resource material to encourage individual students to explore aspects of Hispanic culture of particular interest to themselves. New words introduced in the recap chapters are glossed in the margin; none ever appears in a subsequent grammar exercise without first having been introduced as active vocabulary in a dialog or related section of *Oraciones y palabras*. This means that the recap chapters may be omitted entirely by classes pressed for time without creating any difficulty in the study of grammar lessons.

The grammar lessons themselves are usually divided into two parts and several sections. Particular sections may be omitted with discretion. Even entire grammar lessons may be omitted, provided that the active vocabulary introduced in the dialogs and sections of *Oraciones y palabras* is memorized. The active vocabulary for each three grammar lessons is listed at the end of the corresponding recap chapter of supplement and review; if the student masters these words, he should have no difficulty with the vocabulary of the subsequent exercises. Extensive abridgment of the text carries with it obvious disadvantages; the possibility has been provided, however, especially for the use of classes that wish to assign general or classroom accountability for some materials and individualized responsibility for others.

The *Instructor's Manual* accompanying this text develops these considerations further and comments on other aspects of the program: the writing and pronunciation material found in the preliminary chapter and the first eight recap chapters; the sections of *Oraciones y palabras* and *Preguntas* in the grammar lessons; the word-study materials, proverbs, and poems in the recap chapters; the switch to all-Spanish drill instructions half way through the book; the verb tables and Spanish-English vocabulary; the workbook exercises and English-Spanish vocabulary; the complete Instructor's correction key; the student cassette; and the complete laboratory tape program, available for purchase or free for local duplication.

We welcomed the many suggestions and comments of students and faculty of the Department of Foreign Languages and Literatures at California State University, Los Angeles. To them, sincere thanks and appreciation. In particular we wish to acknowledge our gratitude to Dr. Héctor Soto-Pérez, of the Department of Chicano Studies at California State University, Los Angeles, for his comments and assistance in the preparation of the materials regarding the Chicanos, and to Mr. David L. Gold, Bibliographer for Dzhudezmo and Italkian, MLA Annual Bibliography, for his extensive advice about the chapter on the Sephardim.

M. O. C.
H. E. L.

CONTENTS

PREFACE

Lección preliminar

The Spanish Sound System, 1

The articulatory organs   Vowels /a, e, i, o, u/   Consonants /p, t, k/
Rhythm   Linking   Intonation   Minidiálogo uno   Oraciones y palabras   Consonants (continued) /b, r, rr/   Minidiálogo dos
Oraciones y palabras

The Spanish Writing System, 11

The alphabet   Syllabication   Placement of consonants in syllabication
Accentuation

Useful Expressions, 14

Lección 1 / EN LA UNIVERSIDAD

Oraciones y palabras   /   Preguntas sobre el diálogo   /   Preguntas generales

Grammar, Exercises, and Testing, 18

Part 1   I. Subject pronouns   II. Infinitives   III. Verb forms   IV. Present tense of first-conjugation regular verbs   V. Use of the present tense and subject pronouns

Part 2   VI. The negative

Lección 2 / EN LA CLASE   27

Oraciones y palabras / Preguntas sobre el diálogo / Preguntas generales

Grammar, Exercises, and Testing, 28

Part 1   I. Present tense of the verb **estar** (*to be*)   II. Some uses of **estar**
Part 2   III. Noun gender and number   IV. Noun plurals   V. Definite article (*the*)
          VI. Indefinite article (*a, an*)

Lección 3 / UNA CONVERSACIÓN ENTRE DOS ALUMNOS   37

Oraciones y palabras / Preguntas sobre el diálogo / Preguntas generales

Grammar, Exercises, and Testing, 38

Part 1   I. Cardinal numbers 0–29   II. Cardinal numbers 30–59   III. The function of **un, una**, and **uno**   IV. **Hay** (*there is, there are*)   V. The preposition **de** (*of, from*)
Part 2   VI. Question words   VII. Syntax, intonation, and cognates   VIII. Word-order patterns

Recapitulación y ampliación I
UNIVERSIDADES HISPANAS   51

Preguntas   Reading and writing supplement: Cognates   Pronunciation: /d/
Proverbios   Testing   Vocabulary

Lección 4 / A LA HORA DEL ALMUERZO   61

Oraciones y palabras / Preguntas sobre el diálogo / Preguntas generales

Grammar, Exercises, and Testing, 63

Part 1   I. Present tense of second-conjugation regular verbs
Part 2   II. Gender of adjectives   III. Number of adjectives   IV. Noun-adjective agreement

Lección 5 / UNA EXCURSIÓN A TOLEDO   69

Oraciones y palabras / Preguntas sobre el diálogo / Preguntas generales

Grammar, Exercises, and Testing, 71

Part 1   I. Present tense of the verb **ser** (*to be*)   II. Some uses of the verb **ser**
Part 2   III. **Ser** and the time of day

Lección 6 / EL PAISAJE ESPAÑOL　　　　79

Oraciones y palabras　/　Preguntas sobre el diálogo　/　Preguntas generales

Grammar, Exercises, and Testing, 81

Part 1　　I. **Ser** or **estar** with predicate adjectives
Part 2　　II. Question words introduced by prepositions

Recapitulación y ampliación II
UN PANORAMA DE ESPAÑA　　　　87

Preguntas　　Charlas　　Reading and writing supplement: Cognate adjectives and nouns of nationality and locality　　Pronunciation: /g/　　Proverbio　　Testing　　Vocabulary

Lección 7 / DIRECCIONES　　　　103

Oraciones y palabras　/　Preguntas sobre el diálogo　/　Preguntas generales

Grammar, Exercises, and Testing, 104

Part 1　　I. Present tense of third-conjugation regular verbs
Part 2　　II. Descriptive and limiting adjectives　　III. Demonstrative adjectives

Lección 8 / FRENTE AL TEATRO　　　　109

Oraciones y palabras　/　Preguntas sobre el diálogo　/　Preguntas generales

Grammar, Exercises, and Testing, 110

Part 1　　I. Present tense of the verb **ir**　　II. **Ir** + **a** + remainder　　III. Some ways to express the future using the present tense
Part 2　　IV. Cardinal numbers 60–99　　V. Cardinal numbers 100–1000
　　　　　VI. Ordinal numbers

Lección 9 / CONVERSACIÓN ANTES DE LA
　　　　　　 LLEGADA DE PEPE Y ENRIQUE　　　　118

Oraciones y palabras　/　Preguntas sobre el diálogo　/　Preguntas generales

Grammar, Exercises, and Testing, 119

Part 1　　I. Six verbs irregular in the first-person singular, present tense (**dar, poner, hacer, saber, ver, salir**)
Part 2　　II. Direct object pronouns

Recapitulación y ampliación III
LAS COSTUMBRES ESPAÑOLAS   129

Preguntas   Reading and writing supplement: Spelling differences between Spanish and English   Pronunciation: /h/   Proverbios   Testing   Vocabulary

Lección 10 / PROBLEMAS UNIVERSITARIOS   139

Oraciones y palabras / Preguntas sobre el diálogo / Preguntas generales

Grammar, Exercises, and Testing, 141

Part 1   I. Present tense of stem-changing verbs (e → ie)   II. Present tense of the verbs **tener** and **venir**
Part 2   III. Possessive adjectives in unstressed position   IV. Possessive adjectives in stressed position   V. Optional construction: A prepositional phrase to replace **su** and **suyo**

Lección 11 / EN CASA DE LOS GARCÍA   150

Oraciones y palabras / Preguntas sobre el diálogo / Preguntas generales

Grammar, Exercises, and Testing, 152

Part 1   I. Present tense of stem-changing verbs (o → ue)
Part 2   II. Indirect object pronouns   III. Indirect object nouns   IV. Emphasizing or clarifying indirect object pronouns with **a** + pronoun   V. Further uses of indirect object pronouns

Lección 12 / EN UN CAFÉ   158

Oraciones y palabras / Preguntas sobre el diálogo / Preguntas generales

Grammar, Exercises, and Testing, 159

Part 1   I. Present tense of stem-changing verbs (e → i)   II. Present tense of the verb **decir**
Part 2   III. The verb **gustar**
Part 3   IV. Sequence of object pronouns: Indirect, direct combinations and usage   V. Object pronoun

Recapitulación y ampliación IV
LA EDUCACIÓN EN LOS PAÍSES HISPANO-
AMERICANOS   169

Preguntas   Reading and writing supplement: Cognates in **-ción** and **-sión**
Pronunciation: /s, -sión/; sounds represented by the letter **x**   Proverbio   Testing   Vocabulary

Lección 13 / UNA CONVERSACIÓN POR TELÉFONO   181

Oraciones y palabras / Preguntas sobre el diálogo / Preguntas generales

Grammar, Exercises, and Testing, 183
Part 1   I. Present tense of the verbs **traer** and **oír**   II. Present tense of the verb **construir**
Part 2   III. More about prepositions and pronouns

Lección 14 / UNA CONVERSACIÓN ENTRE DOS HOMBRES DE NEGOCIOS   188

Oraciones y palabras / Preguntas sobre el diálogo / Preguntas generales

Grammar, Exercises, and Testing, 190
Part 1   I. Present tense of verbs ending in a vowel plus **-cer** or **-cir**
Part 2   II. **Saber** versus **conocer**
Part 3   III. **Preguntar** versus **pedir**

Lección 15 / UNA CITA   196

Oraciones y palabras / Preguntas sobre el diálogo / Preguntas generales

Grammar, Exercises, and Testing, 198
Part 1   I. Present tense of verbs ending in **-ger** and **-gir**   II. Present tense of verbs ending in **-guir**
Part 2   III. Cardinal numbers 1.001–2.000.000

Recapitulación y ampliación V   LA LENGUA ESPAÑOLA   205

Preguntas   Reading and writing supplement: Cognates: Spanish **-dad** and **-tad**, English *-ty*   Pronunciation: /m, n, ñ/   Proverbio   Testing   Vocabulary

Lección 16 / UN ACCIDENTE   219

Oraciones y palabras / Preguntas sobre el diálogo / Preguntas generales

Grammar, Exercises, and Testing, 221
Part 1   I. Preterit tense of first-conjugation regular verbs   II. Use of the preterit
Part 2   III. Preterit tense of first-conjugation regular verbs ending in **-car**, **-gar**, **-zar**
Part 3   IV. Demonstrative pronouns

Lección 17 / UNOS TESTIGOS RELATAN EL ACCIDENTE 227

Oraciones y palabras / Preguntas sobre el diálogo / Preguntas generales

Grammar, Exercises, and Testing, 228

Part 1   I. Preterit tense of second and third-conjugation regular verbs
            II. Preterit tense of the verbs **dar**, **ir**, and **ser**
Part 2   III. Possessive pronouns

Lección 18 / EN EL AEROPUERTO 235

Oraciones y palabras / Preguntas sobre el diálogo / Preguntas generales

Grammar, Exercises, and Testing, 238

Part 1   I. Preterit tense of verbs with a stem-vowel change (e → i), (o → u)
            II. Preterit tense of verbs like **leer**, **oír**, and **construir**
Part 2   III. Conjunctions: y → e, o → u

Recapitulación y ampliación VI
LAS CIUDADES HISPANOAMERICANAS 243

Preguntas   Reading and writing supplement: Cognates: Spanish **-ar**, English *-ate*
Pronunciation: /l, f/   Proverbio   Testing   Vocabulary

Lección 19 / UNA VISITA AL MUSEO 255

Oraciones y palabras / Preguntas sobre el diálogo / Preguntas generales

Grammar, Exercises, and Testing, 257

Part 1   I. Irregular preterits involving a new stem: **tener**, **poder**
Part 2   II. More on limiting adjectives

Lección 20 / PREPARATIVOS PARA UN VIAJE 261

Oraciones y palabras / Preguntas sobre el diálogo / Preguntas generales

Grammar, Exercises, and Testing, 263

Part 1   I. Irregular preterits involving a new stem: **querer**, **decir**
Part 2   II. Days of the week   III. Months of the year and dates

Lección 21 / EL DÍA ANTES DEL VIAJE   269

Oraciones y palabras / Preguntas sobre el diálogo / Preguntas generales

Grammar, Exercises, and Testing, 271

Part 1   I. Expressions of obligation and necessity
Part 2   II. Special expressions with **tener**

Recapitulación y ampliación VII
DESDE LAS CIVILIZACIONES INDÍGENAS
HASTA EL MÉXICO CONTEMPORÁNEO   277

Preguntas   Reading and writing supplement: Cognates: Spanish -**ismo**, English -*ism*; Spanish -**ista**, English -*ist*   Pronunciation: /y, ch/   Poema popular: "Los meses del año"   Testing   Vocabulary

Lección 22 / UN EX VOLUNTARIO DEL CUERPO DE PAZ   291

Oraciones y palabras / Preguntas sobre el diálogo / Preguntas generales

Grammar, Exercises, and Testing, 293

Part 1   I. The imperfect tense versus the preterit tense   II. The imperfect tense of first-conjugation verbs
Part 2   III. Descriptive adjectives: Placement, special meanings, and spelling

Lección 23 / UNA CATEDRAL DE SAL   299

Oraciones y palabras / Preguntas sobre el diálogo / Preguntas generales

Grammar, Exercises, and Testing, 302

Part 1   I. Imperfect tense of second and third conjugation regular verbs
         II. Imperfect tense of **tener** and **haber**
Part 2   III. Comparisons of equality: Adjectives, nouns, and pronouns
         IV. Comparisons of inequality   V. Irregular adjectives and comparisons

Lección 24 / LOS POZOS DE PETRÓLEO DE ORITO   309

Oraciones y palabras / Preguntas sobre el diálogo / Preguntas generales

Grammar, Exercises, and Testing, 311

Part 1   I. Imperfect tense of the verbs **ver, ser, ir**
Part 2   II. More on the uses of the imperfect versus the preterit

Recapitulación y ampliación VIII
COLOMBIA   317

Preguntas   Reading and writing supplement: Cognates: Spanish **-ancia** and **-encia**, English *-ance* and *-ence*   Pronunciation: Diphthongs   Poema popular   Testing   Vocabulary

Lección 25 / HORA DE LEVANTARSE   329

Oraciones y palabras / Preguntas sobre el diálogo / Preguntas generales

Grammar, Exercises, and Testing, 332

Part 1   I. Reflexive pronouns   II. Reflexive verbs   III. Changes in meaning when certain verbs are used reflexively   IV. Verbs used only reflexively
Part 2   V. The superlative of adjectives   VI. The absolute superlative

Lección 26 / UNA RECETA DE ARROZ CON POLLO   340

Oraciones y palabras / Preguntas sobre el diálogo / Preguntas generales

Grammar, Exercises, and Testing, 342

Part 1   I. Formal direct commands   II. Formal direct commands, **-ar** verbs
          III. Reflexive and object pronouns used with commands
Part 2   IV. More negative and affirmative expressions

Lección 27 / EN EL CONSULTORIO DEL MÉDICO   349

Oraciones y palabras / Preguntas sobre el diálogo / Preguntas generales

Grammar, Exercises, and Testing, 351

Part 1   I. Formal direct commands, **-er** and **-ir** verbs   II. Formal direct commands of **ir**, **saber**, and **ser**
Part 2   III. More about the use of articles   IV. Feminine nouns with masculine articles in the singular

Recapitulación y ampliación IX
LA CIENCIA Y LAS LEYENDAS   359

Preguntas   Reading and writing supplement: Abreviaturas   Proverbio   Testing   Vocabulary

Lección 28 / EN UN MERCADO DEL CUZCO   371

Oraciones y palabras / Preguntas sobre el diálogo / Preguntas generales

Grammar, Exercises, and Testing, 373

Part 1   I. Informal direct commands   II. Informal direct commands of -ar verbs
Part 2   III. Nominalization   IV. The neuter article lo

Lección 29 / UNA EXCURSIÓN POR EL AMAZONAS   380

Oraciones y palabras / Preguntas sobre el diálogo / Preguntas generales

Grammar, Exercises, and Testing, 382

Part 1   I. Informal direct commands of -er and -ir verbs   II. Informal direct commands of stem-changing -er verbs   III. Informal direct commands of stem-changing -ir verbs   IV. Summary of negative vosotros command forms
Part 2   V. Adverbs   VI. Comparison of adverbs   VII. The superlative   VIII. Adverbs expressing a limited superlative.   IX. The absolute superlative   X. Adverbs ending in -mente

Lección 30 / EN LA CIUDAD PERDIDA DE MACHU PICCHU   392

Oraciones y palabras / Preguntas sobre el diálogo / Preguntas generales

Grammar, Exercises, and Testing, 394

Part 1   I. Informal direct commands: Irregular forms of -er and -ir verbs
Part 2   II. Indirect commands: Third-person singular and plural   III. First-person plural commands

Recapitulación y ampliación X
DESDE LOS INCAS HASTA EL VIRREINATO DEL PERÚ   403

Preguntas   Reading and writing supplement: Cognates: Spanish -ia and -io, English -y
Proverbios   Testing   Vocabulary

Lección 31 / UN FIN DE SEMANA EN PORTILLO — 415

Oraciones y palabras / Preguntas sobre el diálogo / Preguntas generales

Grammar, Exercises, and Testing, 417

I. Indicative versus subjunctive mood   II. Forms of the present subjunctive   III. The subjunctive in noun clauses   IV. The subjunctive after **dudar**   V. An infinitive instead of a noun clause   VI. Choice of moods according to the attitude of the speaker

Lección 32 / UNA CASA DE ESTILO ESPAÑOL — 425

Oraciones y palabras / Preguntas sobre el diálogo / Preguntas generales

Grammar, Exercises, and Testing, 428

I. The subjunctive in adjective clauses   II. Subjunctive after an indefinite antecedent   III. Subjunctive after an antecedent whose existence is denied or doubted   IV. Subjunctive or indicative depending on the speaker's attitude toward the antecedent

Lección 33 / LA EMANCIPACIÓN DE LA MUJER — 433

Oraciones y palabras / Preguntas sobre el diálogo / Preguntas generales

Grammar, Exercises, and Testing, 436

I. The subjunctive in adverbial clauses   II. Adverbial conjunctions always followed by the subjunctive   III. Adverbial conjunctions followed by the subjunctive or the indicative

Recapitulación y ampliación XI
CHILE A TRAVÉS DE SU HISTORIA — 443

Preguntas   Reading and writing supplement: Useful expressions   Proverbios
Testing   Vocabulary

Lección 34 / UN PASEO POR LA CALLE FLORIDA — 459

Oraciones y palabras / Preguntas sobre el diálogo / Preguntas generales

Grammar, Exercises, and Testing, 461

I. Forms of the past subjunctive   II. Uses of the past subjunctive   III. The past subjunctive in noun clauses   IV. The past subjunctive in adjective clauses   V. The past subjunctive in adverbial clauses   VI. The past subjunctive after **como si**

Lección 35 / EL PATO, UN DEPORTE ARGENTINO — 468

Oraciones y palabras / Preguntas sobre el diálogo / Preguntas generales

Grammar, Exercises, and Testing, 470

Part 1   I. The subjunctive after **ojalá**   II. Impersonal expressions
Part 2   III. The versatile verb **hacer**

Lección 36 / UN VIAJE A LA ANTÁRTIDA — 479

Oraciones y palabras / Preguntas sobre el diálogo / Preguntas generales

Grammar, Exercises, and Testing, 482

Part 1   I. Dependent infinitive or subjunctive
Part 2   II. The present progressive tense   III. Forms of the present progressive
           IV. Use of the present progressive   V. The past progressive   VI. Direct, indirect, and reflexive pronouns with the progressive tenses

Recapitulación y ampliación XII — EL GAUCHO ARGENTINO — 489

Preguntas   Poemas de Ramón de Campoamor y Miguel de Unamuno   Reading and writing supplement: The prefix **in-**   Testing   Vocabulary

Lección 37 / UN TERREMOTO — 501

Oraciones y palabras / Preguntas sobre el diálogo / Preguntas generales

Grammar, Exercises, and Testing, 503

Part 1   I. The past participle   II. The present perfect indicative
Part 2   III. The past participle used as an adjective

Lección 38 / EN CARACAS — 509

Oraciones y palabras / Preguntas sobre el diálogo / Preguntas generales

Grammar, Exercises, and Testing, 511

Part 1   I. The past perfect indicative
Part 2   II. The passive voice: **ser** + past participle   III. A resultant condition: **estar** + past participle

Lección 39 / LA CONTAMINACIÓN DEL AIRE 517

Oraciones y palabras / Preguntas sobre el diálogo / Preguntas generales

Grammar, Exercises, and Testing, 520

Part 1   I. Active constructions with passive meanings
Part 2   II. **Se** + indirect object + a verb in the third-person singular or plural

Recapitulación y ampliación XIII
VENEZUELA, LA PATRIA DE BOLÍVAR 527

Preguntas   Poema: "Un soldado de Lee" de Jorge Luis Borges   Reading and writing supplement: Cognates: Spanish **-oso** or **-o**, English *-ous*   Testing   Vocabulary

Lección 40 / EN UN HOTEL 541

Oraciones y palabras / Preguntas sobre el diálogo / Preguntas generales

Grammar, Exercises, and Testing, 544

Part 1   I. The present perfect subjunctive
Part 2   II. More uses of the infinitive

Lección 41 / LOS CARNAVALES DE PANAMÁ 550

Oraciones y palabras / Preguntas sobre el diálogo / Preguntas generales

Grammar, Exercises, and Testing, 552

Part 1   I. The past perfect subjunctive   II. Sequence of tenses when the subjunctive is required in a subordinate clause
Part 2   III. **Pero** and **sino**

Lección 42 / EL COSTO DE LA VIDA 559

Oraciones y palabras / Preguntas sobre el diálogo / Preguntas generales

Grammar, Exercises, and Testing, 561

Part 1   I. Constructions expressing the notion *to become*
Part 2   II. Exclamatory **qué**   III. Interrogative **qué** and **cuál(es)** + **ser**

Recapitulación y ampliación XIV
EL CANAL DE PANAMÁ 569

Preguntas   Rimas de Gustavo Adolfo Bécquer   Reading and writing supplement: The Spanish suffix **-dor**   Testing   Vocabulary

Lección 43 / EL VIEJO SAN JUAN 583

Oraciones y palabras / Preguntas sobre el diálogo / Preguntas generales

Grammar, Exercises, and Testing, 587

Part 1   I. The future tense
Part 2   II. Relative pronouns

Lección 44 / EN NUEVA YORK 594

Oraciones y palabras / Preguntas sobre el diálogo / Preguntas generales

Grammar, Exercises, and Testing, 597

Part 1   I. Verbs using an altered stem in the future tense
Part 2   II. The future perfect tense

Lección 45 / EN LA PEQUEÑA HABANA 604

Oraciones y palabras / Preguntas sobre el diálogo / Preguntas generales

Grammar, Exercises, and Testing, 607

Part 1   I. Uses of **por** and **para**   II. Further uses of **por** and **para**
         III. More uses of **para**   IV. More uses of **por**   V. Special expressions with **por**
Part 2   VI. Spanish past participles used where English uses present participles

Recapitulación y ampliación XV
LA INMIGRACIÓN HISPANA 615

Preguntas   Poema: "Versos sencillos" de José Martí   Reading and writing supplement: Spanish **-ero**, English *-er*, *-boy*, *-man*, *-maker*   Testing   Vocabulary

Lección 46 / UNA ENTREVISTA TELEVISADA   629

Oraciones y palabras / Preguntas sobre el diálogo / Preguntas generales

Grammar, Exercises, and Testing, 632

Part 1   I. The conditional tense
Part 2   II. The conditional perfect

Lección 47 / LA EDUCACIÓN BILINGÜE   637

Oraciones y palabras / Preguntas sobre el diálogo / Preguntas generales

Grammar, Exercises, and Testing, 640

Part 1   I. *If* clauses
Part 2   II. Softened requests and statements

Lección 48 / LOS SEFARDITAS   647

Oraciones y palabras / Preguntas sobre el diálogo / Preguntas generales

Grammar, Exercises, and Testing, 651

Part 1   I. The progressive tenses, continued
Part 2   II. Diminutives

Recapitulación y ampliación XVI
LOS CHICANOS   659

Preguntas   Poema: "Un soneto a Cervantes" de Rubén Darío   Reading and writing supplement: Spanish **-ería**, English *shop* or *store*   Testing   Vocabulary

VERB TABLES   675

VOCABULARY   689

INDEX   713

ILLUSTRATION ACKNOWLEDGMENTS   719

LA LENGUA ESPAÑOLA
GRAMÁTICA Y CULTURA

◀ *Cervantes* de Francisco Goya. La lengua y la pintura comunican las ideas de los seres humanos.
Cervantes, by Francisco Goya. Language and painting communicate the ideas of human beings.

LECCIÓN PRELIMINAR

Languages are made up of sounds which carry meaning. Because of the correlation between meaning and sequences of sound, people can communicate with each other. Much of this book is concerned with patterns of meaning in Spanish, but this preliminary lesson is concerned mainly with the Spanish systems of sound and writing.

THE SPANISH SOUND SYSTEM

The human voice is capable of producing all the sounds of every language. Nevertheless, anyone learning a foreign language will have some difficulty producing certain sounds of that language. We are used to hearing and producing the sounds of our own language, and these sounds either do not exist at all in the foreign language or they are somewhat different.

This lesson will introduce a few basic Spanish sounds and patterns of intonation. A brief explanation will show how these sounds are produced and how they differ from English. Other important sounds and patterns will be covered in the course of the year. Try to imitate as closely as possible all the sounds of the words, useful expressions, and dialogs presented. Mimicry is an effective way of acquiring a native-like command of a foreign language.

Spanish is pronounced with slight differences in various parts of the Hispanic world, just as English is spoken with different accents in Great Britain, the United States,

Canada, Australia, and elsewhere. The Spanish chosen for this text is standard Spanish-American. This differs slightly from the Castilian Spanish used by most people in Spain, but speakers of both areas communicate as easily with each other as the British, Canadians, Australians, and Americans communicate in English.

The Articulatory Organs

1. lips
2. teeth
3. alveolar ridge
4. hard palate
5. soft palate (velum)
6. uvula
7. apex (tip) of the tongue
8. front part of the tongue
9. dorsum (middle part of the tongue)
10. base of the tongue
11. pharynx (throat)
12. vocal cords
13. nasal cavity

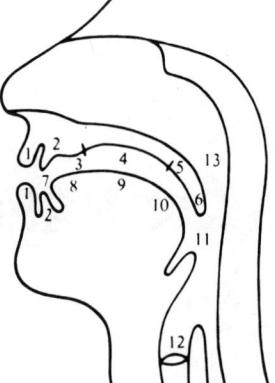

Vowels

Spanish uses five simple vowel-sounds, represented in writing by the letters **a**, **e**, **i** or **y**, **o**, and **u**. These sounds, for all practical purposes, are constant and do not vary in length when pronounced in a stressed or unstressed syllable. Speakers of English shorten unstressed vowels. This practice must not be carried over into Spanish because the resultant sounds do not exist in the Spanish system. Listen to the pronunciation of these two words and note their differences.

SPANISH	ENGLISH
Panamá[1]	*Panama*

The first and second **a** in **Panamá**, although unstressed, sound like the third **a**, which is stressed. In the English word, in contrast, the first *a* is stressed and has a different sound from the second and third *a*'s, which are unstressed. In Spanish all three syllables have practically the same length, whereas in English the stressed syllable is longer than the unstressed ones.

Another difference in the pronunciation of stressed vowels in the two languages is that the English-speaker moves his tongue, lips, and jaw while pronouncing these vowels and a glide-sound results. The Spanish-speaker, in contrast, keeps his tongue, lips, and jaw in a constant position and a simple vowel sound is produced.

---

[1]Stressed vowels sometimes carry a written accent mark. The rules of accentuation will be presented on pages 13-14.

/a/[2] represented by the letter **a**

The pronunciation of Spanish /a/ is similar to the English *o* in the word *hot* as pronounced by most Americans, but it is tenser and shorter.

EXERCISE 1

Listen carefully and then repeat. Imitate the Spanish pronunciation as closely as possible. Avoid lengthening the stressed syllables and shortening the unstressed ones.

[a][3]

a	letter **a**
fa	musical note
Ana	woman's name
fama	*fame*
mamá	*mama, mom*

/e/ represented by the letter **e**

Spanish /e/ is pronounced similarly to the English *e* in the word *net* or to the *a* in the word *ate*, without the glide-sound.

EXERCISE 2

[e]

e	letter **e**
sé	*I know*
fe	*faith*
ese	*that*
nene	*infant, baby*

/i/ represented by the letters **i** and **y**

Spanish /i/ is pronounced similarly to the English letter *i* in the word *machine*, without the glide-sound. It is never pronounced like the English *i* in *sit*.

EXERCISE 3

[i]

i	letter **i**
y	*and*
sí	*yes*
ni	*neither, nor*
Mimi	woman's name

---

[2] A letter or symbol between slanted lines stands for the sound units or basic sounds of a language.
[3] A letter or symbol enclosed in brackets stands for the pronunciation of a sound unit. It is also used to indicate the variants of the sound units if there are any. In Spanish, the sound unit /a/ is always pronounced [a].

/ o / represented by the letter **o**

Spanish /o/ is very similar to the English *o* in *no*, without the glide-sound.

EXERCISE 4

[o]

o	letter **o**
no	*no*
yo	*I*
mono	*monkey*
bono	*bond*

/ u / represented by the letter **u**

The pronunciation of Spanish /u/ is similar to the pronunciation of the English *oo* in *food*, without the glide-sound.

EXERCISE 5

[u]

u	letter **u**
su	*your, his, her, their*
uno	*one*
mucho	*much*
fumó	*he smoked*

Consonants

Some consonant sounds are so similar in Spanish and English that they cause no difficulty to the student. For example, /ch/ represented by letters **ch** is practically the same in both languages. However, other consonant sounds are completely different while still others differ only slightly.

The first consonant sounds discussed are the stops, which are so named because in pronouncing them the stream of air is stopped and then released.

/ p / represented by letter **p**

In Spanish and English, /p/ is produced by bringing the two lips together. Hence, it is called a bilabial stop. English /p/ is aspirated, that is, accompanied by a puff of air when found at the beginning of a word or in a stressed syllable. Spanish /p/, in contrast, is never aspirated. Phoneticians indicate this sound in writing with a letter "p" in brackets: [p]. Listen to the pronunciation of these two words and note their differences.

SPANISH	ENGLISH
papá	*papa*

EXERCISE 6

[p]

pan	*bread*
pena	*sorrow*
pino	*pine tree*
Pepe	nickname for José
opina	*he, she thinks*
puma	*cougar*
Panamá	*Panama*

/t/ represented by the letter **t**

Spanish /t/ is produced by placing the tip of the tongue against the upper teeth; it is uttered without aspiration. English /t/, in contrast, is produced by placing the tip of the tongue against the upper alveolar ridge (the gum ridge behind the upper front teeth); also, it is aspirated at the beginning of a word or when found in a stressed syllable. In both languages /t/ is a stop. Phoneticians write it as a letter "t" in brackets: [t].

EXERCISE 7

[t]

té	*tea*
tono	*tone*
toma	*he, she takes* or *drinks*
taza	*cup*
tomate	*tomato*
patio	*patio*

/k/ represented by the letter **c** before **a**, **o**, or **u**, and by the letter combination **qu** before **e** or **i**

In Spanish and English, /k/ is velar. This means that the back of the tongue presses against the velum (the back part of the roof of the mouth). English /k/ is aspirated at the beginning of a word or in a stressed syllable, while Spanish /k/ is unaspirated. Phoneticians write the sound as a letter "k" in brackets: [k].

EXERCISE 8

[k]

cómo	*how*
café	*coffee*
cuna	*cradle*
qué	*what*
química	*chemistry*
Paco	nickname for Francisco
típico	*typical*

Rhythm

The length of syllables in Spanish and English is noticeably different. In spoken Spanish, stressed and unstressed syllables have practically the same length, whereas in English stressed syllables are longer than unstressed ones. Spanish appears to have a rapid-fire delivery. This impression is created by the even pacing of the syllables resulting from the constant length of the vowels.

Listen to these words and pay special attention to the even pacing of the Spanish syllables.

SPANISH	ENGLISH
Panamá	*Panama*
laboratorio	*laboratory*
constitución	*constitution*

Linking

Words seldom appear in isolation. They are combined with other words in phrases, clauses, and sentences. In spoken Spanish, words are linked together. English generally separates words by a slight break.

EXERCISE 9

Listen to the following sentences and repeat them. Pronounce each sentence as if it were one long word.

| **Pepe toma café.** | (Pe-pe-to-ma-ca-fé.) | *Pepe drinks coffee.* |
| **Ana toma té.** | (A-na-to-ma-té.) | *Ana drinks tea.* |

Linking also occurs when a word ends in a consonant and the next word begins with a vowel. In speech the consonant forms a syllable with the vowel.

| **Juan ataca.** | (Jua-na-ta-ca.) | *Juan attacks.* |
| **Pan y café.** | (Pa-ny-ca-fé.) | *Bread and coffee.* |

If a word ends in a vowel and the next word begins with the same vowel, the two vowel sounds blend in rapid speech and are pronounced as one vowel.

| **Pepe está aquí.** | (Pe-pes-tá-quí.) | *Pepe is here.* |

If a word ends in a strong vowel (**a, e, o**) and the next word begins with a different strong vowel, the two successive vowels are linked in speech but form two separate syllables.

| **Ana está enferma.** | (A-na-es-tá-en-fer-ma.) | *Ana is sick.* |

However, if the two successive vowels are a combination of a strong vowel (**a, e,** or **o**) and a weak vowel (**i,**[4] **u**) or two weak vowels, they are linked and form a diphthong which is pronounced as one syllable.

---

[4]The letter **y** is pronounced as **i** when it stands alone or ends a word.

Mimi o Paco.	(Mi-mio-Pa-co.)	*Mimi or Paco.*
Café y pan.	(Ca-féy-pan.)	*Coffee and bread.*
Juan y usted.	(Jua-nyus-ted.)	*Juan and you.*

Intonation

Another difference between the two languages is in intonation. In normal statements, speakers of English tend to raise the pitch of their voices on the last stressed syllable, then lower it and finally allow it to fade out. Spanish speakers do not raise the pitch—they lower it. The Spanish intonation for normal statements is very similar to the English intonation used in commands.

Listen to the following sentences. Do you detect the difference in intonation?

SPANISH	ENGLISH
Pepe toma café.	*Pepe drinks coffee.*
Ana toma té.	*Ana drinks tea.*

MINIDIÁLOGO UNO

PACO CANO	¿Cómo está usted, don[5] Antonio[6]?	PC:	*How are you, Don Antonio?*
DON ANTONIO	Bien, gracias, ¿y usted[7]?	DA:	*Fine, thanks, and you?*
PACO CANO	Bien, gracias.	PC:	*Fine, thank you.*

MINIDIALOG ONE

ORACIONES Y PALABRAS[8]

Buenos días, Ana.	*Good morning, Ana.*
Buenas tardes, Paco.	*Good afternoon, Paco.*
Buenas noches[9], Pepe.	*Good evening, Pepe.*
Adiós.	*Good-bye.*

Consonants (continued)

/ b / represented by the letters **b** or **v**

In Spanish and English, / b / is a bilabial. In English, the pronunciation of / b / remains quite consistent whatever its position in a word or sentence. In Spanish, whenever / b /

---

[5] **Don** is a title of respect used with the first name of a man. It never precedes just the last name, although it can be used preceding both the first and the last name together: **don Antonio**, **don Antonio Cano**.
[6] Notice that Spanish uses an inverted question mark at the beginning of a question.
[7] The inverted question mark is placed where the question actually begins, which may not be (as in this case) the beginning of the sentence.
[8] *Sentences and words.*
[9] **Buenas noches** means *good night* as well as *good evening.*

introduces a sentence or occurs after an **n** or an **m**, it is a stop similar to English /b/. Phoneticians write this sound as a letter "b" in brackets: [b]. In all other positions, /b/ is a fricative, that is, the breath is allowed to continue between the lips. This sound does not exist in English. Phoneticians write this variant as a "b" with a line through it, in brackets: [ƀ].

EXERCISE 10

The letters **b** and **v** in these exercises have the same pronunciation: that is, they both are a stop in the first exercise and a fricative in the second exercise.

[b]

bien	*good, well*
bonito	*pretty*
bastante	*rather, enough*
vaca	*cow*
vino	*wine*
Vicente	man's name

[ƀ]

Cuba	*Cuba*
nube	*cloud*
sabe	*he, she knows*
Eva	woman's name
uva	*grape*
pavo	*turkey*

EXERCISE 11

Notice how the position of /b/ in the right column will modify its sound from the /b/ in the words in the left column.

[b]	**[ƀ]**
Vicente	Paco y Vicente
vino	pan y vino

/r/ represented by the letter r

In Spanish, the letter **r** is pronounced [r] whenever it occurs between vowels. To pronounce it, place the tip of the tongue on the upper alveolar (gum) ridge and tap it lightly. Phoneticians identify this sound in writing as a letter "r" in brackets: [r]. English-speaking people have a similar sound. It closely resembles the *r* in *very* as pronounced by a Britisher, and, curiously enough, it resembles the *d, dd, t, tt* in words such as *matter, ladder, water,* and *butter* when pronounced rapidly by an American.

EXERCISE 12

Remember to pronounce all Spanish intervocalic **r**'s as if they were English intervocalic *d*'s or *t*'s as indicated above.

[r]

Sara	woman's name
pero	*but*
toro	*bull*
dinero	*money*
mira	*look*
barato	*inexpensive*
morena	*brunette*
María	woman's name

After a consonant, **r** is pronounced as if it were in intervocalic position.

EXERCISE 13

[r]

tres	*three*
otro	*other*
postre	*dessert*
probamos	*we try*
pronto	*soon*
crema	*cream*

/rr/ represented by the letter **r** at the beginning of a word, by **rr**, and by **r** after **l, n,** or **s**

No sound in American English is similar to this trilled Spanish sound. To produce it, place the tip of the tongue on the upper alveolar (gum) ridge, tap it in rapid succession, and at the same time force the airstream over the top of the tongue. Phoneticians write this sound as an "r̄," "R," or "rr" in brackets. In this book [rr] is used.

EXERCISE 14

[rr]

rico	*rich*
Ramón	man's name
carro	*car*
perro	*dog*
alrededor	*around*
Enrique	man's name
Israel[10]	*Israel*

---

[10] Many speakers do not pronounce the **s** before /rr/. Others aspirate it.

EXERCISE 15

Pronounce **r** as a single tap and **rr** as a trill.

[r]		[rr]	
pero	*but*	perro	*dog*
caro	*expensive*	carro	*car*
cero	*zero*	cerro	*hill*

/ r / represented by the letter **r** before a consonant and in final position

When **r** is the final letter of a word, its position in the sentence will be either intervocalic or before a consonant. When its position is intervocalic, the letter can only be pronounced as [r].

Mirar a Paco.   (Mi-ra-ra-Pa-co.)   *To look at Paco.*

When the letter **r** is before a consonant or when it occurs at the end of an utterance, it is pronounced as if it were in intervocalic position, but some speakers may pronounce it as [rr], especially if they are being emphatic.

EXERCISE 16

[r]	
arte	*art*
árbol	*tree*
caminar	*to walk*
caminar mucho	*to walk a lot*
norte	*North*
urbano	*urban*
favor	*favor*

MINIDIÁLOGO DOS

VICENTE	¿Cómo está el[11] señor Parra?
PEPE	Bastante bien, gracias.
VICENTE	Y ¿cómo está doña[12] María?
PEPE	Muy bien, gracias.

MINIDIALOG TWO

V:	*How is Mr. Parra?*
P:	*Rather well, thank you.*
V:	*And how is doña María?*
P:	*Very well, thank you.*

[11] With titles of respect such as **señor**, the definite article is used if the person is not addressed directly. If Vicente in the minidialog were addressing Mr. Parra directly instead of asking Pepe about him, he would ask: **¿Cómo está usted, señor Parra?**

[12] **Doña** is the feminine form of **don**. With these two titles of respect, the article is not used.

ORACIONES Y PALABRAS

La señora Parra[13] está bien.
La señorita Parra

Por favor.
Hasta más tarde.
Hasta la vista.

Mrs. Parra is fine.
Miss Parra

Please.
Until later.
So long.

THE SPANISH WRITING SYSTEM

The Alphabet

el alfabeto

letra[14]	nombre[15]	letra	nombre	letra	nombre
a	a	j	jota	r	ere
b	be	k	ka	rr	erre
c	ce	l	ele	s	ese
ch	che	ll	elle	t	te
d	de	m	eme	u	u
e	e	n	ene	v	ve
f	efe	ñ	eñe	w	doble v
g	ge	o	o	x	equis
h	hache	p	pe	y	y griega
i	i	q	cu	z	zeta

1. **Ch** is considered one letter in Spanish. Words that begin with **ch** are listed separately in Spanish dictionaries and vocabularies. They follow the last words beginning with a **c** and precede the first words beginning with a **d**.[16]
2. The letter **h** is always silent in Spanish.
3. **K** occurs only in words of foreign origin: **Kansas**.
4. **Ll** is considered one letter in Spanish. Words that begin with **ll** are listed separately in Spanish dictionaries and vocabularies. They follow the last listing for **l** and precede the entries for **m**.[16]
5. The letter **ñ** is pronounced as the *ni* in *onion* or the *ny* in *canyon*. In alphabetical listings **ñ** falls between **n** and **o**.[16]
6. Some Spanish grammars do not include **rr** in the alphabet. It was listed above to introduce the sound in a logical sequence. Words containing an **rr** are alphabetized as in English.

---

[13]**La señora de Parra** can also be used instead of **la señora Parra**.
[14]*Letter.*
[15]*Name.*
[16]Even when they occur in the middle of a word, the special Spanish letters **ch, ll,** and **ñ** affect alphabetization. Thus, **lucha** is found after **lucro**, not before it; **fallo** after **falto**; and **caña** after **canto**.

7. Letter **v** is also called **uve**.
8. Letter **w** is also called **uve doble**. It appears only in words of foreign origin: **Washington**.

Syllabication

Spanish has developed a simple system of syllabication and accentuation. A word is divided into as many syllables as it has vowel sounds. These sounds may be a simple vowel, a diphthong (see page 6), or a triphthong. The **io** in **patio** (pa-tio) and the **ue** in **bueno** (bue-no) are diphthongs, and therefore the words each have two syllables.

A triphthong is composed of three vowels (weak+strong+weak) pronounced as one syllable. This combination is found primarily in a few verbal endings.

(vosotros) **apreciáis**	(a-pre-ciáis)	*you appreciate*
(vosotros) **continuáis**	(con-ti-nuáis)	*you continue*

Placement of Consonants in Syllabication

1. A single consonant between two vowels goes with the following vowel. **Ch, ll**, and **rr** function as a single consonant and are never separated.

Pa-na-má		**pe-rro**	*dog*
se-ño-ra		**mu-cha-cha**	*girl*
ma-no	*hand*	**po-llo**	*chicken*

2. When a consonantal cluster composed of a **b, c, f, g,** or **p** plus an **l** or **r**, or the combination **tr** or **dr**, occurs between two vowels, it goes with the following vowel.

ha-blar	*to speak*
o-tro	*other*
pa-la-bra	*word*

3. Any other two consonants occurring between vowels are divided. The first consonant clings to the preceding vowel and the second consonant goes with the following vowel.

can-tar	*to sing*
lec-ción	*lesson*

4. Three consonants occurring between vowels also are divided. If the last two are one of the clusters mentioned in point 2 above, they go with the following vowel. If they are not a cluster, only the last consonant goes with the following vowel.

ins-tan-te	*instant*
en-con-trar	*to find*
com-pren-der	*to understand*
em-ple-a-do	*employee*

5. Four consonants divide in the middle.

   ins-truc-tor
   cons-truc-ción

EXERCISE 17

Divide the following words into syllables.

mamá	noche
tomate	instante
Antonio	bastante
hablar	burro
café	postre
gracias	instrucción
tardes	apreciáis

Accentuation

Once you have learned to divide words into syllables, it is necessary to know which syllable receives the stress.

1. Words which have no written accent mark are stressed as follows:

   a. If the word ends in a vowel, **n**, or **s**, the next-to-last syllable is stressed. These words are called **palabras llanas** in Spanish.

vino	*wine*
gracias	*thanks*
examen	*examination*

   b. If the word ends in a consonant other than **n** or **s**, the last syllable is stressed. These words are called **palabras agudas**.

usted	*you*
caminar	*to walk*
ciudad	*city*

2. Words stressed on the last or next to the last syllable which do not conform to rule 1.a. or 1.b. must have a written accent mark to indicate the stressed syllable.

PALABRAS LLANAS		PALABRAS AGUDAS	
árbol	*tree*	mamá	*mom*
lápiz	*pencil*	Ramón	*man's name*
fácil	*easy*	francés	*French*

3. Words which stress the second syllable from the last are called **palabras esdrújulas** and must bear a written accent mark.

típico	*typical*
química	*chemistry*
número	*number*

4. A written accent mark is also used to distinguish a few words which have the same spelling but different meanings.

de	of	dé	give
el	the	él	he, it
si	if	sí	yes
se	oneself	sé	I know

5. The combination of a strong vowel and a stressed weak vowel does not form a diphthong. The vowels form two separate syllables. A written accent mark is required over the weak vowel.

país	country
cafetería	cafeteria
baúl	trunk
mío	mine

6. An accent is always written over the stressed syllable of question words. An accent is added to such words even if the question is only implied.

¿**Cómo** está Pepe?   *How is Pepe?*
No sé **cómo** está.   *I don't know how he is.*

EXERCISE 18

Read the following words aloud, stressing the correct syllable.

fama	café
Panamá	tomate
mucho	química
caminar	usted
alrededor	laboratorio
Antonio	bastante
Vicente	hablar
número	dinero
morena	Ramón
lápiz	instante

USEFUL EXPRESSIONS

The following commands are frequently used in class and among students. Knowing them will be very helpful.

SINGULAR[17]	PLURAL[18]	
escriba	escriban	*write*
lea	lean	*read*

---

[17]That is, when you address your command to just one person.
[18]Used when you address two or more people.

SINGULAR	PLURAL	
repita	repitan	*repeat*
siga	sigan	*continue*
traduzca	traduzcan	*translate*
escuche	escuchen	*listen*
conteste	contesten	*answer*
cambie	cambien	*change*

Here are some other useful expressions.

Abran los libros.	*Open your books.*
Cierren los libros.	*Close your books.*
A la pizarra.	*To the blackboard.*
Para mañana.	*For tomorrow.*
La oración.	*The sentence.*
¿En qué página?	*On what page?*
En la página tres.	*On page three.*
Su nombre, por favor.	*Your name, please.*
¿Cómo se llama usted?	*What's your name?*[19]
Me llamo...	*My name is....*[20]
¿Tienen alguna pregunta?	*Do you have any questions?*
¿Cómo se dice two en español?	*How does one say "two" in Spanish?*
Se dice "dos".	*One says* **dos**.

---

[19]Literally, *how do you call yourself?*
[20]Literally, *I call myself.*

◀ Estudiantes en Salamanca, frente a la Catedral Nueva.
Students in Salamanca, in front of the New Cathedral.

LECCIÓN 1

Subject pronouns / Infinitives / Verb forms / Present tense of first-conjugation regular verbs / Use of the present tense and subject pronouns / The negative

diálogo[1] / EN LA UNIVERSIDAD

DOMINGO	Dispénseme. ¿Habla[2] usted español[3]?	
FELIPE	Sí, yo[4] hablo español.	
DOMINGO	¡Qué bueno! Necesito[5] comprar unos libros y no sé dónde queda la librería.	
FELIPE	Queda allí, en ese edificio.	
DOMINGO	Muchas gracias.	
FELIPE	De nada.	

AT THE UNIVERSITY

D: *Excuse me. Do you speak Spanish?*
F: *Yes, I do.*[6]
D: *Oh, good!*[7] *I have*[8] *to buy some books and I don't know where the bookstore is.*
F: *It's there, in that building.*
D: *Thank you very much.*
F: *You're welcome.*

---

[1]*Dialog.*
[2]To ask a question, the subject is typically placed after the verb. No helping verb (like *do* in *do you speak?*) is required.
[3]Names of languages are not capitalized.
[4]Subject pronouns are used for emphasis.
[5]When omitted, the subject pronoun is implicit in the verb ending.
[6]Literally, *Yes, I speak Spanish.*
[7]Literally, *What good!*
[8]Literally, *I need.*

ORACIONES Y PALABRAS[9]

¿Habla usted **español**?	*Do you speak Spanish?*
inglés, alemán, italiano, francés, portugués, chino, japonés, ruso	*English, German, Italian, French, Portuguese, Chinese, Japanese, Russian*
Necesito **comprar** unos libros.	*I have to buy some books.*
sacar, mirar, buscar, terminar	*take out, look at, look for, finish*
Necesito **practicar** inglés.	*I have to practice English.*
estudiar, escuchar	*study, listen to*
¿Dónde queda la **librería**?	*Where is the bookstore?*
oficina, biblioteca, estación	*office, library, station*
Yo **trabajo** en ese edificio.	*I work in that building.*
enseño	*teach*
Usted **contesta** bien.	*You answer well.*
canta	*sing*

PREGUNTAS SOBRE EL DIÁLOGO[10]

Answer the following questions about the dialog.

1. ¿Habla Domingo español?
2. Y Felipe, ¿habla español?
3. ¿Necesita Domingo comprar unos libros?
4. ¿Dónde queda la librería?

PREGUNTAS GENERALES

Draw upon your knowledge of Spanish and improvise suitable answers.

1. ¿Habla usted inglés?
2. ¿Habla usted español?
3. Y usted, ¿habla francés?
4. ¿Necesita usted practicar español?
5. ¿Necesita usted comprar unos libros?
6. Y usted, ¿necesita estudiar español?

GRAMMAR, EXERCISES, AND TESTING

Part 1

I. SUBJECT PRONOUNS

	SINGULAR			PLURAL
first person	**yo**	*I*	**nosotros**	*we (masculine or mixed)*
			nosotras	*we (feminine only)*
second person	**tú**	*you (familiar)*	**vosotros**	*you (familiar; masculine or mixed)*
			vosotras	*you (familiar; feminine only)*
third person	**usted**	*you (formal)*	**ustedes**	*you (general)*
	él	*he, it*	**ellos**	*they (masculine or mixed)*
	ella	*she, it*	**ellas**	*they (feminine only)*

---

[9] *Sentences and words.*
[10] *Questions about the dialog.*

Izquierda: La Universidad de Salamanca, la torre de la Catedral Vieja y una estatua del gran maestro y poeta Fray Luis de León (1527–1591). Fundada en 1230 d.C., esta universidad pronto se convirtió en una de las más importantes de Europa.
Derecha: La magnífica fachada plateresca de la Universidad de Salamanca fue construida por orden de los Reyes Católicos, Fernando e Isabel, quienes reformaron la universidad en el siglo XVI.
Left: The University of Salamanca, the tower of the Old Cathedral, and a statue of the great teacher and poet Fray Luis de León (1527–1591). Founded in 1230 A.D., this university soon became one of the most important in Europe.
Right: The magnificent plateresque façade of the University of Salamanca was built by order of the Catholic Kings, Ferdinand and Isabella, who reformed the university in the 16th century.

In the use of subject pronouns, Spanish differs from English in the following ways:

1. Since verbal endings identify the subject, subject pronouns are generally omitted.

2. When ambiguity is possible about who or what the subject is, a subject pronoun may be used to clear the matter up. Subject pronouns are also used for emphasis or to make a contrast.

3. Except **ustedes**, the plural pronouns all vary their endings according to the gender of the group referred to. If the group is entirely feminine, the feminine ending is used: **nosotras, vosotras, ellas.** If the group is entirely masculine, or includes males and females, the masculine form is used: **nosotros, vosotros, ellos.**

4. Spanish has familiar and formal equivalents for English *you*. They are not interchangeable.

    a. The familiar **tú** is used among close friends (women or men) who usually address each other by their first names. It is also used to address children.

Puente romano sobre el río Tormes en Salamanca. Aquí comienza su vida de pícaro el héroe de la famosa obra *Lazarillo de Tormes* (1554).

Roman bridge over the Tormes River in Salamanca. Here the hero of the famous work Lazarillo de Tormes *(1554) begins his life as a vagabond.*

    b. The familiar **vosotros** (**-as**) is used primarily in Spain. In other Spanish-speaking countries, the form **ustedes** ordinarily functions as the plural of **tú**.
    c. In the singular, **usted** is a formal pronoun. Use it when **tú** is not appropriate—that is, when you would address the same person respectfully as **Señor, Señora, Señorita, Doctor,** etc. (*Mr., Mrs., Miss, Dr.*). In the plural, **ustedes** can be either familiar or formal. **Usted** and **ustedes** are used without reference to gender.
    d. **Usted** and **ustedes** are third-person grammatically but second-person in meaning. (In very formal English, third-person forms are also used with second-person meaning to address royalty, church dignitaries, high military officers, etc.: *Is your Reverence enjoying the view?*)

II. *INFINITIVES*

Spanish grammar classifies verbs in three conjugations, depending on the theme vowel of the infinitive. The infinitive is the form listed in dictionaries as the main entry for the verb. Here are three infinitives:

hablar	*to talk*
comer	*to eat*
vivir	*to live*

Every infinitive has a stem, a theme vowel, and a final **r**. It is always pronounced with stress on the last syllable. A particular verb falls in the first, second, or third conjugation depending on whether the theme vowel of the infinitive is **a**, **e**, or **i**. The alphabetical sequence of the theme vowel determines the numerical sequence of the conjugation: **a, e, i** = 1, 2, 3. The following chart analyzes the three infinitives mentioned above.

CONJUGATION	STEM	THEME VOWEL	ENDING
first	**habl**	**a**	**r**
second	**com**	**e**	**r**
third	**viv**	**i**	**r**

III. VERB FORMS

Within each verb conjugation, the large majority of the verbs are regular, that is to say, they conform to a general pattern. The rest are irregular, having at least one form which deviates from the general pattern.

The forms of a Spanish verb convey much information. The particular form of the verb you use tells your listener (1) who does the action (by its person-number ending, also called person marker), (2) when the action happens (by the form's tense), and, as will be explained later, (3) something of your *attitude* toward the action (by the form's mood: indicative, subjunctive, etc.).

IV. PRESENT TENSE OF FIRST-CONJUGATION REGULAR VERBS

SUBJECT PRONOUN	INFLECTED VERB[11]	STEM	THEME VOWEL	PERSON MARKER
yo	**habl**o	habl	—	o
tú	**habl**as	habl	a	s
usted, él, ella	**habl**a	habl	a	—
nosotros (-as)	ha**bla**mos	habl	a	mos
vosotros (-as)	ha**bláis**	habl	á	is
ustedes, ellos (-as)	**habl**an	habl	a	n

1. The first-person singular verb form has no theme vowel, just the invariable **o** person marker.
2. The remaining verb forms conserve the theme vowel.
3. The stress falls on the stem for all persons except the first and second persons plural.
4. The **usted, él, ella** verb form has no indicated person marker. The theme vowel **a**, however, serves that function.
5. The second-person singular and all plural verb forms have person markers.[12]
6. Other first-conjugation verbs are:

trabajar		**cantar**
preguntar	*to ask*	**enseñar**
contestar		**terminar**

V. USE OF THE PRESENT TENSE AND SUBJECT PRONOUNS

Hablo español.	*I speak Spanish.* (simple)
Tú necesitas ese libro.	*You do need that book.* (emphatic)
Él trabaja con David.	*He is working with David.* (progressive)

1. The Spanish present tense corresponds to several different verbal constructions in English.
2. Subject pronouns are used for emphasis.

---

[11] Stressed syllable shown in boldface letters.
[12] The person markers **-mos** and **-n** occur in every tense. The person markers for the second-person singular and plural (**-s**, **-is**) appear in every tense but two.

3. As the third-person singular and plural verb forms may refer to different subjects (**él, ella, usted; ellos, ellos, ustedes**), pronouns are often included to identify the subject.

EXERCISES

Throughout this book, grammar explanations are followed by exercises. The first exercises drill the grammatical points just presented. The other exercises become progressively more flexible, and invite the student to use the structures to express thoughts of his own. Answers to many exercises are provided so that study at home can be done more effectively.

A. *Person-number substitution*

The instructor will say a model sentence. Repeat that sentence. Next, the instructor will give a cue—in this case, a new subject for the same sentence. Say the sentence again, using the new subject and changing the verb ending as necessary to agree with it.

1. Yo hablo español.
Ella	Ella habla español.
Nosotros	Nosotros hablamos español.
Él	Él habla español.
Ellos	Ellos hablan español.
Tú	Tú hablas español.
Ustedes	Ustedes hablan español.

2. Tú necesitas comprar unos libros.
Yo	Yo necesito comprar unos libros.
Domingo	Domingo necesita comprar unos libros.
Ellas	Ellas necesitan comprar unos libros.
Paco y yo	Paco y yo necesitamos comprar unos libros.
Ustedes	Ustedes necesitan comprar unos libros.
Él	Él necesita comprar unos libros.

3. ¿Estudian ustedes inglés?
   ella, ellos, usted, Felipe y Paco, él, tú

The next three drills are like the preceding ones, except that you do not say the cue words in your answer. Choose the verb form that is appropriate to the cue.

4. Necesita practicar francés.
(yo)	Necesito practicar francés.
(ellas)	Necesitan practicar francés.
(tú)	Necesitas practicar francés.
(él y yo)	Necesitamos practicar francés.
(usted)	Necesita practicar francés.
(tú y ella)	Necesitan practicar francés.

5. Trabajan en ese edificio.
(él)	Trabaja en ese edificio.
(nosotros)	Trabajamos en ese edificio.
(usted)	Trabaja en ese edificio.
(tú)	Trabajas en ese edificio.
(ustedes)	Trabajan en ese edificio.
(Ana y yo)	Trabajamos en ese edificio.

6. Busco unos libros en la librería.
   (ellas, Ana, usted y yo, ustedes, él, tú)

B. *Singular → plural*

Repeat each sentence after the instructor. Say it again using the plural form of the verb and the pronoun whenever it is given.

Models: Yo hablo alemán.
Yo hablo alemán. Nosotros hablamos alemán.[13]
Estudias ruso.
Estudias ruso. Estudian ruso.

Usted practica español.

Necesitas sacar unos libros.

Queda en ese edificio.

Necesito practicar inglés.

Ella estudia francés en la universidad.

Él compra unos libros en la librería.

Usted practica español.
Ustedes practican español.
Necesitas sacar unos libros.
Necesitan sacar unos libros.
Queda en ese edificio.
Quedan en ese edificio.
Necesito practicar inglés.
Necesitamos practicar inglés.
Ella estudia francés en la universidad.
Ellas estudian francés en la universidad.
Él compra unos libros en la librería.
Ellos compran unos libros en la librería.

C. Questions

Respond to the following questions with a complete answer. Use your imagination and vary your responses as much as you can.

1. ¿Hablan ellos inglés?
2. ¿Necesitas practicar español?
3. ¿Dónde compran ustedes libros?
4. ¿Estudian ustedes español en la universidad?
5. ¿Hablas español?
6. ¿Dónde estudia ella?
7. Y usted, ¿dónde estudia?
8. ¿Dónde queda la oficina?

TESTING / *subject pronouns; present indicative, regular -ar verbs*

The testing sections in this book are meant to help you review the material just presented and to show you how well you have mastered it. To test yourself effectively, don't write the correct answers in the blanks—you may want to test yourself again later as a further review. Instead, cover the column of answers on the right with a strip of paper. As you finish each item, lower the paper to reveal the correct answer.

1. In the Spanish-American countries, the plural form of **tú** is _____.
2. In Spain, the plural forms of **tú** are _____ and _____.
3. All infinitives end in the letter _____.
4. The theme vowels that show the three conjugations are _____, _____, _____.
5. The syllable stressed in the infinitive **hablar** is _____.

— ustedes

— vosotros, vosotras
— r

— a, e, i

— blar

---

[13] In drill models like this one, the words in boldface type represent what the student says in response to the instructor.

6. The stem of the infinitive **hablar** is _____. — habl
7. The subject pronoun that corresponds to the person marker **s** is _____. — tú
8. The person marker for the first-person singular is _____. — o
9. The masculine and feminine subject pronouns corresponding to the person marker **-mos** are _____ and _____. — nosotros, nosotras
10. If the verb form ends in **-a**, one could use the subject pronouns _____, _____, or _____. — él, ella, usted
11. The subject pronouns that correspond to the person marker **n** are _____, _____, or _____. — ellos, ellas, ustedes
12. A Spanish equivalent for *Felipe works there* is _____ _____ _____. — Felipe trabaja allí.
13. In the Spanish-American countries, an equivalent for YOU[14] (familiar plural) *answer well* is _____ _____ _____. — Ustedes contestan bien.
14. In Spain, an equivalent for YOU[14] (familiar plural) *answer well* is _____ _____ _____. — Vosotros (*or* vosotras) contestáis bien.

Part 2

VI. THE NEGATIVE

Pedro habla español.	*Pedro speaks Spanish.*
Pedro **no** habla español.	*Pedro does not speak Spanish.*
¿Habla usted francés?	*Do you speak French?*
¿**No** habla usted francés?	*Don't you speak French?*
¿Habla usted inglés? **No, no** hablo inglés.	*Do you speak English? No, I don't speak English.*

1. A sentence can be made negative by placing the word **no** before the verb.
2. The word **no** has two meanings: *no* and *not*. Whenever the answer to a question is a negative statement, the word **no** appears twice: the first instance meaning *no*, as in English; the second, the equivalent of *not*.
3. Spanish does not require a helping verb to form the negative.

D. Affirmative → negative

Change the following sentences to the negative.

Model: Ellos hablan francés.
Ellos no hablan francés.

---

[14]Subject pronouns in Spanish are omitted more often than they are used. In these testing sections, when a subject pronoun is expected in the Spanish answer, the English pronoun will appear in small capitals: YOU. If the English pronoun appears in the usual italic letters (*you*), omit the subject pronoun in your Spanish response.

El Colegio de los Irlandeses, Salamanca, antes seminario para nobles irlandeses. Es un ejemplo excelente del arte español renacentista. Izquierda: la fachada; derecha: el claustro.
The College of the Irish, Salamanca, once a seminary for Irish nobles. It is an excellent example of Spanish Renaissance art. Left: façade; right: cloister.

Yo trabajo allí.
Ana termina ese libro.
Pepe y Felipe contestan bien.
La oficina queda en ese edificio.
Necesito comprar unos libros.
Practicamos francés en la universidad.
Él busca unos libros en la librería.

Yo no trabajo allí.
Ana no termina ese libro.
Pepe y Felipe no contestan bien.
La oficina no queda en ese edificio.
No necesito comprar unos libros.
No practicamos francés en la universidad.
Él no busca unos libros en la librería.

E. *Negative answer + free response*

Give a negative answer to each of the following questions. Follow the negative answer with a corrected affirmative response. Vary your answers and use as many different Spanish words as you can.

Model: ¿Habla usted chino?
   No, no hablo chino, hablo inglés.

¿Trabaja usted en la librería?   No, no trabajo en la librería, trabajo. . .
¿Hablas ruso?   No, no hablo ruso, hablo. . .
¿Necesitas practicar inglés?   No, no necesito practicar inglés, necesito. . .
¿Estudian ustedes italiano en la universidad?   No, no estudiamos italiano en la universidad,
                                                      estudiamos. . .
¿Trabajan ustedes en la biblioteca?   No, no trabajamos en la biblioteca, trabajamos. . .
¿Queda la oficina en ese edificio?   No, la oficina no queda en ese edificio, queda. . .

TESTING / the negative

Give a Spanish equivalent.
1. *no, not*

— no

Give a negative form.
2. Nosotros estudiamos allí.
3. ¿Practicas francés?

— Nosotros no estudiamos allí.
— ¿No practicas francés?

Give a Spanish equivalent.
4. *David doesn't speak Italian.*
5. *No, I don't need that book.*
6. THEY (masculine) *speak and* SHE *doesn't answer.*

— David no habla italiano.
— No, no necesito ese libro.
— Ellos hablan y ella no contesta.

LECCIÓN 2

Present tense of the verb **estar** *to be* / Some uses of **estar** /
Noun gender and number / Noun plurals / Definite article (*the*) /
Indefinite article (*a, an*)

diálogo / EN LA CLASE

FELIPE ¡Qué raro! Domingo no está aquí. ¿Está en el laboratorio?
SUSANA No, está enfermo.
FELIPE ¡Qué lástima! ¿Está en cama, en su cuarto?
SUSANA No, en la clínica. Sus padres están muy preocupados y llegan esta noche.
FELIPE Entonces está muy enfermo.
SUSANA No, no está tan mal, pero el médico opina que necesita mucho reposo.

IN THE CLASSROOM

F: How odd! Domingo is not here. Is he in the lab?
S: No, he's sick.
F: What a ptiy! Is he in bed, in his room?
S: No, in the hospital.[1] His parents are very worried and are arriving tonight.[2]
F: Then he is very sick.
S: No, he's not that sick, but the doctor thinks that he needs a lot of rest.

---

[1] A **clínica** in the Hispanic world is privately run and charges fees. A **hospital** is operated by the government or a religious or charitable organization and provides care at no charge. This distinction is not made in English (e.g., Good Samaritan Hospital, Mayo Clinic).
[2] Literally, *this night*.

ORACIONES Y PALABRAS

Domingo está **enfermo**.
       regular, así así
¿Está en el **laboratorio**?
       hospital, pasillo, patio, dormitorio[3]
Él necesita mucho **reposo**.
       dinero, ejercicio

Domingo is sick.
      so-so, so-so
Is he in the lab?
      hospital, hallway, patio, dormitory
He needs a lot of rest.
      money, exercise

PREGUNTAS SOBRE EL DIÁLOGO

1. ¿Está Domingo en el laboratorio?
2. ¿Está en la clase?
3. ¿Cómo está Domingo?
4. ¿Dónde está Domingo?
5. ¿Cómo están sus padres?
6. ¿Qué opina el doctor?

PREGUNTAS GENERALES

1. ¿Cómo está usted?
2. ¿Dónde está usted?
3. ¿Está usted en el laboratorio?
4. ¿Está él enfermo?
5. ¿Necesita usted mucho reposo?
6. Y Felipe, ¿está enfermo?
7. ¿Están ellos en el patio?
8. ¿Dónde estoy yo?

GRAMMAR, EXERCISES, AND TESTING

Part 1

I. PRESENT TENSE OF THE VERB ESTAR (to be)

SUBJECT PRONOUN	INFLECTED VERB[4]	STEM	THEME VOWEL	PERSON MARKER
yo	es**toy**	est	—	oy
tú	est**ás**	est	á	s
usted, él, ella	est**á**	est	á	—
nosotros (-as)	est**amos**	est	a	mos
vosotros (-as)	est**áis**	est	á	is
ustedes, ellos (-as)	est**án**	est	á	n

1. The first-person singular ends in **-oy**, not **-o** as in regular verbs.
2. The stress of the first-person singular is on the last syllable: es**toy**.
3. The stress falls on the theme vowel **a** in the remaining forms.

---

[3]Few Spanish-American or Spanish universities have dormitories. Students usually live in private homes or guest houses.
[4]Stressed syllable shown in boldface letters.

II. SOME USES OF ESTAR

> Felipe **está** muy bien. *Felipe is very well.*
> Ellos **están** en el patio. *They are in the patio.*
> La librería {**está** / **queda**} en ese edificio. *The bookstore is in that building.*

1. The verb **estar** is used to express location or a condition.
2. Although **quedar** and **estar** both mean *to be*, **quedar** can only refer to places, whereas **estar** can refer to places and persons.

A. *Person-number substitution*[5]

1. Yo estoy muy mal.
   Él   Él está muy mal.
   Tú   Tú estás muy mal.
   Pedro y yo   Pedro y yo estamos muy mal.
   Ellos   Ellos están muy mal.
   Ana   Ana está muy mal.
   Ustedes   Ustedes están muy mal.

2. ¿Cómo está usted?
   sus padres   ¿Cómo están sus padres?
   Susana   ¿Cómo está Susana?
   tú   ¿Cómo estás tú?
   ustedes   ¿Cómo están ustedes?
   el doctor   ¿Cómo está el doctor?
   ellas   ¿Cómo están ellas?

3. ¿Está Domingo en la clase?
   ellos, el doctor, usted, tú, Pedro y Ana, ella

4. Están en el laboratorio.
   (nosotros, usted, ellas, tú, él, ustedes)

B. *Guided response*

Incorporate the cue in your answer to each question.

Model: (clase) ¿Dónde está Ana?
       Está en la clase.

(muy mal)   ¿Cómo están ellos?   Están muy mal.
(biblioteca)   ¿Dónde está David?   Está en la biblioteca.
(enfermo)   ¿Cómo está Domingo?   Está enfermo.
(clínica)   ¿Dónde está el doctor?   Está en la clínica.
(regular)   ¿Cómo están ustedes?   Estamos regular.

C. *Negative answer + free response*

Model: ¿Está Pedro en la biblioteca?
       No, no está en la biblioteca, está en la oficina.

---

[5]Substitution exercises were introduced on page 22. Only when an exercise represents a new type will further instructions be given.

Cartel de una corrida a beneficio de un hospital.
Poster of a bullfight to benefit a hospital.

¿Está usted en la oficina? — No, no estoy en la oficina, estoy...
¿Están Domingo y Ana en la clase? — No, no están en la clase, están...
¿Están ustedes en la librería? — No, no estamos en la librería, estamos...
¿Está Paco enfermo? — No, no está enfermo, está...
¿Estás en la clínica? — No, no estoy en la clínica, estoy...

TESTING / estar, present indicative

1. In the present tense of **estar**, the first-person singular form has the ending _____.   — -oy
2. **Hablo** and **estoy** are both first-person singular forms of the present tense. **Hablo** is stressed on the syllable **ha**; **estoy** is stressed on the syllable _____.   — toy
3. The present indicative forms of **estar** that have written accent marks are _____, _____, _____, and _____.   — estás, está, estáis, están
4. Two present tense forms of **estar** are stressed on the same syllable as the corresponding forms of regular -ar verbs. The two forms are _____ and _____.   — estamos, estáis

30 LECCIÓN 2

Un tranquilizador para contrarrestar el "stress" escolar.

A tranquilizer to counter scholarly stress.

Give the present-tense form of **estar** that is appropriate to the subject shown.
5. tú
6. Domingo
7. Domingo y Susana
8. Domingo y yo

— estás
— está
— están
— estamos

Give a Spanish equivalent.
9. *I am in the lab.*
10. *David is ill.*
11. *The office is there* (give two equivalents).
12. *She is not in the hallway.*

— Estoy en el laboratorio.
— David está enfermo.
— La oficina está allí. La oficina queda allí.
— No está en el pasillo.

Part 2

III. NOUN GENDER AND NUMBER

1. All nouns in Spanish have gender. They are classified as masculine or feminine.
2. Most nouns that end in **-o** in the singular are masculine; most that end in **-a** are feminine.[6]

---

[6]Two exceptions: **día** *day* (masculine), and **mano** *hand* (feminine).

MASCULINE	FEMININE
libro	librería
edificio	oficina
laboratorio	clínica
Domingo	Susana

3. Nouns whose singular ends in -e or a consonant may be either masculine or feminine.

MASCULINE		FEMININE	
viaje	trip	clase	
hospital		pared	wall
lápiz	pencil	flor	flower

4. Nouns whose singular ends in -dad or -tad are always feminine: **universidad**, **libertad** liberty, **verdad** truth, verity.
5. Nouns whose singular ends in -ción and -sión are feminine: **estación**, **lección** lesson, **pasión** passion.
6. The names of the letters of the alphabet are feminine.
7. Nouns referring to persons or animals retain the gender that nature assigned them. If the masculine form ends in -o, the corresponding feminine form replaces the -o with an -a. If the masculine singular form ends in a consonant, the feminine form adds an -a.

MASCULINE		FEMININE
amigo	friend	amiga
gato	cat	gata
doctor		doctora
profesor		profesora

8. Sometimes different words are used to distinguish the male from the female: **padre** father, **madre** mother; **toro** bull, **vaca** cow. At other times, the same word is used to refer to the masculine and the feminine: **estudiante** student.

IV. NOUN PLURALS

1. Nouns ending in a vowel form their plural by adding -s.

SINGULAR	PLURAL
laboratorio	laboratorios
estudiante	estudiantes

2. Nouns ending in a consonant form their plural by adding -es.

SINGULAR		PLURAL
universidad		universidades
hospital		hospitales
país	country	países
lápiz		lápices[7]

---

[7]When the final consonant is -z, it changes to c before adding -es.

3. The plural of some masculine nouns can also refer to a mixed group in addition to its regular meaning.

>**padres** *fathers, parents*
>**hermanos** *brothers, brothers and sisters*

V. DEFINITE ARTICLE (*the*)

	MASCULINE	FEMININE
singular	el	la
plural	los	las

1. The masculine definite articles are **el** (singular) and **los** (plural).

>**el** libro   **los** libros
>**el** doctor   **los** doctores
>**el** viaje   **los** viajes

2. The feminine definite articles are **la** (singular) and **las** (plural).

>**la** oficina   **las** oficinas
>**la** señora   **las** señoras
>**la** lección   **las** lecciones

3. The definite article agrees in number and gender with the noun it modifies.[8]

VI. INDEFINITE ARTICLE (*a, an*)

	MASCULINE	FEMININE
singular	un	una
plural	unos	unas

1. The masculine indefinite articles are **un** (singular) and **unos**[9] (plural).

>**un** libro   **unos** libros
>**un** doctor   **unos** doctores

2. The feminine indefinite articles are **una** (singular) and **unas**[9] (plural).

>**una** oficina   **unas** oficinas
>**una** señora   **unas** señoras

3. The indefinite article agrees in number and gender with the noun it modifies.

---

[8] An excellent way to learn the gender of nouns is to study the words along with the correct article **el** or **la**.
[9] The English equivalent to this plural form is *some* or *any*.

D. *Masculine → feminine*

Give the feminine counterpart for each of the following expressions.

Model: el amigo
la amiga

el hermano	la hermana
el señor	la señora
el padre	la madre
el doctor	la doctora
el gato	la gata
el estudiante	la estudiante

E. *Definite article → indefinite article*

Replace the definite article by its corresponding indefinite article.

Model: el edificio
un edificio

el libro	un libro
la librería	una librería
las bibliotecas	unas bibliotecas
los hospitales	unos hospitales
la estación	una estación
los laboratorios	unos laboratorios

Playa de la Malvarrosa, Valencia. Muchos nadan, otros descansan en la playa y algunos, infortunadamente, terminan con quemaduras de sol.

Malvarrosa Beach, Valencia. Many swim, others rest on the beach, and some, unfortunately, end up with sunburns.

Navacerrada, cerca de Madrid. El esquí es un deporte popular que a veces resulta peligroso.

Navacerrada, near Madrid. Skiing is a popular sport that sometimes proves dangerous.

F. *Substitution*

1. Ellos miran el edificio.
libros	Ellos miran los libros.
oficinas	Ellos miran las oficinas.
hospital	Ellos miran el hospital.
universidad	Ellos miran la universidad.
laboratorio	Ellos miran el laboratorio.
estación	Ellos miran la estación.

2. Necesitan un libro.
edificios	Necesitan unos edificios.
oficinas	Necesitan unas oficinas.
biblioteca	Necesitan una biblioteca.
libros	Necesitan unos libros.
hospital	Necesitan un hospital.
clínica	Necesitan una clínica.

TESTING / *noun gender and number; definite and indefinite articles*

1. The singular for most masculine nouns ends in _____.
2. One masculine word which does not follow the above pattern is **el** _____.
3. The singular for most feminine nouns ends in _____.
4. One feminine word which does not follow the above pattern is **la** _____.

— -o

— día

— -a

— mano

Give the corresponding form for the opposite sex.
5. un gato
6. el padre
7. el doctor
8. una estudiante

9. The four forms for the definite article are
____, ____, ____, and ____.
10. The four forms for the indefinite article are
____, ____, ____, and ____.

Give a Spanish equivalent.
11. *the station*
12. *the classes*
13. *some lessons*
14. *some students* (masculine)
15. *some students* (feminine)

— una gata
— la madre
— la doctora
— un estudiante

— el, la, los, las

— un, una, unos, unas

— la estación
— las clases
— unas lecciones
— unos estudiantes
— unas estudiantes

LECCIÓN 3

Cardinal numbers 0–29 / Cardinal numbers 30–59 / The function of **un**, **una**, and **uno** / **Hay** (*there is, there are*) / The preposition **de** (*of, from*) / Question words / Syntax, intonation, and cognates / Word-order patterns

diálogo / UNA CONVERSACIÓN ENTRE DOS ALUMNOS

A CONVERSATION BETWEEN TWO STUDENTS

JULIO A propósito, ¿cuántos alumnos hay en tu clase de historia?

JOSÉ Unos cuarenta o cincuenta, ¿por qué?

JULIO Para comparar tu clase con mi clase en la escuela secundaria. Allí sólo hay treinta.

JOSÉ Bueno, pero aquí hay otras clases con menos alumnos. Por ejemplo, yo estoy en un seminario donde sólo hay cinco alumnos.

JU: *By the way, how many students are there in your history class?*

JO: *About forty or fifty.*[1] *Why?*

JU: *In order to compare your class with my class in high school.*[2] *There there are only thirty.*

JO: *Well, but here there are other classes with fewer students. For example, I am in a seminar where there are only five students.*

---

[1] Literally, *Some forty or fifty.*
[2] Literally, *secondary school.*

JULIO ¿De veras? ¿Y cuánto[3] dura ese seminario?
JOSÉ   Casi tres horas una vez a la semana.

Ju: Really? And how long does that seminar last?
Jo: Almost three hours once a week.[4]

ORACIONES Y PALABRAS

¿Cuántos **alumnos** hay en tu clase?
    chicos, escritorios
Hay más alumnos en la clase de **filosofía**.
              economía,
               química,
               física,
               matemáticas
¿Cuánto dura la **clase**?
    explicación, conferencia, lectura, entrevista

How many students are there in your class?
    boys,[5] desks
There are more students in the philosophy class.
               economics,
               chemistry,
               physics,
               mathematics
How long does the class last?
    explanation, lecture, reading, interview

PREGUNTAS SOBRE EL DIÁLOGO

1. ¿Estudia José historia?
2. ¿Cuántos alumnos hay en la clase de José[6]?
3. Y en la clase de Julio, ¿cuántos hay?
4. ¿Dónde hay más alumnos, en la clase de José o en la clase de Julio?
5. ¿Dónde hay sólo cinco alumnos?
6. ¿Cuánto dura el seminario?

PREGUNTAS GENERALES

1. ¿Estudia usted historia?
2. Y usted, ¿estudia filosofía?
3. ¿Estudian ustedes química?
4. ¿Estudian ellos español?
5. ¿Están ustedes en la clase de matemáticas?
6. ¿Dura una hora la clase de español?
7. ¿Cuánto dura una conferencia?
8. ¿Está usted en un seminario en la universidad?

GRAMMAR, EXERCISES, AND TESTING

Part 1

I. CARDINAL NUMBERS 0–29

0	**cero**	6	**seis**	12	**doce**	18	**dieciocho**	24	**veinticuatro**
1	**uno**	7	**siete**	13	**trece**	19	**diecinueve**	25	**veinticinco**
2	**dos**	8	**ocho**	14	**catorce**	20	**veinte**	26	**veintiséis**
3	**tres**	9	**nueve**	15	**quince**	21	**veintiuno**	27	**veintisiete**
4	**cuatro**	10	**diez**	16	**dieciséis**	22	**veintidós**	28	**veintiocho**
5	**cinco**	11	**once**	17	**diecisiete**	23	**veintitrés**	29	**veintinueve**

---

[3]Invariable because it is used as an adverb.
[4]Literally, *one time to the week.*
[5]Also, *boys and girls.*
[6]The expression **de José** means *Joseph's* (literally, *of Joseph*).

1. The numbers from 0 through 29 are written as one word.
2. The word **veinte** ends in -e, but the -e is replaced by an **i** in numbers from 21 through 29.
3. Because **dieciséis, veintidós, veintitrés,** and **veintiséis** (16, 22, 23, and 26) end in -s and the stress falls on the last syllable, a written accent mark is required.
4. Numbers 16 through 19 may be spelled another way.

   16 diez y seis
   17 diez y siete
   18 diez y ocho
   19 diez y nueve

5. Numbers 21 through 29 may be spelled another way. In these forms the -e of **veinte** is retained.

   21 veinte y uno
   22 veinte y dos
   23 veinte y tres, etc.

II. CARDINAL NUMBERS 30–59

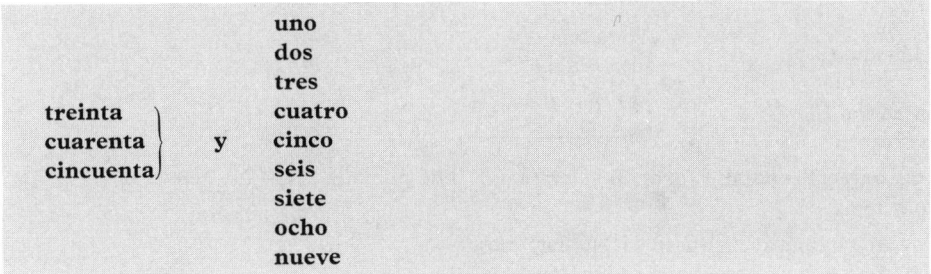

1. **Treinta, cuarenta,** and **cincuenta** end in -a.
2. The -a does not change when units are added.
3. The numbers from 31 through 59 do not have alternate spellings.

III. THE FUNCTION OF UN, UNA, AND UNO

1. In counting, **uno** is invariable and means *one*.

   uno, dos, tres   *one, two, three*

2. Before a masculine noun, **uno** is shortened to **un**.

   un alumno   *one student*
   veintiún[7] alumnos   *twenty-one students*
   treinta y un alumnos   *thirty-one students*

---

[7]Because this word, when shortened, ends in -n and the stress falls on the last syllable, a written accent mark must be added.

Cuevas de Altamira, cerca de Santander. Se cree que esta pintura rupestre de un bisonte tiene más de 10.000 años.

The Altamira Caves, near Santander. It is believed that this painting of a bison is more than 10,000 years old.

3. Before a feminine noun, **uno** becomes **una**.

una oficina	*one office*
veintiuna oficinas	*twenty-one offices*
treinta y una oficinas	*thirty-one offices*

4. The words **un** and **una** function as numbers and as indefinite articles.

un alumno	{ *a student* / *one student* }
una oficina	{ *an office* / *one office* }

5. The forms **uno** and **una** also function as pronouns. The pronoun keeps the gender of the noun it replaces.

¿Hay tres alumnos en el pasillo? No, hay **uno**.
¿Hay tres alumnas en el pasillo? No, hay **una**.

A. *Counting exercise*

Cuente[8] de uno a cinco.
Cuente de cinco a diez.
Cuente de diez a quince.
Cuente de quince a veinte.

Cuente de veinte a treinta.
Cuente de treinta a cuarenta.
Cuente de cuarenta a cincuenta.

B. *Reading exercise*

Read the following expressions aloud.

1 alumno	2 entrevistas	20 clínicas	44 doctores
1 alumna	6 escritorios	21 chicos	48 oficinas
1 conferencia	10 clases	21 chicas	55 libros
1 profesor	15 profesoras	37 profesores	59 estudiantes

---

[8]*Count.*

IV. HAY[9] (*there is, there are*)

¿Cuántos alumnos **hay** en la oficina?	*How many students are there in the office?*
Hay un alumno en la oficina.	*There is one student in the office.*
Hay diez alumnos en la oficina.	*There are ten students in the office.*

The word **hay** is invariable: its spelling doesn't change, and a singular or plural word may be used with it.

V. THE PREPOSITION DE (*of, from*)

el libro **de** Ana	*Ana's book*
la madre **de** Julio	*Julio's mother*
un libro **de** inglés	*an English book*
Departamento **de** Filosofía	*Philosophy Department*, or *Department of Philosophy*
El profesor **de** Nevada habla ruso.	*The professor from Nevada speaks Russian.*

---

[9]**Hay** is a form of the verb **haber**. A fuller treatment of **haber** is presented beginning with Lesson 37.

Ruinas romanas de Sagunto, al norte de Valencia. Murallas iberas, griegas, romanas, visigóticas, árabes y cristianas muestran en sus piedras los distintos períodos de la larga historia de esta ciudad.

Roman ruins in Sagunto, north of Valencia. Iberian, Greek, Roman, Visigothic, Moorish, and Christian walls record in stone the different periods of the long history of this city.

Noun + **de** + noun is a common pattern in Spanish. It is used to indicate:

1. possession
2. identification
3. source or origin

C. Guided response

Model: (5) ¿Hay tres estudiantes en la clase?
No, hay cinco estudiantes.

(1) ¿Hay dos diálogos en las lecciones? — No, hay un diálogo.
(12) ¿Hay diez oficinas en ese edificio? — No, hay doce oficinas.
(1) ¿Hay tres bibliotecas en la universidad? — No, hay una biblioteca.
(29) ¿Hay quince alumnos en la clase? — No, hay veintinueve alumnos.
(50) ¿Hay treinta estudiantes en la conferencia? — No, hay cincuenta estudiantes.
(1) ¿Hay dos profesores en la oficina? — No, hay un profesor.

D. Questions

1. ¿Cuántos estudiantes hay en la clase de física?
2. ¿Hay diez estudiantes en la clase de español?
3. ¿Cuántos alumnos hay en la clase de economía?
4. ¿Cuánto dura la clase de historia?
5. ¿Cuántos profesores de español hay aquí?
6. ¿Cuántos doctores hay en el hospital?
7. ¿Cuánto dura la explicación?
8. ¿Cuánto dura una entrevista?
9. ¿Dónde está el libro del profesor?

TESTING / numbers; the preposition **de**

Give a Spanish equivalent.

1. *one* (in counting) — uno
2. *one* (before a singular masculine noun) — un
3. *one* (before a singular feminine noun) — una
4. *four* — cuatro
5. *six* — seis
6. *seven* — siete
7. *ten* — diez
8. *fifteen* — quince
9. *sixteen* (give two spellings) — dieciséis, diez y seis
10. *twenty-two* (two spellings) — veintidós, veinte y dos
11. *thirty-three* — treinta y tres
12. *forty-nine* — cuarenta y nueve
13. *zero* — cero
14. There are fifty-one desks in the classroom. — Hay cincuenta y un escritorios en la clase.
15. Felipe's father is sick. — El padre de Felipe está enfermo.
16. The boy from Colombia speaks English. — El chico de Colombia habla inglés.

42 LECCIÓN 3

La gran Mezquita de Córdoba. Fundada por los fenecios y durante siete siglos una espléndida capital romana, Córdoba fue en el siglo X la capital del Califato español más importante, el centro intelectual más avanzado de Europa y probablemente la ciudad más rica del mundo.

The great mosque in Cordoba. Founded by the Phoenicians and for seven centuries a splendid Roman capital, Cordoba in the 10th century was capital of the most important Spanish caliphate, the most advanced center of learning in Europe, and probably the richest city in the world.

Part 2

VI. QUESTION WORDS

Seven basic words are used to introduce a question in Spanish: **cómo, cuál, cuándo, cuánto, dónde, quién, qué**. Each has a written accent when it introduces a question. They fall into three categories: adverb, adjective, and pronoun.

□ ADVERB

cómo	*how*
cuándo	*when*
cuánto	*how much*
dónde	*where*

¿**Cómo** está usted? ¿**Cómo** están ustedes?
¿**Cuándo** estudia María? ¿**Cuándo** estudian Felipe y Juan?
¿**Cuánto** dura la clase? ¿**Cuánto** duran las clases?
¿**Dónde** queda la librería? ¿**Dónde** quedan las librerías?

These words function as adverbs;[10] they are therefore invariable.

---

[10]**Cómo** has other uses. It is used as a response to a statement which was not understood—it requests repetition of the statement.

    Juan necesita unos libros.   *John needs some books.*
    ¿Cómo?   *What?* (i.e., *Please repeat.*)

Cómo is also used when the speaker feels the previous statement is obviously wrong.

    Estamos en la clase de química.   *We are in chemistry class.*
    ¿Cómo?   *What?* (But we are in Spanish class.)

In each case the intonation of **cómo** differs.

□ **ADJECTIVE**

qué	*what*	(invariable)
cuál	*which*	(singular: masculine or feminine)
cuáles	*which*	(plural: masculine, feminine, or mixed)
cuánto	*how much*	(masculine singular)
cuánta	*how much*	(feminine singular)
cuántos	*how many*	(masculine and mixed plural)
cuántas	*how many*	(feminine plural)

¿**Qué** libro compras? ¿**Qué** libros compras?
¿**Qué** pregunta contestas? ¿**Qué** preguntas contestan ustedes?

¿**Cuál** libro compras? ¿**Cuál** pregunta contestas?
¿**Cuáles** libros están allí? ¿**Cuáles** librerías están allí?

¿**Cuánto** dinero necesita usted? ¿**Cuántos** alumnos hay en la clase?
¿**Cuánta** crema compra usted? ¿**Cuántas** alumnas estudian español?

1. **Qué** is invariable.
2. **Cuál** and its plural **cuáles** modify nouns of either gender—there are no special feminine forms.
3. In some Spanish-speaking countries, **cuál** and **cuáles** function as adjectives. In other countries, they function only as pronouns; **qué** is the corresponding adjective.
4. **Cuánto**, like all adjectives that end in **-o** in the masculine singular, has four forms to designate gender and number: **cuánto, cuánta, cuántos, cuántas**.

□ **PRONOUN**

qué	*what*
cuál	*which (one)*
cuáles	*which (ones)*
quién	*who* (singular: masculine or feminine)
quiénes	*who* (plural: masculine, feminine, or mixed)
cuánto	*how much*
cuánta	*how much*
cuántos	*how many*
cuántas	*how many*

¿**Qué** estudia usted, francés o español? ¿**Qué** estudian ustedes, inglés o español?

¿**Cuál** de los libros necesita? ¿**Cuál** de las profesoras enseña español?
¿**Cuáles** están en el pasillo?

¿**Quién** canta, María o Roberto?
¿**Quiénes** están en la oficina?

¿**Cuánto** [dinero] necesita usted?
¿**Cuánta** [crema] compra usted?
¿**Cuántos** [alumnos] hay en la clase?
¿**Cuántas** [alumnas] estudian español?

1. **Qué**, **cuál**, and **cuánto** have the same forms whether they function as pronouns or adjectives.
2. **Quién** is like **cuál**: it has a plural (**quiénes**) but no separate feminine forms, and refers to either gender.
3. Words in brackets have been inserted in the model sentences to show why the pronouns have the endings they do. Were we to remove the brackets, the pronouns would then become adjectives.

VII. SYNTAX, INTONATION, AND COGNATES

Because Spanish and English evolved from a common linguistic ancestor, Indo-European, the written and spoken languages have many similarities in word order (syntax), oral delivery (intonation), and vocabulary (cognates). The languages also show many dissimilarities; each has its distinctive flavor and identity.

VIII. WORD-ORDER PATTERNS

□ STATEMENT

Roberto está enfermo.	*Roberto is sick.*
Roberto trabaja en la librería.	*Roberto works in the bookstore.*

English and Spanish use basically the same word order to formulate a statement:
    subject + verb + remainder

□ QUESTION

¿Está usted enfermo?	*Are you ill?*
¿Trabaja usted en la librería?	*Do you work in the bookstore?*

1. To formulate a question, Spanish characteristically uses the word-order pattern:
    verb + subject + remainder
2. English sometimes uses the same pattern and sometimes a second pattern involving a helping verb:
    verb + subject + remainder
    helping verb + subject + main verb + remainder
3. Both languages introduce a rise in pitch for all questions which require a yes or no answer.

□ QUESTION WITH QUESTION WORD

¿Dónde está la biblioteca?	*Where is the library?*
¿Cuándo estudias español?	*When do you study Spanish?*
¿Quién habla japonés aquí?	*Who speaks Japanese here?*

1. Spanish uses a single word-order pattern for questions which begin with a question word.

    question word + verb (+ subject) + remainder[11]

2. English may use two different word-order patterns for these questions.

    question word + verb (+ subject) + remainder
    question word + helping verb + subject + main verb + remainder

3. Both languages normally lower the pitch at the end of such questions.

☐ **QUESTION BY INTONATION**

| ¿Usted habla portugués? | *You speak Portuguese?* |

Both languages can use a declarative sentence as a question merely by raising the pitch level at the end of the sentence.

☐ **QUESTION WITH INTERROGATIVE TAG**

| Usted habla portugués, ¿verdad? | *You speak Portuguese, don't you?* |
| Él está enfermo, ¿no? | *He is sick, isn't he?* |

---

[11] The subject appears in parentheses because in some cases—as in sentence number three—the question word is the subject. In sentence number two, the subject is implicit in the verb ending.

La Capilla Real en Granada, donde se encuentran los sepulcros de Fernando e Isabel, su hija Juana la Loca y su esposo Felipe el Hermoso. Juana y Felipe fueron los padres de Carlos V, rey de España (1516–1556) y emperador de Alemania (1519–1556).

The Royal Chapel in Granada, where the sepulchers of Ferdinand and Isabella, their daughter Juana the Mad, and her husband Philip the Handsome are found. Juana and Philip were the parents of Charles V, King of Spain (1516–1556) and Holy Roman Emperor (1519–1556).

1. Both languages may use an interrogative tag after a declarative statement to formulate a question.
2. In Spanish, only the tag word or phrase is enclosed by the question marks.

□ *SUMMARY: SPANISH WORD ORDER PATTERNS*

STATEMENT	subject + verb + remainder

QUESTION	
standard	verb + subject + remainder
question word	question word + verb (+ subject) + remainder
intonation	subject + verb + remainder
tag	subject + verb + remainder + tag

E. *Singular → plural*

Repeat the following questions twice, each time changing something to the plural. First, simply change **cuál** to the plural; second, also change the verb and subject pronoun to the plural.

Model: ¿Cuál compra usted?
   ¿Cuáles compra usted? ¿Cuáles compran ustedes?

¿Cuál busca él?
¿Cuál escucha ella?
¿Cuál practica usted?
¿Cuál miras tú?

¿Cuáles busca él?
¿Cuáles buscan ellos?
¿Cuáles escucha ella?
¿Cuáles escuchan ellas?
¿Cuáles practica usted?
¿Cuáles practican ustedes?
¿Cuáles miras tú?
¿Cuáles miran ustedes?

F. *Statement → question*

Change the following statements to questions, first by intonation only, then by word order and intonation.

Model: Ella estudia español.
   ¿Ella estudia español?
   ¿Estudia ella español?

Domingo está muy enfermo.

Felipe necesita mucho reposo.

El doctor trabaja en esa clínica.

Las clases duran cincuenta minutos.

¿Domingo está muy enfermo?
¿Está Domingo muy enfermo?
¿Felipe necesita mucho reposo?
¿Necesita Felipe mucho reposo?
¿El doctor trabaja en esa clínica?
¿Trabaja el doctor en esa clínica?
¿Las clases duran cincuenta minutos?
¿Duran las clases cincuenta minutos?

G. Substitution

¿Cuántos chicos hay en el laboratorio?
chicas   ¿Cuántas chicas hay en el laboratorio?
dinero   ¿Cuánto dinero hay en el laboratorio?
señoras ¿Cuántas señoras hay en el laboratorio?
libros   ¿Cuántos libros hay en el laboratorio?

H. Singular → plural

Model: ¿Quién está en el patio?
        ¿Quiénes están en el patio?

¿Quién estudia filosofía?   ¿Quiénes estudian filosofía?
¿Quién necesita practicar alemán?   ¿Quiénes necesitan practicar alemán?
¿Quién mira unos libros?   ¿Quiénes miran unos libros?
¿Quién trabaja allí?   ¿Quiénes trabajan allí?
¿Quién practica en el laboratorio?   ¿Quiénes practican en el laboratorio?

I. Answer → question

The instructor will say a sentence. Formulate questions which will elicit that sentence as an answer. Try to find as many questions as possible.

Model: Domingo estudia allí.
        ¿ Quién estudia allí?
        ¿ Dónde estudia Domingo?

José está muy enfermo.   ¿Quién está muy enfermo?
                                       ¿Cómo está José?

La librería queda en ese edificio.   ¿Qué queda en ese edificio?
                                       ¿Dónde queda la librería?

Nosotros estudiamos en la clase.   ¿Quiénes estudian en la clase?
                                       ¿Dónde estudian ustedes?

Pedro necesita mucho reposo.   ¿Quién necesita mucho reposo?
                                       ¿Qué necesita Pedro?

Los alumnos practican español en el laboratorio.   ¿Quiénes practican español en el laboratorio?
                                       ¿Qué practican los alumnos en el laboratorio?
                                       ¿Dónde practican español los alumnos?

TESTING / question words

Give a Spanish equivalent.
1. *how much?* (adverb)
2. *how many?* (two forms)
3. *How many Spanish books?*
4. *How many classes?*
5. *who?* (two forms)

— cuánto
— cuántos, cuántas
— ¿Cuántos libros de español?
— ¿Cuántas clases?
— quién, quiénes

La gran catedral gótica de Burgos. Aquí están enterrados el Cid Campeador y su esposa doña Jimena. Entre 1370 y 1621, cinco prelados de esta iglesia llegaron a ser papas, signo de la importancia espiritual y política de España.

The great Gothic cathedral of Burgos. Buried here are El Cid the Conqueror and his wife Doña Jimena. Between 1370 and 1621 five prelates from this church became pope, a sign of Spain's spiritual and political importance.

6. A common expression which is used to indicate doubt, surprise, or as a request to repeat something is _____.
7. A Spanish equivalent of *what?* is _____.
8. Although the expressions **cuál** and **cuáles** may modify a noun in some Spanish-speaking countries, in others the expression used is _____.

Give Spanish equivalents.
9. *which?* (adjective; two forms)
10. *where? when?*
11. Formulate two questions that would elicit the answer **Pedro está aquí**.
12. The plural form for ¿*Qué universidad?* is _____ _____.

— ¿Cómo?
— qué

— qué

— cuál, cuáles
— dónde, cuándo

— ¿Quién está aquí? ¿Dónde está Pedro?

— ¿Qué universidades?

◀ La Universidad de Barcelona, famosa principalmente por su Facultad de Derecho.
The University of Barcelona, famous especially for its School of Law.

RECAPITULACIÓN Y AMPLIACIÓN[1]

lectura / UNIVERSIDADES HISPANAS

Las universidades de los países hispanos están divididas en facultades. En la Universidad de Madrid hay siete facultades: Medicina, Farmacia, Filosofía y Letras[2], Derecho, Veterinaria, Ciencias (con secciones de matemáticas, física, geología y biología) y Ciencias Políticas, Económicas y Comerciales. Además hay un Instituto de Ciencias de la Educación. En otras universidades de España hay menos facultades; por ejemplo, en la Universidad de Barcelona[3] no hay Facultad de Veterinaria y en la Universidad de Granada[4] hay sólo cinco facultades. En las universidades de España no hay facultades de Ingeniería y Arquitectura; hay Escuelas de Ingeniería y Arquitectura en los Institutos Politécnicos Superiores. Los Institutos están en Madrid y otras ciudades como Barcelona. En los otros países

facultad *school, college*
derecho *law*

además *besides*

como *such as*

---

[1]*Review and expansion.*
[2]**Filosofía y Letras**   Philosophy and Letters; similar to the College of Humanities.
[3]**Barcelona**   industrial city in Northeastern Spain on the Mediterranean.
[4]**Granada**   city in Southern Spain famous for its Arabic heritage.

Avenida José Antonio, Madrid. Las Academias, museos, bibliotecas, teatros y organismos de difusión situados en la ciudad, la hacen la capital cultural de España.

Avenue José Antonio, Madrid. The Royal Academies, museums, libraries, theaters, and mass media organizations located in the city make it the cultural capital of Spain.

hispanos, sin embargo, hay Facultades de Ingeniería y Arquitectura en las universidades.

En las universidades hispanas no hay departamentos de pintura, escultura, drama o cerámica. Hay escuelas especiales y los alumnos estudian allí.

sin embargo *nevertheless*

pintura *painting*

PREGUNTAS

1. ¿Cómo están divididas las universidades de los países hispanos?
2. ¿Cuántas facultades hay en la Universidad de Madrid?
3. ¿Cómo se llaman las facultades de la Universidad de Madrid?
4. ¿Hay Facultades de Ingeniería en las universidades de España?
5. ¿Hay Facultades de Arquitectura en las universidades de España?
6. ¿Hay Facultades de Ingeniería y Arquitectura en otros países hispanos?
7. ¿Hay departamentos de pintura, escultura o drama en las universidades hispanas?
8. ¿Dónde estudian pintura o escultura los alumnos en los países hispanos?

READING AND WRITING SUPPLEMENT

Cognates

An effective way to expand your Spanish vocabulary is to learn to recognize the countless cognates which exist in Spanish and English. Cognate words in the two languages are visually and audibly related. Many of them are identical in spelling and meaning: **doctor**.

Estudiantes en la Universidad de Madrid, la mayor y más importante de España.

College students at the University of Madrid, the largest and most influential in Spain.

Others show spelling differences as a result of their conforming to different orthographic systems: **profesor** *professor*. A few have acquired new, though related, meanings in one language but not the other: **librería** *bookstore*; **biblioteca** *library*. The context will usually help you interpret such words, but if in doubt, consult your dictionary.

The following words are typical of the abundance of cognates that are identical in spelling and meaning in both languages.

actor	director	general
bacteria	central	horrible
canal	formal	ideal
crisis	formidable	labor
chocolate	final	rival
radio	sector	terrible

The following Spanish words are spelled nearly the same in English. Can you give the English equivalents?

momento	progreso	aire
agente	secreto	oficial
cafetería	concepto	millón

PRONUNCIATION

Spanish / d / represented by the letter **d**

The main difference in the pronunciation of the Spanish and English / d / is the point of articulation. To produce an English / d /, the tip of the tongue presses against the upper alveolar ridge, whereas in Spanish, the tip of the tongue presses against the back of the upper teeth.

Spanish /d/ is pronounced two ways, depending upon its position in the word or sentence. Whenever /d/ introduces a sentence or occurs after a pause, an **n**, or an **l**, it is a stop. This sound is written by phoneticians as a letter "d" in brackets: [d]. In all other positions, /d/ is similar to the English *th* in the word *father*. The airstream, rather than being interrupted, flows through the slit formed by the tongue and the ridge of the upper teeth. This fricative sound is written phonetically as a "d" with a line through it, in brackets: [đ].

A. Listen and repeat.

[d]	[đ]
don	queda
dos	edificio
donde	estudia
Domingo	usted
dinero	universidad
dispénseme	médico

B. Notice how the sound /d/ changes depending on its position in a word group. Listen and repeat.

[d]	[đ]
Domingo	y Domingo
doctor	ese doctor
dinero	mucho dinero

C. Listen and repeat.

Domingo, dame los dados.	*Domingo, give me the dice.*
David dijo doce dólares.	*David said twelve dollars.*
Dime dónde queda la universidad.	*Tell me where the university is.*

La Universidad de Valladolid, un ejemplo de la arquitectura churrigueresca. Colón y Cervantes vivieron durante algún tiempo en Valladolid.

The University of Valladolid, an example of Churrigueresque architecture. Columbus and Cervantes both lived for a time in Valladolid.

La Facultad de Derecho de la Universidad de Valencia. España continúa desarrollando su sistema universitario, ampliando a menudo instituciones ya existentes—la Universidad de Valencia fue fundada en 1493.

The School of Law at the University of Valencia. Spain continues to develop its university system, often by expanding existing institutions —the University of Valencia was founded in 1493.

PROVERBIOS

Proverbs are folksy maxims of wit, humor, and wisdom; like folk songs and dances, they capture the basic spirit of a culture. Originally transmitted by word of mouth, Hispanic proverbs were eventually written down and today printed collections of them are common in the Hispanic world. Despite their homespun flavor and simplistic outlook, they often represent pithy observations about human life. Here are two proverbs which are currently popular.

Donde hay amor[1] hay dolor[2].

¿Qué hay donde hay amor?
¿Hay dolor cuando hay amor?
¿Está de acuerdo[3] con el proverbio?

Quien[4] canta, sus males[5] espanta[6].

Según[7] el proverbio, ¿qué espanta quien canta?
Cuando usted canta, ¿espanta sus males?
¿Canta usted mucho?
¿Canta usted bien o mal?

[1]**amor** (masculine) *love*   [2]**dolor** (masculine) *sorrow*   [3]**estar de acuerdo** *to agree*
[4]**quien** *he who*   [5]**males** (masculine) *troubles*   [6]**espanta** *from* **espantar,** *to drive away*
[7]**según** *according to*

TESTING

A. Present tense of **-ar** verbs

Each item uses the same verb twice. Supply the missing present-tense form.

1. Nosotros hablamos español y tú _____ español y francés. — hablas
2. El trabaja en la biblioteca y ellos _____ en ese edificio. — trabajan
3. Paco y David estudian en la biblioteca. ¿Dónde _____ tú? — estudias
4. Tú necesitas estudiar ruso y yo _____ estudiar alemán. — necesito
5. Ellos hablan español. Y usted, ¿_____ español? — habla
6. Yo sé dónde queda la librería, pero no sé dónde _____ la oficina y la biblioteca. — quedan
7. Juan y Pedro buscan unos libros en la librería, pero Ana no _____ sus libros allí. — busca
8. Domingo practica español y nosotros _____ ruso. — practicamos
9. Yo estudio japonés. Y usted, ¿qué _____? — estudia
10. Tú contestas bien y ellas, ¿no _____ bien? — contestan

B. Present tense of **estar**

Provide the appropriate present-tense form of the verb **estar**.

1. Domingo no está aquí y yo no sé dónde _____. — está
2. Ella está en la casa pero sus padres _____ aquí. — están
3. Buenos días, Pepe. ¿Cómo _____? — estás
4. Él está regular, pero nosotros _____ muy bien. — estamos
5. Mi padre está enfermo pero yo _____ bien. — estoy
6. Los doctores _____ en el hospital. — están
8. La clínica _____ allí. — está

9. ¿Dónde _____ ustedes? — están
10. Ellos _____ bastante bien. — están

C. Question words

Each item has a question and an answer. Provide a question word that will make the answer seem a logical one.

1. ¿_____ está Pedro? [*Answer*] Está muy bien. — Cómo
2. ¿_____ trabajan sus padres? En ese edificio. — Dónde
3. ¿_____ están allí? Los profesores. — Quiénes
4. ¿_____ de los libros necesita usted? Ese libro. — Cuál
5. ¿_____ dinero necesita José? Mucho dinero. — Cuánto
6. ¿_____ oficinas hay en ese edficio? Unas veinte. — Cuántas
7. ¿_____ estudia usted? Español y francés. — Qué
8. ¿_____ profesores hay en el Departamento de Español? Hay ocho. — Cuántos
9. ¿_____ está enfermo? Pedro. — Quién
10. ¿_____ dura la entrevista? Casi una hora. — Cuánto
11. ¿_____ queda la librería? Allí. — Dónde
12. ¿_____ de las clases enseña usted? Español y alemán. — Cuáles
13. ¿_____ libertad hay allí? Hay mucha libertad. — Cuánta
14. ¿_____ estudia italiano? Yo estudio italiano. — Quién

D. Numbers

Provide the correct answers to the following problems.

1. Cinco y cuatro son _____. — nueve
2. Veinte y diez son _____. — treinta
3. Quince y veinticinco son _____. — cuarenta
4. Doce y diez son _____. — veintidós *or* veinte y dos
5. Ocho y veintiséis son _____ _____ _____. — treinta y cuatro
6. Treinta y dos y veintitrés son _____ _____ _____. — cincuenta y cinco

VOCABULARY

A vocabulary list appears at the end of each chapter of **Recapitulación y ampliación**. The list includes all the active words introduced in the preceding three grammar lessons.[5] In the list a few simple abbreviations are used: *m*, masculine; *f*, feminine; *pl*, plural; *adj*, adjectives, *adv*, adverb. You can test your mastery of these words by covering one of the pair of columns with a sliding piece of paper.

alemán *m*	German	**día** *m*	day
alumno	student	**diálogo**	dialog
allí	there	**dinero**	money
amigo	friend	**dispénseme**	excuse me
aquí	here	**doctor**	doctor
así así	so-so	**dónde**	where
biblioteca	library	**dormitorio**	dormitory
bien	well	**durar**	to last
bueno	good, well	**economía**	economics
buscar	to look for	**edificio**	building
cama	bed	**ejemplo**	example
cantar	to sing	**ejercicio**	exercise
casi	almost	**el**	the
clase *f*	class	**él**	he, it
clínica	hospital, clinic	**ella**	she, it
cómo	how	**ellos (-as)**	they
comparar	to compare	**en**	in
comprar	to buy	**enfermo**	ill, sick
con	with	**enseñar**	to teach, to show
conferencia	lecture	**entonces**	then
contestar	to answer	**entre**	between, among
conversación	conversation	**entrevista**	interview
cuándo	when	**escritorio**	desk
cuál(-es)	which, what, which ones	**escuchar**	to listen (to)
cuánto *adv*	how much	**escuela secundaria**	high school
cuánto *adj*	how much; *pl* how many	**ese**	that
		español	Spanish
cuarto	room	**estación**	station
chico	boy	**esta noche**	tonight
chicos	boys, boys and girls	**estar**	to be
chino	Chinese	**estudiante** *m or f*	student
de	of, from	**estudiar**	to study
de nada	you're welcome	**explicación**	explanation
de veras	really	**filosofía**	philosophy

[5] Words introduced in the **lectura** of the chapter of **Recapitulación y ampliación** are not in the list. They are considered inactive words until they are later introduced in a grammar lesson. All the words included in the list are active and are likely to be used without further explanation in future exercises.

física	physics	**para**	for, in order to
francés *m*	French	**pasillo**	hallway
gato	cat	**patio**	patio
general	general	**pero**	but
gracias	thanks, thank you	**por ejemplo**	for example
hablar	to speak	**por qué**	why
hay	there is, there are	**portugués** *m*	Portuguese
hermana	sister	**practicar**	to practice
hermano	brother; pl brothers, brothers and sisters	**pregunta**	question
		preocupado	worried
historia	history	**profesor**	professor
hora	hour	**propósito: a propósito**	by the way
hospital *m*	hospital	**que**	that
inglés *m*	English	**qué**	what
italiano	Italian	**¡qué bueno!**	oh good!
japonés *m*	Japanese	**quedar**	to be (located)
la (-s)	the	**quién(-es)**	who, whom
laboratorio	laboratory	**química**	chemistry
lástima	pity, shame	**raro: ¡qué raro!**	how odd!
lección	lesson	**regular**	so so
lectura	reading	**reposo**	rest
libertad	liberty	**ruso**	Russian
librería	bookstore	**sacar**	to take out
libro	book	**sé**	I know
llegar	to arrive	**semana**	week
madre *f*	mother	**a la semana**	per week
mal	sick, ill	**seminario**	seminar
mano *f*	hand	**sí**	yes
más	more	**sobre**	about, on
matemáticas *f pl*	mathematics	**sólo**	only
médico	doctor	**su(-s)**	his
menos	less, fewer	**tan mal**	that sick
mi	my	**terminar**	to finish, to end
mirar	to look (at)	**trabajar**	to work
mucho	much, a lot of, lots of	**tu**	your
muchos (-as)	many, a lot of, lots of	**tú**	you
muy	very	**un(-a)**	a, an
necesitar	to need	**universidad**	university
no	no, not	**uno (-a)**	one
noche *f*	night	**unos (-as)**	some
nosotros (-as)	we	**usted (-es)**	you
o	or	**verdad**	true, truth
oficina	office	**vez** *f*	time
opinar	to think	**una vez**	once
otro	other, another	**vosotros (-as)**	you
padre *m*	father; pl parents, fathers	**y**	and
país *m*	native country	**yo**	I

◀Plaza de la Catedral en Valencia. La torre gótica octagonal se conoce con el nombre de Miguelete porque su campana de 11 toneladas fue bendecida el día de San Miguel en 1418 d.C. *Cathedral Plaza, Valencia. The octagonal Gothic tower is known as the Miguelete because its 11-ton bell was dedicated on San Miguel's Day in 1418 A.D.*

LECCIÓN 4

Present tense of second-conjugation regular verbs / Gender of adjectives / Number of adjectives / Noun-adjective agreement

diálogo / A LA HORA DEL[1] ALMUERZO[2]

JOSÉ En este restaurante hacen una paella[3] deliciosa. Ya que estamos en Valencia[4] debemos probar platos típicos de la región.

GONZALO Yo creo que debemos comer algo ligero. [Lee el menú.]

CAMARERO ¿Qué desean los señores?

JOSÉ Para mí, una paella y una ensalada de lechuga y tomate.

GONZALO Sólo pollo asado con legumbres.

CAMARERO ¿Y qué desean para beber[5]?

AT LUNCH TIME

J: *They make a delicious paella in this restaurant. Since we are in Valencia, we ought to try dishes typical of the region.*

G: *I think[6] we ought to eat something light. [He reads the menu.]*

W [*waiter*]: *What do you gentlemen wish?*

J: *For me, paella and a lettuce and tomato salad.*

G: *Just roast chicken with vegetables.*

W: *And what do you wish to drink?*

---

[1] Contraction of **de** + **el**.
[2] In some Hispanic countries, lunch is called **comida**. Regardless of the term used, the midday meal is more abundant and of greater importance than in the United States.
[3] Dish made of rice, seafood, and chicken seasoned with onions, garlic, and saffron.
[4] City on the east coast of Spain.
[5] **Tomar** is used instead of **beber** in some countries.
[6] Literally, *I believe*.

GONZALO Una cerveza bien[7] fría. ¿Y tú, José?
JOSÉ Yo siempre bebo vino. [Habla con el camarero.] Una copa de vino blanco, por favor.

G: A very cold beer. And you, José?
J: I always drink wine. [He talks to the waiter.] A glass[8] of white wine, please.

ORACIONES Y PALABRAS

A la hora **del almuerzo**.
    del desayuno, de la comida[9], de la cena[9]
Hacen una paella **deliciosa**.
    excelente
Debemos comer **carne**[10].
    arroz, frijoles, bisté, pescado, huevos, chuletas de cerdo, papas fritas, postre, pan
Debemos tomar **sopa**[11].
    helado
Yo siempre bebo **leche**[10].
    agua[12], té caliente, café negro, café con leche[13], vino tinto
Lee el menú.
Comprende
Creo que debemos **comer**.
    responder, vender, aprender

At lunch time.
    breakfast, dinner, supper
They make a delicious paella.
    excellent
We ought to eat meat.
    rice, beans, beefsteak, fish, eggs, pork chops, French fries, dessert, bread
We ought to eat soup.
    ice cream
I always drink milk.
    water, (hot) tea, black coffee, coffee with milk, red wine
He reads the menu.
    understands
I think we should eat.
    answer, sell, learn

PREGUNTAS SOBRE EL DIÁLOGO

1. ¿Dónde están José y Gonzalo?
2. Según José, ¿qué plato delicioso hacen en el restaurante?
3. Según José, ¿qué plato deben probar?
4. ¿Qué cree Gonzalo que deben comer?
5. ¿Qué lee Gonzalo?
6. ¿Qué desea comer José?
7. ¿Qué desea comer Gonzalo?
8. ¿Come Gonzalo una ensalada de lechuga y tomate?
9. ¿Qué desea beber Gonzalo?
10. Y José, ¿bebe cerveza?
11. ¿Quién bebe vino siempre?
12. ¿Bebe José vino blanco o vino tinto con la paella?

PREGUNTAS GENERALES

1. ¿Come usted paella a la hora del almuerzo en la universidad?
2. ¿Necesitan ustedes arroz para hacer una paella?

---

[7]Before an adjective, **bien** means *very*.
[8]Literally, *a stemmed glass, a goblet*.
[9]Some countries use the word **cena** instead of **comida**, especially if it is a late supper. **Comida** also means *food, meal*.
[10]**Carne, leche**, and the nouns ending in -a, -as are feminine; the other nouns listed are masculine.
[11]One cannot use **beber** in connection with soup or ice cream.
[12]Although **agua** is feminine, the article **el** is used in the singular: **el agua**. In the plural, however, **las** is used: **las aguas**. This will be discussed further in Lesson 27.
[13]Strong coffee with hot milk.

Valencia. El Palacio del Marqués de Dos Aguas, convertido en el Museo Nacional de Cerámica, un ejemplo notable de la arquitectura rococó del siglo XVIII.

Valencia. The Palace of the Marqués de Dos Aguas, converted into the National Museum of Ceramics, a striking example of 18th-century Rococo architecture.

3. ¿Qué come usted a la hora del almuerzo?
4. ¿Toma usted café o té en el almuerzo?
5. ¿Come usted en la cafetería o en un restaurante?
6. ¿Está usted en un restaurante?
7. ¿Toman ustedes leche a la hora del almuerzo?
8. ¿Toma usted sopa en el almuerzo?
9. ¿Toma usted helado de postre?[14]
10. ¿Qué bebe usted a la hora del desayuno?

GRAMMAR, EXERCISES, AND TESTING

Part 1

I. PRESENT TENSE OF SECOND-CONJUGATION REGULAR VERBS

comer

SUBJECT PRONOUN	INFLECTED VERB[15]	STEM	THEME VOWEL	PERSON MARKER
yo	**co**mo	com	—	o
tú	**co**mes	com	e	s
usted, él, ella	**co**me	com	e	—
nosotros (-as)	co**me**mos	com	e	mos
vosotros (-as)	co**méis**	com	é	is
ustedes, ellos (-as)	**co**men	com	e	n

[14]**De postre** means *for dessert.*
[15]Stressed syllable shown in boldface letters.

1. The first-person singular has no theme vowel, just the invariable **o** person marker.
2. The remaining forms conserve the theme vowel **e**.[16]
3. Other second conjugation verbs are:

comprender	**vender**	
aprender	**correr**	*to run*
responder	**deber**	*ought to*, *should*

A. *Person-number substitution*

1. Nosotros siempre comemos en ese restaurante.
   - Yo — Yo siempre como en ese restaurante.
   - José — José siempre come en ese restaurante.
   - Tú — Tú siempre comes en ese restaurante.
   - Ustedes — Ustedes siempre comen en ese restaurante.
   - Susana — Susana siempre come en ese restaurante.

2. Yo creo que allí hacen paella.
   - Ella — Ella cree que allí hacen paella.
   - José y yo — José y yo creemos que allí hacen paella.
   - El profesor — El profesor cree que allí hacen paella.
   - Los estudiantes — Los estudiantes creen que allí hacen paella.
   - Tú — Tú crees que allí hacen paella.
   - Usted — Usted cree que allí hacen paella.

3. Ellos leen el menú.
   - Yo — Yo leo el menú.
   - Las chicas — Las chicas leen el menú.
   - El camarero — El camarero lee el menú.
   - Nosotros — Nosotros leemos el menú.
   - Tú — Tú lees el menú.
   - Ustedes — Ustedes leen el menú.

4. Sólo debes beber agua.
   - (ellas) — Sólo deben beber agua.
   - (yo) — Sólo debo beber agua.
   - (usted) — Sólo debe beber agua.
   - (ellos) — Sólo deben beber agua.
   - (él) — Sólo debe beber agua.
   - (nosotros) — Sólo debemos beber agua.

5. No comprendo la explicación del camarero.
   (ellos, tú, él, ustedes, nosotros, ellas)

B. *Singular → plural*

Model: Ella come en ese restaurante.
   Ellas comen en ese restaurante.

Yo siempre bebo café.
Nosotros (-as) siempre bebemos café.

Él no vende legumbres.
Ellos no venden legumbres.

¿Bebe usted vino blanco o vino tinto?
¿Beben ustedes vino blanco o vino tinto?

Ella cree que beben té.
Ellas creen que beben té.

Leo los libros de español aquí.
Leemos los libros de español aquí.

Tú siempre respondes bien.
Ustedes siempre responden bien.

Debo probar ese plato.
Debemos probar ese plato.

---

[16]In the present tense, the forms of regular **-ar** and **-er** verbs differ only in their theme vowels.

C. Questions

1. ¿Qué platos hacen en ese restaurante?
2. ¿Qué desea comer usted?
3. ¿Dónde está el restaurante chino?
4. ¿Qué plato español hacen en el restaurante Valencia?
5. ¿Bebe usted vino en las comidas?
6. ¿Desea usted postre y café?
7. ¿Come usted mucho o come usted algo ligero a la hora del almuerzo?
8. ¿Es el almuerzo una comida ligera en España?

TESTING / present indicative, regular -er verbs

1. The stem of the infinitive **comer** is _____. — com
2. The theme vowel of the second-conjugation verbs is _____. — e

Give the indicated present-tense form.
3. **aprender**, first-person singular — aprendo
4. **comprender**, third-person plural — comprenden
5. **leer**, **tú**-form — lees
6. **comer**, **usted**-form — come

7. In most countries, the Spanish equivalent of *to eat soup* is _____ _____. — tomar sopa

Give a Spanish equivalent.
8. *They learn German at the University.* — Aprenden alemán en la universidad.
9. *I don't understand the explanation.* — No comprendo la explicación.
10. SHE *should answer.* — Ella debe responder *or* contestar.
11. *We always eat there.* — Siempre comemos allí.
12. *Are you* (familiar singular) *selling that book?* — ¿Vendes ese libro?

Part 2

II. GENDER OF ADJECTIVES

1. If an adjective ends in **-o** in the masculine singular, the **-o** will be replaced by an **-a** in the feminine singular.

MASCULINE		FEMININE
frío		**fría**
malo	bad	**mala**

2. If the adjective ends in **-e**, the same form is used for both masculine and feminine singular.

   excelente
   caliente

Campos de arroz en Cullera, al sur de Valencia. Los pleitos sobre el uso del agua de los sistemas de irrigación alrededor de Valencia se resuelven ante el Tribunal de las Aguas, durante sus reuniones todos los jueves en un portal de la Catedral. El Tribunal, cuyo origen se remonta por lo menos al año 960 d.C., es la institución judicial más antigua de Europa.

Rice fields in Cullera, south of Valencia. Disputes over the use of water in the irrigation systems around Valencia are resolved before the Water Tribunal during its meetings every Thursday in a portal of the Cathedral. The Tribunal, the origin of which harks back at least to 960 A.D., is the oldest juridical institution in Europe.

3. **a.** If the adjective ends in a consonant, the same form usually serves for both masculine and feminine singular.

    azul   *blue*
    joven *young*

   b. However, adjectives of nationality that end in a consonant add an **-a** to form the feminine.

MASCULINE	FEMININE
español	**española**
francés	**francesa**[17]

III. NUMBER OF ADJECTIVES

1. Adjectives ending in a vowel form their plural by adding **s**.

SINGULAR		PLURAL
bonito	*pretty*	**bonitos**
francesa		**francesas**
excelente		**excelentes**

2. Adjectives ending in a consonant form their plural by adding **es**.

SINGULAR	PLURAL
azul	**azules**
francés	**franceses**[17]

---

[17] Why is no written accent mark required?

Játiba, pueblo cerca de Valencia. Las huertas de naranjos y limoneros que se observan al fondo muestran dos importantes cosechas de la región.

Játiba, a town near Valencia. The orange and lemon groves seen in the background are evidence of two important crops in the region.

IV. NOUN-ADJECTIVE AGREEMENT

> El **pollo** está **frío**.
> Los **frijoles** están **fríos**.
> La **cerveza** está **fría**.
> Las **chuletas** están **frías**.
> Allí hacen una **paella deliciosa**.
> La **señorita joven y bonita** estudia español.
> La **leche** y el **café** están **fríos**.

1. Adjectives agree in gender and number with the noun they modify.
2. Descriptive adjectives usually follow the noun they modify.
3. When two or more adjectives of equal importance modify a noun, the word **y** is inserted between the last two adjectives.
4. An adjective that modifies a masculine noun and a feminine noun at the same time uses the masculine plural form.

D. Substitution

1. Aquí hacen una paella deliciosa.
   - pollo   Aquí hacen un pollo delicioso.
   - postres   Aquí hacen unos postres deliciosos.
   - helado   Aquí hacen un helado delicioso.
   - chuletas   Aquí hacen unas chuletas deliciosas.
   - frijoles   Aquí hacen unos frijoles deliciosos.
   - sopa   Aquí hacen una sopa deliciosa.

2. Ellos comen papas fritas.
   - pollo   Ellos comen pollo frito.
   - asado   Ellos comen pollo asado.
   - carne   Ellos comen carne asada.
   - pescado   Ellos comen pescado asado.
   - frito   Ellos comen pescado frito.
   - huevos   Ellos comen huevos fritos.

E. Singular → plural

Model: El señor ruso está aquí.
Los señores rusos están aquí.

El chico francés estudia inglés.
La ensalada está muy buena.
Hay una cerveza fría allí.
El profesor español come aquí.
Usted debe probar el plato típico.
El profesor español habla alemán.

Los chicos franceses estudian inglés.
Las ensaladas están muy buenas.
Hay unas cervezas frías allí.
Los profesores españoles comen aquí.
Ustedes deben probar los platos típicos.
Los profesores españoles hablan alemán.

F. Questions

1. ¿Cómo está la cerveza?
2. ¿Qué chicos comen aquí?
3. ¿Qué vino toma usted?
4. ¿Cómo está el café?
5. ¿Qué libros leen ellos?
6. ¿Cómo están los frijoles?
7. Y las chuletas, ¿cómo están?

TESTING / adjectives

1. If the masculine singular form of an adjective ends in **-o**, the feminine singular form ends in _____.

    — -a

Give the feminine form.
2. delicioso
3. caliente
4. español
5. japonés

    — deliciosa
    — caliente
    — española
    — japonesa

6. Adjectives ending in a vowel form their plural by adding _____.
7. Adjectives ending in a consonant form their plural by adding _____.

    — -s

    — -es

Give the plural form.
8. buena
9. ligero
10. español
11. inglés
12. excelente

    — buenas
    — ligeros
    — españoles
    — ingleses
    — excelentes

Give a Spanish equivalent.
13. *The chicken is delicious.*
14. *The French girl speaks German.*

    — El pollo está delicioso.
    — La chica francesa habla alemán.

LECCIÓN 5

Present tense of the verb **ser** *to be* / Some uses of the verb **ser** / **Ser** and the time of day

diálogo / UNA EXCURSIÓN A TOLEDO[1]

GONZALO José, ¿quién es ese señor alto del traje azul[2]?
JOSÉ Es el doctor Augustín Sánchez. Mi padre y él son muy buenos amigos.
GONZALO ¿De dónde es él? ¿De Latinoamérica?
JOSÉ Sí, es de Venezuela. Está aquí en Madrid de vacaciones[3] con su familia y, como es natural, desean visitar Toledo[4].

A TOUR TO TOLEDO

G: *José, who is that tall gentleman in the blue suit?*
J: *He's Doctor Augustín Sánchez. My father and he are very good friends.*
G: *Where's he from? Latin America?*
J: *Yes, he's from Venezuela. He's here in Madrid on vacation with his family, and naturally[5] they want to visit Toledo.*

---

[1] Ancient city 47 miles south of Madrid. Capital of Spain until 1565, it was famous for the manufacture of swords.
[2] In expressions having to do with wearing apparel or a personal attribute, note the following:

SPANISH	ENGLISH
de + definite article + noun	*in* or *with* (+ *the*) + noun
La chica de los ojos azules.	*The girl with (the) blue eyes.*

[3] The singular **vacación** is seldom used.
[4] **Visitar a Toledo** may also be used.
[5] Literally, *as it is natural*.

GONZALO Mira, el autobús acaba de llegar⁶. ¿Qué hora es?
JOSÉ Según ese reloj⁷ son las diez y veinte.
GONZALO ¿A qué hora debemos llegar a Toledo?
JOSÉ Debemos llegar a las once y media. Es una ciudad muy interesante y estoy seguro que vas a volver a Toledo.

G: *Look, the bus has just arrived. What time is it?*
J: *According to that clock, it's ten-twenty.*
G: *At what time are we due to arrive⁸ in Toledo?*
J: *We are due to arrive at eleven-thirty. It's a very interesting city and I am sure that you will return to Toledo.*

ORACIONES Y PALABRAS

Soy de **México**⁹.
    la Argentina¹⁰, los Estados Unidos
Él es **colombiano**¹¹.
    mexicano, cubano, venezolano, chileno, panameño, puertorriqueño¹², argentino, norteamericano¹³
¿Quién es el señor **alto**?
    bajo, gordo
¿Quién es la señora **rubia**?
    morena, delgada, joven
Son **extranjeros**.
    latinoamericanos
El **autobús** acaba de llegar.
    tren
El reloj es de **oro**.
    madera

I am from Mexico.
    Argentina, the United States
He is Colombian.
    Mexican, Cuban, Venezuelan, Chilean, Panamanian, Puerto Rican, Argentine, American
Who is the tall gentleman?
    short, fat
Who is the blond lady?
    brunette, thin, young
They are foreigners.
    Latin Americans
The bus has just arrived.
    train
*The watch*¹⁴ *is made of gold.*
    wood

PREGUNTAS SOBRE EL DIÁLOGO

1. ¿Dónde está Toledo?
2. ¿Está Toledo en los Estados Unidos?
3. ¿Quién es el señor del traje azul?
4. ¿Con quién está el señor Sánchez en Madrid?
5. ¿Es Gonzalo amigo del doctor Sánchez?

---

⁶**Acabar** means *to end*; however, the present tense of **acabar de** + infinitive = English *to have just* + past participle.
⁷The final **j** in **reloj** is silent, but in the plural **relojes** the **j** is pronounced. **Reloj** means *watch* as well as *clock*.
⁸Literally, *should we arrive*.
⁹Although most Mexicans continue to write the traditional **x** in the words **México**, **mexicano**, etc., people in other Hispanic countries use the modern **j** instead: **Méjico**. The words are everywhere pronounced with the sound of Spanish **j**, however they are written.
¹⁰The use of the definite article before the names of some countries is gradually being eliminated. **El Salvador** still conserves it.
¹¹Notice that words of nationality are written in lower case.
¹²**Rico**, like every word spelled with initial **r**, is pronounced with a multiple trill. In spelling the adjective **puertorriqueño** (sometimes **portorriqueño**), the **r** is doubled to show that the trilled sound is kept.
¹³Although Canada and Mexico are part of North America, the expression **norteamericano** refers to the people of the United States. So does the expression **americano**. A Canadian is a **canadiense**.
¹⁴Here is a good example showing how the context sometimes suggests whether the best equivalent for **reloj** is *watch* or *clock*: *the watch is made of gold, the clock is made of wood*.

6. ¿Quién es amigo del doctor Sánchez?
7. ¿De dónde es el doctor Sánchez?
8. ¿En qué ciudad están José y Gonzalo?
9. ¿Acaba de llegar el tren?
10. ¿Qué hora es en el diálogo?
11. ¿A qué hora debe llegar el autobús a Toledo?
12. ¿Cómo es Toledo?

PREGUNTAS GENERALES

1. ¿Quién es usted?
2. ¿De dónde es usted?
3. ¿Dónde está usted?
4. ¿Es usted mexicano?
5. Y él, ¿de dónde es?
6. ¿Dónde están ustedes?
7. ¿De dónde soy yo?
8. ¿Quién es ese señor?
9. ¿Hay un reloj en la clase?
10. ¿A qué hora debemos llegar a clase, a las diez o a las once?

GRAMMAR, EXERCISES, AND TESTING

Part 1

I. PRESENT TENSE OF THE VERB SER (to be)

SUBJECT PRONOUN	INFLECTED VERB[15]
yo	**soy**
tú	**eres**
usted, él, ella	**es**
nosotros (-as)	**somos**
vosotros (-as)	**sois**
ustedes, ellos (-as)	**son**

1. **Ser** is a highly irregular verb; its forms are not like the forms of regular **-er** verbs.
2. The first-person singular ends in **-oy**.
3. The theme vowel **e** is present only in the second and third persons singular.

II. SOME USES OF THE VERB SER

Although **ser** and **estar** both partially correspond to the English verb *to be*, they are not interchangeable and they function independently of each other. In general, **ser** is used:

1. to express the predicate nominative.

   El doctor Sánchez **es** el profesor de español.
   La paella **es** un plato delicioso.
   ¿Quién **es** ella?

---

[15]Stressed syllable shown in boldface letters.

Una vista de Toledo (pintada entre 1597 y 1599), por el Greco. El estilo personal del artista y su interpretación espiritual coincidió con el énfasis de la Contrarreforma en los aspectos místicos de la religión.

A view of Toledo (painted between 1597 and 1599), by El Greco. The artist's very personal style and spiritual interpretation coincided with the Counter-Reformation's stress on the mystical elements of religion.

2. to indicate origin and nationality.

   Son de Chile.
   Es colombiano.

3. to show possession.

   El libro **es** de Juan.
   Los relojes **son** de María.

4. to show the material of which something is made.

   El reloj **es** de oro.
   La casa **es** de madera.   *The house is (made) of wood.*

5. to express the time and place of an event.

   La conferencia **es** a las diez.
   La conferencia **es** en la biblioteca.

A. *Person-number substitution*

1. ¿De dónde es él?

¿ellos?	¿De dónde son ellos?	¿la profesora?	¿De dónde es la profesora?
¿tú?	¿De dónde eres tú?	¿yo?	¿De dónde soy yo?
¿usted?	¿De dónde es usted?	¿Juan y Pedro?	¿De dónde son Juan y Pedro?
¿los alumnos?	¿De dónde son los alumnos?	¿nosotros?	¿De dónde somos nosotros?

La Plaza de Zocodover, antiguamente un mercado árabe. Toledo, una ciudad importante bajo los árabes, fue reconquistada por los cristianos en 1085 y fue la capital de España hasta 1560. Alfonso el Sabio estableció aquí su Escuela de Traductores; moros, cristianos y judíos cooperaron para mantener a Toledo como el centro principal de estudios a través de la Edad Media.

The Plaza of Zocodover, once an Arab marketplace. A great city under the Arabs, Toledo was retaken by the Christians in 1085 and was the capital of Spain until 1560. Alfonso the Wise established his School of Translators here; Moors, Christians, and Jews cooperated to maintain Toledo as the principal center of learning throughout the Middle Ages.

2. El profesor es español.
Yo	Yo soy español (-a).
Nosotros	Nosotros somos españoles.
Ellos	Ellos son españoles.
La doctora	La doctora es española.
Las alumnas	Las alumnas son españolas.
Nosotras	Nosotras somos españolas.
El alumno	El alumno es español.

B. *Singular → plural*

Model: El restaurante es de Juan.
Los restaurantes son de Juan.

¿Quién es él?	¿Quiénes son ellos?
El reloj es de Pedro.	Los relojes son de Pedro.
¿Tú eres argentina?	¿Ustedes son argentinas?
El profesor es inglés.	Los profesores son ingleses.
Yo soy de México.	Nosotros (-as) somos de México.
La entrevista es allí.	Las entrevistas son allí.

C. *Masculine → feminine*

Model: El señor alto y delgado es colombiano.
La señora alta y delgada es colombiana.

SOME USES OF THE VERB SER (to be)

El profesor de español es cubano.
¿Quién es el señor rubio?
El estudiante moreno es mi amigo.
El chico bajo y delgado es chileno.
Nosotros somos muy buenos amigos.
Los extranjeros que están en la oficina son alemanes.

La profesora de español es cubana.
¿Quién es la señora rubia?
La estudiante morena es mi amiga.
La chica baja y delgada es chilena.
Nosotras somos muy buenas amigas.
Las extranjeras que están en la oficina son alemanas.

D. *Transformation exercise*

Model: María es de Venezuela.
  María es venezolana.

Yo soy de Colombia.
Tú (*feminine*) eres de México.
Los profesores son de Venezuela.
Nosotras somos de España.
Ellas son de la Argentina.

Yo soy colombiano (-a).
Tú eres mexicana.
Los profesores son venezolanos.
Nosotras somos españolas.
Ellas son argentinas.

E. *Transformation exercise*

Model: El profesor llega a la universidad.
  El profesor acaba de llegar a la universidad.

La señorita Gómez hace una paella excelente.
Busco los libros en la oficina.
Venden el reloj de oro.
Estudiamos en la biblioteca.
El tren llega a la estación.

La señorita Gómez acaba de hacer una paella excelente.
Acabo de buscar los libros en la oficina.
Acaban de vender el reloj de oro.
Acabamos de estudiar en la biblioteca.
El tren acaba de llegar a la estación.

TESTING / **ser, present indicative**

Give the indicated present-tense form of the verb **ser**.
1. first-person singular
2. third-person singular

— soy
— es

Give the present-tense form of **ser** that is appropriate to the subject shown.
3. tú
4. nosotros
5. Pepe y David

— eres
— somos
— son

Give a Spanish equivalent.
6. *Who is* HE?
7. *They are from Mexico.*
8. *The interview is in the office.*
9. *The watch is made of gold.*
10. *That book is Pepe's.*

— ¿Quién es él?
— Son de México.
— La entrevista es en la oficina.
— El reloj es de oro.
— Ese libro es de Pepe.

El entierro del Conde de Orgaz (1586), Toledo. Mientras el cuerpo del Conde es recibido por San Esteban y San Agustín, algunos hombres distinguidos de Toledo contemplan la escena. Se cree que el Greco es el tercer personaje a la izquierda, directamente sobre la cabeza de San Esteban. El alma del Conde sube para ser juzgada ante María, Cristo y San Juan Bautista. Técnica maestra, conocimiento del carácter humano y una visión espiritual poderosa le permitieron al Greco unir el cielo y la tierra en una de las mejores pinturas del mundo.

The Burial of the Count of Orgaz *(1596),* Toledo. *While the Count's body is received by Saint Stephen and Saint Augustine, eminent men of Toledo look on. El Greco is thought to be the third worthy from the left, directly above Saint Stephen's head. The Count's soul rises to be judged before Mary, Christ, and John the Baptist. Masterful craftsmanship, knowledge of human character, and a powerful spiritual vision allow El Greco to unite heaven and earth in one of the world's greatest paintings.*

Part 2

III. SER *AND THE TIME OF DAY*

1. In expressions of time, **ser** is used, not **estar**. To inquire about the hour, the Spanish-speaker asks:

    ¿ Qué hora **es** ?[16]

2. To express any hour of the day except one o'clock, the following formula is used: **son las** + number.

    Son las dos.
    Son las seis.

3. To say that it is one o'clock, the Spanish-speaker switches to the singular.

    Es la una.

4. Minutes up to the half hour are reported by using **y**.

    Es la una **y** diez.
    Son las dos **y** veinticinco.

---

[16]In some countries, the expression ¿ **Qué horas son?** is also used, although less frequently. Other tenses of **ser** may be used in time expressions, but the choice of a singular or plural form remains the same.

5. To tell time beyond the half hour, minutes are subtracted from the following hour using the word **menos**.

    12:55—Es la una **menos** cinco.[17]
    3:40—Son las cuatro **menos** veinte.

Alternate expressions are also used, although less frequently.

    Son las doce y cincuenta y cinco.
    Son las tres y cuarenta.

6. The words **cuarto** and **media**, like English *quarter* and *half*, usually replace the words **quince** and **treinta** respectively.

    Son las cuatro menos **cuarto**.
    Es la una y **media**.

7. Military time is expressed in terms of a 24-hour clock. Some countries also use the 24-hour system in train and bus schedules.

    Son las **trece**.
    Son las **veintidós** y diez.

8. To say that it is noon, one uses the word **mediodía**.

    Es mediodía.

9. To report that it is midnight, one says:

    Es medianoche.

10. The Spanish expressions equivalent to A.M. and P.M. are as follows:[18]

ENGLISH	SPANISH	
A.M.	de la mañana	Son las ocho de la mañana.
P.M.	de la tarde	Son las tres y veinte de la tarde.
	de la noche	Son las doce de la noche.

The Hispanic peoples generally consider that afternoon (**tarde**) ends at sunset and that evening and night (**noche**) end at midnight.

11. The Spanish expression equivalent to English *sharp* is **en punto**.

    Son las dos **en punto**.

12. One asks **¿A qué hora?** to find out when an event will take place.

    ¿A qué hora?
    ¿A qué hora es la conferencia?

In answering this type of question, the preposition **a** is used again.

    La conferencia es **a** las tres.

13. When the hour is not expressed, the preposition **por** or **en** is used.

    La conferencia es **por** (**en**) la { mañana. / tarde. / noche. }

---

[17] Literally, *minus five*.
[18] However, particularly in schedules, Spanish also uses the abbreviations A.M. and P.M.

F. *Telling time*

1. Read the times shown in Spanish.

   Models: 8:10
   Son las ocho y diez.
   1:00 P.M.
   Es la una de la tarde.

1:10	2:30	10:25 P.M.
3:15	12:26	11:15 A.M.
8:23	6:00 A.M.	9:20 P.M.
9:05	3:05 P.M.	1:10 P.M.

2. Read the times shown using both the standard and alternate phrasing for each one.

   Model: 10:35
   Son las once menos veinticinco.
   Son las diez y treinta y cinco.

12:50	4:55
1:40	11:45
10:38	6:34

Fernando Rey, Catherine Deneuve y Jesús Fernández en *Tristana* (1970), película de Luis Buñuel, que se desarrolla en Toledo alrededor de 1920.

Fernando Rey, Catherine Deneuve, and Jesús Fernández in Tristana *(1970), a film by Luis Buñuel set in Toledo about 1920.*

TESTING / *time of day*

Give a Spanish equivalent.
1. *It's one o'clock.*
2. *It's three o'clock.*

3. In telling time, **quince** and **treinta** (**minutos**) are usually replaced by the words _____ and _____.
4. In telling time, the Spanish equivalent of *sharp* is _____.

Give a Spanish equivalent.
5. *At what time?*
6. *The interview is at ten o'clock.*
7. *midnight*
8. *noon*

Use alternate phrasing.
9. Son las seis y treinta.
10. Son las doce y cuarenta y cinco.

— Es la una.
— Son las tres.

— cuarto, media

— en punto

— ¿A qué hora?
— La entrevista es a las diez.
— medianoche
— mediodía

— Son las seis y media.
— Es la una menos cuarto.

LECCIÓN 6

Ser or **estar** with predicate adjectives / Question words introduced by prepositions

diálogo / EL PAISAJE ESPAÑOL

JOSÉ   Pedro, ahora debes visitar El Escorial[1]! ¿No es cierto, Gonzalo?

GONZALO   ¡Oh, sí! El Escorial es maravilloso y además, el viaje es corto[2] y muy agradable.

JOSÉ   El paisaje castellano es amarillo y seco, pero bonito. En Galicia y Asturias[3] es completamente diferente.

PEDRO   ¿Cómo es el paisaje allí? ¿Feo?

JOSÉ   No, es bonito también, y muy verde porque llueve[4] mucho. Es montañoso y hay muchos árboles[5] y valles.

THE SPANISH LANDSCAPE

J: *Pedro, now you should visit El Escorial. Isn't that right, Gonzalo?*

G: *Oh, yes! El Escorial is marvelous, and besides, the trip is short and very pleasant.*

J: *The Castilian landscape is yellow and dry, but pretty. In Galicia and Asturias it's completely different.*

P: *How's the landscape there? Ugly?*

J: *No, it's also pretty, and very green because it rains a lot. It's mountainous and there are many trees and valleys.*

---

[1] Ordered by Philip II to commemorate the battle of St. Quentin against the French (1557), erected 1563–1584, the Escorial comprises a monastery, basilica, library, royal palace, and a mausoleum where Spanish kings from Charles V to Alfonso XII are buried. It contains many works of art.
[2] **Corto** generally refers to length, distance, and duration. **Bajo** generally refers to height.
[3] Two mountainous regions on the northwest coast of Spain.
[4] From **llover** *to rain*. Stem-changing verbs will be studied beginning with Lesson 10.
[5] **El árbol**, singular.

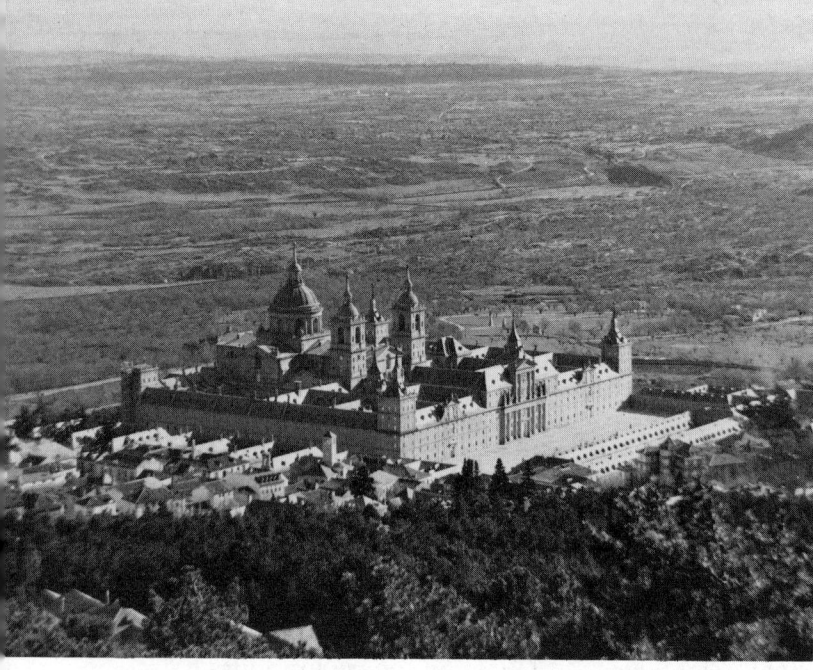

El Real Monasterio de San Lorenzo, Villa de El Escorial, situado en la ladera sur de la Sierra de Guadarrama a unos 40 kilómetros al oeste de Madrid.

The Royal Monastery of San Lorenzo, in the town of El Escorial, on the southern slope of the Sierra de Guadarrama 25 miles west of Madrid.

ORACIONES Y PALABRAS

El **palacio** es maravilloso.
   hotel, museo, guía[6]
El **paisaje** es muy bonito.
   mar, cielo, río, lago
Allí las **montañas** son diferentes.
   nubes, playas

The palace is marvelous.
   hotel, museum, guide
The landscape is very pretty.
   sea, sky, river, lake
The mountains are different there.
   clouds, beaches

PREGUNTAS SOBRE EL DIÁLOGO

1. ¿Qué debe visitar Pedro?
2. Según Gonzalo, ¿cómo es El Escorial?
3. ¿Cómo es el viaje a El Escorial?
4. ¿Cómo es el paisaje castellano?
5. ¿Llueve mucho en Castilla?
6. ¿Es diferente el paisaje castellano del paisaje de Galicia y Asturias?
7. ¿Cómo es el paisaje de Galicia y Asturias?
8. ¿Hay montañas en Galicia y Asturias?

PREGUNTAS GENERALES

1. ¿Cómo es el paisaje aquí?
2. ¿Llueve mucho en este estado?
3. ¿Hay montañas en este estado?
4. ¿Es montañoso el estado de California?
5. ¿Visita usted museos?
6. ¿Qué museos visita usted?
7. ¿Cómo son los guías de los museos?
8. ¿Cómo son las playas de Miami?
9. ¿Es azul el cielo cuando llueve?
10. ¿Dónde hay lagos secos en los Estados Unidos?

---

[6] A woman guide is **la guía**.

GRAMMAR, EXERCISES, AND TESTING

Part 1

I. SER OR ESTAR WITH PREDICATE ADJECTIVES

Ser and **estar** are not used interchangeably (see pages 29, 71–72, and 75–76). In most contexts, just one verb occurs—never the other. Predicate adjectives present the only exception: either verb may be used with them. But the sentence has a different meaning depending on which verb is used.

1. When the characteristic expressed by the predicate adjective is conceived as a *quality* of the subject, **ser** is used.

    El paisaje castellano **es** seco.   (Dryness is a quality of this landscape.)

2. When the characteristic expressed by the predicate adjective is conceived as a *condition* or *state* of the subject, **estar** is used.

    El paisaje castellano **está** seco.   (Dryness is the condition which describes this landscape.[7])

3. Note the great difference in meaning in the following sentences, even though the same English words may be used to translate both of them.

    La manzana **es** verde.
    La manzana **está** verde.   *The apple is green.*

    The use of **es** indicates that the apple is green now and will continue to be green when ripe. The use of **está** indicates that the apple is green now because it is not ripe.

4. Sometimes English expresses the difference between **ser** and **estar** by using a more specific verb to translate **estar**.

    María **es** bonita.   *Mary is pretty* (she really is).
    María **está** bonita.   *Mary looks pretty* (right now, but she really isn't).
    La paella **es** buena en ese restaurante.   *The paella is good in that restaurant.*
    La paella **está** buena hoy.   *The paella tastes good today.*

5. Some adjectives acquire different meanings when used with **ser** or **estar**.

    José **es** malo.   *José is bad* (evil).
    José **está** malo.   *José is sick.*
    Susana **es** lista.   *Susana is smart.*
    Susana **está** lista.   *Susana is ready.*

6. The adjective **contento** *happy, glad* is always used with **estar**.

    Los chicos **están** contentos.   *The boys are happy.*

---

[7]The examples in 1 and 2 have the same translation: *The Castilian landscape is dry.* Can you account for the usage of **ser** and **estar** in the following sentence?
   El valle es seco, pero ahora no está seco.

81 SER OR ESTAR WITH PREDICATE ADJECTIVES

A. Guided negative response

Model: (baja) ¿Es alta María?[8]
  No, María no es alta, es baja.

(bonita)   ¿Es fea Susana?   No, Susana no es fea, es bonita.
(gordo)   ¿Es delgado el padre de Felipe?   No, el padre de Felipe no es delgado, es gordo.
(rubio)   ¿Es moreno el alumno francés?   No, el alumno francés no es moreno, es rubio.
(bajos)   ¿Son altos los estudiantes?   No, los estudiantes no son altos, son bajos.
(amarillo) ¿Es verde el paisaje castellano?   No, el paisaje castellano no es verde, es amarillo.
(bonitas) ¿Son feas las playas?   No, las playas no son feas, son bonitas.

B. Questions

Answer the following questions by describing the subject. Use as many adjectives as possible.

Model: ¿Cómo es Alicia?
  Alicia es alta, rubia y muy agradable.

1. ¿Cómo es el profesor de español?   4. ¿Cómo es el doctor Sánchez?
2. ¿Cómo son las playas de California?   5. ¿Cómo son los padres de Juan?
3. ¿Cómo es la profesora de historia?   6. ¿Cómo es el paisaje castellano?

---

[8]Notice the different word order in English and Spanish for this type of question using **ser**.

SPANISH			ENGLISH		
verb	adjective	subject	verb	subject	adjective
¿Es	**alta**	**María?**	Is	Mary	tall?

Paisaje cerca de Ronda, en la parte sur de Andalucía, donde abundan olivares y viñedos.
Landscape near Ronda in the southern part of Andalusia, where olive groves and vineyards are abundant.

Alcalá del Júcar, pequeño pueblo a orillas del río Júcar en el Levante, entre Valencia y Albacete. Los paisajes maravillosos y las pruebas de la habilidad y fortaleza de los campesinos son comunes en todas las regiones de España.

Alcalá del Júcar, a small town on the banks of the Júcar River in the Levant, between Valencia and Albacete. Marvelous landscapes and evidence of the skill and endurance of local farmers are common in every region of Spain.

TESTING / *the verbs* ser *and* estar

1. When the predicate adjective expresses a quality of the subject, Spanish uses the verb _____.   — ser
2. When the predicate adjective expresses a condition or state of the subject, Spanish uses the verb _____.   — estar

Give a Spanish equivalent.
3. *It is green* (color). — Es verde.
4. *It is green* (not ripe). — Está verde.
5. *How is Alicia?* — ¿Cómo está Alicia?
6. *What is* SHE *like?* — ¿Cómo es ella?

Part 2

II. QUESTION WORDS INTRODUCED BY PREPOSITIONS

☐ AFTER DE

¿**De quién** es el reloj?	*Whose watch is it?*
¿**De quién** son los libros?	*Whose books are they?*
¿**De quiénes** son los libros?	
¿**De qué** habla el professor?	*What is the professor talking about?*
¿**De qué** es el reloj?	*What is the watch made of?*

El valle de Arán y el pueblo de Salardú, centro de deportes invernales en la parte alta de los Pirineos a unos kilómetros de la frontera francesa.

The Valley of Arán and the town of Salardú, a winter sports center high in the Pyrenees a few kilometers from the French border.

The question words **qué**, **quién**, **quiénes** acquire a new meaning when preceded by the preposition **de**.

1. **De quién** literally means *of whom*, referring to one person.
2. **De quiénes** literally means *of whom*, referring to more than one person.
3. **De qué** literally means *of what* and is used to ask questions regarding some thing or abstraction.
4. Grammatically the question words function as objects of the preposition **de**.
5. The preposition always precedes the question word.

□ *AFTER* **POR**

¿**Por qué** compra usted ese libro?	*Why do you buy that book?*
Compro el libro **porque** es barato.	*I buy the book because it is inexpensive.*
¿**Por qué** come usted paella?	*Why do you eat paella?*
Como paella **porque** deseo probar platos típicos.	*I eat paella because I want to try typical dishes.*

1. **Por qué** (two words and a written accent mark) means *why*.
2. **Porque** (one word, no written accent mark) means *because*.
3. The preposition always precedes the question word.

C. Questions

1. ¿Por qué no comes platos típicos?
2. ¿De quién es ese reloj?
3. ¿De qué hablan ustedes en la clase?
4. ¿De quiénes son los libros que están en el escritorio?
5. ¿Por qué no vendes el escritorio?
6. ¿Por qué comes en ese restaurante?

TESTING / question words

Give a Spanish equivalent.

1. *why*
2. *because*
3. *whose?* (singular)
4. *whose?* (plural)
5. *Whose suit is that?*
6. *Why does it rain?*
7. *What is he selling?*
8. *What is the watch made of?*
9. *Why do you* (familiar singular) *eat in that restaurant?*
10. *I eat there because the food is good.*

— por qué
— porque
— de quién
— de quiénes
— ¿De quién es ese traje?
— ¿Por qué llueve?
— ¿Qué vende?
— ¿De qué es el reloj?

— ¿Por qué comes en ese restaurante?
— Como allí porque la comida es buena.

ESPAÑA Y PORTUGAL

ESCALA EN KILÓMETROS
0 — 100 — 200

RECAPITULACIÓN Y AMPLIACIÓN II

lectura / UN PANORAMA DE ESPAÑA

España es un país de contrastes. Cada región, con sus costumbres y platos típicos, es completamente diferente de las otras regiones. España es además un país muy montañoso con una meseta en el centro, la meseta castellana, que ocupa más de la mitad del país. El paisaje de esta región es amarillo, seco y árido, pero a pesar de esto, resulta muy bonito y atractivo. Madrid, la capital de España, está en el centro de la meseta castellana. En Madrid está el Museo del Prado donde hay pinturas de los más famosos pintores españoles: Velázquez[1], el Greco[2], Goya[3] y Murillo[4]. También hay una colección excelente de artistas extranjeros como Ticiano[5].

Muy cerca de Madrid queda Toledo, una ciudad medieval, casi rodeada por el río Tajo. Muchas de las pinturas del Greco

cada *each*
la costumbre *custom*

meseta *plateau*
mitad *half*
a pesar de esto *in spite of this*

cerca *near*
rodeada por *surrounded by*

---

[1]Diego Rodríguez de Silva y Velázquez (1590–1660).
[2]Domingo Theotocopuli (1548?–1625).
[3]Francisco de Goya (1746–1828).
[4]Bartolomé Esteban Murillo (1617–1682).
[5]Titian Vecellio, Italian painter (1477–1576).

La rendición de Breda, de Velázquez. Con gran cortesía y elegancia, Ambrosio de Spínola, el general victorioso de Felipe IV, recibe las llaves de este pueblo holandés. Velázquez, el Shakespeare de la pintura, sentía más respeto hacia el hombre que hacia las formas ideales de la pintura, y en sus lienzos muestra sus observaciones de la vida con un arte pictórico que no ha sido superado.
The Surrender of Breda, by Velázquez. With great courtesy and elegance, Ambrosio de Spínola, Philip IV's victorious general, receives the keys to this Dutch town. Velázquez, the Shakespeare of painting, revered man more than the idealized forms of painting, and in his canvases he records his observations of life with a pictorial skill which has not been surpassed.

están en la Catedral de Toledo, uno de los edificios más importantes de España, y también en su casa situada en la misma ciudad. Sin embargo, su famosa pintura de la ciudad de Toledo no está allí; está en el Museo Metropolitano de Nueva York.

La región de Andalucía está en la parte sur de España. Hay ciudades maravillosas como Córdoba, Sevilla y Granada, donde

mismo *same*

sur *southern*

se nota la influencia árabe, especialmente en la arquitectura. Un plato típico de la región de Andalucía es el gazpacho, una sopa fría que hacen con tomates, pepinos, cebolla, pan y otros ingredientes.

La ciudad de Valencia, en la costa del Mediterráneo, es la capital de la provincia de Valencia, una región muy fértil, donde cultivan, entre otras cosas, arroz y naranjas. La paella es el plato típico de Valencia.

En el noreste, cerca de Francia, está Barcelona, una ciudad muy industrial. La región donde está Barcelona es Cataluña donde hablan catalán además de español. La costa catalana, llamada Costa Brava, es un centro turístico de mucha importancia.

En el norte de España está el País Vasco y en el noroeste están Galicia y Asturias. En estas regiones llueve mucho y sus montañas y valles son muy verdes. En el País Vasco hablan vasco, una lengua que es completamente diferente de las otras lenguas europeas. Los vascos son pastores excelentes y muchos emigran a los Estados Unidos donde trabajan principalmente en los estados de Nevada, Montana y California.

La sidra, la bebida típica de Asturias, es diferente de la sidra de los Estados Unidos. La sidra asturiana es una clase de vino espumoso o champaña que los asturianos toman con las comidas o en las fiestas. Esta bebida es muy popular en España y en muchos países de Hispanoamérica.

En Galicia hablan gallego además de español. El paisaje gallego es muy bonito. El pescado y los mariscos de esta región son excelentes y famosos en toda España.

se nota *is noticeable*
especialmente *especially*

pepino *cucumber*
cebolla *onion*

entre otras cosas *among other things*
naranja *orange*

lengua *language*

el pastor *shepherd*

sidra *cider*
la clase *kind*
espumoso *sparkling*
el champaña *champagne*

mariscos *seafood*
todo *all*

PREGUNTAS

1. En España, ¿son diferentes unas regiones de otras?
2. ¿Es España un país montañoso?
3. ¿Dónde está la meseta castellana?
4. ¿Cómo es el paisaje de la meseta?
5. ¿Dónde está Madrid?
6. ¿Qué hay en el Museo del Prado?
7. ¿Dónde queda Toledo?
8. ¿Dónde está la pintura de la ciudad de Toledo del Greco?
9. ¿En qué edificio muy importante de Toledo hay más pinturas del Greco?
10. ¿Está Andalucía en el norte o en el sur de España?

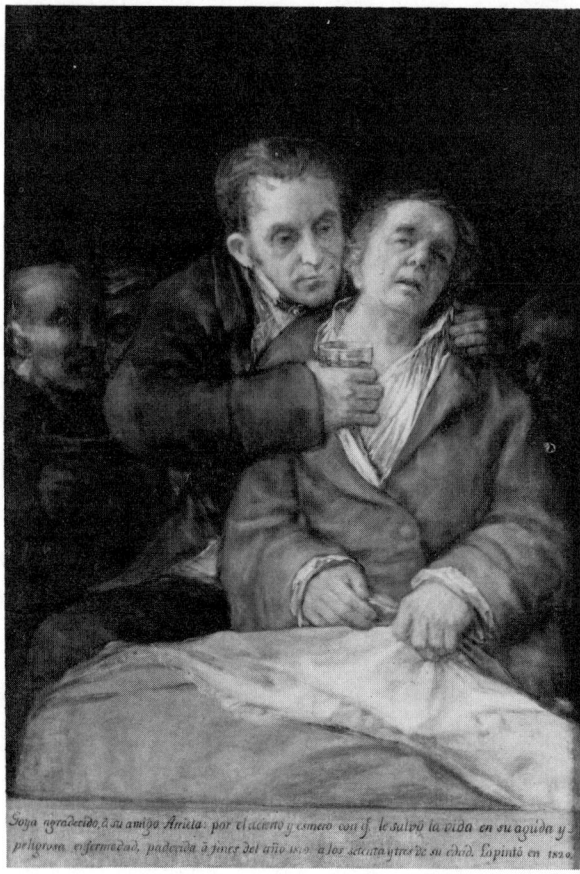

Autorretrato con el doctor Arrieta, de Francisco Goya, un gran precursor del arte moderno. Además de los cuadros como éste donde copió la realidad tal como la veía, Goya creó otras obras de fantasía y de protesta donde expresó "las visiones que se apoderaban de su imaginación" (ver *Cervantes*, frente a la página 1).

"Grateful Goya, to his friend Arrieta, for the skill and care with which he saved his life in his serious and dangerous illness suffered at the end of the year 1819, at the age of 73. He painted this in 1820." By Francisco Goya, a great forerunner of modern art. Besides pictures like this one in which he recorded reality as he saw it, Goya created other works of fantasy and protest in which he expressed "the visions that seized his imagination" (compare Cervantes, *opposite page 1).*

11. ¿En qué ciudades españolas se nota la influencia árabe en la arquitectura?
12. ¿Qué es el gazpacho?
13. ¿Es el gazpacho un plato típico de la meseta castellana?
14. ¿Dónde está la ciudad de Valencia?
15. ¿Cómo es la región de Valencia?
16. ¿Está Barcelona en la parte sur de España?
17. ¿En qué región está Barcelona?
18. ¿Qué lenguas hablan los catalanes?
19. ¿Dónde está el País Vasco?
20. ¿Dónde están Galicia y Asturias?
21. ¿Por qué es verde el paisaje de estas regiones?
22. ¿Qué lenguas hablan los vascos?
23. ¿En qué país trabajan muchos pastores vascos?
24. ¿Cuál es la bebida típica de Asturias?
25. ¿Por qué es la sidra asturiana diferente de la sidra de los Estados Unidos?
26. ¿Qué lenguas hablan los gallegos?
27. ¿Cómo es el pescado de Galicia?
28. ¿Cuántas lenguas hay en total en España y cuáles son?

CHARLAS[6]

Tell all you know about each of the following expressions.

Model: Toledo
Toledo es una ciudad española que está cerca de Madrid. La casa del Greco está en Toledo. Allí y en la Catedral de Toledo hay pinturas del Greco.

Andalucía
Asturias
El Greco
El Museo del Prado
El País Vasco

READING AND WRITING SUPPLEMENT

Cognate adjectives and nouns of nationality and locality

Adjectives and nouns of nationality or locality are an important group of cognates. English uses a variety of suffixes to form such words: Engl*ish*, Fren*ch*, Mexic*an*, Portug*uese*, New York*er*, Virgin*ian*. Spanish uses a variety of suffixes for the same purpose, and one can never predict with absolute certainty what the Spanish ending will be on the basis of the ending used in the English word. Nevertheless, distinct patterns of equivalencies emerge.

SPANISH	ENGLISH
-(i)ano	*-(i)an*
americano	*American*
boliviano	*Bolivian*
colombiano	*Colombian*
cubano	*Cuban*
dominicano	*Dominican*
ecuatoriano	*Ecuadorian*
italiano	*Italian*
mexicano	*Mexican*
peruano	*Peruvian*
venezolano	*Venezuelan*
-eño	*-(i)an*
hondureño	*Honduran*
panameño	*Panamanian*
portorriqueño	*Porto Rican*
puertorriqueño	*Puerto Rican*
salvadoreño	*Salvadoran* / *Salvadorian*
-ense	*-(i)an*
canadiense	*Canadian*
costarricense	*Costa Rican*
nicaragüense[7]	*Nicaraguan*

---

[6]*Talks, prattle.*
[7]When the **u** of **gue** or **gui** has a dieresis (¨), the **g** is pronounced like the **g** in **gato** and the combinations are pronounced [gue] and [gui].

Patio de la Acequia, parte del Generalife, residencia de verano construida en Granada por los reyes árabes en el siglo XIII. Igual que la Alhambra, palacio que se encuentra a su lado, en el Generalife se observa la rica ornamentación y la estructura irregular características del arte árabe.

Patio de la Acequia, part of the Generalife, a summer residence built in Granada by the Arab kings in the 13th century. As in the Alhambra, a palace located next to it, in the Generalife one observes the intricate ornamentation and irregular structure characteristic of Arabic art.

SPANISH	ENGLISH
-ayo	*-ayan*
paraguayo	*Paraguayan*
uruguayo	*Uruguayan*

Some other English words of nationality cannot be grouped in any meaningful way, but their Spanish equivalents can.

SPANISH	ENGLISH
-és	
holandés	*Dutch, Hollander*
inglés	*English*
francés	*French*
irlandés	*Irish*
japonés	*Japanese*
portugués	*Portuguese*
escocés	*Scotch*
-ino	
argentino	*Argentine, Argentinean*
filipino	*Filipino*

The following do not conform to any pattern.

SPANISH	ENGLISH
chileno	*Chilean*
guatemalteco	*Guatemalan*

Gaspar, uno de los tres Reyes Magos bíblicos. Detalle de una pintura de un altar, Museo de Vich, cerca de Barcelona. Las líneas caligráficas redondeadas y la influencia bizantina de esta obra son aspectos notables del arte medieval catalán, una de las glorias de Europa.

Gaspar, one of the biblical Three Kings. Detail of an altar painting, Museum of Vich, near Barcelona. The round, calligraphic lines and Byzantine influence in this work are notable aspects of medieval Catalan art, one of the glories of Europe.

PRONUNCIATION

Spanish /g/ represented by the letter **g** before **a**, **o**, or **u** and by the letters **gu** before **e** or **i**

In Spanish and English, /g/ is a velar consonant. There are two pronunciations in Spanish for /g/. Whenever /g/ occurs at the beginning of an utterance or after **n**, it is similar to English /g/. Phoneticians write it as a letter "g" in brackets: [g]. In all other positions, /g/ is a fricative. The airstream, rather than being interrupted, flows through the slit formed by the tongue and the velum. This fricative sound is written phonetically as a "g" with a line through it, in brackets: [ǥ].

A. Listen and repeat.

[g]		[ǥ]
gato		amigo
Gonzalo		llegar
Domingo		agua
Galicia		legumbres
gordo		lechuga
guía		delgado
guerra	*war*	agradable

La casa Milá (1905–10), Barcelona, de Antonio Gaudí. Las superficies matemáticamente onduladas, los espacios interiores libres y la estructura esencialmente orgánica de este edificio reflejan los importantes descubrimientos revolucionarios de este gran arquitecto catalán.

The Casa Milá (1905–10), Barcelona, by Antonio Gaudí. The mathematically undulating surfaces, free interior spaces, and essentially organic structure of this building reflect the important revolutionary discoveries of this great Catalan architect.

B. Notice how /g/ changes depending on its position in a word group. Listen and repeat.

[g]	[ǥ]
gata	la gata
guerra	la guerra
guía	ese guía
Gonzalo	y Gonzalo

C. Repeat the following sentences.

Hay un gato gordo allí.	*There is a fat cat there.*
Gonzalo bebe agua.	*Gonzalo drinks water.*
El guía llega a Galicia con mi amigo.	*The guide arrives in Galicia with my friend.*

D. Repeat the following geographical names.

México	Costa Rica	Venezuela	Paraguay
Guatemala	Panamá	Colombia	Uruguay
Honduras	Cuba	el Ecuador	Chile
El Salvador	Puerto Rico	el Perú	la Argentina
Nicaragua	la República Dominicana	Bolivia	España

PROVERBIO

Mientras[1] **en mi casa estoy, rey**[2] **soy.**

Según el proverbio, ¿quién es rey?
¿Dónde es usted rey?
¿Hay un proverbio similar en inglés?

[1]**mientras** *while*   [2]**rey** *king*

Segovia, una de las grandes ciudades castellanas. Hacia la izquierda, en la parte más alta de la ciudad, se ve la majestuosa Catedral ojival y a la derecha, el Alcázar. El agua llega a la ciudad a través de un antiguo acueducto construido por los romanos.
Segovia, one of the great Castilian cities. To the left, in the highest part of the city, one sees the majestic ogival Cathedral, and on the right the Alcázar, or castle. Water reaches the city by way of an ancient aqueduct built by the Romans.

TESTING

A. Present tense of -**er** verbs

Provide the appropriate form of the verb **beber**.

MINIDIÁLOGO

JUAN	¿Qué _____ ustedes?	— beben
PEDRO	Yo _____ vino, pero David siempre _____ cerveza.	— bebo bebe
JUAN	Y tú Julio, ¿qué _____?	— bebes
JULIO	Hoy no estoy bien y el doctor opina que sólo debo _____ agua o té.	— beber

B. Present tense of -**ar** and -**er** verbs

Provide the correct form of **beber**, **tomar**, or **comer** as appropriate. In some cases **tomar** and **beber** are interchangeable—both possibilities appear in the answer column.

1. Ellos siempre _____ pescado. — comen
2. Nosotros sólo _____ agua. — bebemos *or* tomamos
3. Yo _____ sopa en el almuerzo. — tomo
4. ¿Tú _____ pollo? — comes
5. Él _____ arroz con pollo pero no _____ cerveza. — come, bebe *or* toma
6. Ana _____ helado en al patio. — toma
7. Yo _____ té, pero Susana sólo _____ café. — bebo *or* tomo, bebe *or* toma

C. Present tense of **ser**

Provide the appropriate form of the verb **ser**.

1. ¿Qué hora _____? — es
2. ¿Quiénes _____ ellos? — son
3. La entrevista _____ en la clínica. — es
4. Yo _____ de los Estados Unidos. — soy
5. La paella _____ un plato típico de Valencia. — es
6. Juan y yo _____ españoles. — somos
7. La reunión _____ a las ocho. — es
8. Ellos _____ los hermanos de Juan. — son
9. Tú _____ mexicano, ¿verdad? — eres
10. _____ las tres y media. — Son
11. _____ la una menos cuarto. — Es
12. Los relojes _____ de oro. — son

D. Ser or estar

Provide the appropriate form of **ser** or **estar**.

1. El doctor Sánchez siempre _____ muy agradable. — es
2. María no _____ bonita, pero hoy _____ muy bonita. — es, está
3. No debes comer las manzanas porque _____ verdes (*not ripe*). — están
4. La paella que hacen en este restaurante _____ excelente. — es
5. José _____ muy contento porque sus padres llegan hoy. — está
6. Deben comer pollo porque hoy _____ muy bueno. — está

DIÁLOGO

FRANCISCO	¿Cómo _____ usted, doctor Gómez?	— está
DR. GÓMEZ	Muy bien, gracias. Y tú, Francisco, ¿cómo _____?	— estás
FRANCISCO	Bastante bien, gracias. ¿Cómo _____ la familia?	— está
DR. GÓMEZ	Bien, gracias. Francisco, ¿quiénes _____ los dos chicos que _____ allí? _____ amigos de uno de mis alumnos.	— son, están Son
FRANCISCO	El chico alto y delgado _____ Juan González, pero no sé quien _____ el chico rubio. Juan _____ de Chile y _____ aquí en la universidad. Creo que estudia arquitectura.	— es es es está
DR. GÓMEZ	Tú _____ también chileno, ¿verdad Francisco?	— eres
FRANCISCO	No, señor. Mi papá _____ chileno. Yo _____ americano. ¡Ay! _____ las diez y cinco y mi clase de historia _____ a las diez y diez.	— es soy, Son es
DR. GÓMEZ	Adiós, Francisco.	
FRANCISCO	Adiós, doctor Gómez.	

E. Adjectives

Use the correct form of the adjective in parenthesis. Remember that an adjective has to agree in gender and number with the noun it modifies.

1. En este restaurante hacen una paella _____ (delicioso). — deliciosa

2. Ellos comen pollo (frito) pero no comen papas (frito) . — frito, fritas
3. Cuando no estoy bien, yo siempre tomo una sopa (ligero) o té (caliente) . — ligera, caliente
4. ¡Qué lástima! Las chuletas están (frío) y la cerveza está (caliente) . — frías, caliente
5. Las legumbres están (caliente) pero la carne y el pollo están (frío) . — calientes, fríos
6. El bisté y las papas están muy (bueno) . — buenos
7. Las chuletas y las legumbres están (delicioso) . — deliciosas
8. La señora (joven) hace platos (excelente) . — joven, excelentes

MINIDIÁLOGO

JOSÉ Aquí hay restaurantes (estupendo). En este restaurante hacen comida (japonés) , y allí en ese edificio (blanco) , hay un restaurante que hace comida (español) y (francés) . ¿Dónde comemos?
— estupendos
japonesa
blanco
española
francesa

ANA ¿No hacen comida (chino) en el restaurante (japonés) ?
— china
japonés

JOSÉ ¡Ay, Ana! Debes probar platos (español) , (francés) , (japonés) , (italiano) ... No debes comer siempre arroz (frito) .
— españoles, franceses, japoneses
italianos
frito

ANA Está bien, está bien. Hoy comemos comida (japonés) .
— japonesa

F. Interrogative expressions

Provide an appropriate interrogative expression to elicit the answer given as a logical response.

1. ¿_____ es esa oficina? Es del profesor Henríquez. — De quién
2. ¿_____ es verde el paisaje? Porque llueve mucho. — Por qué
3. ¿_____ es el reloj? Es de oro. — De qué
4. ¿_____ es el reloj? Es de Juan. — De quién
5. ¿_____ es el reloj? Es muy bonito. — Cómo
6. ¿_____ está el reloj? En la oficina. — Dónde
7. ¿_____ relojes hay en la clase? Hay uno. — Cuántos
8. ¿_____ alumnas hay en la conferencia? Hay veinte. — Cuántas

VOCABULARY

a	at, to	corto	short
acabar	to end, to finish	creer	to believe, to think
acabar de	to have just	cuarto	quarter
además	besides	cubano	Cuban
agradable	pleasant	chileno	Chilean
agua	water	chuleta	chop
ahora	now	deber	ought to, should
algo	something, anything	del	of the
almuerzo	lunch	delgado	thin
alto	tall	delicioso	delicious
amarillo	yellow	desayuno	breakfast
americano	American	desear	to wish, to desire
aprender	to learn	diferente	different
árbol m	tree	ensalada	salad
argentino	Argentine	Estados Unidos	United States
arroz m	rice	este	this
asado	roast	excelente	excellent
autobús m	bus	excursión	tour, excursion
azul	blue	extranjero	foreigner
bajo	short	familia	family
beber	to drink	feo	ugly
bien	very	frijol m	bean
bisté m	beefsteak	frío	cold
blanco	white	frito	fried
bonito	pretty	gordo	fat
café m	coffee	guía m or f	guide
caliente	hot	hacer	to do, to make
camarero	waiter	helado	ice cream
carne f	meat	hora	time
castellano	Castilian	hotel m	hotel
cena	supper	huevo	egg
cerdo	pork	interesante	interesting
cerveza	beer	joven	young
cielo	sky, heaven	lago	lake
cierto: es cierto	that's right	Latinoamérica	Latin America
ciudad	city	latinoamericano	Latin American
colombiano	Colombian	leche f	milk
comer	to eat	lechuga	lettuce
comida	dinner, food, meal	leer	to read
como	as, like	legumbre f	vegetable
completamente	completely	ligero	light
comprender	to understand	listo	ready, smart
contento	happy, glad	llover	to rain
copa	glass, goblet	madera	wood

Refinería de petróleo en Escombreras, un puerto del Mediterráneo. La cercanía de España a los campos petroleros del Oriente Medio y su política internacional han facilitado su desarrollo económico.
An oil refinery in Escombreras, a Mediterranean port. Spain's nearness to the oilfields of the Middle East and its international policies have helped its economic development.

malo	*bad, evil*	**oro**	*gold*
mañana	*morning,* A.M.	**paella**	*saffron-flavored rice with seafood, fish, and chicken*
mar *m*	*sea*		
maravilloso	*marvelous*		
medianoche *f*	*midnight*	**paisaje** *m*	*landscape*
medio	*half*	**palacio**	*palace*
mediodía *m*	*noon*	**pan** *m*	*bread*
menos	*minus*	**panameño**	*Panamanian*
menú *m*	*menu*	**papa**	*potato*
mexicano	*Mexican*	**pescado**	*fish*
mí	*me*	**plato**	*dish*
montaña	*mountain*	**playa**	*beach*
montañoso	*mountainous*	**pollo**	*chicken*
morena	*brunette*	**porque**	*because*
museo	*museum*	**portorriqueño**	*Porto Rican*
negro	*black*	**postre** *m*	*dessert*
norteamericano	*American*	**probar**	*to try*
nube *f*	*cloud*	**puertorriqueño**	*Puerto Rican*

100 RECAPITULACIÓN Y AMPLIACIÓN II

En un cambio irónico de las corrientes del comercio mundial, el trigo sobrante de España se ha enviado a la Argentina y a Rusia en los últimos años. Este tractor construido en España es un ejemplo de los progresos agrícolas y el creciente poderío económico de este país.

In an ironic reversal of the currents of world trade, surplus wheat from Spain has been shipped to Argentina and Russia in recent years. This tractor built in Spain is an example of the agricultural advances and growing economic power of the country.

punto: en punto	sharp	tomate *m*	tomato
quién: de quién	whose	traje *m*	suit
región	region	tren *m*	train
reloj *m*	watch, clock	vacaciones *fpl*	vacation
responder	to answer	valle *m*	valley
restaurante *m*	restaurant	vender	to sell
río	river	venezolano	Venezuelan
rubio	blond	verde	green
seco	dry	viaje *m*	trip
según	according to	vino	wine
seguro	sure	vino tinto	red wine
ser	to be	visitar	to visit
siempre	always	volver: vas a	
sopa	soup	volver	you will
también	also		return
té *m*	tea	ya	since
típico	typical		
tomar	to drink, to take		

◀ Casas típicas de Andalucía en Jerez de los Caballeros, al sur de Badajoz.
Houses typical of Andalusia, in Jerez de los Caballeros, south of Badajoz.

LECCIÓN 7

Present tense of third-conjugation regular verbs / Descriptive and limiting adjectives / Demonstrative adjectives

diálogo / DIRECCIONES[1]

SEÑOR JIMÉNEZ	. . . ¿Y dónde viven ustedes?	Mr. J:	*. . . And where do you live?*
SEÑOR MARTÍNEZ	Vivimos en la calle Soto, número 58[2].	Mr. M:	*We live at 58 Soto Street.*
SEÑOR JIMÉNEZ	Pues yo vivo cerca de allí, en la esquina de Soto y Colón, en frente del cine Novedades.	Mr. J:	*Well, I live near there, at the corner of Soto and Colón, across from the Novedades Theater.*
SEÑORA MARTÍNEZ	¿En el edificio nuevo?	Mrs. M:	*In the new building?*
SEÑOR JIMÉNEZ	Sí, ahí mismo, en el apartamento[3] 12B.	Mr. J:	*Yes, right there, apartment 12B.*
SEÑOR MARTÍNEZ	¡Ah, sí! Ese edificio de apartamentos está muy cerca de casa[4]. A unas seis cuadras.	Mr. M:	*Oh, yes! That building is very near our house. Some six blocks away.*

---

[1] **La dirección** means *address* as well as *direction.*
[2] The numerals follow the street name. The word **número** may be eliminated.
[3] Both **apartamento** and **apartamiento** are acceptable.
[4] **Cerca de casa** is an idiomatic expression meaning *near home.*

ORACIONES Y PALABRAS

Vivimos en **la calle Colón**.	*We live on Colón Street.*
la avenida Juárez, el Paseo Bolívar	*Juárez Avenue, Bolívar Boulevard*
Viven **en frente** del cine Novedades.	*They live across from the Novedades Theater.*
al lado⁵, detrás	*next to, behind*
El centro está muy **cerca**.	*Downtown is very near.*
lejos	*far*
Mi casa está a seis **cuadras** de aquí.	*My house is six blocks from here.*
kilómetros⁶, millas	*kilometers, miles*
Ella siempre **abre** las cartas.	*She always opens the letters.*
recibe, escribe	*receives, writes*

PREGUNTAS SOBRE EL DIÁLOGO

1. ¿En qué calle viven los señores Martínez?
2. ¿Cuál es el número de la casa?
3. ¿Viven cerca del señor Jiménez?
4. ¿Dónde vive el señor Jiménez?
5. ¿Vive al lado del cine Novedades?
6. ¿Vive en una casa?
7. ¿En qué apartamento vive el señor Jiménez?
8. ¿A cuántas cuadras de los señores Martínez vive el señor Jiménez?

PREGUNTAS GENERALES

1. ¿Dónde vive usted?
2. ¿Viven ustedes cerca de un cine?
3. ¿Vive usted en una casa o en un apartamento?
4. ¿Vive usted lejos o cerca del centro?
5. ¿A cuántas cuadras de aquí está la biblioteca?
6. ¿En qué ciudad viven ustedes?
7. ¿A cuántos kilómetros de la universidad está el centro?
8. ¿A cuántas cuadras de aqui está la estación?

GRAMMAR, EXERCISES, AND TESTING

Part 1

I. PRESENT TENSE OF THIRD-CONJUGATION REGULAR VERBS

vivir

SUBJECT PRONOUN	INFLECTED VERB⁷	STEM	THEME VOWEL	PERSON MARKER
yo	**vi**vo	viv	—	o
tú	**vi**ves	viv	e	s
usted, él, ella	**vi**ve	viv	e	—
nosotros (-as)	vi**vi**mos	viv	i	mos
vosotros (-as)	vi**vís**	viv	í	s
ustedes, ellos (-as)	**vi**ven	viv	e	n

---

⁵Literally, *to the side*. **Al**, contraction of **a** + **el**.
⁶In the Hispanic world, distances are based on the metric system. One kilometer = 0.62 of a mile.
⁷Stressed syllable shown in boldface letters.

Página anterior: Algeciras, España.
Izquierda: Campos de cultivo en Castilla.
Abajo: Avenida José Antonio, Madrid.

Arriba: Salamanca y el río Tormes.

1. The first-person singular has no theme vowel, just the invariable **o** person marker.
2. The theme vowel **i** occurs only in the first and second persons plural.
3. The other persons have the theme vowel **e**.
4. The **usted**, **él**, **ella** verb form has no person marker. The theme vowel **e**, however, serves that function.
5. Originally, the theme vowel and the person marker of the second-person plural were **í** + **is**. This simplified to modern **ís**.
6. The second and third conjugations have identical endings (theme vowel + person marker) except in the first and second persons plural.
7. Other third-conjugation verbs are:

abrir		**recibir**	
escribir		**aplaudir**	*to applaud*
describir	*to describe*	**dividir**	*to divide*

A. *Person-number substitution*

1. Él vive en la calle Colón.

Los señores Martínez	Los señores Martínez viven en la calle Colón.
Yo	Yo vivo en la calle Cólon.
Ustedes	Ustedes viven en la calle Colón.
Nosotros	Nosotros vivimos en la calle Colón.
Tú	Tú vives en la calle Colón.

2. Ellos escriben la dirección.

Tú	Tú escribes la dirección.
Juan	Juan escribe la dirección.
Tú y yo	Tú y yo escribimos la dirección.
Ella	Ella escribe la dirección.
Ustedes	Ustedes escriben la dirección.

3. Reciben mucho dinero.
 (nosotros, usted, tú, yo, ellos, él)

4. Abro la oficina a las nueve.
 (él, tú, ellas, nosotros, usted)

B. *Singular → plural*

Él vive a tres cuadras de aquí.
Yo siempre escribo las lecciones.
¿Cuándo recibes el dinero?
Vivo muy lejos del centro.
¿Por qué no abres las cartas?

Ellos viven a tres cuadras de aquí.
Nosotros siempre escribimos las lecciones.
¿Cuándo reciben el dinero?
Vivimos muy lejos del centro.
¿Por qué no abren las cartas?

TESTING / *present indicative, regular* -ir *verbs*

1. The infinitive ending for third-conjugation verbs is _____.   — -ir
2. Third-conjugation verbs have two theme vowels, _____ and _____.   — e, i
3. The theme vowel for the second and third persons singular is _____.   — e

4. The theme vowel for the first and second persons plural is _____. — i
5. In the present tense, second-conjugation verbs end in -**emos**, -**éis** in the first and second persons plural. The corresponding endings for third-conjugation verbs are _____ and _____. — -imos, -ís

Give a Spanish equivalent.
6. *I live near.* — Vivo cerca.
7. *We write the address.* — Escribimos la dirección.
8. HE *opens the book.* — Él abre el libro.

Part 2

II. DESCRIPTIVE AND LIMITING ADJECTIVES

Certain adjectives are called "descriptive" because they describe some characteristic of the noun they modify such as color, size, or nationality. Lesson 4 explained that descriptive adjectives usually follow the noun they modify.[8] Other adjectives called "limiting adjectives" refer to something which is not part of the noun, such as the quantity (*three, few, many*), relative position (*this, that*), or ownership (*my, his, our*). Limiting adjectives—demonstratives, possessives, numerals, and indefinites—customarily precede the noun.

DESCRIPTIVE ADJECTIVE	LIMITING ADJECTIVE
Los libros **nuevos** están aquí.	Los **dos** libros están aquí.

III. DEMONSTRATIVE ADJECTIVES

Like all adjectives, the demonstratives agree in gender and number with the noun they modify. Whereas English has two sets of demonstratives (*this, these* and *that, those*), Spanish has three sets. One set corresponds to English *this-these*, and the other two sets correspond to *that-those*.

SINGULAR			PLURAL		
masculine	feminine		masculine	feminine	
este	esta	*this*	estos	estas	*these*
ese	esa	*that*	esos	esas	*those*
aquel	aquella	*that*	aquellos	aquellas	*those*

1. The feminine forms have the usual -**a**, -**as** adjective endings.
2. The masculine plural forms have the usual -**os** ending.
3. In the masculine singular, **este** and **ese** end in -**e**. **Aquel** is a special form (compare **aquel, aquella** to **él, ella**).

---

[8]Special cases in which descriptive adjectives precede the noun they modify will be discussed in Lesson 22.

Viviendas multifamiliares en Gijón. Gran número de edificios para familias de ingresos reducidos se han construido en las ciudades más importantes de España para acomodar las migraciones de campesinos que vienen de las zonas rurales.

Multifamily dwellings in Gijón. Large numbers of buildings for lower-income families have been built in the major cities of Spain to accommodate migrations of laborers coming from rural areas.

Este señor y **esa** señora no trabajan aquí.	*This gentleman* (near the speaker) *and that lady* (near the person addressed) *do not work here.*
Aquellos chicos estudian filosofía.	*Those students* (beyond the speaker and the person addressed) *study philosophy.*

1. All forms of **este** refer to someone or something near the speaker.
2. All forms of **ese** refer to someone or something near the person addressed.
3. All forms of **aquel** refer to someone or something beyond the speaker and the person addressed.

C. Singular → plural

Viven en ese apartamento.	Viven en esos apartamentos.
Acaban de escribir esta lección.	Acaban de escribir estas lecciones.
Trabajan en aquel restaurante.	Trabajan en aquellos restaurantes.
Desean probar esa ensalada.	Desean probar esas ensaladas.
Deben visitar ese palacio.	Deben visitar esos palacios.
Ellos no viven en aquella casa.	Ellos no viven en aquellas casas.
En este país hablan español.	En estos países hablan español.

D. Substitution

1. No necesitan este libro.
casa	No necesitan esta casa.
direcciones	No necesitan estas direcciones.
vino	No necesitan este vino.
escritorios	No necesitan estos escritorios.
traje	No necesitan este traje.

2. Ellos visitan esa casa.
apartamento	Ellos visitan ese apartamento.
calle	Ellos visitan esa calle.
ciudades	Ellos visitan esas ciudades.
países	Ellos visitan esos países.
hospital	Ellos visitan ese hospital.

Villalcázar de Sirga, al norte de Palencia. Las casas de los campesinos españoles están agrupadas en aldeas y muchos campesinos tienen que cubrir diariamente distancias considerables para llegar a los campos donde trabajan.

Villalcázar de Sirga, north of Palencia. Spanish farm houses are clustered in hamlets and many farmers have to cover considerable distances every day to reach the fields where they work.

3. Aquel museo es maravilloso.
   casa   Aquella casa es maravillosa.
   palacios   Aquellos palacios son maravillosos.
   restaurante Aquel restaurante es maravilloso.
   playas   Aquellas playas son maravillosas.
   paisaje   Aquel paisaje es maravilloso.

TESTING / demonstrative adjectives

Give both the masculine and the feminine Spanish equivalents.
1. *this* — este, esta
2. *these* — estos, estas
3. *that* (near the person addressed) — ese, esa
4. *that* (away from the speaker and the person addressed) — aquel, aquella
5. The singular form of **estos** is _____. — este
6. The plural form of **ese** is _____. — esos
7. The plural form of **aquel** is _____. — aquellos

Give a Spanish equivalent.
8. *this dessert and that ice cream* — este postre y ese helado
9. *His parents are in that hotel over there.* — Sus padres están en aquel hotel.
10. *Those watches are excellent.* — Esos relojes son excelentes.
11. *this apartment* — este apartamento *or* apartamiento
12. *those streets* (near you) — esas calles
13. *I live in that house* (yonder). — Yo vivo en aquella casa.
14. *We live in this building.* — Vivimos en este edificio.

LECCIÓN 8

Present tense of the verb **ir** / **Ir + a +** remainder / Some ways to express the future using the present tense / Cardinal numbers 60–99 / Cardinal numbers 100–1000 / Ordinal numbers

diálogo / FRENTE AL[1] TEATRO

ALFREDO ¿Vas a la función de esta noche?
DIEGO ¿Qué función?
ALFREDO Hoy es la última noche de Coros y Danzas de España[2].
DIEGO ¿De veras? ¿Y quedan entradas[3]?
ALFREDO Creo que sí. María y yo acabamos de comprar[4] dos.
MARÍA Pero ahora hay una cola bastante larga frente a la taquilla.
DIEGO No importa. Ahora mismo voy a hacer cola y comprar una.
ALFREDO Buena suerte.

IN FRONT OF THE THEATER

A: *Are you going to tonight's performance?*
D: *What performance?*
A: *Today is the last night of Coros y Danzas de España.*
D: *Really? Are there any tickets left?*
A: *I think so. María and I have just bought two.*
M: *But there's a rather long line[5] in front of the ticket office.*
D: *It doesn't matter, I'll stand in line right now and buy one.*
A: *Good luck.*

---

[1] **Frente a** = **enfrente de** (or **en frente de**).
[2] Famous group from Spain similar to the **Ballet Folklórico de México**. Its performances are very popular throughout the Spanish-speaking world. **Coros y Danzas de España** = *Choruses and Dances of Spain*.
[3] Some countries use **el boleto** instead of **la entrada**.
[4] **Sacar** can also be used. **Sacar entradas** = *to get tickets*.
[5] Literally, *tail, queue*.

ORACIONES Y PALABRAS

¿Y quedan **entradas**?
    asientos
¿Vas **a la función**?
    a la comedia, al concierto
Vamos a **comprar** unos boletos después.
    cambiar
¿Por qué no **aplauden** el baile?
    describen

Are there any tickets left?
    seats
Are you going to the performance?
    play, concert
We are going to buy some tickets later.
    exchange
Why don't you applaud the dance?
    describe

PREGUNTAS SOBRE EL DIÁLOGO

1. ¿Cuándo es la función?
2. ¿Quedan entradas?
3. ¿Quiénes acaban de comprar entradas?
4. ¿Cuántas entradas acaban de sacar?
5. ¿Dónde venden las entradas?
6. ¿Qué va a comprar Diego?
7. ¿Hay cola frente a la taquilla?
8. ¿Es corta o larga la cola?

PREGUNTAS GENERALES

1. ¿Va usted al teatro esta noche?
2. ¿A qué teatro va usted?
3. ¿Con quién vas a la función esta tarde?
4. ¿Aplauden ustedes cuando termina un concierto?
5. Esta noche, ¿van ustedes a un baile o a un concierto?
6. ¿Qué necesita usted cuando va al teatro?
7. ¿Hacen ustedes cola cuando van al teatro?
8. ¿Cuál es la diferencia entre boleto y entrada?

GRAMMAR, EXERCISES, AND TESTING

Part 1

I. PRESENT TENSE OF THE VERB IR

SUBJECT PRONOUN	INFLECTED VERB[6]
yo	**voy**
tú	**vas**
usted, él, ella	**va**
nosotros (-as)	**va**mos
vosotros (-as)	**vais**
ustedes, ellos (-as)	**van**

1. **Ir** is a highly irregular verb; its forms are not like the forms of regular **-ir** verbs.
2. The first-person singular ends in **-oy**.
3. The theme vowel **a** occurs in the remaining forms.
4. All the forms except **vamos** are monosyllabic.

---

[6]Stressed syllable shown in boldface type.

Nuestra Señora de la Candelaria, escultura de Manuel Galiano, en exhibición unos días antes de Semana Santa en Sevilla.

Our Lady of Candlemas, *a sculpture by Manuel Galiano, on display a few days before Easter Week in Seville.*

II. IR + A + REMAINDER

Voy a la biblioteca.	*I'm going to the library.*
Roberto debe **ir al** teatro.	*Roberto should go to the theater.*
¿**Adónde** vamos esta noche?	*Where are we going tonight?*

1. The verb **ir** requires an **a** to introduce a noun object.
2. To ask and to answer a question about "direction where" with **ir** and **dónde**, **a** precedes the **dónde** and is attached to it in writing: **adónde**.

III. SOME WAYS TO EXPRESS THE FUTURE USING THE PRESENT TENSE

☐ THE PRESENT TENSE OF IR + A + INFINITIVE

¿**Vas a comprar** un coche?	*Are you going to buy a car?*
¿Cuándo **van a cantar**?	*When are they going to sing?*
Vamos a estudiar.	*We are going to study.* / *Let's study.*

1. The verb **ir** requires the word **a** to introduce an infinitive object.
2. This construction in the present tense implies a future action.
3. The expression **vamos a** + infinitive can be used to describe future action and to express commands.[7]

□ THE PRESENT TENSE OF A VERB + APPROPRIATE TIME ELEMENT

Voy **ahora**.	*I'll go now.*
Compramos los boletos **mañana**.	*We'll buy the tickets tomorrow.*
Van al teatro **esta noche**.	*They're going to the theater tonight.*
Después comes.	*You'll eat later.*

1. The boldface words in the model sentences express a time that is future to the action of the verb.
2. In these sentences the Spanish present tense is equivalent to the English constructions *will* + verb, or *to be going to* + verb.

□ JUST THE PRESENT TENSE

¿ Qué **hacemos** ?	*What shall we do?*
¿ **Comemos** juntos ?	*Shall we eat together?*
Sí, yo **espero** el tren.	*Yes, I'll wait for the train.*

In these sentences the immediate future is implied by the context.

A. *Person-number substitution*

1. Yo voy al teatro esta noche.
   Tú   Tú vas al teatro esta noche.
   Ellos   Ellos van al teatro esta noche.
   Nosotros   Nosotros vamos al teatro esta noche.
   Él   Él va al teatro esta noche.
   Ustedes   Ustedes van al teatro esta noche.

2. ¿ Adónde van ustedes ?
   Carlos   ¿ Adónde va Carlos ?
   Felipe y tú   ¿ Adónde van Felipe y tú ?
   nosotros   ¿ Adónde vamos nosotros ?
   ellos   ¿ Adónde van ellos ?
   tú   ¿ Adónde vas tú ?

3. Vamos a comprar unos boletos.
   (yo, ellas, nosotras, tú, él, ustedes)

B. *Ir + a + infinitive → present tense of the main verb*

Model: Van a sacar entradas esta noche.
       Sacan entradas esta noche.

Van a llegar a las once.
Voy a comer después.
¿ Vas a ir a la taquilla ?
Después van a hacer cola.

Llegan a las once.
Como después.
¿ Vas a la taquilla ?
Después hacen cola.

---

[7]First-person plural commands will be discussed in Lesson 30.

112   LECCIÓN 8

El coro va a cantar esta noche.
Nosotros vamos a escribir las direcciones.

El coro canta esta noche.
Nosotros escribimos las direcciones.

TESTING / **ir**, present indicative

1. The first-person singular of the verb **ir** in the present tense ends in _____.   — -oy
2. The theme vowel in the remaining forms is _____.   — a

Give a Spanish equivalent.
3. *I go*   — voy
4. SHE *goes*   — ella va
5. *they go*   — van
6. The **tú**-form of **ir**, present indicative, is _____.   — vas

Romería del Rocío que se celebra todos los años durante Pentecostés en el Santuario de la Virgen del Rocío, en Almonte cerca de Huelva al sur de España.
Annual costumed pilgrimage which is celebrated every year during Pentecost at the Sanctuary of the Virgin of Rocío, in Almonte near Huelva in southern Spain.

7. When any form of **ir** is followed by an infinitive or an object, one uses the preposition _____.

— a

Give a Spanish equivalent.
8. *where?* (when used with any form of **ir** in the sense "direction where")
9. *Alfredo is going to the dance.*
10. *We are going to stand in line.*
11. *Are you* (plural, Spanish America) *going to buy a house?*
12. *Are you* (familiar plural, Spain) *going to buy a house?*

— adónde
— Alfredo va al baile.
— Vamos a hacer cola.

— ¿Van a comprar una casa?

— ¿Vais a comprar una casa?

Part 2

IV. CARDINAL NUMBERS 60–99

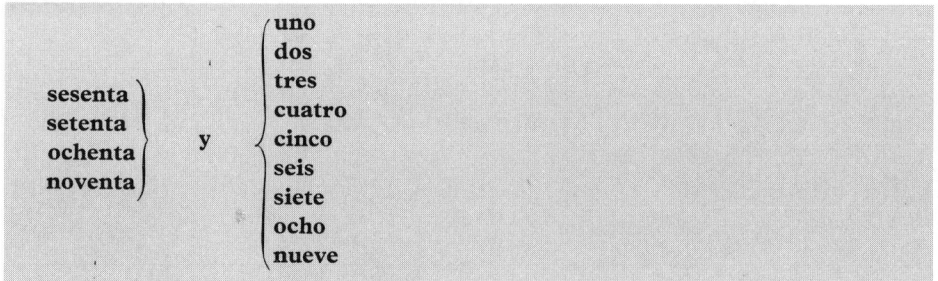

1. **Sesenta, setenta, ochenta,** and **noventa** end in **-a**, which is invariable.
2. These numbers have no alternate forms.

V. CARDINAL NUMBERS 100–1000

100	**cien(to)**	600	**seiscientos (-as)**
101	**ciento un(o), una**	700	**setecientos (-as)**
200	**doscientos (-as)**	800	**ochocientos (-as)**
300	**trescientos (-as)**	900	**novecientos (-as)**
400	**cuatrocientos (-as)**	1000	**mil**
500	**quinientos (-as)**		

1. The word for 100 is **ciento**.
2. **Ciento** is shortened to **cien** when followed by a noun.

    100 comedias   cien comedias

3. The word **y** is not used between hundreds and units or between hundreds and tens.

    301   trescientos uno
    320   trescientos veinte

4. In counting, 101 is **ciento uno.**
5. **Uno** becomes **un** before a masculine noun and **una** before a feminine noun.

    101 chicos   ciento un chicos
    101 chicas   ciento una chicas

6. Compounds of **ciento** are written as one word and agree in gender and number with the word they modify.

    200 chicos   doscientos chicos
    200 chicas   doscientas chicas

7. 500, 700, and 900 have special forms replacing the **cinco, siete,** and **nueve.**
8. **Uno** is not used before **cien, ciento,** or **mil.**

VI. ORDINAL NUMBERS

primer(o), (-a)	*first*	**sexto (-a)**	*sixth*
segundo (-a)	*second*	**séptimo (-a)**[8]	*seventh*
tercer(o), (-a)	*third*	**octavo (-a)**	*eighth*
cuarto (-a)	*fourth*	**noveno (-a)**	*ninth*
quinto (-a)	*fifth*	**décimo (-a)**	*tenth*

Él va a comprar el **primer** libro.   *He is going to buy the first book.*
Ella estudia la **primera** lección.   *She's studying the first lesson.*
Los **primeros** autos llegan ahora.   *The first cars are arriving now.*
Las **primeras** lecciones son muy largas.   *The first lessons are very long.*
Estamos en el siglo **veinte**, no en el siglo **quinto**.   *We are in the twentieth century, not in the fifth century.*
Felipe **II** y Alfonso **XII** son reyes españoles.   *Philip II and Alfonso XII are Spanish kings.*

1. Ordinal numbers are adjectives and consequently agree in gender and number with the noun they modify.
2. **Primero** and **tercero** drop the **o** before a masculine singular word.
3. Ordinal numbers are seldom used after the tenth. Cardinals are used instead.

    el siglo V[9]   (quinto)
    el siglo XI   (once)
    el siglo XX   (veinte)

4. In saying the names of kings, queens, popes, and the like, Spanish, unlike English, does not use the definite article between the name and the number.

    Felipe II   (Felipe segundo)
    Isabel II   (Isabel segunda)
    Alfonso XII   (Alfonso doce)

---

[8]The form **sétimo (-a)** is also used.
[9]Roman numerals, not Arabic, are written with centuries, kings, etc.

C. Reading exercise

66 libros	101 señoras	301 chicas	550 bibliotecas
96 horas	150 entrevistas	367 platos	970 palacios
89 hombres	200 profesores	760 españolas	690 librerías
74 escritorios	200 profesoras	505 trenes	1000 relojes
100 estudiantes	400 ciudades	660 extranjeros	
101 señores	230 chicos	840 oficinas	

D. Questions

Model: ¿Cuántos son diez y diez?
Diez y diez son veinte.

¿Cuántos son treinta y treinta? — Treinta y treinta son sesenta.
¿Cuántos son veinte y treinta? — Veinte y treinta son cincuenta.
¿Cuántos son sesenta y diez? — Sesenta y diez son setenta.
¿Cuántos son quinientos y quinientos? — Quinientos y quinientos son mil.
¿Cuántos son trescientos y cuatrocientos? — Trescientos y cuatrocientos son setecientos.

E. Guided response

1. Answer each of the following questions in the negative, using the next lower ordinal number.

   Model: ¿Estudia usted la segunda lección?
   No, estudio la primera lección.

   ¿Acaba de llegar el cuarto estudiante? — No, acaba de llegar el tercer estudiante.
   ¿Es el segundo apartamento? — No, es el primer apartamento.
   ¿Leen ustedes la octava lección? — No, leemos la séptima lección.
   ¿Es la segunda función de Coros y Danzas de España? — No, es la primera función.

2. Answer each of the following questions in the negative, using the next higher ordinal number.

   Model: ¿Estudia usted la segunda lección?
   No, estudio la tercera lección.

   ¿Es el cuarto asiento? — No, es el quinto asiento.
   ¿Viven ustedes en el quinto apartamento? — No, vivimos en el sexto apartamento.
   ¿Es la tercera oficina? — No, es la cuarta oficina.
   ¿Es el segundo escritorio? — No, es el tercer escritorio.

TESTING / cardinal and ordinal numbers

Say in Spanish.
1. 64
2. 77

— sesenta y cuatro
— setenta y siete

Enormes "fallas" o estatuas de madera y cartón se construyen en Valencia para las fiestas de San José, que se celebran todos los años en el mes de marzo. Las fallas, a menudo satíricas, se queman al último día de las fiestas mientras los fuegos artificiales iluminan el cielo. Las corridas de toros y los bailes folklóricos forman también parte de estas fiestas.

Enormous "fallas" or statues of wood and cardboard are built in Valencia for the festival of San José, celebrated every year in March. The fallas, sometimes satirical, are burned the last day of the festival while fireworks light up the sky. Bullfights and folkloric dancing also form part of the festival.

3. 85 — ochenta y cinco
4. 99 — noventa y nueve
5. Before a noun, the word **ciento** is shortened to _____. — cien
6. In counting, 101 is said as _____. — ciento uno
7. Before the noun **libros**, 101 is said as _____. — ciento un
8. Before the word **casas**, 201 is said as _____. — doscientas una
9. The masculine form of 500 is _____. — quinientos
10. The feminine form of 800 is _____. — ochocientas

Give a Spanish equivalent.
11. *one thousand* — mil
12. *fifth* (masculine) — quinto
13. *seventh* (feminine) — séptima *or* sétima
14. The two ordinal numbers that drop the **o** before a masculine singular noun are _____ and _____. — primero, tercero

Say in Spanish.
15. Enrique VIII — Enrique octavo
16. Alfonso XIII — Alfonso trece
17. el siglo XX — el siglo veinte
18. el siglo III — el siglo tercero

117 TESTING / cardinal and ordinal numbers

LECCIÓN 9

Six verbs irregular in the first-person singular, present tense / Direct object pronouns

diálogo / CONVERSACIÓN ANTES DE LA LLEGADA DE PEPE Y ENRIQUE

ANA Ya son las seis. Enrique y Pepe están al llegar[1]. Voy a arreglar un poco la sala. [Ordena los discos.]
JULIA Yo te ayudo y en un momento la arreglamos. ¿Dónde pones las revistas?
ANA Las pongo en aquella mesa, junto a la lámpara.
JULIA ¿Y qué hago con los cuadernos y los lápices?
ANA Van en el escritorio, en la gaveta donde guardo el papel. [Tocan el timbre[2] varias veces.] Un momento, por favor.

CONVERSATION BEFORE THE ARRIVAL OF PEPE AND ENRIQUE

A: It's already six o'clock. Enrique and Pepe are about to arrive. I'm going to tidy up the living room a bit. [She arranges the records.]
J: I'll help you and we'll put it in order in a jiffy. Where do you put the magazines?
A: I put them on that table, next to the lamp.
J: And what do I do with the notebooks and pencils?
A: They go into the desk, in the drawer where I keep paper. [The bell rings[3] several times.] One moment, please.

---

[1] **Estar** + **al** + infinitive = *to be about to* + verb. **Estar** + **por** + infinitive and **estar** + **para** + infinitive are also used.
[2] **Timbre** = *electric bell.*
[3] Literally, *they touch the bell.*

ORACIONES Y PALABRAS

¿Dónde pongo la **revista**?
        regla, pluma
Está junto a la **lámpara**.
        ventana, pizarra
Tocan **el timbre**.
        el piano[4], la guitarra
Los muchachos **llaman** a la puerta.
        tocan[7]

Where shall I put the magazine?
        ruler, pen
It's next to the lamp.
        window, blackboard
They ring the bell.
        play the piano, play the guitar
The boys[5] knock[6] on the door.
        knock

PREGUNTAS SOBRE EL DIÁLOGO

1. ¿Qué hora es?
2. ¿Quiénes están al llegar?
3. ¿Qué hace Ana?
4. ¿Va Julia a arreglar la sala también?
5. ¿Dónde pone Ana las revistas?
6. ¿Van las revistas al lado de la lámpara o al lado de los cuadernos?
7. ¿Dónde van los cuadernos?
8. ¿Van los lápices junto a los cuadernos?
9. ¿Cuántas veces tocan los chicos el timbre?
10. ¿Quién va a abrir la puerta?

PREGUNTAS GENERALES

1. ¿Recibe usted revistas?
2. ¿Las lee usted?
3. ¿Qué revistas recibe usted?
4. ¿Dónde pone usted los libros cuando llega a su casa?
5. ¿Compran ustedes discos?
6. ¿Toca usted la guitarra?
7. ¿Es la guitarra popular en los Estados Unidos?
8. ¿Qué necesitan ustedes en la clase de español?

GRAMMAR, EXERCISES, AND TESTING

Part 1

I. SIX VERBS IRREGULAR IN THE FIRST-PERSON SINGULAR, PRESENT TENSE

FIRST CONJUGATION		SECOND CONJUGATION				THIRD CONJUGATION
dar *to give*	**poner** *to put*	**hacer** *to do, to make*	**saber** *to know*	**ver** *to see*		**salir** *to go out, to leave*
doy damos	pongo ponemos	hago hacemos	sé sabemos	veo vemos		salgo salimos
das dais	pones ponéis	haces hacéis	sabes sabéis	ves veis		sales salís
da dan	pone ponen	hace hacen	sabe saben	ve ven		sale salen

---

[4] **Tocar** + an instrument = *to play* the instrument.
[5] Also *boys and girls*.
[6] Literally, *call*.
[7] Both expressions are used.

La Laguna, Tenerife. Las Islas Canarias, provincia de España que se encuentra a unos 90 kilómetros de la costa noroeste del África, se conocen desde tiempos antiguos con el nombre de las Islas Afortunadas por su vegetación exuberante, clima maravilloso y aire puro.

La Laguna, Tenerife. The Canary Islands, a province of Spain lying some 90 kilometers off the northwest coast of Africa, have been known since ancient times as the Fortunate Islands because of their exuberant vegetation, marvelous climate, and pure air.

Lesson 1 mentioned that irregular verbs have at least one form which deviates from the general pattern. These six verbs representing the three conjugations are irregular in the first-person singular of the present indicative.

1. The first-person singular of each verb deviates from the norm; the other persons of the present indicative are regular.
2. **Pongo** and **salgo** have an intrusive **g** between the stem and the person marker.
3. The **g** in **hago** is not intrusive, but a substitute—it represents a sound different from the one found in the infinitive and in the other present indicative forms.
4. **Saber** has altered its form to the monosyllabic **sé**.
5. **Veo** maintains the theme vowel **e** before the person marker **o**.
6. **Doy** uses the ending -oy, previously encountered in **estoy**, **soy**, and **voy**.

A. *Person-number substitution*

1. Ellos salen a las seis.
Antonio	Antonio sale a las seis.
Los señores García	Los señores García salen a las seis.
Tú	Tú sales a las seis.
Juan y yo	Juan y yo salimos a las seis.
Usted	Usted sale a las seis.
Yo	Yo salgo a las seis.

2. ¿Qué hacemos con estas entradas?
¿ (ellos)?	¿Qué hacen con estas entradas?
¿ (tú)?	¿Qué haces con estas entradas?
¿ (usted)?	¿Qué hace con estas entradas?
¿ (yo)?	¿Qué hago con estas entradas?
¿ (ustedes)?	¿Qué hacen con estas entradas?
¿ (él)?	¿Qué hace con estas entradas?

B. *Plural verb → singular verb*

Nosotros hacemos el trabajo.
Ponemos los cuadernos en el escritorio.
No sabemos dónde está el teatro.

Yo hago el trabajo.
Pongo los cuadernos en el escritorio.
No sé dónde está el teatro.

Siempre salimos a las tres.
No vemos las revistas.
Hoy hacemos paella.

Siempre salgo a las tres.
No veo las revistas.
Hoy hago paella.

C. Questions

1. ¿Hace usted el almuerzo?
2. ¿Ve usted aquel edificio?
3. ¿Sale usted a las cuatro o a las cinco?
4. ¿Sabe usted donde está la taquilla?
5. ¿Dónde pone usted el café?
6. ¿Usted siempre da dinero?

TESTING / six verbs irregular in the first-person singular, present tense

Give the present-tense form indicated.
1. **dar**, **yo**-form — doy
2. **saber**, **yo**-form — sé
3. **poner**, **ellos**-form — ponen
4. **poner**, **yo**-form — pongo
5. **hacemos**, singular — hago
6. **vemos**, singular — veo

Give a Spanish equivalent.
7. I *know the address.* — Yo sé la dirección.
8. *I go out at six.* — Salgo a las seis.
9. *We go out at three.* — Salimos a las tres.
10. *I put the pencils in the drawer.* — Pongo los lápices en la gaveta

Part 2

II. DIRECT OBJECT PRONOUNS

SUBJECT PRONOUN		DIRECT OBJECT PRONOUN	A + PRONOUN	
yo		me	a mí	*me*
tú		te	a ti	*you*
él		lo	a él	*him, it* (masculine)
usted	(masculine)	lo	a usted	*you*
ella		la	a ella	*her, it* (feminine)
usted	(feminine)	la	a usted	*you*
nosotros (-as)		nos	a nosotros (-as)	*us*
vosotros (-as)		os	a vosotros (-as)	*you*
ellos		los	a ellos	*them* (masculine)
ustedes	(masculine)	los	a ustedes	*you*
ellas		las	a ellas	*them* (feminine)
ustedes	(feminine)	las	a ustedes	*you*

☐ OBJECT A THING

Yo leo **el proverbio**.	Yo **lo** leo.
Juana hace **la comida**.	Juana **la** hace.
Los estudiantes visitan **los museos**.	Los estudiantes **los** visitan.
Andrés estudia **las lecturas**.	Andrés **las** estudia.

1. Each sentence in the left block above is composed of three basic elements:

   a. the subject, which functions as the agent.

       yo   **Juana**   **los estudiantes**   **Andrés**

   b. the verb, which expresses an action performed by the subject.

       leo   **hace**   **visitan**   **estudia**

   c. the direct object, which receives the action of the verb. Notice that the objects shown are all things, not people:

       el proverbio   **la comida**   **los museos**   **las lecturas**

2. In the right block, the same elements exist:

   a. a direct object pronoun replaces the direct object noun.
   b. the object pronoun precedes the conjugated verb.
   c. the object pronoun is identical to the article which accompanied the noun, except in the first sentence where **lo** replaces **el**.

☐ OBJECT A PERSON: THIRD-PERSON FORMS

María mira **a Juan**.	María **lo** mira (a él).
María mira **a Rosa**.	María **la** mira (a ella).
María mira **a los chicos**.	María **los** mira (a ellos).
María mira **a las profesoras**.	María **las** mira (a ellas).

1. When the direct object noun is a person, the personal **a** is always used.[8]
2. In the third person, the same direct object pronouns are used for people as for things.
3. In spoken English, direct object pronouns are emphasized by raising the pitch of the voice. In Spanish, emphasis is achieved by adding **a** + prepositional pronoun, either at the end or at the beginning of the sentence. In the third person, these extra pronouns, objects of the preposition **a**, are identical to the subject pronouns.

María {**lo** / **la**} llama (a usted).

Pedro {**los** / **las**} visita (a ustedes).

---

[8] The subject pronoun **quien(es)** refers to people. Used as a direct object, it must be preceded by the personal **a**.
    ¿A quién ve usted?   *Whom do you see?*
    Yo sé a quién veo.   *I know whom I see.*

Valle del Gran Rey, isla de la Gomera, las Canarias. Estas terrazas, construidas con gran esfuerzo, reciben y retienen el agua de las lluvias. Colón hizo escala en Gomera durante el viaje en que descubrió el Nuevo Mundo.

Valley of the Great King, La Gomera Island, the Canaries. These terraces, laboriously constructed, receive and hold rainfall. Columbus stopped at La Gomera during the voyage in which he discovered the New World.

4. For persons referred to as **usted**(**es**), the direct object pronouns are again **lo, la, los, las**—the same as the pronouns used for things.
5. For emphasis and clarification, the prepositional phrase **a** + **usted**(**es**) is added.

□ OBJECT A PERSON: FIRST AND SECOND PERSON FORMS

> Roberto **me** llama (a mí).
> Roberto **te** llama (a ti).
> Roberto **nos** llama (a nosotros).
> Roberto **os** llama (a vosotras).

1. For persons referred to as **yo, tú, nosotros** (**-as**), or **vosotros** (**-as**), the direct object pronouns used are **me, te, nos, os**. They are used for both genders.
2. To emphasize similar pronouns, spoken English raises the pitch of the voice. Spanish, in contrast, adds **a** + prepositional pronoun.
   a. In the first and second persons plural, these extra pronouns, objects of the preposition **a**, are identical to the subject pronouns: **a nosotros** (**-as**), **a vosotros** (**-as**).
   b. In the first and second persons singular, the prepositional object pronouns have special forms: **a mí, a ti**.

□ POSITION

> **Me** desea ver. \
> Desea ver**me**. /   *He wishes to see me.*
>
> **Lo** voy a visitar (a él). \
> Voy a visitar**lo** (a él). /   *I'm going to visit him.*

Ibiza, una de las Islas Baleares, archipiélago del Mediterráneo al este de Valencia, posesión española desde el siglo XIII. Mallorca y Menorca, las islas más grandes de este archipiélago, constituyen una de las zonas turísticas más populares del mundo.

Ibiza, one of the Balearic Islands, an archipelago in the Mediterranean east of Valencia, a Spanish possession since the 13th century. Mallorca and Menorca, the largest islands in this archipelago, constitute one of the most popular tourist areas in the world.

1. A direct object pronoun can precede the conjugated verb form, or it can be attached to the dependent infinitive.
2. The construction **a** + prepositional pronoun is added for emphasis or clarification.

D. Substitution

1. Yo busco la sala.

Carlos	Yo busco a Carlos.
direcciones	Yo busco las direcciones.
señores Gómez	Yo busco a los señores Gómez.
discos	Yo busco los discos.
revista	Yo busco la revista.
Julia	Yo busco a Julia.

2. ¿A qué profesor mira él?

¿qué casa?	¿Qué casa mira él?
¿quién?	¿A quién mira él?
¿qué chicas?	¿A qué chicas mira él?
¿qué comedia?	¿Qué comedia mira él?
¿quiénes?	¿A quiénes mira él?

3. ¿El libro? Sí, lo recibo hoy.

¿La guitarra?	¿La guitarra? Sí, la recibo hoy.
¿El dinero?	¿El dinero? Sí, lo recibo hoy.
¿Los papeles?	¿Los papeles? Sí, los recibo hoy.

¿Las direcciones?   ¿Las direcciones? Sí, las recibo hoy.
¿El traje?   ¿El traje? Sí, lo recibo hoy.
¿Las lámparas?   ¿Las lámparas? Sí, las recibo hoy.

E. Direct object noun → direct object pronoun

Model: Andrés estudia la lección.
          Andrés la estudia.

Ellos leen el menú.   Ellos lo leen.
Ella escribe los números.   Ella los escribe.
Juan llama al camarero.   Juan lo llama.
Felipe mira a Julia.   Felipe la mira.
Nosotros aplaudimos mucho los conciertos.   Nosotros los aplaudimos mucho.
Ellos compran las entradas.   Ellos las compran.

Pescadores que secan y reparan sus redes en el puerto de Ibiza.

Fishermen drying and mending their nets in the port of Ibiza.

F. Patterned responses

Model: ¿Vas a cambiar las entradas?
Sí, las voy a cambiar.
Sí, voy a cambiarlas.

¿Vas a ordenar los discos? Sí, los voy a ordenar.
  Sí, voy a ordenarlos.

¿Vas a guardar las revistas? Sí, las voy a guardar.
  Sí, voy a guardarlas.

¿Deseas probar la paella? Sí, la deseo probar.
  Sí, deseo probarla.

¿Vas a visitar a la doctora Gómez? Si, la voy a visitar.
  Sí, voy a visitarla.

¿Debes ayudar a Juan? Sí, lo debo ayudar.
  Sí, debo ayudarlo.

G. Object pronoun → object pronoun + prepositional phrase

Repeat each sentence and stress the object pronoun by adding the appropriate prepositional phrase. When the object pronoun is ambiguous, give two possible clarifications.

Models: Te necesita.
Te necesita a ti.
Ellos lo llaman ahora.
Ellos lo llaman a él ahora. Ellos lo llaman a usted ahora.

Él me busca. Él me busca a mí.
Ellos la llaman. Ellos la llaman a ella.
  Ellos la llaman a usted.

Las miramos. Las miramos a ellas.
  Las miramos a ustedes.

¿Por qué te ayuda? ¿Por qué te ayuda a ti?
Siempre nos busca. Siempre nos busca a nosotros.
  Siempre nos busca a nosotras.

Lo necesitamos ahora. Lo necesitamos a él ahora.
  Lo necesitamos a usted ahora.

Él los visita. Él los visita a ellos.
  Él los visita a ustedes.

H. Questions

Use direct object pronouns in your answers.

1. ¿Ayudan ustedes a sus amigos?
2. ¿Me necesitas?
3. ¿Debo estudiar esa lección?
4. ¿Reciben las revistas en la casa o en la universidad?
5. ¿Cuándo vas a comprar las entradas?
6. ¿Dónde venden esas lámparas?
7. ¿Haces el almuerzo a las doce?

TESTING / direct object pronouns

Give equivalent Spanish direct object pronouns.
1. *her* or *it* (feminine)   — la
2. *him* or *it* (masculine)   — lo
3. *them* (two possibilities)   — los *or* las
4. *us*   — nos
5. *you* (singular polite)   — lo *or* la
6. *you* (singular familiar)   — te

Give emphatic prepositional phrases that correspond to the indicated direct object pronoun.

7. **te**   — a ti
8. **lo** (two possibilities)   — a él *or* a usted
9. **me**   — a mí

Give a Spanish equivalent.
10. *whom?* (singular)   — ¿a quién?
11. *I see him in the living room.*   — Lo veo en la sala.
12. *They always help her.*   — Siempre la ayudan.

◀ Iglesia de San Francisco, La Laguna, Tenerife. La Iglesia Católica es uno de los pilares de la sociedad española.
Church of San Francisco, La Laguna, Tenerife. The Catholic Church is a pillar of Spanish society.

RECAPITULACIÓN Y AMPLIACIÓN III

lectura / LAS COSTUMBRES ESPAÑOLAS

Las costumbres en España son diferentes de las costumbres de este país. Por ejemplo, las fiestas populares, los bailes, las horas de las comidas, de los teatros y de los museos son diferentes.

    Los españoles toman el desayuno entre las siete y media y las nueve de la mañana. Este desayuno, en general, es bastante ligero. Sólo toman una taza de café con leche o chocolate y comen pan o tostadas. Después salen a la oficina, a la universidad, a las tiendas o trabajan en la casa. Las tiendas y las oficinas cierran a la una o a la una y media y abren a las cuatro o a las cuatro y media para dar a los empleados tiempo para almorzar. El almuerzo, entre las dos y las tres de la tarde, es la comida principal. En España, antes del almuerzo, muchas personas van con sus amigos a los bares y allí beben una copa de jerez o de vino y comen unos platos pequeños de pescado, mariscos, jamón o aceitunas que se llaman "tapas". Después de esta agradable reunión con los amigos en el bar, van a almorzar. En el almuerzo comen dos o tres platos fuertes y, casi siempre, beben vino. Un plato muy popular es la

taza *cup*
tostada *(piece of) toast*
tienda *store*
cierran *close*

el jerez *sherry*
pequeño *small*
el jamón *ham*
aceituna *olive*

fuerte *main*

España es uno de los mayores exportadores de abrigos de gamuza, bolsas y zapatos. Para competir ventajosamente en el mercado internacional es necesario estar a la cabeza del diseño de modas y, al mismo tiempo, mantener los costos a un nivel bajo.

Spain is one of the major exporters of suede coats, bags, and shoes. To compete effectively in the international market it is necessary to be in the lead in fashion design and at the same time to hold costs low.

tortilla, que hacen con huevos y patatas[1]. Sin embargo, en México y en otros países de Hispanoamérica, una tortilla es una masa de maíz en forma de *pancake* que comen en vez de pan.

    En las ciudades de los Estados Unidos hay muy pocas personas en el centro después de las siete, pero como en las ciudades españolas las tiendas cierran a las ocho o a las ocho y media y los españoles cenan entre las nueve y media y las once de la noche, siempre hay mucho movimiento de personas en las calles. La cena es una comida más ligera que el almuerzo, y antes de ir a la casa para cenar, muchos españoles van a un bar o a un café para tomar algo y conversar con los amigos.

    Debido a la hora de la cena, en general hay dos funciones en los teatros de las ciudades españolas. Una función es a las siete y la otra a las diez y cuarenta y cinco o a las once. Las personas que van a la segunda función salen del teatro después de la una.

    Los bailes españoles varían según las regiones. La sardana, típica de Cataluña, es muy popular y la bailan en las ciudades y pueblos de esa región. Hoy en día, en la Plaza de la Catedral de

tortilla *omelet*
masa *dough*
el maíz *corn*
en vez de *instead of*
pocos *few*

debido a *due to*

variar *to vary*
pueblo *town*

---

[1]In Spain, **papas** are called **patatas**.

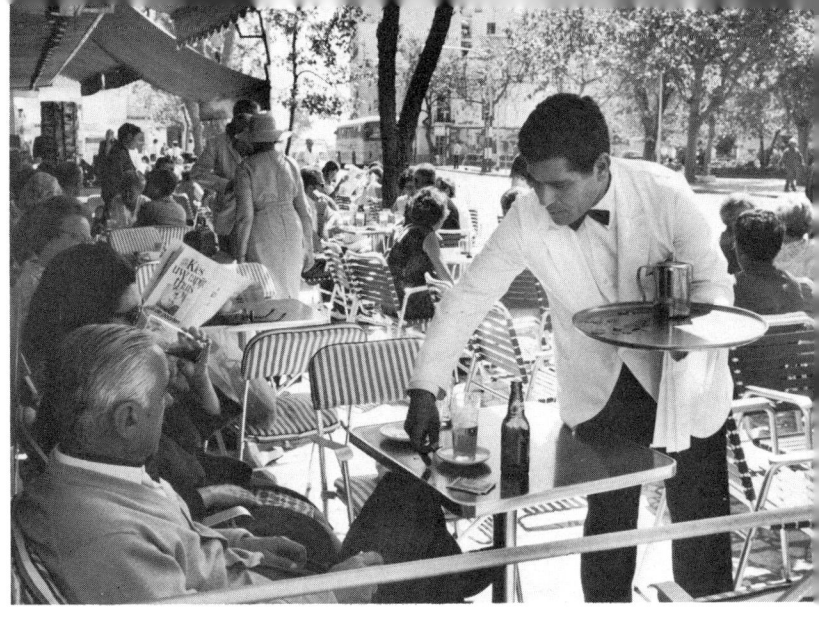

Marbella, al oeste de Málaga. El turismo es la industria española más importante. Las industrias de la pesca y del vino y las cervecerías abastecen a cafés como éstos, una forma de venta de exportación dentro del país.

Marbella, west of Málaga. Tourism is Spain's most important industry. The country's fish and wine industries and breweries supply cafés like these, a form of export selling within the country.

Barcelona, hay una orquesta los días de fiesta y hombres, mujeres y niños forman círculos para bailar la sardana. Cuando una persona desea participar en el baile, sólo separa las manos de dos de las personas que bailan para formar parte del círculo. James A. Michener, en su libro *Iberia*, describe muy bien la impresión inicial que recibe una persona cuando ve bailar la sardana.

 Otro baile español es la jota, típica de Aragón, una región que está al oeste de Cataluña. Además de la sardana y de la jota hay otros bailes típicos como el flamenco de Andalucía. El flamenco es muy popular en España y especialmente en el extranjero, donde lo consideran el baile español más típico. Casi siempre lo bailan gitanos y generalmente hay dos o tres guitarras que los acompañan mientras bailan.

 Las costumbres, los bailes y los trajes típicos de cada región hacen de España un país de contrastes.

la mujer *woman*
niños *children*

en el extranjero *abroad*
gitano *gypsy*
acompañar *to accompany*

PREGUNTAS

1. ¿Son diferentes las costumbres de España de las costumbres de este país?
2. ¿Qué costumbres son diferentes?
3. ¿A qué hora toman el desayuno los españoles?

4. ¿Qué comen en el desayuno?
5. ¿A qué hora cierran las tiendas para dar a los empleados tiempo para almorzar?
6. ¿A qué hora abren las tiendas por la tarde?
7. ¿Cuánto tiempo dan las tiendas en este país a los empleados para almorzar?
8. ¿Qué son las "tapas"?
9. ¿Cuándo comen las "tapas" los españoles?
10. ¿Cómo es el almuerzo en España?
11. ¿Qué es la tortilla en España?
12. ¿Hay muchas personas en el centro de las ciudades españolas después de las siete? ¿Por qué?
13. ¿Por qué no hay muchas personas en el centro de las ciudades americanas después de las siete?
14. ¿A qué hora cenan los españoles?
15. ¿Qué comida es más ligera, el almuerzo o la cena?
16. ¿Qué hacen muchos españoles antes de ir a la casa a cenar?
17. ¿Cuántas funciones hay en los teatros de las ciudades españolas?
18. ¿A qué hora es la primera función?
19. ¿A qué hora es la segunda función?
20. ¿Cuál es el baile típico de Cataluña?
21. ¿Dónde bailan la sardana los días de fiesta?
22. ¿Qué autor y en qué libro describe el baile de la sardana?
23. ¿Cuál es el baile típico de Aragón?
24. ¿Qué baile español es bastante popular en el extranjero?
25. ¿Quiénes lo bailan generalmente?

READING AND WRITING SUPPLEMENT

Spelling differences between Spanish and English

Some of the differences between Spanish and English spelling become obvious when one examines a few cognates. In Spanish, double consonants are reduced to one, except for **ll**, **rr**, and **cc**.

recomendar	*to recommend*	**letra**	*letter*
oportunidad	*opportunity*	**acción**	*action*
progreso	*progress*	**lección**	*lesson*

Words which have *ph*, *th*, or a *y* between consonants in English have **f**, **t**, and **i**, respectively, in Spanish. (These words are of Greek origin.)

ortografía	*orthography*	**hipocresía**	*hypocrisy*
filosofía	*philosophy*	**hipócrita**	*hypocrite*
tesis	*thesis*	**alfabeto**	*alphabet*

Generally, when English uses *c* to represent an *s*-sound, Spanish does, too. (These words are of Latin origin.)

proceso	*process*	**preceder**	*to precede*
sociedad	*society*	**reducir**	*to reduce*

PRONUNCIATION

Spanish /h/ represented by the letter **j** before any vowel and by the letter **g** before **e** or **i**

The pronunciation of /h/ in Spanish varies; in the speech of many people it closely resembles English *h* in words like *hull* or *heel*. The variation depends mainly on the amount of friction produced by the airstream as it passes between the back of the tongue and the palate. Spanish /h/ usually occurs at the beginning of a syllable, seldom as a terminal sound.

A. Listen and repeat.

[h]
Jiménez
Juárez
general
junta
región
viaje
ligero
jamón

B. Listen and repeat.

El general viaja mucho a esa región. — *The general travels to that region very often.*

Juárez siempre está en la junta con Jiménez. — *Juárez is always in the meeting with Jiménez.*

PROVERBIOS

Llamar al pan, pan, y al vino, vino.

Estar en el pueblo y no ver las casas.

En inglés hay los proverbios *to call a spade a spade* y *he can't see the forest for the trees*. ¿Cree usted que la idea de los proverbios españoles es similar a la idea de los proverbios ingleses? ¿Por qué?

TESTING

A. Present tense of -ir verbs

Provide the appropriate present-tense form of the verb **vivir**.

MINIDIÁLOGO

ANA	¿Dónde _____ ustedes?	— viven
SOFÍA	Nosotros _____ en la avenida Bolívar.	— vivimos
ANA	Y Pedro, ¿_____ con ustedes?	— vive
SOFÍA	No, Pedro está con sus padres. Ellos _____ en México ahora.	— viven

Each item uses the same verb twice. Supply the missing present-tense form.

1. Ustedes describen el paisaje castellano y nosotros _____ el paisaje gallego. — describimos
2. María siempre aplaude, pero yo no _____. — aplaudo
3. Ellos escriben las direcciones y los números, pero Susana y yo sólo _____ los números. — escribimos
4. Yo no recibo dinero, pero usted _____ mucho. — recibe
5. Ellos no abren los libros en la clase del profesor Gómez, pero nosotros, en la clase del doctor Jiménez, siempre los _____. — abrimos

B. Demonstrative adjectives

Use the form of **este**, **ese**, or **aquel** suggested by the cues.

1. Ella acaba de comprar _____ casa. (beyond the speaker and the person addressed) — aquella
2. _____ apartamento es muy bonito. (near the speaker) — Este
3. _____ reloj es excelente. (near the person addressed) — Ese
4. _____ profesores enseñan portugués. (beyond the speaker and the person addressed) — Aquellos
5. _____ discos son nuevos. (near the speaker) — Estos

C. Present tense of ir

Provide the appropriate present-tense form of the verb **ir**.

MINIDIÁLOGO

SUSANA Pedro y yo _____ al teatro esta noche. ¿Ustedes _____?   — vamos
— van

JULIO Yo _____ pero Alicia no _____.   — voy, va
SUSANA ¿Por qué no _____, Alicia?   — vas
ALICIA Mañana _____ a una excursión de la   — voy
clase de geología y mi hermano y yo
_____ a salir a las seis de la mañana.   vamos
Tú sabes que la función termina cerca
de la una.

D. Verbs irregular in the first-person singular

Each item uses the same verb twice or more. Supply the missing present-tense forms.

1. Ellos salen a las tres y yo _____ a la una.   — salgo
   ¿Cuándo _____ tú?   sales
2. Ella sabe la dirección y yo _____ qué
   autobús debemos tomar.   — sé
3. Yo pongo los platos en la mesa y ella _____
   el vino.   — pone
4. María hace la ensalada y yo _____ el postre.
   ¿Quién va a _____ el arroz?   — hago, hacer
5. Tú das dinero, pero ¿qué _____ yo?   — doy
6. Tú no ves a Juan esta tarde, pero yo
   _____ a sus padres.   — veo
7. ¿Por qué no pones las revistas en la mesa
   donde yo _____ los libros?   — pongo

E. Direct object pronouns

Supply the direct object pronoun that corresponds to the boldface word in each sentence.

1. ¿Los **libros**? Sí, _____ vamos a recibir.   — los
2. Ellos saben la **dirección**, pero yo no
   _____ sé.   — la
3. José vende **papel** y tú _____ compras.   — lo
4. Las **profesoras** trabajan en aquel edificio.
   Yo _____ voy a ver ahora.   — las
5. **Ustedes** deben salir ahora porque ellas
   _____ llaman.   — los *or* las
6. Juan sabe que **tú** vas a estar en la oficina y
   _____ va a llamar a las tres.   — te

Use a prepositional phrase to emphasize the direct object pronoun.

1. Él acaba de verte _____ _____.   — a ti
2. No sé por qué no desea verme _____ _____.   — a mí
3. Nos van a llamar _____ _____.   — a nosotros *or* a nosotras
4. Enrique y José son muy agradables. Deben
   llamarlos _____ _____.   — a ellos

VOCABULARY

abrir	to open	esta	this
adónde	where	estar al +	to be about +
ahí	there	infinitive	infinitive
ahí mismo	right there	estos (-as)	these
al	contraction of **a** + **el**	frente: en frente de	across from
al lado de	next to	frente a	in front of
antes (de)	before	función	performance
apartamento	apartment	gaveta	drawer
apartamiento	apartment	guardar	to keep
aplaudir	to applaud	guitarra	guitar
aquel	that	hoy	today
aquella	that	importar	to matter
aquellos (-as)	those	ir	to go
arreglar	to tidy, to fix	junto a	next to
asiento	seat	kilómetro	kilometer
avenida	avenue	la	her, you, it
ayudar	to help	lámpara	lamp
baile *m*	dance	lápiz *m*	pencil
boleto	ticket	largo	long
calle *f*	street	las	them, you
cambiar	to change, to exchange	lejos (de)	far (from)
carta	letter	lo	him, you
casa	house, home	los	them, you
centro	downtown	llamar	to call, to knock
cerca (de)	near	llegada	arrival
cine *m*	theater, movies	me	me
cola	line, tail	mesa	table
hacer cola	to stand in line	mí	me
comedia	play	milla	mile
concierto	concert	momento	moment
coro	chorus	muchacho	boy; pl. boys, boys and girls
cuaderno	notebook		
cuadra	block	nos	us
cuarto	fourth	noveno	ninth
danza	dance	nuevo	new
dar	to give	número	number
décimo	tenth	octavo	eighth
describir	to describe	ordenar	to arrange, to order
después (de)	after	os	you
detrás (de)	behind	papel *m*	paper
dirección	address, direction	paseo	boulevard, stroll
disco	record	piano	piano
entrada	ticket	pizarra	blackboard
esa	that	pluma	pen
escribir	to write	poco: un poco	a little, a bit
esos (-as)	those	poner	to put
esquina	corner	primer(o)	first

RECAPITULACIÓN Y AMPLIACIÓN III

Derecha: La pampa argentina.
Abajo: Alpacas en el Perú.

Izquierda: Río San Juan, Ecuador.

Arriba: San Lorenzo Tezonco, cerca de la ciudad de México.
Izquierda: Paisaje de Puerto Rico.

puerta	door	**taquilla**	ticket office
pues	well	**te**	you
quedar	to be left, to have (something) left	**teatro**	theater
		tercer(o)	third
quinto	fifth	**ti**	you
recibir	to receive	**timbre** m	electric bell
regla	ruler, rule	**tocar**	to touch; to play (an instrument); to knock, to ring
revista	magazine		
saber	to know		
sacar	to get	**último**	last
sala	living room	**varios (-as)**	several
salir	to go out, to leave	**ventana**	window
segundo	second	**ver**	to see
séptimo	seventh	**vivir**	to live
sexto	sixth	**ya**	already
suerte f	luck		

Dentro de poco, estos abuelos verán a sus hijos y nietos partir hacia Hispanoamérica en busca de mejores oportunidades económicas. Estas separaciones, no tan comunes como antes, son extremadamente tristes. Los lazos que unen a Hispanoamérica y España son muchos. La gente viaja en ambas direcciones, y si a este joven le va bien, él y su familia regresarán algún día aunque sea para pasar una temporada en España.

In a short time, these grandparents will see their children and grandchildren leave for Spanish America in search of better economic opportunities. Such partings, while not as common as before, are extremely sad. The ties that unite Spanish America and Spain are many. People travel in both directions, and if this young man does well, he and his family will someday return if only to visit a while in Spain.

◀ Antes del comienzo de una reunión, unos líderes estudiantiles discuten las tácticas que van a emplear. Universidad de San Marcos, Lima, Perú.
Before the start of a meeting, some student leaders discuss the tactics that they are going to use. University of San Marcos, Lima, Peru.

LECCIÓN 10

Present tense of stem-changing verbs (**e → ie**) / Present tense of the verbs **tener** and **venir** / Possessive adjectives in unstressed position / Possessive adjectives in stressed position / Optional construction: a prepositional phrase to replace **su** and **suyo**

diálogo / PROBLEMAS¹ UNIVERSITARIOS

PEPE   Fernando, ¿qué piensas² hacer esta tarde?
FERNANDO   Hasta ahora, nada. ¿Por qué?
PEPE   Vamos a tener una reunión en casa de los García³. Queremos organizar una manifestación a favor de la reforma universitaria.
FERNANDO   Mira, Pepe, yo prefiero estar tranquilo y no pienso intervenir en cuestiones políticas.

UNIVERSITY PROBLEMS

P: *Fernando, what do you plan to do this afternoon?*
F: *As of now, nothing. Why?*
P: *We are going to have a meeting at the Garcías. We want to organize a demonstration in favor of university reform.*
F: *Look, Pepe, I'd rather not be involved.⁴ I don't intend to intervene in political matters.*

---

¹**El problema** and other words of Greek origin ending in **-ma** are masculine.
²**Pensar** means *to think*. When followed by an infinitive, **pensar** conveys the idea of planning or intending.
³Either the singular or the plural form of the last name may follow the word **los** (**los García, los Garcías**), except names ending in **z**, which appear in the singular form only (**los Pérez**).
⁴Literally, *I prefer to be tranquil.*

PEPE   Pero son cuestiones nuestras. Tu actitud es muy egoísta y tú no tienes derecho. . .
FERNANDO   Pepe, yo no quiero más discusiones. Pierdes el tiempo y no vas a convencerme. Adiós.
PEPE   Fernando, espera un momento.

P: *But they are our problems. Your attitude is very selfish and you have no right. . . .*
F: *Pepe, I don't want any more discussions. You are wasting your time and you're not going to convince me. Goodbye.*
P: *Fernando, wait a minute.*

ORACIONES Y PALABRAS

¿Qué piensas hacer **esta tarde**?
      pasado mañana, la semana próxima, el mes próximo, el año que viene[5]
Queremos organizar **una manifestación**.
      un debate, un comité
Tu actitud es muy **egoísta**.
      independiente, indiferente
No entiendo estos problemas **políticos**.
      económicos, agrarios, urbanos, raciales, sociales
Están **a favor** de la reforma universitaria.
      en contra
Queremos **empezar** la huelga.
      comenzar, prevenir
Don Carlos no lo va a **cerrar**.
      sugerir

What are you planning to do this afternoon?
      the day after tomorrow, next week, next month, next year
We want to organize a demonstration.
      debate, committee
Your attitude is very selfish.
      independent, indifferent
I don't understand these political problems.
      economic, agrarian, urban, racial, social
They are in favor of university reform.
      against
We want to start the strike.
      start, prevent
Don Carlos is not going to close it.
      suggest

PREGUNTAS SOBRE EL DIÁLOGO

1. ¿Qué piensa hacer Fernando esta tarde?
2. ¿Adónde va Pepe?
3. ¿Qué hay en casa de los García?
4. ¿Qué piensan hacer en la reunión?
5. ¿Está Pepe a favor o en contra de la reforma universitaria?
6. ¿Piensa intervenir Fernando en cuestiones políticas?
7. ¿Va a ir Fernando a la reunión?
8. ¿Por qué no va a ir?
9. Según Pepe, ¿cómo es la actitud de Fernando?
10. ¿Por qué dice Fernando que Pepe pierde el tiempo?

PREGUNTAS GENERALES

1. ¿Qué piensa hacer usted esta tarde?
2. ¿Van a ir ustedes a una reunión esta noche?
3. ¿Adónde va a ir usted la semana próxima?
4. ¿Organiza usted manifestaciones en la universidad?
5. ¿Están ustedes a favor de la reforma universitaria?

---

[5]Literally, *that is coming*. The clause **que viene** and the adjective **próximo (-a)** are interchangeable in expressions of time.

6. ¿Deben los estudiantes intervenir en cuestiones universitarias? ¿Por qué?
7. ¿Prefiere usted estar tranquilo o intervenir en cuestiones universitarias?
8. ¿Organizan ustedes debates en la universidad?
9. ¿Hay problemas sociales en los Estados Unidos?
10. ¿Son serios los problemas urbanos en este país?

GRAMMAR, EXERCISES, AND TESTING

Part 1

I. PRESENT TENSE OF STEM-CHANGING VERBS (e → ie)

-ar pensar		-er querer		-ir preferir	
pienso	pensamos	quiero	queremos	prefiero	preferimos
piensas	pensáis	quieres	queréis	prefieres	preferís
piensa	piensan	quiere	quieren	prefiere	prefieren

1. All three conjugations (-ar, -er, -ir) have some verbs whose stem vowel e becomes ie.[6]
2. The diphthong ie is formed whenever the stem vowel e is stressed.
3. The ie occurs throughout the singular and in the third-person plural.
4. Because the stem vowel e is not stressed in the second and third persons plural, no diphthong is formed.
5. Other verbs whose stem vowel e changes to ie are:

cerrar	entender	
comenzar	sugerir	
empezar	nevar[7]	*to snow*

II. PRESENT TENSE OF THE VERBS TENER AND VENIR

tener		venir	
tengo	tenemos	vengo	venimos
tienes	tenéis	vienes	venís
tiene	tienen	viene	vienen

---

[6]Verbs whose stem vowel e becomes the diphthong ie when stressed will be identified in the notes and vocabularies with an ie in parentheses after the infinitive: **pensar (ie)**.
[7]The Spanish verb **nevar**, like the English verb *to snow*, is normally used in the third-person singular.

1. In the present indicative, these verbs are like other e → ie verbs except in the first-person singular.
2. In the first-person singular, the stem vowel e does not change, even though it is stressed. Instead, a g intrudes between the stem and the person marker.
3. Compounds of **tener** and **venir** follow the same pattern:

   contener   *to contain*
   entretener   *to entertain*
   prevenir
   intervenir

A. *Person-number substitution*

1. Ellos piensan ir a la reunión.
   Yo   Yo pienso ir a la reunión.
   Tú   Tú piensas ir a la reunión.
   Nosotros   Nosotros pensamos ir a la reunión.
   Alicia   Alicia piensa ir a la reunión.
   Los chicos Los chicos piensan ir a la reunión.
   Usted   Usted piensa ir a la reunión.

2. Yo no quiero perder dinero.
   Ustedes   Ustedes no quieren perder dinero.
   Marta y yo   Marta y yo no queremos perder dinero.
   José y Alicia José y Alicia no quieren perder dinero.
   Ella   Ella no quiere perder dinero.
   Tú   Tú no quieres perder dinero.
   Usted   Usted no quiere perder dinero.

3. Él prefiere comer algo ligero.
   Yo   Yo prefiero comer algo ligero.
   Sus padres Sus padres prefieren comer algo ligero.

La Universidad de San Marcos, fundada por Real Cédula en 1551, se siente orgullosa de su larga historia. Sin embargo, la universidad más antigua del continente americano es la Universidad de Santo Domingo, reconocida por el Papa en 1538.

The University of San Marcos, founded by royal decree in 1551, is proud of its long history. However, the oldest university in the Americas is the University of Santo Domingo, recognized by the Pope in 1538.

Usted	Usted prefiere comer algo ligero.
Nosotros	Nosotros preferimos comer algo ligero.
Tú	Tú prefieres comer algo ligero.
José	José prefiere comer algo ligero.

4. Ellas tienen el libro de Juan.
   Nosotros, Ustedes, El profesor, Tú, Pepe y Susana, Yo

5. ¿Vienen con Pedro esta noche?
   (tú, ellos, él, nosotros, usted, yo)

B. *Plural verb → singular verb*

Queremos organizar una manifestación.	Quiero organizar una manifestación.
Ellos piensan intervenir en todo.	Él piensa intervenir en todo.
Nosotros preferimos ese restaurante.	Yo prefiero ese restaurante.
¿Entienden ellas la explicación?	¿Entiende ella la explicación?
Las clases comienzan a las ocho.	La clase comienza a las ocho.
No tenemos el menú.	No tengo el menú.
¿Qué sugieren ustedes?	¿Qué sugiere usted?

C. *Singular verb → plural verb*

Prefiero ir a casa de los García.	Preferimos ir a casa de los García.
Yo no tengo mucho dinero.	Nosotros no tenemos mucho dinero.
Pienso estudiar esta noche.	Pensamos estudiar esta noche.
Sugiero un plato típico.	Sugerimos un plato típico.
No quiero intervenir en esas cuestiones.	No queremos intervenir en esas cuestiones.
Yo estudio pero no entiendo.	Nosotros estudiamos pero no entendemos.

D. *Questions*

1. ¿Qué piensas hacer mañana?
2. ¿Por qué no vienen ellos esta noche?
3. ¿Entienden ustedes el menú?
4. ¿Prefieres té o café?
5. ¿A qué hora empiezan ustedes las clases?
6. ¿Por qué cierra usted la oficina?
7. ¿Pierden ustedes mucho tiempo en manifestaciones universitarias?
8. ¿Interviene usted en cuestiones políticas?
9. ¿Entienden ustedes los problemas agrarios de este año?
10. ¿Qué problemas urbanos hay en este país?

TESTING / *stem-changing verbs* (e → ie)

1. The stem-changing verbs that have been studied change the **e** to _____.   — ie

Give the indicated present-tense form of the verb shown.
2. **pensar, yo**-form   — pienso
3. **pensar, nosotros**-form   — pensamos

La Universidad Nacional Autónoma de México, fundada por Real Cédula en 1551. En el primer edificio se ve un mural de David Alfaro Siqueiros. Al fondo se ve el mural de mosaicos de la biblioteca, obra de Juan O'Gorman.
The National Autonomous University of Mexico, founded by royal decree in 1551. On the first building is seen a mural by David Alfaro Siqueiros. In the background one sees the library's mosaic mural, the work of Juan O'Gorman.

4. **tener, yo**-form — tengo
5. **querer, usted**-form — quiere
6. **sugerir, ellos**-form — sugieren
7. **empezar, ustedes**-form — empiezan

Give a Spanish equivalent.
8. *I prefer this seat.* — Prefiero este asiento.
9. *The class begins at eight.* — La clase empieza (*or* comienza) a las ocho.
10. *I have the tickets.* — Tengo las entradas (*or* los boletos).
11. *He is coming with Pepe.* — Viene con Pepe.

Part 2

III. POSSESSIVE ADJECTIVES IN UNSTRESSED POSITION

mi, mis	*my*	nuestro (-a), nuestros (-as)	*our*
tu, tus	*your* (familiar)	vuestro (-a), vuestros (-as)	*your* (familiar)
su, sus	*his, her, its, your* (polite), *their*		

El Instituto Politécnico Nacional de México. Los graduados de la Universidad y del Politécnico han contribuido mucho al extraordinario crecimiento industrial de México.
The National Polytechnic Institute, Mexico City. The graduates of the University and the Polytechnic have contributed much to the extraordinary industrial growth of Mexico.

Mi {hermano / hermana} estudia medicina.   *My {brother / sister} studies medicine.*

Mis {hermanos / hermanas} estudian medicina.   *My {brothers / sisters} study medicine.*

Nuestro profesor / **Nuestra** profesora } está allí.   *Our professor is there.*

Nuestros profesores / **Nuestras** profesoras } están allí.   *Our professors are there.*

Su reloj y **su** anillo son de oro.   *His / Her / Your } watch and ring are made of gold.*

1. Possessive adjectives agree in gender and number with the noun they modify (the thing possessed), not with the possessor.
2. Unstressed possessive adjectives always precede the noun they modify.
3. In phrases formed by this type of possessive adjective plus a noun, the noun is stressed.
4. The forms **mi, tu, su** and their plurals **mis, tus, sus** are used with both masculine and feminine nouns.
5. **Nuestro** and **vuestro**, like other adjectives whose singular ends in **-o**, have the four basic endings **-o, -a, -os, -as**.

6. Whereas in English one possessive adjective may modify two or more nouns, in Spanish each noun must be preceded by its own possessive adjective.

IV. POSSESSIVE ADJECTIVES IN STRESSED POSITION

mío (-a, -os, -as)	*my, (of) mine*	nuestro (-a, -os, -as)	*our*
tuyo (-a, -os, -as)	*your* (familiar), *(of) yours*	vuestro, *of ours* *your* (familiar), *(of) yours*	
suyo (-a, -os, -as)	*his, her, its, your* (polite), *their;* *(of) his, hers, its, yours* (polite), *theirs*		

El hermano **mío** es rubio.   Los hermanos **míos** son rubios.
La hermana **mía** es rubia.   Las hermanas **mías** son rubias.
El disco es **mío**.   Los discos son **míos**.

1. **Nuestro** and **vuestro** occur in both stressed and unstressed position.
2. In stressed position the other possessive adjectives have distinct forms.
3. The forms equivalent to English *my, mine* all have a written accent mark: **mío, mía, míos, mías**.
4. All the possessive adjectives in stressed position have the four basic endings **-o, -a, -os, -as**. They agree in gender and number with the noun they modify (the thing possessed), not with the possessor.
5. Possessive adjectives in stressed position follow the noun they modify. In the phrase formed by the noun and adjective, the adjective is stressed.
6. An article usually precedes the noun.
7. After the verb **ser**, these possessives usually stand alone.

V. OPTIONAL CONSTRUCTION: A PREPOSITIONAL PHRASE TO REPLACE SU AND SUYO

su libro, el libro suyo = el libro de	él	*his book*	
	ella	*her book*	
	usted	*your* (singular) *book*	
	ustedes	*your* (plural) *book*	
	ellos	*their* (masculine) *book*	
	ellas	*their* (feminine) *book*	

1. The words **su** and **suyo** have a variety of possible meanings. When ambiguity is feared, Spanish-speakers make use of another construction: article + noun + **de** + **él, ella, usted, ustedes, ellos,** or **ellas**. Besides making the meaning clear, this construction also stresses the possessor (rather than the thing possessed).
2. In many parts of the Spanish world, **su** and **suyo** mainly refer to **usted(es)**.

Estudiantes en una de las numerosas librerías de Buenos Aires.

Students in one of the many bookstores in Buenos Aires.

E. *Person-number substitution*

1. Ella no estudia en su oficina.
Nosotros	Nosotros no estudiamos en nuestra oficina.
Tú	Tú no estudias en tu oficina.
Ustedes	Ustedes no estudian en su oficina.
Yo	Yo no estudio en mi oficina.
Juan y Alfredo	Juan y Alfredo no estudian en su oficina.

2. Él y sus amigos comen en ese restaurante.
Tú	Tú y tus amigos comen en ese restaurante.
Ustedes	Ustedes y sus amigos comen en ese restaurante.
Nosotras	Nosotras y nuestros amigos comemos en ese restaurante.
María	María y sus amigos comen en ese restaurante.
Usted	Usted y sus amigos comen en ese restaurante.

F. *Transformation exercise*

Make statements from the sentences given, using a possessive adjective in unstressed position.

Models: Yo tengo dos hermanos. Estudian español.
Mis dos hermanos estudian español.
El amigo de Juan vive en esa casa.
Su amigo vive en esa casa.

Tienes un reloj. Es muy bonito.
La librería de ellos tiene libros excelentes.
Yo tengo dos entradas. Están allí.
El traje del doctor es azul.
Ellos tienen profesores de español. Los profesores viven en ese edificio.

Tu reloj es muy bonito.
Su librería tiene libros excelentes.
Mis dos entradas están allí.
Su traje es azul.
Sus profesores de español viven en ese edificio.

G. *Pronouns in unstressed position → pronouns in stressed position*

Model: Mis amigos son colombianos.
  Los amigos míos son colombianos.

Tu actitud es muy egoísta.
Mis clases comienzan a las ocho.
Mi hermano organiza una manifestación.
La reunión es en nuestra casa.
Tus profesores no piensan intervenir en cuestiones políticas.
Nuestros amigos prefieren estar tranquilos.

La actitud tuya es muy egoísta.
Las clases mías comienzan a las ocho.
El hermano mío organiza una manifestación.
La reunión es en la casa nuestra.
Los profesores tuyos no piensan intervenir en cuestiones políticas.
Los amigos nuestros prefieren estar tranquilos.

H. *Transformation exercise*

Replace the **de** phrase with the correct form of **suyo**.

Models: Este reloj es de él.
  Este reloj es suyo.
  Estos relojes son de él.
  Estos relojes son suyos.

¿Dónde están los libros de ella?
Ese reloj no es de usted.
Los padres de ellos vienen hoy.
¿Es de él esa guitarra?
Los amigos de ustedes van a la manifestación.
La casa de ellas es muy bonita.

¿Dónde están los libros suyos?
Ese reloj no es suyo.
Los padres suyos vienen hoy.
¿Es suya esa guitarra?
Los amigos suyos van a la manifestación.
La casa suya es muy bonita.

I. *Suyo → de + pronoun*

Model: El problema suyo.
  El problema de él, el problema de ella, etc.

La hermana suya.

La hermana de él,
la hermana de ella,
la hermana de usted,
la hermana de ustedes,
la hermana de ellos,
la hermana de ellas.

Los cuadernos suyos.

Los cuadernos de él,
los cuadernos de ella,
los cuadernos de usted,
los cuadernos de ustedes,
los cuadernos de ellos,
los cuadernos de ellas.

J. Questions

1. ¿Dónde está tu entrada?
2. Y mis papeles, ¿dónde están?
3. ¿Este asiento es suyo o mío?
4. ¿Es mía esta mesa?
5. ¿De quién es ese dinero?
6. ¿Está nuestro profesor a favor de la reforma universitaria?
7. ¿Quién es el amigo tuyo?
8. La reunión es en su casa, ¿verdad?

TESTING / possessive adjectives

Give all possible Spanish equivalents.
1. *my*, unstressed position — mi, mis
2. *your*, familiar singular, unstressed position — tu, tus
3. *our*, stressed and unstressed positions — nuestro, nuestra, nuestros, nuestras
4. The stressed equivalents of **tus** are _____ and _____. — tuyos, tuyas
5. The stressed equivalents of **su** are _____ and _____. — suyo, suya
6. Six possible clarifications of **suyo (-a, -os, -as)** are _____ _____, _____ _____, _____ _____, _____ _____, _____ _____, and _____ _____. — de él, de ella, de usted, de ustedes, de ellos, de ellas
7. The stressed forms for **nuestro** and **vuestro** are _____ and _____. — nuestro, vuestro

Give Spanish equivalents.

8. *her book* (3 possibilities) — su libro, el libro suyo, el libro de ella
9. *her book* (the least ambiguous, most exact possibility) — el libro de ella
10. *that brother of mine* — ese hermano mío
11. *my book and papers* — mi libro y mis papeles
12. *our urban problems* — nuestros problemas urbanos

LECCIÓN 11

> **Present tense of stem-changing verbs (o → ue)** / **Indirect object pronouns** / **Indirect object nouns** / **Clarifying object pronouns with a + pronoun** / **Further uses of indirect object pronouns**

diálogo / EN CASA DE LOS GARCÍA

AUGUSTO GARCÍA ¡Silencio, señores! Todos no pueden hablar a la vez.

CLAUDIO GARCÍA Compañeros, así no podemos resolver los problemas. Silencio, por favor; hay mucho ruido.

AUGUSTO GARCÍA Bueno, ahora que hay silencio podemos continuar. En primer lugar vamos a hablar sobre la reunión con el decano. Mi hermano Claudio les va a dar más detalles.

AT THE GARCÍAS

AG: *Quiet,*[1] *please! All can't speak at the same time.*

CG: *Friends,*[2] *we can't solve problems this way. Quiet, please; there is too much noise.*

AG: *Good, now that it's quiet, we can go on.*[3] *First of all*[4] *we are going to talk about the meeting with the dean. My brother Claudio is going to give you more details.*

---
[1] Literally, *silence.*
[2] Literally, *companions.*
[3] Literally, *to continue.*
[4] Literally, *in the first place.*

CLAUDIO GARCÍA	El decano vuelve mañana y tenemos una cita[5] con él a las tres de la tarde.	CG:	The dean is returning tomorrow and we have an appointment with him at three P.M.
UN ESTUDIANTE	¿Vamos todos?	A Student:	Are we all going?
CLAUDIO GARCÍA	No, sólo puede recibir a cinco representantes de este grupo.	CG:	No, he can see only five members[6] of this group.
OTRO ESTUDIANTE	¿Por qué solo a cinco?	Another Student:	Why just five?
PEPE	Usted no debe interrumpir a…	P:	You shouldn't interrupt….
AUGUSTO GARCÍA	¡Silencio, señores!	AG:	Quiet, please!

ORACIONES Y PALABRAS

El **decano** vuelve mañana.
    rector[7], director[8], secretario, tesorero
No podemos **resolver** los problemas.
    solucionar, olvidar, evitar, recordar, encontrar
Sólo puede recibir a cinco **representantes**.
    delegados
Les va a **dar** más detalles.
    mostrar, contar, explicar

The dean is returning tomorrow.
    president, principal, secretary, treasurer
We can't solve the problems.
    solve, forget, avoid, remember, find
He can only see five representatives.
    delegates
He's going to give you more details.
    show, tell,[9] *explain* (to you)

PREGUNTAS SOBRE EL DIÁLOGO

1. ¿Dónde están los alumnos?
2. ¿Hay silencio en la reunión?
3. ¿De qué van a hablar en primer lugar?
4. ¿Quién va a dar detalles sobre la reunión?
5. ¿Cuándo viene el decano?
6. ¿A qué hora es la reunión con el decano?
7. ¿Cuántos alumnos pueden ir a la reunión con el decano?
8. ¿Quién interrumpe a Claudio?

PREGUNTAS GENERALES

1. ¿Quién es el decano de esta facultad?
2. ¿Quién es el rector de esta universidad?
3. ¿A quién va a ver usted cuando tiene problemas con sus estudios?
4. Cuando aquí hay reuniones de estudiantes, ¿hablan todos a la vez?
5. ¿Puede un grupo resolver un problema cuando todos hablan a la vez? ¿Por qué?
6. ¿Cuántos alumnos hay en esta clase?
7. ¿Y cuántas alumnas hay?
8. ¿Interrumpen ustedes a sus amigos cuando hablan?

---

[5]**Cita** is also used with the meaning *date* in the social sense.
[6]Literally, *representatives.*
[7]**Rector** is equivalent to university president.
[8]**Director** is equivalent to grade-school or high-school principal, in addition to director.
[9]Also, *to count.*

Edificios de apartamentos en Buenos Aires. La población del área metropolitana excede los ocho millones. Cerca de la mitad de los argentinos son descendientes de italianos, pero el español es la lengua oficial y algunos escritores argentinos como Jorge Luis Borges y Julio Cortázar ejercen gran influencia en el mundo hispánico.

Apartment buildings in Buenos Aires. The population of the metropolitan region exceeds 8 million. About half the Argentines are of Italian descent, but Spanish is the official language and Argentine writers like Jorge Luis Borges and Julio Cortázar exert a powerful influence throughout the Spanish-speaking world.

GRAMMAR, EXERCISES, AND TESTING

Part 1

I. PRESENT TENSE OF STEM-CHANGING VERBS (o → ue)

-ar mostrar		-er poder		-ir dormir *to sleep*	
muestro	mostramos	puedo	podemos	duermo	dormimos
muestras	mostráis	puedes	podéis	duermes	dormís
muestra	muestran	puede	pueden	duerme	duermen

1. All three conjugations (-ar, -er, -ir) have some verbs whose stem vowel **o** becomes **ue**.
2. The diphthong **ue** is formed whenever the stem vowel **o** is stressed.
3. The **ue** occurs throughout the singular and in the third-person plural.
4. Because the stem vowel **o** is not stressed in the first and second persons plural, no diphthong is formed.
5. Other verbs whose stem vowel **o** changes to **ue** are:

encontrar	almorzar	*to have lunch*
contar	morir	*to die*
recordar	llover[10]	

---

[10]The Spanish verb **llover**, like the English verb *to rain*, is normally used in the third-person singular.

A. *Person-number substitution*

1. El decano vuelve mañana.
   Tú — Tú vuelves mañana.
   Nosotros — Nosotros volvemos mañana.
   Los alumnos — Los alumnos vuelven mañana.
   El director — El director vuelve mañana.
   Ustedes — Ustedes vuelven mañana.
   Yo — Yo vuelvo mañana.

2. Ellos siempre resuelven los problemas.
   Tú — Tú siempre resuelves los problemas.
   Los alumnos — Los alumnos siempre resuelven los problemas.
   Nosotros — Nosotros siempre resolvemos los problemas.
   El director — El director siempre resuelve los problemas.
   Yo — Yo siempre resuelvo los problemas.
   Ustedes — Ustedes siempre resuelven los problemas.

3. Yo no recuerdo a ese señor.
   Los muchachos — Los muchachos no recuerdan a ese señor.
   El tesorero — El tesorero no recuerda a ese señor.
   Nosotros — Nosotros no recordamos a ese señor.
   Tú — Tú no recuerdas a ese señor.
   Ustedes — Ustedes no recuerdan a ese señor.
   Alicia — Alicia no recuerda a ese señor.

4. Siempre duermo ocho horas.
   (él, tú, ellos, nosotros, usted, ustedes)

5. Busco los libros pero no los encuentro.
   (ustedes, él, nosotros, tú, usted, ellos)

B. *Questions*

1. ¿Dónde almuerza usted?
2. ¿Llueve mucho en este estado?
3. ¿Cuándo vuelve la secretaria del rector?
4. ¿Qué proverbio español recuerda usted?
5. ¿Vienen ustedes a la universidad mañana?
6. ¿Saben ustedes contar en español?
7. Cuando usted va a la cafetería, ¿encuentra allí a muchos compañeros?
8. ¿Los encuentra también en la biblioteca?

TESTING / stem-changing verbs (o → ue)

1. Some -ar, -er, and -ir verbs change the stem vowel **o** to _____. — ue

Give the indicated present-tense form of the verb shown.
2. **encontrar, tú**-form — encuentras
3. **contar, nosotros**-form — contamos
4. **mostrar, yo**-form — muestro
5. **dormir, ustedes**-form — duermen
6. **recordar, él**-form — recuerda

Give a Spanish equivalent.
7. *We don't sleep in the afternoon.* — No dormimos por (en) la tarde.

Viviendas populares en Chile. Ciudades como ésta se construyen en muchos países respondiendo al aumento de la población y a la migración de los campesinos hacia las ciudades.

Low-income housing in Chile. Cities like this one are built in many countries in response to population growth and the migration of rural people to the cities.

8. They have lunch at one.
9. It rains a lot in Galicia.
10. You (familiar plural in Spain) *remember the address.*

— Almuerzan a la una.
— Llueve mucho en Galicia.
— Recordáis la dirección.

Part 2

II. INDIRECT OBJECT PRONOUNS

me	(*to*) me	nos	(*to*) us
te	(*to*) you (familiar)	os	(*to*) you (familiar)
le	(*to*) him, her, it, you (polite)	les	(*to*) them, you

The indirect object pronouns have the same form as the direct except in the third person. **Le** and **les** are distinct forms (compare chart p. 121).

Mi hermano **me** explica la lección.
El profesor **te** escribe (una carta).

My brother explains the lesson to me.
The professor writes you (a letter).

No le doy el libro.

{ *I don't give him (her, you) the book.*
{ *I don't give the book to him (her, you).*

Les van a enseñar el traje.
Van a enseñar**les** el traje.

They are going to show them (you) the suit.

1. An indirect object is a person or thing that receives the direct object or that is somehow affected by what is done with the direct object. The indirect object in a sentence may be

154 LECCIÓN 11

a pronoun or a noun. In English, the indirect object sometimes is and sometimes is not preceded by the preposition *to, for,* or *from.*
2. A sentence may have an indirect object without specifying the direct object—the direct object may be stated, or just implied.
3. The indirect object pronoun normally precedes the conjugated verb. If a subject is stated, it comes between the subject and conjugated verb. In a negative sentence, it comes between the **no** and the conjugated verb.
4. When a dependent infinitive is used with the conjugated verb, the indirect object pronoun either precedes the entire verb group, or it follows and is attached to the infinitive.

III. INDIRECT OBJECT NOUNS

Yo **le** escribo unas cartas **a María**.	*I am writing María some letters.*
Pablo **les** da los libros **a los muchachos**.	*Pablo gives the books to the boys.*
¿Quién **les** explica el problema **a las chicas**?	*Who explains the problem to the girls?*
¿**Le** pongo sirope **al helado**?	*Shall I put syrup on the ice cream?*

1. When the indirect object is a noun, the corresponding indirect object pronoun is normally used also. The two sentence elements work together to convey the speaker's meaning effectively.
2. The preposition **a** always precedes the indirect object noun.

IV. EMPHASIZING OR CLARIFYING INDIRECT OBJECT PRONOUNS WITH A + PRONOUN

Me escribe una carta **a mí**.	*He writes* ME *a letter.*
Les doy el dinero **a** {ellos. / ellas. / ustedes.}	*I give the money to* {*them* (masculine). / *them* (feminine). / *you* (plural).}

To emphasize or clarify the reference of an indirect object pronoun, Spanish adds a prepositional phrase consisting of **a** plus the corresponding prepositional pronoun (see chart p. 121).

V. FURTHER USES OF INDIRECT OBJECT PRONOUNS

Mi hermana **me** compra helado.	*My sister buys me ice cream.* / *My sister buys ice cream* {*for me.* / *from me.*}
El amigo de Juan **me** vende el coche.	*Juan's friend sells the car* {*to me.* / *for me.*}

1. When used with **vender**, **comprar**, or certain other verbs, indirect object pronouns regularly express a meaning equivalent to English prepositional phrases with *for* or *from*.
2. Sometimes more than one interpretation of the meaning of such pronouns is possible. Usually the context will suggest which interpretation is intended.
3. Spanish sometimes adds the prepositional phrase **a** + noun or pronoun to emphasize or clarify who is meant by the pronoun. (This phrase, however, does not help the English-speaker decide whether the best English equivalent will be a phrase with *for*, *from*, or *to*.)

C. Substitution

1. María le escribe a él.
    a mí — María me escribe a mí.
    a sus amigos — María les escribe a sus amigos.
    a nosotros — María nos escribe a nosotros.
    a Pedro — María le escribe a Pedro.
    a ti — María te escribe a ti.
    a ustedes — María les escribe a ustedes.
    a Susana — María le escribe a Susana.

2. Les va a dar más detalles.
    (a Juan) — Le va a dar más detalles.
    (a mí) — Me va a dar más detalles.
    (a ellos) — Les va a dar más detalles.
    (a ti) — Te va a dar más detalles.
    (a nosotros) — Nos va a dar más detalles.
    (a ustedes) — Les va a dar más detalles.

D. Questions

Answer the two related questions in each group. Notice that the first question asks about the subject of your answer, while the second one asks about the indirect object.

Model: a. ¿Quién le escribe una carta a María?
...[*name of a classmate, e.g.*, **Pedro**] **le escribe una carta.**
b. ¿A quién le escribe una carta?
Le escribe una carta a María.

1. a. ¿Quién les explica la lección a los alumnos? — ...les explica la lección.
   b. ¿A quiénes les explica la lección? — Les explica la lección a los alumnos.
2. a. ¿Quién le da la dirección a Juan? — ...le da la dirección.
   b. ¿A quién le da la dirección? — Le da la dirección a Juan.
3. a. ¿Quién le va a enseñar la casa a Alicia? — ...le va a enseñar la casa.
   b. ¿A quién le va a enseñar la casa? — Le va a enseñar la casa a Alicia.
4. a. ¿Quién me pregunta? (*pointing to himself*) — ...le pregunta.
   b. ¿A quién le pregunta? — Le pregunta a usted.

E. Questions

1. ¿A quién le vas a comprar la guitarra?
2. ¿Cuándo te van a hablar ellos?
3. ¿Les explica bien la lección el profesor?
4. ¿Nos dan las direcciones ahora?
5. ¿Le pregunta mucho el profesor en la clase de español?
6. ¿Por qué les escriben a sus amigos?
7. ¿Quién te va a mostrar las casas?
8. ¿Me vas a dar la revista?

Apolo, un nuevo proyecto de 400 viviendas en las afueras de Lima, Perú. Está ocupado en su gran mayoría por empleados de oficinas.
Apolo, a new 400-house project on the outskirts of Lima, Peru. It is occupied mainly by white-collar workers.

TESTING / indirect object pronouns

Give the equivalent Spanish indirect object pronoun.
1. (*to*) *her*   — le
2. (*to*) *him*   — le
3. (*to*) *them*, (*to*) *you* (plural)   — les
4. The prepositional phrase that emphasizes the indirect object pronoun **me** is _____ _____.   — a mí
5. The three prepositional phrases involving a pronoun that may clarify the indirect object pronoun **le** are _____ _____, _____ _____, and _____ _____.   — a usted, a él, a ella
6. The four indirect object pronouns which are identical in form to direct object pronouns are _____, _____, _____, and _____.   — me, te, nos, os

Give a Spanish equivalent.
7. *Claudio gives him the magazine.*   — Claudio le da la revista.
8. *I always write to you* (familiar).   — Yo siempre te escribo.
9. *They explain the problem to us.*   — Nos explican el problema.
10. *He reads us the lesson.*   — Nos lee la lección.

LECCIÓN 12

Present tense of stem-changing verbs (e → i) / Present tense of the verb **decir** / The verb **gustar** / Sequence of object pronouns: indirect, direct / Object pronoun combinations and usage

diálogo / EN UN CAFÉ

JOAQUÍN ¡Hola, Pepe! ¿Qué tal la reunión con el decano[1]?
PEPE Bastante bien. Dice que nuestras demandas son justas y que se las va a presentar[2] al profesorado.
JOAQUÍN Entonces sólo nos falta la aprobación de los profesores.
PEPE Sí, y ahí está el problema. Parece que los profesores quieren darnos voz[3], pero no voto.
JOAQUÍN ¿Y qué va a pasar si no nos dan el voto?
PEPE Les pedimos a los estudiantes su apoyo y hacemos una huelga general. Estoy seguro que ganamos[4].

IN A CAFÉ

J: Hi, Pepe! How did the meeting go with the dean?
P: Rather well. He says that our demands are just and that he's going to present them to the faculty.
J: Then we only need[5] the professors' approval.
P: Yes, and that's just[6] the problem. It seems that the faculty wants to give us a voice, but no vote.
J: And what's going to happen if they don't let us vote?
P: We'll ask the students for their support and we'll have a general strike. I'm sure we'll win.

---

[1]The verb is not expressed in this sentence, but it is implied.
[2]**Presentar** also means *to introduce* one person to another.
[3]**La voz**, feminine.
[4]The verb **ganar** also means *to earn*.
[5]Literally, *is missing, is lacking to us*.
[6]Literally, *there is* (*located*).

ORACIONES Y PALABRAS

¿Qué tal **la reunión**?   How was the meeting?
    la sesión, la película, el desfile, el mitin   session, film, parade, meeting
Ellos le piden **apoyo**.   They ask for his support.
    ayuda, cooperación, consejo   help, cooperation, advice
Repito que nuestras demandas son **justas**.   I repeat that our demands are just.
    lógicas, absurdas   logical, absurd
Van a **contradecir** a los estudiantes.   They are going to contradict the students.
    despedir, servir, dividir   dismiss, serve, divide
Nos **falta** la aprobación de los profesores.   We need the professors' approval.
    interesa   are interested in

PREGUNTAS SOBRE EL DIÁLOGO

1. Según el decano, ¿cómo son las demandas de los estudiantes?
2. ¿Cree el decano que las demandas de los estudiantes son absurdas?
3. ¿A quién le va a presentar las demandas el decano?
4. ¿Quieren tener voto los estudiantes?
5. ¿Quieren los profesores darles el voto?
6. ¿Qué quieren darles los profesores?
7. ¿Qué va a pasar si los profesores no les dan el voto a los estudiantes?
8. Según Pepe, ¿van a ganar o a perder los estudiantes?

PREGUNTAS GENERALES

1. ¿Hay reuniones de estudiantes y profesores en su universidad?
2. ¿Cree usted que los alumnos deben estar presentes en las reuniones de los profesores?
3. ¿Cree usted que deben intervenir en las discusiones?
4. ¿Cree usted que deben tener voto?
5. ¿Tienen ustedes manifestaciones, desfiles o mítines aquí?
6. ¿A quién le presentan las demandas aquí?
7. ¿Cree usted que las demandas de los estudiantes son siempre lógicas?
8. ¿Están ustedes en huelga ahora?

GRAMMAR, EXERCISES, AND TESTING

Part 1

I. PRESENT TENSE OF STEM-CHANGING VERBS (e → i)

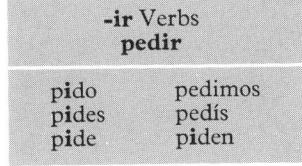

-ir Verbs **pedir**	
pido	pedimos
pides	pedís
pide	piden

1. The **-ir** conjugation includes some verbs whose stem vowel **e** becomes **i**. (The **-ar** and **-er** conjugations have no verbs of this type.)
2. The change to **i** occurs whenever the stem vowel **e** is stressed.

3. This **i** occurs throughout the singular and in the third-person plural of the present indicative.
4. Because the stem vowel **e** is not stressed in the second and third persons plural, no change occurs.
5. Other verbs whose stem vowel **e** changes to **i** are:

    servir   **repetir**
    competir *to compete*   **despedir** *to say good-bye to, to fire, to dismiss*

II. PRESENT TENSE OF THE VERB DECIR

decir *to say, to tell*

digo	decimos
dices	decís
dice	dicen

Salón de estudiantes en la Universidad de Chile en Santiago. Los carteles anuncian una elección estudiantil. A través de la política universitaria, tradicionalmente activa en el mundo hispano, algunos de sus líderes llegan a ocupar más tarde puestos de importancia en sus respectivos países.
A student lounge at the University of Chile in Santiago. Posters announce a student election. By way of university politics, traditionally active in the Spanish-speaking world, some student leaders later achieve important positions in their respective countries.

Estudiantes de la Universidad de Buenos Aires esperando un autobús.

Students at the University of Buenos Aires waiting for a bus.

1. The stem vowel **e** of **decir** becomes **i** when it is stressed—that is, in all the singular persons and in the third-person plural of the present tense.
2. A distinctive feature of the verb is that in the first-person singular, a **g** replaces the **c**.
3. Compounds of **decir** follow the same pattern:

   contradecir
   predecir   *to predict*

A. *Person-number substitution*

1. Ellos les piden cooperación.
El decano	El decano les pide cooperación.
Yo	Yo les pido cooperación.
María y yo	María y yo les pedimos cooperación.
Tú	Tú les pides cooperación.
Usted	Usted les pide cooperación.
Ellas	Ellas les piden cooperación.

2. Los alumnos repiten las demandas.
Susana	Susana repite las demandas.
Tú	Tú repites las demandas.
Alicia y Juan	Alicia y Juan repiten las demandas.
Yo	Yo repito las demandas.
Ustedes	Ustedes repiten las demandas.
Ana y yo	Ana y yo repetimos las demandas.

3. ¿Por qué sirven a las ocho?
   (él, nosotros, ustedes, tú, ella, ellos)

4. Ella despide a los delegados.
   Yo, Ellos, Nosotros, Usted, Tú, Él

5. Siempre dice la verdad.
(tú)	Siempre dices la verdad.
(ellas)	Siempre dicen la verdad.
(nosotros)	Siempre decimos la verdad.
(usted)	Siempre dice la verdad.
(yo)	Siempre digo la verdad.
(ustedes)	Siempre dicen la verdad.

B. Substitution

Yo te pido un favor.   Nosotros
Ellos repiten la lección.   Usted
El decano despide a los alumnos.   Juan y yo
Tú siempre pides muchos platos.   Ustedes
Este camarero no sirve bien.   Tú
El rector dice que las demandas son justas.   Yo

Nosotros te pedimos un favor.
Usted repite la lección.
Juan y yo despedimos a los alumnos.
Ustedes siempre piden muchos platos.
Tú no sirves bien.
Yo digo que las demandas son justas.

C. Questions

1. ¿Qué platos sirven en la cafetería de la universidad?
2. ¿A quién va a despedir usted mañana?
3. ¿Repiten ustedes los diálogos en clase?
4. ¿Dicen ustedes los diálogos en inglés o en español?
5. ¿Les pide usted consejo a sus amigos cuando tiene un problema y no sabe resolverlo?
6. ¿A qué hora sirven la cena en su casa?
7. ¿A qué hora sirven la cena en España?

TESTING / stem-changing verbs (e → i)

1. The change of the stem vowel **e** to **i** is found only in verbs that end in _____.

Give the indicated present-tense form.
2. **pedir**, second-person singular
3. **decir**, first-person plural
4. **contradecir**, first-person singular
5. **repetir**, first-person plural

6. A Spanish equivalent for *I prefer* is _____.
7. The infinitive for **piden** is _____.
8. The infinitive for **digo** is _____.

Give a Spanish equivalent.
9. *I always tell the truth.*
10. *Susana repeats the dialog.*
11. *The waiter serves very well.*
12. *Why do you* (familiar singular) *contradict me?*
13. YOU (plural, in Spanish America) *ask for the menu.*
14. YOU (familiar plural, in Spain) *ask for the menu.*

— -ir

— pides
— decimos
— contradigo
— repetimos

— prefiero
— pedir
— decir

— Siempre digo la verdad.
— Susana repite el diálogo.
— El camarero sirve muy bien.
— ¿Por qué me contradices?
— Ustedes piden el menú.
— Vosotros (*or* vosotras) pedís el menú.

Part 2

III. THE VERB GUSTAR

Me gusta mucho la casa.	*I like the house very much.*	*The house appeals to me very much.*
Me gustan mucho las casas.	*I like the houses very much.*	*The houses appeal to me very much.*

¿Te gusta?	*Do you like it?*	*Does it appeal to you?*
¿Te gustan?	*Do you like them?*	*Do they appeal to you?*
A él no le gustan esas casas.	*He doesn't like those houses.*	*Those houses do not appeal to him.*

1. Most Spanish verbs take the same sort of subjects and objects as the equivalent English verbs. However, **gustar** and several other important Spanish verbs seem almost to reverse the practice of their usual English equivalents. The indirect object of **gustar**, for example, turns up as the subject of the English verb *to like*. The subject of **gustar** is equivalent to the direct object of *to like*.
2. **Gustar** is easier to understand if it is translated *to appeal to*. Compare the following sentences:

    indirect object *subject*
    Me gusta la **casa**.

    subject *indirect object* *subject* *direct object*
    The *house* appeals to *me*.   *I* like the *house*.

    Both **gustar** and *to appeal to* have the house as a subject. There wouldn't be any point in mentioning *to like* as an equivalent at all, except that *to like* is one of the most important English verbs, and the English-speaker has to learn to use **gustar** in sentences where he would naturally use *to like* in English.
3. The normal word order for verbs like **gustar** is "indirect object, verb, subject."
4. To emphasize or clarify the indirect object pronoun, a prepositional phrase consisting of **a** + noun or pronoun may be added, normally at the beginning of the sentence.
5. In negative sentences, **no** always precedes the indirect object pronoun.
6. Four other verbs that follow the pattern of **gustar** are:

    interesar   **quedar**
    faltar   **parecer**[7]

D. Substitution

Nos gusta mucho la comedia.
        los bailes   Nos gustan mucho los bailes.
¿Te gustan las películas americanas?
        la comida china   ¿Te gusta la comida china?
Me parecen lógicas sus demandas.
        su actitud   Me parece lógica su actitud.
Sólo le quedan dos revistas.
        una revista   Sólo le queda una revista.

---

[7]An adjective usually follows the verb **parecer**. The subject may either precede the indirect object or follow the adjective:
    La chica nos parece bonita.
        Nos parece bonita la chica.

No me gusta esa ciudad.
    esas playas
¿Le interesan los problemas económicos?
    la reforma universitaria

No me gustan esas playas.

¿Le interesa la reforma universitaria?

E. Questions

1. ¿Le gusta a usted esa comedia?
2. ¿Quién le gusta a María?
3. ¿A quién le gusta María?
4. ¿Cuántos libros te quedan?
5. ¿Te parecen justas las demandas?
6. ¿Les gusta a ustedes esa casa?
7. ¿Le interesan a usted los problemas urbanos?
8. ¿Le gusta ese cine?

TESTING / gustar and similar verbs

Give a Spanish equivalent.
1. *I like that magazine.*
2. *He likes this house.*
3. To clarify the pronoun in **Le gusta la clase**, one may add **a** plus a noun or pronoun. The three possible pronoun phrases are _____ _____, _____ _____, and _____ _____.
4. A Spanish equivalent for *Do you (familiar singular) like the classes* is ¿_____ _____ _____ _____?
5. To emphasize the pronoun in the preceding sentence, one may add the prepositional phrase _____ _____.

Give a Spanish equivalent.
6. *They are interested in the urban problems.*
7. *I'm missing two pesos.*
8. *They have one peso left.*

— Me gusta esa revista.
— Le gusta esta casa.

— a él, a ella, a usted

— ¿Te gustan las clases?

— a ti

— Les interesan los problemas urbanos.
— Me faltan dos pesos.
— Les queda un peso.

Part 3

IV. SEQUENCE OF OBJECT PRONOUNS: INDIRECT, DIRECT

Fernando **me lo** dice.   *Fernando says it to me.*
Fernando no **me lo** dice.   *Fernando doesn't say it to me.*

Peronistas en Buenos Aires. Oportunismo, exhibicionismo, idealismo y una genuina preocupación social existen en la gran mayoría de los movimientos estudiantiles de la derecha y de la izquierda. Sin embargo, rara vez se duda de la seriedad de las actividades políticas estudiantiles en Hispanoamérica, a pesar de la complejidad de su motivación.
Peronists in Buenos Aires. Opportunism, exhibitionism, idealism, and genuine social concern exist in the great majority of student movements on the left and right. However, rarely is the seriousness of student political activity doubted in Spanish America, despite the complexity of its motivation.

1. When a sentence has both an indirect and a direct object pronoun, the indirect object pronoun precedes the direct object pronoun.
2. In negative sentences, the **no** precedes both object pronouns.

V. *OBJECT PRONOUN COMBINATIONS AND USAGE*

☐ *FIRST OR SECOND-PERSON INDIRECT OBJECT PRONOUN PLUS A THIRD-PERSON DIRECT OBJECT PRONOUN*

Juan **me las** da.	*Juan gives them to me.*
Pepe no **te lo** pide a ti. A ti Pepe no **te lo** pide.	*Pepe is not asking you for it.*
Ellos $\begin{Bmatrix} \textbf{nos} \\ \textbf{os} \end{Bmatrix}$ **la** explican bien.	*They explain it to $\begin{Bmatrix} us \\ you \end{Bmatrix}$ well.*

Monumento en Oaxaca, México, que muestra la vida de Benito Juárez (1806–1872), Presidente de México, autor de las Leyes de la Reforma y uno de los hombres más ilustres de la América. Juárez, hijo de indios zapotecas, quedó huérfano desde muy pequeño. Con la ayuda de un sacerdote, amigo de la familia que lo había recogido en Oaxaca, comenzó estudios religiosos; más tarde los abandonó para estudiar leyes.
Monument in Oaxaca, Mexico, that depicts the life of Benito Juárez (1806–1872), President of Mexico, author of the Laws of Reform, and one of America's most illustrious men. Juárez, son of Zapotec Indians, was orphaned when very young. With the help of a priest, a friend of his family who had taken him in in Oaxaca, he began religious studies; later he gave them up to study law.

A prepositional phrase consisting of **a** + pronoun may be added to emphasize the indirect object. The phrase may precede the subject or follow the verb.

☐ **THE INDIRECT OBJECT PRONOUN LE OR LES PLUS A THIRD-PERSON DIRECT OBJECT PRONOUN**

Juan **le** da la revista (a María).	Juan **se la** da (a María).
Juan **les** da las revistas (a ellas).	Juan **se las** da (a ellas).
Juan **le** da el disco (a usted).	Juan **se lo** da (a usted).
Juan **les** da los discos (a los chicos).	Juan **se los** da (a los chicos).

1. **Le** or **les** becomes **se** when used with a third-person direct object pronoun.
2. The prepositional phrase **a** + noun or pronoun is often used to clarify the indirect object pronoun **se**.

☐ **INDIRECT AND DIRECT OBJECT PRONOUNS USED WITH A CONJUGATED VERB PLUS AN INFINITIVE**

Él **me** va a dar la dirección.	Él **me la** va a dar.
Él va a dar**me** la dirección.	Él va a dár**mela**.
Él **le** va a pedir más detalles.	Él **se los** va a pedir.
Él va a pedir**le** más detalles.	Él va a pedír**selos**.

1. The indirect and direct object pronouns may either precede the conjugated verb and be written as two separate words, or they may combine and be attached to the infinitive.
2. To indicate that the same syllable of the infinitive continues to be stressed, a written accent mark is placed over the vowel of the infinitive ending when two object pronouns are attached to it.

F. Direct object noun → direct object pronoun

Replace the direct object noun by the corresponding direct object pronoun, and make the necessary changes.

Model: Te da la carta.
Te la da.

Nos explica el problema.
Me acaba de escribir una carta.
Van a mostrarles el traje.
¿Te dan los discos esta tarde?
Le pregunta la dirección.
Le presenta las demandas al profesorado.

Nos lo explica.
Me la acaba de escribir. (Acaba de escribírmela.)
Van a mostrárselo. (Se lo van a mostrar.)
¿Te los dan esta tarde?
Se la pregunta.
Se las presenta al profesorado.

G. Questions

Use both indirect and direct object pronouns in your answers.

1. ¿Cuándo les presentan las demandas?
2. ¿Le vas a escribir una carta?
3. ¿Quién me explica ese problema?
4. ¿A quién le doy la revista, a José o a Susana?
5. ¿Cuándo vas a mostrarnos la casa?
6. ¿Quién te quiere comprar la guitarra?

TESTING / sequence of object pronouns

1. When the indirect and direct object pronouns are both in the third person, **le** or **les** is replaced by _____.

— se

2. An alternate way to express **Él me la va a dar** is _____ _____ _____ _____.

— Él va a dármela.

3. To emphasize the indirect object in the sentence **Él va a dármela**, Spanish uses the prepositional phrase _____ _____.

— a mí

4. An alternate way to express **Ellos no van a comprárselo** is _____ _____ _____ _____ _____ _____ _____.

— Ellos no se lo van a comprar.

Give a Spanish equivalent.

5. *I explain it* (el diálogo) *to him*.
6. *He gives it* (la entrada) *to us*.
7. *Ana isn't giving them* (los gatos) *to me*.
8. *We give them* (las oraciones) *to her*.

— Se lo explico.
— Nos la da.
— Ana no me los da.
— Se las damos.

◀ Facultad de Medicina de la Universidad Nacional Autónoma de México. Mural de mosaicos de Francisco Eppens Helguera.
School of Medicine of the University of Mexico. Mosaic mural by Francisco Eppens Helguera.

RECAPITULACIÓN Y AMPLIACIÓN IV

lectura / LA EDUCACIÓN EN LOS PAÍSES HISPANOAMERICANOS

El objetivo principal de la educación secundaria en los países hispanoamericanos es preparar al estudiante para la universidad. El estudiante asiste a ciertas instituciones que reciben el nombre de liceos, colegios[1] o institutos hasta que termina sus estudios secundarios o bachillerato y recibe el título de bachiller[2].

    asistir *to attend*

En general, el plan de estudios en estas instituciones es bastante rígido y tradicional, con énfasis en los estudios humanísticos. Además de asignaturas como matemáticas, física, química, historia, geografía, biología y lenguas extranjeras, el estudiante sigue cursos de filosofía, lógica, economía y literatura. Todos estos estudios le dan una preparación excelente para los cursos universitarios que son, por supuesto, más avanzados.

    el plan de estudios *curriculum*

    asignatura *subject*
    seguir (i) *to follow, to take*

    avanzado *advanced*

En la escuela secundaria y en la universidad, los estudiantes tienen, en general, mucho interés en las cuestiones que les afectan

---
[1] **colegio**: equivalent to high school or secondary school, not college.
[2] **título de bachiller**: high school diploma, not a Bachelor of Arts degree.

Escuela de enfermeras en Cuba patrocinada por la Organización Mundial de la Salud. La educación técnica es relativamente apolítica y por lo tanto es uno de los proyectos de ayuda que más utilizan las agencias de desarrollo internacional.
A nursing school in Cuba sponsored by the World Health Organization. Technical education is relatively apolitical and therefore is one of the aid projects most used by international development agencies.

directamente. Cuando no están de acuerdo con las decisiones del director o del rector, organizan manifestaciones, mítines y hasta huelgas.

    Aunque a los alumnos les interesan las cuestiones internas de la institución donde estudian, casi siempre les interesan más las cuestiones políticas del país. Muchas veces, las luchas contra las dictaduras comienzan en la universidad y el estudiantado es la chispa que produce una revolución.

    Una de las facultades más activas es la Facultad de Derecho. De allí vienen algunos de los políticos que van a guiar al país después. Desgraciadamente, muchos pierden parte o todo el idealismo de sus años juveniles y cuando llegan al poder sólo piensan en obtener riquezas. Otros son, desde el primer momento, unos oportunistas que intervienen en las cuestiones políticas desde la universidad con el propósito egoísta de mejorar su

estar de acuerdo *to agree*
hasta *even*

aunque *although*

lucha *struggle*

chispa *spark*

algunos *some*
desgraciadamente *unfortunately*
el poder *power*
las riquezas *wealth*
propósito *purpose*
mejorar *to improve*

situación económica. Aquellos políticos sinceros que de veras quieren mejorar la situación del pueblo y del país encuentran frente a ellos una barrera que les hace casi imposible la solución de los problemas.

pueblo *people*
barrera *barrier*

Muchos estudiantes y profesores hispanoamericanos están en contra de la enseñanza memorísta que existe en algunos países. Hoy en día, hay bastante interés en darles a los estudiantes una educación más práctica. Como resultado de este cambio que también vemos en los Estados Unidos, las universidades no son sólo centros de estudio. Son también lugares donde hay intercambio con las comunidades y los estudiantes intervienen activamente en la solución de los problemas sociales, políticos, económicos y raciales.

PREGUNTAS

1. ¿Cuál es el objetivo principal de la educación secundaria en los países hispanoamericanos?
2. ¿Qué es un instituto?
3. ¿Qué título recibe el estudiante cuando termina sus estudios secundarios?
4. ¿Cómo es el plan de estudios en los países hispanoamericanos?
5. ¿Estudian en este país lógica, filosofía o economía en la escuela secundaria?
6. ¿Qué otras asignaturas estudian en la escuela secundaria en Hispanoamérica?

Escuela experimental en Colombia patrocinada por el Banco Mundial.

An experimental school in Colombia sponsored by the World Bank.

7. ¿Es buena la preparación que recibe un estudiante en la escuela secundaria en Hispanoamérica?
8. ¿Qué hacen los estudiantes cuando no están de acuerdo con las decisiones del director o del rector?
9. ¿Qué les interesan más a los alumnos, las cuestiones políticas del país o las cuestiones de la institución donde estudian?
10. ¿Dónde comienzan muchas veces las luchas contra las dictaduras?
11. ¿Cuál es una de las facultades más activas?
12. ¿De qué facultad vienen muchos de los políticos de los países hispanoamericanos?
13. ¿Hay oportunistas entre estos políticos?
14. ¿Hay políticos que de veras quieren mejorar la situación del pueblo?
15. ¿Qué quieren hacer los políticos malos?
16. ¿Qué cambios en la enseñanza quieren algunos profesores y alumnos en Hispanoamérica?
17. ¿Es diferente la actitud de los estudiantes norteamericanos de la actitud de los estudiantes hispanoamericanos?
18. ¿Qué problemas quieren resolver los estudiantes?

READING AND WRITING SUPPLEMENT

Cognates in **-ción** and **-sión**

Spanish words ending in **-ción** and **-sión** correspond to English words ending in *-tion* and *-sion*, respectively. These Spanish words are feminine and the stress falls on the suffix.

WORDS ENDING IN **-CIÓN**		WORDS ENDING IN **-SIÓN**	
producción	*production*	admisión	*admission*
emoción	*emotion*	comisión	*comission*
introducción	*introduction*	conversión	*conversion*
operación	*operation*	dimensión	*dimension*
satisfacción	*satisfaction*	decisión	*decision*

Can you give the Spanish words that correspond to the following English words?

ration	*passion*	*mission*
erosion	*fraction*	*expression*

PRONUNCIATION

Spanish /s/ represented by **s** and **z**, and by **c** before **e** or **i**

Spanish /s/ is pronounced two ways, depending upon its position. At the beginning of an utterance, between vowels, or before a voiceless consonant,[3] /s/ is pronounced like the *s* or *c* in the English words *see*, *instant*, *ice*, and *boss*. Phoneticians write this sound as a letter "s" in brackets: [s].

---

[3] Whenever the vocal cords do not vibrate during the production of a sound, that sound is called voiceless. Thus, /p, t, k/ are examples of voiceless consonants.

Whenever an /s/ precedes a voiced consonant,[4] most speakers of Spanish pronounce it like the *s* in English words *robes* and *rose*. Phoneticians write this sound as a letter "z" in brackets: [z].

A. Listen and repeat. Remember that letters **s** and **z** before a voiceless consonant, and **c** before **e** or **i** are pronounced [s].

[s]

segundo	presentar	
cena	disco	
zeta	izquierda	*left*
cinco	mencionar	*to mention*
Isabel	pasar	

B. Listen and repeat. Remember that **s** and **z** before a voiced consonant are most often pronounced [z].

[z]

mismo	idealismo	
los dos	desde	*from, since*
en vez de	esmeralda	*emerald*

/sión/ represented by -ción and -sión

This common Spanish suffix tends to be mispronounced by speakers of English because of the pronunciation of its English counterpart *-tion*. The pronunciation of Spanish **promoción**, for example, differs from the pronunciation of English *promotion*.

C. Listen and repeat.

[sión]

estación	lección
nación	explicación
pasión	pronunciación
atención	tensión

Sounds represented by the letter x

The letter **x** before a consonant is pronounced in Spanish as [s] or [ks].

D. Listen and repeat.

[s] or [ks]

exportar	*to export*	extranjero	
extraer	*to extract*	texto	*text*
sexto		explicar	

The letter **x** between vowels is pronounced [ks] or [gs].[5] English-speakers must be careful not to transfer their English pronunciation of intervocalic *x* and pronounce Spanish **x** as [gz].

---

[4]When vibration occurs in the vocal cords, the sound is called voiced. Thus, /b, d, g/ are examples of voiced consonants.

[5]In a few words such as **exacto** *exact* and **auxilio** *help*, intervocalic **x** is pronounced [s].

Unos 30.000 obreros industriales y mineros son entrenados en el Instituto Nacional de Capacitación de Chile cada año.

Some 30,000 industrial and mining workers are trained each year in Chile's National Training Institute.

E. Listen and repeat.

[**ks**] or [**gs**]

examen	*examination*
existir	*to exist*
reflexión	*reflection*
sexual	
exagerar	*to exaggerate*

PROVERBIO

Quien más tiene más quiere.[1]

¿Cree usted que este proverbio dice la verdad? ¿Por qué?
¿Cree usted que hay muchas personas que siempre quieren tener más?
¿Son materialistas estas personas?

[1]*The more you have, the more you want.*

TESTING

A. Stem-changing verbs (e → ie)

Supply the missing present-tense form.

DIÁLOGOS

CAMARERO	(preferir) ¿Qué _____ ustedes, pollo o paella?	— prefieren
JULIO	(preferir) Nosotros _____ paella.	— preferimos
CAMARERO	(querer) ¿Y qué _____ beber?	— quieren
JULIO	(querer) Yo _____ vino tinto.	— quiero
ANDRÉS	(preferir) Yo _____ vino blanco.	— prefiero
ANA	(entender/querer/perder) Pedro no _____ las lecciones porque no estudia. Sólo _____ estar en el café y _____ mucho tiempo.	— entiende quiere, pierde
SUSANA	(tener/querer) Además, _____ una actitud muy egoísta. No _____ ayudar a sus amigos.	— tiene quiere
PEDRO	(venir) José, ¿es verdad que no _____ a la reunión de esta noche?	— vienes
JOSÉ	(pensar/perder) Sí, es verdad. No _____ intervenir más en esas cuestiones. Creo que nosotros _____ el tiempo en esas reuniones.	— pienso perdemos
PEDRO	(entender/tomar) No _____ tu actitud. Tú sabes que aquí hay problemas urbanos muy serios. Nosotros debemos _____ parte.	— entiendo tomar
JOSÉ	Muy bien, pero, ¿cómo?	
PEDRO	(venir/tener) Si tú _____ a la reunión vas a ver que nosotros _____ ideas nuevas.	— vienes tenemos
JOSÉ	(preferir) Está bien, está bien. Pero yo _____ estar tranquilo esta noche.	— prefiero

B. Stem-changing verbs (o → ue) and (e → i)

Use the correct present-tense form of the verb in parentheses.

1. (volver) La secretaria _____ a las tres. — vuelve
2. (llover) ¿_____ mucho en Arizona? — Llueve
3. (tener) Ellos _____ tu libro. — tienen
4. (pedir) Los estudiantes _____ voz y voto. — piden
5. (contar) Tú _____ en inglés, pero nosotros _____ en español. — cuentas, contamos
6. (recordar) ¿Usted no _____ a ese señor? — recuerda
7. (decir) Yo _____ que son unas demandas absurdas. — digo

8. (mostrar) El profesor _____ unas pinturas del Greco. — muestra
9. (venir) ¿A qué hora _____ ellos? — vienen
10. (servir) Mis amigos son japoneses y siempre _____ comida japonesa. — sirven
11. (dormir/tener) Yo _____ ocho horas cuando no _____ mucho trabajo. — duermo, tengo
12. (despedir) Ellas los _____ en la estación, no en la casa. — despiden

C. Possessive adjectives

Use the possessive adjective that corresponds to the boldface word in each sentence.

1. **Yo** pienso ir con _____ amigas. — mis
2. ¿Por qué no viene **ella** con _____ hermana? — su
3. **Nosotros** no tenemos _____ papeles aquí. — nuestros
4. **Ellos** trabajan con _____ padre. — su
5. **Tú** debes cambiar las entradas _____ hoy, y **ellas** deben comprar _____ entradas mañana. — tuyas, sus
6. ¿De quién es esa revista, **tuya** o de _____ hermano? — tu
7. **Yo** sé dónde está tu libro, pero no sé dónde están los cuadernos _____. — míos
8. **José** no quiere ayudar a _____ amigos. — sus
9. Según ese **chico**, los libros son _____. — suyos *or* de él
10. **Nosotros** trabajamos en esa calle, pero la oficina _____ no está al lado del cine Novedades. — nuestra

D. Indirect object pronouns

Use the indirect object pronoun that corresponds to the boldface words in each sentence.

1. ¿**A quién** _____ doy los libros? — le
2. Ellos _____ hablan **a María y a mí**, pero no _____ hablan **a Ana y a Sara**. — nos, les
3. **Yo** no sé por qué ella no _____ da su dirección. — me
4. ¿**A quiénes** _____ van a mostrar el palacio? — les
5. Él no _____ va a dar los papeles **a ti**. — te
6. El director _____ va a escribir **a ustedes**. — les

E. Gustar and similar verbs

Supply the missing present-tense form.

1. (gustar) A mí no me _____ ese edificio. — gusta
2. (quedar) ¿Te _____ algo? — queda

3. (interesar) A Juan no le _____ las cuestiones políticas. — interesan
4. (gustar) Nos _____ mucho la paella. — gusta
5. (parecer) ¿Te _____ buenas las comidas? — parecen
6. (gustar) Me _____ los bailes regionales. — gustan
7. (parecer) A él le _____ lógica la explicación. — parece
8. (gustar) A nosotros no nos _____ el pescado. — gusta

Use the indirect object pronoun that corresponds to the prepositional phrase and the correct form of the verb in parenthesis.

1. (gustar) A mí no _____ _____ su actitud. — me gusta
2. (interesar) A ti _____ _____ las cuestiones políticas. — te interesan
3. (gustar) A ellos no _____ _____ la clase. — les gusta
4. (quedar) A él _____ _____ unos seis boletos. — le quedan
5. (gustar) A nosotros no _____ _____ ese delegado. — nos gusta
6. (interesar) Yo sé que a ustedes _____ _____ esos problemas. — les interesan
7. (gustar) A ella no _____ _____ José. — le gusta
8. (gustar) A ella no _____ _____ sus profesores. — le gustan

F. Sequence of object pronouns

Refer to the first sentence of each set, and then supply the missing indirect and direct object pronouns in the second sentence.

1. Él me da los discos.
   Él _____ _____ da. — me los
2. ¿Nos puede mostrar ese libro?
   ¿_____ _____ puede mostrar? — Nos lo
3. Le explica las preguntas a María.
   _____ _____ explica a María. — Se las
4. El señor Gómez le va a vender el edificio a don Carlos. El señor Gómez _____ _____ va a vender a don Carlos. — se lo
5. ¿Por qué no me explicas los problemas?
   ¿Por qué no _____ _____ explicas? — me los
6. Juan te dice la verdad.
   Juan _____ _____ dice. — te la
7. El guía les muestra el palacio.
   El guía _____ _____ muestra. — se lo
8. ¿Cuándo les vas a dar las revistas?
   ¿Cuándo _____ _____ vas a dar? — se las

Biblioteca de la Ciudad Universitaria, Caracas, Venezuela.
The library in University City, Caracas, Venezuela.

VOCABULARY

absurdo	*absurd*	continuar	*to continue*
actitud	*attitude*	contra: en contra de	*against*
agrario	*agrarian*	contradecir (i)	*to contradict*
almorzar (ue)	*to have lunch*	convencer	*to convince*
año	*year*	cooperación	*cooperation*
apoyo	*support*	cuestión	*matter, problem*
aprobación	*approval*	debate m	*debate*
así	*this way*	decano	*dean*
ayuda	*help*	decir (i)	*to say, to tell*
café m	*café*	delegado	*delegate*
cerrar (ie)	*to close, to shut*	demanda	*demand*
cita	*appointment, date*	derecho	*right*
comenzar (ie)	*to begin, to start*	desfile m	*parade*
comité m	*committee*	despedir	*to say good-bye, to dismiss, to fire*
compañero	*companion, friend*		
consejo	*advice*	detalle m	*detail*
contar (ue)	*to tell, to count*	director m	*school principal, director*

178 RECAPITULACIÓN Y AMPLIACIÓN IV

discusión	discussion	poder (ue)	to be able to, can
dividir	to divide	político	political
dormir (ue)	to sleep	preferir (ie)	to prefer
económico	economic, economical	presentar	to present, to introduce
egoísta	selfish	prevenir (ie)	to prevent
empezar (ie)	to begin, to start	problema m	problem
encontrar (ue)	to find, to meet	profesorado	faculty
entender (ie)	to understand	próximo	next
esperar	to wait (for), to hope (for)	querer (ie)	to want
		racial	racial
evitar	to avoid	recordar (ue)	to remember
explicar	to explain	rector m	university president
faltar	to lack, to be missing	reforma	reform
favor: a favor de	in favor of	repetir (i)	to repeat
ganar	to win, to earn	representante m or f	representative
grupo	group	resolver (ue)	to solve
gustar	to like, to appeal to	reunión	meeting
hola	hi, hello	ruido	noise
huelga	strike	se	(to) him, her, it, you, them
independiente	independent		
indiferente	indifferent	secretario	secretary
interesar	to interest	servir (i)	to serve
interrumpir	to interrupt	sesión	session
intervenir (ie)	to intervene	si	if
justo	just	silencio	silence
le	(to) him, her, it, you	social	social
les	(to) them, you	solucionar	to solve
lógico	logical	su (-s)	his, her, your; their
lugar m	place, spot, area	sugerir (ie)	to suggest
mañana	tomorrow	suyo (-a, -os, -as)	his, her, its, their, (of) his, hers, its, theirs
manifestación	demonstration, manifestation		
mes m	month	tal: qué tal	how
mío (-a, -os, -as)	(of) mine	tener (ie)	to have
mitin m	meeting	tesorero	treasurer
mostrar (ue)	to show	tiempo	time
nada	nothing	todo (-a, -os, -as)	all, everybody
nuestro (-a, -os, -as)	our	tranquilo	tranquil, peaceful
olvidar	to forget	tu (-s)	your
organizar	to organize	tuyo (-a, -os, -as)	your, of yours
parecer	to seem	universitario	university adj
pasado mañana	the day after tomorrow	urbano	urban
		venir (ie)	to come
pasar	to happen, to pass	que viene	next, coming
pedir (i)	to ask for, to request	vez: a la vez	at the same time
película	movie, film	volver (ue)	to return
pensar (ie)	to think	voto	vote
pensar + inf	to plan, to intend	voz f	voice
perder (ie)	to lose, to waste	vuestro (-a, -os, -as)	your, of yours

◀ La Catedral de Cuernavaca en México.
The Cathedral in Cuernavaca, Mexico.

LECCIÓN 13

Present tense of the verbs **traer** and **oír** / Present tense of the verb **construir** / More about prepositions and pronouns

diálogo / UNA CONVERSACIÓN POR TELÉFONO

A TELEPHONE CONVERSATION

ISABEL ¡Aló![1]
JULIA Isabel, te habla Julia[2].
ISABEL ¿Que tal[3], Julia? ¿Cómo estás?
JULIA No te oigo bien, Isabel. ¿Puedes hablar más alto?
ISABEL ¿Me oyes ahora?
JULIA Sí, ahora sí[4] te oigo. Mi hermana me acaba de dar la buena noticia que puedes ir a Cuernavaca[5] con nosotros.

I: *Hello.*
J: *Isabel, this is Julia.*[6]
I: *Hi, Julia. How are you?*
J: *I can't hear you, Isabel. Can you speak louder?*
I: *Do you hear me now?*
J: *Yes, now I hear you. My sister has just given me the good news*[7] *that you can go to Cuernavaca with us.*

---

[1]Other expressions used are ¡**Diga!**, ¡**Bueno!**, ¡**Oigo!**, ¿**Qué hay?**
[2]Placing the subject **Julia** at the end of the sentence emphasizes the subject.
[3]An informal greeting. The verb **estar** is frequently part of the expression: ¿**Qué tal estás?**
[4]**Sí** preceding a verbal expression emphasizes it.
[5]City about an hour's drive south from Mexico City, along a modern expressway. It is famous for its climate, flowers, and the Cortés Palace built in 1530 containing paintings, sculptures, and murals by Diego Rivera (1886-1957), world-famous Mexican muralist.
[6]Literally, *Julia is speaking to you.*
[7]**Buena noticia** means *good (piece of) news*; **las noticias** means *the news*.

ISABEL   Sí, como María va a trabajar por mí, tengo el día libre. ¿A qué hora piensan salir?
JULIA   Queremos salir temprano, así que pasamos por ti a eso de las ocho y cuarto. ¿Te parece bien?
ISABEL   Magnífico. Los espero abajo.
JULIA   Bien. Hasta mañana entonces.
ISABEL   Adiós.

I: Yes, since María is going to work in my place, I have a day off.[8] At what time do you plan to leave?
J: We want to leave early, so we'll pick you up about eight fifteen. Is that OK with you?
I: Great. I'll wait for you downstairs.
J: Fine. See you tomorrow.
I: Good-bye.

ORACIONES Y PALABRAS

¿Puedes ir **al campo** con nosotros?
    al mercado, al parque, a la finca[9], a la plaza
Tengo el **día** libre.
    fin de semana
Queremos salir **temprano**.
    tarde, pronto
Los esperamos **abajo**.
    arriba, dentro, fuera
No van a **contribuir** mucho.
    destruir

Can you go to the country with us?
    market, park, farm, square
I have a free day.
    weekend
We want to leave early.
    late, soon
We'll wait for you downstairs.
    upstairs, inside, outside
They are not going to contribute much.
    destroy

PREGUNTAS SOBRE EL DIÁLOGO

1. ¿Quién llama a Julia?
2. ¿Oye bien Julia a Isabel?
3. ¿Por qué la oye bien después?
4. ¿Quién le acaba de dar una buena noticia a Julia?
5. ¿Cuál es la noticia?
6. ¿Por qué tiene Isabel el día libre?
7. ¿A qué hora piensan salir?
8. ¿A qué hora van a pasar por Isabel?
9. ¿Le parece bien la hora a Isabel?
10. ¿Dónde los va a esperar Isabel?

PREGUNTAS GENERALES

1. ¿Van ustedes al campo los fines de semana?
2. ¿Qué hace usted los fines de semana?
3. ¿Le gusta a usted el campo?
4. ¿Qué prefiere usted, ir al campo o ir a la playa?
5. ¿Oye usted las noticias por la noche?
6. ¿Llegan ustedes temprano a la universidad?
7. ¿Qué le parecen las noticias políticas?
8. ¿Qué le puede decir usted al profesor si usted no oye bien en clase?
9. ¿Tiene usted un amigo que puede trabajar por usted?
10. ¿Qué expresiones puede decir usted cuando contesta el teléfono?

---

[8]Literally, *free day.*
[9]Other expressions sometimes equivalent to English *farm* are **la estancia, granja, hacienda**; **el cortijo, rancho.**

GRAMMAR, EXERCISES, AND TESTING

Part 1

I. PRESENT TENSE OF THE VERBS **TRAER** AND **OÍR**

traer *to carry, to bring*		**oír** *to hear, to listen to*	
traigo	traemos	oigo	oímos
traes	traéis	oyes	oís
trae	traen	oye	oyen

1. The first-person singular of both verbs is irregular. Each has an intrusive **ig** before the person marker.
2. The remaining forms of **traer** are regular.
3. A **y** intrudes in the second and third persons singular and the third-person plural of **oír**.
4. The first and second persons plural of **oír** have a written accent mark over the **i** to indicate that **o** and **i** do not form a diphthong.

II. PRESENT TENSE OF THE VERB **CONSTRUIR**

construir *to construct, to build*	
construyo	construimos
construyes	construís
construye	construyen

1. A **y** intrudes in all the singular forms and in the third-person plural of **construir**.
2. All verbs ending in -**uir** follow the same pattern.
3. Although no written accent mark is required on the **i** of the first-person plural **construimos**, many Spanish-speakers stress the **i**.
4. Other verbs conjugated like **construir**:

   contribuir
   destruir
   huir   *to flee, to run away*

A. *Person-number substitution*

1. Nosotros no oímos bien.

Mi hermano	Mi hermano no oye bien.
Los muchachos	Los muchachos no oyen bien.
Julia	Julia no oye bien.
Tú	Tú no oyes bien.
Yo	Yo no oigo bien.
Usted	Usted no oye bien.

2. ¿Traen los discos?

(tú)	¿Traes los discos?
(nosotros)	¿Traemos los discos?
(él)	¿Trae los discos?
(yo)	¿Traigo los discos?
(ustedes)	¿Traen los discos?
(usted)	¿Trae los discos?

Guanajuato, en la parte central de México, fue durante 300 años uno de los principales productores de plata del mundo. Fue además escenario de varios encuentros durante los comienzos de las luchas por la independencia.

Guanajuato, in central Mexico, was during 300 years one of the principal producers of silver in the world. It was also the site of several encounters at the beginning of the struggle for independence.

3. Construye varios edificios cerca de aquí.
   (ustedes)   Construyen varios edificios cerca de aquí.
   (tú)   Construyes varios edificios cerca de aquí.
   (nosotros) Construimos varios edificios cerca de aquí.
   (ellos)   Construyen varios edificios cerca de aquí.
   (yo)   Construyo varios edificios cerca de aquí.
   (él)   Construye varios edificios cerca de aquí.

4. No lo oye porque hay mucho ruido fuera.
   (ellos, él, yo, ustedes, nosotros, tú)

5. Siempre contribuyen con mucho dinero.
   (él, tú, yo, ellas, nosotros, usted)

B. *Substitution*

Change each of the following sentences according to the cue.

Model: Nosotros no oímos bien.   ellos
Ellos no oyen bien.

¿Por qué destruyen esos papeles?   (tú)
Los chicos traen los discos esta tarde.   Yo
El señor Pérez construye esa casa.   Nosotros
Ellos siempre oyen las noticias.   Yo
Nosotros contribuimos mañana.   Ellos

¿Por qué destruyes esos papeles?
Yo traigo los discos esta tarde.
Nosotros construimos esa casa.
Yo siempre oigo las noticias.
Ellos contribuyen mañana.

C. **Questions**

1. ¿Pueden usted y su compañero hablar por teléfono en español?
2. ¿Es una buena noticia o una mala noticia recibir una "A" en español?
3. ¿Cuántos días libres hay esta semana?
4. Cuando usted contesta el teléfono, ¿qué dice?
5. Cuando usted acaba de hablar por teléfono, ¿qué dice usted?

TESTING / *present tense of* **traer**, **oir**, *and* **-uir** *verbs*

1. The only irregular form of **traer** in the present tense is _____.   — traigo

Give the present-tense verb forms suggested by the cues.

2. *we hear*   — oímos
3. **construir**, first and second persons singular   — construyo, construyes
4. *I hear*   — oigo
5. **traer, nosotros**-form   — traemos
6. **destruir, nosotros**-form   — destruimos
7. The two forms of **contribuir** which do not have an intrusive **y** are _____ and _____.   — contribuimos, contribuís

Give a Spanish equivalent.

8. THEY *don't hear well.*   — Ellos (*or* ellas) no oyen bien.
9. HE *is building that plaza.*   — Él construye esa plaza.
10. *Who's bringing the salad?*   — ¿Quién trae la ensalada?
11. *I'm bringing the wine.*   — Yo traigo el vino.
12. THEY *always contribute.*   — Ellos (*or* ellas) siempre contribuyen.

Part 2

III. MORE ABOUT PREPOSITIONS AND PRONOUNS

Lo digo **entre tú y yo**.	I say it between you and me.
La revista es **para ti**, no **para mí**.	The magazine is for you, not for me.
Ella va al mercado **conmigo**.	She goes to the market with me.
¿Estudian **contigo**?	Do they study with you?
¿Vas **con nosotros**?	Are you going with us?
Ustedes no pueden salir **sin ellos**.	You can't leave without them.

1. Subject pronouns also function as the object of the preposition **entre**.
2. With other prepositions, **yo** becomes **mí** and **tú** becomes **ti**.
3. The preposition **con** combines with **mí** and **ti** to form **conmigo** and **contigo**.

Concierto dominical de la banda en la plaza central de Taxco, México. Taxco, otro gran productor de plata, es una encantadora ciudad colonial donde viven muchos escritores, artistas y orfebres.

Sunday band concert in the central square of Taxco, Mexico. Taxco, another silver-mining center, is a charming colonial city where many writers, artists, and silversmiths live.

D. Substitution

Change the prepositional pronouns according to the cues given.

Model: Él va con nosotros. (yo)
    Él va conmigo.

Juan trabaja por nosotros. (tú)	Juan trabaja por ti.
Pepe estudia con ellos. (nosotros)	Pepe estudia con nosotros.
Van a pasar por él ahora. (yo)	Van a pasar por mí ahora.
No debemos ir sin ellos. (él)	No debemos ir sin él.
Van a salir con ella. (tú)	Van a salir contigo.
Va a la plaza con nosotros. (yo)	Va a la plaza conmigo.

E. Questions

1. ¿Vas a la finca conmigo?
2. ¿Con quién vas a estudiar, con él o con nosotros?
3. ¿Van a salir sin ellos?
4. ¿Comen con nosotros esta noche?
5. ¿Pasan por mí a las ocho o a las nueve?
6. ¿Tus compañeros trabajan contigo?
7. ¿Es para mí ese papel?
8. ¿Van a trabajar por ustedes?

TESTING / preposition plus pronouns

Supply the prepositional expressions suggested by the cues.
1. con (tú) — contigo
2. a (yo) — a mí
3. para (usted) — para usted
4. entre (él y yo) — entre él y yo *or* entre nosotros
5. con (yo) — conmigo
6. sin (nosotros) — sin nosotros
7. por (ellos) — por ellos

8. All subject pronouns also function as the objects of the preposition _____. — entre
9. After all prepositions except **con** and **entre, yo** and **tú** become _____ and _____. — mí, ti

Give a Spanish equivalent.
10. *He is coming without them.* — Viene sin ellos (*or* ellas).
11. *They study with me.* — Estudian conmigo.

La carretera a Cuernavaca continúa hasta Acapulco. Este lugar de recreo, con sus modernos hoteles y bellas playas, es el más frecuentado del país.

The highway to Cuernavaca continues on to Acapulco. This resort, with its modern hotels and beautiful beaches, is the most popular in the country.

LECCIÓN 14

Present tense of verbs ending in a vowel plus **-cer** or **-cir** / **Saber** versus **conocer** / **Preguntar** versus **pedir**

diálogo / UNA CONVERSACIÓN ENTRE DOS HOMBRES DE NEGOCIOS

A CONVERSATION BETWEEN TWO BUSINESSMEN

SEÑOR DOMÍNGUEZ: Necesito[1] un jefe de ventas y acabo de recibir una solicitud de empleo de Julián Montoya y Samper[2]. Da tu nombre como referencia. ¿Lo conoces[3] bien?

SEÑOR CASTELLANOS: Sí, lo conozco muy bien.

SEÑOR DOMÍNGUEZ: Aquí, entre nosotros, ¿qué clase de persona es?

Mr. D: *I need a sales manager[4] and I've just received an application[5] from Julián Montoya y Samper. He gives your name as a reference. Do you know him well?*

Mr. C: *Yes, very well.[6]*

Mr. D: *Between us, what kind of a person is he?*

---

[1] When a direct object noun refers to a nonspecific person, the personal **a** is not used.
[2] People in Spanish-speaking countries have two surnames following their given name. The first surname is paternal, the second maternal. Some Spanish-speakers drop the **y**.
[3] Two Spanish verbs mean *to know*: **saber** and **conocer**. **Conocer** is used with people and means *to be acquainted with*.
[4] Literally, *chief of sales*.
[5] Literally, *a job application*. The word **trabajo** can be used instead of **empleo**.
[6] Literally, *I know him very well*.

SEÑOR CASTELLANOS	Pues, mira, Julián Montoya es inteligente, muy trabajador[7] y con bastante experiencia en ventas. Yo te lo recomiendo[8] con los ojos cerrados.	Mr. C:	Well look, Julian Montoya is intelligent, hard working, and has a great deal of sales experience. I recommend him with no reservations.[10]
SEÑOR DOMÍNGUEZ	¿Y por qué quiere dejar[9] su puesto en la compañía Badel?	Mr. D:	Then why does he want to leave his position with the Badel Company?
SEÑOR CASTELLANOS	El sueldo no es bueno y hay pocas probabilidades de ascenso. Además, parece que la compañía tiene dificultades económicas.	Mr. C:	The salary is not good and there is little opportunity for promotion. Besides, it seems the company is having financial problems.
SEÑOR DOMÍNGUEZ	Bueno, José, te agradezco mucho tu información.	Mr. D:	Well, José, I am much obliged[11] for your information.
SEÑOR CASTELLANOS	Con mucho gusto, Miguel.	Mr. C:	Don't mention it,[12] Miguel.

ORACIONES Y PALABRAS

Necesito un **jefe de ventas**.
    un vendedor, un administrador, un abogado, una mecanógrafa, una telefonista

Él es muy **inteligente**.
    honrado, responsable, simpático[13]

Ella va a **llenar** la solicitud de trabajo.
    entregar, traducir

Le ofrecen un **sueldo** bueno.
    contrato

¿Vas a **conducir** ahora?
    obedecer

Le agradezco su **información**.
    interés[15]

I need a sales manager.
    a salesman, an administrator or manager, a lawyer, a typist, a telephone operator

He is very intelligent.
    honest, responsible, charming

She is going to fill out the application.
    hand in, translate

They are offering him a good salary.
    contract

Are you going to drive[14] now?
    obey

I thank you for your information.
    interest

---

[7] The feminine form of **trabajador** is **trabajadora**.
[8] From **recomendar** (ie).
[9] **Dejar** means *to leave* something or some place. It is a transitive verb and as such always requires an object to complete its meaning. **Salir** means *to depart, to go out, to go out on a date*. It needs no other words to complete its meaning.
[10] Literally, *with the eyes closed.*
[11] Literally, *I thank you.*
[12] Literally, *with much pleasure.*
[13] **Simpático** is an all-inclusive word which connotes all or any combination of these English words: *charming, nice, pleasant, appealing, congenial.*
[14] **Conducir** also means *to conduct.*
[15] **El interés**, masculine; plural form, **los intereses**.

PREGUNTAS SOBRE EL DIÁLOGO

1. ¿Qué necesita el señor Domínguez?
2. ¿De quién es la solicitud de empleo que acaba de recibir?
3. ¿Conoce el señor Castellanos a Julián Montoya?
4. Según el señor Castellanos, ¿cómo es Julián Montoya?
5. ¿Recomienda el señor Castellanos a Julián Montoya?
6. ¿En qué compañía trabaja Julián Montoya?
7. ¿Qué problemas tiene esa compañía?
8. ¿Gana mucho dinero Julián Montoya?

PREGUNTAS GENERALES

1. ¿Estudia usted en la universidad y trabaja también, o sólo estudia?
2. ¿Dónde trabaja usted?
3. ¿Cómo debe ser un vendedor?
4. ¿Tiene usted experiencia en ventas?
5. ¿Necesita usted dar referencias cuando busca trabajo?
6. ¿Quién lo recomienda a usted cuando busca trabajo?
7. ¿Qué dice usted en una entrevista?
8. ¿Conoce usted al decano de esta facultad?
9. Si usted quiere hablar con el decano, ¿qué debe hacer primero?
10. ¿Qué papel necesita llenar usted cuando busca trabajo?

GRAMMAR, EXERCISES AND TESTING

Part 1

I. PRESENT TENSE OF VERBS ENDING IN A VOWEL PLUS -CER OR -CIR

conocer	traducir
conozco	traduzco
conoces	traduces
conoce	traduce
conocemos	traducimos
conocéis	traducís
conocen	traducen

1. The infinitives **conocer** and **traducir** are pronounced with an /s/ before their **-er** or **-ir** ending.
2. This same /s/ is kept in all the conjugated forms of the verb.
3. The first-person singular form in the present tense follows the /s/ with a /k/ and is spelled with a **zc**. (Remember: **c** before **a** or **o** signals a /k/. A **c** before **e** or **i** signals an /s/ in most of the Spanish-speaking world. The letters **s** and **z** signal an /s/ before **a, o, u,** or a consonant.)
4. The remaining forms, like the infinitive, are pronounced with an /s/ but no /k/, and are spelled with a simple **c**.

Un jefe de ventas le da instrucciones a uno de sus vendedores. El crecimiento económico de México es tan rápido que con frecuencia los jóvenes llegan a ocupar puestos de importancia en poco tiempo.

A salesmanager gives instructions to one of his salesmen. Mexico's economic growth is so rapid that frequently young people come to occupy important positions in a short time.

5. All verbs ending in a vowel plus **-cer** or **-cir** take **zc** in the first-person singular of the present indicative. No other verbs do. Here are five more:[16]

   parecer   **conducir**
   ofrecer   **producir**   *to produce*
   obedecer

A. *Person-number substitution*

1. Ellos conocen al administrador.
Tú	Tú conoces al administrador.
La telefonista	La telefonista conoce al administrador.
Yo	Yo conozco al administrador.
Usted	Usted conoce al administrador.
Pepe y yo	Pepe y yo conocemos al administrador.
Los vendedores	Los vendedores conocen al administrador.

2. ¿Traducimos las oraciones ahora?
(él)	¿Traduce las oraciones ahora?
(ellos)	¿Traducen las oraciones ahora?
(tú)	¿Traduces las oraciones ahora?
(usted)	¿Traduce las oraciones ahora?
(yo)	¿Traduzco las oraciones ahora?
(ustedes)	¿Traducen las oraciones ahora?

3. Mañana le ofrecen el puesto al señor Montoya.
   (nosotros, él, tú, yo, ellos, usted)

B. *Questions*

1. ¿Traducen ustedes oraciones en la clase de español?
2. ¿Cuántas oraciones traduce usted?
3. ¿A quién obedece usted?

---

[16]Verbs of this kind will be identified in the vocabularies by a **zc** in parentheses after the infinitive: **parecer** (**zc**).

4. ¿Produce vinos el estado de California?
5. ¿Cómo son los vinos de California?
6. ¿Cómo son los vinos de Nueva York?
7. ¿Le parecen importantes los problemas urbanos?

TESTING / present tense of verbs ending in -cer and -cir

Give the indicated present-tense form of the verb shown.

1. **conocer**, first-person singular — conozco
2. **obedecer**, second-person singular — obedeces
3. **parecer**, third-person singular — parece
4. **conducir**, first-person plural — conducimos
5. **ofrecer**, first-person plural — ofrecemos
6. **traducir**, the only form that has a **z** — traduzco
7. **ofrecer**, **yo**-form — ofrezco
8. A **zc** occurs in the first-person singular of the present indicative only in verbs that end in ____ and ____. — -cer, -cir

Give a Spanish equivalent.
9. I *don't translate sentences*. — Yo no traduzco oraciones.
10. *I offer you* (formal, singular) *the job*. — Le ofrezco el trabajo (*or* empleo *or* puesto).

Part 2

II. SABER VERSUS CONOCER

Sé que ella vive allí.	*I know that she lives there.*
Sabemos hablar español.	*We know how to speak Spanish.*
Lo **saben** de memoria.	*They know it by heart.*
Conozco al administrador.	*I know the manager.*
¿**Conoces** esa plaza?	*Do you know that plaza?*

1. The basic meaning of **saber** is to know in the sense of having facts, data, or information regarding someone or something.
2. **Saber** + infinitive means *to know how* + infinitive. The word **cómo** is not normally used in this connection.
3. **Saber de memoria** means *to know by heart*.
4. **Conocer**, on the other hand, means to know in the sense of being acquainted with someone or something.
5. **Saber** can take either an infinitive or a noun as its object. **Conocer** cannot take an infinitive, only nouns or pronouns.

C. Substitution

Answer with **sé** or **conozco** and the cue provided.

Yo conozco al señor Domínguez.

dónde vive.	Yo sé dónde vive.
hablar inglés.	Yo sé hablar inglés.
el Palacio de Bellas Artes.	Yo conozco el Palacio de Bellas Artes.
el diálogo de memoria.	Yo sé el diálogo de memoria.
que Juan viene esta tarde.	Yo sé que Juan viene esta tarde.
a los profesores.	Yo conozco a los profesores.

D. Reading exercise

Read the following dialogs and provide the correct form of **saber** or **conocer** for each blank.

SR. MARTÍNEZ Yo no _____ al señor Smith, pero mi hermano lo _____ muy bien. Según me dice, el señor Smith es un vendedor excelente que además _____ hablar español.

SR. PÉREZ Yo también lo _____ y _____ que es muy trabajador. Además, señores, nosotros _____ que en esta área hay muchas personas que sólo hablan español. Yo creo que el señor Smith es la persona que necesitamos.

Una planta en México. Las herramientas y otros productos industriales hechos en México se exportan no sólo a los demás países de la América Latina sino también a los Estados Unidos, la Alemania Occidental y el Japón.
A plant in Mexico. Tools and other industrial products made in Mexico are shipped not only to the other countries of Latin America but also to the United States, West Germany, and Japan.

Medellín, Colombia. A veces los hombres de negocios toman decisiones importantes no sólo en la oficina, sino también en la calle, el club o un café.

Medellín, Colombia. Sometimes businessmen make important decisions not only in the office but also in the street, the club, or a café.

ANA Yo no _____ quién es ese muchacho, pero _____ que vive cerca de Alicia y ella lo _____.

JULIA Yo _____ que él va a estar en la reunión en casa de Alicia la semana que viene y allí lo puedes _____.

Part 3

III. PREGUNTAR *VERSUS* PEDIR

Yo le **pregunto** dónde vive.	*I am asking you where you live.*
Elena **pregunta** por mí.	*Elena is asking for me.*
Ella me **pregunta** cuál es la dirección.	*She is asking me what is the address (asking a question).*
Ella me **pide** la dirección.	*She is asking me for the address (requesting it).*
Ellos le **piden** los libros.	*They ask him for the books.*
El estudiante les **pide** ayuda.	*The student asks them for their help.*
Susana **pide** ensalada de pollo.	*Susana orders chicken salad.*
Él le **pide** agua al camarero.	*He asks the waiter for water.*

1. **Preguntar** means to ask a question, or to inquire about something.
2. **Preguntar por** is used to inquire about someone or something.
3. **Pedir** is used to request something of someone.
4. **Pedir** uses the indirect object pronoun to identify the person addressed.
5. **Pedir** is also used to order food and drink in a restaurant.
6. Except in very rare instances, the preposition **por** is not used with **pedir**.

E. *Questions*

1. ¿Qué le pide usted al profesor?
2. ¿Qué le pregunta usted al profesor?
3. ¿Qué pide usted cuando va a un restaurante?
4. ¿Qué le pregunta su compañero?
5. ¿Qué le pregunta usted a su compañero?
6. ¿Qué piden ustedes cuando van a la cafetería?
7. ¿Por quién pregunta usted?

F. *Reading exercise*

Read the following dialogs and provide the correct form of **preguntar** or **pedir** for each blank.

JUANA   Siempre que lo veo, me _____ por ti. Yo creo que quiere salir contigo.
BERTA   Si te _____ mi número de teléfono, por favor le dices que no lo sabes.
JUANA   Pero, Berta, él sabe que somos amigas.
BERTA   No importa.

ALICIA   Yo creo que voy a _____ arroz con pollo. Y tú, Susana, ¿qué vas a comer?
JULIA   No sé por qué le _____. Ella siempre _____ pescado.

TESTING / *present tense of* **saber, conocer, pedir, preguntar**

Give the indicated present-tense form of the verb shown.
1. **saber**, **yo**-form
2. **conocer**, **yo**-form
3. **pedir**, **yo**-form
4. **pedir**, **nosotros**-form
5. **conocer**, **nosotros**-form

— sé
— conozco
— pido
— pedimos
— conocemos

Give a Spanish equivalent.
6. *He asks for me.*
7. *We know that he knows him.*
8. *They ask for coffee.*
9. *They don't know how to read.*
10. YOU (singular, formal) *know I know it by heart.*

— Pregunta por mí.
— Sabemos que lo conoce.
— Piden café.
— No saben leer.
— Usted sabe que lo sé de memoria.

LECCIÓN 15

Present tense of verbs ending in -**ger** and -**gir** / Present tense of verbs ending in -**guir** / Cardinal numbers 1.001–2.000.000

diálogo / UNA CITA

JOSÉ   Alberto, ya son casi las once y debo recoger a Gloria en el Palacio de Bellas Artes[1] dentro de veinte minutos. Está muy cerca, ¿verdad?

ALBERTO   Sí, y además es muy fácil llegar allá[2].

JOSÉ   ¿Puedes decirme cómo llegar allí?

ALBERTO   Cómo no. Mira, sigues derecho hasta la calle San Juan de Letrán. Allí doblas[3] a la izquierda.

JOSÉ   Bien, sigue.

A DATE

J: Alberto, it's almost eleven o'clock and in twenty minutes I have to pick up Gloria at the Palace of Fine Arts. It's close by, isn't it?

A: Yes, and besides it's very easy to get there.

J: Can you tell me how to get there?

A: Of course. Look, you go straight ahead up to San Juan de Letrán Street. You turn left there.

J: Fine, go on.

---

[1] The Palace of Fine Arts in Mexcio City was begun in 1904 and finished in 1934. It houses a theater (famous for its glass curtain) where plays, operas, and concerts are presented. It also has murals by the great modern Mexican painters Diego Rivera, José Clemente Orozco, and David Alfaro Siqueiros.

[2] **Allí**, **ahí**, and **allá** are three Spanish equivalents of English there. In Spanish America, **allí** and **ahí** are practically interchangeable. **Allá** indicates a less precise location, somewhat more distant from the speaker.

[3] **Voltear** and **torcer** (**ue**) are used in some countries instead of **doblar**. The first-person singular of **torcer** is **tuerzo**.

ALBERTO	Después de unas dos o tres cuadras vas a ver la avenida Juárez. Doblas de nuevo a la izquierda y allí está el Palacio de Bellas Artes.	A:	*After some two or three blocks you'll see Juárez Avenue. You turn left again and the Palace of Fine Arts is right there.*
JOSÉ	Un millón de gracias, Alberto. Te veo esta noche.	J:	*Thanks a million, Alberto. See you tonight.*
ALBERTO	Hasta la noche.	A:	*See you then.*

ORACIONES Y PALABRAS

Es muy **fácil** llegar allá.
      difícil, sencillo
Sigues derecho hasta la **calle Colón**.
      segunda bocacalle, autopista, carretera

Allí doblas a la **izquierda**.
      derecha
Doblas **de nuevo** a la izquierda.
      otra vez
¿Puedes decirme cómo **conseguirlos**?
      cogerlos, corregirlos, escogerlos, elegirlos, protegerlos, dirigirlos, producirlos
Un millón de **gracias**.
      dólares[4], habitantes[5]

It's very easy to get there.
    difficult, easy
You go straight ahead up to Colón Street.
    the second intersection, the freeway, the highway

You turn left there.
    right
You turn again to the left.
    again
Can you tell me how to get them?
    get or *catch, correct, choose, elect, protect, direct produce,*

A million thanks.
    dollars, inhabitants

PREGUNTAS SOBRE EL DIÁLOGO

1. ¿A quién va a recoger José?
2. ¿A qué hora la debe recoger?
3. Entonces, ¿dentro de cuánto tiempo debe recogerla?
4. ¿Dónde la va a recoger?
5. ¿Qué problema tiene José?
6. Según Alberto, ¿es difícil llegar al Palacio de Bellas Artes?
7. ¿Qué es el Palacio de Bellas Artes?
8. ¿Qué debe hacer José en la calle San Juan de Letrán?
9. ¿A cuántas cuadras está la avenida Juárez de donde está José?
10. ¿Qué debe hacer José en la avenida Juárez?

PREGUNTAS GENERALES

1. ¿Es difícil llegar a su casa?
2. ¿Vive usted cerca de la universidad?
3. ¿Es fácil o difícil esta lección?
4. ¿Qué debo hacer para ir a la biblioteca?

---

[4] **El dólar** (masculine).
[5] **El habitante** (masculine).

5. ¿Hay un parque cerca de su casa?
6. ¿Dónde prefiere conducir usted, en una ciudad o en una autopista?
7. ¿Vive usted cerca o lejos de una autopista?
8. ¿Es agradable vivir cerca de una autopista? ¿Por qué?

GRAMMAR, EXERCISES, AND TESTING

Part 1

I. PRESENT TENSE OF VERBS ENDING IN -GER AND -GIR

recoger		dirigir *to direct, to lead*	
recojo	recogemos	dirijo	dirigimos
recoges	recogéis	diriges	dirigís
recoge	recogen	dirige	dirigen

1. The **g** of the infinitives **recoger** and **dirigir** is pronounced /h/ before their **-er** or **-ir** ending.
2. This same sound /h/ is kept in all the conjugated forms of the verb.

La intersección de la avenida Juárez y la calle San Juan de Letrán en la ciudad de México.

The intersection of Juárez Avenue and San Juan de Letrán Street, Mexico City.

3. Because the first-person singular form in the present tense ends in -o, the spelling of the form has to change to show how the word is pronounced. (Remember: whereas **g** before **e** or **i** signals the pronunciation /h/, **g** before **a** or **o** signals the pronunciation /g/. The only way to signal the sound /h/ before **a** or **o** is to write **j**.)
4. The first-person singular form is spelled with a **j** instead of a **g**. The remaining forms, which have endings beginning with **e** or **i**, are spelled with **g**, like the infinitive.
5. The following verbs ending in **-ger** or **-gir** are conjugated like the models:[6]

proteger	**fingir**	*to pretend, to feign*
escoger	**elegir (i)**	
coger	**corregir (i)**	

II. PRESENT TENSE OF VERBS ENDING IN -GUIR

seguir	
sigo	seguimos
sigues	seguís
sigue	siguen

1. **Seguir**, like **pedir**, changes the stem vowel from **e** to **i** throughout the singular and in the third-person plural.
2. The **g** of the infinitive **seguir** is pronounced /g/.
3. This same sound /g/ is kept in all the conjugated forms of the verb.
4. Because the first-person singular form in the present tense ends in -o, the spelling of the form has to change to show how the word is pronounced. (Remember: **gu** before **e** or **i** would signal /g/. A simple **g** before **a** or **o** signals the sound /g/.)
5. The first-person singular form is spelled with a simple **g**. The remaining forms, which have endings beginning with **e** or **i**, are spelled with **gu**, like the infinitive.
6. Compounds of **seguir** have the same spelling change:

    conseguir
    perseguir   *to persecute*

A. *Person-number substitution*

1. Ellos recogen a Gloria.
Yo	Yo recojo a Gloria.
Tú	Tú recoges a Gloria.
Ellos	Ellos recogen a Gloria.
Usted	Usted recoge a Gloria.
Doña Sofía	Doña Sofía recoge a Gloria.
Pepe y yo	Pepe y yo recogemos a Gloria.

2. Siguen hasta la carretera.
(nosotros)	Seguimos hasta la carretera.
(ella)	Sigue hasta la carretera.
(yo)	Sigo hasta la carretera.
(usted)	Sigue hasta la carretera.
(tú)	Sigues hasta la carretera.
(ustedes)	Siguen hasta la carretera.

---

[6]Verbs of this kind will be identified in the vocabularies by a **j** in parentheses after the infinitive: **proteger (j)**, **elegir (i, j)**.

3. El rector siempre dirige las reuniones.
   nosotros, la profesora Chávez, tú, los alumnos, yo, usted

4. ¿Escogemos los platos ahora o más tarde?
   (usted, tú, ellos, yo, ustedes, él)

B. *Finding your way around*

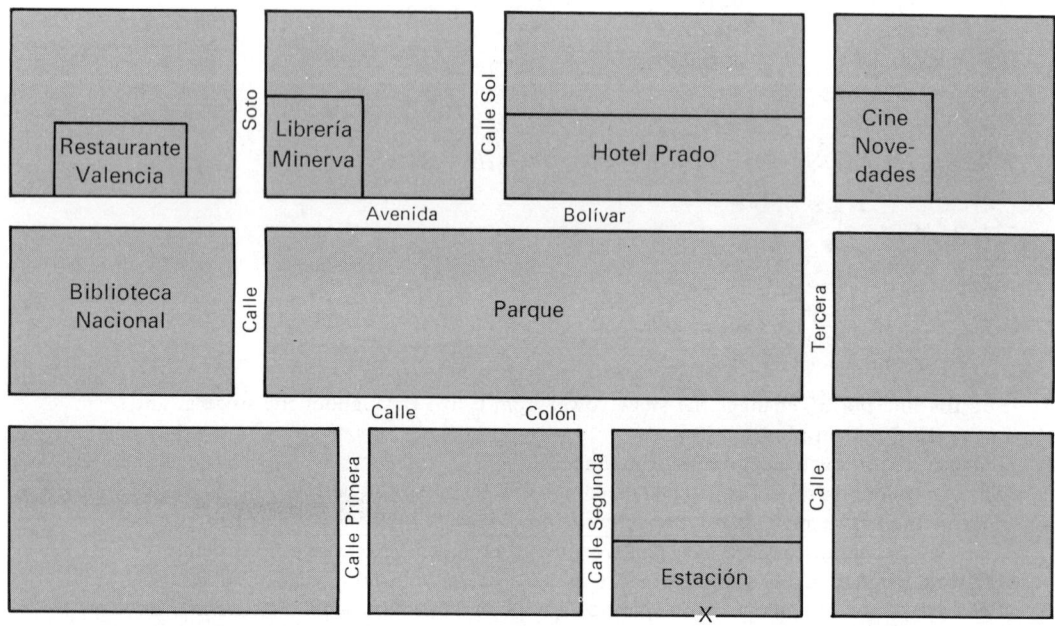

You are at the station. Give directions to a classmate who wants to go to the following places.

1. la Biblioteca Nacional
2. la librería Minerva
3. el Hotel Prado
4. el cine Novedades
5. el parque
6. el restaurante Valencia

TESTING / present tense of verbs ending in **-ger, -gir, -guir**

1. In the first-person singular of the present tense, verbs ending in **-ger** and **-gir** change the **g** to _____.

Give the indicated present-tense form of the verb shown.

2. **proteger**, **yo**-form

200 LECCIÓN 15

3. **proteger**, **nosotros**-form — protegemos
4. **escoger**, **tú**-form — escoges
5. **escoger**, **yo**-form — escojo
6. In the first-person singular of the present tense, verbs ending in **-guir** change the **gu** to _____. — g

Give the indicated present-tense form of the verb shown.
7. **seguir**, **ellos**-form — siguen
8. **seguir**, **yo**-form — sigo
9. **seguir**, **nosotros**-form — seguimos

Give a Spanish equivalent.
10. I *elect* — yo elijo
11. I *correct the lesson.* — Corrijo la lección.
12. *Who's directing us?* — ¿Quién nos dirige?

Part 2

III. CARDINAL NUMBERS 1.001–2.000.000

1.001	mil un(o), una	400.000	cuatrocientos (-as) mil
1.100	mil cien(to)	601.000	seiscientos (-as) un mil
2.000	dos mil	1.000.000	un millón (de)
5.000	cinco mil	2.000.000	dos millones (de)
100.000	cien mil		

1. Counting by hundreds stops with **novecientos**.
2. With numbers, most Spanish-speaking countries use a period where English uses a comma, and use a comma where English uses a decimal point.
3. **Mil** is generally used in the singular. The plural **miles** occurs in expressions such as **miles y miles** *thousands and thousands*, in which case it is followed by **de**.

   Pierden **miles y miles de** horas.   They lose thousands and thousands of hours.

4. Before **mil**, **cien** is invariable, but multiples of a hundred agree with the noun they modify.

100.000 pesetas[7]	cien mil pesetas
300.000 pesos[8]	trescien**tos** mil pesos
300.000 pesetas	trescien**tas** mil pesetas

---

[7]**La peseta**: monetary unit of Spain.
[8]**El peso**: monetary unit of several Spanish-speaking countries including Mexico, Colombia, Argentina, and Cuba.

Tenochtitlán, la capital del imperio azteca, fue construida en una isla en el centro del lago Texcoco, a una altura de 2380 metros en la meseta de Anáhuac. Los españoles desecaron el lago y allí se alza la moderna ciudad de México, con una población metropolitana de cerca de 10 millones de habitantes.

Tenochtitlán, the capital of the Aztec Empire, was built on an island in the center of Lake Texcoco, at an altitude of 7800 feet on the Anáhuac Plateau. The Spaniards drained the lake and now modern Mexico rises there, with a metropolitan population of about 10 million inhabitants.

5. The **un** used in the expression 601.000 belongs to 601 and not to **mil** which follows. Hence its inclusion.

    601.000 pesos   seiscient**os un** mil pesos
    601.000 pesetas   seiscient**as un** mil pesetas

6. The number **un** is said before **millón**.
7. The plural of **millón** is **millones**. It is preceded by its qualifying number.
8. If a noun is used after **millón** or **millones**, the preposition **de** is required.

    un millón **de** pesos   *one million pesos*
    dos millones **de** habitantes   *two million inhabitants*
    doscient**os** millones **de** pesetas   *two hundred million pesetas*

9. If a number follows **millón** or **millones**, the preposition **de** is not required.

    un millón trescientas mil pesetas
    dos millones cincuenta mil dólares

C. *Reading exercise*

1.   1.300   80.000   1.000.000   501.000   1.600.000
    6.000   95.000   230.000   1.000.000   2.000.000

2. Necesito 2.000 dólares.
Necesita 3.200 dólares.
Tiene 50.000 pesos.
Necesita 160.000 pesos.
Tiene 400.000 pesos.

Tiene 400.000 pesetas.
Hay 250.000 habitantes.
Hay 250.000 muchachas.
Necesitan $1.000.000.
Hay $1.300.000.

TESTING / cardinal numbers 1.001–2.000.000

Give a Spanish equivalent.
1. *one thousand and ten* — mil diez
2. *one hundred thousand* — cien mil
3. *one million* — un millón
4. *two million* — dos millones
5. *five hundred thousand kilometers* — quinientos mil kilómetros
6. *They've just earned five thousand dollars.* — Acaban de ganar cinco mil dólares.
7. *The company needs two million dollars.* — La compañía necesita dos millones de dólares.
8. *one million nine hundred thousand dollars* — un millón novecientos mil dólares

El Palacio de Bellas Artes (1911), obra del gobierno del general Porfirio Díaz, derrocado por la Revolución Mexicana. Un arquitecto extranjero usó elementos del *art nouveau*, toques románticos y también manifestaciones indígenas en algunos detalles ornamentales. Es una manifestación arquitectónica del movimiento renovador que se conoce en literatura con el nombre de Modernismo.

The Palace of Fine Arts (1911), the work of the government of General Porfirio Díaz, overthrown by the Mexican Revolution. A foreign architect used elements of art nouveau, touches of romanticism, and also indigenism in some ornamental details. It is an architectural manifestation of the renovating movement known in literature by the name of Modernism.

◀ Antonio de Nebrija, autor de la primera gramática española (1492).
Antonio de Nebrija, author of the first Spanish grammar (1492).

RECAPITULACIÓN Y AMPLIACIÓN V

lectura / LA LENGUA ESPAÑOLA

El español es la lengua oficial de España y de dieciocho países de Hispanoamérica. Es también la lengua de Puerto Rico y, con el tagalo y el inglés, una de las tres lenguas oficiales de las Filipinas. En los Estados Unidos hay un número extraordinario de personas de habla española. Los centros principales donde viven estas personas son la Florida, Nueva York y los estados de Tejas, Nuevo México, Colorado, Arizona y California. En la Florida, los cubanos forman la colonia principal; en Nueva York, los puertorriqueños; y en el Suroeste, los mexicanos y méxico-americanos. En total, unos doscientos millones de personas hablan español. Es también importante recordar que el español es una de las cinco lenguas oficiales de las Naciones Unidas.

Muchas personas, especialmente en la América del Sur, usan la palabra "castellano" cuando hablan del español, y así dicen que hablan castellano, que estudian gramática castellana, etc. En España, México, la América Central y el Caribe se usa más la

de habla española *Spanish-speaking*

gramática *grammar*
se usa *is used*

Izquierda: La primera página de la gramática de Nebrija, donde explica la relación que existe entre la lengua y el imperio. Derecha: La primera página de una nueva gramática publicada en 1973 por la Real Academia Española de la Lengua, después de muchos años de estudio. Además de un diccionario, la Academia publica periódicamente nuevas reglas, muchas de las cuales tratan de reconciliar la lengua escrita con los patrones de la lengua hablada. Existen academias correspondientes en los países hispanoamericanos y Puerto Rico que colaboran activamente con la Real Academia Española.

Left: The first page of Nebrija's grammar, where he explains the relation between language and empire. Right: The first page of a new grammar published in 1973 by the Royal Spanish Academy of Language after many years of study. Besides a dictionary, the Academy periodically publishes new rules, many of which attempt to reconcile the written language with the patterns of the spoken language. Corresponding academies exist in the Spanish American countries and Puerto Rico which actively collaborate with the Royal Spanish Academy.

palabra "español". En los Estados Unidos hay muchas personas que piensan que son dos lenguas diferentes y no es raro oír la siguiente pregunta: "¿Qué habla usted, español o castellano?"

Como su nombre lo indica, "castellano" viene de la palabra Castilla y es, originalmente, el dialecto de esta región de España. El castellano y los otros dialectos que se hablan en España después de la dominación romana (218 a.C.—409 d.C.[1]) son el

siguiente *following*

originalmente *originally*

se hablan *are spoken*

---

[1] Read dates as you would read numbers. The abbreviations **a.C.** and **d.C.** stand for **antes de Cristo** *before Christ* and **después de Cristo**, and correspond to English B.C. and A.D.

resultado de la unión del latín vulgar[2] con las lenguas locales de la península y su evolución posterior. Poco a poco, Castilla adquiere más y más importancia política y prestigio en España, y su dialecto llega a ser la lengua oficial del país.

Los árabes[3] llegan a España en el año 711 y permanecen allí hasta el año 1492. Durante este tiempo pasan al español muchas palabras de origen árabe como alcohol, tarifa, álgebra, cero, aceite y aceituna.

El español es la lengua que los conquistadores traen a la América, y aquí, en contacto con las lenguas de los indios, su vocabulario aumenta notablemente. Las siguientes palabras son contribuciones del Nuevo Mundo al español: chocolate, patata, maíz, aguacate, coyote y sarape.

En el suroeste y el oeste de los Estados Unidos la influencia del español es evidente en los nombres geográficos de ríos, montañas, estados y ciudades, por ejemplo, Río Grande, Sierra Nevada, Colorado, Montana, San Francisco, El Paso, Santa Cruz, Pueblo, Los Ángeles y Las Vegas. Algunas palabras españolas como hombre, pronto, bandolero, pesos y sombrero pertenecen ya al vocabulario inglés y sólo su pronunciación es diferente, mientras que otras pasan al inglés con ciertas modificaciones como *lariat* (la reata) y *lasso* (lazo).

No es sólo en los Estados Unidos donde existe la influencia española. Durante varios siglos, España fue una de las grandes potencias del mundo y su influencia es evidente en la lengua y en la cultura de muchos países.

resultado	*result*
poco a poco	*little by little*
adquiere	*acquires*
llegar a ser	*to become*
permanecer	*to stay*
durante	*during*
el aceite	*oil*
aceituna	*olive*
indio	*Indian*
aumentar	*to increase*
Nuevo Mundo	*New World*
el aguacate	*avocado*
alguno	*some*
pertenecer	*to belong*
fue	*was*
potencia	*power*

PREGUNTAS

1. ¿De cuántos países hispanoamericanos es el español la lengua oficial?
2. ¿Cuáles son las tres lenguas oficiales de las Filipinas?
3. ¿Cuáles son los centros principales de habla española en los Estados Unidos?
4. ¿Quiénes forman la colonia principal en la Florida?
5. ¿Quiénes forman la colonia principal en Nueva York?
6. ¿Quiénes forman la colonia principal en el Suroeste?
7. ¿Cuál es la diferencia entre las palabras castellano y español?

---

[2]Vulgar Latin was the Latin spoken by the common people and informally even by highly educated Romans. It differed significantly from Classical Latin.

[3]The name **árabes** or **moros** (*Moors*) is normally used when referring to the people of North Africa who invaded Spain. In the eighth century they conquered most of the Iberian Peninsula. By the tenth century they had developed the most advanced civilization in Europe.

8. ¿De dónde viene la palabra castellano?
9. ¿Qué es el castellano originalmente?
10. ¿Por qué es el castellano o español la lengua oficial de España?
11. ¿Quiénes llegan primero a España, los romanos o los árabes?
12. ¿Qué palabras de origen árabe sabe usted?
13. ¿Recuerda usted algunas palabras de origen indio que aumentan el vocabulario del español?
14. ¿Cuáles son algunos de los nombres geográficos de origen español en los Estados Unidos?
15. ¿Recuerda usted otras palabras inglesas de origen español?
16. ¿Hay influencia española en los Estados Unidos y en otros países?

READING AND WRITING SUPPLEMENT

Cognates: Spanish -**dad** and -**tad**, English -*ty*

Another important group of cognates are Spanish words ending in -**dad** or -**tad** and the corresponding English words ending in -**ty**. All these words are feminine in Spanish. Typical examples are:

SPANISH	ENGLISH	SPANISH	ENGLISH
universidad	*university*	fraternidad	*fraternity*
personalidad	*personality*	generalidad	*generality*
actividad	*activity*	identidad	*identity*

Buenos Aires. Carteles políticos y comerciales y también boletines de noticias convierten algunas paredes y muros en medios de comunicación por toda Hispanoamérica.

Buenos Aires. Political and commercial posters and also news bulletins convert certain walls into news media throughout Spanish America.

Ciudad de México. Una vendedora de periódicos lee los muñequitos. También son muy populares las fotonovelas que usan fotografías en vez de dibujos. En la actualidad existen unos 50 periódicos que se publican diaria o semanalmente en la ciudad de México.

Mexico City. A news vendor reads a comic book. Also popular are fotonovelas *which use photographs instead of drawings. Some 50 newspapers are currently published daily or weekly in Mexico City.*

Can you tell what these words are in English?

dificultad
nacionalidad
maternidad
necesidad
libertad
calamidad

PRONUNCIATION

Spanish / m / represented by the letters **m** and **n**

In Spanish and English / m / is articulated in the same way. Thus it presents no problem to the student. Phoneticians write this sound as a letter "m" in brackets: [m].

A. Listen and repeat

[m]

malo   minuto
media   minidiálogo
menú   semana

Spanish /m/ is usually written **m**, but it is sometimes found represented another way. An **n** followed immediately by a **p**, **b**, or **m** is pronounced like an **m**.

B. Listen and repeat. Make sure that the letter **n** is pronounced /m/.

[m]

un museo	un bisté	
un muchacho	un valle	
un país	un vaso	*glass, tumbler*
un palacio	un vendedor	

Spanish /n/ represented by letter n

In Spanish and English /n/ is pronounced the same way. Phoneticians write this sound as a letter "n" in brackets: [n].

C. Listen and repeat

[n]

noticia	tenemos
número	bonita
nada	conocer

When **n** precedes **ca**, **co**, **cu**, **qu**, **hue**, **g**, or **j** it is pronounced like *ng* in the English word *ring*. Phoneticians write this variant with the symbol ŋ in brackets: [ŋ].

D. Listen and repeat. Make sure to pronounce the **n** of the indefinite article as [ŋ].

[ŋ]

un café	un huevo
un colombiano	un guía
un curso	un gallego
un quinto	un japonés

E. Listen and repeat.

María, él necesita un vaso y un menú.	*María, he needs a glass and a menu.*
Un guía pide un café.	*A guide asks for coffee.*

Spanish /ñ/ represented by letter ñ

Spanish /ñ/ is similar to the pronunciation of *ni* in the English word *onion* or *ny* in *canyon*. Except for a few words that begin with /ñ/, this sound normally appears between vowels. Phoneticians write it as a letter "ñ" in brackets: [ñ].

[ñ]

España	señorita
niño	año
mañana	montaña
señora	pequeño

El teléfono modifica la forma en que se hablan las lenguas. Se necesita una sintaxis sencilla, y no un gesto, cuando la comunicación telefónica es mala. Cada país tiene sus propias expresiones para comenzar y terminar una llamada.
The telephone modifies the way languages are spoken. Simple syntax, not a gesture, is required when the connection is bad. Each country has its own expressions for beginning and ending a call.

PROVERBIO

El que[1] \
Quien   } busca, encuentra.

¿ Cree usted que este proverbio dice la verdad ? \
¿ Hay un proverbio similar en inglés ? \
¿ Cuál es ? \
¿ Hay alguna diferencia entre " el que " y " quien " ? \
¿ Cuál es el infinitivo de " busca " ? \
¿ Cuál es el infinitivo de " encuentra " ? \
El proverbio está en el singular. ¿ Puede decirlo en el plural ?

[1] **el que** *he who*

TESTING

A. Present tense of **traer**, **oír**, and verbs ending in **-cer**, **-cir**, **-uir**, **-ger**, **-gir**, **-guir**

Supply the missing present-tense forms.

1. (oír) Estoy muy lejos y no _____ al profesor. ¿Lo _____ tú? — oigo / oyes
2. (traer) Ella _____ el pollo frito y yo _____ la ensalada. — trae / traigo
3. (corregir) ¿Por qué no _____ ustedes a los estudiantes? — corrigen
4. (construir) El señor González _____ un edificio de apartamentos en frente del teatro. — construye
5. (contribuir) Sé que tú siempre _____ con dinero. — contribuyes
6. (oír) Nosotros no _____ porque hay mucho ruido. — oímos
7. (producir) ¿Qué _____ esa compañía? — produce
8. (ofrecer) Yo le _____ mi cooperación. — ofrezco
9. (obedecer) Ella no _____ al profesor, pero yo sí lo _____. — obedece / obedezco
10. (parecer) Su actitud nos _____ muy egoísta. — parece
11. (parecer) Yo _____ egoísta pero no soy egoísta. — parezco
12. (agradecer) Nosotros le _____ mucho su interés. — agradecemos
13. (traducir) Nosotras _____ las oraciones. — traducimos
14. (agradecer) Yo le _____ su ayuda. — agradezco
15. (seguir) Yo _____ hasta la carretera. — sigo
16. (seguir) Nosotros _____ al guía. — seguimos

UNA ENTREVISTA CON EL PRESIDENTE DE LA ASOCIACIÓN ESTUDIANTIL UNIVERSITARIA

ESTUDIANTE (elegir) ¿Quién _____ al Presidente de la Asociación Estudiantil Universitaria? — elige

PRESIDENTE (elegir) El estudiantado _____ a diez delegados. Entonces los delegados, entre ellos, _____ a uno. La persona que ellos _____ es el presidente. — elige / eligen / eligen

ESTUDIANTE (escoger) ¿Quiénes _____ las — escogen
cuestiones que le presentan al
profesorado?

PRESIDENTE (escoger) Los delegados _____ — escogen
esas cuestiones.

ESTUDIANTE (hacer) ¿Y qué _____ usted — hace
como presidente?

PRESIDENTE (dirigir/proteger) Yo _____ la — dirijo
junta de delegados y _____, con la   protejo
ayuda de la junta, los derechos de
los estudiantes.

B. Prepositions and pronouns

Provide the prepositional pronouns that correspond to the words in parentheses. If the pronoun attaches to the preposition, give the combined form in your answer.

1. Yo no quiero ir con (Isabel y Julia). — ellas
2. Van a ir al mercado con (tú y yo). — contigo y conmigo *or simply* nosotros
3. Traen algo para (el señor Jiménez). — él
4. Paso por (tú) a las tres y media. — ti
5. ¿Puedo hablar con (usted) ahora? — usted
6. Me dicen que van a salir con (tú). — contigo
7. Entre (tú y yo) vamos a organizar la reunión. — tú y yo *or simply* nosotros
8. Les acaban de dar la noticia a (los alumnos). — ellos
9. Mañana Susana trabaja por (yo). — mí
10. Van a decírselo a (la señora de Pérez). — ella

C. Saber versus conocer

Choose the present-tense form of **saber** or **conocer** suggested by the context and the subject of the sentence.

1. Yo _____ al señor González. — conozco
2. Juan y yo _____ los proverbios de memoria. — sabemos
3. Tú _____ México muy bien. — conoces
4. Tú _____ que ese profesor es muy bueno. — sabes
5. Los alumnos del profesor Pérez _____ hablar español muy bien. — saben

6. Usted _____ ir allá, ¿verdad?   — sabe
7. Ellos _____ al administrador de esa compañía.   —conocen

D. pedir versus preguntar

Choose the present-tense form of **pedir** or **preguntar** suggested by the context and the subject of the sentence.

1. Los alumnos siempre _____ muchas cosas.   — preguntan *or* piden
2. Ella les _____ dinero a sus padres.   — pide
3. ¿Por qué no le _____ usted la hora?   — pregunta
4. Yo siempre _____ pescado en ese restaurante.   — pido
5. Yo le _____ cuándo viene.   — pregunto
6. Nosotros _____ por ellos.   — preguntamos
7. Tú lo conoces muy bien. ¿Por qué no le _____ su libro?   — pides
8. Él me _____ si voy a _____ vino.   — pregunta, pedir

E. Cardinal numbers 1.001–2.000.000

Give the correct answers for the following problems.

1. Una persona tiene dos mil dólares y recibe tres mil más. Esa persona tiene ahora _____ _____ dólares.   — cinco mil
2. Cuarenta mil y cuarenta mil son _____ _____.   — ochenta mil
3. La compañía Badel pierde diez mil dólares cada mes. En un año la compañía pierde _____ _____ _____ dólares.   — ciento veinte mil
4. El hospital necesita doscientos mil dólares este mes y trescientos mil el mes próximo. En total, el hospital necesita _____ _____ dólares.   — quinientos mil
5. Quinientos mil y quinientos mil son _____ _____.   — un millón
6. Un millón doscientos mil y ochocientos mil son _____ _____.   — dos millones

La influencia de España se extiende más allá de la lengua, lo que se nota en la arquitectura y las costumbres. Izquierda: Madrid. Derecha: San Juan de Puerto Rico.
Spain's influence extends beyond its language, something one notes in architecture and customs. Left: Madrid. Right: San Juan, Puerto Rico.

VOCABULARY

abajo	*downstairs*	**campo**	*country*
abogado	*lawyer*	**carretera**	*highway*
administrador	*administrator, manager*	**cerrado**	*closed*
agradecer (zc)	*to thank*	**clase** *f*	*kind*
aló	*hello*	**coger (j)**	*to gather, to catch, to get*
alto	*loud*		
allá	*there*	**cómo no**	*of course*
arriba	*upstairs*	**compañía**	*company*
ascenso	*promotion*	**conducir (zc)**	*to conduct, to lead, to drive*
autopista	*freeway*		
bocacalle *f*	*intersection*	**conmigo**	*with me*

Pescando de noche en Antibes (1939), de Pablo Picasso. En esta composición fantasmagórica, un adiós a una época, unos hombres pescan a la luz de una lámpara mientras una niña con un helado y una bicicleta mira la escena. Los maestros españoles Picasso, Juan Gris, Juan Miró y Salvador Dalí han ejercido gran influencia en los artistas hispanoamericanos.
Night Fishing at Antibes *(1939), by Pablo Picasso. In this phantasmagoric composition, a farewell to an era, some men fish by the light of a lamp while a girl with an ice-cream cone and bicycle observes the scene. The Spanish masters Picasso, Juan Gris, Juan Miró, and Salvador Dalí have greatly influenced Spanish American artists.*

conocer (zc)	to know, to be acquainted with	**difícil**	*difficult*
		dificultad	*difficulty, problem*
conseguir (i)	to get, to obtain	**dirigir (j)**	*to direct*
construir	to construct, to build	**doblar**	*to turn*
contigo	with you	**dólar** m	*dollar*
contrato	contract	**económico**	*financial*
contribuir	to contribute	**elegir (i, j)**	*to elect*
corregir (i, j)	to correct	**empleo**	*job*
dejar	to leave	**entregar**	*to hand in, to give*
dentro	in, inside	**escoger (j)**	*to choose*
derecha	right	**eso: a eso de**	*about*
derecho	straight ahead	**experiencia**	*experience*
destruir	to destroy	**fácil**	*easy*

fin *m*	end	peseta	monetary unit of Spain
fin de semana	weekend	peso	monetary unit of several Spanish speaking countries
finca	farm		
fuera	outside		
gusto	pleasure	plaza	square, plaza
habitante *m*	inhabitant	preguntar	to ask
hombre *m*	man	probabilidad	probability
hombre de negocios	businessman	producir (zc)	to produce
		pronto	soon
honrado	honest	proteger (j)	to protect
información	information	puesto	position
inteligente	intelligent	recoger (j)	to pick up
interés *m*	interest	recomendar (ie)	to recommend
izquierda	left	referencia	reference
jefe *m*	chief, boss	responsable	responsible
jefe de ventas	sales manager	saber de memoria	to know by heart
libre	free, off	seguir (i)	to continue, to go on, to follow
llenar	to fill (out)		
magnífico	great, magnificent	sencillo	easy, simple
mecanógrafa	typist	simpático	nice, charming
mercado	market, market place	sin	without
mil	one thousand	solicitud *f*	application
millón *m*	million	sueldo	salary
nombre *m*	name	tarde	late
noticia	news	telefonista *m or f*	telephone operator
nuevo: de nuevo	again	teléfono	telephone
obedecer (zc)	to obey	temprano	early
ofrecer (zc)	to offer	trabajador *adj*	hard-working
oír	to hear, to listen to	trabajo	work, job
ojo	eye	traducir (zc)	to translate
parque *m*	park	traer	to carry, to bring
pasar por	to pick up, to come for	vendedor	salesman, seller
		venta	sale
persona	person	vez: otra vez	again

Las expresiones coloquiales y regionales demuestran la vitalidad de una lengua. Este anuncio mexicano de una pintura usa la expresión *es padre* en vez de la más normal *es bueno*.

Colloquial and regional expressions show the vitality of a language. This Mexican advertisement for paint uses the expression es padre *instead of the standard* es bueno.

217 VOCABULARY

◀ Monumento a la Independencia, conocido con el nombre de El Ángel, en el Paseo de la Reforma de la ciudad de México.
Monument to Independence, known as the Angel, in the Paseo de la Reforma, Mexico City.

LECCIÓN 16

Preterit tense of first-conjugation regular verbs / Use of the preterit / Preterit tense of first-conjugation regular verbs ending in **-car**, **-gar**, **-zar** / Demonstrative pronouns

diálogo / UN ACCIDENTE

MIGUEL   ¿Qué pasó en la esquina? ¿Un accidente?
ANTONIO   Sí, un taxi no paró a pesar de la luz roja y chocó con[1] un autobús.
MIGUEL   ¿Hay heridos?
ANTONIO   Sí, hay tres. Ya los llevaron al hospital. Parece que el chofer del taxi[2] está muy grave.
MIGUEL   ¡Qué horror! Da miedo salir a la calle.

AN ACCIDENT

M: What happened at the corner? An accident?
A: Yes, a taxi ran a red light[3] and collided with a bus.
M: Was anybody hurt?[4]
A: Yes, three. They took them to the hospital. It looks like the cab driver is seriously hurt.
M: How horrible! It's frightening to go out.[5]

---

[1] The preposition **contra** *against* can be used instead of **con** in this connection.
[2] **El taxista** is also used instead of **el chofer del taxi**.
[3] Literally, *didn't stop in spite of the red light.*
[4] Literally, *wounded.*
[5] Literally, *it gives fright.*

ANTONIO	Es cierto. Ayer manejé de mi casa a la universidad y por poco choca[6] un camión conmigo. Menos mal que frené a tiempo.	A:	That's right. Yesterday I drove from my house to the university and a truck almost hit me. Good thing I stopped[8] in time.
MIGUEL	Por eso no manejaste hoy, ¿verdad?	M:	That's why you didn't drive today, right?
ANTONIO	¡No, hombre, no! Es que llevé el auto[7] al taller para engrasarlo y no está listo hasta esta tarde.	A:	No, man! I just took[9] the car to the shop to have it greased[10] and it won't be ready until this afternoon.

ORACIONES Y FRASES

El taxi no paró a pesar de la luz roja.
el carro, el coche, la ambulancia, la bicicleta, la motocicleta[11]
Chocó con un bus[12] **ayer**.
      anoche, la semana pasada, anteayer, anteanoche[13]
Menos mal que **frenó**.
      estacionó, aceleró
Da miedo manejar con **esos frenos**.
      esas llantas

The taxi ran a red light.
   car, car, ambulance, bicycle, motorcycle
He collided with a bus yesterday.
   last night, last week, the day before yesterday, the night before last
Lucky that he stopped.
   parked, accelerated
It's frightening to drive with those brakes.
   tires

PREGUNTAS SOBRE EL DIÁLOGO

1. ¿Dónde pasó el accidente?
2. ¿Por qué chocó el taxi con el autobús?
3. ¿Cuántos heridos hay?
4. ¿Adónde llevaron a los heridos?
5. ¿Quién está muy grave?
6. ¿Adónde manejó Antonio ayer?
7. ¿Qué le pasó a Antonio?
8. ¿Por qué no chocó Antonio?
9. ¿Manejó Antonio a la universidad hoy?
10. ¿Cuándo va a estar listo el auto de Antonio?

PREGUNTAS GENERALES

1. ¿Hay muchos accidentes en esta ciudad?
2. ¿Qué hace usted cuando ve una luz roja?
3. ¿Debe usted pasar con la luz verde?
4. ¿Manejó usted esta mañana?
5. Cuando usted maneja, ¿lleva a sus amigos en el coche?
6. ¿Cómo llevan a los heridos al hospital cuando hay un accidente?

---

[6]After the expression **por poco**, the present tense is used for a past event which was not completed.
[7]**El auto**, short form of **el automóvil**.
[8]Literally, *braked*.
[9]Literally, *it's that I took*.
[10]Literally, *to grease it*.
[11]The abbreviated form **la moto** is also used.
[12]**Bus**, short form for **autobús**. In Mexico, the word **camión** is used for *bus*; in Cuba and Puerto Rico, **guagua** is used.
[13]The expression **antenoche** is also used.

A comienzos de los años 70, la ciudad de México terminó las primeras rutas del Metro, su nueva red de transportes subterráneos. Aquí se ve la Estación de Insurgentes; los edificios que se alzaban en esta zona fueron derrumbados para hacer posible su construcción.

Early in the 1970's, Mexico City completed the first routes of the Metro, its new network of subway transit. Here one sees Insurgentes Station; the buildings that stood in the area were torn down.

7. ¿Dónde estacionó usted hoy?
8. ¿Dónde hay más accidentes, en las calles o en las carreteras?
9. ¿Es difícil manejar en las ciudades?
10. ¿Qué hace usted si ve un accidente?

GRAMMAR, EXERCISES, AND TESTING

Part 1

I. PRETERIT TENSE OF FIRST-CONJUGATION REGULAR VERBS

hablar	
hablé	hablamos
hablaste	hablasteis
habló	hablaron

1. The stem does not have a diphthong in the preterit.[14]
2. The stem is never stressed.
3. The first and third persons singular require a written accent mark on the final vowel.
4. The first-person plural is identical to its present tense form.
5. The second-person singular does not end in the person marker -s.

---

[14]Stem-changing verbs which end in -ar (**pensar, comenzar,** etc.) do not change their stems in the preterit; the infinitive stem is used.

II. USE OF THE PRETERIT

> Antonio **estacionó** en esa calle. *Antonio parked on that street.* (simple)
> Pero **yo hablé** con usted. *But I did speak with you.* (emphatic)

The preterit is a past tense. It is used to report or narrate actions and events which were completed or terminated. Whether it refers to a single action, a series of actions, or a continuous event, the preterit always describes it as terminated. Observe the following:

1. The past actions in the model sentences are viewed as completed.
2. The Spanish preterit tense corresponds to two verbal constructions in English: the simple preterit and the emphatic form with *did*.

A. Person-number substitution

1. Yo no paré a pesar de la luz roja.
   El chofer   El chofer no paró a pesar de la luz roja.
   Pedro y yo   Pedro y yo no paramos a pesar de la luz roja.
   Tú   Tú no paraste a pesar de la luz roja.
   Los autos   Los autos no pararon a pesar de la luz roja.
   Alicia   Alicia no paró a pesar de la luz roja.
   Ustedes   Ustedes no pararon a pesar de la luz roja.

2. Los llevaron al hospital ayer.
   (yo)   Los llevé al hospital ayer.
   (él)   Los llevó al hospital ayer.
   (nosotros)   Los llevamos al hospital ayer.
   (ustedes)   Los llevaron al hospital ayer.
   (tú)   Los llevaste al hospital ayer.
   (ella)   Los llevó al hospital ayer.

3. Manejaron mucho esta mañana.
   (usted)   Manejó mucho esta mañana.
   (nosotros)   Manejamos mucho esta mañana.
   (ellas)   Manejaron mucho esta mañana.
   (él)   Manejó mucho esta mañana.
   (tú)   Manejaste mucho esta mañana.
   (yo)   Manejé mucho esta mañana.

4. Menos mal que frenó a tiempo.
   (yo, usted, nosotros, ellos, tú, él)

5. Estacionó en la esquina.
   (ellos, nosotros, yo, él, tú, ustedes)

B. Present → preterit

Manejo el auto de Pedro.	Manejé el auto de Pedro.
Hablan con los heridos.	Hablaron con los heridos.
Almuerzas a la una.	Almorzaste a la una.
Pasamos con la luz verde.	Pasamos con la luz verde.
Los lleva en su coche.	Los llevó en su coche.
El chofer estaciona en la calle Central.	El chofer estacionó en la calle Central.

Part 2

III. PRETERIT TENSE OF FIRST-CONJUGATION REGULAR VERBS ENDING IN -CAR, -GAR, -ZAR

chocar	llegar	comenzar
choqué	llegué	comencé
chocaste, etc.	llegaste, etc.	comenzaste, etc.

1. Each first-person singular has an orthographic change.
2. **C** changes to **qu** before **é**.
3. **G** changes to **gu** before **é**.
4. These changes show that the sound of the consonant preceding the **-ar** infinitive ending is maintained in the first-person singular.
5. **Z** changes to **c** before **e** to conform with an established spelling tradition. A **z** before an **e** or **i** is not normally used in Spanish.
6. The following verbs show the same spelling changes in the first-person preterit.

-car	**-gar**		**-zar**	
buscar	entregar		empezar (ie)	
sacar	pagar	*to pay*	cruzar	*to cross*

C. *Person-number substitution*

1. Ayer chocó con un camión.
   - (nosotros) Ayer chocamos con un camión.
   - (tú) Ayer chocaste con un camión.
   - (ellos) Ayer chocaron con un camión.
   - (yo) Ayer choqué con un camión.
   - (ustedes) Ayer chocaron con un camión.
   - (él) Ayer chocó con un camión.

2. Ellos llegaron la semana pasada.
   - Tú — Tú llegaste la semana pasada.
   - El chofer — El chofer llegó la semana pasada.
   - Juan y yo — Juan y yo llegamos la semana pasada.
   - Las ambulancias — Las ambulancias llegaron la semana pasada.
   - Yo — Yo llegué la semana pasada.
   - Usted — Usted llegó la semana pasada.

3. Las clases comenzaron anteayer.
   - La huelga — La huelga comenzó anteayer.
   - Él y yo — Él y yo comenzamos anteayer.
   - Los profesores — Los profesores comenzaron anteayer.
   - Tú — Tú comenzaste anteayer.
   - Yo — Yo comencé anteayer.
   - Usted — Usted comenzó anteayer.

TESTING / *preterit tense, -ar verbs*

1. The two preterit forms of **hablar** that have a written accent mark are _____ and _____.   — hablé, habló
2. The only preterit form of hablar that is identical to a present-tense form is _____.   — hablamos

Give the preterit form suggested by the cue.
3. **manejar, ellos**-form   — manejaron
4. **manejar, yo**-form   — manejé
5. **comenzar, tú**-form   — comenzaste
6. **comenzar, yo**-form   — comencé
7. *we arrived*   — llegamos
8. *I arrived*   — llegué
9. **chocar, él**-form   — chocó
10. **chocar, yo**-form   — choqué

Ciudad de México. En vez de un caballo, una motocicleta japonesa.

Mexico City. Instead of a horse, a Japanese motorcycle.

Give a Spanish equivalent.
11. *We stopped at the corner.*
12. *I started the day before yesterday.*
13. *Why did you* (familiar singular) *accelerate?*
14. *They parked near.*

— Paramos en la esquina.
— Comencé (*or* empecé) anteayer.
— ¿Por qué aceleraste?
— Estacionaron cerca.

Part 3

IV. DEMONSTRATIVE PRONOUNS

	SINGULAR			PLURAL		
	this (one) *the latter*	*that (one)*	*that (one)* *the former*	*these* *the latter*	*those*	*those* *the former*
masculine	**éste**	**ése**	**aquél**	**éstos**	**ésos**	**aquéllos**
feminine	**ésta**	**ésa**	**aquélla**	**éstas**	**ésas**	**aquéllas**
neuter	**esto**	**eso**	**aquello**			

1. Demonstrative pronouns have a neuter gender in the singular in addition to the two genders (masculine and feminine) also exhibited by nouns, adjectives, and other pronouns.
2. A written accent mark is placed on the stressed vowel to distinguish the masculine and feminine pronouns from the corresponding demonstrative adjectives. It does not affect their pronunciation.[15]

---

[15]The pronouns **éste, ése, aquél** and their variants may be written without an accent when there is no risk of ambiguity. However, in this book accent marks will always be used.

3. The neuter forms have no written accent mark and no corresponding demonstrative adjective.
4. The neuter forms have no plural.

¿Qué libro quieres, **éste** o **aquél**?	What book do you want, this one or that one?
Compré ese coche. Compré **ése**.	I bought that car. I bought that one.
Quieren esas revistas. Quieren **ésas**.	They want those magazines. They want those.
María y Juana trabajan con nosotros; **ésta** trabaja en la oficina y **aquélla** en la biblioteca.	María and Juana work with us; the former works in the library and the latter in the office.
¿Qué es **esto**?	What's this?
Eso es increíble.	That is unbelievable.

5. The three demonstrative pronouns convey the same spatial relationships as the three demonstrative adjectives (see pp. 106–107).
6. The masculine and feminine demonstrative pronouns are used to replace a specific noun and its corresponding demonstrative adjective.
7. The pronouns **éste** and **aquél** and their variants are used to express the concept of *the former* and *the latter*. But Spanish and English apply the concepts in opposite ways. Referring back to two things or people just mentioned, the second is called **éste** in Spanish but *the latter* in English. The one that was mentioned first is called **aquél** in Spanish but *the former* in English.
8. The neuter demonstrative pronouns refer to occurrences or to something not yet identified.
9. When used as direct objects, demonstrative pronouns generally follow the verb.

D. *Demonstrative adjective → demonstrative pronoun*

Replace the demonstrative adjective and noun by the corresponding demonstrative pronoun.

Model: Estos alumnos llegaron temprano.
      Éstos llegaron temprano.

Esta cerveza no está fría.	Ésta no está fría.
Estos lápices son muy malos.	Éstos son muy malos.
Este camión llegó muy tarde.	Éste llegó muy tarde.
Esta compañía tiene dificultades económicas.	Ésta tiene dificultades económicas.
Estas revistas son muy buenas.	Éstas son muy buenas.

E. *Patterned response*

Answer the following questions or statements in the way suggested by the models.

1. Model: ¿Qué libro terminó ella? ¿Éste?
      No, terminó ése.

¿Qué postre quieren ellos? ¿Éste?   No, quieren ése.
¿Cuál de las ambulancias manejó usted? ¿Ésta?   No, manejé ésa.
¿Qué llantas prefieren ustedes? ¿Éstas?   No, preferimos ésas.
¿Qué revista quiere usted? ¿Ésta?   No, quiero ésa.
¿Cuáles son tus boletos? ¿Éstos?   No, son ésos.
¿Qué coche vas a comprar? ¿Éste?   No, voy a comprar ése.

2. Model: Esos camiones llegaron temprano.
             No, aquéllos llegaron temprano.

Esos choferes manejaron ayer.   No, aquéllos manejaron ayer.
Ese taxi estacionó en la esquina.   No, aquél estacionó en la esquina.
Ese auto aceleró primero.   No, aquél aceleró primero.
Esa librería cierra a las seis.   No, aquélla cierra a las seis.
Esas motocicletas frenan bien.   No, aquéllas frenan bien.

F. Questions

Use a demonstrative pronoun in your answer while pointing to the object.

1. ¿Cuáles son sus libros?
2. ¿Cuál es mi libro?
3. ¿Cuál es su reloj?
4. ¿Cuál es su asiento?
5. ¿Cuáles son mis papeles?
6. ¿Cuál es su regla?
7. ¿Cuál es mi cuaderno?

TESTING / demonstrative pronouns

Give a Spanish equivalent.
1. *this one* (masculine)   — éste
2. *those* (feminine, near the person addressed)   — ésas
3. *that one over there* (feminine).   — aquélla
4. The plural form of **éste** is _____.   — éstos
5. The neuter demonstrative pronouns are _____, _____, and _____.   — esto, eso, aquello

Give a Spanish equivalent.
6. *the former* (masculine singular)   — aquél
7. *the latter* (feminine plural)   — éstas
8. *the latter* (masculine singular)   — éste
9. *What's this?*   — ¿Qué es esto?
10. *That one over there* (masculine) *is pretty and also very good.*   — Aquél es bonito y también muy bueno.
11. *He wants to buy these* (feminine), *not those over there* (feminine).   — Quiere comprar éstas, no aquéllas.
12. *We prefer this one* (masculine), *not that one* (masculine).   — Preferimos éste, no ése.

LECCIÓN 17

Preterit tense of second and third conjugation regular verbs / Preterit tense of the verbs **dar**, **ir**, and **ser** / Possessive pronouns

diálogo / UNOS TESTIGOS RELATAN EL ACCIDENTE

ANTONIO El tráfico sigue detenido y acaban de llegar más policías[1].
MIGUEL Mira el semáforo. No funciona ahora.
POLICÍA ¿Vieron ustedes el accidente?
MIGUEL Yo sólo oí el choque, pero mi amigo sí lo vio.
POLICÍA ¿Cómo sucedió?
ANTONIO El taxi pasó con la luz roja y chocó con la puerta de atrás del autobús.
MIGUEL Los pasajeros empezaron a gritar y nosotros corrimos hacia allá para ayudarlos.
POLICÍA ¿Algo más, señores?
ANTONIO Eso es todo.
POLICÍA Muchas gracias, señores. ¿Hay otros testigos?

A FEW WITNESSES RELATE THE ACCIDENT

A: The traffic is still stopped[2] and more policemen have just arrived.
M: Look at the traffic light. It's not working now.
P: Did you see the accident?
M: I only heard the crash, but my friend saw it.
P: How did it happen?
A: The taxi went through the red light and crashed into the rear door of the bus.
M: The passengers began to scream and we ran to help them.[3]
P: Anything else, gentlemen?
A: That is all.
P: Thank you very much. Are there other witnesses?

---

[1] **El policía** means the *policeman*; **la policía** means the *police force* and is normally used in the singular.
[2] Literally, *continues detained*.
[3] Literally, *toward there in order to help them*.

ORACIONES Y PALABRAS

El **semáforo** no funciona.
   motor, acumulador, generador, carburador, radiador
El taxi pasó muy **rápido**.
               despacio
Los pasajeros empezaron a gritar.
Los niños, Las mujeres, Las maestras

The traffic light is not working.
   motor, battery, generator, carburetor, radiator
The taxi went by very fast.
               slow
The passengers began to scream.
   children, women, teachers

PREGUNTAS SOBRE EL DIÁLOGO

1. ¿Quiénes son los testigos?
2. ¿Cómo está el tráfico?
3. ¿Quiénes acaban de llegar?
4. ¿Qué pregunta el policía?
5. ¿Qué le dice Antonio al policía?
6. ¿Por qué chocó el taxi con el autobús?
7. ¿Quiénes empezaron a gritar?
8. ¿Hacia dónde corrieron Antonio y Miguel?

PREGUNTAS GENERALES

1. ¿Hay mucho tráfico en esta ciudad?
2. ¿Qué hace usted cuando ve un accidente?
3. ¿Por qué llamamos a la policía cuando hay un accidente?
4. ¿Qué pasa cuando no funciona un semáforo?
5. ¿A qué hora hay más accidentes?
6. Si no funciona su coche, ¿qué hace usted para llegar a la universidad?
7. ¿Qué debe hacer un chofer cuando ve la luz roja?
8. ¿Maneja usted despacio en una autopista? ¿Por qué?

GRAMMAR, EXERCISES, AND TESTING

Part 1

I. PRETERIT TENSE OF SECOND AND THIRD CONJUGATION REGULAR VERBS

comer		vivir	
comí	comimos	viví	vivimos
comiste	comisteis	viviste	vivisteis
comió	comieron	vivió	vivieron

1. The endings for the second and third conjugation are identical in the preterit.
2. The first and third persons singular require a written accent mark over the final vowel, except in monosyllabic forms like **vio**.
3. The first-person plural of **-ir** verbs is identical in the preterit and present tense.
4. Stem-changing verbs do not change their stem vowel to a diphthong in the preterit; the infinitive stem is used.[4]

---

[4] Except **poder** and **querer**, all stem-changing verbs ending in **-er** are regular in the preterit. Stem-changing verbs ending in **-ir** are irregular in the preterit and will be discussed in lessons 18 and 20.

Un policía dando direcciones en la ciudad de México. Unas pequeñas insignias en el bolsillo de la camisa indican que puede hablar inglés, francés, alemán e italiano y demuestran el creciente número de visitantes de Europa y de los Estados Unidos.

A policeman giving directions in Mexico City. Small pins on his shirt pocket indicate that he can speak English, French, German, and Italian and testify to the growing number of visitors from Europe and the United States.

II. *PRETERIT TENSE OF THE VERBS* DAR, IR, *AND* SER

dar		ir, ser	
di	dimos	fui	fuimos
diste	disteis	fuiste	fuisteis
dio	dieron	fue	fueron

1. **Dar** uses the preterit endings of the regular second and third conjugation verbs.
2. The verbs **ir** and **ser** have identical forms in the preterit.
3. The third-person singular of **ser** and **ir** does not end in the customary -ió.
4. No written accent marks are required in the first and third persons singular of these verbs, as they are monosyllabic.

A. *Person-number substitution*

1. Yo corrí hacia allá.
   - El policía — El policía corrió hacia allá.
   - Tú — Tú corriste hacia allá.
   - Los pasajeros — Los pasajeros corrieron hacia allá.
   - Tú y yo — Tú y yo corrimos hacia allá.
   - Ustedes — Ustedes corrieron hacia allá.
   - La señora — La señora corrió hacia allá.

2. Usted vio el accidente.
   - Tú — Tú viste el accidente.
   - Ustedes — Ustedes vieron el accidente.
   - El chofer — El chofer vio el accidente.
   - Yo — Yo vi el accidente.
   - Los policías — Los policías vieron el accidente.
   - Juan y yo — Juan y yo vimos el accidente.

Los Panchos, una taquería muy conocida en la ciudad de México. Los tacos son tortillas de maíz rellenas de pollo o carne que se comen con una salsa picante de chile. Generalmente se sirven sobre lechuga picada, con frijoles y guacamole.
*Los Panchos, a famous taco parlor in Mexico City. Tacos are tortillas of corn filled with chicken or beef which people eat with a hot chile sauce. Generally they are served on shredded lettuce with beans and guacamole (*avocado spread*).*

3. Vivió cinco años en esa casa.
   (nosotros) Vivimos cinco años en esa casa.
   (yo)   Viví cinco años en esa casa.
   (ustedes)   Vivieron cinco años en esa casa.
   (ella)   Vivió cinco años en esa casa.
   (tú)   Viviste cinco años en esa casa.
   (usted)   Vivió cinco años en esa casa.

4. Fueron al cine a las seis.
   (yo)   Fui al cine a las seis.
   (usted)   Fue al cine a las seis.
   (ellos)   Fueron al cine a las seis.
   (nosotros) Fuimos al cine a las seis.
   (tú)   Fuiste al cine a las seis.
   (ella)   Fue al cine a las seis.

5. Yo fui profesor en esa escuela.
   (el señor Gómez, tú, ellos, usted, nosotros)

6. Le dio la carta a Pedro.
   (yo, ellos, tú, usted, nosotros)

B. *Present* → preterit

¿Qué sucede?
Le escribo una carta a Sara.
¿Adónde va usted?
Comemos en ese restaurante.
¿No entiendes el problema?
Ellos le dan la noticia.

¿Qué sucedió?
Le escribí una carta a Sara.
¿Adónde fue usted?
Comimos en ese restaurante.
¿No entendiste el problema?
Ellos le dieron la noticia.

TESTING / preterit tense, -er and -ir verbs

1. The two preterit verb forms of **comer** that have a written accent mark are _____ and _____.   — comí, comió
2. The two preterit verb forms of **vivir** that have a written accent mark are _____ and _____.   —viví, vivió
3. The only preterit form of **vivir** that is identical to a present tense form is _____.   —vivimos

Give the verb forms suggested by the cues.
4. **comer**, preterit, **nosotros**-form   — comimos
5. *we eat*   — comemos
6. **volver**, preterit, **tú**-form   — volviste
7. *they wrote*   — escribieron
8. *I gave*   — di
9. The preterit forms of **ser** are identical to those of the verb _____.   — ir

Give a Spanish equivalent.
10. *they were* or *they went*   — fueron
11. *The children ran a lot yesterday.*   — Los niños corrieron mucho ayer.
12. *We gave them the magazines.*   — Les dimos las revistas.

Part 2

III. POSSESSIVE PRONOUNS

	SINGULAR		PLURAL	
	masculine	feminine	masculine	feminine
el / la	mío, tuyo, suyo, nuestro, vuestro, suyo	mía, tuya, suya, nuestra, vuestra, suya	míos, tuyos, suyos, nuestros, vuestros, suyos	mías, tuyas, suyas, nuestras, vuestras, suyas

Possessive pronouns in Spanish have the same forms as the stressed possessive adjectives.

El auto mío está allí.   **El mío** esta allí.
¿Le dio Juan las entradas nuestras?   ¿Le dio Juan **las nuestras**?
La suya está allí.
¿Cuál tienes, **la mía** o **la tuya**?
Tengo **la mía**.
Esa solicitud es **la suya** (*his*).   Esa solicitud es **la de él**.

1. The possessive pronouns are preceded by the definite article and agree in gender and number with the noun they replace or refer to.

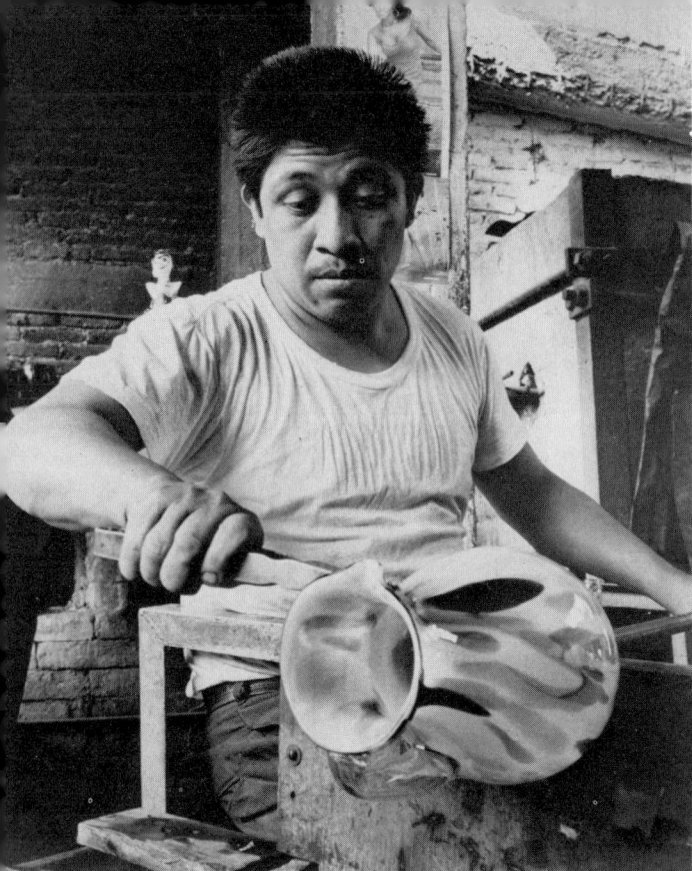

Trabajando el cristal. México está a la cabeza del mundo en artesanías, especialmente en alfarería de barro negro, mantas tejidas, cestos y en la fabricación de objetos de estaño, plata y *papier mâché*.

Working with glass. Mexico leads the world in handicrafts, especially in black clay pottery, woven blankets, basketry, and in the fabrication of objects of tin, silver, and papier mâché.

2. The definite article agrees in gender and number with each form.
3. The possessive pronouns are used in questions introduced by interrogative words (**cuál, dónde**, etc.), and in answers to those questions.
4. To avoid ambiguity and for added clarity, the following expressions may replace any corresponding form of **el suyo**.

$$\left.\begin{array}{l}\text{el}\\ \text{la}\\ \text{los}\\ \text{las}\end{array}\right\} + \text{de} + \left\{\begin{array}{l}\text{él}\\ \text{ella}\\ \text{usted}\\ \text{ellos}\\ \text{ellas}\\ \text{ustedes}\end{array}\right.$$

C. *Possessive adjective → possessive pronoun*

Replace the possessive adjective and noun by the corresponding possessive pronoun.

Model: Mi auto está muy cerca.
       El mío está muy cerca.

Sus niños terminan temprano.
Nuestra comida es muy ligera.
Sus problemas son muy sencillos.
Nuestras guías trabajan mucho.
¿Cuáles son tus revistas?
Pablo terminó su lección.
¿Sacaste tu boleto?

Los suyos terminan temprano.
La nuestra es muy ligera.
Los suyos son muy sencillos.
Las nuestras trabajan mucho.
¿Cuáles son las tuyas?
Pablo terminó la suya.
¿Sacaste el tuyo?

D. *Patterned response*

Answer the following questions affirmatively using the possessive pronouns.

Model: ¿Es aquél su coche?
Sí, aquél es el mío (el suyo).

¿Está tu guitarra en la sala?
¿Necesitas mi reloj?
¿Tiene usted su boleto?
¿Vamos en el coche de Pepe?
¿Son aquéllos mis trajes?
¿Cerró la ventana de Pedro?

Sí, la mía está en la sala.
Sí, necesito el tuyo (el suyo).
Sí, tengo el mío (el suyo).
Sí, vamos en el suyo (el de él).
Sí, aquéllos son los tuyos (los suyos).
Sí, cerré la suya (la de él).

Mercado de flores en la ciudad de México. El amor a las flores, tan característico de españoles y aztecas, se observa frecuentemente en el México moderno.

A flower market in Mexico City. A love for flowers, so characteristic of the Spaniards and the Aztecs, can frequently be observed in modern Mexico.

E. Questions

Answer the following questions by using the possessive pronouns.

1. ¿Dónde está su hermana?
2. ¿Cuál es su chofer?
3. ¿Dónde compró usted sus cuadernos?
4. ¿Cuáles son sus delegados?
5. ¿Dónde está su testigo?

TESTING / possessive pronouns

Supply the shortest possessive pronoun which can replace the noun in each expression.

1. mi casa — la mía
2. nuestras casas — las nuestras
3. su motor — el suyo
4. sus autos — los suyos
5. The expression **la suya** may be replaced by **la de** _____, _____, _____, _____, _____, and _____. — él, ella, usted, ellos, ellas, ustedes

Give a Spanish equivalent.
6. *Which is mine* (masculine)? — ¿Cuál es el mío?
7. *Which is mine* (feminine)? — ¿Cuál es la mía?
8. *Which are mine* (two possibilities)? — ¿Cuáles son los míos?, ¿Cuáles son las mías?
9. *Ours* (masculine singular) *is ready.* — El nuestro está listo.
10. *Hers* (feminine plural) *are here.* — Las suyas están aquí *or* las de ella están aquí.

LECCIÓN 18

Preterit tense of verbs with a stem-vowel change (e→i), (o→u) / Preterit tense of verbs like **leer, oír**, and **construir** (-ió→-yó, -ieron→-yeron) / Conjunctions: y→e, o→u

diálogo / EN EL AEROPUERTO

SEÑOR LLANO	¿Lo ayudo con su equipaje?	
SEÑOR QUESADA	No, gracias. El maletero ya lo tiene.	
SEÑOR LLANO	¿Y qué tal fue el vuelo?	
SEÑOR QUESADA	Muy bueno. Salimos con media hora de atraso, pero recuperamos el tiempo perdido y el avión[1] aterrizó a su hora[2].	
SEÑOR LLANO	¿Durmió usted durante el viaje?	
SEÑOR QUESADA	No, no dormí, pero leí algo y descansé bastante.	

AT THE AIRPORT

Mr. Ll: May I help you with your luggage?
Mr. Q: No, thank you. The skycap already has it.
Mr. Ll: And how was the flight?
Mr. Q: Very good. We left half an hour late, but we made up the time and the plane landed on schedule.
Mr. Ll: Did you sleep during the flight?
Mr. Q: No, I didn't sleep, but I read a little and rested quite a bit.

---

[1] In many parts of the Spanish speaking world, a jet plane is called **un jet**. The **j** is pronounced as in English.
[2] Other expressions used are **a la hora indicada, a la hora debida, a tiempo**. They all are equivalent to *on time* or *on schedule*.

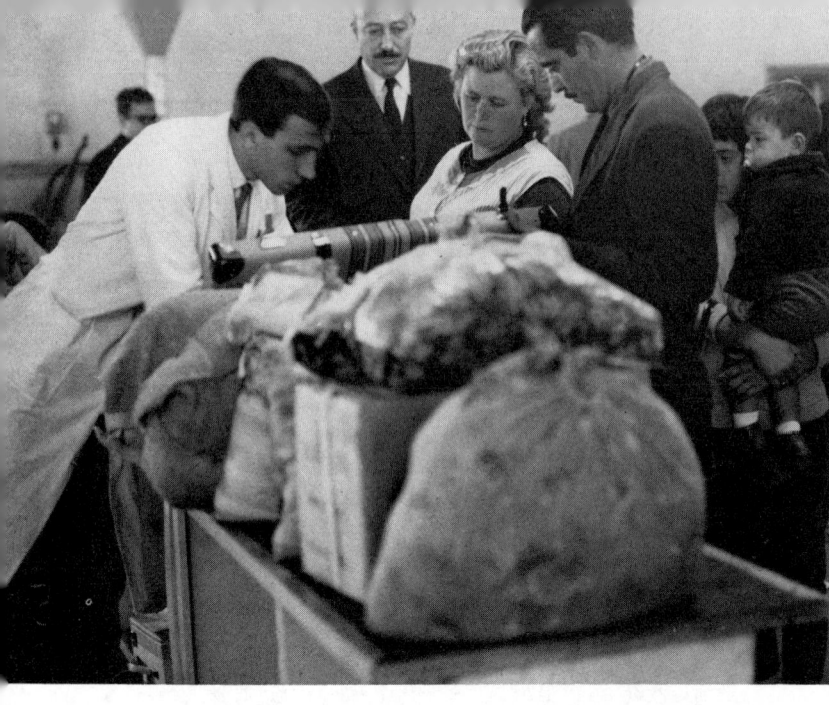

Pasando por la aduana en Buenos Aires.

Passing through customs in Buenos Aires.

SEÑOR LLANO	¿Algún problema en la aduana?	Mr. Ll:	Any problem with customs?
SEÑOR QUESADA	No, estuvimos un buen rato allí porque registraron el equipaje de todo el mundo con mucho cuidado, pero todos fueron muy amables.	Mr. Q:	No, we were there a good while because they searched everybody's luggage very carefully,[4] but they were very nice.
SEÑOR LLANO	Hacen esto por el tráfico[3] de drogas. A veces hasta usan perros entrenados especialmente. Por aquí, por favor.	Mr. Ll:	They do this on account of the drug traffic. Sometimes they even use specially trained dogs. This way, please.

ORACIONES Y PALABRAS

¿Lo ayudo con su **equipaje**?
            maleta, maletín[5]
Salimos con media hora de **atraso**.
                           adelanto
El avión **aterrizó** a tiempo.
    despegó
El **inspector** fue muy amable.
   piloto, sobrecargo, empleado

May I help you with your luggage?
                     suitcase, attaché case
We left a half hour late.
                          early
The plane landed on time.
            took off
The inspector was very nice.
   pilot, steward,[6] clerk

---

[3]The word **contrabando** is also used.
[4]Literally, *with much care.*
[5]**El maletín**, masculine.
[6]The equivalent of *stewardess* is **azafata**.

PREGUNTAS SOBRE EL DIÁLOGO

1. ¿Quién fue al aeropuerto a recibir al señor Quesada?
2. ¿Ayuda el señor Llano al señor Quesada con su equipaje?
3. ¿Quién tiene el equipaje del señor Quesada?
4. ¿Qué tal fue el viaje del señor Quesada?
5. ¿Despegó el avión a tiempo?
6. ¿Llegó el avión a su hora?
7. ¿Por qué registraron el equipaje de todo el mundo con mucho cuidado?
8. ¿Qué usan a veces para encontrar las drogas?

PREGUNTAS GENERALES

1. ¿Viaja usted en avión?
2. ¿Queda el aeropuerto cerca de aquí?
3. ¿Hay mucho ruido cerca del aeropuerto?
4. ¿Por qué hay mucho ruido?
5. En general, ¿salen los aviones a tiempo?
6. ¿Duerme usted cuando viaja en avión?
7. ¿Qué hace usted cuando viaja en avión?
8. En general, ¿son amables las azafatas?
9. ¿Y los inspectores de aduana?
10. ¿Viaja usted con mucho equipaje?

El aeropuerto de Eldorado, Bogotá. Los aviones de hélices como éste constituyen un medio efectivo para transportar mercancías y pasajeros a aeropuertos pequeños situados en lugares donde se dificulta el transporte por tierra.
Eldorado Airport, Bogotá. Propeller planes like this one constitute an efficient method of transporting goods and passengers to small airports situated in places where ground transportation is difficult.

GRAMMAR, EXERCISES, AND TESTING

Part 1

I. PRETERIT TENSE OF VERBS WITH A STEM-VOWEL CHANGE (e → i), (o → u)

pedir		dormir	
pedí	pedimos	dormí	dormimos
pediste	pedisteis	dormiste	dormisteis
pidió	**pidieron**	**durmió**	**durmieron**

1. The preterit endings are the same as those used in the regular **-ir** conjugation.
2. A deviation is found only in the stem vowel of the third-person singular and plural.
3. The stem **e** changes to **i**.
4. The stem **o** changes to **u**.
5. Additional verbs which follow the pattern of **pedir** are:[7]

   sugerir   servir   competir
   repetir   despedir   seguir

6. **Morir** follows the pattern of **dormir**.

II. PRETERIT TENSE OF VERBS LIKE LEER, OÍR, AND CONSTRUIR

leer		oír	
leí	leímos	oí	oímos
leíste	leísteis	oíste	oísteis
leyó	leyeron	oyó	oyeron

1. With **leer** and **oír**, the third-person singular ends in **-yó** and the third-person plural ends in **-yeron**. An unaccented **i** can never stand between vowels.
2. The remaining forms have a written accent mark over the **i** to show that a diphthong is not formed in speaking.
3. The verbs **creer** and **caer** *to fall* follow the same pattern.
4. Verbs which end in **-uir** (**construir**, etc.) but not **-guir** also have a **y** in the third person: **construyó, construyeron**. However, only the first and third persons singular bear a written accent mark: **construí, construyó**.

---

[7]All **-ir** verbs whose stem vowel changes (**e → ie** or **e → i**) in the present tense will have an **i** stem in the third-person singular and plural of the preterit.

A. Person-number substitution

1. El maletero ya pidió el equipaje.
   Yo — Yo ya pedí el equipaje.
   Los inspectores — Los inspectores ya pidieron el equipaje.
   Tú — Tú ya pediste el equipaje.
   Usted — Usted ya pidió el equipaje.
   Juan y yo — Juan y yo ya pedimos el equipaje.
   El empleado — El empleado ya pidió el equipaje.

2. No dormí durante el viaje.
   (él) — No durmió durante el viaje.
   (nosotros) — No dormimos durante el viaje.
   (usted) — No durmió durante el viaje.
   (tú) — No dormiste durante el viaje.
   (ellos) — No durmieron durante el viaje.
   (ella) — No durmió durante el viaje.

3. No oímos las noticias anoche.
   (tú, usted, yo, ustedes, ella)

4. Leí la carta esta mañana.
   (ella, nosotros, usted, tú, ellos)

5. Construí la casa el año pasado.
   (él, nosotros, ellos, usted, ustedes)

6. Los despedimos en el aeropuerto.
   (yo, él, tú, ellos, usted)

B. Present → preterit

Él pide vino blanco.
Yo no duermo ocho horas.
¿Qué sugiere Juan?
Tú oyes las noticias de las seis, ¿verdad?
Esos camareros sirven muy bien.
La azafata lee los nombres de los pasajeros.

Él pidió vino blanco.
Yo no dormí ocho horas.
¿Qué sugirió Juan?
Tú oíste las noticias de las seis, ¿verdad?
Esos camareros sirvieron muy bien.
La azafata leyó los nombres de los pasajeros.

TESTING / preterit tense, verbs with a stem-vowel change or an intervocalic y

1. In the preterit, the third-person singular and plural forms of **pedir** change the stem vowel **e** to _____. — i
2. In the preterit, the third-person singular and plural forms of **dormir** change the stem vowel **o** to _____. — u

Give the preterit form suggested by the cue.
3. **pedir, tú**-form — pediste
4. **pedir, ustedes**-form — pidieron
5. **dormir, nosotros**-form — dormimos
6. **dormir, él**-form — durmió
7. *they served* — sirvieron
8. *we heard* — oímos

9. **leer, ella**-form
10. **construir, ellos**-form

— leyó
— construyeron

Give a Spanish equivalent.
11. *They read the news last night.*
12. *He repeated the dialog twice.*

— Leyeron las noticias anoche.
— Repitió el diálogo dos veces.

Part 2

III. CONJUNCTIONS: y → e, o → u

Ellos hablan inglés **y** español. →	Ellos hablan español **e** inglés.
Estudio historia **y** economía. →	Estudio economía **e** historia.
¿Perdieron ocho **o** siete pesos? →	¿Perdieron siete **u** ocho pesos?
¿Los viste hoy **o** ayer? →	¿Los viste ayer **u** hoy?

1. The conjunction **y** changes to **e** when it precedes a word beginning with **i** or **hi**.
2. The conjunction **o** changes to **u** when it precedes a word beginning with **o** or **ho**.

C. Transformation exercise

Repeat the following sentences by reversing the order of the words joined by **y**.

Model: Practican inglés y español.
Practican español e inglés.

Isabel y Alicia salieron.
Debes ir y hablar.
Mis padres hablan italiano y francés.
Es inteligente y simpático.
Necesitan inspectores y empleados.

Alicia e Isabel salieron.
Debes hablar e ir.
Mis padres hablan francés e italiano.
Es simpático e inteligente.
Necesitan empleados e inspectores.

D. Transformation exercise

Repeat the following sentences by reversing the order of the words joined by **o**.

Model: ¿Buscan hombres o niños?
¿Buscan niños u hombres?

¿Escribió ocho o dieciocho?
El testigo de esta tarde, ¿es hombre o mujer?
Lo voy a ver hoy o mañana.
¿Son horas o minutos?

¿Escribió dieciocho u ocho?
El testigo de esta tarde, ¿es mujer u hombre?
Lo voy a ver mañana u hoy.
¿Son minutos u horas?

Aeropuerto de Jorge Chávez, Lima. Los pasajeros muchas veces compran objetos de plata, un poncho o un cenicero. Normalmente los precios no son importantes en estas compras, y este nuevo mercado ha ayudado mucho a los artesanos locales.
Jorge Chávez Airport, Lima. Passengers often buy silver objects, a poncho, or an ashtray. Prices usually aren't important in these purchases, and the new market has greatly helped local craftsmen.

TESTING / the conjunctions y and o and their variants

1. Before a word beginning with **i** or **hi**, the conjunction **y** changes to _____.
2. Before a word beginning with **o** or **ho**, the conjunction **o** changes to _____.

— e

— u

Give a Spanish equivalent.
3. *He wants a bicycle and a motorcycle.*
4. *They study German and English.*
5. *She rests one or two hours.*
6. *I lost seventy or eighty dollars.*
7. *We need pilots and inspectors.*
8. *Did he buy eighty or eight hundred?*

— Quiere una bicicleta y una moto(cicleta).
— Estudian alemán e inglés.
— Descansa una o dos horas.
— Perdí setenta u ochenta dólares.
— Necesitamos pilotos e inspectores.
— ¿Compró ochenta u ochocientos (-as)?

AMÉRICA DEL SUR

ESCALA EN KILÓMETROS
0   500   1000

RECAPITULACIÓN Y AMPLIACIÓN VI

lectura / LAS CIUDADES HISPANOAMERICANAS

En la mayoría de las ciudades de Hispanoamérica hay un contraste notable entre las cosas antiguas y las cosas nuevas. No es raro encontrar un edificio muy moderno, o a veces un rascacielos, al lado de un edificio del siglo XVI. Este contraste entre las casas coloniales y las estructuras modernas les da un carácter especial a las ciudades hispanoamericanas.

En la sección antigua de las ciudades hay generalmente una plaza central. A los lados de esta plaza, los españoles construyeron la catedral y el ayuntamiento o casa de gobierno. Las calles que salen de esta plaza son muy estrechas y en algunas de ellas, cuando pasa un autobús o un camión, no hay espacio para otro vehículo. Las casas coloniales de estos barrios viejos, con sus paredes gruesas, sus amplias ventanas y sus patios centrales con fuentes y plantas variadas son la admiración del turista.

En las secciones modernas, las casas y edificios reflejan un diseño elegante y a la vez contemporáneo. Esta combinación

mayoría *majority*
antiguo(-a) *old*
rascacielos *skyscraper*

ayuntamiento *city hall*
estrecho(-a) *narrow*

barrios viejos *old quarters*
grueso(-a) *thick*
amplio(-a) *large*
la fuente *fountain*

Quevedo, Ecuador. Una ciudad hispana y los majestuosos Andes se encuentran más allá del tráfico congestionado y la gran cantidad de anuncios lumínicos.

Quevedo, Ecuador. Beyond the snarled traffic and large quantity of illuminated signs lie a Hispanic city and the majestic Andes.

estética de imaginación, originalidad y utilidad es muy representativa de los mejores arquitectos hispanoamericanos. A pesar de sus avenidas anchas y modernas, a veces es difícil cruzar las calles debido a los muchos autos que circulan de día y de noche. Por lo general, estos autos no son nuevos como en los Estados Unidos por una razón muy sencilla: son muy caros. Además del precio básico, los impuestos y el transporte aumentan su costo a un nivel prohibitivo. Por eso la gente prefiere reparar los coches y usarlos diez o quince años y no cambiarlos con la frecuencia con que lo hacemos en los Estados Unidos. En general, estos coches viejos funcionan muy bien porque los mecánicos hispanoamericanos son excelentes. Algunos dicen que están entre los mejores mecánicos del mundo.

 La impresión que recibe el norteamericano es que los autos tienen más privilegios que los peatones. Sin embargo, la famosa calle Florida de Buenos Aires, con sus tiendas exclusivas, sus

mejor *best*
ancho(-a) *wide*

caro *expensive*
impuesto *tax*
el nivel *level*
la gente *people*

el peatón *pedestrian*

San Jorge, pequeño pueblo de Guatemala, con su iglesia construida por los españoles.

San Jorge, a small village in Guatemala, with its church built by the Spaniards.

galerías de arte, sus cafés y sus librerías, respeta al peatón y lo considera el verdadero dueño de la calle. Allí prohíben el tráfico de toda clase de vehículos y las personas pueden caminar o ir de compras con calma. Una calle reservada sólo para peatones en medio de una metrópolis es una maravilla.

    Para comunicar unas ciudades con otras hay autopistas y carreteras, muchas de ellas muy modernas. Sin embargo, en ciertas regiones de Hispanoamérica es casi imposible la construcción de carreteras debido a las lluvias, las inundaciones, las altas montañas o las selvas impenetrables. Hoy en día los aviones conectan las ciudades de las diferentes regiones. Es fantástico ver en el aire un jet del siglo XX y en el campo, un campesino que lleva sus productos al mercado en una llama o en un burro.

    Debido a las condiciones sociales y geográficas de muchas regiones, los vehículos modernos no pueden reemplazar las formas

dueño *master*
caminar *walk*
ir de compras *go shopping*

selva *jungle*

tradicionales de transporte y, como resultado, existe ese contraste entre el pasado y el presente que es una de las características de Hispanoamérica.

PREGUNTAS

1. ¿Qué contraste notable existe en la mayoría de las ciudades de Hispanoamérica?
2. ¿Qué hay a veces al lado de un edificio del siglo XVI?
3. ¿Qué es un rascacielos?
4. ¿Cómo son las calles en las secciones antiguas de estas ciudades?
5. ¿Dónde comienzan estas calles?
6. ¿Qué hay a los lados de la plaza?
7. ¿Cómo son las casas coloniales?
8. ¿Cómo son las casas y edificios de las secciones modernas?
9. ¿Es fácil cruzar las calles y avenidas?
10. En general, ¿cómo son los coches en estas ciudades?
11. ¿Por qué no hay muchos coches nuevos?
12. ¿Por qué funcionan bien estos coches viejos?
13. ¿Cómo son los mecánicos hispanoamericanos?
14. ¿Por qué es diferente la calle Florida?
15. ¿En qué ciudad está la calle Florida?
16. ¿Por qué es casi imposible la construcción de carreteras en ciertas regiones?
17. ¿Qué animales usan los campesinos para llevar sus productos al mercado en algunas regiones?
18. ¿Por qué no pueden a veces los vehículos modernos reemplazar otras formas tradicionales de transporte?

READING AND WRITING SUPPLEMENT

Cognates: Spanish -**ar**, English -*ate*

The following list of Spanish infinitives ending in **-ar** have English equivalents ending in -*ate*.

SPANISH	ENGLISH	SPANISH	ENGLISH
articular	*articulate*	facilitar	*facilitate*
celebrar	*celebrate*	investigar	*investigate*
cooperar	*cooperate*	narrar	*narrate*
decorar	*decorate*	participar	*participate*
eliminar	*eliminate*	regular	*regulate*

Can you give Spanish equivalents for the following English words?

delegate	*instigate*
dedicate	*inundate*
dominate	*legislate*

Can you think of words to add to this list? Be sure to check a dictionary for their precise meaning and spelling.

PRONUNCIATION

Spanish /l/ represented by l

Spanish /l/ at the beginning of a syllable is pronounced much like English /l/. However, when /l/ occurs at the end of a syllable, its pronunciation is very different. Mispronouncing this /l/ will not interfere with communication, but it will produce a heavy foreign accent.

The /l/ in final position is articulated with the tip of the tongue touching the alveolar ridge (the gum ridge behind the upper front teeth). The tongue must be held relatively flat, and not be curled backwards. Phoneticians write this sound as an "l" in brackets: [l].

A. Listen and repeat.

[l]

Lima	luz
lista	piloto
leche	vuelo
lápiz	hola

B. Listen and repeat.

[l]

mil	hotel
del	hospital
mal	especial

Silvia, Colombia. Carrocerías fabricadas localmente sobre chasis de camiones proporcionan el medio principal de transporte en gran parte de Hispanoamérica.

Silvia, Colombia. Locally produced bus bodies mounted on truck frames provide the basic mode of transportation in a large part of Spanish America.

Vista de una zona moderna de Bogotá. En primer plano, el Planetario Distrital y al fondo, en la cima de la montaña, la Iglesia de Monserrate. Aunque hay un funicular y un teleférico para llegar a esta iglesia, muchos peregrinos, especialmente en Semana Santa, suben la montaña a pie o de rodillas para venerar al Señor de Monserrate, imagen del siglo XVI.

View of a modern zone of Bogotá. In the foreground, the District Planetarium and in the background, on top of the mountain, the Church of Monserrate. Although there is a funicular and a cable car to reach this church, many pilgrims, especially during Holy Week, climb the mountain on foot or on their knees to worship the Lord of Monserrate, an image from the 16th century.

Spanish / f / represented by the letter **f**

In Spanish and English / f / is articulated similarly. Phoneticians write this sound as an "f" in brackets: [f].

C. Listen and repeat.

[**f**]

física   café
facultad   filosofía
familia   chofer

PROVERBIO

Entre dos amigos, un notario[1] y dos testigos.

¿Cuántas personas hay en total en este proverbio?
¿Qué quiere decir el proverbio?
¿Hay un proverbio similar en inglés?

[1] A **notario** in Hispanic countries is essentially a lawyer who draws up, records, attests, and legalizes contracts or similar private transactions.

248 RECAPITULACIÓN Y AMPLIACIÓN VI

TESTING

A. Preterit tense, regular -**ar**, -**er**, -**ir** verbs; orthographic changing verbs; -**ir** stem-changing verbs (**e** → **i**), (**o** → **u**)

Use the preterit form of the infinitive given in parentheses.

1. (pasar) ¿Qué _____ allí? — pasó
2. (llevar) Ellos me _____ al hospital. — llevaron
3. (chocar) ¿Quién _____ con Pedro? — chocó
4. (buscar) Yo sé que tú _____ ese teléfono. — buscaste
5. (frenar) El chofer _____ antes del accidente. — frenó
6. (chocar) Yo _____ con un taxi anoche. — choqué
7. (pasar) Nosotros _____ con la luz verde. — pasamos
8. (llegar) ¿_____ Pedro anoche? — Llegó
9. (estacionar) Juan, ¿por qué no _____ frente al teatro? — estacionaste
10. (comenzar/llegar) Yo _____ a acelerar después que _____ a la esquina. — comencé, llegué
11. (suceder) ¿Qué _____ en la esquina? — sucedió
12. (comer) Nosotros _____ en ese restaurante ayer. — comimos
13. (salir) ¿_____ ustedes temprano? — Salieron
14. (dar) Señor Gómez, ¿le _____ usted la carta a la secretaria? — dio
15. (ver) Tú _____ a Alicia esta mañana, ¿verdad? — viste
16. (correr) Los testigos _____ hacia el auto. — corrieron
17. (ir) Anoche yo no _____ al teatro. — fui
18. (volver/llover) Alicia _____ tarde porque _____ mucho. — volvió, llovió
19. (pedir) ¿Qué _____ ustedes? — pidieron
20. (repetir) Nosotros _____ las oraciones en clase. — repetimos
21. (servir) Los camareros les _____ vino a los señores. — sirvieron
22. (oír) Juana _____ un ruido, pero yo no lo _____. — oyó, oí
23. (leer) Tú _____ muy rápido y Pedro _____ muy despacio. — leíste, leyó
24. (dormir) ¿_____ bien anoche, señor Gómez? — Durmió
25. (seguir) Los alumnos _____ derecho hasta la primera bocacalle. — siguieron

UNA CONVERSACIÓN

CARLOTA	(ir) ¿Adónde _____ ayer, Alicia?	— fuiste
ALICIA	(ir/gustar) _____ al Palacio de Bellas Artes. Me _____ mucho	— Fui gustó
CARLOTA	(ver) ¿_____ los murales de Rivera, Orozco y Siqueiros?	— viste
ALICIA	(ver/ir) Por supuesto. También _____ la famosa cortina de cristal. A la salida del teatro _____ a tu primo Juan y los dos _____ a almorzar a un restaurante que queda cerca.	— vi vi fuimos
CARLOTA	(probar) ¿_____ la comida típica mexicana?	— probaste
ALICIA	(comer/llegar) No, _____ algo ligero. Recuerda que yo _____ anteayer.	— comí llegué
CARLOTA	(salir) ¿_____ anoche con Juan?	— saliste
ALICIA	(salir/ir) No, no _____ con Juan. Unas amigas y yo _____ al cine.	— salí fuimos

B. Demonstrative pronouns

Use the correct form of **éste**

1. ¿Por qué estacionaste en aquella esquina y no en _____? — ésta
2. _____ son sus dos autos. — Éstos
3. Yo compré dos trajes, _____ y aquél. — éste
4. Las alumnas que estudian español son _____. — éstas
5. ¿Qué es _____? (*something unidentified*) — esto

Use the correct form of **ése**.

1. ¿Juan vive en este apartamento o en _____? — ése
2. Los dos choferes que pasaron con la luz roja son _____. — ésos
3. ¿Cuáles son sus demandas, éstas o _____? — ésas
4. ¿Doblamos en esta esquina o en _____? — ésa

Use the correct form of **aquél**.

1. ¿Cuál es tu coche, éste o _____? — aquél

2. María y Susana trabajan en la compañía; ésta es la secretaria y _____ es la telefonista. — aquélla
3. ¿Quieres estos libros o _____ ? — aquéllos
4. ¿Cuáles son sus llantas, ésas o _____ ? — aquéllas

C. Possessive pronouns

Provide the correct form of **el mío**.
1. Tus padres hablan español, pero _____ _____ no. — los míos
2. Tu libro es ése, pero ¿cuál es _____ ? — el mío
3. Su entrada y _____ _____ están en la taquilla. — la mía
4. ¿Quiénes llegaron, tus alumnas o _____ _____ ? — las mías

Provide the correct form of **el suyo**.
1. Aquí están nuestras demandas, ¿dónde están _____ _____ ? — las suyas
2. Mi auto y _____ _____ frenaron a tiempo. — el suyo
3. Nuestros profesores y _____ _____ van a tener una reunión mañana. — los suyos
4. Yo compré esa finca y también _____ _____ . — la suya

D. Conjunctions

Provide the correct form of the conjunction, **y** or **e**.
1. Mi hermano habla portugués _____ italiano. — e
2. Tu actitud es absurda _____ egoísta. — y
3. Ellos estudian geografía _____ historia. — e

Provide the correct form of the conjunction, **o** or **u**.
1. Necesitan diez _____ once maletines. — u
2. ¿Quién habla, el sobrecargo _____ el piloto? — o
3. ¿Son mujeres _____ hombres? — u

Granos de Bolivia son transportados por una compañía americana a un mercado en Quito, Ecuador. Se han organizado mercados comunes para aumentar el comercio entre los países de la América Latina.

Grain from Bolivia shipped by an American firm to a market in Quito Ecuador. Common markets have been organized to increase trade between the countries of Latin America.

VOCABULARY

accidente m	accident	correr	to run
acelerar	to accelerate	cuidado	care
acumulador m	battery	con cuidado	carefully
adelanto	early	chocar (qu)	to collide
aduana	customs (house)	chofer m	driver
aeropuerto	airport	choque m	crash
algún	any, some	descansar	to rest
amable	nice, kind	despacio	slow, slowly
ambulancia	ambulance	despegar	to take off
anoche	last night	detenido	detained, stopped
anteanoche	night before last	droga	drug
anteayer	day before yesterday	durante	during
antenoche	night before last	e	and
aterrizar (c)	to land	empleado	clerk, employee
atrás	back	engrasar	to grease
atraso	late	entrenado	trained
auto	auto	equipaje m	luggage
automóvil m	automobile	especialmente	specially
avión m	plane	estacionar	to park
ayer	yesterday	frenar	to brake, to put on the brakes
azafata	stewardess		
bicicleta	bicycle	freno	brake
bus m	bus	funcionar	to work, to function
camión m	truck	generador m	generator
carburador m	carburetor	grave	serious, grave, seriously hurt
carro	car		
coche m	car	gritar	to scream
contra	against	hacia	toward

Un centro comercial en Ciudad Satélite, al norte de la ciudad de México, donde más de 100 comercios tienen sucursales. Las tiendas modernas que venden al por menor crean una demanda de mercancías de mejor calidad, lo que estimula el desarrollo de las industrias nacionales.

A shopping center in Satellite City, north of Mexico City, where over 100 businesses have branches. Modern shops selling at retail create a demand for better quality merchandise, which stimulates the development of national industries.

hasta	even	policía *f*	police force
herido	wounded, hurt	poco : por poco	almost
hora: a su hora	on time	por aquí	this way, through here
horror *m*	horror	por eso	that's why
inspector *m*	inspector	radiador *m*	radiator
luz *f*	light	rápido	fast, rapidly
llanta	tire	rato	while, time
llevar	to take	recuperar	to make up
maestro	teacher	registrar	to search
maleta	suitcase	relatar	to relate, to narrate
maletero	skycap	rojo	red
maletín *m*	attaché case	semáforo	traffic light
manejar	to drive	sobrecargo	steward
menos mal	good thing	suceder	to happen
miedo	fright	taller *m*	shop, workshop
moto *f*	motorcycle	taxi *m*	taxi
motocicleta	motorcycle	taxista *m*	taxi driver
motor *m*	motor	testigo *m or f*	witness
mujer *f*	woman	tiempo: a tiempo	on time
niño	child	todo el mundo	everybody
parar	to stop	tráfico	traffic
pasado	last, past	u	or
pasajero	passenger	usar	to use
perdido	lost	vez: a veces	at times, sometimes
perro	dog	vuelo	flight
pesar: a pesar de	in spite of		
piloto	pilot		
policía *m*	policeman		

◂ Estatua de Tlaloc, dios de la lluvia, a la entrada del Museo de Antropología.
Statue of Tlaloc, god of rain, at the entrance to the Museum of Anthropology.

LECCIÓN 19

Irregular preterits involving a new stem: tener, poder / More on limiting adjectives

diálogo / UNA VISITA AL MUSEO

ROSA — Supe que por fin fuiste al Museo de Antropología[1].
JOSEFINA — Sí, estuve allí la semana pasada. Es fantástico.
ROSA — ¿Pudiste ver todas las exhibiciones?
JOSEFINA — ¡Qué va! Luis no pudo venir y yo fui sola. Como de costumbre, llegué tarde y hay tantas cosas que ver, que no tuve bastante tiempo.
ROSA — Entonces debes volver. Por cierto, leí en el periódico de hoy que pusieron unas nuevas estatuas en exhibición. ¿Qué te parece si vamos mañana?

A VISIT TO THE MUSEUM

R: *I learned that you finally went to the Anthropological Museum.*
J: *Yes, I was there last week. It's out of this world.*
R: *Did you get to see all the exhibits?*
J: *Of course not! Luis couldn't come so I went alone. As usual, I arrived late and there are so many things to see that I didn't have enough time.*
R: *Then you should go again. By the way, I read in today's paper that they put some new statues on exhibit. What do you say we go tomorrow?*

---

[1] This magnificent museum, designed by Luis Ramírez Vázquez and located in Mexico City, was completed in 1964. On display are vast collections of prehistoric artifacts, excellent dioramas, and colorful mock-ups depicting village activities.

JOSEFINA	Por mí, encantada.	J:	I'd be delighted.
ROSA	¿Cuándo prefieres ir, por la mañana o por la tarde?	R:	When would you rather go, in the morning or in the afternoon?
JOSEFINA	A mí me da igual.	J:	It's all the same to me.[2]
ROSA	Entonces, ¿por qué no almorzamos juntas y vamos después al museo?	R:	Then why don't we have lunch together and go to the museum later.
JOSEFINA	Me parece una idea excelente.	J:	I think that's an excellent idea.

ORACIONES Y PALABRAS

No pude ver todas las **exhibiciones**.
          salas, pinturas, colecciones
Hay tantas cosas que **ver**.
          pintar, preparar
Entonces debes **volver** ahora.
          regresar, pagar, caminar[3], cruzar

I couldn't see all the exhibits.
          rooms, paintings, collections
There are so many things to see.
          paint, prepare
Then you should go again now.
          return, pay, walk, cross

PREGUNTAS SOBRE EL DIÁLOGO

1. ¿Cuándo fue Josefina al Museo de Antropología?
2. ¿Qué le pareció este museo?
3. ¿Con quién fue al museo?
4. ¿Llegó temprano al museo?

---

[2]Literally, *it gives me equal.*
[3]The verb **andar** *to walk, to go* is also used, but less frequently.

El escudo mexicano en el Museo Nacional de Antropología. Según la leyenda, Tenochtitlán, la capital de los aztecas, fue fundada en el lugar donde se encontró un águila con una serpiente en el pico. La bandera mexicana también tiene este escudo.

The Mexican coat of arms on the National Museum of Anthropology. According to legend, Tenochtitlán, the Aztec capital, was constructed on the site where an eagle was found with a serpent in its beak. The Mexican flag also has this shield.

5. ¿Por qué no vio todas las exhibiciones?
6. ¿Qué leyó Rosa?
7. ¿Quiere ir Josefina al museo con Rosa?
8. ¿Cuándo piensan ir al museo las dos amigas?

PREGUNTAS GENERALES

1. ¿Qué cosas puede ver usted en un museo?
2. ¿Dónde queda el Museo de Antropología?
3. ¿Sabe usted cuál es el museo más famoso de Madrid? ¿De los Estados Unidos?
4. ¿Le gusta a usted la pintura abstracta o prefiere usted la pintura realista?
5. ¿Qué museo visita usted en su ciudad?
6. ¿Que prefiere ver usted, esculturas o pinturas?
7. ¿Llega usted a tiempo cuando tiene una cita?
8. ¿Cuántas veces debemos visitar un museo?
9. ¿Debemos pagar o debe ser gratis la entrada a los museos? ¿Por qué?
10. ¿Visitaron ustedes muchos museos el año pasado?

GRAMMAR, EXERCISES, AND TESTING

Part 1

I. IRREGULAR PRETERITS INVOLVING A NEW STEM: TENER, PODER

In addition to the irregular preterits already presented, there are four other patterns. Each has a preterit stem that differs from its infinitive stem, and each uses the unaccented endings **-e** and **-o** for the first and third persons singular. Here are two of the patterns.

tener			poder		
tuve	*had*	tuvimos	pude	*could*	pudimos
tuviste		tuvisteis	pudiste		pudisteis
tuvo		tuvieron	pudo		pudieron

1. Each preterit stem is different from the infinitive stem.
2. The first and third persons singular end in an unaccented **-e** and **-o**, respectively.
3. The endings for the other persons are identical to those of the regular **-er** and **-ir** preterits.
4. Other verbs whose preterit follows the pattern of **tener** are:
    a. **estar**: estuve, estuviste, estuvo, estuvimos, estuvisteis, estuvieron
    b. **andar**: anduve, anduviste, anduvo, anduvimos, anduvisteis, anduvieron
    c. all compounds of **tener** (e.g., **contener**, **detener**, **entretener**):
    contener: contuve, contuviste, contuvo, contuvimos, contuvisteis, contuvieron

5. Other verbs whose preterit is similar to **poder** are:
    a. **poner**: puse, pusiste, puso, pusimos, pusisteis, pusieron
    b. **saber**: supe, supiste, supo, supimos, supisteis, supieron[4]

---

[4]The preterit of some verbs acquire special meanings; **saber** in the preterit means *to find out* or *to learn*.

A. Person-number substitution

1. Yo no tuve tiempo ayer.
   Ellos   Ellos no tuvieron tiempo ayer.
   Tú   Tú no tuviste tiempo ayer.
   Ustedes   Ustedes no tuvieron tiempo ayer.
   Nosotros   Nosotros no tuvimos tiempo ayer.
   Ella   Ella no tuvo tiempo ayer.

3. Supe que terminaron muy tarde.
   (él)   Supo que terminaron muy tarde.
   (nosotros)   Supimos que terminaron muy tarde.
   (ellos)   Supieron que terminaron muy tarde.
   (tú)   Supiste que terminaron muy tarde.
   (ella)   Supo que terminaron muy tarde.

5. Anduvieron allí ayer.
   (yo, ustedes, nosotros, tú, él)

2. Pudieron ver todas las exhibiciones.
   (yo)   Pude ver todas las exhibiciones.
   (él)   Pudo ver todas las exhibiciones.
   (tú)   Pudiste ver todas las exhibiciones.
   (ustedes)   Pudieron ver todas las exhibiciones.
   (nosotros)   Pudimos ver todas las exhibiciones.

4. ¿Estuvieron en ese museo?
   (usted)   ¿Estuvo en ese museo?
   (nosotros)   ¿Estuvimos en ese museo?
   (ellos)   ¿Estuvieron en ese museo?
   (ella)   ¿Estuvo en ese museo?
   (tú)   ¿Estuviste en ese museo?

6. No puse el periódico en la mesa.
   (ellos, tú, él, nosotros, ustedes)

B. Present → preterit

Don Carlos está muy enfermo.
Ellos tienen mucho dinero.
Ponen esas pinturas en exhibición.
Andamos con ellos.
Sé que Juan y María están aquí.

Don Carlos estuvo muy enfermo.
Ellos tuvieron mucho dinero.
Pusieron esas pinturas en exhibición.
Anduvimos con ellos.
Supe que Juan y María estuvieron aquí.

TESTING / preterit tense, verbs like **tener** and **poder**

Give the preterit form suggested by the cue.
1. **tener, yo**-form
2. **estar, tú**-form
3. **andar, ella**-form
4. **andar, nosotros**-form
5. **saber, ellos**-form
6. **poder, yo**-form
7. **saber, tú**-form
8. **poner, ella**-form
9. **poner, ustedes**-form

— tuve
— estuviste
— anduvo
— anduvimos
— supieron
— pude
— supiste
— puso
— pusieron

Give a Spanish equivalent.
10. *we had*
11. *We found out the truth.*
12. *When did he learn it* (masculine)?

— tuvimos
— Supimos la verdad.
— ¿Cuándo lo supo?

Representantes de unas tribus indígenas ayudaron a montar unas exhibiciones en el Museo Nacional de Antropología. En la fotografía se ve a dos de ellos examinando el resultado de su trabajo.
Representatives from several Indian tribes helped set up displays in the National Museum of Anthropology. In the photograph two of them are seen examining the result of their work.

Part 2

II. *MORE ON LIMITING ADJECTIVES*

Limiting adjectives were discussed on page 106. Additional limiting adjectives which occur with frequency are:

mucho	tanto	bastante	varios[6]
poco	otro	suficiente	todo[7]
último	demasiado	cada[5]	

Tiene **mucho** dinero. *He has much money.*
Compró **muchas** pinturas. *She bought many pictures.*
Necesitan **poco** dinero para ser felices. *They need little money to be happy.*
Él llamó **pocas** veces. *He called a few times.*
Perdió **tanto** dinero. *He lost so much money.*
Vimos **tantas** estatuas. *We saw so many statues.*
Ayer fue la **última** vez. *Yesterday was the last time.*

---

[5]**Cada** *each* is invariable.
[6]**Varios (-as)** is used only in the plural.
[7]The definite article is placed between a form of **todo** and the noun.

Quiero **otro** periódico.	I want another newspaper.
Tiene **demasiado** trabajo.	He has too much work.
Tiene **demasiadas** alumnas.	He has too many students.
Tengo {**bastante** / **suficiente**} tiempo.	I have enough time.
Cada hombre recibió uno y **cada** mujer, dos.	Each man received one and each woman, two.
El problema tiene **varias** soluciones.	The problem has several solutions.
Todos los hombres son mortales.	All men are mortal.

C. *Substitution*

1. Necesito otro boleto.

entrada	Necesito otra entrada.
vendedores	Necesito otros vendedores.
secretaria	Necesito otra secretaria.
colecciones	Necesito otras colecciones.
administrador	Necesito otro administrador.

2. Él compró muchos libros.

pinturas	Él compró muchas pinturas.
vino	Él compró mucho vino.
leche	Él compró mucha leche.
cosas	Él compró muchas cosas.
discos	Él compró muchos discos.

3. Replace the noun in each sentence by the word provided in parenthesis and make all necessary changes.

Model: Hay muy poca leche allí. (café)
Hay muy poco café allí.

Tiene demasiadas clases. (problemas)	Tiene demasiados problemas.
Cada alumna debe traducirlas. (alumno)	Cada alumno debe traducirlas.
Hablé con el último señor. (señora)	Hablé con la última señora.
Hay tantas salas que visitar. (museos)	Hay tantos museos que visitar.
Fueron a varios teatros. (exhibiciones)	Fueron a varias exhibiciones.
Tengo suficiente dinero. (vendedores)	Tengo suficientes vendedores.

TESTING / *limiting adjectives*

Give Spanish equivalents.
1. *much* (two forms) — mucho, mucha
2. *many* (two forms) — muchos, muchas
3. *last* (four forms) — último, última, últimos, últimas
4. The only limiting adjective presented in this lesson which is invariable is _____. — cada

Give Spanish equivalents.
5. *several* (two forms) — varios, varias
6. *another painting* — otra pintura
7. *few* (two forms) — pocos, pocas
8. *enough* (singular, two equivalents) — bastante, suficiente
9. *We want another contract.* — Queremos otro contrato.
10. *He has so many friends.* — Tiene tantos(-as) amigos(-as).

LECCIÓN 20

Irregular preterits involving a new stem: **querer, decir** / Days of the week / Months of the year and dates

diálogo / PREPARATIVOS PARA UN VIAJE

CELIA	¿Qué te dijeron en el consulado?
ANA GLORIA	Que no necesito visado[1], que la tarjeta de turismo es suficiente.
CELIA	¡Qué bueno! ¿Y ya tienes el pasaje[2]?
ANA GLORIA	Sí, mi hermano me lo trajo esta mañana. Ahora sólo necesito conseguir cupo para el jueves.
CELIA	Pero, Ana Gloria, tú hiciste la reservación el viernes pasado.

PREPARATIONS FOR A TRIP

C:	What did they tell you at the consulate?
A-G:	That I don't need a visa, and that the tourist card is enough.
C:	Great! Do you have your ticket?
A-G:	Yes, my brother brought it to me this morning. Now I only need to get a seat for Thursday.
C:	But, Ana Gloria, you made a reservation last Friday.

---

[1] Some countries use the word **visa**.
[2] Some countries use the word **el billete**.

Un reactor colombiano. Avianca, la primera línea aérea que se estableció en el Hemisferio Occidental, tiene rutas que se extienden desde Los Ángeles, Nueva York y Europa hasta Buenos Aires.
A Colombian jetliner. Avianca, the first airline to be established in the Western Hemisphere, has routes extending from Los Angeles, New York, and Europe to Buenos Aires.

ANA GLORIA	No, yo llamé ese día pero no me pudieron confirmar la reserva. Resulta que el avión está lleno, y me pusieron en la lista de espera.	A-G: *No, I called that day but they couldn't confirm my reservation. It turns out that the flight is sold out[4] and they put me on the waiting list.*
CELIA	Entonces, a lo mejor no sales ese día.	C: *Then perhaps you won't leave that day.*
ANA GLORIA	Yo creo que sí. Siempre hay gente[3] que cancela a última hora.	A-G: *I think I will. There are always people who cancel at the last minute.*

ORACIONES Y PALABRAS

¿Qué te dijeron en **el consulado**?   *What did they tell you at the consulate?*
   la embajada, la oficina de boletos[5]   *embassy, ticket office*
No necesito **visado**.   *I don't need a visa.*
   pasaporte, certificado de vacuna   *passport, vaccination certificate*
El avión está **lleno**.   *The plane is full.*
   vacío   *empty*

---

[3] **La gente** (feminine); notice the Spanish use of the singular with this word.
[4] Literally, *the plane is full.*
[5] **Pasajes** and **billetes** can also be used.

PREGUNTAS SOBRE EL DIÁLOGO

1. ¿Necesita visado Ana Gloria?
2. ¿Qué necesita?
3. ¿Dónde le dijeron eso?
4. ¿Quién le trajo el billete a Ana Gloria?
5. ¿Cuándo se lo trajo?
6. ¿Qué día quiere viajar Ana Gloria?
7. ¿Puede viajar ese día?
8. ¿Dónde pusieron el nombre de Ana Gloria?

PREGUNTAS GENERALES

1. ¿En qué documento ponen el visado?
2. ¿Dónde hacen esto?
3. ¿Hay consulados de los Estados Unidos aquí?
4. ¿Dónde compra usted los billetes cuando va a viajar?
5. Si usted quiere viajar y el avión está lleno, ¿dónde ponen su nombre?
6. ¿Necesita una persona ir a la aduana si viaja de Miami a Los Ángeles?
7. ¿Cuándo necesita una persona un certificado de vacuna?
8. ¿Dónde puede conseguir una persona un certificado de vacuna?

GRAMMAR, EXERCISES, AND TESTING

Part 1

I. IRREGULAR PRETERITS INVOLVING A NEW STEM: QUERER, DECIR

querer[6]		decir	
quise	quisimos	dije	dijimos
quisiste	quisisteis	dijiste	dijisteis
quiso	quisieron	dijo	dijeron

1. Each infinitive has a different preterit stem.
2. The first and third persons singular end in an unaccented -e and -o, respectively.
3. Only verbs whose preterit stem has a **j** use **-eron** instead of **-ieron** for the third-person plural ending.
4. The endings for the other persons are identical to those of the regular **-er** and **-ir** preterits.
5. Other verbs whose preterits have an **i** stem are:
   a. **venir**: vine, viniste, vino, vinimos, vinisteis, vinieron
   b. **hacer**: hice, hiciste, hizo,[7] hicimos, hicisteis, hicieron
6. Other verbs whose preterits have a **j** in the stem are:
   a. **traer**: traje, trajiste, trajo, trajimos, trajisteis, trajeron
   b. any verb ending in **-ducir** (e.g., **conducir, traducir, reducir**):
      producir: produje, produjiste, produjo, produjimos, produjisteis, produjeron

---

[6]**Querer**, in the preterit, means *tried*, with failure implied.
[7]The **z** of **hizo** is an orthographic change.

Una plantación de plátanos en Nicaragua. Los plátanos se cubren con bolsas plásticas antes de ser cortados para que no se dañen. El tamaño, el peso y la facilidad con que se dañan han limitado el papel que el plátano, de tan alto valor nutritivo, puede desempeñar en la alimentación mundial.

A banana plantation in Nicaragua. The bananas are covered with plastic bags before being cut so that they are not bruised. The bulk, weight, and ease with which they are damaged has limited the role that the banana, so high in nutritional value, can fill in feeding the world.

A. *Person-number substitution*

1. Los vendedores vinieron temprano.
   Tú   Tú viniste temprano.
   El piloto El piloto vino temprano.
   Nosotros Nosotros vinimos temprano.
   Ustedes Ustedes vinieron temprano.
   Yo   Yo vine temprano.
   Usted   Usted vino temprano.

2. ¿Hizo todo el trabajo?
   (nosotros) ¿Hicimos todo el trabajo?
   (ustedes)   ¿Hicieron todo el trabajo?
   (tú)   ¿Hiciste todo el trabajo?
   (yo)   ¿Hice todo el trabajo?
   (ellos)   ¿Hicieron todo el trabajo?
   (él)   ¿Hizo todo el trabajo?

3. Mi hermano trajo el billete ayer.
   Yo   Yo traje el billete ayer.
   Pedro y Juan Pedro y Juan trajeron el billete ayer.
   Sara   Sara trajo el billete ayer.
   Tú   Tú trajiste el billete ayer.
   Usted   Usted trajo el billete ayer.
   Ana y yo   Ana y yo trajimos el billete ayer.

4. Nosotros dijimos la verdad.
   El chofer   El chofer dijo la verdad.
   Tú   Tú dijiste la verdad.
   Los pasajeros Los pasajeros dijeron la verdad.
   Yo   Yo dije la verdad.
   El policía   El policía dijo la verdad.
   Ustedes   Ustedes dijeron la verdad.

5. José quiso ir al consulado ayer.
   mis padres, tú, el señor Montoya, Julio y yo, ustedes, yo

6. Yo traduje el contrato.
   el administrador, tú, nosotros, usted, las secretarias.

Estos melones serán transportados en camiones al puerto de Paita, Perú, y de ahí enviados al extranjero. El alto costo del empaque y el transporte no les permiten a los productores hispanoamericanos obtener una utilidad adecuada, lo que quizás sea posible cuando haya suficientes cargueros gigantes.

These melons will be transported in trucks to the port of Paita, Peru, and from there be sent abroad. The high cost of packing and shipping does not permit Spanish American producers to obtain an adequate return, something that will perhaps be possible when there are enough giant cargo planes.

B. *Present → preterit*

¿Qué haces ?
Ellos traen el certificado de vacuna.
Vengo a las seis.
Mi hermano quiere salir temprano.
¿Qué produce este país ?
Celia dice el proverbio en español.
¿Quién hace la paella ?

¿Qué hiciste ?
Ellos trajeron el certificado de vacuna.
Vine a las seis.
Mi hermano quiso salir temprano.
¿Qué produjo este país ?
Celia dijo el proverbio en español.
¿Quién hizo la paella ?

TESTING / preterit tense, verbs like **querer**, **decir**

1. The stem vowel for **venir** and **hacer** in the preterit is _____.

Give the preterit form suggested by the cue.
2. **querer**, first-person singular
3. **decir**, second-person singular
4. **venir**, third-person singular

— i
— quise
— dijiste
— vino

5. **traer**, first-person plural — trajimos
6. *they said* — dijeron
7. *they came* — vinieron
8. **hacer**, **tú**-form — hiciste
9. **conducir**, **él**-form — condujo
10. **producir**, **ustedes**-form — produjeron
11. **hacer**, the only preterit form with an orthographic change — hizo
12. **hacer**, third-person plural — hicieron
13. **traducir**, third-person plural — tradujeron

Part 2

II. DAYS OF THE WEEK

lunes	*Monday*	**viernes**	*Friday*
martes	*Tuesday*	**sábado**	*Saturday*
miércoles	*Wednesday*	**domingo**	*Sunday*
jueves	*Thursday*		

Hoy es lunes.	*Today is Monday.*
¿Mañana es martes?	*Is tomorrow Tuesday?*
Llovió el miércoles pasado.	*It rained last Wednesday.*
Salió el jueves.	*He left on Thursday.*
Siempre la vemos los viernes.	*We always see her on Fridays.*
No trabajo los sábados.	*I don't work on Saturdays.*
La fiesta es el sábado, no el domingo.	*The party is on Saturday, not on Sunday.*

1. In Spanish-speaking countries, Monday is the first day of the week and Sunday the last.
2. Days of the week are not capitalized.
3. They are masculine and are invariable[8] except for **sábado** and **domingo**, which add an -**s** to form the plural. The plural form of all the days is shown by the accompanying article, which changes from **el** to **los**.
4. The article preceding the day is equivalent for *on*; it must be used in Spanish. With the verb **ser**, however, it is omitted when the subject is the equivalent of the predicate noun.

---

[8]Words of more than one syllable which end in an unstressed vowel + **s** use the same form for the singular and plural. The accompanying article changes.

    el rascacielos   los rascacielos
    la crisis   las crisis

Buenos Aires. La fruta que está cargando este barco es parte de las exportaciones argentinas a Europa.

Buenos Aires. The fruit this ship is loading is part of the Argentine exports to Europe.

III. MONTHS OF THE YEAR AND DATES

enero	*January*	julio	*July*
febrero	*February*	agosto	*August*
marzo	*March*	septiembre, setiembre	*September*
abril	*April*	octubre	*October*
mayo	*May*	noviembre	*November*
junio	*June*	diciembre	*December*

Empecé a trabajar el primero de octubre.
I began to work on October the first.

Septiembre es muy caluroso en Los Ángeles.
September is very hot in Los Angeles.

Salieron el trece de junio.
They left on the thirteenth of June.

Llegaron el dieciséis de noviembre de mil novecientos setenta y tres.
They arrived the sixteenth of November, 1973.

¿Cuál es la fecha?
¿Qué fecha es hoy?
¿A cuánto(s) estamos?
What's the date?

Hoy es el quince.
Estamos a quince.
Today's the fifteenth.

1. Months of the year are masculine and are not capitalized in Spanish except when used at the beginning of a sentence.
2. There are two acceptable spellings for the ninth month, with or without the **p**.
3. Cardinal numbers are used with dates (**el dos, el tres**, etc.) except for the first day of the month, which is **el primero**.
4. The article **el** preceding the date is equivalent to *on* (the date or dates given).
5. The correct formula for expressing a date is:

article	date	de	month	de	year
el	**16**	**de**	**mayo**	**de**	**1973**

In dating letters or documents, the article **el** is omitted.
6. **Estar** may be used to say the date. The formula is **estamos** + **a** + the date.

C. Translation

Give the following dates in Spanish.

March 12, 1970   May 20, 1902   August 21, 1948   October 12, 1492
July 4, 1776   January 1, 1973   December 25, 1853   September 7, 1967

D. Questions

1. ¿Cuáles son los días de la semana?
2. ¿Cuál es el primer día de la semana en los Estados Unidos? ¿En Chile?
3. ¿Qué día es hoy?
4. ¿Qué día es mañana?
5. ¿Qué día fue ayer?
6. ¿Cuáles son los meses del año?
7. ¿Qué fecha es hoy?
8. ¿En qué mes terminan las clases?
9. ¿Qué día viene después del lunes?
10. ¿Qué mes viene después de mayo?
11. ¿A cuánto(s) estamos?
12. ¿Cuántas semanas hay en un año?

TESTING / days, months, and dates

1. In Spanish, the first day of the week is (**el**) _____.
2. The plural form of **el sábado** is _____.
3. The plural form of **el jueves** is _____.
4. The plural form of **el domingo** is _____.
5. The second day of the week is (**el**) _____.
6. The day after **martes** is (**el**) _____.
7. The day before **sábado** is (**el**) _____.
8. The first month of the year is _____.
9. The last month of the year is _____.
10. The shortest month of the year is _____.

Give a Spanish equivalent.
11. *March 14th*
12. *November 1st*

— lunes
— los sábados
— los jueves
— los domingos
— martes
— miércoles
— viernes
— enero
— diciembre
— febrero

— el catorce de marzo
— el primero de noviembre

LECCIÓN 21

Expressions of obligation and necessity / Special expressions with tener

diálogo / EL DÍA ANTES DEL VIAJE

SEÑOR JIMÉNEZ Mañana tenemos que salir de casa antes de las ocho.
ROSA ¿Por qué tan temprano, papá?
SEÑOR JIMÉNEZ Hay que estar en el aeropuerto por lo menos una hora antes de la salida del vuelo.¹ Además, entre una cosa y otra, es una hora de camino.²
PILAR ¿Y a qué hora llegas a Bogotá?
ROSA A eso de las dos, si es que no secuestran el avión.
PILAR Ya puedo ver los titulares de los periódicos: "Otro acto de piratería aérea" o "Los piratas aéreos exigen un millón de dólares de rescate".

THE DAY BEFORE THE TRIP

Mr. J: Tomorrow we have to leave home before eight.
R: Why so early, Dad?
Mr. J: We have to be at the airport at least an hour before flight time.¹ Besides, all in all, it's an hour's drive.²
P: And at what time do you arrive in Bogotá?
R: About two o'clock, if they don't hijack the plane.
P: I can see the headlines now: "Another skyjacking"³ or "The skyjackers demand a million dollar ransom."

---

¹Literally, *the departure of the flight*.
²Literally, *an hour of road*.
³Literally, *act of piracy*.

SEÑORA JIMÉNEZ	¡Basta ya de tonterías! No deben decir esas cosas ni en broma.		Mrs. J:	Enough of your[4] nonsense! You shouldn't say such things, not even as a joke.[5]
PILAR	¡Ay, mamá! A ti todo te preocupa. Hoy en día, con las nuevas medidas de seguridad, ya casi no hay secuestros.		P:	Oh, Mother! Everything upsets you. Nowadays with the new security measures there are practically no hijackings.
SEÑORA JIMÉNEZ	Eso lo dices para tranquilizarme.		Mrs. J:	You just say that so as not to worry me.[6]

ORACIONES Y PALABRAS

¿Por qué no **esperamos** en el bar?   *Why don't we wait at the bar?*
    entramos[7]   *go in*
¡Basta ya de **tonterías**![8]   *Enough of your nonsense!*
    quejas, comentarios   *complaining, comments*
No debes **decir** esas cosas.   *You shouldn't say those things.*
    comentar, pensar en[9]   *comment on, think of*

PREGUNTAS SOBRE EL DIÁLOGO

1. Según el señor Jiménez, ¿a qué hora deben salir?
2. ¿Qué piensa Rosa de la salida a esa hora?
3. ¿Por qué deben salir a las ocho?
4. ¿A qué hora sale el avión?
5. ¿A qué hora debe llegar a Bogotá?
6. ¿Qué dice Rosa que no le gusta a la señora Jiménez?
7. Según Rosa, ¿qué van a decir los titulares de los periódicos?
8. ¿Por qué casi no hay secuestros hoy en día?

PREGUNTAS GENERALES

1. ¿Llega usted al aeropuerto una hora antes de la salida del avión?
2. Cuando usted viaja en avión, ¿piensa usted que pueden secuestrar el avión?
3. ¿Cree usted que la policía puede evitar los secuestros?
4. ¿Prefiere usted los vuelos largos o los vuelos cortos? ¿Por qué?
5. ¿Quiénes no pueden entrar en los bares?
6. ¿Escucha usted las noticias y los comentarios políticos?
7. ¿Cree usted que las personas que hacen esos comentarios saben de política?
8. ¿Con quién hablan los alumnos cuando tienen quejas?

---

[4] Literally, *it's enough.*
[5] Literally, *neither in jest.*
[6] Literally, *to tranquilize me, to calm me down.*
[7] In some Spanish speaking countries **entrar a** is used instead of **entrar en**.
[8] Notice the Spanish usage in the plural.
[9] **Pensar de** is used in questions requesting an opinion.

¿Qué piensas {de la conferencia? / del señor Gómez?}   *What do you think of {the lecture? / Mr. Gómez?}*

Santa Fe de Bogotá, la capital de Colombia, una ciudad de unos dos millones de habitantes situada a una altura de 2.600 metros.
Santa Fe de Bogotá, the capital of Colombia, a city of some two million inhabitants situated at an altitude of 8560 feet in the Andes.

GRAMMAR, EXERCISES, AND TESTING

Part 1

I. *EXPRESSIONS OF OBLIGATION AND NECESSITY*

☐ IMPERSONAL

Es necesario descansar. **Es preciso** descansar	*It's necessary to rest.*
Hay que descansar.	*One must rest.* *One has to rest.* *It's necessary to rest.*

☐ PERSONAL

Necesito estudiar.	*I need to study.*
Debo estudiar.	*I ought to study.* *I should study.*
Tengo que estudiar.	*I have to study.*

1. A variety of expressions can be used in Spanish to convey obligation or necessity. Some are impersonal expressions and some are personal statements.
2. The impersonal formulas are like clichés and normally don't convey much authority. They are fairly interchangeable.
3. **Hay que** plus an infinitive expresses a high degree of obligation in an impersonal way.
4. A conjugated verb like **necesito** plus an infinitive indicates personal obligation.
5. A conjugated form of **tener** + **que** + infinitive indicates a higher degree of personal obligation.

A. *Transformation exercise*

Recast the following sentences by using **hay que** + infinitive.

Model: Nosotros salimos temprano.
        Hay que salir temprano.

Los alumnos estudian la lección.	Hay que estudiar la lección.
Yo sé los proverbios de memoria.	Hay que saber los proverbios de memoria.
Nosotros compramos los libros esta tarde.	Hay que comprar los libros esta tarde.
Ellos hablan con el inspector.	Hay que hablar con el inspector.
Él oye los comentarios.	Hay que oír los comentarios.

B. *Transformation exercise*

Recast each sentence by using **tener que** in the present and preterit tenses.

Model: Debo estudiar las preguntas.
        Tengo que estudiar las preguntas.
        Tuve que estudiar las preguntas.

Debo ir al consulado.	Tengo que ir al consulado.
	Tuve que ir al consulado.
Deben entrar en la oficina.	Tienen que entrar en la oficina.
	Tuvieron que entrar en la oficina.
Debemos salir a las ocho.	Tenemos que salir a las ocho.
	Tuvimos que salir a las ocho.
Debes estar allí una hora antes.	Tienes que estar allí una hora antes.
	Tuviste que estar allí una hora antes.
Debe ayudarlo con el equipaje.	Tiene que ayudarlo con el equipaje.
	Tuvo que ayudarlo con el equipaje.

C. *Questions*

1. ¿Qué tuviste que hacer ayer?
2. ¿Hay que estudiar esta lección?
3. ¿A qué hora debemos llegar a clase todos los días?
4. ¿Es necesario estudiar en esta clase?
5. ¿Qué necesitas comprar?
6. ¿Qué hay que hacer para conseguir el visado?
7. ¿Qué deben hacer las compañías para evitar los secuestros de aviones?

TESTING / expressions of obligation and necessity

1. Three impersonal expressions equivalent to *it's necessary to work* are ____ ____ ____, ____ ____ ____, and ____ ____ ____.
   — es necesario trabajar, es preciso trabajar, hay que trabajar

2. Of these expressions, the most authoritative-sounding is ____ ____ ____.
   — hay que trabajar

3. A personal expression equivalent to *I have to finish* is ____ ____ ____.
   — tengo que terminar *or* acabar

4. If a person feels he should study, he would say ____ ____.
   — debo estudiar

Give a Spanish equivalent.
5. *He needs to rest.* — Necesita descansar.
6. *He has to eat early.* — Tiene que comer temprano.
7. *They had to leave.* — Tuvieron que salir.
8. *You* (familiar singular) *shouldn't say that.* — No debes decir eso.

Part 2

II. SPECIAL EXPRESSIONS WITH TENER

Spanish uses the formula **tener** + noun in many cases where English uses *to be* + adjective. These expressions always refer to people or animals and never to things. The most useful and practical are:

tener	hambre[10] sed[10] sueño miedo calor frío suerte[10] razón[10] cuidado	to be	hungry thirsty sleepy afraid hot cold lucky[11] right[12] careful

Spanish uses the same formula to express haste, desire, and age.

tener	prisa ganas de + infinitive XX años		to be in a hurry to feel like + present participle to be XX years old

---

[10]These words are feminine.
[11]*To be unlucky* is expressed by making the verb negative: **Pepe no tiene suerte.**
[12]*To be wrong* may be expressed by making the verb negative, or by using **estar equivocado (-a, -os, -as).**
   Pepe no tiene razón.   **Pepe está equivocado.**

Siempre tengo mucha sed.	I'm always very thirsty.
Los niños tienen mucha hambre.	The children are very hungry.
Los pasajeros tienen mucho sueño.	The passengers are very sleepy.
El delegado no tiene razón.	The delegate is wrong.
¿Quién tiene prisa?	Who's in a hurry?
María tiene ganas de cantar.	María feels like singing.
¿Cuántos años tiene él?	How old is he?
No sé cuántos años tiene.	I don't know how old he is.
Ella tiene veinte años.	She is twenty years old.

1. No article is used with the noun in the formula **tener** + noun.
2. A limiting adjective may be used to modify the noun.
3. A numeral, the word **cuántos**, or a limiting adjective must always precede the word **años** when reference is made to age.

D. *Patterned response*

Model: ¿Tienes calor?
        No, no tengo calor, tengo frío.

¿Tienen sueño los estudiantes?	No, los estudiantes no tienen sueño, tienen...
¿Tiene usted frío?	No, no tengo frío, tengo...
¿Tiene sed su amigo?	No, mi amigo no tiene sed, tiene...
¿Ustedes tienen hambre?	No, no tenemos hambre, tenemos...
¿Tienes ganas de ir al cine?	No, no tengo ganas de ir al cine, tengo ganas de...

Cartagena, Colombia, pintoresco puerto en el Atlántico. En esta ciudad se guardaba gran parte del oro que se enviaba a España y fue saqueada repetidas veces por piratas ingleses, entre ellos Sir Francis Drake. Para evitar los ataques, la ciudad fue totalmente rodeada por murallas y se construyeron numerosas fortalezas que son la admiración de sus visitantes.

Cartagena, Colombia, a picturesque port on the Atlantic. A large part of the gold being sent to Spain was kept in this city, which was sacked many times by English pirates, among them Sir Francis Drake. To avoid attacks, the city was completely surrounded by walls and many forts were built which are a wonder to visitors.

El Museo de Arte Colonial e Historia, Popayán, Colombia. Durante los siglos XVII y XVIII, Popayán fue un rico centro comercial y cultural. Hoy Popayán es una de las ciudades coloniales más encantadoras y mejor conservadas de la América del Sur.

The Museum of Colonial Art and History, Popayán, Colombia. In the 17th and 18th centuries, Popayán was a wealthy trading and cultural center. Today Popayán is one of the most beautiful and best preserved colonial cities in South America.

E. Questions

1. ¿Cuántos años tiene usted?
2. ¿Cuántos años tiene su hermana?
3. ¿Tienen ustedes frío ahora?
4. ¿Qué debe hacer una persona cuando cruza una calle con mucho tráfico?
5. ¿Tiene usted veinticinco años?
6. ¿Tienen ustedes mucha hambre?
7. ¿Tengo razón si digo que en Río de Janeiro hablan español?

TESTING / special expression with **tener**

Give a Spanish equivalent.

1. *to be thirsty* — tener sed
2. *to be very sleepy* — tener mucho sueño
3. *How old are you* (familiar singular)? — ¿Cuántos años tienes?
4. The opposite of **tener frío** is _____ _____. — tener calor *or* no tener frío

Give a Spanish equivalent.

5. *She is right.* — Tiene razón.
6. *She is wrong* (two possibilities). — No tiene razón *or* Está equivocada.
7. *I feel like eating.* — Tengo ganas de comer.
8. *We are in a great hurry.* — Tenemos mucha prisa.
9. *They are very hungry.* — Tienen mucha hambre.
10. *You* (familiar singular) *should be very careful.* — Debes tener mucho cuidado.

RECAPITULACIÓN Y AMPLIACIÓN VII

lectura / **DESDE LAS CIVILIZACIONES INDÍGENAS HASTA EL MÉXICO CONTEMPORÁNEO**

indígena *indigenous*

Cuando los españoles llegaron a México encontraron en los mayas y los aztecas las civilizaciones indígenas más avanzadas e importantes.

Los mayas construyeron ciudades, templos y pirámides en la región de Yucatán[1] en México, y también en Guatemala, Honduras y El Salvador. Sus conocimientos de arquitectura, astronomía y matemáticas fueron extraordinarios. Usaron el cero antes que en Europa y construyeron observatorios para estudiar los movimientos de los astros. Como consecuencia de estos estudios, prepararon un calendario de 365 días como el nuestro, pero lo dividieron en 18 meses de 20 días y un período adicional de 5 días.

conocimientos *knowledge*

El sistema que los mayas usaron para representar los números con rayas y puntos es mucho más práctico que el sistema romano

raya *line*
punto *dot*

---

[1]See map p. 276.

Un silbato de barro pintado, Campeche, México. La figura maya probablemente representa a un dios.

A painted clay whistle from Campeche, Mexico. The Mayan figure probably represents a god.

y durante muchos años los historiadores lo consideraron como una invención de los mayas. Sin embargo, unas excavaciones realizadas por algunos arqueólogos en los últimos años demostraron que los olmecas, una civilización anterior a los mayas, usaron un sistema similar para representar los números. Como consecuencia, la idea más aceptada hoy en día es que los mayas usaron y adaptaron el sistema olmeca. Esto no le resta importancia a la civilización maya, ya que sus descubrimientos astronómicos, sus pirámides, templos, pinturas y esculturas son pruebas irrefutables de la extraordinaria cultura de este pueblo que muchos llaman "los griegos de América".

    No sabemos por qué los mayas abandonaron muchas de sus ciudades y poco a poco la selva las cubrió. Cuando los españoles llegaron a México en 1519 sólo encontraron algunas de estas ciudades. Muchos años después, en 1839, un abogado de Nueva York, John Lloyd Stephens, y un artista inglés, Frederick Catherwood, organizaron una expedición para explorar estas regiones. Entre 1839 y 1842, Stephens y Catherwood descubrieron 44 ciudades mayas[2]. Después de estas expediciones, muchos

restar *to diminish*

cubrir *to cover*

---

[2]As a result of their expeditions, Stephens wrote two books illustrated by Catherwood: *Incidents of Travel in Central America, Chiapas and Yucatán* (1841) and *Incidents of Travel in Yucatán* (1843).

exploradores y arqueólogos visitaron estas regiones y descubrieron más ciudades que demostraron el alto grado de civilización de los mayas.

Los aztecas, la otra civilización importante que encontraron los españoles, vivieron al norte de México hasta que uno de sus dioses les ordenó abandonar esa región, buscar un águila con una serpiente en el pico y construir su ciudad en ese lugar. Después de muchos años encontraron esta señal en una isla situada en un lago del interior de México. Los aztecas, según dice la leyenda, construyeron su ciudad allí, en el mismo lugar donde está hoy el centro de la ciudad de México. La señal que les indicó el lugar para construir su ciudad, el águila y la serpiente, son símbolos que

grado *degree*

dios *god*
el águila (feminine) *eagle*
pico *beak*
la señal *sign*
isla *island*

Relieve maya de Chiapas, México.
A Mayan relief from Chiapas, Mexico.

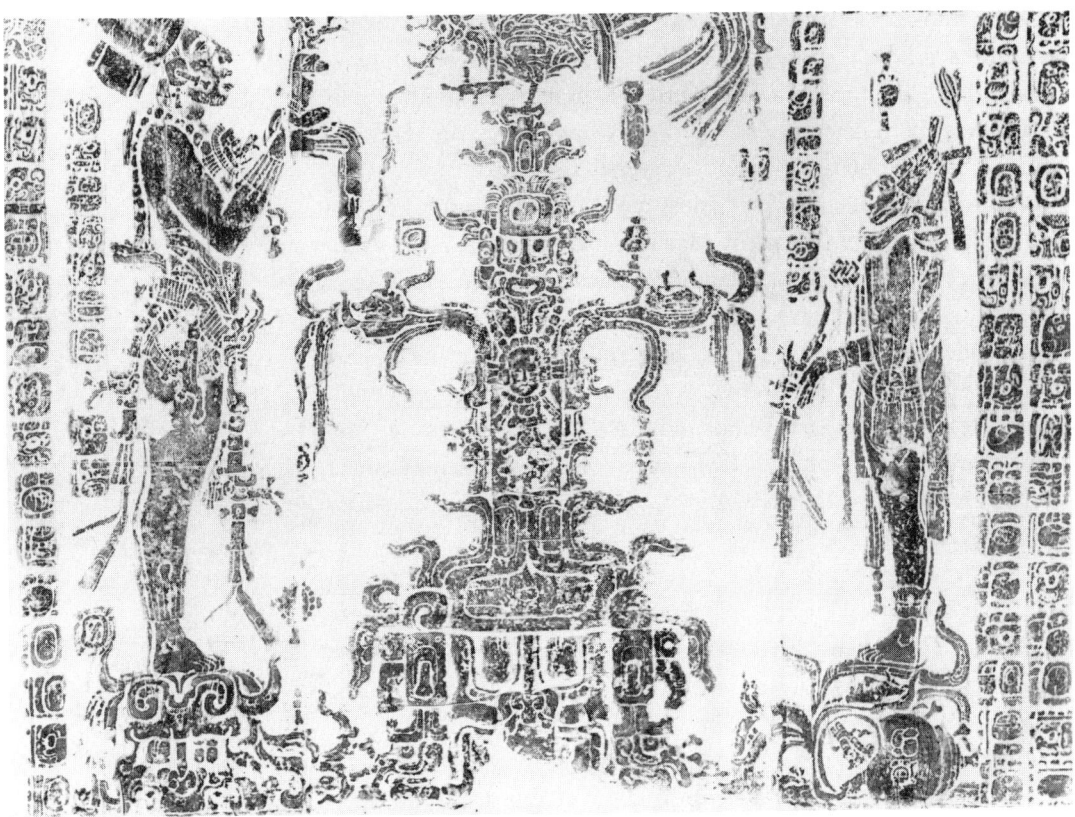

Chichén Itzá, ciudad maya de Yucatán, México. Grabado del artista inglés Frederick Catherwood, quien visitó diferentes ciudades mayas en el siglo XIX en compañía de John Lloyd Stephens.

Chichén Itzá, Mayan city in Yucután, Mexico. Engraving by the English artist Frederick Catherwood, who visited different Mayan cities in the 19th century with John Lloyd Stephens.

encontramos en la bandera de ese país y también en diferentes manifestaciones de su arte.

    Cuando Cortés llegó a Yucatán tuvo algunos encuentros con los mayas, pero después éstos lo ayudaron. Los españoles y los mayas intercambiaron regalos en señal de amistad y de cooperación. Uno de estos regalos fue Malinche, una india a quien los españoles llamaron Marina. Esta mujer fue consejera e intérprete de Cortés y lo acompañó constantemente durante la conquista de México.

    Después de muchos trabajos, los españoles llegaron a Tenochtitlán, la capital de los aztecas, y quedaron asombrados cuando vieron esta ciudad. Bernal Díaz del Castillo, compañero de Cortés, fue testigo de la entrada de los españoles en Tenochtitlán y la relata en su libro *Historia verdadera de los sucesos de la conquista de la Nueva España*.

    Durante la guerra con los aztecas, los españoles destruyeron la capital azteca y, sobre sus ruinas, construyeron una nueva ciudad. Cuando comenzaron las excavaciones para la construcción del metro en México, los arqueólogos encontraron ruinas y numerosos objetos de la cultura azteca. En una de la estaciones subterráneas del metro, hay una exhibición donde el público puede ver algunos de los descubrimientos de los arqueólogos.

bandera *flag*

encuentro *encounter*

regalo *present*
amistad *friendship*

consejero (-a) *advisor*

quedaron asombrados *were astonished*

entrada *arrival*

guerra *war*

metro *subway*

Hoy en día, la cultura moderna y la cultura indígena están unidas en la ciudad de México. El Museo de Antropología, uno de los museos más modernos e interesantes del mundo, es símbolo de esta unión. Este museo contiene innumerables esculturas y objetos de las diferentes culturas indígenas. Entre ellos está el famoso calendario azteca, una maravilla artística de precisión geométrica, que domina una de las salas y nos recuerda la gloria y la cultura de los habitantes de México antes de la conquista.

PREGUNTAS

1. ¿Qué civilizaciones importantes encontraron los españoles cuando llegaron a México?
2. ¿Dónde construyeron los mayas sus ciudades?
3. ¿Cómo dividieron los mayas su calendario?
4. ¿Qué sistema usaron para representar los números?
5. ¿Qué otra civilización usó un sistema similar?
6. ¿Qué otro nombre les dan a los mayas?
7. ¿Por qué abandonaron los mayas muchas de sus ciudades?
8. ¿Qué hicieron Stephens y Catherwood?
9. ¿Por qué abandonaron los aztecas el norte de México?
10. ¿Dónde encontraron la señal indicada por sus dioses?
11. ¿Qué hicieron entonces?
12. ¿Quién fue la consejera e intérprete de Cortés?
13. ¿Qué libro relata la entrada de los españoles en Tenochtitlán?
14. ¿Qué pasó durante la guerra entre españoles y aztecas?
15. ¿Qué encontraron los arqueólogos cuando comenzaron las excavaciones para la construcción del metro?
16. ¿Qué culturas están unidas en la ciudad de México?
17. ¿Por qué podemos decir que el Museo de Antropología es símbolo de esta unión?
18. ¿Qué puede decir usted del calendario azteca?

READING AND WRITING SUPPLEMENT

Cognates: Spanish -**ismo**, English -*ism*; Spanish -**ista**, English -*ist*

Spanish words that end in -**ismo** are another source of vocabulary expansion for English-speakers studying Spanish. The equivalent suffix in English is -*ism*. Typical examples are:

SPANISH	ENGLISH	SPANISH	ENGLISH
clasicismo	*classicism*	pesimismo	*pessimism*
comunismo	*communism*	marxismo	*marxism*
nacionalismo	*nationalism*	materialismo	*materialism*

Can you give Spanish cognates for the following words?

fatalism	romanticism
optimism	radicalism
imperialism	socialism
militarism	capitalism

Another ending related to **-ismo** is **-ista**, meaning an adherent to a particular **-ismo**. The English suffix equivalent to **-ista** is *-ist*. The ending **-ista** is also used to designate a person practicing a certain profession or trade. It can refer to males or females; the accompanying article agrees in gender and number with the person or persons referred to: **el, la artista; los, las artistas**. Typical examples are:

SPANISH	ENGLISH	SPANISH	ENGLISH
dentista	*dentist*	pianista	*pianist*
guitarrista	*guitarist*	socialista	*socialist*

Can you recognize the English equivalents of these words?

fatalista	imperialista
capitalista	nacionalista
militarista	violinista

A few words are less accommodating for the student of Spanish.

SPANISH	ENGLISH	SPANISH	ENGLISH
químico	*chemist*	antropólogo	*anthropologist*
electricista	*electrician*	físico	*physicist*

PRONUNCIATION

Spanish /y/ represented by **y, ll,** and **hie**

In Spanish, /y/ has two different pronunciations and most Spanish-speakers use both in normal conversation. Whenever /y/ introduces a sentence or occurs after a pause, an **n**, or an **l**, the tongue touches the palate (roof of the mouth) and produces a sound similar to the English *j* in the word *joke*. It is written phonetically as a letter "y" with a circumflex over it in brackets: [ŷ].

In all other positions, /y/ is pronounced somewhat like the English *y* in the word *yoke*, but with greater friction. Phoneticians write this sound as a letter "y" in brackets: [y].[3]

Students of Spanish are sometimes reluctant to interchange these two sounds of /y/ because they know that in English doing so could produce two distinct words, such as *joke* versus *yoke*. No such confusion can arise in Spanish since these two variant sounds convey no difference in meaning.

---

[3] In Argentina, Uruguay, and Paraguay the letters **y** and **ll** are pronounced similar to the sound of **s** in the English words *measure* and *pleasure*. In some parts of Spain, the **ll** is pronounced as the *lli* in the English word *million*.

Las pirámides de Teotihuacán, a unos 48 kilómetros de la ciudad de México, fueron construidas alrededor del siglo I d.C. La Pirámide del Sol, que mide 66 metros de alto y tiene una base de 200 metros, se eleva sobra las ruinas de la que probablemente fuera la ciudad más grande del mundo antes de su decadencia en el siglo X.

The Pyramids of Teotihaucán, 30 miles from Mexico City, were built about the 1st century A.D. The Pyramid of the Sun, which measures 216 feet in height and has a base 656 feet wide, rises from the ruins of what probably was the largest city in the world before its decline in the 10th century.

A. Listen and repeat

[y] or [ŷ]

yo		hierba	*grass*
llanta		inyección	*injection*
llegada		el yerno	*son-in-law*
hielo	*ice*	un yate	*a yacht*

B. Listen and repeat

[y]

calle	ayuda	
allí	construyo	
pasillo	tuyo	
paella	caballo	*horse*

Spanish /ch/ represented by the letter **ch**

In Spanish and English, /ch/ is articulated similarly, but Spanish gives it less aspiration. Spanish **ch** never signals the pronunciation [k].

C. Listen and repeat

[ch]

chico	coche
muchacho	chocolate
chino	chileno

283 *PRONUNCIATION*

Durante la construcción del Metro en la ciudad de México, se encontraron gran número de ruinas aztecas. La civilización es un proceso de acumulación, olvido y redescubrimiento.

During construction of the Metro in Mexico City, a large number of Aztec ruins were encountered. Civilization is a process of accumulation, forgetting, and rediscovery.

POEMA[1] POPULAR

Los meses del año

Treinta días trae noviembre
con abril, junio y septiembre;
sólo veintiocho trae uno,
y los demás[2], treinta y uno.
Si el año bisiesto fuere[3]
da a febrero veintinueve.

¿Qué meses tienen treinta días?
¿Cuántos días tiene el mes de enero?
¿Qué mes tiene sólo veintiocho días?
¿Cuáles son los meses que tienen treinta y un días?
¿Cuántos meses tienen treinta días?
¿Cuándo tiene febrero veintinueve días?
¿Es este año un año bisiesto?
¿Cuántos días hay en un año bisiesto?
¿Sabe usted el poema de memoria?

[1]**el poema** (masculine)   [2]**los demás** *the rest*   [3]**fuere** obsolete form which means *were*

TESTING

A. Irregular preterits

Use the preterit form of the infinitive in parentheses.

1. (saber) Yo _____ la noticia ayer. — supe
2. (estar) María, ¿dónde _____ esta mañana? — estuviste
3. (poder) Mis amigos no _____ ver todas las exhibiciones. — pudieron
4. (tener) Alicia y yo no _____ tiempo de ver las estatuas. — tuvimos
5. (poder) Él no _____ ver todas las pinturas. — pudo
6. (andar) Los alumnos _____ en el campo ayer. — anduvieron
7. (poner) El director del museo _____ otras pinturas en exhibición. — puso
8. (tener/estar) Los padres de Juan _____ un accidente la semana pasada. _____ dos días en el hospital. — tuvieron, Estuvieron
9. (hacer) ¿Qué _____ ustedes ayer? — hicieron
10. (venir) Pepe, ¿por qué no _____ más temprano? — viniste
11. (decir) Ellos me _____ el nombre del cine. — dijeron
12. (traducir) Yo no _____ las oraciones. — traduje
13. (traer) El chofer _____ las llantas esta mañana. — trajo
14. (decir) Tú no me _____ la verdad. — dijiste
15. (querer/poder) Yo _____ ir, pero no _____. — quise, pude
16. (hacer/decir) Nosotros _____ el trabajo, pero no se lo _____. — hicimos, dijimos

B. Limiting adjectives

Provide the correct form of **mucho**.

1. El chofer está enfermo y necesita _____ descanso. — mucho
2. _____ personas quieren trabajar en esa compañía. — Muchas
3. Les di _____ leche a los niños. — mucha
4. ¿Fueron _____ alumnos a la reunión? — muchos

Provide the correct form of **poco**.

5. Muy _____ alumnos entendieron la explicación. — pocos
6. Hay _____ estatuas en esa sala. — pocas
7. Mi padre toma muy _____ café. — poco
8. Le sirvieron _____ carne al señor. — poca

Provide the correct form of **otro**.

9. Esta vez estuvo _____ vendedor. — otro
10. Yo quiero _____ periódicos. — otros
11. La _____ chica lo terminó. — otra
12. Los estudiantes presentaron _____ demandas. — otras

C. Expressions of obligations and necessity

Use **hay que** + infinitive instead of the conjugated verb.

1. Dicen muchas cosas.
   _____ _____ _____ muchas cosas. — Hay que decir
2. Llegamos temprano al aeropuerto.
   _____ _____ _____ temprano al aeropuerto. — Hay que llegar
3. Debes dormir ocho horas.
   _____ _____ _____ ocho horas. — Hay que dormir
4. Debemos pensar en una solución.
   _____ _____ _____ en una solución. — Hay que pensar

Provide the correct form of **tener que** + infinitive.

5. Alicia descansa todas las mañanas.
   Alicia _____ _____ _____ todas las mañanas. — tiene que descansar
6. Ellos salen a las diez.
   Ellos _____ _____ _____ a las diez. — tienen que salir
7. Yo conseguí el pasaje ayer.
   Yo _____ _____ _____ el pasaje ayer. — tuve que conseguir
8. ¿Pusiste su nombre en la lista?
   ¿_____ _____ _____ su nombre en la lista? — Tuviste que poner

286 RECAPITULACIÓN Y AMPLIACIÓN VII

9. Los estudiantes hicieron todo el trabajo.
   Los estudiantes _____ _____ _____ todo el trabajo. — tuvieron que hacer
10. Nosotros hablamos con ellos después.
    Nosotros _____ _____ _____ con ellos después. — tenemos (*or* tuvimos) que hablar

D. Expressions with tener

Complete each sentence with an appropriate expression consisting of a conjugated form of **tener** plus a noun.

1. Juan no comió hoy y por eso _____ _____. — tiene hambre
2. Los niños no durmieron anoche y ahora _____ _____. — tienen sueño
3. Yo no tomé agua en el almuerzo y ahora _____ _____. — tengo sed
4. Ella no sale sola de noche porque _____ _____. — tiene miedo
5. Queremos dormir cuando _____ _____. — tenemos sueño
6. El profesor Gómez no quiere llegar tarde y por eso _____ _____. — tiene prisa

E. Days of the week and dates

Complete each statement with the appropriate fact.

1. Si hoy es lunes, mañana es _____. — martes
2. Si hoy es viernes, mañana es _____. — sábado
3. Si hoy es jueves, ayer fue _____. — miércoles
4. En la universidad no hay clases _____ _____. — los domingos
5. El primer día del año es _____ _____ _____ _____. — el primero de enero
6. El último día del año es _____ _____ _____ _____. — el 31 de diciembre
7. El mes más corto del año es _____. — febrero
8. La fecha de independencia de los Estados Unidos es _____ _____ _____ _____ _____ _____. — el 4 de julio de 1776

La Plaza de las Tres Culturas, ciudad de México, donde se ven reunidas tres etapas de la historia de México: las pirámides aztecas de Tlatelolco, la iglesia de Santiago Tlatelolco y unos modernos edificios de apartamentos.

The Plaza of the Three Cultures, Mexico City, where one sees assembled together the three stages of Mexican history: the Aztec pyramids of Tlatelolco, the church of Santiago Tlatelolco, and modern apartment buildings.

VOCABULARY

abril *m*	*April*	**calor** *m*	*heat*
acto	*act*	**caminar**	*to walk*
aéreo *adj*	*air*	**camino**	*road*
agosto	*August*	**una hora de**	
andar	*to go, to walk*	**camino**	*an hour's drive*
antropología	*anthropology*	**cancelar**	*to cancel*
bar *m*	*bar*	**certificado**	*certificate*
bastante	*enough*	**ciero: por cierto**	*by the way*
bastar	*to be enough*	**colección**	*collection*
billete *m*	*ticket*	**comentar**	*to comment*
broma	*joke*	**comentario**	*comment, commentary*
cada	*each*	**como de costumbre**	*as usual*

confirmar	to confirm	pasaje *m*	ticket
consulado	consulate	pasaporte *m*	passport
cosa	thing	periódico	newspaper
cruzar (c)	to cross	pintar	to paint
cupo	seat, space	pintura	painting
demasiado (-a,-os,-as)	too much; pl too many	pirata aéreo *m*	skyjacker
diciembre *m*	December	piratería aérea	skyjacking
domingo	Sunday	preciso	necessary
embajada	embassy	preocupar	to worry
encantado	delighted	preparar	to prepare
enero	January	preparativo	preparation
entrar	to enter, to go in	prisa	hurry
equivocado	wrong, mistaken	¡qué va!	of course not
estatua	statue	queja	complaint
exhibición	exhibition, exhibit	razón *f*	reason
exigir	to require, to demand	regresar	to return
fantástico	fantastic, out of this world	rescate *m*	ransom
		reserva	reservation
febrero	February	reservación	reservation
fecha	date	resulta	it results, it turns out
fin: por fin	finally	sábado *m*	Saturday
gente *f*	people	sala	room
hambre *f*	hunger	salida	departure
hay que + *inf*	it's necessary + *inf*	secuestrar	to hijack
hora: a última hora	at the last minute	secuestro	hijacking
hoy en día	nowadays	sed *f*	thirst
idea	idea	seguridad	security
igual	equal	septiembre *m*	September
jueves *m*	Thursday	setiembre *m*	September
julio	July	solo	alone
junio	June	suficiente	enough
juntos	together	tanto (-a, -os, -as)	so much; pl so many
lista de espera	waiting list	tarjeta	card
lunes *m*	Monday	tener ganas	to feel like (e.g., doing something)
lleno	full		
mamá	mother, mama, mom	tener razón	to be right
martes *m*	Tuesday	tener sueño	to be sleepy
marzo	March	titular *m*	headline
mayo	May	tontería	nonsense
medida	measure	tranquilizar	to tranquilize, to calm
mejor: a lo mejor	perhaps	turismo	tourism
menos: por lo menos	at least	vacío	empty
miércoles *m*	Wednesday	vacuna	vaccination
necesario	necessary	viernes *m*	Friday
noviembre *m*	November	visa	visa
octubre *m*	October	visado	visa
oficina de boletos	ticket office	visita	visit
pagar (gu)	to pay		

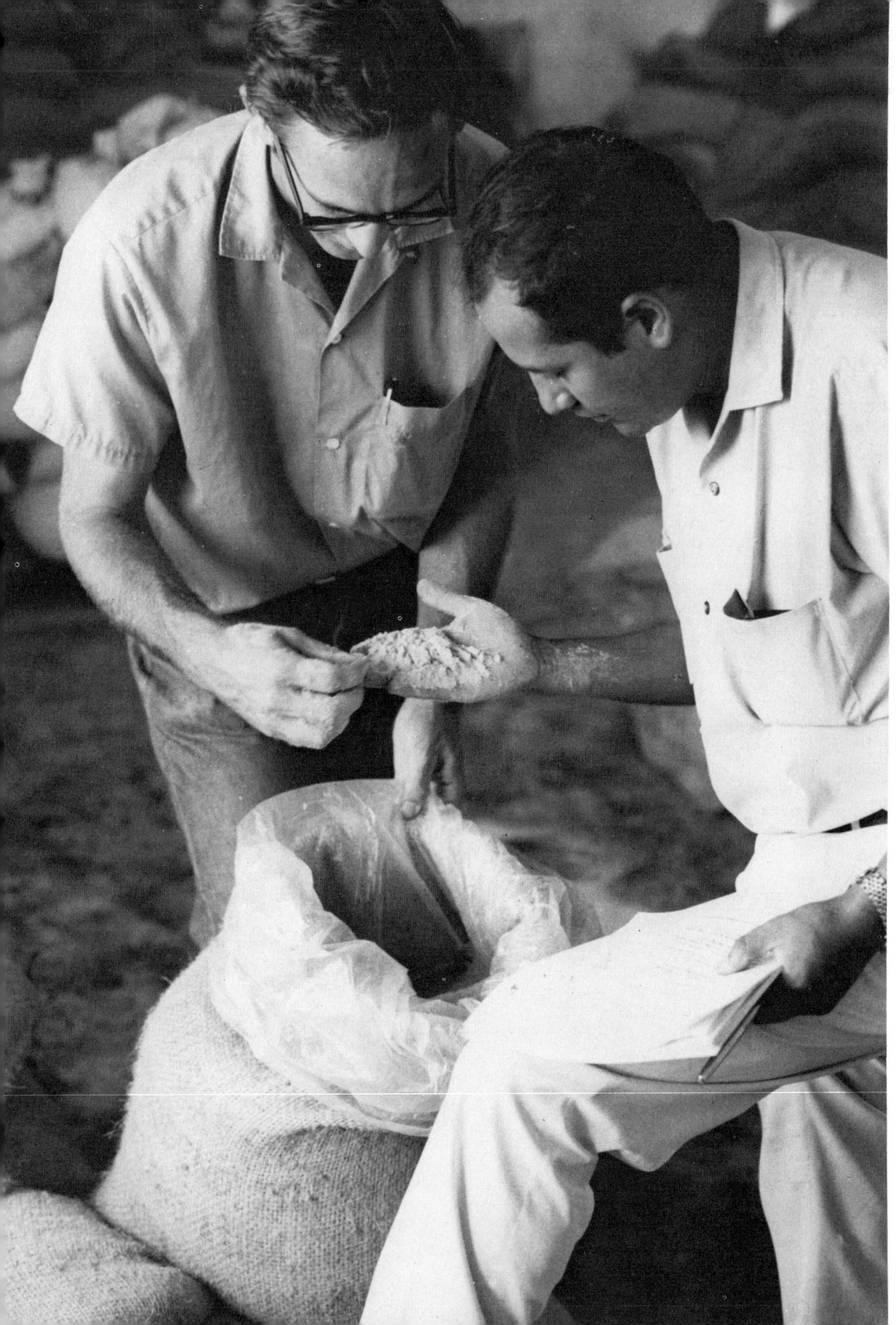

◀ Un voluntario del Cuerpo de Paz ayuda a desarrollar un tipo de ajonjolí resistente a las enfermedades, en el Centro Nacional de Investigaciones Agropecuarias de Colombia.
A Peace Corps volunteer helps to develop a type of disease-resistant sesame, at Colombia's National Center of Cattle and Crop Research.

LECCIÓN 22

The imperfect tense versus the preterit tense / Imperfect tense of first-conjugation verbs / Descriptive adjectives: placement, special meanings, and spelling

diálogo / UN EX VOLUNTARIO DEL CUERPO DE PAZ

AN EX–PEACE-CORPS VOLUNTEER

ROBERTO Así que pasaste dos años de voluntario[1] cerca de Medellín[2].

ENRIQUE Sí, trabajaba con los campesinos. Les enseñaba nuevos métodos de cultivo y también les dábamos clases en una escuela rural.

ROBERTO ¡Ah! Pero, ¿no estabas solo?

ENRIQUE A veces sí, pero otras veces formábamos pequeños grupos de voluntarios y trabajábamos juntos. Por

R: *So you spent two years as a volunteer near Medellin.*

E: *Yes, I worked with the farmers. I taught them new methods of cultivation and we also held classes[3] in a rural school.*

R: *Oh! But, you weren't alone?*

E: *At times yes, but at other times we would form small teams of volunteers and work together. For example, while*

---

[1] **Como voluntario** can also be used instead of **de voluntario**.
[2] The Colombian city of Medellín is capital of the department of Antioquia, northwest of Bogotá. Founded in 1675, it has more than a million inhabitants and is the most important industrial city in Colombia. It is the center of a large textile industry and is also famous for its orchids and other tropical flowers. The climate is an eternal spring with an average temperature of 70^0 F.
[3] Literally, *we gave them classes.*

	ejemplo, mientras uno organizaba la cooperativa, otro estaba a cargo de preparar la tierra.	one would organize the cooperative, another would be in charge of preparing the soil.
ROBERTO	¿Y no echabas de menos tu casa, tus comodidades?	R: But didn't you miss your home and its comforts?[4]
ENRIQUE	Sí, mucho, pero ahora echo de menos la vida que llevaba allá. En fin, que nunca estamos satisfechos.	E: Yes, quite a bit, but now I miss that life I led there. Oh well,[5] no one is ever[6] satisfied.

ORACIONES Y PALABRAS

Les enseñaba nuevos métodos de **cultivo**.
                  abono,
                  producción
Estaba a cargo **de la cooperativa**.
         de la cosecha, de la siembra,
         del ganado, del programa
¿No **echabas de menos** tu casa?
     extrañabas
Nunca estamos **satisfechos**.
        alegres[7], tristes

I used to teach them new methods of cultivation.
    fertilizing,
    production
He used to be in charge of the cooperative.
    harvest, seeding,
    cattle, program
Didn't you miss your home?
    miss
We are never satisfied.
    happy or *glad, sad*

PREGUNTAS SOBRE EL DIÁLOGO

1. ¿Cuántos años fue Enrique voluntario del Cuerpo de Paz?
2. ¿Trabajaba en la ciudad de Medellín?
3. ¿Qué les enseñaba Enrique a los campesinos?
4. ¿Dónde les daba clases?
5. ¿Trabajaba siempre solo?
6. ¿Cómo trabajaban los voluntarios cuando formaban grupos?
7. ¿Qué echaba de menos Enrique?
8. ¿Qué extraña ahora?

PREGUNTAS GENERALES

1. ¿Existe el Cuerpo de Paz hoy en día?
2. ¿Cree usted que el Cuerpo de Paz fue una buena idea? ¿Por qué?
3. ¿Qué cree usted que aprendieron los voluntarios?
4. ¿Qué sabe usted de la ciudad de Medellín?
5. ¿Qué echa de menos usted cuando está lejos de su casa?
6. ¿En qué estados hay mucho ganado en este país?
7. ¿En qué meses recogen la cosecha en esta región?
8. ¿Son modernos los métodos de cultivo en este país?
9. ¿Está usted satisfecho con sus clases en la universidad?
10. Después que a usted le dan una mala noticia, ¿está usted contento o triste?

---

[4]Literally, *your conveniences.*
[5]Literally, *in fine.*
[6]Literally, *we are never.*
[7]The adjective **alegre** can be used with either the verb **ser** or the verb **estar**.
    Ella es alegre (of a happy nature).
    Ella está alegre (presently happy).

GRAMMAR, EXERCISES, AND TESTING

Part 1

I. THE IMPERFECT TENSE VERSUS THE PRETERIT TENSE

The imperfect, like the preterit, is a past tense. The difference between the two tenses is not a difference of time but of ways of looking at events. The preterit reports what took place, what was terminated, completed. The imperfect, on the other hand, describes an event in its duration or progression, without any indication of its beginning or end. As such, the imperfect is used to tell of ongoing past actions, habitual events, and lasting or permanent qualities or conditions. The imperfect tense corresponds to the English past progressive, *used to* + verb, or *would* + verb. When lasting qualities or conditions are described, the imperfect corresponds to the English preterit.

II. IMPERFECT TENSE OF FIRST-CONJUGATION VERBS

□ *FORMS*

hablar	
hablaba	hablábamos
hablabas	hablabais
hablaba	hablaban

1. The combination **aba** follows the stem.
2. The first and third persons singular are identical. To avoid confusion, subject pronouns are often used with these forms.
3. The first-person plural is the only form which has a written accent.
4. Stem-changing verbs do not change stems in the imperfect; the infinitive stem is used.

□ *USE*

Él **enseñaba** en una escuela rural.	He used to teach at a rural school.
Él **enseñó** en una escuela rural.	He taught at a rural school.
Mientras **estaba** en México **hablaba** español todos los días (*indefinite duration; events described as on going*).	While he was in Mexico he used to speak Spanish every day.
Mientras **estuvo** en México **habló** español todos los días (*definite duration; the events are terminated*).	While he was in Mexico he spoke Spanish every day.
Siempre **hablaba** en clase pero ayer no **habló**.	She always used to talk in class but she didn't speak yesterday.

1. Adverbs may be present or just implied.
2. The imperfect occurs with adverbs of indefinite duration or repetition.
3. The preterit occurs with adverbs that imply definite duration or a repetition that is considered a completed action.

A. Person-number substitution

1. El voluntario enseñaba en una escuela rural.
   Tú   Tú enseñabas en una escuela rural.
   El profesor   El profesor enseñaba en una escuela rural.
   Alicia y yo   Alicia y yo enseñábamos en una escuela rural.
   Ustedes   Ustedes enseñaban en una escuela rural.
   Yo   Yo enseñaba en una escuela rural.

2. Estaban a cargo de una cooperativa.
   (yo)   Estaba a cargo de una cooperativa.
   (nosotros)   Estábamos a cargo de una cooperativa.
   (él)   Estaba a cargo de una cooperativa.
   (ellos)   Estaban a cargo de una cooperativa.
   (tú)   Estabas a cargo de una cooperativa.

3. Trabajaba en el campo.
   (ellos)   Trabajaban en el campo.
   (usted)   Trabajaba en el campo.
   (tú y yo)   Trabajábamos en el campo.
   (tú)   Trabajabas en el campo.
   (yo)   Trabajaba en el campo.

4. Echábamos de menos a la familia.
   (usted)   Echaba de menos a la familia.
   (yo)   Echaba de menos a la familia.
   (ustedes)   Echaban de menos a la familia.
   (tú)   Echabas de menos a la familia.
   (ella)   Echaba de menos a la familia.

5. Ellos sembraban en el mes de marzo.
   yo, Juan y yo, el campesino, tú, los voluntarios

6. Yo preparaba la tierra.
   ellos, tú, él, nosotros, los campesinos

B. Present → imperfect

Use the appropriate forms of the imperfect for each verb in the present and read aloud.

La universidad donde yo estudio queda bastante lejos de mi casa. El autobús que pasa cerca de mi casa me deja a diez cuadras de la Facultad de Ciencias. Cuando llevo el coche de mi papá, no camino las diez cuadras y llego a la universidad temprano. Busco un lugar para estacionar y a veces paso media hora en eso. Entonces pienso que en el autobús llego a tiempo y cuando manejo el auto llego tarde. En esos momentos pienso no aceptar más el auto de papá. Pasan 24 horas. Mi padre me pregunta de nuevo si necesito el auto y yo pienso en todos los problemas para estacionar y en vez de decirle que no, le contesto que sí, que con el auto no camino y llego tranquilo a mi primera clase.

TESTING / imperfect tense of -ar verbs

Give the imperfect-tense form suggested by the cue.
1. **hablar**, first and third persons singular   — hablaba
2. **estudiar**, first-person plural   — estudiábamos
3. **trabajar**, third-person plural   — trabajaban
4. **andar**, **tú**-form   — andabas
5. **buscar**, **usted**-form   — buscaba

Give a Spanish equivalent.

6. I *used to teach there.* — Yo enseñaba (*or* daba clases) allí.
7. *They were speaking very loudly.* — Hablaban muy alto.
8. *We used to work together.* — Trabajábamos juntos (-as).
9. HE *was worried* (description). — Él estaba preocupado.
10. HE *was worried* (completed action). — Él estuvo preocupado.

Part 2

III. DESCRIPTIVE ADJECTIVES: PLACEMENT, SPECIAL MEANINGS, AND SPELLING

1. Descriptive adjectives normally follow the noun they modify.
2. Some descriptive adjectives, however, may also precede the noun. When one does, it usually emphasizes an inherent characteristic of the noun. Descriptive adjectives may also precede the noun for stylistic purposes, in order to achieve poetic or dramatic effects.

    la blanca nieve (inherent color)   *the white snow*
    la casa blanca (applied color)   *the white house*
    sus tristes ojos (poetic)   *her sad eyes*
    el horrible accidente (dramatic)   *the horrible accident*

Fibras de henequén o maguey secándose cerca de Silvia, Colombia. Las agencias internacionales ayudan en el diseño y la mercadotecnia para que los artículos hechos de esta fibra puedan recobrar su importancia en el mercado mundial.

Fibers of henequen or maguey drying near Silvia, Colombia. International agencies aid in design and marketing so that articles made of this fiber can recover their importance in the world market.

3. Other adjectives which precede or follow the noun have special meanings: figurative when they precede, literal when they follow.

un gran hombre	*a great man*
un hombre grande	*a big man*
un hombre muy grande	*an exceedingly* $\begin{Bmatrix} big \\ great \end{Bmatrix}$ *man.*
la antigua ley	*the former law*
la ley antigua	*the ancient law*
las diferentes naciones	*the various nations*
las naciones diferentes	*the different nations*
un nuevo coche	*a new car* (another one)
un coche nuevo	*a new car* (brand new)
la pobre mujer	*the unfortunate woman*
la mujer pobre	*the indigent woman*
mi viejo amigo	*my old* (longstanding) *friend*
mi amigo viejo	*my old* (elderly) *friend*

4. When modified itself, the adjective must follow the noun it modifies.
5. The meanings of **muy grande** and **muy viejo** will depend on context.
6. When **antiguo**, **diferente**, **nuevo**, and **pobre** are modified, they can only have their literal meanings.
7. The adjective **grande** becomes **gran** before any singular noun.
8. The plural **grandes** is regular.
9. **Bueno** and **malo** may also precede or follow the noun they modify. They alter their form when they precede a masculine singular noun: they lose their final -**o**.

un **buen** libro	un libro **bueno**
un **mal** chico	un chico **malo**
una **mala** noticia	una noticia **mala**
unos **buenos** libros	unos libros **buenos**

The difference in meaning between these paired expressions is often one of emphasis. In any Spanish expression, the emphasis falls on the last word. English is quite different —stress is placed on any word in the sentence which the speaker wishes to emphasize.

C. Noun + adjective ⟶ adjective + noun

Place the adjectives in the following sentences before the noun they modify and make the necessary changes.

Models: Es un libro bueno.
Es un buen libro.
Tuvieron una cosecha buena.
Tuvieron una buena cosecha.

Pedro es un estudiante malo.	Pedro es un mal estudiante.
Él fue un voluntario bueno.	Él fue un buen voluntario.

Entre las agencias internacionales que patrocinan programas para mejorar el nivel de vida de los indios de los Andes se encuentran UNICEF, ILO, FAO, UNESCO y WHO.
Among the international agencies that sponsor programs to raise the standard of living of the Indians of the Andes are UNICEF, ILO, FAO, UNESCO, and WHO.

Es un hombre grande.   Es un gran hombre.
Despidieron a los vendedores malos.   Despidieron a los malos vendedores.
¿Dónde queda un taller bueno?   ¿Dónde queda un buen taller?

D. *Reading exercise*

Read the first sentence, then complete the story by finishing the second sentence reusing the boldface noun and modifying it with an adjective that gives your interpretation.

Models: Él es un **hombre** alto y fuerte. Él es...
Él es un hombre grande.
Esa **mujer** perdió a su hijo y siempre está triste. Ella es...
Ella es una pobre mujer.

Ese **señor** tiene 80 años. Es un...
Es un **hombre** inteligente y famoso. Es un...
Esa **familia** no tiene dinero. Es una...
Fue su **profesor** en la escuela secundaria. Es su...
Llegaron los **coches** de este año. Son los...

TESTING / *placement, special meanings, and spelling of some descriptive adjectives*

Give a Spanish equivalent.
1. *ancient history*   — historia antigua
2. *a very poor child* (masculine)   — un niño muy pobre
3. *an unfortunate child* (masculine)   — un pobre niño
4. **Un mal muchacho** can also be expressed as _____ _____ _____.   — un muchacho malo
5. Before the word **libro**, the adjective **bueno** becomes _____.   — buen
6. Before **noticia**, the same adjective has the form _____.   — buena
7. Before **mujer, grande** becomes _____.   — gran
8. Before **hombre, grande** becomes _____.   — gran
9. Before **hombres, grande** becomes _____.   — grandes

Give a Spanish equivalent.
10. *a great man*   — un gran hombre
11. *a big man*   — un hombre grande
12. *a very great man*   — un hombre muy grande

LECCIÓN 23

Imperfect tense of second and third conjugation regular verbs / Imperfect tense of **tener** and **haber** / Comparisons of equality: adjectives, nouns, and pronouns / Comparisons of inequality / Irregular adjective comparisons

diálogo / UNA CATEDRAL DE SAL[1]

ROBERTO ¿Una catedral de sal dentro de una montaña? Tú no puedes hablar en serio.

JUAN Claro que hablo en serio. Mira, la catedral está en las minas de sal, y las minas están en la montaña.

ROBERTO Ahora sí entiendo. Fue una obra de los españoles que explotaron las minas y construyeron la catedral.

JUAN No, las minas existían antes de la llegada de los

A CATHEDRAL OF SALT

R: *A cathedral of salt inside a mountain! You can't be serious.*

J: *Of course[2] I'm serious. Look, the cathedral is in the salt mines and the mines are in the mountain.*

R: *Now I understand. It was a work of the Spaniards who exploited the mines and built the cathedral.*

J: *No, the mines existed before*

---

[1] This fabulous cathedral is located in the salt mines of Zipaquirá, 35 miles from Bogotá. The cathedral is 500 feet below the surface and visitors can drive or walk through tunnels to reach it.
[2] Literally, *clear that*.

	españoles. Los chibchas³ extraían la sal y la cambiaban por oro.
ROBERTO	¿Y quién construyó la catedral entonces?
JUAN	Los colombianos la construyeron en este siglo. Los mineros querían tener una iglesia allí y el Banco de la República⁴, que administra las minas, la construyó alrededor de 1950.
ROBERTO	¿Y cómo es? Debe ser muy interesante.
JUAN	Es enorme. Mide⁵ más de 120 metros de largo. Pero el tamaño de la iglesia impresiona todavía más cuando uno piensa que todo es de sal allí, las paredes, las columnas, el techo. Tienes que verlo para creerlo.

the arrival of the Spaniards. The Chibchas extracted the salt and exchanged it for gold.

R: And who built the cathedral?

J: The Colombians built it in this century. The miners wanted to have a church there and the Bank of the Republic, which administer the mines, built it around 1950.

R: And what is it like? It must be very interesting.

J: It's⁶ enormous. It's more than 400 feet⁷ long. But the size of the church is even more impressive when one thinks that everything is made out of salt, the walls, the columns, the ceiling. You have to see it to believe it.

ORACIONES Y PALABRAS

Los indios extraían **sal**.

        plata⁸, cobre⁹, hierro, esmeraldas

El túnel mide más de treinta **metros**.

        pies

Mide veinte pulgadas de **largo**.

        ancho, alto

The Indians extracted salt.

        silver, copper, iron, emeralds

The tunnel measures more than thirty meters.

        feet

It measures twenty inches long.

        wide, high or tall

PREGUNTAS SOBRE EL DIÁLOGO

1. ¿Dónde queda la catedral de sal?
2. ¿Cree Roberto que Juan le habla en broma?
3. ¿Quiénes extraían sal antes de la llegada de los españoles?
4. ¿Qué les daban a los chibchas por la sal?
5. ¿Quién construyó la catedral?
6. ¿Por qué construyó la catedral?
7. ¿Qué es el Banco de la República?
8. ¿Cuándo construyeron la catedral?
9. ¿Cuánto mide?
10. ¿Qué partes de la catedral son de sal?

---

³Name commonly given to the **muiscas**, Indians who dominated the Colombia uplands when the Spaniards arrived. They were expert weavers and potters, and did very artistic work in gold.
⁴**El Banco de la República** (Colombia's National Bank) is in charge of the mines.
⁵From **medir**.
⁶Literally, *it measures*. This verb is used in measuring persons as well as things.
⁷Literally, 120 *meters*.
⁸In some Spanish-speaking countries, **plata** also refers to money.
    Gana mucha plata.   *He earns a lot of money.*
⁹**El cobre** (masculine).

La Catedral de Sal de Zipaquirá. Esta enorme iglesia subterránea, una de las más grandes del mundo, tiene capacidad para 15.000 personas.

The Salt Cathedral of Zipaquirá, Colombia. This enormous underground church, one of the largest in the world, has room for 15,000 people.

PREGUNTAS GENERALES

1. ¿Cuánto mide usted?
2. ¿Cuánto mide la pizarra?
3. ¿Hay minas cerca de esta universidad?
4. ¿Es fácil la vida de los mineros? ¿Por qué?
5. ¿Hay accidentes en las minas? ¿Por qué?
6. ¿Dónde hay minas en este país?
7. ¿En qué otros lugares, además de las minas, hacen túneles?
8. ¿Qué países producen plata en este continente?

GRAMMAR, EXERCISES, AND TESTING

Part 1

I. IMPERFECT TENSE OF SECOND AND THIRD CONJUGATION REGULAR VERBS

comer		vivir	
comía	comíamos	vivía	vivíamos
comías	comíais	vivías	viviais
comía	comían	vivía	vivían

1. The combination **ía** follows the stem.
2. The first and third persons singular are identical. To avoid confusion, subject pronouns are often used with these forms.
3. All forms require a written accent mark over the **í** of the endings.
4. Stem-changing verbs do not change their stems in the imperfect; the infinitive stem is used.

II. IMPERFECT TENSE OF TENER AND HABER

Ella **tenía** dieciocho años cuando fueron a Colombia.	She was eighteen years old when they went to Colombia.
Había {un estudiante / dos estudiantes} en la oficina.	There was a student in the office. There were two students in the office.

1. The imperfect of **tener** is used to tell age in the past.
2. The impersonal **había**, like **hay**, is invariable.

A. Person-number substitution

1. Mis padres vivían cerca de la catedral.
   - Tú — Tú vivías cerca de la catedral.
   - Pedro y yo — Pedro y yo vivíamos cerca de la catedral.
   - El director — El director vivía cerca de la catedral.
   - Ustedes — Ustedes vivían cerca de la catedral.
   - Yo — Yo vivía cerca de la catedral.

2. No tenían mucha plata.
   - (nosotros) No teníamos mucha plata.
   - (ella) No tenía mucha plata.
   - (tú) No tenías mucha plata.
   - (yo) No tenía mucha plata.
   - (ustedes) No tenían mucha plata.

3. Los indios extraían mucho hierro de esa mina.

La compañía	La compañía extraía mucho hierro de esa mina.
Tú	Tú extraías mucho hierro de esa mina.
Nosotros	Nosotros extraíamos mucho hierro de esa mina.
Los bancos	Los bancos extraían mucho hierro de esa mina.
Yo	Yo extraía mucho hierro de esa mina.

4. Medían el túnel en metros.
   (yo, nosotros, él, tú, ellos)

5. Yo exigía el certificado de vacuna.
   Los médicos, Tú, El jefe, Nosotros, Los españoles

6. Él tenía mucho sueño.
   Tú, Ellas, Nosotros, Yo, Ustedes

B. Present → imperfect

Los mineros extraen la sal.
Quiero visitarla en la cooperativa.
Mide más de diez kilómetros.
La mina no produce cobre.
Siempre dice la verdad.
Salimos a eso de las dos.

Los mineros extraían la sal.
Quería visitarla en la cooperativa.
Medía más de diez kilómetros.
La mina no producía cobre.
Siempre decía la verdad.
Salíamos a eso de las dos.

C. Questions

1. ¿Dónde vivía usted cuando tenía diez años?
2. ¿Cuántos años tenía usted cuando terminó sus estudios en la escuela secundaria?
3. ¿Qué hacían ustedes ayer en la biblioteca?
4. ¿A quién le escribías en la clase?
5. ¿Salías mucho cuando estudiabas en Puerto Rico?
6. ¿Sabía usted hablar español el año pasado?

TESTING / imperfect tense, regular -er and -ir verbs

Give the imperfect-tense form suggested by the cue.
1. **comer**, **yo**-form and **ella**-form — comía
2. **vivir**, **ellos**-form — vivían
3. **decir**, **nosotros**-form — decíamos
4. **escribir**, **usted**-form — escribía
5. **querer**, **tú**-form — querías

Give a Spanish equivalent.
6. *We were reading.* — Leíamos.
7. *I used to go out with him.* — Yo salía con él.
8. *She was twenty years old.* — Tenía veinte años.
9. *They used to extract copper from that mine.* — Extraían cobre de esa mina.
10. *He was measuring the tunnel.* — Medía el túnel.

Una finca cafetera cerca de Manizales, Colombia. El clima y la tierra de este país ofrecen condiciones ideales para su cultivo y hacen que el café colombiano sea mundialmente famoso por su aroma y sabor.

A coffee finca *near Manizales, Colombia. The climate and soil of this country offer ideal conditions for its cultivation and cause the coffee of Colombia to be world famous for its aroma and flavor.*

Part 2

III. COMPARISONS OF EQUALITY: ADJECTIVES, NOUNS, AND PRONOUNS

tan + adjective + **como**	*as* + adjective + *as*
tanto (-a) / **tantos (-as)** + (noun) + **como**	*as* { *much* / *many* } + (noun) + *as*

With adjectives, nouns, and pronouns, Spanish uses two separate formulas to express the kinds of comparisons expressed in English by the single formula *as...as*.

Yo tengo **tanto** (dinero) **como** tú.
María compró **tanta** (comida) **como** él.
Vendieron **tantos** (autos) **como** usted.
Leían **tantas** (revistas) **como** nosotros.

I have as much money as you.
Maria bought as much food as he.
They sold as many cars as you.
They used to read as many magazines as we.

¿Pinturas? Tiene **tantas como** ellos.

Paintings? He has as many as they.

Juan es **tan** alto **como** María.
María es **tan** alta **como** Juan.
Mis hijos son **tan** altos **como** los tuyos.
Las hijas no son **tan** altas **como** el padre.

Juan is as tall as María.
Maria is as tall as Juan.
My children are as tall as yours.
The daughters are not as tall as their father.

1. As an adjective **tanto** agrees in gender and number with the noun it modifies.
2. When the noun is eliminated, **tanto** is a pronoun and agrees in gender and number with the noun it replaces or refers to.
3. **Tanto** shortens to **tan** before any adjective.
4. The word **como** is used in the two formulas.
5. A negative may be used in a comparison of equality to show that the mentioned type of equality is absent between the persons or things compared.

IV. COMPARISONS OF INEQUALITY

$\begin{Bmatrix} \text{más} \\ \text{menos} \end{Bmatrix} + \text{que}$ $\begin{Bmatrix} more \\ less \end{Bmatrix} + than$

$\begin{Bmatrix} \text{más} \\ \text{menos} \end{Bmatrix} + \text{adjective} + \text{que}$ $\begin{Bmatrix} more + adjective \\ adjective + \text{-}er \\ less + adjective \end{Bmatrix} + than$

$\begin{Bmatrix} \text{más} \\ \text{menos} \end{Bmatrix} + \text{noun} + \text{que}$ $\begin{Bmatrix} more \\ less \\ fewer \end{Bmatrix} + (noun) + than$

$\begin{Bmatrix} \text{más} \\ \text{menos} \end{Bmatrix} + \text{de} + \text{number}$ $\begin{Bmatrix} more \\ less \end{Bmatrix} + than + number$

Después de recogido el café en las fincas cafeteras, se le quita la cáscara y se seca al sol. Cuando está seco se lleva en burros o en otros medios de transporte al centro cafetero para su venta.

Once the coffee is picked on the coffee fincas, the beans are shelled and dried in the sun. When the coffee is dry it is carried by mules or another means of transportation to a coffee center for its sale.

Spanish uses these four formulas to make comparisons of inequality. Another way to make a comparison of inequality is to negate the corresponding comparison of equality.

Esos alumnos no hacen **tantas** demandas **como** éstos. — *Those students don't make as many demands as these.*

Tiene $\begin{Bmatrix}\text{más}\\\text{menos}\end{Bmatrix}$ que Carlos. — *He has $\begin{Bmatrix}more\\less\end{Bmatrix}$ than Carlos.*

Ustedes no son $\begin{Bmatrix}\text{más}\\\text{menos}\end{Bmatrix}$ inteligentes **que** ellos. — *You are not $\begin{Bmatrix}more\\less\end{Bmatrix}$ intelligent than they.*

Recibimos $\begin{Bmatrix}\text{más}\\\text{menos}\end{Bmatrix}$ cartas **que** ustedes. — *We received $\begin{Bmatrix}more\\fewer\end{Bmatrix}$ letters than you.*

Perdió $\begin{Bmatrix}\text{más}\\\text{menos}\end{Bmatrix}$ **de** cincuenta dólares. — *He lost $\begin{Bmatrix}more\\less\end{Bmatrix}$ than fifty dollars.*

1. Comparisons of superiority use **más**.
2. Comparisons of inferiority use **menos**.
3. Both **más** and **menos** are invariable.
4. The word **que** is used in each expression except before numbers, where **que** is replaced by **de**.
5. A negative may be used in a comparison of inequality to show that the mentioned type of inequality is absent between the persons or things compared.

V. IRREGULAR ADJECTIVE COMPARISONS

ADJECTIVE	REGULAR COMPARATIVE	IRREGULAR COMPARATIVE
bueno	más bueno	**mejor**
malo	más malo	**peor**
pequeño	más pequeño	**menor**
joven	más joven	
grande	más grande	**mayor**
viejo	más viejo	

These adjective have two sets of comparative forms, regular and irregular.

La situación parece **peor** hoy. — *The situation seems worse today.*
Ella es **más buena** que sus hermanos. — *She is better than her brothers.*

Alicia es $\begin{Bmatrix}\text{mayor}\\\text{menor}\end{Bmatrix}$ que tú. — *Alicia is $\begin{Bmatrix}older\\younger\end{Bmatrix}$ than you.*

Ella es **más** $\begin{Bmatrix}\text{vieja}\\\text{joven}\end{Bmatrix}$ que él. — *She is $\begin{Bmatrix}older\\younger\end{Bmatrix}$ than he.*

Esta escuela es **más vieja** que ésa. — *This school is older than that one.*

Esta sala es **más** $\begin{Bmatrix}\text{grande}\\\text{pequeña}\end{Bmatrix}$ que aquella. — *This room is $\begin{Bmatrix}larger\\smaller\end{Bmatrix}$ than that one.*

1. The regular and irregular comparatives of **bueno** and **malo** are normally interchangeable; however, the regular comparatives tend to stress the moral qualities of a person.

2. The irregular forms **mayor** and **menor** normally refer to a person's age.
3. The expression **más viejo** can refer to both persons and things.
4. The expression **más joven** can only refer to people.
5. The expressions **más grande** and **más pequeño** refer only to the size of an object or person.

D. *Substitution*

Model: Ana es más simpática que ella.
Sus hermanos
Sus hermanos son más simpáticos que ella.

— Los profesores son más altos que yo.
Ese estudiante

Ese estudiante es más alto que yo.

— Ese apartamento no es más bonito que ése.
Esos edificios

Esos edificios no son más bonitos que ése.

— La calle es menos ancha que la avenida.
Los túneles

Los túneles son menos anchos que la avenida.

— Esos empleados son más trabajadores que los vendedores.
El jefe

El jefe es más trabajador que los vendedores.

— Alicia es menor que Juana.
Sus amigas

Sus amigas son menores que Juana.

E. *Sentence formation*

Make a comparison of inequality with each set of words listed below.

Model: Pedro/inteligente/Juan.
Pedro es más inteligente que Juan. *or* **Pedro es menos inteligente que Juan.**

vendedores/amable/jefe
lecturas/mejor/proverbios
profesor/contento/alumnos

paredes/alto/columnas
Alicia/alegre/hermanas
secretaria/mayor/telefonista

F. *Transformation exercise*

Make comparisons of equality with each of the following sets of sentences.

Model: Yo tengo diez pesos. Tú tienes diez pesos también.
Yo tengo tantos pesos como tú.

Escribí cinco ejercicios. Él escribió cinco ejercicios también.

Escribí tantos ejercicios como él.

Ellos tenían mucho ganado. Mi padre tenía mucho ganado.

Ellos tenían tanto ganado como mi padre.

Ella leyó dos lecciones. Nosotros leímos dos lecciones también.

Ella leyó tantas lecciones como nosotros.

En tu clase hay veinte alumnos. En mi clase hay veinte alumnos.
El administrador gana mucho dinero. El jefe gana mucho dinero.
Él toma mucha cerveza. Pedro toma mucha cerveza también.

En tu clase hay tantos alumnos como en mi clase.

El administrador gana tanto dinero como el jefe.

Él toma tanta cerveza como Pedro.

G. Questions

1. ¿Es usted más alto que su compañero?
2. ¿Tiene usted tantos libros como él?
3. ¿Quién es mayor, usted o el profesor?
4. ¿Tiene usted más de dos dólares?
5. ¿Qué país produce más café, Colombia o Guatemala?
6. ¿Cuándo leía usted más libros, cuando tenía quince años o ahora en la universidad?

TESTING / comparisons of equality and inequality

1. In comparisons of equality, **tanto** before an adjective shortens to _____.
2. Before a feminine plural noun, **tanto** becomes _____.

— tan

— tantas

Give a Spanish equivalent.
3. *I have as many books as she.*
4. *He drinks as much milk as I.*
5. *Letters? We write as many as he.*

— Yo tengo tantos libros como ella.
— Toma (*or* bebe) tanta leche como yo.
— ¿Cartas? Escribimos tantas como él.

6. The Spanish equivalent of the formula *more* + noun + *than* is _____ + noun + _____.
7. The Spanish equivalent of the formula *less* + adjective + *than* is _____ + adjective + _____.
8. Before a numeral, **que** is replaced by _____.

— más, que

— menos, que
— de

Give a Spanish equivalent.
9. *She is as pretty as Ana.*
10. *She is prettier than Ana.*

— Es tan bonita como Ana.
— Es más bonita que Ana.

LECCIÓN 24

Imperfect tense of the verbs **ver, ser, ir** / More on the uses of the imperfect versus the preterit

diálogo / LOS POZOS DE PETRÓLEO DE ORITO[1]

SEÑOR MARTÍNEZ: ¿Cómo pudieron construir este oleoducto?

INGENIERO SOSA[2]: Fue en realidad muy difícil porque muchas de estas regiones eran inaccesibles. Lo hicimos gracias a los helicópteros.

SEÑOR MARTÍNEZ: ¿Qué hacían los helicópteros?

INGENIERO SOSA: En primer lugar, iban a recoger a los trabajadores que vivían en campamentos y los llevaban a los lugares donde los necesitábamos.

THE OIL WELLS OF ORITO

Mr. M: *How did you manage to build this pipeline?*

Mr. S: *It was really very difficult because many of these regions were inaccessible. We did it thanks to the helicopter.*

Mr. M: *What did the helicopters do?*

Mr. S: *In the first place, they would pick up[3] the workers who lived in camps and take them to the spots where we needed them.*

---

[1] Colombia's Orito oil fields are located on the eastern slope of the Andes near the Ecuadoran border. The oil is piped through a 194-mile line to Tumaco, on the Pacific coast, crossing the Andes, six rivers, and jungles where the rainfall is as much as 29 feet a year. Oil is Colombia's second most important export, after coffee.

[2] In Spanish speaking countries, professional titles frequently precede the last name; **ingeniero** means *engineer*.

[3] Literally, *they would go to pick up.*

SEÑOR MARTÍNEZ	¿Y después regresaban a recogerlos?	Mr. M:	And then they would come back to pick them up?
INGENIERO SOSA	Sí, y además traían todo el equipo y los materiales que hacían falta. Era un trabajo muy peligroso.	Mr. S:	Yes, and in addition they would bring the equipment and materials that were needed. It was a very dangerous job.
SEÑOR MARTÍNEZ	Ahora comprendo por qué usted dijo que tenían el oleoducto "gracias a los helicópteros".	Mr. M:	Now I see why you said you had the pipeline "thanks to the helicopter."

ORACIONES Y PALABRAS

¿Cómo pudieron construir ese **oleoducto**?   *How did you manage to build this pipeline?*
                       puente   *bridge*

Hacían falta **materiales**[4].   *Materials were needed.*
            tractores[5]   *tractors*

Hacía falta **gasolina**.   *Gas was needed.*
            aceite[6]   *oil*

Ahora **exportan** petróleo.   *They export oil now.*
       importan   *import*

Era muy difícil atravesar[7] la **selva**.   *It was very difficult to cross the jungle.*
                     cordillera   *mountain range*

PREGUNTAS SOBRE EL DIÁLOGO

1. ¿Quién contesta las preguntas del señor Martínez?
2. ¿Dónde quedan los pozos de Orito?
3. ¿Fue fácil construir ese oleoducto?
4. ¿Por qué fue difícil?
5. ¿Cómo pudieron construirlo?
6. ¿Dónde vivían los trabajadores?
7. ¿Cómo llegaban a los lugares donde los necesitaban?
8. ¿Qué otras cosas hacían los helicópteros?

PREGUNTAS GENERALES

1. ¿Qué otro país de la América del Sur produce mucho petróleo?
2. ¿Dónde producen petróleo en los Estados Unidos?
3. ¿Qué otros países exportan petróleo?
4. ¿Es difícil construir un oleoducto en Tejas?
5. ¿Cuál es el primer producto que exporta Colombia?
6. ¿Deben o no deben construir un oleoducto en Alaska?
7. ¿Es preciso tener muchos pozos de petróleo? ¿Por qué?
8. ¿Deben limitar los pozos en el Golfo de México y en el Océano Pacífico?

---

[4]In the expression **hacer falta**, **hacer** functions primarily in the third persons; **falta** is invariable. Do you recall the verb **gustar**? **Hacer falta** functions like it.
[5]**El tractor**, masculine.
[6]**El aceite**, masculine. The word **aceite** applies to both cooking oil and motor oil.
[7]**Atravesar (ie)**.

El oleoducto de Orito. Numerosos conflictos e inclusive guerras entre Brasil, Colombia, Ecuador y Perú sobre la posesión de algunas regiones interiores resultan más comprensibles hoy en día, después de haberse descubierto ricos yacimientos de petróleo.

The Orito pipeline. Numerous conflicts and even wars between Brazil, Colombia, Ecuador, and Peru over possession of some interior regions seem more understandable today, after rich deposits of oil have been discovered.

GRAMMAR, EXERCISES, AND TESTING

Part 1

I. IMPERFECT TENSE OF THE VERBS VER, SER, IR

ver		ser		ir	
veía	veíamos	era	éramos	iba	íbamos
veías	veíais	eras	erais	ibas	ibais
veía	veían	era	eran	iba	iban

Ver, ser, and **ir** are the only verbs which are irregular in the imperfect tense.

1. The first and third persons singular are identical. To avoid confusion, subject pronouns are often used with these forms.
2. **Ver** maintains the theme vowel **e** before the combination **ía**.
3. All forms of the verb **ver** require a written accent mark of the **í**.
4. The first-person plural is the only instance in which the imperfect forms of **ser** or **ir** have written accent marks.
5. The imperfect of **ser** is used to express time in the past. **Eran** las cuatro cuando llegaron.

A. *Person-number substitution*

1. Nosotros íbamos al campamento todas las semanas.

Usted	Usted iba al campamento todas las semanas.
Los estudiantes	Los estudiantes iban al campamento todas las semanas.
Don Julián	Don Julián iba al campamento todas las semanas.
Tú	Tú ibas al campamento todas las semanas.
Yo	Yo iba al campamento todas las semanas.

2. Él era un ingeniero excelente.

Tú	Tú eras un ingeniero excelente.
Yo	Yo era un ingeniero excelente.
Nosotros	Nosotros éramos unos ingenieros excelentes.
Usted	Usted era un ingeniero excelente.
Ellos	Ellos eran unos ingenieros excelentes.

Pozo de petróleo en la selva colombiana. A pesar de los grandes yacimientos de petróleo de Venezuela, Colombia, Ecuador y Perú, las perforaciones continúan para satisfacer la demanda cada vez mayor de este importante combustible.

Oil well in the Colombian jungle. Despite the large deposits of oil in Venezuela, Colombia, Ecuador, and Peru, drilling continues in order to satisfy the ever larger demand for this important fuel.

3. Siempre lo veían en esa región peligrosa.
   (yo)   Siempre lo veía en esa región peligrosa.
   (tú)   Siempre lo veías en esa región peligrosa.
   (usted)   Siempre lo veía en esa región peligrosa.
   (nosotros) Siempre lo veíamos en esa región peligrosa.
   (ellos)   Siempre lo veían en esa región peligrosa.

4. Cuando yo iba al trabajo, la veía.
   Julián y yo, ustedes, tú, él, los niños

5. Él era el jefe de los voluntarios.
   ellos, tú, nosotros, yo, ustedes

B. Questions

1. ¿Qué programas veía usted el año pasado?
2. ¿A qué hora era su programa favorito?
3. ¿Ve usted este año los programas que veía el año pasado?
4. ¿Iban ustedes mucho al cine cuando estaban en la escuela secundaria?
5. ¿Iban ustedes a pasar los fines de semana al campo?

TESTING / imperfect tense of the verbs ver, ser, ir

Give the imperfect-tense forms suggested by the cues.
1. ser, first and third persons singular — era
2. ir, first and third persons singular — iba
3. ver, first and third persons singular — veía
4. ir, tú-form — ibas
5. ser, nosotros-form — éramos
6. ver, ella-form — veía

Give a Spanish equivalent.
7. *We were going to visit her.* — Íbamos a visitarla.
8. *It was eight when I called her.* — Eran las ocho cuando la llamé.

Part 2

II. MORE ON THE USES OF THE IMPERFECT VERSUS THE PRETERIT

The preterit and the imperfect have different functions (see page 293). In addition, some verbs acquire special meanings when they are used in the preterit which they do not have when they are used in the imperfect.

Conocí a María el año pasado.	*I met María last year.*
Conocía a María el año pasado.	*I knew María last year.*
Supieron la verdad.	*They learned the truth.*
Sabían la verdad.	*They knew the truth.*

La refinería ECOPETROL, propiedad del estado, en Barrancabermeja, Colombia. El petróleo ocupa el segundo lugar entre las exportaciones de Colombia y ha contribuido notablemente al desarrollo de la economía de este país.
The ECOPETROL refinery, state owned, in Barrancabermeja, Colombia. Oil occupies second place among Colombia's exports and has made a major contribution to the development of the country's economy.

Pudo conseguir trabajo.	*He managed to find work.*
Podía conseguir trabajo.	*He could (was able to) find work.*
Quisimos escapar.	*We tried to escape.*
Queríamos salir temprano.	*We wanted leave early.*
No quisiste dármelo.	*You refused to give it to me.*
No querías dármelo.	*You didn't want to give it to me.*

1. **Conocer** in the preterit means *to meet* in the sense of being introduced to someone.
2. **Saber** in the preterit means *to learn* in the sense of finding out something.
3. **Poder** in the preterit means *to manage* to accomplish something.
4. **Poder** in the imperfect denotes the ability to do something with no indication as to its outcome.
5. **Querer** in the preterit means *to try* in the sense of wanting to, but failing to do so.
6. **Querer**, used negatively in the preterit, means *to refuse* in the sense of not wanting to do something and not doing it.

C. Questions

1. ¿Cuándo conoció usted a su profesor de español?
2. ¿Lo conocía usted el año pasado?

3. ¿Cuándo supo usted que había una catedral de sal en Colombia?
4. ¿Sabía usted que Colombia exportaba petróleo?
5. ¿Por qué no quisiste ir al cine anoche?
6. ¿Cuándo quería usted hablar con ese policía?
7. ¿Pudiste hablar con tus amigos anoche?
8. ¿Por qué no podía usted salir por las noches?

TESTING / imperfect versus preterit

Give a Spanish equivalent.
1. I met him yesterday.
2. I knew him.
3. He found out the truth.
4. SHE wanted to speak.
5. We refused to go.
6. HE tried to leave.
7. They knew the questions.
8. You (familiar singular) wanted to come.

— Lo conocí ayer.
— Lo conocía.
— Supo la verdad.
— Ella quería hablar.
— No quisimos ir.
— Él quiso salir.
— Sabían las preguntas.
— Querías venir.

Medellín, capital del Departamento de Antioquía. La constancia, el talento y la prodigiosa capacidad de trabajo de los antioqueños han convertido a Medellín en el centro industrial de Colombia. Algunos la comparan por su industrialización y desarrollo con Osaka en el Japón.
Medellín, capital of the Department of Antioquía. The dedication, talent, and prodigious capacity for work of the Antioqueños has converted Medellín into the industrial center of Colombia. Some compare it for its industrialization and development to Osaka, Japan.

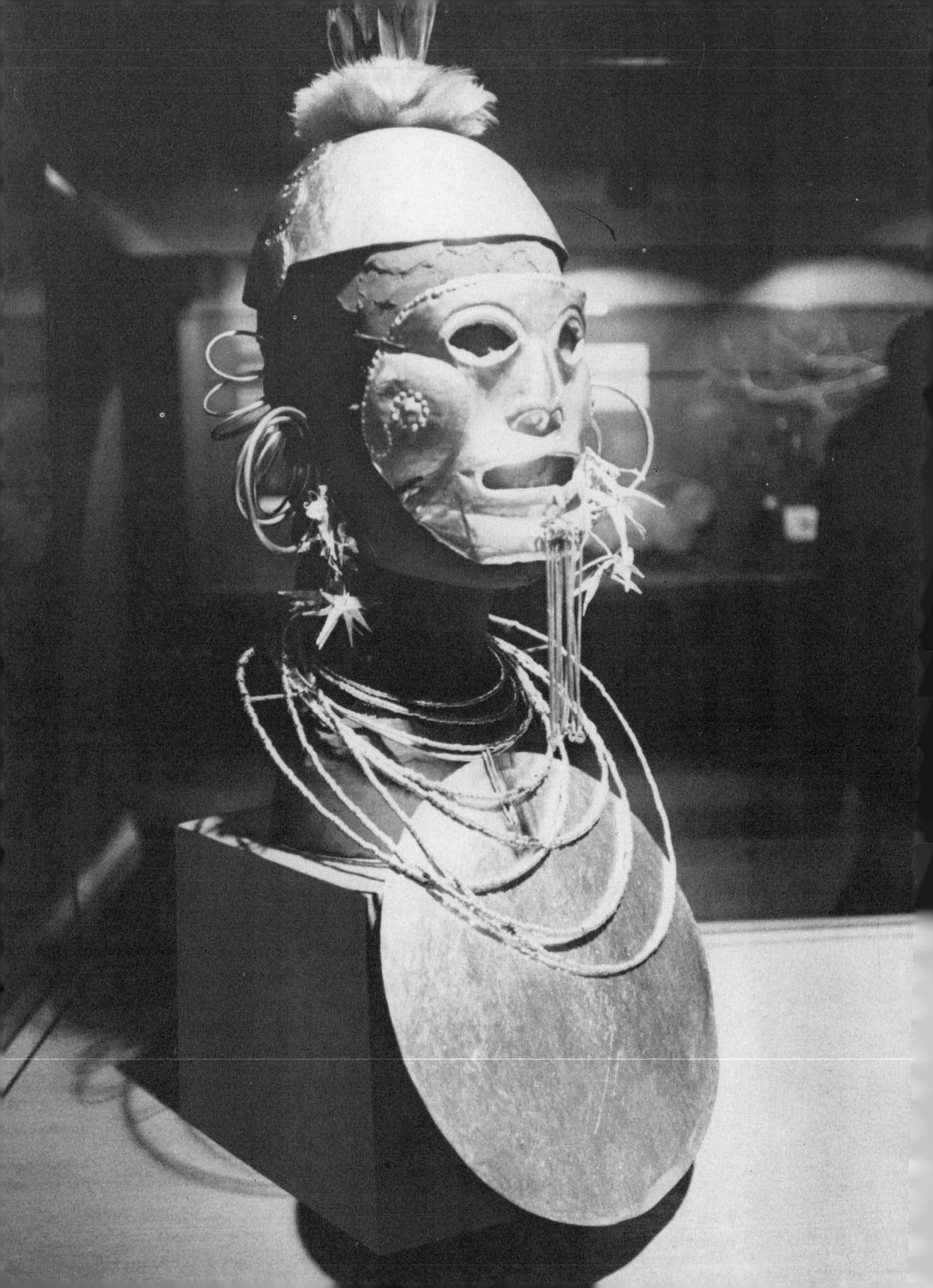

◀ Máscara y adornos precolombinos de un guerrero. Museo del Oro, Bogotá.
Precolumbian warrior's mask and ornaments. The Gold Museum, Bogotá.

RECAPITULACIÓN Y AMPLIACIÓN VIII

lectura / COLOMBIA

Colombia es el único país de la América del Sur con costas en los dos océanos. Como está muy cerca del ecuador, muchas de sus regiones son calurosas, pero como también está dividido por los Andes, otras regiones son muy frías debido a la altura. Estos contrastes de frío y calor y de paisajes diferentes son muy comunes en Colombia. Un buen ejemplo lo vemos al norte del país. La Sierra Nevada, siempre cubierta de nieve, está a sólo unos 35 kilómetros de las costas del Mar Caribe, de la ciudad de Santa Marta y de sus famosas playas que atraen a colombianos y a turistas durante todo el año.

    Los Andes atraviesan el país de norte a sur y se pueden observar tres cordilleras: la Occidental, la Central y la Oriental. Bogotá, la capital de Colombia, está casi en el centro del país, en la Cordillera Oriental. Es una de las ciudades más altas de toda la América. Está a unos 2.660 metros[1] de altura. La llaman "la Atenas de América" por su gran adelanto cultural y artístico.

único(-a) *only*

altura *height*

cubierto(-a) *covered*

atraer *to attract*

---

[1] That is, 8,600 feet.

Una aldea colombiana en los Andes. Este oleoducto lleva petróleo desde al valle del Magdalena hasta Bogotá.

A Colombian village in the Andes. This pipeline carries oil from the Magdalena Valley to Bogotá.

Antes de la llegada de los españoles, los chibchas dominaban la meseta de Bogotá y gran parte de lo que es hoy en día Colombia. Intercambiaban sal de las minas de Zipaquirá por oro con otras tribus. Los chibchas alcanzaron una técnica muy avanzada en el trabajo del oro y del cobre.

Según la famosa leyenda de "El Dorado", cuando los chibchas tenían un nuevo jefe, lo llevaban a la laguna de Guatavita y lo cubrían con polvo de oro. El nuevo jefe subía a una balsa donde había varios remeros y muchos objetos de oro y esmeraldas. Iban al centro de la laguna y allí arrojaban todos los objetos como sacrificios a sus dioses.

En el Museo del Oro en Bogotá, la leyenda de "El Dorado" se convierte en realidad. En este museo, que pertenece al Banco de la República, hay más de 16.000 objetos de oro. Éstos muestran el alto grado de perfección que alcanzaron los habitantes de estas regiones. Entre estos objetos precolombinos se encuentra una balsa con un jefe chibcha en el centro y varios remeros a su alrededor. Según muchos expertos, esto demuestra que la

alcanzar *to attain*

polvo *dust*
balsa *raft*
remero *rower*

arrojar *to throw*

pertenecer *to belong*

a su alrededor *around him*

leyenda de "El Dorado", que llevó a tantos conquistadores a Colombia, era en realidad una ceremonia de los chibchas y no un mito.

De toda la América del Sur, Colombia es el país que produce más oro. Es además el primer productor de esmeraldas del mundo, con más del 90 por ciento de la producción mundial. El Museo del Oro tiene también en exhibición una colección de esmeraldas. Entre ellas está una de las esmeraldas más grandes del mundo, con un peso de 1.796 quilates.

peso *weight*
el quilate *carat*
esperanza *hope*

El país tiene grandes esperanzas en la industria del petróleo. Los campos petroleros de Orito abren las puertas a una nueva fase en la vida económica del país, al mismo tiempo que ayudan a explotar las tierras que están al este de las cordilleras. En esta región, que representa un 60 por ciento de la superficie del país, vive solamente el 3 por ciento de la población total de Colombia. La riqueza que existe en gran parte de esta tierra virgen es una incógnita que sólo el tiempo puede resolver.

incógnita *unknown*

Plaza de Caicedo, Cali, Colombia. Cali está situada en el valle del Cauca, la región más fértil de Colombia, Fue fundada en 1536, dos años antes que Bogotá, por Sebastián de Belalcázar, un lugarteniente de Francisco Pizarro.

Plaza de Caicedo, Cali. Colombia. Cali is situated in the Cauca Valley, Colombia's most fertile region. It was founded in 1536 two years before Bogotá, by Sebastián de Belalcázar, one of Francisco Pizarro's lieutenants.

PREGUNTAS

1. ¿Qué países de la América del Sur tienen costas en los dos océanos?
2. ¿Por qué son calurosas algunas regiones de Colombia?
3. ¿Por qué son frías otras regiones?
4. ¿En qué parte de Colombia está la Sierra Nevada?
5. ¿Por qué le dieron este nombre?
6. ¿Atraviesan los Andes el país de este a oeste?
7. ¿Dónde está Bogotá?
8. ¿Qué otro nombre le dan a Bogotá? ¿Por qué?
9. ¿Quiénes dominaban la meseta de Bogotá antes de la llegada de los españoles?
10. ¿Qué hacían los chibchas con la sal de las minas de Zipaquirá?
11. ¿Qué hacían con el oro y el cobre que recibían?
12. ¿Qué leyenda llevó a muchos conquistadores a Colombia?
13. ¿Qué dice esta leyenda?
14. ¿Qué es el Museo del Oro?
15. ¿A quién pertenece el Museo del Oro?
16. ¿Qué país del mundo es el primer productor de esmeraldas?
17. ¿Están los campos petroleros de Orito al este o al oeste de los Andes?
18. ¿Qué porcentaje de la superficie del país está al este de los Andes?
19. ¿Qué porcentaje de la población de Colombia vive al este de los Andes?
20. ¿Por qué son importantes los pozos de Orito?

Un colegio electoral en unas elecciones municipales y departamentales en Colombia. Para evitar luchas y facilitar el proceso democrático, en Colombia se estableció que el partido liberal y el conservador alternaran en la presidencia durante el período de 1958 a 1974.

A polling station for municipal and departmental elections in Colombia. To avoid struggles and to facilitate the democratic process, it was arranged in Colombia for the Liberal and Conservative parties to alternate in the presidency during the period from 1958 to 1974.

READING AND WRITING SUPPLEMENT

Cognates: Spanish -**ancia** and -**encia**, English *-ance* and *-ence*

The words **importancia, influencia,** and **diferencia** mean *importance, influence,* and *difference,* respectively. Can you recognize the English equivalents of the following words?

distancia	competencia
Francia	consecuencia
tolerancia	presencia
fragancia	independencia

In the words listed below, the endings of the English cognates vary somewhat from the standard pattern.

SPANISH	ENGLISH
discrepancia	*discrepancy*
infancia	*infancy*
tendencia	*tendency*
licencia	*license*

PRONUNCIATION

Diphthongs

Spanish diphthongs occur within a word (**baile, puente**) or when a combination of a weak vowel plus a strong vowel occurs in two contiguous words (**café y pan, lo usaba**).
English also has diphthongs (*day, low*), but their pronunciation differs from the Spanish diphthongs. Compare the pronunciation of the following Spanish and English words.

SPANISH	ENGLISH
voy	*boy*
dais	*dice*
soy	*soy*

Whenever Spanish /i/ and /u/ occur in a dipthong, phoneticians call them semivowels and write them as "i̯" or "u̯" in brackets: [i̯], [u̯].
The following exercises contrast words containing diphthongs to words having a single vowel. The sound and the meaning of each word in each pair are different.

A. Listen and repeat

[a]		[ai̯]	[a]		[au̯]	
vas		vais	casa		causa	
vale		baile	ala	*wing*	aula	
pasaje		paisaje	ato	*I tie*	auto	
bala	*bullet*	baila	palo	*stick*	Paulo	(man's name)

[e]	[ei̯]	[o]	[oi̯]
des	deis	o	hoy
ves	veis	do (musical note)	doy
le	ley	so (interjection)	soy
pena *sorrow*	peina *she combs*	sola	Zoila (woman's name)

Another problem for the English speaker is that many times he pronounces a diphthong as two separate syllables or adds an extra glide to it.

B. Listen and repeat

Make sure that all diphthongs are pronounced as a single syllable.

[i̯a]	[i̯e]	[i̯o]
iglesia	viejo	serio
hacia	viernes	negocio
piano	siembra	edificio
material	tierra	estación
necesaria	cierto	medio

[u̯a]	[u̯e]
agua	escuela
igual	puente
cuanto	secuestro
estatua	suerte
guagua	nuestro

POEMA POPULAR

Cuando tenía dinero
me llamaban don Tomás,
ahora que no lo tengo
me llaman Tomás no más.

¿Cuándo lo llamaban don Tomás?
¿Cómo lo llaman ahora? ¿Por qué?
¿Quiénes cree usted que le dan más importancia al dinero, las personas que tienen "más de 30 años" o los muchachos jóvenes? ¿Por qué?

TESTING

A. The imperfect tense

Supply the missing imperfect form of the infinitive given in parentheses.

1. (pintar) Nosotros _____ todos los días. — pintábamos
2. (quedar) La Facultad de Derecho _____ muy lejos de mi casa. — quedaba
3. (contestar) Yo siempre le _____ sus cartas. — contestaba
4. (llegar) El tren siempre _____ a su hora. — llegaba
5. (estar/extrañar) Cuando yo _____ en Colombia, _____ mucho a mi familia. — estaba, extrañaba
6. (preparar/estudiar) Alicia _____ el almuerzo mientras yo _____ la lección. — preparaba, estudiaba
7. (hablar/escuchar) Mientras tú _____, nosotros no te _____. — hablabas, escuchábamos
8. (trabajar/dar) El ex voluntario _____ con los campesinos y les _____ clases en una escuela rural. — trabajaba, daba
9. (entender) Los alumnos nunca _____ la explicación del profesor. — entendían
10. (querer) Roberto _____ visitar el Banco de la República por la tarde. — quería
11. (dormir) Nosotros _____ hasta las diez todos los sábados. — dormíamos
12. (producir) Las minas _____ siempre mucho hierro. — producían
13. (decir) Yo les _____ esas cosas en broma. — decía
14. (leer/arreglar) Mientras yo _____ el periódico, María _____ la sala. — leía, arreglaba
15. (vivir/salir) Cuando nosotros _____ en Bogotá, _____ todas las noches. — vivíamos, salíamos
16. (extraer/recibir) Los indios _____ la sal y _____ oro por ella. — extraían, recibían

Provide the appropriate form of **ser**, **ir**, or **ver**.

Mis alumnos _____ todas las semanas a las reuniones de la Asociación de Estudiantes. Estas reuniones _____ a las dos de la tarde y a eso de las dos menos cuarto empezaban a llegar. Desde mi oficina, yo los _____ cuando entraban en el edificio de la Facultad de Derecho donde _____ las reuniones. No los _____ cuando

— iban

eran

veía

eran, veía

salían porque esas reuniones _____ casi siempre
muy largas. Hablaban sobre diferentes problemas
y a veces _____ las seis cuando terminaban.

— eran

— eran

B. Imperfect versus preterit

Supply the imperfect or preterit form of the infinitive shown in order to convey the meaning suggested by the English cue.

1. **saber**
   (*found out*) El ingeniero _____ la noticia anoche.
   (*knew*) Ellos _____ que los mineros organizaban una huelga.

   — supo

   — sabían

2. **conocer**
   (*met*) Yo _____ al señor Sosa el mes pasado.
   (*knew*) Nosotros _____ a los voluntarios.

   — conocí

   — conocíamos

3. **poder**
   (*managed*) Él _____ salir a tiempo.
   (*were able*) Tú _____ visitarlos.

   — pudo

   — podías

4. **querer**
   (*refused*) Las señoras no _____ ir en helicóptero.
   (*wanted*) Ellas _____ ir en avión.
   (*tried*) Él _____ salir pero no pudo.
   (*didn't want*) Ella no _____ salir con Juan.

   — quisieron

   — querían

   — quiso

   — quería.

C. Placement, special meanings, and spelling of certain descriptive adjectives

Supply the missing Spanish equivalents to the English words in parentheses.

1. (*former employees*) Los _____ _____ visitaron al administrador.
2. (*ancient history*) El año pasado estudiamos _____ _____.
3. (*brand new watch*) Su padre le trajo un _____ _____.
4. (*new statues*) El museo consiguió unas _____ _____ para su colección.

— antiguos empleados

— historia antigua

— reloj nuevo

— nuevas estatuas

5. (*old, longstanding friends*) Mis _____
   _____ vinieron a visitarme. — viejos amigos
6. (*a very old gentleman*) El profesor de química es _____ _____ _____ _____. — un señor muy viejo
7. (*various books*) Los _____ _____ que leímos nos ayudaron a comprender sus ideas. — diferentes libros
8. (*different dishes*) Cada región tiene _____ _____. — platos diferentes
9. (*great man*) Todo el mundo creía que él era un _____ _____. — gran hombre
10. (*very big man*) Su padre es un _____ _____ _____. — hombre muy grande

D. Comparisons of equality and inequality

Complete each unfinished sentence with a proper term of comparison.

1. Juan mide un metro noventa. Yo mido un metro ochenta y cinco.
   Juan es _____ _____ _____ yo. — más alto que
2. Mi hermano ganó 200 dólares este mes y 150 el mes pasado.
   Él ganó _____ _____ 300 dólares en dos meses. — más de
3. Alicia es simpática, pero María es más simpática.
   Alicia es _____ _____ _____ María. — menos simpática que
4. Juan toma mucho café. Yo tomo mucho café también.
   Juan toma _____ _____ _____ yo. — tanto café como
5. Rosa fue a la pizarra dos veces. David fue a la pizarra dos veces.
   Rosa fue a la pizarra _____ _____ _____ David. — tantas veces como
6. Mi padre trabaja mucho. Tu padre trabaja mucho también.
   Mi padre trabaja _____ _____ tu padre. — tanto como
7. Mi profesor tiene cuarenta años, mi padre tiene cuarenta y cinco y yo tengo veinte.
   Mi padre es _____ _____ mi profesor y yo soy _____ _____ ellos. — mayor que, menor que

Mercado en Cartagena. Los melones son difíciles de transportar y, debido a su abundancia, sus precios son bajos en las regiones donde se producen.

Marketplace in Cartagena. Melons are difficult to ship and, owing to their abundance, their prices are low in the areas where they are produced.

VOCABULARY

abono	*fertilizer*	**echar de menos**	*to miss*
aceite m	*oil*	**enorme**	*enormous*
administrar	*to administer*	**equipo**	*equipment*
alegre	*happy, glad*	**esmeralda**	*emerald*
alrededor (de)	*around*	**estar a cargo**	*to be in charge*
alto	*high*	**existir**	*to exist*
ancho	*wide*	**explotar**	*to exploit*
antiguo	*ancient, old, former*	**exportar**	*to export*
atravesar (ie)	*to cross*	**extraer**	*to extract*
banco	*bank*	**extrañar**	*to miss*
campamento	*camp*	**falta: hacer falta**	*to need*
campesino	*farmer*	**fin: en fin**	*oh, well; in short*
catedral f	*cathedral*	**formar**	*to form*
claro	*of course, clear*	**ganado**	*cattle*
cobre m	*copper*	**gasolina**	*gas*
columna	*column*	**gran**	*great*
comodidad	*comfort*	**grande**	*big*
cooperativa	*cooperative*	**había**	*there was, there were*
cordillera	*mountain range*	**helicóptero**	*helicopter*
cosecha	*harvest*	**hierro**	*iron*
Cuerpo de Paz	*Peace Corps*	**iglesia**	*church*
cultivo	*cultivation*	**importar**	*to import*
chibcha m or f	*Indian of Colombia*	**impresionar**	*to make an impression*
dar clases	*to hold classes, to teach*	**inaccesible**	*inaccessible*
diferente	*various*	**ingeniero**	*engineer*

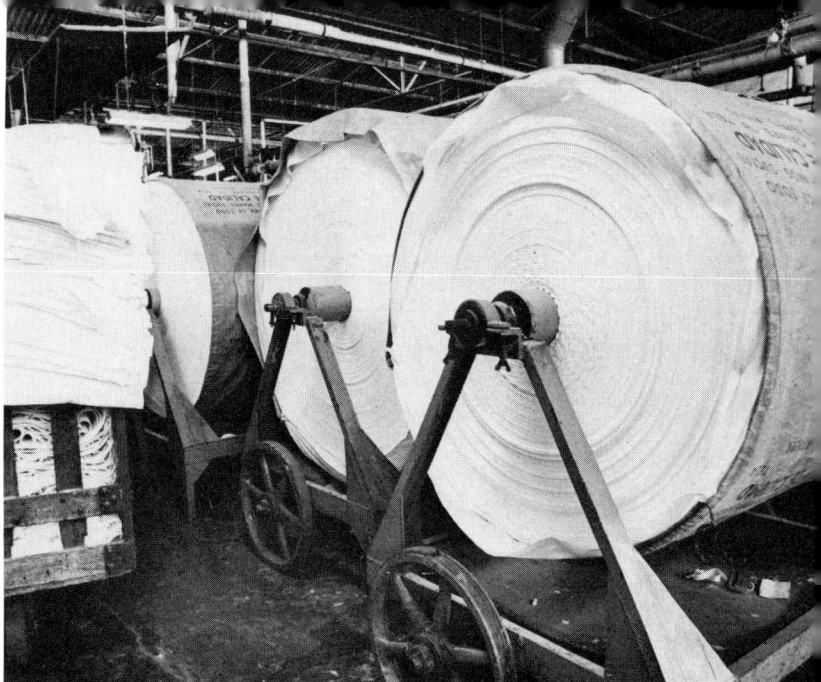

Telas producidas en Medellín, el centro textil de Colombia.

Cloth produced in Medellín, the textile center of Colombia.

material *m*	*material*	**puente** *m*	*bridge*
mayor	*older, bigger*	**pulgada**	*inch*
medir (i)	*to measure*	**realidad: en realidad**	*really, actually*
mejor	*better*	**república**	*republic*
menor	*younger, smaller*	**rural**	*rural*
método	*method*	**sal** *f*	*salt*
metro	*meter*	**satisfecho**	*satisfied*
mientras	*while*	**selva**	*jungle*
mina	*mine*	**serio**	*serious*
minero	*miner*	**siembra**	*seeding, planting*
nunca	*never*	**siglo**	*century*
obra	*work*	**tamaño**	*size*
oleoducto	*pipe line*	**tan**	*as*
pared *f*	*wall*	**tanto como**	*as much as*
pasar	*to spend*	**techo**	*ceiling*
peligroso	*dangerous*	**tierra**	*soil, earth*
peor	*worse*	**todavía más**	*even more*
pequeño	*small*	**trabajador** *m*	*worker*
petróleo	*oil*	**tractor** *m*	*tractor*
pie *m*	*foot*	**triste**	*sad*
plata	*silver, money*	**túnel** *m*	*tunnel*
pobre	*poor, unfortunate*	**vez: a veces**	*at times*
pozo	*well*	**vida**	*life*
producción	*production*	**viejo**	*old*
programa *m*	*program*	**voluntario**	*volunteer*

Derecha: El Parque de la Alameda y la Torre Latinoamericana en la ciudad de México.
Extrema derecha: Caracas, Venezuela.
Abajo: El barrio de La Boca, Buenos Aires.

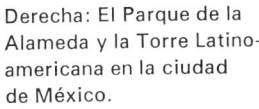

Izquierda: Mercado en la ciudad de Guatemala.
Abajo: Cargando sisal en Pucallpa, Perú.

Puerto Modesto Méndez, Guatemala

◀ Bailando en una discoteca de Lima en Perú.
Dancing in a discotheque in Lima, Peru

LECCIÓN 25

Reflexive pronouns / Reflexive verbs / Changes in meaning when certain verbs are used reflexively / Verbs used only reflexively / The superlative of adjectives / The absolute superlative

diálogo / HORA DE LEVANTARSE[1]

MAMÁ	Manuel, es hora de levantarse.
MANUEL	¡Ay, qué sueño tengo!
MAMÁ	¿A qué hora te acostaste[2] anoche?
MANUEL	A eso de las dos. La fiesta estuvo magnífica y nos divertimos[3] un horror.
MAMÁ	Me alegro. Bueno, Manuel, debes levantarte y vestirte[4]. Son las once de la mañana.
MANUEL	Pero mamá, si estoy de vacaciones.

TIME TO GET UP

MOM:	Manuel, it's time to get up.
M:	Wow, am I sleepy!
MOM:	What time did you go to bed last night?
M:	About two. The party was great and we had a lot of fun.
MOM:	I'm glad. Well, Manuel, you should get up and dress. It's eleven o'clock.
M:	But Mom, I'm on vacation.

---

[1] **Levantarse** equals **levantar** + **se** and literally means *to raise oneself*.
[2] From **acostarse** (**ue**) *to lie down*.
[3] From **divertirse** (**ie, i**) *to enjoy oneself*.
[4] From **vestirse** (**i**).

MAMÁ	Sí, pero tu padrino[5] viene a almorzar y tú sabes cómo es él. Puede aparecerse en cualquier momento.	MOM:	Yes, but your godfather is coming for lunch, and you know how he is. He may show up at any minute.
MANUEL	No te preocupes. Yo me baño y me visto en un minuto.	M:	Don't worry. I'll shower[6] and get dressed in a jiffy.
MAMÁ	Está bien, está bien. Y por favor, te afeitas y te vistes bien, ¿eh?	MOM:	That's good, that's good. And please shave and put on some decent clothes, OK?
MANUEL	¡Ay, mamá! No estamos en tu época.	M:	Oh, Mom! Times have changed.[7]

ORACIONES Y PALABRAS

La fiesta estuvo sumamente **divertida**.
                   aburrida[8]
Yo me lavo **la cara**[9].
     el pelo[10], las orejas, los dientes[11]
Tiene **patillas**.
     barba, bigote
Él se **pone** los zapatos.
     quita
Pueden **aparecerse** en cualquier momento.
     marcharse, irse
Dicen que se **quejó**.
     calmó, durmió, suicidó,
     arrepintió[12], murió[13], despertó[14]
Se **parece a** su padre.
     jacta de, queda con

The party was extremely enjoyable.
               boring
I wash my face.
     hair, ears, teeth
He has sideburns.
     a beard, a moustache
He puts on his shoes.
     takes off
They may show up at any minute.
     leave, leave
They say that he complained.
     calmed down, fell asleep,
     committed suicide, repented, died, woke up
He resembles his father.
     boasts about, stays with

PREGUNTAS SOBRE EL DIÁLOGO

1. ¿Se acostó temprano Manuel?
2. ¿Adónde fue Manuel?
3. ¿A qué hora terminó la fiesta?
4. ¿Cómo estuvo la fiesta?

---

[5] **Padrino** and **madrina** (*godfather* and *godmother*) are the sponsors of a *godchild* (**ahijado, -a**) in the baptismal ceremony. The parents of the child and the sponsors become **compadres** to each other; this relationship may be casual or close.
[6] Literally, *I'll bathe myself.*
[7] Literally, *we are not in your epoch.*
[8] When referring to people, **estar aburrido** means *to be bored* and **ser aburrido** means *to be boring.*
[9] Notice the use of the definite article instead of the possessive adjective.
[10] The word **cabeza** *head* is also used in this context.
[11] The verb **limpiarse** *to clean oneself* is used in some areas when referring to brushing teeth. **Cepillarse** *to brush oneself* is seldom used in this sense.
[12] From **arrepentirse (ie, i).**
[13] The use of the reflexive pronoun adds a personal touch to the sentence. When the reflexive pronoun is omitted, the tone of the sentence becomes impersonal.
[14] From **despertarse (ie).**

La familia presidencial del pintor colombiano Fernando Botero. Esta sátira de la estructura burocrática de la Hispanoamérica contemporánea recuerda la pintura de Goya, *La familia de Carlos IV*, que a su vez trae a la mente a *Las Meninas* de Velázquez. Las tres pinturas reflejan cómo cambia la posición del artista en la sociedad.

The Presidential Family, *by the Colombian painter Fernando Botero. This satire of the power structure in contemporary Spanish America recalls Goya's painting* The Family of Carlos IV, *which in turn calls to mind* Las Meninas *by Velázquez. The three paintings reflect how the position of the artist in society changes.*

5. ¿Por qué no quiere levantarse Manuel?
6. ¿Quién va a almorzar con la familia hoy?
7. ¿Qué puede pasar en cualquier momento?
8. Según Manuel, ¿cuánto tiempo necesita para bañarse y vestirse?
9. ¿Cree Manuel que es importante afeitarse?
10. ¿Qué le contesta Manuel a su mamá después que ella le dice que debe afeitarse y vestirse bien?

PREGUNTAS GENERALES

1. ¿Está usted de vacaciones ahora?
2. ¿En qué meses del año tiene usted vacaciones?
3. ¿A qué hora se levanta usted para venir a la universidad?
4. ¿A qué hora se levanta los fines de semana?
5. ¿En cuánto tiempo se viste usted?
6. ¿Quiénes necesitan más tiempo para vestirse, los hombres o las mujeres?
7. ¿Le gusta a usted el pelo largo?
8. ¿Cuál prefiere usted, el pelo largo o el pelo corto? ¿Por qué?
9. ¿Es la barba una costumbre nueva entre los muchachos jóvenes?
10. ¿Está usted aburrido ahora? ¿Es esta clase aburrida?

GRAMMAR, EXERCISES, AND TESTING

Part 1

I. REFLEXIVE PRONOUNS

me	myself	nos	ourselves	se	himself, herself, itself,
te	yourself	os	yourselves		yourself, themselves, yourselves

Reflexive pronouns are identical in form to the direct and indirect object pronouns except in the third person, where they are simplified to the invariable **se**.

II. REFLEXIVE VERBS

Any verb is designated as reflexive when it is used with a reflexive pronoun which corresponds to the subject of the sentence. Reflexive pronouns are used as direct and indirect objects. When they mean *each other* or *one another*, they are called reciprocal pronouns. The pronoun **se** affixed to an infinitive is the conventional lexical listing for a reflexive verb: **lavar** *to wash*, **lavarse** *to wash oneself*.

Entrada de la casa de una familia rica en Jirón de la Unión, Lima. Las avenidas en el centro de Lima se llaman jirones en vez de avenidas.

Entrance to the house of a wealthy family on Jirón de la Unión, Lima. Avenues in the center of Lima are called jirones *instead of* avenidas.

☐ VERBS USING REFLEXIVE PRONOUNS AS DIRECT OBJECTS

Yo lavo los platos.	*I wash the dishes.*
Yo **me** lavo.	*I wash myself.*
Juan acostó al niño.	*Juan put the boy to bed.*
Juan **se** acostó.	*Juan went to bed.*
¿Lo vas a despertar temprano? ¿Vas a despertarlo temprano?	*Are you going to wake him up early?*
¿**Te** vas a despertar temprano? ¿Vas a despertar**te** temprano?	*Are you going to wake up early?*

1. Verbs which can take a direct object may be used reflexively.
2. The reflexive pronoun functions as a direct object and is placed accordingly with respect to the verb.

☐ VERBS USING REFLEXIVE PRONOUNS AS INDIRECT OBJECTS

Yo le lavé las manos.	*I washed his hands.*
Yo **me** lavé las manos.	*I washed my hands.*
¿Le vas a quitar los zapatos?	*Are you going to take off his shoes?*
¿**Te** vas a quitar los zapatos?	*Are you going to take off your shoes?*
María me los va a poner. María va a ponérmelos.	*María is going to put them on me.*
Yo **me** los voy a poner. Yo voy a poner**me**los.	*I'm going to put them on.*
Nos ponemos el sombrero.	*We put on our hats.*
Nos lo ponemos.	*We put them on.*
Ya **nos** quitamos los zapatos.	*We already took off our shoes.*
Ya **nos** los quitamos.	*We already took them off.*

1. Reflexive pronouns functioning as indirect objects are placed accordingly with respect to the verb.
2. Only one reflexive pronoun at a time can be used with a verb form.
3. The definite article rather than a possessive adjective is used with nouns referring to the body or wearing apparel. In such cases, the reflexive pronoun functioning as an indirect object identifies the possessor.
4. The direct object noun or pronoun in Spanish is normally singular (even when the indirect object is plural) unless it involves more than one per individual. Thus, in **nos ponemos el sombrero**, the direct object **sombrero** is singular because there is just one hat per individual; but in **nos quitamos los zapatos, zapatos** is plural because there are two shoes per individual.

☐ **VERBS USING REFLEXIVE PRONOUNS AS RECIPROCAL PRONOUNS**

Se escriben con frecuencia.	They write each other frequently.
Nos llamamos casi todos los días[15].	We call each other almost every day.
Se miraron un momento.	They looked at each other for a moment.
	They looked at themselves for a moment.

1. The plural reflexive pronouns (**nos, os, se**) can be used as reciprocal pronouns.
2. This reciprocal meaning is generally made clear by context, but in some cases (as in the third model sentence) two interpretations of the reflexive pronoun may be possible.

III. CHANGES IN MEANING WHEN CERTAIN VERBS ARE USED REFLEXIVELY

Lavo el coche.	I wash the car.
Me lavo la cara.	I wash my face.
La biblioteca **queda** muy cerca.	The library is very near.
José **se quedó** dos horas.	José stayed two hours.
Los niños **durmieron** bien anoche.	The children slept well last night.
No **se durmieron** en seguida.	They didn't fall asleep immediately.
El policía **paró** el tráfico.	The policeman stopped the traffic.
Los alumnos **se pararon** cuando entró el profesor.	The students stood up when the professor entered.

1. Most reflexive verbs—for example, **lavarse**—conserve the meaning of their non-reflexive counterparts.
2. Some reflexive verbs alter the basic meaning of their non-reflexive counterparts.
3. Additional verbs with altered meanings in the reflexive are:

ir	to go	irse	to go away, to leave
marchar	to march	marcharse	to go away, to leave
levantar	to raise	levantarse	to get up
ofender	to offend	ofenderse	to take offense
parecer	to seem	parecerse	to resemble

IV. VERBS USED ONLY REFLEXIVELY

The following verbs have no non-reflexive counterparts and are always reflexive:

suicidarse to commit suicide
arrepentirse de[16] **(ie, i)** to regret, to repent
atreverse a to dare
jactarse de to boast (about)
quejarse de to complain (about)

---

[15]When asking for a person's name, Spanish normally uses a reflexive construction: ¿ **Cómo se llama usted?** In the answer (e.g., **me llamo Juan**), **me** functions as a direct object, and the name **Juan** is the objective complement (something which modifies or equals the direct object).

[16]The prepositions are required whenever an object follows the verb.

A. *Person-number substitution*

1. Los estudiantes se acostaron muy tarde.
Mi padrino	Mi padrino se acostó muy tarde.
Yo	Yo me acosté muy tarde.
Tú	Tú te acostaste muy tarde.
Ustedes	Ustedes se acostaron muy tarde.
Nosotros	Nosotros nos acostamos muy tarde.

2. Alicia se divierte mucho en la finca.
Yo	Yo me divierto mucho en la finca.
Mis hermanos	Mis hermanos se divierten mucho en la finca.
Usted	Usted se divierte mucho en la finca.
José y yo	José y yo nos divertimos mucho en la finca.
Tú	Tú te diviertes mucho en la finca.

3. Siempre te dormías temprano.
(ellas)	Siempre se dormían temprano.
(yo)	Siempre me dormía temprano.
(él)	Siempre se dormía temprano.
(nosotros)	Siempre nos dormíamos temprano.
(ustedes)	Siempre se dormían temprano.

4. Deben lavarse los dientes después de cada comida.
   (tú, nosotros, yo, él, ustedes)

5. ¿Por qué se quejan de las clases?
   (ella, tú, nosotros, ustedes, él)

B. *Non-reflexive verb → reflexive verb*

Change the meaning of each sentence by replacing the direct or indirect object given with a different one, a reflexive pronoun referring back to the subject of the sentence.

Model: Ella le lava las manos en el río.
   Ella se lava las manos en el río.

Yo baño al perro más tarde.	Yo me baño más tarde.
¿Por qué acostaste al niño tan temprano?	¿Por qué te acostaste tan temprano?
Visten a los niños para salir.	Se visten para salir.
Lo vamos a despertar a las diez.	Nos vamos a despertar a las diez.
Voy a lavarle el pelo esta tarde.	Voy a lavarme el pelo esta tarde.

C. *Transformation exercise*

Combine both sentences using the reflexive construction to show a reciprocal action.

Model: Mi hermano me ayuda. Yo lo ayudo también.
   Mi hermano y yo nos ayudamos.

Juan me escribe. Yo le escribo también.	Juan y yo nos escribimos.
El chico mira a Elena. Ella lo mira también.	El chico y Elena se miran.
Manuel me comprende. Yo lo comprendo también.	Manuel y yo nos comprendemos.
Tú hablabas con María. María te hablaba también.	Tú y María se hablaban.
Julio contradecía a su compañero. Éste lo contradecía también.	Julio y su compañero se contradecían.

Las migraciones de campesinos a las ciudades importantes en busca de mejores oportunidades económicas son comunes en Hispanoamérica. Al principio construyen chozas en las afueras de la ciudad y poco a poco las van mejorando. Dentro de unos años, es probable que esta *villa miseria* en las afueras de Arequipa, Perú, se haya transformado en un mejor lugar para vivir.

Migrations of country dwellers to the major cities in search of better economic opportunities are common in Spanish America. They first build shacks on the outskirts of the city and little by little improve them. In a few years, it is probable that this *villa miseria* on the outskirts of Arequipa, Peru, will have been transformed into a better place to live.

D. Questions

1. ¿Cómo se llama usted?
2. ¿Cómo se llama su profesor de español?
3. ¿Qué debe hacer una persona antes de ir a la mesa?
4. ¿Qué debe hacer después de cada comida?
5. ¿Se quedan ustedes aquí después que termina la clase?
6. ¿A qué hora se durmió usted anoche?
7. ¿A qué hora se levantó esta mañana?
8. ¿Se quejan ustedes del trabajo que tienen?
9. ¿Se parece usted a su padre?
10. ¿Cree usted que una persona debe jactarse de las cosas que tiene? ¿Por qué?

TESTING / reflexive pronouns and verbs

1. The four reflexive pronouns which are identical in form to the indirect and direct object pronouns are _____, _____, _____, and _____. — me, te, nos, os
2. The form for the reflexive pronoun corresponding to the third-person singular or plural is _____. — se

Give a Spanish equivalent.
3. *to wash oneself* — lavarse
4. *myself* (reflexive) — me
5. *themselves* (reflexive) — se

6. *you* (familiar) *get dressed* — te vistes
7. *we used to get up* — nos levantábamos
8. HE *brushes his teeth* — él se lava los dientes
9. *to fall asleep* — dormirse
10. *he stayed with them* — se quedó con ellos (*or* ellas)
11. *We see each other on Saturdays.* — Nos vemos los sábados.
12. *She complains all the time.* — Se queja todo el tiempo.

Part 2

V. THE SUPERLATIVE OF ADJECTIVES

SPANISH

article + { **más** / **menos** } + adjective
              / irregular comparative

{ article or possessive adjective } + noun + { **más** / **menos** } + adjective
                                                / irregular comparative

ENGLISH

article + { adjective + -*est* / *most* / *least* + adjective
            / irregular comparative }

{ article or possessive adjective } + { adjective + -*est* / *most* / *least* + adjective / irregular comparative } + noun

The formulas used by Spanish and English to indicate the superlative of adjectives are summarized above.

Roberto es **el** { **más** / **menos** } inteligente de la clase.   *Roberto is the* {*most* / *least*} *intelligent in the class.*

Es **la** región **más peligrosa** del país.   *It's the most dangerous region in the country.*

Mi hermano **menor** está enfermo.   *My* {*youngest* / *younger*} *brother is sick.*

Él es **el más alto** de los { dos. / tres. }   *He is the* {*taller of the two.* / *tallest of the three.*}

Ese piloto es **el** { **más viejo** / **mayor** } del grupo.   *That pilot is the oldest in the group.*

1. The superlative in Spanish is formed by placing the corresponding article before the comparative structure.
2. A possessive adjective may be used in front of the noun described, instead of an article.
3. To give the information "superlative *of what,* superlative *in what category,*" Spanish uses the preposition **de**: **más alto de los tres, del grupo.**
4. The regular and irregular comparative forms of adjectives may be used in the superlative.

VI. THE ABSOLUTE SUPERLATIVE

The absolute superlative is a construction used to denote a high degree of a quality without directly comparing the person or thing described to anything else. English uses an adverb modifying the adjective to render the absolute superlative: *very beautiful, extremely beautiful.* Spanish may use the same formula (**muy hermoso, sumamente hermoso**) or it may fashion a new word by attaching the suffix **-ísimo** (**-a, -os, -as**) to the adjective.

El poema es **muy fácil**.	El poema es **facilísimo**.
Ellos son **sumamente amables**.	Ellos son **amabilísimos**.
Rosa es **muy alta**.	Rosa es **altísima**.
Toman **muy poco** café.	Toman **poquísimo** café.

1. No direct comparison is intended.
2. The absolute superlative can be formed in two ways:
   a. an appropriate adverb modifies the adjective.
   b. the suffix -ísimo is attached to the adjective to form a new word.
3. The suffix is attached directly to adjectives ending in a consonant.
4. Adjectives ending in -**ble** change this ending to **bil** before adding the suffix.
5. Adjectives ending in a vowel drop the vowel before adding the suffix.
6. The suffix -**ísimo** (-**a**, -**os**, -**as**) always stresses the first **í** and requires a written accent mark.
7. Adjectives with written accent marks drop them when the suffix -**ísimo** is attached. Two written accents never occur on a single word.
8. These other orthographic changes occur when -ísimo is added:

   $$\left.\begin{array}{l} c \rightarrow qu \\ g \rightarrow gu \\ z \rightarrow c \end{array}\right\} + \text{-ísimo}$$

E. Substitution

Mi padrino es el más simpático del grupo.

La azafata	La azafata es la más simpática del grupo.
Tus hermanos	Tus hermanos son los más simpáticos del grupo.
Mi mamá	Mi mamá es la más simpática del grupo.
Pepe y yo	Pepe y yo somos los más simpáticos del grupo.
Sus amigas	Sus amigas son las más simpáticas del grupo.

F. Sentence formation

Form superlative sentences by using each set of words listed below.

Model: lectura / fácil / libro
   Es la lectura más fácil del libro.

1. plato / exquisito / restaurante
2. alumnos / trabajador / clase
3. fiesta / divertido / todas
4. sala / grande / museo
5. carretera / peligroso / estado

G. Transformation exercise

Give an alternate absolute superlative with **-ísimo** for each sentence.

Model: El viaje es muy corto.
El viaje es cortísimo.

La fiesta estuvo muy aburrida.	La fiesta estuvo aburridísima.
Estas obras son muy difíciles.	Estas obras son dificilísimas.
Tu padrino es sumamente agradable.	Tu padrino es agradabilísimo.
La compañía tiene muy poco dinero.	La compañía tiene poquísimo dinero.
Los ingenieros son muy simpáticos.	Los ingenieros son simpatiquísimos.

TESTING / the superlative

1. The superlative form of **menos inteligente** is ___ ___ ___.
   — el menos inteligente

2. Two Spanish equivalents for *my youngest brother* are ___ ___ ___ and ___ ___ ___ ___.
   — mi hermano menor, mi hermano más joven

3. After a superlative, the Spanish equivalent for *in the house* is ___ ___ ___.
   — de la casa

4. The expression **son muy feos** may also be expressed as ___ ___.
   — son feísimos

5. The expression **es muy amable** may also be expressed as ___ ___.
   — es amabilísimo (-a)

6. The combination of **fácil + ísimo** is ___.
   — facilísimo

7. The usual Spanish equivalent for *very, exceptionally,* and the like is the adverb ___.
   — muy

8. Two Spanish equivalents for *an exceedingly long line* (of people) are ___ ___ ___ and ___ ___ ___ ___.
   — una cola larguísima, una cola muy (*or* sumamente) larga

LECCIÓN 26

Formal direct commands / Formal direct commands, -ar verbs / Reflexive and object pronouns used with commands / More negative and affirmative expressions

diálogo / UNA RECETA DE ARROZ CON POLLO

SEÑORA SMITH — Ya tengo lápiz y papel. Empiece, por favor.
SEÑORA BRÚ — Primero machaque[1] dos o tres dientes de ajo y corte en pedazos bien pequeños una cebolla y un ají[2]. Cocine todo esto ligeramente en un poco de aceite de oliva.
SEÑORA SMITH — Un momento, por favor. ¿Unas cinco cucharadas de aceite?
SEÑORA BRÚ — Sí, más o menos. Agréguele[3] una taza de salsa de tomate, una cucharada de sal, media cucharadita de pimienta...

A RECIPE FOR CHICKEN AND RICE

MRS. S: Now I've got a pencil and paper. Go ahead, please.
MRS. B: First mince two or three cloves of garlic and dice[4] an onion and a green pepper. Sauté all this lightly in a little olive oil.
MRS. S: One moment, please. About five tablespoons of oil?
MRS. B: Yes, more or less. Add a cup of tomato sauce, a tablespoon of salt, half a teaspoon of pepper...

---

[1] From **machacar** *to crush.*
[2] The words **pimiento** and **chile** are used in some countries.
[3] From **agregar** *to add.*
[4] Literally, *cut in small pieces.*

SEÑORA SMITH	Más despacio, por favor. ¿Algo más después de la pimienta?	MRS. S:	*A little slower, please. Something more after the pepper?*
SEÑORA BRÚ	Una pizca de azafrán[5] y el pollo cortado. Cocine todo unos minutos.	MRS. B:	*A pinch of saffron and the cut-up chicken. Cook everything several minutes.*
SEÑORA SMITH	¿Unos diez minutos?	MRS. S:	*About ten?*
SEÑORA BRÚ	No más de eso[6]. Después agréguele dos tazas de arroz y dos botellas de cerveza. Tápelo y déjelo cocinar a fuego lento una media hora.	MRS. B:	*No more than that. Then add to it two cups of rice and two bottles of beer. Cover it and let it simmer[7] for half an hour.*
SEÑORA SMITH	¿Cerveza? ¿De veras?	MRS. S:	*Beer? Really?*
SEÑORA BRÚ	Sí, cerveza. Hay quienes usan vino blanco o caldo de pollo, pero con cerveza sabe mejor.	MRS. B:	*Yes, beer. Some people use white wine or chicken broth, but it tastes better with beer.*

ORACIONES Y PALABRAS

Caliente[8] un poco de **aceite**.
                 mantequilla, margarina
Debe **cocinar** la cebolla unos minutos.
     freír
Agregue una cucharada de **azúcar**[9].
                vainilla, vinagre[10]
Necesitamos **cubiertos** para poner la mesa.
     cuchillos, tenedores[11], cucharas, cucharitas, servilletas, vasos

Heat some oil.
         butter, margarine
You should cook the onion several minutes.
     fry
Add one tablespoon of sugar.
         vanilla, vinegar
We need silverware to set the table.
     knives, forks, spoons, teaspoons, napkins, glasses (or *tumblers*)

PREGUNTAS SOBRE EL DIÁLOGO

1. ¿Qué receta le da la señora Brú a la señora Smith?
2. ¿Cuánto aceite de oliva hace falta para preparar la receta?
3. ¿Qué debe freír en el aceite?
4. ¿Cuánta sal y cuánta pimienta le debe agregar?
5. Además de la sal, ¿qué otros ingredientes debe agregarle?
6. ¿Qué le agrega la señora Brú al arroz?
7. ¿Qué usan otras personas?
8. ¿Por qué usa cerveza la señora Brú?

---

[5]El **azafrán** *saffron* (the dried stigmas of a plant) is widely used in Spanish cooking. It is one of the most expensive spices in the world.
[6]**De** is used instead of **que** because the pronoun **eso** refers to a number, **diez**.
[7]Literally, *let it cook on a slow fire.*
[8]From **calentar** (**ie**).
[9]**El** or **la azúcar**, masculine or feminine; both forms are used.
[10]**El vinagre**, masculine.
[11]**El tenedor**, masculine.

Ama de casa de San Jorge, Guatemala, con su metlapil y metate. Normalmente se muele el maíz de esta forma para hacer tortillas.

A housewife in San Jorge, Guatemala, with her metlapil *(stone rolling pin) and* metate *(rectangular, inclined millstone). Corn is commonly ground this way to make* tortillas *(flat, unleavened cornbread).*

PREGUNTAS GENERALES

1. ¿Cocina usted en su casa?
2. ¿Cocina usted platos sencillos?
3. ¿Conoce usted otras recetas españolas o hispanoamericanas? ¿Cuáles?
4. ¿Qué es el azafrán?
5. Además de platos y vasos, ¿qué otras cosas usamos cuando comemos?
6. ¿Qué necesita usted para preparar una ensalada?
7. ¿Qué ingredientes de la receta de arroz con pollo usamos poco en este país?
8. ¿Puede usted explicarle una receta a su compañero?

GRAMMAR, EXERCISES, AND TESTING

Part 1

I. FORMAL DIRECT COMMANDS

Spanish and English both use direct commands. English derives its direct commands by eliminating the subject pronoun *you* from the second-person present indicative form. Spanish bases its formal direct commands on the stem of the first-person singular present indicative. This is true for all verbs but **saber**, **ser**, and **ir**, which use different command stems.

II. FORMAL DIRECT COMMANDS, -AR VERBS

hablar	
hable (usted)	*speak*
hablen (ustedes)	*speak*

LECCIÓN 26

Espere allí.	*Wait there.*
Cuente usted.	*Count.*
No cierren la puerta.	*Don't close the door.*
Estén aquí a las diez.	*Be here at ten.*
No dé todo.	*Don't give everything.*
Saque la mantequilla.	*Take out the butter.*

1. The theme vowel of **-ar** verbs changes to **e** in formal direct commands.
2. The person marker **n** distinguishes the plural from the singular.
3. The use of **usted** or **ustedes** is optional. When used, the pronoun normally follows the verb.
4. To formulate a negative command, a **no** is placed before the affirmative command.
5. The stem changes found in the first-person singular of the present indicative also occur in these command forms.
6. Verbs ending in **-car**, **-gar**, and **-zar** have the same orthographic changes (c → qu, g → gu, z → c) that were presented in Lesson 16.
7. Both formal direct commands of **estar** have written accent marks: **esté, estén**.
8. An accent mark is written on the singular form of the verb **dar** (**dé**) to distinguish it from the preposition **de**.

Familia de campesinos de Atlántico, departamento al norte de Colombia cuya capital es Barranquilla. Los alimentos más comunes en esta región son la yuca y las zaragosas (frijoles).

A farm family in Atlántico, a department in northern Colombia whose capital is Barranquilla. The most common foods in this area are yuca and zaragosas (beans).

III. REFLEXIVE AND OBJECT PRONOUNS USED WITH COMMANDS

Cómpre**la**.	No **la** compre.
Háble**le**.	No **le** hable.
Lléve**melo**.	No **me lo** lleve.
Acuéstense.	No **se** acuesten.
Dé**le** la receta.	No **le** dé la receta.
Den**le** la receta.	No **le** den la receta.

1. In affirmative commands, object pronouns and reflexive pronouns follow and are attached to the verb.
2. In negative commands, object pronouns and reflexive pronouns precede the verb and are written separate from each other.
3. Whenever pronouns are attached to a command, a written accent mark is required over the stressed vowel of the verb, except **den** + one pronoun.
4. If the command form has a written accent mark to start with, it keeps the mark when pronouns are attached.

A. *Present → command*

Model: Juana cierra la puerta.
Juana, cierre la puerta.

María calienta la comida.
Agregan la cebolla y el ají.
No empieza antes de las once.
El señor estaciona allí.
Trabajan ocho horas todos los días.
Cuentan el dinero.

María, caliente la comida.
Agreguen la cebolla y el ají.
No empiece antes de las once.
Señor, estacione allí.
Trabajen ocho horas todos los días.
Cuenten el dinero.

B. *Affirmative → negative*

Model: Entre usted.
No entre usted.

Acuéstese.
Háblele.
Levántense.
Sáquelos.
Entréguemelo.
Dénoslo.

No se acueste.
No le hable.
No se levanten.
No los saque.
No me lo entregue.
No nos lo dé.

C. *Affirmative response*

Answer each question with an affirmative command, using the appropriate direct object pronoun.

Models: ¿Termino la lección?
Sí, termínela.
¿Llamanos a Manuel?
Sí, llámenlo.

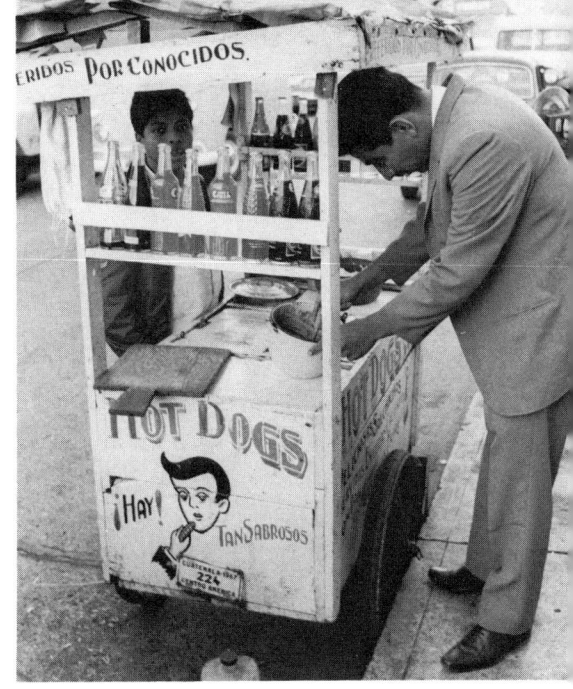

Un vendedor ambulante de salchichas en la ciudad de Guatemala. Este alimento que según muchos guatemaltecos, organismos del gobierno y turistas puede ser dañino a la salud, se conoce en varios países como perros o perritos calientes.

A street hotdog vendor in Guatemala City. This food—which according to many Guatemalans, government agencies, and tourists can be harmful to one's health—is known in several countries as a perro *or* perrito caliente.

¿Me lavo las manos?   Sí, láveselas.
¿Cocino el pollo?   Sí, cocínelo.
¿Cerramos las ventanas?   Sí, ciérrenlas.
¿Me levanto?   Sí, levántese.
¿Esperamos a los niños?   Sí, espérenlos.
¿Agrego la sal?   Sí, agréguela.
¿Le damos el dinero a Juan?   Sí, dénselo.

TESTING / formal direct commands, -ar verbs

1. In formal commands, the theme vowel of **-ar** verbs changes to _____.
2. The plural formal command differs from the singular command by the person marker _____.

— e

— n

Give the indicated formal command.
3. **hablar**, singular
4. **buscar**, singular
5. **pensar**, plural
6. **terminar**, plural

— hable
— busque
— piensen
— terminen

Give a Spanish equivalent.
7. *be* (plural) *here*
8. *get up* (singular)
9. *give* (singular) *him money*
10. *don't* (singular) *give him money*
11. *Gentlemen, explain it* (feminine) *to me.*
12. *David, remember it* (masculine).

— estén aquí
— levántese
— déle dinero
— no le dé dinero
— Señores, explíquenmela.
— David, recuérdelo.

Part 2

IV. MORE NEGATIVE AND AFFIRMATIVE EXPRESSIONS

nada	nothing	**todo**	everything
		algo	something, anything
nadie	no one, nobody	**todos (-as)**	everybody, all
		alguien	someone, anyone, somebody
ningún, ninguno (-a, -os, -as)	no, not any, none	**algún, alguno** (-a, -os, -as)	some, any, several; someone
ni	neither, nor	**o**	either, or
ni...ni	neither...nor	**o...o**	either...or
nunca	never, (not) ever	**siempre**	always
jamás		**algún día**	someday
		alguna vez	sometimes
		una vez	once
		a veces, algunas veces	at times, sometimes
tampoco	neither, not either	**también**	also, too

Besides the adverb **no**, Spanish uses pronouns, adjectives, and other adverbs to formulate negative statements. These words may precede or follow the verb. While English does not tolerate a double negative, Spanish can use two or more negative words in the same sentence: **No le da nunca nada a nadie**, *He never gives anything to anybody* (literally, He doesn't never give nothing to nobody).

Tampoco lee. / No lee **tampoco**.	Neither does he read. / He doesn't read either.
Ni Juan **ni** Pedro vienen. / **No** vienen **ni** Juan **ni** Pedro.	Neither Juan nor Pedro is coming.
Ana compró { **algunos** libros. / **algunos**.	Ana bought { some books. / some.
Ella no trajo { **ningún** libro. / **ninguno**.	She didn't bring { any books. / any.
No vi **ningún** (otro) libro.	I saw no (other) book.
No vi a { **ningún** (otro) chico. / **ninguno**.	I saw { no (other) boy. / no one.
No vi a **nadie**.	I saw no one.
¿**Nunca** lo visitaste?	Did you ever visit him?
Estudia más que **nunca**.	He is studying more than ever.

1. When one of the above negative words follows the verb, the adverb **no** precedes the verb.
2. When a negative word precedes the verb, the adverb **no** is omitted.

3. The negative of **algunos** (**-as**) is **ninguno** (**-a**). The plural **ningunos** (**-as**) is used to refer to words which have no singular: **ningunas gafas** *no eye glasses.*
4. **Ninguno** and **alguno** shorten to **ningún** and **algún** before a masculine singular noun.
5. When **ni** or its opposite **o** join two singular nouns used as subjects, a plural verb is normally used.
6. When **alguno** (**-a, -os, -as**) or **ninguno** (**-a**) referring to a person is used as an object, it requires the personal **a**.
7. When **nadie** is used as an object, it requires the personal **a**.
8. In questions, **nunca** or **jamás** without **no** is translated *ever.*
9. **Nunca** is used more frequently than **jamás**. They are interchangeable except in the expression **más que nunca**.

D. *Transformation exercise*

Recast each of the following sentences by inserting **no** before the verb.

Model: Nadie estudia en el pasillo.
  No estudia nadie en el pasillo.

Nunca llegan a tiempo.   No llegan nunca a tiempo.
Nada dijo.   No dijo nada.
Ningún vendedor lo vio.   No lo vio ningún vendedor.
Nadie se levanta tan temprano. No se levanta nadie tan temprano.
Tampoco te afeitaste ayer.   No te afeitaste tampoco ayer.
Ni Alicia ni Juan lo saben.   No lo saben ni Alicia ni Juan.

Cena en un hotel de Bogotá, Colombia. Los grandes hoteles y restaurantes de Hispanoamérica ofrecen magníficas comidas y un servicio excelente a precios relativamente módicos.

Dinner in a hotel in Bogotá, Colombia. The great hotels and restaurants of Spanish America offer magnificent meals and good service at relatively moderate prices.

E. Affirmative → negative

Give two negative possibilities for each affirmative statement.

Model: Alguien los trajo.
Nadie los trajo. No los trajo nadie.

Ellos también necesitan cubiertos.	Ellos tampoco necesitan cubiertos.
	Ellos no necesitan cubiertos tampoco.
Algo va a pasar.	Nada va a pasar.
	No va a pasar nada.
O Pedro o María lo van a hacer.	Ni Pedro ni María lo van a hacer.
	No lo van a hacer ni Pedro ni María.
A veces se afeita.	Nunca se afeita.
	No se afeita nunca.
Alguien estuvo aquí.	Nadie estuvo aquí.
	No estuvo nadie aquí.
Siempre preparan ese plato con cerveza.	Nunca preparan ese plato con cerveza.
	No preparan nunca ese plato con cerveza.

F. Questions

Answer each of the following questions with a negative statement.

1. ¿Quieres comer algo?
2. ¿Me llamó alguien esta mañana?
3. ¿Recibiste alguna noticia?
4. ¿Siempre llegan temprano a la universidad?
5. ¿Hay algunas palabras nuevas en esta lección?
6. ¿Cocinas algunos platos típicos de tu país?

TESTING / negative expressions

1. The negative counterpart of **algo** is _____. — nada
2. The negative counterpart of **alguien** is _____. — nadie
3. The two Spanish equivalents of *never* are _____ and _____. — nunca, jamás
4. Before a masculine noun, **alguno** and **ninguno** shorten respectively to _____ and _____. — algún, ningún
5. The negative for **algunos muchachos** is _____. — ningún muchacho
6. **Nadie viene** can also be expressed as _____ _____. — no viene nadie

Give a Spanish equivalent.

7. *Neither Ana nor Pepe obeys.* — Ni Ana ni Pepe obedecen *or* No obedecen ni Ana ni Pepe.
8. *I didn't see any girls.* — No vi a ninguna chica (*or* muchacha).
9. *He is resting more than ever.* — Descansa más que nunca.
10. *I didn't call anybody.* — No llamé a nadie.

LECCIÓN 27

Formal direct commands, -**er** and -**ir** verbs / Formal direct commands of **ir**, **saber**, and **ser** / More about the use of articles / Feminine nouns with masculine articles in the singular

diálogo / EN EL CONSULTORIO[1] DEL MÉDICO

AT THE DOCTOR'S OFFICE

DOCTOR VARGAS	Siéntese, por favor. ¿Cómo está usted, señora Zayas?	DR. V:	*Sit down, please. How are you, Mrs. Zayas?*
SEÑORA ZAYAS	No muy bien, doctor. Me siento[2] muy débil y me duele mucho la garganta.	MRS. Z:	*Not very well, Doctor. I feel very weak and I have a very sore throat.*
DOCTOR VARGAS	¿Algún otro síntoma, dolor de cabeza, fiebre…?	DR. V:	*Any other symptoms, headache, fever…?*
SEÑORA ZAYAS	Ayer me dolía bastante la cabeza y hoy tengo dolor de garganta.	MRS. Z:	*Yesterday I had a severe headache and today I have a sore throat.*

---

[1] Some countries use **la consulta** instead of **el consultorio**.
[2] From **sentirse** (**ie, i**). Not to be confused with **sentarse** *to sit down*.

DOCTOR VARGAS	Vamos a examinarle la garganta. Abra la boca, por favor. Diga "Ah". [Le examina la garganta.] Tiene la garganta muy irritada. ¿Es usted alérgica a los antibióticos?	Dr. V:	Let's examine your throat. Open your mouth, please. Say "ah." [He examines her throat.] Your throat is very irritated. Are you allergic to antibiotics?
SEÑORA ZAYAS	No, doctor.	Mrs. Z:	No, Doctor.
DOCTOR VARGAS	Bueno, entonces le voy a recetar unas pastillas para la infección. Tome una cada cuatro horas. Aquí tiene la receta.	Dr. V:	Good. I'll prescribe some pills for the infection. Take one every four hours. Here's your prescription.
SEÑORA ZAYAS	¿Eso es todo, doctor?	Mrs. Z:	Is that all, Doctor?
DOCTOR VARGAS	Además haga gárgaras de agua tibia con sal varias veces al día. Si tiene fiebre o dolor de cabeza, tome aspirinas. No más de ocho al día.	Dr. V:	Also gargle with warm salt water several times a day. If you have a fever or a headache, take aspirin. No more than eight a day.
SEÑORA ZAYAS	Gracias, doctor.	Mrs. Z:	Thank you, Doctor.

Este técnico de rayos X le examina los pulmones a un joven chileno para ver si sufre de silicosis, enfermedad causada por la inhalación de polvo, común en las regiones mineras.
This X-ray technician examines a young Chilean's lungs to see if he suffers from silicosis, a disease caused by the inhalation of dust, common in mining regions.

ORACIONES Y PALABRAS

Me siento muy **débil** hoy.
    cansado, fuerte
Le voy a recetar **unos antibióticos**.
    unas vitaminas
Me duele **la garganta.**
    la espalda, la pierna, el cuerpo,
    el estómago, el cuello
Me duelen los **oídos**[4].
    brazos

I feel very weak today.
    tired, strong
I'm going to prescribe some antibiotics.
    some vitamins
My throat hurts.[3]
    back, leg, body, stomach, neck

My ears hurt.
    arms

PREGUNTAS SOBRE EL DIÁLOGO

1. ¿Por qué fue la señora Zayas a ver al médico?
2. ¿Quién es el médico de la señora Zayas?
3. ¿Qué otros síntomas tiene la señora Zayas?
4. ¿Qué le receta el médico?
5. ¿Cuándo debe tomar las pastillas?
6. ¿Qué clase de gárgaras debe hacer?
7. ¿Qué debe tomar si le duele la cabeza o si tiene fiebre?
8. ¿Cuántas aspirinas puede tomar al día?

PREGUNTAS GENERALES

1. ¿Cuándo va usted a ver al médico?
2. ¿Cómo se siente usted ahora?
3. ¿Cuándo cree usted que una persona debe tomar vitaminas?
4. ¿Qué hace usted cuando le duele la cabeza?
5. ¿Y qué hace cuando le duele la garganta?
6. ¿Cómo se va a sentir una persona que nunca hace ejercicios y un día hace ejercicios durante una hora?
7. ¿Cree usted que los ejercicios son buenos? ¿Por qué?
8. Si una persona es alérgica a los antibióticos, ¿es peligroso dárselos? ¿Por qué?

GRAMMAR, EXERCISES, AND TESTING

Part 1

I. FORMAL DIRECT COMMANDS, -ER AND -IR VERBS

comer		escribir	
coma (usted)	*eat*	**escriba (usted)**	*write*
coman (ustedes)	*eat*	**escriban (ustedes)**	*write*

---

[3]To describe his pains, the Spanish-speaker uses indirect object + **duele(n)** + article + part of the body, or **tener dolor de** + part of the body. In the same contexts English has a variety of sentence formulas; the equivalents given here simply translate the vocabulary concerning the parts of the body.

[4]*The inner ear*; **la oreja** refers only to the outer ear.

Una patrulla para el control de la malaria lleva insecticidas a una remota aldea del Brasil. Para prevenir enfermedades como ésta en las regiones tropicales, es necesario mantener una vigilancia constante.
A malaria patrol delivers insecticide to a remote village in Brazil. To prevent diseases like this one in tropical regions, it is necessary to maintain constant vigilance.

Lea el ejercicio.	*Read the exercise.*
No duerma tanto.	*Don't sleep so much.*
Tradúzcanme esas oraciones.	*Translate those sentences for me.*
Hágalo ahora.	*Do it now.*
Recójamela.	*Pick it up for me.*
Siga derecho.	*Go straight ahead.*

1. The theme vowel of **-er** and **-ir** verbs changes to **a** in formal commands.
2. The stem changes found in the first-person singular of the present indicative also occur in these command forms.

II. FORMAL DIRECT COMMANDS OF IR, SABER, AND SER

ir	saber	ser
vaya (usted)	sepa (usted)	sea (usted)
vayan (ustedes)	sepan (ustedes)	sean (ustedes)

No **vaya** al médico hoy.　　*Don't go to the doctor's today.*
Sepan esto para mañana.　　*Know this for tomorrow.*
Sean buenos.　　*Be good.*

1. These three verbs have special stems for their formal direct commands.
2. Like the rest of the -**er** and -**ir** verbs, their theme vowel changes to **a**.

A. Present → formal command

Models: Corren todas las mañanas.
　　　　Corran todas las mañanas.
　　　　Juan va al médico.
　　　　Juan, vaya al médico.

Comen temprano.	Coman temprano.
No escribe esas cartas.	No escriba esas cartas.
Ellas dicen la verdad.	Digan la verdad.
Alicia hace gárgaras de agua con sal.	Alicia, haga gárgaras de agua con sal.
Ellos se visten rápido.	Vístanse rápido.
Él es agradable.	Sea agradable.
Alfredo conduce mejor.	Alfredo, conduzca mejor.

B. Affirmative and negative response

1. Answer each question affirmatively, using the appropriate direct object pronoun.

   Model: ¿Leo la lección?
   　　　　Sí, léala.

¿Traigo las pastillas?	Sí, tráigalas.
¿Traducimos el diálogo?	Sí, tradúzcanlo.
¿Recogemos al niño?	Sí, recójanlo.
¿Sigo al guía?	Sí, sígalo.
¿Consigo entradas?	Sí, consígalas.

2. Answer each question negatively, using the appropriate direct object pronoun.

   Model: ¿Digo el nombre?
   　　　　No, no lo diga.

¿Hago la comida?	No, no la haga.
¿Servimos el vino?	No, no lo sirvan.
¿Abrimos las ventanas?	No, no las abran.
¿Pido un taxi?	No, no lo pida.
¿Ponemos los cuchillos allí?	No, no los pongan allí.

TESTING / formal direct commands, -er and -ir verbs

1. In formal commands, the theme vowel of **-er** and **-ir** verbs changes from **e** to _____.   — a

Give the indicated formal command.
2. **comer**, singular   — coma
3. **escribir**, plural   — escriban
4. **traer**, singular   — traiga
5. **traducir**, plural   — traduzcan
6. **seguir**, singular   — siga
7. The three verbs that have special stems for their formal direct commands are _____, _____, and _____.   — ir, saber, ser

Give a Spanish equivalent.
8. *go* (singular) *now*   — vaya ahora
9. *don't* (plural) *read the contract*   — no lean el contrato
10. *María, do it* (masculine) *now*.   — María, hágalo ahora.

Part 2

III. MORE ABOUT THE USE OF ARTICLES

Spanish and English often use articles with nouns in similar ways. Both languages use a definite article to indicate a specific object and an indefinite article to refer to one object of a class. But in certain contexts, the two languages differ in their use or omission of articles. We have already encountered the instances of parts of the body, wearing apparel, the days of the week, and indirect address (see pages 10, 266, and 333). Here are some other instances in which the use of the articles differs.

☐ DEFINITE ARTICLE

El español y **el** italiano vienen **del** latín.	*Spanish and Italian come from Latin.*
Ella no habla español pero habla muy bien **el** ruso.	*She doesn't speak Spanish but she speaks Russian very well.*
Tolstoi escribió *La guerra y la paz*.	*Tolstoy wrote* War and Peace.
Admiro la cultura de **la** Grecia antigua.	*I admire the culture of ancient Greece.*
El pobre Juan está enfermo.	*Poor Juan is sick.*
Vale un dólar **la** docena.	*It costs a dollar a dozen.*

Spanish uses the definite article:

1. with names of languages, except when they immediately follow the verb **hablar**, **aprender**, **enseñar**, **escribir**, or **saber**.

2. with nouns used in a general sense.
3. with any modified proper noun.
4. to express a unit value such as a pound, a kilo, or a meter.

☐ **INDEFINITE ARTICLE**

Es profesor y republicano.	*He is a professor and a Republican.*
Juan es protestante.	*Juan is a Protestant.*
Es **un** buen médico.	*He is a good doctor.*
Déle otro vaso de agua.	*Give him another glass of water.*
Me gusta cierta chica.	*I like a certain girl.*

1. The indefinite article is not used in Spanish with words designating profession, political belief, religion, or nationality, unless the word is modified.
2. It is never used before **otro.**
3. It is frequently omitted before **cierto.**

Una enfermera de salud pública le da consejos sobre alimentación e higiene a la esposa de un obrero hospitalizado en el Ecuador. La mala salud es, al mismo tiempo, causa y resultado del subdesarrollo económico; los servicios para mejorar la salud pública son elementos esenciales de la modernización.

A public health nurse gives advice about food and hygiene to the wife of a worker hospitalized in Ecuador. Bad health is at the same time a cause and a result of economic underdevelopment; services to improve public health are essential elements of modernization.

IV. FEMININE NOUNS WITH MASCULINE ARTICLES IN THE SINGULAR

Feminine nouns beginning with stressed **a** or **ha** cannot directly follow an article ending in **a**; the masculine form of the article is substituted in the singular in these cases.

Prefiero **el** agua pura de las montañas.	*I prefer the pure water of the mountains.*
Compró **un** hacha ayer.	*He bought an ax yesterday.*
Es **una** buena aula.	*It is a good classroom.*
Las aulas están llenas.	*The classrooms are full.*
Las chicas están en **la** aduana.	*The girls are in customs.*

1. All the nouns in the example sentences are feminine.
2. When an article directly precedes a singular feminine noun beginning with **a** or **ha**, the masculine form of the article is used.
3. But when an adjective intervenes between the article and the noun, the feminine article is used—no problem occurs between the **a** of the article and the stressed **a** or **ha** beginning the noun.
4. In the plural, the feminine articles are always used—no problem occurs, because the articles end in **s**.
5. When the noun begins with an unstressed **a** or **ha**, the feminine article is used. In speaking, the article and the noun are joined and one **a** is lost.
6. Other words which require the masculine article forms in the instances described are:

   hambre
   alma   *soul*
   arma   *weapon*
   águila *eagle*

C. Transformation exercise

Add the cue adjective and make the necessary changes.

Model: Juan es profesor. (excelente)
Juan es un profesor excelente.

Él es médico. (famoso)	Él es un médico famoso.
Ella es secretaria. (muy buena)	Ella es una secretaria muy buena.
Ese señor es abogado. (muy inteligente)	Ese señor es un abogado muy inteligente.
Su compañera es mexicana. (simpatiquísima)	Su compañera es una mexicana simpatiquísima.
El señor Gómez es ingeniero. (buen)	El señor Gómez es un buen ingeniero.

D. Plural → singular

Las aguas son muy frías.	El agua es muy fría.
Las aulas están allí.	El aula está allí.
Vi unas águilas en la montaña.	Vi un águila en la montaña.
Las hachas son nuevas.	El hacha es nueva.
Las armas que él tiene son peligrosas.	El arma que él tiene es peligrosa.

E. Transformation exercise

Place the cue adjective before the noun and make the necessary changes.

Model: El arma estaba en exhibición. (nueva)
La nueva arma estaba en exhibición.

Compró el hacha. (primera)
Vimos un águila allí. (enorme)
Necesitamos un aula para la clase. (buena)
El agua viene de la montaña. (otra)

Compró la primera hacha.
Vimos una enorme águila allí.
Necesitamos una buena aula para la clase.
La otra agua viene de la montaña.

TESTING / uses of the articles

Give a Spanish equivalent.
1. *Spanish is easy.*
2. *Men are selfish.*
3. *I saw another film.*
4. *Really? Three dollars a bottle?*

— El español es fácil.
— Los hombres son egoístas.
— Vi otra película.
— ¿De veras? ¿Tres dólares la botella?

5. The masculine singular definite and indefinite article is used in Spanish with feminine nouns that begin with stressed _____ or _____.

— a, ha

Give a Spanish equivalent.
6. *the weapon*
7. *the new ax*

— el arma
— la nueva hacha *or* el hacha nueva

8. The plural of **el aula** is _____ _____.

— las aulas

◀ Balsa muisca o chibcha que representa la leyenda de "El Dorado".
Muisca or Chibcha raft representing the legend of "El Dorado."

RECAPITULACIÓN Y AMPLIACIÓN IX

lectura / LA CIENCIA Y LAS LEYENDAS

La mente del hombre siempre busca una explicación o una respuesta a todo. Por eso, en nuestro mundo moderno, la tecnología y la ciencia ayudan a explicar las cosas misteriosas y desconocidas que nos rodean. El hombre quiere comprender, quiere saber, quiere satisfacer su curiosidad intelectual. Un ejemplo de estos misterios que nos rodean son los "platillos voladores". ¿Existen o es pura imaginación? Muchas personas opinan que existen, pero creen que nuestros conocimientos no son suficientes para poder dar una explicación lógica y adecuada. Otros descartan la posibilidad de su existencia y los consideran como un producto de la histeria colectiva.

Una ley del universo que siempre funciona es la ley del cambio. El hombre avanza continuamente y resuelve problemas que unos días antes parecían insolubles. Como resultado, estamos acostumbrados a vivir en un mundo donde los adelantos extraordinarios que nos rodean parecen cosas de todos los días y no les damos la importancia que merecen. Por ejemplo, miramos

la mente *mind*
respuesta *answer*

platillos voladores *flying saucers*

descartar *to reject*

merecer *to deserve*

El salto del Tequendama, de 139 metros de alto, situado a unos kilómetros al suroeste de Bogotá.

Tequendama Falls, 475 feet high, located a few miles southwest of Bogotá.

televisión y la aceptamos como parte de nuestra cultura y civilización y muy pocas veces pensamos en el adelanto técnico y científico que representa. En cambio, si por arte de magia nos trasladamos a principios de este siglo y le decimos a una persona que queremos estar en casa para ver un programa de televisión donde van a mostrar a los astronautas que están en la Luna, con seguridad esa persona va a pensar que nosotros estamos locos de remate.

Muchas veces, el hombre no puede comprender ciertas cosas que lo rodean y crea leyendas y mitos que lo ayudan a resolver esas incógnitas. Quién sabe si en el año 2.500 la gente va a considerar como leyendas o mitos muchas de nuestras explicaciones de hoy en día. Sin embargo, no hay duda que estas explicaciones van a decir mucho de nuestra imaginación, creencias y costumbres.

Las civilizaciones antiguas de este continente, igual que otras civilizaciones del mundo, crearon infinidad de leyendas. Una de las más interesantes es la leyenda que trata de explicar el origen del salto del Tequendama, las famosas cataratas que están a unos

en cambio *on the other hand*

Luna *moon*

loco(-a) de remate *completely crazy*

salto *falls*
catarata *cataract*

Arriba: Procesión religiosa en Quito. Derecha: Clase de alfabetización en el Ecuador.

Derecha: De compras en Lima, Perú.
Abajo: Tienda en la ciudad de México.

Carnaval de Panamá.

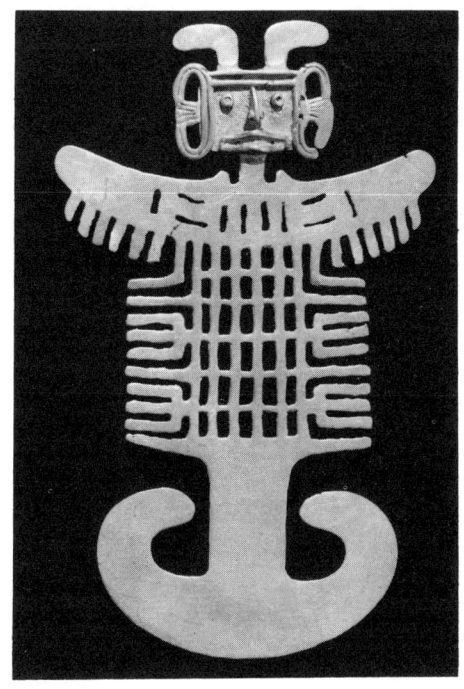

Figura antropomorfa encontrada en el Departamento de Tolima, al suroeste de Bogotá. Algunos objetos precolombinos de oro muestran hasta siete métodos diferentes para fundir y trabajar el oro.

Anthropomorphic figure found in the Department of Tolima, southwest of Bogotá. Some pre-Columbian gold objects exhibit up to seven different methods of fusing and shaping gold.

cincuenta kilómetros de Bogotá y cuya altura es tres veces mayor que la de las cataratas del Niágara.

Según una versión de esta leyenda, el Creador envía a Bochica, un anciano de barba blanca, al valle de Bacatá para ayudar a los chibchas. Con él viene su esposa Chía, una mujer muy bonita pero de muy malos sentimientos. Bochica les enseña a los chibchas a construir casas, a cultivar la tierra, a tejer, en fin, todo aquello que les puede hacer la vida más fácil y avanzar su civilización. Pero la esposa de Bochica no quería la felicidad de los chibchas e hizo crecer las aguas del río Funza[1] para inundar sus casas y sus campos, y los chibchas tuvieron que abandonar todo e ir a las montañas. Bochica no podía permitir esto y rompió una barrera por donde pudo salir el agua. Así nació el salto del Tequendama y los chibchas pudieron regresar al valle de Bacatá.

Bochica sabía que su esposa era la causante de la inundación y decidió castigarla y hacer, al mismo tiempo, algo beneficioso para

cuyo(-a) *whose*
la de *that o*

anciano *old man*
Bacatá *present-day Bogotá*
esposa *wife*
sentimiento *thought*
tejer *to weave*

crecer *to rise*

romper *to break*
nacer *to be born*

castigar *to punish*

---

[1]Also known as the **Bogotá**.

todos. Como las noches eran muy oscuras y hacía falta un poco de luz, convirtió a Chía en la Luna.

Los chibchas vivían mejor gracias a las enseñanzas de Bochica, pero éste no estaba satisfecho. Se quedó con ellos más tiempo y les enseñó astronomía, metalurgia y hasta los ayudó a crear una fuerte organización política. Cuando vio que los chibchas tenían una civilización avanzada, se retiró.

Esta leyenda sólo nos hace admirar la fértil imaginación de los chibchas, mientras que otras tienen más importancia en el desarrollo histórico de los pueblos. No debemos olvidar que muchos de los conquistadores vinieron al Nuevo Mundo debido a las leyendas que corrían sobre las riquezas fabulosas que existían en este continente. Al mismo tiempo hay leyendas que influyen en la manera en que los indios reciben a los españoles. La leyenda mexicana de Quetzalcóatl es una de éstas.

Quetzalcóatl era un hombre blanco de barba que llegó del Oriente. Les enseñó a los antiguos pueblos de México a cultivar la tierra y les dio además leyes justas y buenas. Sin embargo, el

Gabriel García Márquez, uno de los novelistas más importantes del mundo actual, emplea muchas costumbres y mitos colombianos en sus obras.

Gabriel García Márquez, one of the most influential novelists in the world today, uses many Colombian customs and myths in his works.

Templo en Teotihuacán, México, dedicado al dios Quetzalcóatl, a quien representaban por medio de una serpiente emplumada.

Temple in Teotihuacán, Mexico, dedicated to the god Quetzalcóatl, represented by a plumed serpent.

Dios del mal venció a Quetzalcóatl y éste se marchó de México en una balsa de serpientes. Antes de irse, prometió que él iba a regresar a México algún día. Esta leyenda que parece no tener importancia influyó en la historia de México, porque cuando los españoles llegaron con Hernán Cortés, los aztecas creyeron al principio que Cortés era Quetzalcóatl que venía a cumplir su palabra. Moctezuma, el emperador de los aztecas, le abrió las puertas de Tenochtitlán, facilitando así la conquista de México por los españoles.

prometer *to promise*

cumplir *to fulfill*
el emperador *emperor*
facilitando *facilitating*

PREGUNTAS

1. ¿Qué busca siempre el hombre?
2. ¿Cómo es el mundo en que vivimos hoy en día?
3. ¿Por qué existen las leyendas y los mitos?
4. ¿Dónde queda el salto del Tequendama?
5. Compare el salto del Tequendama con las cataratas del Niágara.
6. ¿Quién era Bochica?
7. ¿Quién era Chía?

8. ¿Qué hizo Bochica para ayudar a los chibchas?
9. ¿Qué hizo Chía?
10. ¿Cómo bajó Bochica las aguas del río Funza?
11. ¿Cómo castigó a Chía?
12. ¿Qué hizo después para ayudar a los chibchas?
13. ¿Por qué vinieron muchos conquistadores al Nuevo Mundo?
14. ¿Quién era Quetzalcóatl?
15. ¿Cree usted que Quetzalcóatl se parece a Bochica? ¿Por qué?
16. ¿Por qué se marcha Quetzalcóatl de México?
17. ¿Qué dijo cuando se marchó de México?
18. ¿Por qué tiene esto importancia en la historia de México?

READING AND WRITING SUPPLEMENT

Abreviaturas[2]

Spanish, like English, has an extensive list of abbreviations which appear with great frequency. Among the most commonly used are:

D.	don	EE.UU.	Estados Unidos
Da.	doña	E.U.A.	Estados Unidos de América
Dr.	doctor	N.	Norte
Dra.	doctora	S.	Sur
Sr.	señor	E.	Este
Sra.	señora	O.	Oeste
Srta.	señorita	Km.	kilómetro
Ud., Uds.		Cía.	compañía
Vd., Vds.	usted, ustedes	Núm.	número
V., VV.		No.	

---

[2] *Abbreviations.*

PROVERBIO

A quien no tiene nada, nada le espanta.

¿A quién no le espanta nada? ¿Por qué?
¿Hay un proverbio similar en inglés?
¿Por qué necesitamos el adverbio **no** delante de **tiene** y no delante de **espanta**?

TESTING

A. Reflexive verbs

Provide the appropriate form of the verb in parenthesis.

1. (dormirse) Los niños ____ ____ muy tarde anoche.   — se durmieron
2. (levantarse) Cuando yo estaba de vacaciones, yo ____ ____ a eso de las diez.   — me levantaba
3. (vestirse) Cuando sabe que la esperan, ella ____ ____ en un minuto.   — se viste
4. (irse) Los voluntarios ____ ____ la semana pasada.   — se fueron
5. (llamarse) ¿Sabes cómo ____ ____ ese chico?   — se llama
6. (marcharse) Nosotros estamos muy aburridos. ¿Por qué no ____ ____?   — nos marchamos
7. (parecerse) Yo ____ ____ a mi padre.   — me parezco
8. (divertirse) Estoy segura que tú no ____ ____ anoche.   — te divertiste

B. Superlatives

Complete each sentence with a Spanish equivalent for the English words in parenthesis.

1. (*the prettiest*) Mi hermana es ____ ____.   — la más bonita
2. (*the worst*) Ése es ____ ____ inspector.   — el peor
3. (*the easiest of*) Esta receta es ____ ____ ____ ____ todas.   — la más fácil de
4. (*youngest*) Mi hermana ____ trabaja con el doctor Sosa.   — menor *or* más joven
5. (*the least interesting*) Esta obra es ____ ____ ____ de todas.   — la menos interesante
6. (*the shortest*) Estos discos son ____ ____ ____.   — los más cortos
7. (*the tallest in*) Alfredo y Pedro son ____ ____ ____ ____ la clase.   — los más altos de
8. (*the least intelligent*) Ellas son ____ ____ ____.   — las menos inteligentes

C. The -ísimo form

Provide the absolute superlative with **-ísimo** of the adjective in parenthesis.

1. (malo) Los campesinos tuvieron una cosecha _____. — malísima
2. (peligroso) Los viajes en la selva son _____. — peligrosísimos
3. (mucho) ¿Es verdad que gana _____ dinero? — muchísimo
4. (simpático) Es una chica _____. — simpatiquísima
5. (aburrido) Estas clases son _____. — aburridísimas
6. (triste) Ellos estaban _____ cuando se fueron. — tristísimos

D. Formal commands, singular

Provide the singular formal command of the verb in parenthesis.

1. (terminar) _____ temprano. — Termine
2. (levantarse) _____ a las ocho. — Levántese
3. (buscar) _____ la dirección. — Busque
4. (oír) _____ las noticias esta noche. — Oiga
5. (decir) No me _____ nada. — diga
6. (leer) No _____ tan rápido. — lea
7. (traducir) _____ esas oraciones. — Traduzca
8. (seguir) _____ derecho hasta la tercera bocacalle. — Siga
9. (almorzar) _____ con nosotros. — Almuerce
10. (llegar) No _____ después de las ocho. — llegue

E. Formal commands, plural

Provide the plural formal command of the verb in parenthesis.

1. (cambiar) _____ ese programa. — Cambien
2. (cerrar) _____ todas las ventanas. — Cierren
3. (comer) _____ con nosotros. — Coman
4. (beber) No _____ si van a manejar. — beban
5. (producir) _____ más si quieren ganar más. — Produzcan
6. (enseñar) _____ nuevos métodos de cultivo. — Enseñen
7. (tocar) No _____ el timbre. — toquen
8. (llamar) _____ al profesor. — Llamen
9. (destruir) _____ ese puente. — Destruyan
10. (ir) _____ donde están los vendedores. — Vayan

F. Formal commands and object pronouns

Answer the following questions with the appropriate formal command.

1. ¿Lo estudio? Sí, _____.   — estúdielo
2. ¿Se las muestro a él? No, _____ _____ _____ _____.   — no se las muestre
3. ¿Se lo traigo a usted? Sí, _____.   — tráigamelo
4. ¿Se lo damos a él? Sí, _____.   — dénselo
5. ¿Se lo pregunto a ella? No, _____ _____ _____ _____.   — no se lo pregunte

G. Affirmative and negative expressions

Complete each sentence with a Spanish equivalent for the English words in parenthesis.

1. (*something/nothing*) Juan sabe _____, pero estoy seguro que su hermano no sabe _____.   — algo, nada
2. (*somebody/nobody*) _____ llamó anoche, pero _____ llamó esta mañana.   — Alguien, nadie
3. (*never/neither*) Yo _____ voy a ese restaurante y sé que Juan _____ va.   — nunca, tampoco
4. (*some/none*) Hay _____ tenedores en aquella mesa, pero aquí no hay _____.   — algunos, ninguno
5. (*no/everybody/anything*) _____ alumno va a ir a la reunión porque _____ saben que no van a resolver _____.   — Ningún, todos, nada

H. Articles

Provide the appropriate article whenever one is required.

1. No es verdad que _____ mujeres hablan mucho.   — las
2. Él es _____ gran médico.   — un *or* el
3. Mi hermano es _____ profesor.   — - -
4. Usted dijo diez dólares _____ metro.   — el
5. ¿Cómo está _____ señor Menéndez?   — el
6. Voy a visitarla _____ lunes.   — el
7. Necesitamos _____ aula más grande.   — un *or* el
8. Escribió sobre _____ Madrid de este siglo.   — el
9. Juan fue a lavarse _____ manos.   — las
10. ¿Cómo está _____ don Carlos?   — - -

VOCABULARY

aburrido	bored, boring	cubiertos	silverware
aceite de oliva	olive oil	cuchara	tablespoon
acostar (ue)	to put to bed	cucharada	tablespoonful
acostarse	to go to bed, to lie down	cucharadita	teaspoonful
		cucharita	teaspoon
afeitar(se)	to shave	cuchillo	knife
agregar (gu)	to add	cuello	neck
águila	eagle	cuerpo	body
ahijado (-a)	godson (goddaughter)	débil	weak
ají *m*	green pepper	dejar	to let, to allow
ajo	garlic	despertar(se) (ie)	to wake up
alegrarse	to be glad	diente *m*	tooth
alérgico	allergic	diente de ajo	clove of garlic
algo	something, anything	divertido	enjoyable
alguien	somebody, someone, anyone	divertirse (ie, i)	to have a good time
		doler (ue)	to hurt, to ache
algún, alguno (-a, -os, -as)	some, any, several	dolor *m*	ache, pain
		dormirse (ue, u)	to fall asleep
alma	soul	época	epoch, age
antibiótico	antibiotic	espalda	back
aparecer(se) (zc)	to appear, to show up	estómago	stomach
arma	weapon	examinar	to examine
arrepentirse de (ie, i)	to regret, to repent	fiebre *f*	fever
		fiesta	party
aspirina	aspirin	freír (i)	to fry
aula	classroom	fuego	fire
azafrán *m*	saffron	fuerte	strong
azúcar *m or f*	sugar	garganta	throat
bañar(se)	to bathe, to take a bath	gárgara: hacer gárgaras	to gargle
barba	beard	hacha	ax
bigote *m*	moustache	infección	infection
boca	mouth	irritado	irritated, sore
botella	bottle	irse	to go away, to leave
brazo	arm	jactarse (de)	to boast (about)
cabeza	head	jamás	not ever, never
caldo	broth	lavar	to wash
calentar (ie)	to heat	lento	slow
calmar(se)	to calm down	levantarse	to get up
cansado	tired	ligeramente	lightly
cara	face	machacar (qu)	to crush
cebolla	onion	madrina	godmother
cocinar	to cook	mantequilla	butter
consultorio	doctor's office	marcharse	to go away, to leave
cortado	cut up	margarina	margarine
cortar	to cut	morir (ue, u)	to die
cualquier	any		

 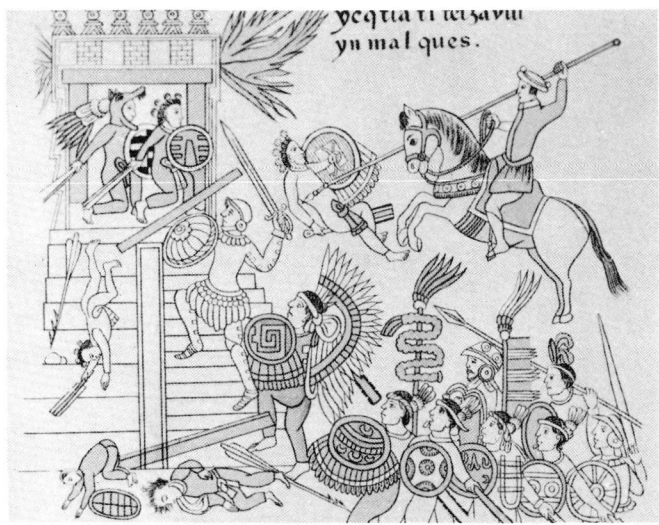

Izquierda: Una página del código Mendoza, una copia del siglo XVI en papel europeo de un manuscrito azteca con una traducción al español. De acuerdo con la leyenda, la ciudad de Tenochtitlán fue fundada en el lugar donde se encontró un águila con una serpiente en el pico.
Derecha: El Lienzo de Tlascala (1550) muestra el ataque de los soldados de Cortés al Gran Templo de Tenochtitlán durante la conquista de México.
Left: A page from the Codex Mendoza, a 16th century copy on European paper of an Aztec manuscript, with a Spanish translation. According to the legend, Tenochtitlán (now Mexico City) was founded where an eagle was encountered with a serpent in its beak.
Right: The Tlaxcala Canvas (1550), showing the attack of Cortés's soldiers on the Great Temple of Tenochtitlán during the Spanish conquest of Mexico.

nadie	*no one, nobody*	**recetar**	*to prescribe*
ningún, ninguno (-a, -os, -as)	*no, none, not any*	**saber**	*to taste*
		salsa	*sauce*
oído	*(inner) ear*	**sentarse (ie)**	*to sit down*
oreja	*ear*	**sentirse (ie, i)**	*to feel*
padrino	*godfather*	**servilleta**	*napkin*
parecerse (zc)	*to resemble*	**síntoma** m	*symptom*
pastilla	*pill*	**suicidarse**	*to commit suicide*
patilla	*sideburn*	**sumamente**	*exceedingly, very*
pedazo	*piece, chunk*	**tampoco**	*neither, not either*
pelo	*hair*	**tapar**	*to cover*
pierna	*leg*	**taza**	*cup*
pimienta	*(black) pepper*	**tenedor** m	*fork*
pizca	*pinch (of something)*	**tibio**	*lukewarm, tepid*
poner la mesa	*to set the table*	**vainilla**	*vanilla*
preocuparse	*to worry*	**vaso**	*glass, tumbler*
quedarse	*to stay, to remain*	**vestirse (i)**	*to get dressed*
quejarse (de)	*to complain (about)*	**vinagre** m	*vinegar*
receta	*recipe, prescription*	**vitamina**	*vitamin*

◀ Ladrillos de adobe secándose cerca del Cuzco, Perú.
Adobe bricks drying near Cuzco, Peru.

LECCIÓN 28

Informal direct commands / Informal direct commands of **-ar** verbs / Nominalization / The neuter article **lo**

diálogo / EN UN MERCADO DEL CUZCO[1]

IN A MARKET PLACE OF CUZCO

SALLY Quiero llevarle un regalo a mamá y no sé qué comprarle.

CECILIA Cómprale una alfombra de alpaca. Son muy lindas y muy típicas del Perú.

SALLY Es verdad, son preciosas[2], pero ayer pregunté los precios en una tienda y son bastante caras.

CECILIA Sí, pero no te olvides que aquí tienes que regatear[3]. Ahora bien, si quieres gastar menos, en aquel puesto venden cerámica pintada a mano y en el otro, ponchos.

S: *I want to bring back a gift for my mother and I don't know what to buy her.*

C: *Buy her an alpaca rug. They are very pretty and very typical of Peru.*

S: *That's true, they are very beautiful, but yesterday I asked about prices in a shop and they are a bit expensive.*

C: *Yes, but don't forget that you have to bargain here. But look, if you want to spend less, they sell hand-painted ceramics in that place[4] and ponchos in the other.*

---

[1] This Peruvian city is sometimes called **Cuzco**, sometimes **el Cuzco**.
[2] **Precioso** means *very beautiful*. Except in expressions such as **piedras preciosas** *precious stones*, it does not have the connotation of monetary value.
[3] Large department stores tend to keep fixed prices today, but bargaining still goes on in market places and smaller shops.
[4] Literally, *stall*.

SALLY	Vamos a verlos.	S:	*Let's see them.*

* * *   * * *

SALLY	Esos platos con los diseños incas están lindísimos, sin embargo creo que le voy a llevar una alfombra.	S:	*Those dishes with Inca designs are very pretty, but I believe I'll bring her a rug.*
CECILIA	¿De qué color la quieres?	C:	*What color do you want?*
SALLY	Todas son tan bonitas que es difícil decidirse, pero me parece que a mamá le va a gustar más una blanca.	S:	*All are so pretty that it is difficult to make up one's mind,[5] but it seems to me that a white one will appeal to my mother the most.*
CECILIA	Pues empieza a regatear y vamos a ver a qué precio las consigues.	C:	*Well, start bargaining and let's see what price you can get them for.*

ORACIONES Y PALABRAS

Quiero llevarle un regalo a mi **mamá**.   *I want to bring my mother a gift.*
               papá, primo[6],   *father, cousin,*
               tío, suegro,   *uncle, father-in-law,*
               cuñado, abuelo,   *brother-in-law, grandfather,*
               novio, esposo[7]   *boy friend, husband*

¿Cuánto cuesta[8] la alfombra **blanca**?   *How much does the white rug cost?*
               gris, café[9]   *gray, brown*

Esos platos son **caros**.   *Those plates are expensive.*
       baratos, perfectos   *inexpensive, perfect*

PREGUNTAS SOBRE EL DIÁLOGO

1. ¿Dónde están Sally y Cecilia?
2. ¿A quién le quiere llevar un regalo Sally?
3. ¿Qué cree Cecilia que Sally debe comprarle a su mamá? ¿Por qué?
4. ¿Por qué quiere Sally ver otras cosas?
5. ¿Qué otras cosas ven en el mercado?
6. ¿Cómo son los platos que Sally vio en el puesto?
7. ¿Qué le va a llevar por fin a su mamá?
8. ¿De qué color la va a comprar?
9. ¿Por qué la va a comprar de ese color?
10. ¿Qué debe hacer Sally para pagar menos por la alfombra?

PREGUNTAS GENERALES

1. ¿Regatea usted cuando va a una tienda grande?
2. Cuando compramos un coche, ¿siempre pagamos el precio que nos piden?

---

[5] Literally, *to decide.*
[6] The feminine form of this and the following words ends in **-a**.
[7] The words **mujer** *wife* and **marido** *husband* are also used. **Señora** used with the meaning *wife* is rather formal. **Señor** is not used with the meaning *husband*.
[8] **Costar (ue)**. The verb **valer** *to be worth* may be used instead of **costar**.
[9] The word **marrón** is also used.

3. ¿En qué otras situaciones regateamos en los Estados Unidos?
4. ¿Cuál es la capital del Perú?
5. ¿Qué país está al norte del Perú? ¿Y al este? ¿Y al sur?
6. ¿Qué está al oeste del Perú?
7. ¿De qué color es su coche?
8. ¿Qué color le gusta más a usted?
9. ¿Cuánto cuesta un coche pequeño en este país?
10. ¿Dónde valen más los coches, aquí o en Hispanoamérica? ¿Por qué?

GRAMMAR, EXERCISES, AND TESTING

Part 1

I. INFORMAL DIRECT COMMANDS

Besides formal direct commands, Spanish has a set of informal direct commands which are used by people who address others as **tú** or **vosotros**. Because **ustedes** functions as the plural of **tú** in Spanish America, the formal command corresponding to **ustedes** is also used in Spanish America as part of the array of informal command forms.

II. INFORMAL DIRECT COMMANDS OF -AR VERBS

☐ *Tú-COMMANDS*

hablar

AFFIRMATIVE	NEGATIVE
habla (tú)	**no hables (tú)**

Llama a Cecilia.	*Call Cecilia.*
Cierra la ventana.	*Shut the window.*
Ciérrala.	*Shut it.*
No **cuentes** más.	*Don't count any more.*
No **estés** tan seguro.	*Don't be so sure.*
Siéntate.	*Sit down.*

1. To form the affirmative **tú**-command, use the third-person singular of the present indicative: **él habla → habla tú**.
2. To form the negative **tú**-command, use the **usted**-command +s: **hable usted → no hables tú**.
3. The theme vowel **a** is retained in the affirmative command; in the negative command, the theme vowel **a** changes to **e**.
4. The placing of subject, object, and reflexive pronouns with informal commands is the same as with formal commands.
5. The plural of the **tú**-command in Spanish America is the **ustedes**-command (see page 342).

☐ **Vosotros**-COMMANDS

hablar

AFFIRMATIVE	NEGATIVE
hablad (vosotros)	**no habléis** (vosotros)

Cerrad las puertas. *Close the doors.*
Cerradlas. *Close them.*
No **cantéis** ahora. *Don't sing now.*
Levantaos. *Get up.*

1. To form the affirmative **vosotros**-command, change the final **-r** of the infinitive to **-d**: **hablar → hablad vosotros**.
2. To form the negative **vosotros**-command, change the **-ad** ending of the affirmative form to **-éis**: **hablad vosotros → no habléis vosotros**.
3. The theme vowel **a** is retained in the affirmative command; in the negative command, the theme vowel **a** changes to **e**.
4. When an affirmative **vosotros**-command is used reflexively, the final **-d** is dropped and the pronoun **os** is attached directly to the theme vowel: **levantad + os → levantaos**.

EJERCICIOS

Beginning with this lesson, directions for the oral exercises will be given in Spanish. The grammar terms, you will notice, are primarily cognates and are readily recognized. In cases where the directions involve new vocabulary, English equivalents will appear in footnotes.

A. Mandato formal → mandato informal[10]

Modelo: Llame a los niños.
        Llama a los niños.

Estudie esos ejercicios.
No trabaje tanto.
Busque los ponchos.
No se olvide, por favor.
No gaste más de diez dólares.
Cómprele esos platos pintados a mano.

Estudia esos ejercicios.
No trabajes tanto.
Busca los ponchos.
No te olvides, por favor.
No gastes más de diez dólares.
Cómprale esos platos pintados a mano.

B. Contestaciones

1. Conteste cada pregunta con un mandato afirmativo en la forma familiar **tú** o **ustedes**, reemplazando los nombres con los pronombres correspondientes[11].

    Modelo: ¿Compro la alfombra?
              Sí, cómprala.

---

[10] Formal command → informal command.
[11] Answer each question with an affirmative **tú**- or **ustedes**-command, replacing the nouns with corresponding pronouns.

Misa en la Catedral del Cuzco. Situado en los Andes, a una altura de 3.467 metros, el Cuzco fue la capital del Imperio Inca y más tarde una ciudad colonial de gran importancia. Intelectuales y turistas de todas partes del mundo vienen a estudiar sus construcciones monumentales y obras de arte.

Mass in the Cathedral of Cuzco. Situated in the Andes at an altitude of more than 11,000 feet, Cuzco was the capital of the Inca Empire and later an important Spanish colonial city. Scholars and tourists from all parts of the world come to study its monumental structures and works of art.

¿Tomo estas pastillas?   Sí, tómalas.
¿Despierto a Cecilia?   Sí, despiértala.
¿Empezamos los ejercicios?   Sí, empiécenlos.
¿Le llevo el poncho a María?   Sí, llévaselo.
¿Pregunto el precio?   Sí, pregúntalo.

2. Conteste cada pregunta con un mandato negativo en la forma familiar **tú** o **ustedes**, reemplazando los nombres con los pronombres correspondientes[12].

   Modelo: ¿Manejo ese coche?
   No, no lo manejes.

   ¿Pinto esa pared?   No, no la pintes.
   ¿Gasto este dinero?   No, no lo gastes.
   ¿Me siento?   No, no te sientes.
   ¿Cerramos la puerta?   No, no la cierren.
   ¿Le entrego los papeles al señor Gómez?   No, no se los entregues.

---

[12] Answer each question with a negative **tú**- or **ustedes**-command, replacing the nouns with corresponding pronouns.

TESTING / *informal direct commands of* -ar *verbs*

Give the informal direct command form indicated by the cue.

1. **hablar**, affirmative **tú**-command — habla
2. **cerrar**, negative **tú**-command — no cierres
3. In negative commands, the theme vowel for **-ar** verbs is _____. — e
4. **regatear**, negative **tú**-command — no regatees
5. **llámame**, countermanded (i.e., revoked and replaced by a contrary command) — no me llames
6. **no la llamen**, countermanded —llámenla
7. The informal affirmative command which answers the question ¿**los acuesto**? is **Sí**, _____. — acuéstalos
8. The informal negative command which answers the question ¿**me siento**? is **No**, _____ _____ _____. — no te sientes
9. **dámelo**, countermanded — no me lo des
10. In Spanish America, the affirmative plural command of **contar** is _____. — cuenten
11. In Spanish America, the affirmative plural command of **esperar** is _____. — esperen
12. **contar**, affirmative **vosotros**-command — contad
13. **llamad**, countermanded — no llaméis
14. The two affirmative commands which may answer the question ¿**Empezamos**? are _____ and _____. — empiecen, empezad

Part 2

III. NOMINALIZATION

Spanish and English both often use descriptive adjectives as nouns. While English frequently uses the word *one* or *ones* after the adjective, Spanish simply drops the noun and nominalizes the adjective.

☐ **SIMPLE ADJECTIVES**

La alfombra verde es preciosa.	**La verde** es preciosa.	The green (one) is beautiful.
Los maletines viejos son míos.	**Los viejos** son míos.	The old ones are mine.
Ese señor alto es el policía.	**Ese alto** es el policía.	That tall one is the policeman.
Él compró otro coche nuevo.	Él compró **otro nuevo**.	He bought another new one.
Yo quiero un sombrero negro.	Yo quiero **uno negro**.	I want a black one.

1. The descriptive adjective is nominalized by dropping the noun to which it refers.
2. A demonstrative adjective or some other limiting adjective may be used in place of the article.
3. The indefinite article **un** becomes **uno** before a nominalized adjective.

☐ **ADJECTIVE PHRASES AND CLAUSES**

Es el señor del traje azul.	Es **el del traje azul.**	*He is the one in the blue suit.*
La señora que vio el accidente vino.	**La que vio el accidente** vino.	*The one who saw the accident came.*
Esas llantas que compré están allí.	**Esas que compré** están allí.	*The ones I bought are there.*
Prefiero la motocicleta de Juan.	Prefiero **la de Juan.**	*I prefer John's.*
El primer señor que vino lo compró.	**El primero que vino** lo compró.	*The first one who came bought it.*

1. Descriptive **de** phrases and **que** clauses may be nominalized by dropping the noun to which they refer.
2. The words **primer** and **tercer** become **primero** and **tercero** before nominalized **de** phrases and **que** clauses.

Comprando alfombras de alpaca, mantas y ponchos en un mercado del Cuzco.
Buying alpaca rugs, blankets, and ponchos in a market in Cuzco.

IV. THE NEUTER ARTICLE LO

Adjectives, phrases, and clauses introduced by the neuter article **lo** also function as nouns. Their equivalents in English vary according to the context.

Lo malo es que no van a venir.	*The bad thing is that they aren't going to come.*
Ahora viene **lo interesante**.	*Now comes the interesting part.*
No comprendo **lo que dijo usted**.	*I don't understand what you said.*
Lo de las huelgas es serio.	*The business about the strikes is serious.*

1. The neuter article **lo** is invariable.
2. Three formulas are used with the neuter article:
    a. **lo** + masculine singular adjective.
    b. **lo** + phrase introduced by **de**.
    c. **lo** + clause introduced by **que**.
3. **Lo que** may be translated *what* in the sense *that which*.
4. A masculine singular adjective is used to modify a **lo** construction.

C. Sustantivación[13]

Elimine el nombre modificado de cada oración y sustantive el adjetivo o la frase que comienza con **de** o **que**[14].

Modelo: Creo que es la receta de arroz con pollo.
 Creo que es la de arroz con pollo.

Quiero un ají verde.
Su madrina es la señora que está a la derecha.
La receta de Cecilia es muy interesante.
Voy a agregar una cucharada de sal.
La botella que me falta es de vino tinto.
El primer médico que llegó se sentó allí.
La otra salsa que está más caliente es mejor.
Es el muchacho del pelo largo.

Quiero uno verde.
Su madrina es la que está a la derecha.
La de Cecilia es muy interesante.
Voy a agregar una de sal.
La que me falta es de vino tinto.
El primero que llegó se sentó allí.
La otra que está más caliente es mejor.
Es el del pelo largo.

D. Preguntas

Conteste las siguientes preguntas con un adjetivo sustantivado o una frase sustantivada[15].

Modelo: ¿Qué libro prefieres?
 Prefiero el rojo; Prefiero el de Juan; Prefiero el que está en la mesa, etc.

---

[13]*Nominalization.*
[14]Delete the modified noun and nominalize the adjective or the phrase or clause that begins with **de** or **que**.
[15]Answer the following questions with a nominalized adjective, phrase, or clause.

1. ¿Qué alfombra va a comprar?
2. ¿A qué hotel fuiste?
3. ¿Quién es la señora Martínez?
4. ¿Qué revistas compraste?
5. ¿Qué traje te vas a poner?
6. ¿Cuál es la casa de los Pérez?

TESTING / nominalization

1. Besides adjectives, Spanish may nominalize phrases introduced by _____ and clauses introduced by _____. — de, que
2. When the noun is omitted the word **un** becomes _____. — uno
3. By omitting the noun, the clause **el tercer chico que vimos** becomes _____ _____ _____ _____. — el tercero que vimos

Nominalize the following sentences by omitting the noun.

4. El tercer asiento es de él. — El tercero es de él.
5. Los platos que acaban de pintar son ésos. — Los que acaban de pintar son ésos.
6. El caldo de pollo es mejor. — El de pollo es mejor.

Give a Spanish equivalent.

7. *The pretty one is my sister.* — La bonita es mi hermana.
8. *He bought another one* (i.e., another **vaso de cerveza**). — Compró otro.
9. *Doña Barbara was the one who called last night.* — Doña Barbara fue (*or* era) la que llamó anoche.
10. *He is the first one of all.* — Es el primero de todos.
11. *the good and the bad thing* — lo bueno y lo malo
12. *what* (in the sense *that which*) — lo que
13. *This book? No, I want David's.* — ¿Este libro? No, quiero el de David.

LECCIÓN 29

Informal direct commands of **-er** and **-ir** verbs / Informal direct commands of stem-changing **-er** verbs / Informal direct commands of stem-changing **-ir** verbs / Summary of negative **vosotros** command forms / Adverbs / Comparison of adverbs / The superlative / Adverbs expressing a limited superlative / The absolute superlative / Adverbs ending in **-mente**

diálogo / UNA EXCURSIÓN POR EL AMAZONAS

AN EXCURSION ALONG THE AMAZON

SALLY Tengo que confesarles[1] que la primera vez que ustedes me hablaron de un viaje a Iquitos[2], yo no sabía dónde quedaba.

CECILIA Y cuando supiste que estaba en el Amazonas, no podías creerlo, ¿verdad?

SALLY Es que todavía no lo creo. Les aseguro que me parece mentira estar aquí y no en Chicago en

S: *I must confess that the first time you spoke to me about a trip to Iquitos, I didn't know where it was.*

C: *And when you learned that it was on the Amazon, you couldn't believe it, could you?*

S: *I still don't believe it. I assure you, I can't believe[3] I'm here and not in Chicago in the*

---

[1] **Confesar (ie).**
[2] Iquitos, situated in the jungle east of the Andes, is Peru's Atlantic port. It lies on the Amazon, some 2,000 miles from the river's mouth in Brazil. Part of Iquitos is a floating city with homes built on rafts. Its main industry is manufacturing lumber and plywood. It also supplies exotic types of animals to zoos and research centers the world over.
[3] Literally, *it seems to me a lie.*

	pleno invierno con toda esa nieve. Me da frío sólo pensarlo.
SR. ROMERO	Dense prisa que ya es casi la hora de salida.
SRA. ROMERO	¿Y dónde está Juan?
CECILIA	Fue a mirar una casa flotante.
SRA. ROMERO	¡Ese muchacho! Siempre tiene que hacer algo a última hora.
SR. ROMERO	No pierdas tú el barco por Juan, Sally. Sube que los Montalvo ya están a bordo. De todas formas ustedes iban a estar con ellos.
CECILIA	Ahí viene Juan.
SRA. ROMERO	Menos mal. Apúrate, Juan, que se va a ir el barco.
JUAN	No te preocupes, mamá. Hay tiempo de sobra.

	middle of the winter with all that snow. It makes me shiver just to think of it.
MR. R:	Hurry up. It's almost time to leave.
MRS. R:	Where's Juan?
C:	He went to look at a floating house.
MRS. R:	That boy! He always has something to do at the last minute.
MR. R:	Don't miss the boat on account of Juan, Sally. Climb aboard,[4] the Montalvos are already on board. Anyway, you were going to be with them.
C:	Here comes Juan.
MRS. R:	Thank God. Hurry up, Juan, the boat is about to leave.
J:	Don't worry, Mom. There's plenty[5] of time.

ORACIONES Y PALABRAS

Fue a mirar **las casas flotantes.**
      las balsas, los yates, los muelles, el puerto
Estamos en **invierno.**
      primavera, verano, otoño, la estación de las lluvias
Es extremadamente **cortés.**
      fino

He went to look at the floating houses.
      rafts, yachts, piers, port
It's winter.
      spring, summer, fall, the rainy season
He is extremely courteous.
      polite

PREGUNTAS SOBRE EL DIÁLOGO

1. ¿Dónde va a ser la excursión?
2. ¿En qué ciudad están Sally y la familia Romero?
3. ¿Sabía Sally dónde quedaba Iquitos?
4. ¿Qué le pareció a Sally la idea de un viaje al Amazonas?
5. ¿En qué ciudad de los Estados Unidos vive Sally?
6. ¿En qué estación están en Chicago, según el diálogo?
7. ¿Por qué cree el señor Romero que deben darse prisa?
8. ¿Adónde fue Juan?
9. ¿Qué debe hacer Sally?
10. ¿Con qué familia va a estar Sally durante la excursión?

---

[4] Literally, *go up.*
[5] Literally, *in excess.*

PREGUNTAS GENERALES

1. ¿Qué sabe usted de la ciudad de Iquitos?
2. ¿Por qué es importante esta ciudad?
3. ¿Cuál es el río más grande de la América del Sur?
4. ¿Cuáles son las estaciones del año?
5. ¿En qué estación estamos?
6. ¿En qué estación están en Chile en diciembre?
7. ¿Qué estación prefiere usted? ¿Por qué?
8. ¿Prefiere usted viajar en barco o en avión? ¿Por qué?
9. ¿Cuándo empieza la primavera aquí?
10. ¿Qué hace usted cuando piensa que va a llegar tarde a un lugar?

GRAMMAR, EXERCISES, AND TESTING

Part 1

I. INFORMAL DIRECT COMMANDS OF -ER AND -IR VERBS

☐ **Tú-**COMMANDS

comer		escribir	
AFFIRMATIVE	NEGATIVE	AFFIRMATIVE	NEGATIVE
come (tú)	no comas (tú)	escribe (tú)	no escribas (tú)

Come ahora, Pepe.   *Eat now, Pepe.*
Trae el contrato.   *Bring the contract.*
No le **escribas** a María.   *Don't write to Maria.*

1. The affirmative and negative **tú**-commands of most **-er** and **-ir** verbs are formed exactly like the counterpart commands for **-ar** verbs (review observations 1 and 2 on page 373).
2. With most **-er** and **-ir** verbs, the affirmative **tú**-command has the theme vowel **e**.
3. The negative **tú**-command of all **-er** and **-ir** verbs changes the theme vowel to **a**.

☐ **Vosotros-**COMMANDS

comer		escribir	
AFFIRMATIVE	NEGATIVE	AFFIRMATIVE	NEGATIVE
comed (vosotros)	no comáis (vosotros)	escribid (vosotros)	no escribáis (vosotros)

Leed las noticias.	*Read the news.*
No leáis las noticias.	*Don't read the news.*
Traedlo ahora.	*Bring it now.*
No salgáis tan pronto.	*Don't leave so soon.*
Dividíos en dos grupos.	*Divide yourselves into two groups.*

1. The affirmative **vosotros**-commands of most **-er** and **-ir** verbs are formed exactly like the counterpart commands for **-ar** verbs (review observation 1 on page 374).
2. To form the negative **vosotros**-command, use the stem of the formal direct command + **-áis**: **coma usted** → **no comáis vosotros**; **escriba usted** → **no escribáis vosotros**.
3. The affirmative **vosotros**-command of **-er** verbs retains the theme vowel **e**; the negative command changes the theme vowel **e** to **a**.
4. The affirmative **vosotros**-command of **-ir** verbs retains the theme vowel **i**; the negative command changes the theme vowel **i** to **a**.
5. When the affirmative **vosotros**-command is used reflexively, the final **-d** is dropped and the pronoun **os** is attached directly to the theme vowel: **proteged** + **os** → **protegeos**. (The verb **irse** is an exception: **idos**.) When **os** is attached to an **-ir** verb, an accent must be written on the final **i** to show that the stress has not shifted: **dividid** + **os** → **dividíos**.

II. INFORMAL DIRECT COMMANDS OF STEM-CHANGING -ER VERBS

entender (ie)	volver (ue)
no entendáis	**no volváis**

1. To form the negative **vosotros**-command of these verbs, use the infinitive stem + **-áis**.
2. The remaining command forms follow the standard pattern.

III. INFORMAL DIRECT COMMANDS OF STEM-CHANGING -IR VERBS

sentir (ie, i)	pedir (i)	dormir (ue, u)
no sintáis	no pidáis	no durmáis

1. To form the negative **vosotros**-command:
   a. stem-changing **-ir** verbs (**e** → **ie**) and (**e** → **i**) change the stem vowel **e** of the infinitive to **i**.[6]
   b. stem-changing **-ir** verbs (**o** → **ue**) change the stem vowel **o** of the infinitive to **u**.[6]
2. The remaining command forms follow the standard pattern.

---

[6] The same vowel shift occurs in the third-person singular and plural of the preterit tense. See page 238.

Casas flotantes del río Amazonas en Iquitos, Perú. La cuenca del Amazonas en la América del Sur es una de las últimas regiones inexploradas del mundo.

Floating houses on the Amazon River in Iquitos, Peru. The Amazonian interior of South America is one of the last unexplored regions in the world.

A. Mandato formal → mandato informal

Modelo: Suba al barco.
Sube al barco.

Aprenda esas reglas.
Traiga a los pasajeros.
No vuelva mañana.
Oiga las noticias.
No duerma tan poco tiempo.
Ofrezca diez pesos.
Siga derecho.

Aprende esas reglas.
Trae a los pasajeros.
No vuelvas mañana.
Oye las noticias.
No duermas tan poco tiempo.
Ofrece diez pesos.
Sigue derecho.

B. Respuestas afirmativas

Conteste cada pregunta con un mandato afirmativo en la forma familiar **tú** o **ustedes**, reemplazando los nombres con los pronombres correspondientes.

Modelo: ¿Abro la ventana?
Sí, ábrela.

¿Mido la sala?
¿Recojo los libros?
¿Resolvemos estos problemas?
¿Te escribo la receta?
¿Te pedimos agua?

Sí, mídela.
Sí, recógelos.
Sí, resuélvanlos.
Sí, escríbemela.
Sí, pídanmela.

El río Negro, uno de los muchos afluentes del Amazonas.
The Negro River, one of the many tributaries of the Amazon.

IV. *SUMMARY OF NEGATIVE* **VOSOTROS** *COMMAND FORMS*

1. The negative **vosotros**-command uses the following endings:
   a. **-éis** for all **-ar** verbs.
   b. **-áis** for all **-er** and **-ir** verbs.
2. These endings are added to stems as follows:
   a. stem-changing **-ar** and **-er** verbs use the infinitive stem: **pensar** → **no penséis**; **poder** → **no podáis**.
   b. stem-changing **-ir** verbs (**e** → **ie**) and (**e** → **i**) change the stem vowel **e** of the infinitive to **i**: **sentir** → **no sintáis**; **pedir** → **no pidáis**.
   c. stem-changing **-ir** verbs (**o** → **ue**) change the stem vowel **o** of the infinitive to **u**: **dormir** → **no durmáis**.
   d. All other **-ar**, **-er**, and **-ir** verbs use the stem of the formal direct command.

TESTING / *informal direct commands of* -er *and* -ir *verbs*

Give the informal direct command forms indicated by the cues.
1. **leer**, singular, affirmative and negative
2. **leer**, plural in Spanish America, affirmative
3. **leer**, plural in Spain, affirmative
4. **seguir**, negative **tú**-command

— lee, no leas
— lean
— leed
— no sigas

5. **traer**, affirmative **tú**-command — trae
6. **traer**, negative **tú**-command — no traigas
7. In the informal negative commands of **-er** and **-ir** verbs, the theme vowels **e** and **i** change to _____. — a

Answer the question using an informal command.
8. ¿Los recojo? Sí, _____. — recógelos
9. ¿Lo traigo? No, _____ _____ _____. — no lo traigas
10. ¿La traduzco? Sí, _____. — tradúcela
11. (in Spanish America) ¿Seguimos? Sí, _____. — sigan
12. In Spanish America, the plural formal and informal command of the verb **conducir** is _____. — conduzcan

Give a Spanish equivalent.
13. (in Spanish America, plural) *Don't lose those materials.* — No pierdan esos materiales.
14. (in Spain, plural) *Don't lose that contract.* — No perdáis ese contrato.

Talando la selva en la región del Amazonas en el Perú. Hace un siglo, gran parte de los bosques de los Estados Unidos desaparecieron a manos del hombre sin que ocurriera ningún desastre ecológico irreparable. Todavía no se sabe cuáles serán los efectos de este proceso en el Amazonas. Aún después de haber talado los árboles, el calor intenso y las frecuentes inundaciones dificultan la agricultura.
Clearing the jungle in the Amazonian interior of Peru. A century ago, a large part of the forests of the United States disappeared at the hands of man without an irreparable ecological disaster occurring. The effects of this process in the Amazon are still not known. Even after the trees have been felled, intense heat and frequent floodings hamper farming.

Part 2

V. ADVERBS

Adverbs are words expressing time, place, manner, degree, affirmation, or negation. They modify adjectives, verbs, or adverbs and are invariable in form. Here are some of the adverbs encountered in earlier lessons.

TIME	PLACE	DEGREE	MANNER	AFFIRMATION	NEGATION
hoy	aquí	más	bien	sí	no
mañana	allí	menos	mal	claro	ni
ayer	arriba	tan	así		tampoco

VI. COMPARISON OF ADVERBS

Adverbs use the same formula as adjectives to express comparisons of equality and inequality.

Humberto maneja **tan bien como** yo.	*Humberto drives as well as I (do).*
Llegó **más tarde que** usted.	*He arrived later than you (did).*
Leopoldina corre **menos rápido que** Alberto.	*Leopoldina runs less rapidly than Alberto.*
Ana canta bien, pero Alicia canta **mejor**.	*Ana sings well, but Alicia sings better.*

1. The formula **tan** + adverb + **como** expresses a comparison of equality.
2. The formula **más** + adverb + **que** expresses a comparison of inequality.
3. The formula **menos** + adverb + **que** is also used to express a comparison of inequality, though less commonly.
4. The adverbs **bien, mal, mucho,** and **poco** have special forms for comparisons of inequality: **mejor, peor, más,** and **menos.**

VII. THE SUPERLATIVE

Ellos son los que estudian {**más.** / **menos.**}	*They are the ones that study the {most. / least.}*
¿Quién canta {**mejor?** / **peor?**}	*Who sings {better (the best)? / worse (the worst)?}*

1. The four special forms **más, menos, mejor,** and **peor** are also used as superlatives. The context will usually show whether the form should be interpreted as a comparative or superlative.
2. These adverb forms immediately follow the verb; no definite article intervenes to introduce them.

VIII. ADVERBS EXPRESSING A LIMITED SUPERLATIVE

Llegó **lo más pronto**	posible. que pudo.	He arrived	as soon as possible. as soon as he could.
Lo hicimos **lo peor**	posible. que pudimos.	We did it	the worst way possible. as badly as we could.

1. Spanish adverbs have a superlative meaning when they appear in a formula with **lo** and an expression of possibility.
2. The basic variations of the formula are as follows:

    lo + $\begin{Bmatrix} \text{más} \\ \text{menos} \end{Bmatrix}$ + adverb + **posible**

    lo + $\begin{Bmatrix} \text{mejor} \\ \text{peor} \end{Bmatrix}$ + **posible**

3. Further variations are achieved by replacing **posible** with a subordinate clause having a form of the verb **poder**.
4. The subject of the subordinate clause is identical to the subject of the main clause.

A veces reina la paz en las relaciones entre el hombre y la naturaleza.

Sometimes peace reigns in the relations between man and nature.

IX. THE ABSOLUTE SUPERLATIVE

Many Spanish adjectives also function as adverbs. As adverbs, they have the masculine singular adjective form and are invariable. Their absolute superlative may be expressed by attaching the suffix -**ísimo** or by modifying them with another adverb like **muy**.

Llegaron {**muy tarde.** / **tardísimo.**	They arrived very late.
María estudia {**muy poco.** / **poquísimo.**	María studies very little.
Salieron {**extremadamente temprano.** / **tempranísimo.**	They left extremely early.
Trabajan **muchísimo.**	They work very much.

1. The suffix -**ísimo** is invariable.
2. **Muy, extremadamente,** and **sumamente** are typical modifiers.
3. A few special forms and restrictions exist. The absolute superlative of **mucho** is **muchísimo**, never **mucho** modified by **muy**. The absolute superlative of **bien** is **muy bien**.

X. ADVERBS ENDING IN -MENTE

Many adverbs in Spanish are derived from adjectives by the addition of the suffix -**mente**.

Realmente, no entendí nada.	Really, I didn't understand anything.
Me contestó **amablemente.**	She answered me kindly.
Lo explicó **perfectamente.**	He explained it perfectly.
Siempre maneja **rápidamente**[7].	He always drives fast.
Puedes hacerlo {**fácilmente.** / **con facilidad.**	You can do it {easily. / with ease.
Habló **lenta, clara y cortésmente.**	He spoke slowly, clearly, and courteously.

1. Adjectives with the singular endings -**o** and -**a** attach the suffix -**mente** to the feminine form.
2. Adjectives which end in a consonant or the vowel -**e** attach the suffix -**mente** directly.
3. Adjectives with a written accent mark retain it when forming adverbs in -**mente**. The suffix receives a secondary stress when the adverb is pronounced.
4. An alternate expression involves the formula **con** + noun.
5. When two or more adverbs in a series would end in -**mente**, the suffix is used only on the last one.

---

[7]**Rápido** may also be used.

C. Ejercicio de transformación

Combine las dos oraciones de cada grupo en una oración comparativa apropiada[8].

Modelo: Juan habla bien. Yo también.
Juan habla tan bien como yo.

Ana canta bien. Alicia también.	Ana canta tan bien como Alicia.
Él lee despacio. Tú lees más despacio.	Él lee menos despacio que tú.
Juana estudia poco. Alfredo estudia mucho.	Juana estudia menos que Alfredo.
Ella habla bien. Nosotros no hablamos tan bien.	Ella habla mejor que nosotros.
Ella llegó muy tarde. Nosotros no llegamos tan tarde.	Ella llegó más tarde que nosotros.
Los muchachos cantan muy mal. Ellas cantan muy mal también.	Los muchachos cantan tan mal como ellas.

D. Adjetivo → adverbio

Complete cada oración con el adverbio derivado del adjetivo en paréntesis[9].

Modelo: (fácil) Entendí la lección...
Entendí la lección fácilmente.

(alegre) María cantaba...	María cantaba alegremente.
(amable) Aceptó todo...	Aceptó todo amablemente.
(triste) Ellos hablaban...	Ellos hablaban tristemente.
(perfecto) El profesor lo explicó...	El profesor lo explicó perfectamente.
(lento) Los alumnos leían...	Los alumnos leían lentamente.

E. Ejercicio de expansión

Añada el adverbio en paréntesis a cada oración y haga los cambios necesarios[10].

Modelo: Habla fácilmente. (claramente)
Habla fácil y claramente.

Trabajaron rápidamente. (perfectamente)	Trabajaron rápida y perfectamente.
Los recibió amablemente. (cortésmente)	Los recibió amable y cortésmente.
Lo hizo difícilmente. (lentamente)	Lo hizo difícil y lentamente.
Él les habló claramente. (perfectamente)	Él les habló clara y perfectamente.

---

[8]Combine the two sentences of each set into an appropriate comparative statement.
[9]Supply the correct adverb derived from the adjective in parenthesis.
[10]Add the adverb in parenthesis to each sentence and make the necessary changes.

TESTING / adverbs

1. The formula which expresses the comparison of equality for adverbs is _____ + adverb + _____. — tan, como
2. The form for comparisons of inequality for **bien** is _____. — mejor
3. The form for comparisons of inequality for **mal** is _____. — peor
4. Another way of expressing **comió muy poco** is **comió** _____. — poquísimo
5. Other adverbs which can be used instead of **muy** are _____ and _____ — sumamente, extremadamente
6. The Spanish suffix (equivalent of English -*ly*) used to form adverbs is _____. — -mente
7. Another way of expressing **lo hizo con facilidad** is **lo hizo** _____. — fácilmente
8. The adverb derived from the adjective **difícil** is _____. — difícilmente
9. The adverb derived from the adjective **perfecto** is _____. — perfectamente
10. The adverb derived from the adjective **alegre** is _____. — alegremente
11. Two Spanish equivalents of *he did it the best he could* are **lo hizo** _____ _____ _____ and **lo hizo** _____ _____ _____ _____. — lo mejor posible, lo mejor que pudo
12. A Spanish equivalent of *they spoke slowly and sadly* is _____ _____ _____ _____. — Hablaron lenta y tristemente.

LECCIÓN 30

Informal direct commands: irregular forms of -**er** and -**ir** verbs / Indirect commands: third-person singular and plural / First-person plural commands

diálogo / EN LA CIUDAD PERDIDA DE MACHU PICCHU[1]

SALLY Ahora me doy cuenta por qué nadie descubrió a Machu Picchu antes.

CECILIA Imagínate[2], en medio de los Andes y con los medios de comunicación de entonces... Pero, dime, ¿qué te parece la ciudad?

SALLY ¡Fantástica! No encuentro otra palabra, pero lo que más me llama la atención son las paredes sin

IN THE LOST CITY OF MACHU PICCHU

S: *Now I realize why nobody discovered Machu Picchu before.*

C: *Just imagine, in the middle of the Andes and with the means of communication of those days.... But tell me, what do you think of the city?*

S: *Fantastic! I can't find another word, but what really gets me[3] are the walls, with*

---

[1] This Inca city was discovered in 1911 by Hiram Bingham (1875–1956), an American statesman and educator. It is located at an altitude of 7,000 feet in the Andes between Machu Picchu (Old Peak) and Huayna Picchu (Young Peak). The city is a maze of plazas, temples, palaces, and chambers connected by more than a hundred stairways carved out of blocks of solid rock. The city slopes toward the Urubamba river, a tributary of the Amazon some 2,000 feet below.

[2] From **imaginarse**.

[3] Literally, *calls my attention*.

	ningún cemento entre las piedras. Es realmente increíble.		no mortar⁵ between the stones. It's really unbelievable.
CECILIA	¡Y hay que ver el tamaño de algunas de ellas! Creo que pesan más de cien toneladas.	C:	And the size of some of them! I think they weigh more than a hundred tons.
SALLY	Me pregunto cómo las pudieron mover y traer hasta aquí.	S:	I wonder how they ever moved them and got them up here.⁶
CECILIA	No tengo la menor idea. Sally, ten cuidado con ese escalón.	C:	I haven't the slightest idea. Sally, be careful with that step.
SALLY	¡Uy! Por poco me caigo⁴. No me fijé que había una escalera.	S:	Wow! I almost fell. I didn't notice that there was a stairway.
CECILIA	¿Por qué no bajamos a ver las terrazas de cultivo?	C:	Why don't we go down and see the terraces used for farming?⁷
SALLY	Sí, bajemos. Yo también quiero ver cómo traían el agua hasta acá.	S:	O.K., let's go down. I also want to see how they brought water way up here.

ORACIONES Y PALABRAS

¿Qué te parece la **ciudad**?
        vista, aldea
Bajemos a ver **las terrazas**.
        las ruinas, el acueducto, el templo
Pesan más de diez **toneladas**.
        libras, onzas, kilos

What do you think of the city?
        view, village
Let's go down and see the terraces.
        ruins, aqueduct, temple
They weigh more than ten tons.
        pounds, ounces, kilos

PREGUNTAS SOBRE EL DIÁLOGO

1. ¿Cuándo descubrieron la ciudad de Machu Picchu?
2. ¿Por qué no la descubrieron antes?
3. ¿Qué le llama más la atención a Sally?
4. ¿Cuánto pesan algunas de las piedras?
5. ¿Por qué debe tener cuidado Sally?
6. ¿Sabía Sally que había una escalera?
7. ¿Adónde quiere ir Cecilia?
8. ¿Qué otra cosa quiere ver Sally?

PREGUNTAS GENERALES

1. Describa la ciudad de Machu Picchu.
2. ¿Cómo cultivaban los incas la tierra en Machu Picchu?
3. ¿Qué otras ruinas famosas conoce usted?
4. ¿Qué templos famosos conoce usted?
5. ¿Cuántas onzas hay en una libra?
6. ¿Cuántas onzas hay en una taza?
7. ¿Cuánto pesa usted?
8. ¿Cuánto pesaba usted el año pasado?
9. ¿Cerca de qué ciudad importante está Machu Picchu?
10. ¿Qué pesa más, un kilo o una libra?

---

⁴From **caerse**.
⁵Literally, *cement*.
⁶Literally, *I ask myself how were they able to move and carry them up to here*.
⁷Literally, *cultivation*.

Machu Picchu, ciudad construida por los incas en medio de los Andes, posiblemente con fines defensivos. El pico que se observa a la derecha es Huayna Picchu.

Machu Picchu, city built by the Incas in the midst of the Andes, possibly for reasons of defense. The peak observable on the right is Huayna Picchu.

GRAMMAR, EXERCISES, AND TESTING

Part 1

I. INFORMAL DIRECT COMMANDS: IRREGULAR FORMS OF -ER AND -IR VERBS

AFFIRMATIVE TÚ-COMMAND		AFFIRMATIVE TÚ-COMMAND	
poner	**pon**	hacer	**haz**
tener	**ten**	decir	**di**
salir	**sal**	ser	**sé**
venir	**ven**	ir	**ve**

Ponlo allá. — *Put it there.*
No lo **pongas** allá. — *Don't put it there.*
Ten cuidado. — *Be careful.*
No **tengas** miedo. — *Don't be afraid.*
Ven acá. — *Come here.*
Dímelo. — *Tell it to me.*
Hazlo bien. — *Do it well.*

Sal ahora.	*Leave now.*
Sé sincero.	*Be sincere.*
Ve a la terraza.	*Go to the terrace.*

These verbs have the irregular affirmative **tú**-commands shown. Their other informal commands are all derived in the standard way. Observe the following:

1. **Pon**, **ten**, **sal**, and **ven** are identical to their infinitive stems.
2. **Haz** and **di** are modified versions of their infinitive stems.
3. **Sé**, **ve**, and **ven** are identical to present-tense forms. The context will indicate whether a command or a present-tense form is meant.

A. Mandato formal → mandato informal

Modelo: Póngalo en la mesa.
 Ponlo en la mesa.

Diga la verdad.	Di la verdad.
Tenga mucho cuidado.	Ten mucho cuidado.
Salga a eso de las diez.	Sal a eso de las diez.
Sea menos egoísta.	Sé menos egoísta.
Vaya a verlo.	Ve a verlo.
Venga mañana.	Ven mañana.

B. Preguntas

Conteste cada pregunta con un mandato informal.

1. ¿Dónde pongo los cubiertos?
2. ¿Qué hago ahora?
3. ¿Cuándo vengo a verte?
4. ¿Te digo lo que oí ayer?
5. ¿Me voy ahora?
6. ¿Qué? ¿Debo tener cuidado?

TESTING / irregular commands of -er and -ir verbs

1. The four **tú**-commands which are identical to their infinitive stems are ____, ____, ____, and ____.   — ten, sal, ven, pon

Give the affirmative **tú**-command.

2. decir   — di
3. hacer   — haz
4. ser   — sé
5. ir   — ve

Give a Spanish equivalent.
6. *Be* (singular informal) *careful.* — Ten cuidado.
7. *Go* (singular informal) *to her house.* — Ve a su casa.

Answer the question using an informal command.
8. ¿Me lo pongo? Sí, _____. — póntelo
9. ¿Lo hago? Sí, _____. — hazlo
10. ¿Le digo algo? Sí, _____ _____. — dile algo
11. ¿Los pongo allí? No, _____ _____ _____. — no los pongas allí

Give a Spanish equivalent.
12. *Don't* (singular informal) *go now.* — No vayas ahora.
13. (in Spanish America, plural, formal and informal) *Do the exercises.* — Hagan los ejercicios.
14. (in Spain, plural informal) *Do the exercises.* — Haced los ejercicios.
15. (in Spanish America, informal) **¿Lo decimos?** Sí, _____. — díganlo

Part 2

II. INDIRECT COMMANDS: THIRD-PERSON SINGULAR AND PLURAL

Spanish and English make frequent use of indirect commands in the third person. Typical English indirect commands are *let him or her do it* or *let them read it.* Equivalent indirect commands in Spanish use verb forms identical to direct formal commands.

Una vasija doble de la cultura incaica. Los incas eran excelentes alfareros; como acostumbraban a dejar vasijas y tejidos en las tumbas de la costa del Perú, donde no llueve, se han descubierto gran número de estos objetos en magnífico estado de preservación.

A double vessel from the Inca culture. The Incas were excellent potters; because they were accustomed to leave pottery and tapestries in graves on the coast of Peru, where it doesn't rain, large numbers of these artworks have been found in a magnificent state of preservation.

Fino tejido de algodón y lana encontrado en la costa desértica del Perú. Los tejedores modernos de diferentes países han tratado sin éxito de igualar el número de hilos por centímetro cuadrado que tienen estos tejidos precolombinos.

A fine textile of cotton and wool found in Peru's coastal desert. Modern weavers in several countries have attempted without success to match the number of threads per square centimeter found in these pre-Columbian textiles.

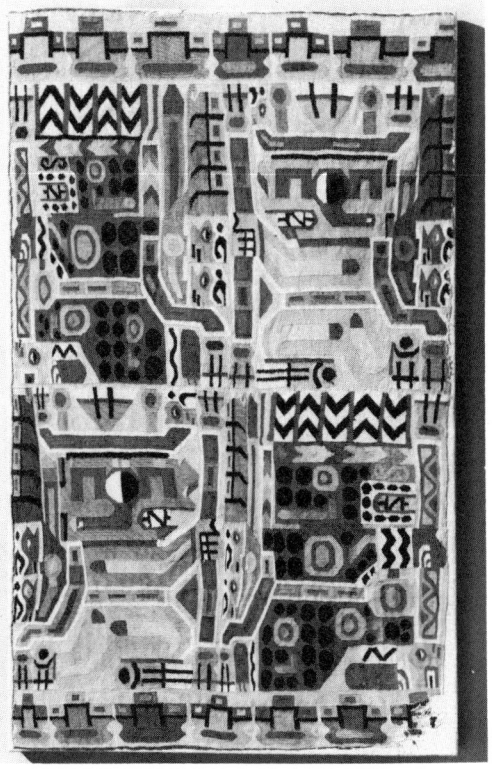

Que la **prepare** Cecilia.	*Let Cecilia prepare it.*[8]
Que no lo **haga** él.	*Don't let him do it.*
Que se lo **digan** ahora.	*Let them tell it to him now.*
Que lo **comience** el señor Romero.	*Let Mr. Romero start it.*
Que se **acuesten** los niños.	*Let the children go to bed.*

1. The word **que** introduces the indirect command, except in some traditional expressions.
       Viva la libertad.   *Long live liberty.*
       Dios te **bendiga**.   *God bless you.*
2. Reflexive and object pronouns always precede the verb.
3. Subject pronouns normally follow the verb.
4. Subject pronouns may be omitted if the subject for whom the command is meant is clearly understood.

---

[8]English sentences using *let* have two interpretations:
  a. an indirect command: *Have Cecilia prepare it.*
  b. a direct command plus an infinitive: *Permit Cecilia to prepare it.*
The first case is covered in this lesson. The second case will be discussed in lesson 36.

Recogiendo trigo en la región andina del Perú. En gran parte de esta zona, la población indígena todavía emplea métodos similares a los que se usaban en los tiempos precolombinos.

Harvesting wheat in the Andean region of Peru. In much of this zone, the Indian population still employs methods similar to those used in pre-Columbian times.

III. FIRST-PERSON PLURAL COMMANDS

VAMOS A + INFINITIVE		ALTERNATIVE CONSTRUCTION	
Vamos a	hablar	**Hablemos**	speak
	comenzar	**Comencemos**	begin
	contar	**Contemos**	count
	comer	**Comamos**	Let's eat
	escribir	**Escribamos**	write
	servir	**Sirvamos**	serve
	salir	**Salgamos**	go out

Vamos.	*Let's go.*
No vamos a dormir.	*We are not going to sleep.*
No durmamos entonces.	*Let's not sleep, then.*
Lavémonos las manos.	*Let's wash our hands.*
Démoselo ahora.	*Let's give it to him now.*

1. **Vamos a** + infinitive is equivalent to English *let's* + verb.
2. **Vamos** is used by itself with the meaning *let's go.*
3. **No** preceding **vamos** changes the sentence into a negative declarative statement, not a negative command.
4. An alternative construction for first-person plural commands uses the following endings:
    a. **-emos** for all **-ar** verbs.
    b. **-amos** for all **-er** and **-ir** verbs.

5. These endings are added to the same stem as the stem used in the negative **vosotros**-command. See page 385.
6. Reflexive verbs drop the **s** of the **-mos** ending if the pronoun **nos** is attached.
7. The **s** of **-mos** is also dropped if the pronoun **se** is attached.

C. Vamos a + infinitivo → mandato de la primera persona plural

Modelo: Vamos a comer.
Comamos.
Vamos a comprarla.
Comprémosla.

Un altar de piedra en Pomata, Perú, situado en la orilla sur del lago Titicaca. INRI es una abreviatura procedente de las palabras latinas que significan Jesús de Nazaret, Rey de los Judíos. La mejor escuela del arte primitivo colonial del Nuevo Mundo floreció en las montañas del Perú, con su centro en el Cuzco. Durante la misma época, trabajaban en Lima algunos de los artistas y arquitectos más originales del mundo.

An altar stone from Pomata, Peru, located on the southern shore of Lake Titicaca. INRI is an abbreviation drawn from the Latin words meaning Jesus of Nazareth, King of the Jews. The New World's best school of primitive colonial art flourished in the mountains of Peru, with its center at Cuzco. During the same period, some of the world's most original artists and architects were at work in Lima.

Vamos a subir.	Subamos.
Vamos a bajar.	Bajemos.
Vamos a recogerla.	Recojámosla.
Vamos a entregársela.	Entreguémosela.
Vamos a levantarnos.	Levantémonos.
Vamos a pedir más café.	Pidamos más café.
Vamos a ponerlo allí.	Pongámoslo allí.

D. Respuestas afirmativas y negativas

Conteste cada una de las siguientes preguntas dos veces, primero con un mandato afirmativo y después con uno negativo.

Modelo: ¿Le hablamos?
Sí, hablémosle.
No, no le hablemos.

¿Nos sentamos?	Sí, sentémonos.
	No, no nos sentemos.
¿Lo buscamos?	Sí, busquémoslo.
	No, no lo busquemos.
¿Lo traducimos?	Sí, traduzcámoslo?
	No, no lo traduzcamos.
¿Almorzamos allí?	Sí, almorcemos allí.
	No, no almorcemos allí.
¿Servimos más agua?	Sí, sirvamos más agua.
	No, no sirvamos más agua.

E. Respuestas dirigidas

1. Conteste cada una de las siguientes preguntas con un mandato indirecto.

    Modelo: ¿Lo hago yo o lo hace él?
    Que lo haga él.

¿Abro la puerta o la abre ella?	Que la abra ella.
¿Traemos los discos o los traen ellos?	Que los traigan ellos.
¿Cancelo el viaje o lo cancelan ellas?	Que lo cancelen ellas.
¿Preparo la ensalada o la prepara Julia?	Que la prepare Julia.
¿Bajo yo o baja Cecilia?	Que baje Cecilia.

2. Conteste cada una de las siguientes preguntas con un mandato directo o con un mandato indirecto.

    Modelo: ¿Traigo los cuchillos?
    Sí, tráigalos; Sí, tráelos; No, no los traiga; No, no los traigas; No, que los traiga Pedro, etc.

¿Lavo las servilletas?
¿Estaciono el coche?
¿Subo al barco?
¿Hablo con el jefe?
¿Se lo decimos ahora?
¿Nos levantamos?

TESTING / indirect commands and first-person plural commands

1. A Spanish equivalent for *let's go* is _____.
2. An alternative expression to **cantemos** is _____ _____ _____.
3. An alternative expression to **vamos a dormir** is _____.
4. Indirect commands in the third person are normally introduced by the word _____.

Give a Spanish equivalent.
5. *Let* HIM *do it.*
6. *Let's serve the coffee* (two constructions).
7. *Let's not serve the coffee.*
8. *We are not going to serve the coffee.*

Answer the question with the command form indicated by the cue.
9. ¿**Lo hacemos? Sí,** _____ (first-person plural).
10. ¿**Lo termina Juan o lo termino yo?** (**Juan,** indirect command)
11. ¿**Se lo entregamos? Sí,** _____ (first-person plural)
12. ¿**Nos lavamos las manos? Sí,** _____ (first-person plural) **las manos.**
13. ¿**Lo llevo yo o lo lleva mi hermano?** (**su hermano,** indirect command)
14. ¿**Las traemos nosotros o las traen ellos?** (**ellos,** indirect command)

— vamos

— vamos a cantar

— durmamos

— que

— Que lo haga él.
— Sirvamos el café. Vamos a servir el café.
— No sirvamos el café.
— No vamos a servir el café.

— hagámoslo

— Que lo termine Juan.

— entreguémoselo

— lavémonos

— Que lo lleve su hermano.

— Que las traigan ellos.

◀ José Olaya, patriota peruano que murió en el Callao durante la Guerra de Independencia. Retrato de Gil de Castro.
José Olaya, Peruvian patriot who died in Callao during the War of Independence. Painting by Gil de Castro.

RECAPITULACIÓN Y AMPLIACIÓN X

lectura / DESDE LOS INCAS HASTA EL VIRREINATO DEL PERÚ

Una de las civilizaciones más avanzadas de este continente antes de la llegada de los españoles fue la de los incas, cuyo imperio se extendía desde el norte de la Argentina y Chile hasta el Ecuador. Los españoles usaron erróneamente la palabra incas al referirse a los habitantes de este imperio, pues la mayor parte de los indios que lo componían eran de origen quechua y sólo daban el nombre de inca a sus soberanos que, según sus creencias, eran descendientes del Sol.

soberano *king*
el Sol *sun*

Los incas adoraban al Sol. En el Cuzco, la capital de su imperio, le levantaron un templo con las paredes cubiertas de oro que era el metal que simbolizaba a este astro. Debido a su culto, el imperio de los incas es también conocido por el nombre de Imperio del Sol.

Antes de la llegada de los españoles, la lengua quechua era obligatoria en el imperio y la vida estaba extraordinariamente reglamentada y organizada. Esto se pudo llevar a cabo gracias a la red

llevar a cabo *to achieve*
la red *network*

403

Un grabado antiguo. Cuando Pizarro capturó a Atahualpa, el último Inca, éste trató de obtener su libertad llenando una habitación de objetos de oro y plata. Con la excusa de que Atahualpa había ordenado la muerte de su medio hermano Huáscar, Pizarro lo sometió a juicio y lo hizo ejecutar.

An early engraving. When Pizarro captured Atahualpa, the last Inca, he attempted to obtain his liberty by filling a room full of gold and silver. With the excuse that Atahualpa had ordered the death of his half brother Huáscar, Pizarro had him tried and executed.

de caminos que cruzaban las diferentes regiones y mantenían a la capital en contacto con los lugares más remotos del imperio. Además tenían un sistema de correos muy eficiente. En los caminos, había una serie de postas o estaciones con corredores especiales llamados *chasquis* que eran entrenados desde la niñez para cubrir distancias a gran velocidad. Cuando uno de estos corredores recibía un mensaje corría lo más rápido posible hasta la próxima posta donde otro corredor recibía el mensaje y lo llevaba al siguiente. Este proceso se repetía hasta que el mensaje llegaba a su destino. En cierto sentido, los *chasquis* eran como los corredores olímpicos de la Grecia antigua y los *pony express riders* del siglo pasado en los Estados Unidos. Con este sistema de los incas era posible recibir en el Cuzco noticias de los lugares más remotos del imperio en un período máximo de cinco días. También servía para ofrecerle más comodidades a la familia real pues, según dicen, ésta podía comer pescado fresco cuando así lo deseaba gracias a los *chasquis*.

  Los incas no conocieron la rueda como método de transporte y sus animales de carga eran la llama, la alpaca y la vicuña. Hoy en día, en pleno siglo veinte, estos mismos animales ayudan a muchos indios a llevar sus productos a los mercados locales.

correos *communication*
el corredor *runner*
la niñez *childhood*
el mensaje *message*
rueda *wheel*

Los incas fueron además excelentes arquitectos e ingenieros. Las ruinas de Machu Picchu nos ofrecen una prueba definitiva de lo que podían hacer en materia de construcción. La ciudad está rodeada por una muralla de cinco metros de alto y casi dos metros de ancho. Para levantar esta muralla y las paredes de los edificios usaban piedras sin poner ningún cemento entre ellas. Estas piedras, algunas de las cuales pesan más de cien toneladas, encajan tan bien unas con otras que es imposible introducir la hoja de un cuchillo entre ellas.

muralla *city wall*

encajar *to fit*
hoja *blade*

Después de una larga sucesión de incas, uno de ellos, Huayna Cápac, decidió dividir el imperio entre sus dos hijos Huáscar y Atahualpa; éste recibió el reino de Quito y aquél el del Cuzco. Poco después surgió una guerra civil entre los dos hermanos y Atahualpa salió vencedor. Este hecho histórico facilitó la conquista del Imperio del Sol por los españoles. En 1532 Francisco Pizarro, acompañado de unos doscientos hombres, llegó al norte del Perú y se dirigió a la ciudad de Cajamarca para entrevistarse con Atahualpa. Cuando el Inca llegó a la plaza de Cajamarca con un pequeño grupo de vasallos, las tropas de Pizarro, que estaban escondidas en las calles que daban a la plaza, salieron y tomaron prisionero a Atahualpa. Después lo llevaron a una celda que todavía existe en Cajamarca y que se llama el cuarto del rescate. Para obtener su libertad, Atahualpa tenía que llenar de oro y plata este cuarto hasta una raya marcada en la pared a la altura de su cabeza. Desde aquel momento, los indios empezaron a traer objetos de oro y plata para comprar la libertad de su Inca. Sin embargo, aunque Atahualpa pagó el rescate, Pizarro lo mató con la excusa de que él era el responsable de la muerte de su hermano Huáscar.

el vencedor *winner*
hecho *fact*

dar a *to lead to*
celda *cell*

matar *to kill*

Pizarro continuó la conquista del imperio y en noviembre de 1533 entró en el Cuzco. Dos años más tarde fundó la ciudad de Lima que después pasó a ser la capital, ya que estaba más cerca del mar y resultaba más fácil para comunicarse con el exterior.

Las noticias de las riquezas del imperio de los incas se extendieron por el mundo español. La palabra "Perú" llegó a significar tesoro, y la expresión "vale un Perú" era común cuando alguien quería decir que una cosa o una persona valía mucho.

Alrededor de la Plaza de Armas, la primera plaza construida en Lima, se observan edificios de estilo colonial, algunos de los cuales datan del siglo XVI.

Around the Plaza de Armas, the first plaza built in Lima, one sees colonial-style buildings, some dating from the 16th century.

En 1543 se creó el Virreinato del Perú que comprendía todas las tierras que pertenecían a España en la América del Sur. El Virrey era el representante del rey y su corte llegó a ser centro de refinamiento y de lujo. Nadie mejor que el famoso escritor peruano Ricardo Palma (1833–1919) puede trasladarnos a aquella época de esplendor. En sus conocidas *Tradiciones peruanas*, conjunto de historias breves basadas en hechos verdaderos o fantásticos, nos presenta un panorama extraordinario de la historia del Perú desde la época del imperio de los incas hasta aquella en que él vivió. Sus mejores tradiciones son las que nos presentan la sociedad virreinal del siglo XVIII con sus costumbres, leyendas, acontecimientos importantes, hechos triviales, vicios, chismes, en fin, la vida de una época hasta en sus más pequeños detalles presentada a través de un estilo ágil y una fina ironía salpicada de humorismo.

lujo *luxury*

conjunto *collection*

acontecimiento *event*
el chisme *piece of gossip*

salpicada *sprinkled*

PREGUNTAS

1. ¿Qué países comprendía el imperio de los incas?
2. ¿Por qué decimos que los españoles usaron erróneamente la palabra inca?
3. ¿Qué astro adoraban los incas?

4. ¿Cuál era la capital del imperio de los incas?
5. ¿Qué otro nombre recibió este imperio?
6. ¿Por qué pudieron organizar y reglamentar la vida en el imperio?
7. ¿Quiénes eran los chasquis?
8. ¿Cuáles eran los animales de carga de los incas?
9. ¿Cómo hacían las paredes de sus edificios y las murallas que rodeaban sus ciudades?
10. ¿Quién dividió el imperio de los incas? ¿Entre quiénes?
11. ¿Cuál fue el resultado de esta división?
12. ¿Quién fue el conquistador del Perú?
13. ¿Con cuántos hombres llegó al Perú?
14. ¿En qué ciudad iba a ser la entrevista de Atahualpa y Pizarro?
15. ¿Qué pasó cuando Atahualpa llegó a la plaza de esta ciudad?
16. Según Pizarro, ¿cómo podía Atahualpa comprar su libertad?
17. ¿Qué sucedió después que los vasallos de Atahualpa pagaron el rescate?
18. ¿Cuándo fundaron la ciudad de Lima?
19. ¿Por qué era más conveniente esta ciudad como capital?
20. ¿Qué significa la expresión "vale un Perú"?
21. ¿Quién fue Ricardo Palma?

El Palacio Arzobispal en Lima está adornado con los balcones de madera que son característicos de la arquitectura colonial peruana.
The Archbishop's Palace in Lima is graced by the wooden balconies characteristic of colonial Peruvian architecture.

Miraflores, una zona residencial de Lima.

Miraflores, a residential section of Lima.

READING AND WRITING SUPPLEMENT

Cognates: Spanish **-ia** and **-io**, English **-y**

Many Spanish words which end in **-io** or **-ia** are cognates of English words ending in **-y**.

SPANISH	ENGLISH	SPANISH	ENGLISH
Italia	*Italy*	necesario	*necessary*
historia	*history*	monasterio	*monastery*
farmacia	*pharmacy*	dormitorio	*dormitory*

Do you recognize the English cognates of the following words?

industria	contrario	victoria	canario
demagogia	rosario	miseria	obituario

PROVERBIOS

Haz lo que yo digo y no lo que yo hago.

Haz bien y no mires a quien.

Oye primero y habla después.

Diga cuál de los tres proverbios prefiere usted. ¿Por qué?
¿Hay un proverbio similar en inglés?
Explique el uso de la expresión "lo que" del primer proverbio.
¿Cuál es el negativo de "haz"? ¿Y de "oye"?
¿Cuál es la forma afirmativa de "no mires"?

TESTING

A. Tú-commands

Complete each of the following sentences with the **tú**-command form of the verb in parenthesis.

1. (comprar) _____ esos ponchos. — Compra
2. (tocar) No _____ más el timbre. — toques
3. (subir) _____ la escalera. — Sube
4. (levantarse) _____ a las siete. — Levántate
5. (acostarse) No _____ _____ tan tarde. — te acuestes
6. (seguir) _____ por esta calle. — Sigue
7. (oír) _____ las noticias esta tarde. — Oye
8. (ir) No _____ a casa de tus primos. — vayas
9. (regatear) _____ si quieres mejor precio. — Regatea
10. (traducir) No _____ ese ejercicio. — traduzcas
11. (hacer) _____ el trabajo ahora. — Haz
12. (poner) _____ los platos en la mesa. — Pon

B. Ustedes (or vosotros) commands

Complete each of the following sentences with the **ustedes** (or **vosotros**) command form of the verb in parenthesis.

1. (contar) _____ las botellas. — Cuenten (contad)
2. (escribir) _____ la receta. — Escriban (escribid)
3. (llevar) No le _____ el regalo todavía. — lleven (llevéis)
4. (decir) No les _____ nada a los testigos. — digan (digáis)
5. (poner) _____ los pasajes allí. — Pongan (poned)
6. (vestirse) _____ ahora mismo. — Vístanse (vestíos)
7. (dormir) No _____ tanto. — duerman (durmáis)
8. (salir) _____ por esa escalera. — Salgan (salid)
9. (sentarse) No _____ _____ en el muelle. — se sienten (os sentéis)
10. (destruir) _____ esos papeles. — Destruyan (destruid)

C. Informal commands

Answer the following questions using an informal command.

1. ¿Los traduzco? Sí, _____. — tradúcelos
2. ¿Lo empiezo? Sí, _____. — empiézalo

3. ¿Te la leo? No, _____ _____ _____
   _____. — no me la leas
4. ¿Las cerramos? Sí, _____. — ciérrenlas (cerradlas)
5. ¿Nos levantamos? No, _____ _____
   _____. — no se levanten (no os levantéis)
6. ¿Se lo digo? Sí, _____. — díselo
7. ¿Te las doy? Sí, _____. — dámelas
8. ¿Salgo? Sí, _____. — sal

D. Indirect commands

Answer each of the following questions using an indirect command.

1. ¿Lo termino yo o lo termina Juan? — Que lo termine Juan.
2. ¿Lo hacemos nosotros o lo hacen ellos? — Que lo hagan ellos.
3. ¿Salgo yo o sale ella? — Que salga ella.
4. ¿Le llevo el agua o se la lleva Alicia? — Que se la lleve Alicia.
5. ¿Empiezo yo o empieza Alberto? — Que empiece Alberto.

E. First-person plural commands

Answer each of the following questions using the first person plural command form. Do not use **vamos a** + infinitive.

1. ¿Subimos? Sí, _____. — subamos
2. ¿La traemos? Sí, _____. — traigámosla
3. ¿Vamos? Sí, _____. — vamos
4. ¿Nos levantamos? Sí, _____. — levantémonos
5. ¿Salimos? No, _____ _____. — no salgamos
6. ¿Nos sentamos? No, _____ _____
   _____. — no nos sentemos
7. ¿Se lo llevamos? Sí, _____. — llevémoselo
8. ¿Lo leemos? No, _____ _____ _____. — no lo leamos
9. ¿Se lo decimos? Sí, _____. — digámoselo
10. ¿Lo pedimos? Sí, _____. — pidámoslo

F. Adverbs: comparisons of equality

Complete each sentence using the comparison of equality of the adverb in parenthesis.

1. (bien) Juan habla _____ _____ _____
   Alicia. — tan bien como

2. (mal) Ellos cantan _____ _____ _____ yo. — tan mal como
3. (despacio) Tú manejas _____ _____ _____ mi padre. — tan despacio como
4. (lejos) Tu hermano vive _____ _____ _____ el mío. — tan lejos como

G. Adverbs: comparisons of inequality

Complete each sentence using the comparison of inequality of the adverb in parenthesis.

1. (bien) Ella escribe _____ _____ yo. — mejor que
2. (mal) Teresa lee _____ _____ tú. — peor que
3. (mucho) Alfredo trabaja _____. — más
4. (poco) Ellos ganan _____. — menos

H. Adverbs: the absolute superlative

Complete the second sentence of each group with an alternate form of the absolute superlative.

1. Ellos estudian muy poco. Ellos estudian _____. — poquísimo
2. No empezamos antes porque llegamos sumamente tarde. No empezamos antes porque llegamos _____. — tardísimo
3. Tu novio maneja muy rápido. Tu novio maneja _____. — rapidísimo.

I. Adverbs in -mente

Supply the adverbs suggested by the words in parenthesis, attaching the suffix -**mente** except where the suffix is inappropriate.

1. (fácil) Lo hizo _____. — fácilmente
2. (alegre) Cuando lo vi, cantaba _____. — alegremente
3. (claro/perfecto) El profesor explica todo _____ y _____. — clara, perfectamente
4. (lento) Ellos siempre caminaban _____. — lentamente

La corriente fría del Perú, también conocida como Corriente de Humboldt, corre próxima a las costas de Chile y Perú y es una de las mejores zonas pesqueras del mundo. Esta corriente causa que las lluvias caigan en el océano, y como resultado hay más de 1.600 kilómetros de desierto en la costa del Perú. Las temperaturas son frescas y la niebla cubre la tierra durante varios meses del año. La irrigación artificial ha convertido en tierra fértil algunas pequeñas zonas de este desierto.

The cold Peru Coastal Current, also known as the Humboldt Current, runs near the coasts of Chile and Peru and is one of the world's best fishing grounds. This current causes the rain to fall in the ocean, and as a result there are more than a thousand miles of desert along the coast of Peru. Temperatures are cool and fog covers the land several months a year. Irrigation has converted a few small zones of this desert into fertile land.

VOCABULARY

abuela	grandmother
abuelo	grandfather
acá	here
acueducto	aqueduct
aldea	village, town
alfombra	rug
alpaca	alpaca
apurarse	to hurry up
asegurar	to assure
bajar	to descend, go down
balsa	raft
barato	inexpensive
barco	boat, ship
bordo: a bordo	on board
caerse	to fall
café	brown
caro	expensive
cemento	cement, mortar
cerámica	ceramic
color *m*	color
comunicación	communication
confesar (ie)	to confess
cortés	courteous
costar (ue)	to cost
cuñada	sister-in-law
cuñado	brother-in-law
darse cuenta (de)	to realize, to become aware of
darse prisa	to hurry up
decidir	to decide
descubrir	to discover
diseño	design
escalera	stairway
escalón *m*	step
esposa	wife
esposo	husband
estación de las lluvias	rainy season
extremadamente	extremely
fijarse	to notice
fino	polite
flotante	floating
forma: de todas formas	anyway
gastar	to spend
gris	gray
imaginarse	to imagine
inca *m or f*	Inca
increíble	unbelievable
invierno	winter
kilo	a kilo (2.2 lbs)
libra	pound
lindo	pretty
lo *neuter article*	the, that
lo de	that business about
lo que	what

llamar la atención	*to catch one's attention*	**primavera**	*spring*
lluvia	*rain*	**primo (-a)**	*cousin*
marido	*husband*	**puerto**	*port*
marrón	*brown*	**puesto**	*stall, place*
medio	*middle*	**realmente**	*really*
medios	*means*	**regalo**	*present*
mentira	*lie*	**regatear**	*to bargain*
mover (ue)	*to move*	**ruina**	*ruin*
muelle *m*	*pier, wharf*	**señora**	*wife*
mujer *f*	*wife*	**sin embargo**	*nevertheless*
nieve *f*	*snow*	**sobra: de sobra**	*plenty of, in excess*
novia	*girlfriend, sweetheart*	**subir**	*to climb up, to go aboard*
novio	*boyfriend*		
onza	*ounce*	**suegra**	*mother-in-law*
otoño	*autumn, fall*	**suegro**	*father-in-law*
papá	*dad, father*	**templo**	*temple*
perder (ie)	*to miss*	**terraza**	*terrace*
perdida	*lost*	**tía**	*aunt*
perfecto	*perfect*	**tienda**	*shop*
pesar	*to weigh*	**tío**	*uncle*
piedra	*rock, stone*	**todavía**	*still, yet*
pleno: en pleno	*in the middle*	**tonelada**	*ton*
poncho	*poncho*	**valer (g)**	*to be worth*
precio	*price*	**verano**	*summer*
precioso	*beautiful, precious*	**vista**	*view*
preguntarse	*to wonder, to ask oneself*	**yate** *m*	*yacht*

La lucha del hombre con la naturaleza asume proporciones monumentales en la Selva, la región interior del Perú.
Man's struggle with nature assumes monumental proportions in la Selva, *the interior region of Peru.*

◀ Cruzando los Andes en un vuelo de Santiago de Chile a Buenos Aires.
Crossing the Andes on a flight from Santiago, Chile, to Buenos Aires.

LECCIÓN 31

Indicative versus subjunctive mood / Forms of the present subjunctive / The subjunctive in noun clauses / The subjunctive after **dudar** / An infinitive instead of a noun clause / Choice of moods according to the attitude of the speaker

diálogo / UN FIN DE SEMANA EN PORTILLO[1]

ÁNGELA   Espero que podamos esquiar en Portillo el sábado. Tú bien sabes que es mi deporte favorito.

BERTA   Ya lo sabemos muy bien y no tienes por qué preocuparte. Allí siempre hay nieve en esta época del año. Estoy segura que te va a gustar muchísimo.

CARLOS   Además todos dicen que el campeonato del domingo va a ser muy bueno.

ÁNGELA   ¿Van a competir[2] muchos esquiadores extranjeros?

A WEEK END IN PORTILLO

A: *I hope we can ski in Portillo on Saturday. You know it's my favorite sport.*

B: *We certainly know it and you have no reason to worry. There's always snow there at this time[3] of the year. I'm sure you're going to like it very much.*

C: *Besides, everyone says that Sunday's championship is going to be very good.*

A: *Are many foreign skiers going to compete?*

---

[1] A ski resort in the Andes near Santiago, Chile; site of the World Ski Championship in 1966. The views of mountain scenery there are said to be among the most spectacular in the world.
[2] **Competir (i)**.
[3] *Literally, in this epoch.*

CARLOS	Creo que sí. A propósito, no dejes de llevar[4] tu cámara.	C:	I think so. By the way, don't forget to bring your camera.
ÁNGELA	¡Qué bueno que me lo recordaste! Mi hermano quiere que le mande unas fotos[5]. Las que saqué la semana pasada no salieron muy bien.	A:	Good thing you reminded me! My brother wants me to send him some snapshots. The ones which I took last week didn't come out well.
BERTA	Por cierto, necesitamos comprar rollos.	B:	By the way, we need to buy some film.[7]
ÁNGELA	Pues compremos unos esta tarde. ¿En colores[6] o en blanco y negro?	A:	Let's buy some this afternoon. Color or black and white?
CARLOS	En colores. Las vistas allá son divinas y vale la pena gastar un poco más.	C:	Color. The views there are fantastic[8] and it's worth[9] spending a bit more.

ORACIONES Y PALABRAS

Espero que podamos **esquiar**.
    patinar, nadar, cazar, pescar, jugar (al)[10] béisbol, jugar (al) fútbol, jugar (al) tenis, jugar (al) ajedrez, jugar (a las) cartas

I hope we can ski.
    skate, swim, hunt, fish, play baseball, play soccer,[11] play tennis, play chess, play cards

Necesitamos **esquíes**[12].
    patines[13], bates[14], raquetas, pelotas de tenis

We need skis.
    skates, bats, rackets, tennis balls

PREGUNTAS SOBRE EL DIÁLOGO

1. ¿Dónde van a esquiar Ángela y sus amigos?
2. Según Berta, ¿van a poder esquiar el sábado? ¿Por qué?
3. ¿Qué van a ver el domingo?
4. ¿Quiénes van a competir?
5. ¿Qué va a llevar Ángela a Portillo?
6. ¿Quién le pidió unas fotos a Ángela?
7. ¿Por qué no le mandó las que sacó la semana pasada?
8. ¿Qué necesitan comprar?
9. ¿Qué clase de rollos van a comprar? ¿Por qué?
10. ¿Qué rollos son más caros?

---

[4]The expression **no dejar de** + infinitive is equivalent to English *not to fail to* + verb.
[5]Common abbreviated form for **unas fotografías**.
[6]Some countries use **de colores**.
[7]Literally, *rolls*.
[8]Literally, *divine*.
[9]Literally, *worth the trouble*.
[10]**Jugar (ue)**. ~~The use of a + article after jugar is optional.~~
[11]Football as played in the United States is usually called **fútbol americano**.
[12]Singular, **el esquí**.
[13]Singular, **el patín**.
[14]Singular, **el bate**.

PREGUNTAS GENERALES

1. ¿Le gusta a usted esquiar?
2. ¿Hay lugares donde pueden esquiar cerca de aquí?
3. ¿Qué necesita usted para jugar al tenis?
4. ¿Es popular este deporte?
5. ¿Cuál es el deporte más popular aquí?
6. ¿Quién es el campeón mundial de ajedrez?
7. ¿Qué necesita usted para jugar al béisbol?
8. ¿Cuál es su deporte favorito?
9. ¿Dónde prefiere usted pescar, en el mar, en un lago o en un río?
10. ¿Qué prefiere usted, esquiar en el agua o en la nieve?

GRAMMAR, EXERCISES, AND TESTING

I. INDICATIVE VERSUS SUBJUNCTIVE MOOD

Verbs reflect mood as well as person, number, and tense. The indicative and the subjunctive are moods. In Spanish, actual facts are expressed with verbs in the indicative, whereas potential realities are expressed with verbs in the subjunctive.

A potential reality is a happening or situation whose existence is reported as subject to some attitude on the part of the speaker. The speaker may (1) regard the existence of the fact as impossible or open to question (*it is unlikely that the match occur*), or (2) take some attitude toward the existence of the fact (*Why green? Because I demanded that it be green. Besides, it's appropriate that it be green.*)

Alternatively, we can say that a reality is potential if it is mentioned in a clause or context that is dependent upon another verb or phrase (sometimes only implied) that expresses, among other things, emotion, will, doubt, or a judgment, hypothesis, supposition, or special proviso.

The indicative mood is easy for the student to use, but the subjunctive mood requires study since its use in Spanish does not always coincide with its use in English. Certain contexts or fixed conditions require the subjunctive in Spanish, and these will be described; but in other cases the subjunctive simply follows from the attitude of the speaker.

II. FORMS OF THE PRESENT SUBJUNCTIVE

1. The forms of the present subjunctive have all been introduced before. They are the same as the **usted**, negative **tú**, first-person plural, negative **vosotros**, and **ustedes** command forms.
2. In brief, to form the present subjunctive, combine the present subjunctive stem with the following endings:
   a. for all **-ar** verbs, add **-e, -es, -e, -emos, -éis, -en**.
   b. for all **-er** and **-ir** verbs, add **-a, -as, -a, -amos, -áis, -an**.
3. The forms of the present subjunctive for a variety of important verbs are shown in the following charts.

	INFINITIVE	PRESENT SUBJUNCTIVE STEM	ENDINGS
A. -ar verbs (extra accents)	dar estar	d- est-	-é, -es, -é, -emos, -éis, -en -é, -és, -é, -emos, -éis, -én
B. -ar verbs (all others except stem-changers)	hablar	habl-	-e -es -e -emos -éis -en
C. -er and -ir verbs (except **ie** and **ue** stem-changers)	comer conocer hacer tener traer saber ser escribir decir oír pedir salir ir	com- conozc- hag- teng- traig- sep- se- escrib- dig- oig- pid- salg- vay-	-a -as -a -amos -áis -an

	INFINITIVE	STRESSED PRESENT SUBJUNCTIVE STEM	ENDINGS	UNSTRESSED PRESENT SUBJUNCTIVE STEM	ENDINGS
D. **ie** and **ue** stem-changing verbs					
1. -ar verbs	cerrar contar	cierr- cuent-	-e -es -e -en	cerr- cont-	-emos -éis
2. -er and -ir verbs	entender volver sentir dormir	entiend- vuelv- sient- duerm-	-a -as -a -an	entend- volv- sint- durm-	-amos -áis

Esquiando en Portillo, a una altura de 3000 metros en los Andes. Los paisajes de Portillo, con sus montañas cubiertas de nieve y sus lagos de un azul intenso, se consideran entre los más bellos del mundo.

Skiing at Portillo, at an altitude of 9400 feet in the Andes. The landscapes of Portillo, with their snow-covered mountains and intensely blue lakes, are considered among the most beautiful in the world.

4. **Dar** requires an accent mark on the first and third persons singular.
5. **Estar** requires an accent mark on five of the six forms (all but the **nosotros**-form).
6. For all verbs, the first and third persons singular are identical.
7. The present-subjunctive stem is usually the stem of the first-person singular of the present indicative (drop the **-o** and add a subjunctive ending).
8. **Saber, ser,** and **ir** have a special stem (remember that their first-person singular present-indicative forms were highly irregular).
9. Stem-changing verbs have an additional change in the **nosotros** and **vosotros** forms, i.e., when the stem vowel is not stressed. (Review the formation of first-person plural and negative **vosotros** commands, pp. 385 and 399.)

III. THE SUBJUNCTIVE IN NOUN CLAUSES

The subjunctive is required in dependent noun clauses when the verbs in the main and dependent clauses have different subjects and the first clause expresses an attitude toward the occurrence of the action or the existence of the condition mentioned in the second clause.

Prefiero que el niño **duerma**.	*I prefer (that) the child sleeps.*
Esperan que los esquíes no **cuesten** mucho.	*They hope (that) the skis don't cost much.*
Dudo que ustedes **puedan** patinar mañana.	*I doubt that you'll be able to skate tomorrow.*
Él quiere que yo **vaya**.	*He wants me to go.*
Dile que **venga**.	*Tell him to come.*
Me alegro que te **sientas** bien.	*I'm glad you're feeling fine.*

1. The verb in each clause has a different subject.
2. The verb in the main clause is in the indicative mood or is a command.
3. It expresses a judgment, choice, doubt, emotion, hope, or a wish.
4. The dependent clause is introduced by **que**.
5. The verb in the dependent noun clause is in the subjunctive.

IV. THE SUBJUNCTIVE AFTER DUDAR

Dudamos que **lleguemos** a tiempo.	*We doubt that we'll arrive on time.*
Dudo que **pueda** verlo hoy.	*I doubt that I'll be able to see him today.*

Even when the subjects are the same, the subjunctive always follows the verb **dudar**.

V. AN INFINITIVE INSTEAD OF A NOUN CLAUSE

Spanish uses an infinitive instead of a second clause if there would be no change in subjects for the second clause.

Espera **ir**.	*He hopes*	*to go.* / *that he may go.*
Prefiere **hacerlo** solo.	*He prefers*	*to do it alone.* / *that he does it alone.*

1. A clause or an infinitive may be used in English.
2. In Spanish, only the infinitive may be used.

Comprando mariscos en Santiago.

Buying seafood in Santiago.

VI. CHOICE OF MOODS ACCORDING TO THE ATTITUDE OF THE SPEAKER

Some frequently used words and expressions may be followed by either mood.

Tal vez {llegue/llega} mañana.	Perhaps he {may arrive/is arriving} tomorrow.
Quizá (or quizás) no {sepan/saben} nadar.	Perhaps they {may not/don't} know how to swim.
¿Tú **piensas** que {traigan/traen} la cámara?	Do you think they'll bring the camera?
No **creo** que (yo) {llegue/llego} a tiempo.	I don't think I'll arrive on time.

1. The interchangeable expressions **quizá, quizás,** and **tal vez** are generally followed by the subjunctive because of the inherent doubt they convey.
2. **Creer** and **pensar** used interrogatively or in the negative require the subjunctive if doubt is implied.
3. Even when the subjects are the same, the verb **creer** is not followed by an infinitive. It takes a clause.
4. The indicative is used after these expressions if the speaker is not doubtful as to the outcome.

A. Ejercicios de sustitución

1. Quizá lleguen mañana.
   (nosotros) Quizá lleguemos mañana.
   (él) Quizá llegue mañana.
   (tú) Quizá llegues mañana.
   (ustedes) Quizá lleguen mañana.
   (yo) Quizá llegue mañana.

2. Tal vez pueda esquiar el sábado.
   (ellos) Tal vez puedan esquiar el sábado.
   (tú) Tal vez puedas esquiar el sábado.
   (ella) Tal vez pueda esquiar el sábado.
   (nosotros) Tal vez podamos esquiar el sábado.
   (ustedes) Tal vez puedan esquiar el sábado.

B. Indicativo → subjuntivo[15]

Comience cada una de las siguientes oraciones con la expresión **Quiero que** y haga los cambios que sean necesarios.

Modelo: Juan abre la ventana.
Quiero que Juan abra la ventana.

---

[15] *Indicative → subjunctive.*

Un barco pesquero regresa al puerto de Valparaíso totalmente cargado de merluza para hacer harina de pescado, que se usa como abono y alimento de animales.

A fishing boat returns to the port of Valparaíso with a full catch of hake to make fish meal, which is used as a fertilizer and animal feed.

Alicia esquía todos los inviernos.
Ellos sacan muchas fotos.
Tú conoces a esos chicos.
Carlos nada en el río.
Pedro juega ajedrez con el profesor.
Julia patina con sus amigas.

Quiero que Alicia esquíe todos los inviernos.
Quiero que ellos saquen muchas fotos.
Quiero que tú conozcas a esos chicos.
Quiero que Carlos nade en el río.
Quiero que Pedro juegue ajedrez con el profesor.
Quiero que Julia patine con sus amigas.

C. Indicativo → subjuntivo o indicativo

Comience cada una de las siguientes oraciones con la expresión en paréntesis y haga los cambios que sean necesarios.

Modelos: Juan llega a tiempo. (Espero)
Espero que Juan llegue a tiempo.
Alicia juega muy bien al tenis. (Creo)
Creo que Alicia juega muy bien al tenis.

Salen esta noche. (Prefiero)
Se levantan a las siete. (Queremos)
Sacan unas fotos excelentes. (Creemos)
Cecilia aprende español. (Esperas)
Puedes terminar a tiempo. (Dudamos)
Compiten muchos esquiadores extranjeros. (Sé)

Prefiero que salgan esta noche.
Queremos que se levanten a las siete.
Creemos que sacan unas fotos excelentes.
Esperas que Cecilia aprenda español.
Dudamos que puedas terminar a tiempo.
Sé que compiten muchos esquiadores extranjeros.

D. Mandato → subjuntivo

Comience cada una de las siguientes oraciones con la expresión **Esperan que** y haga los cambios que sean necesarios.

Modelos: Trae la pelota de fútbol.
Esperan que traigas la pelota de fútbol.
Escríbele una carta.
Esperan que le escribas una carta.

Sal temprano por la mañana.	Esperan que salgas temprano por la mañana.
Termínalo hoy.	Esperan que lo termines hoy.
Ponlos en la mesa.	Esperan que los pongas en la mesa.
Trae los rollos esta tarde.	Esperan que traigas los rollos esta tarde.
Consígueles la dirección.	Esperan que les consigas la dirección.
Sé bueno con tu hermana.	Esperan que seas bueno con tu hermana.

E. Respuestas dirigidas

Conteste las siguientes preguntas usando la expresión **Sí, prefiero que**...

Modelos: ¿Cantamos?
Sí, prefiero que canten (*or* **cantemos**).
¿Lo leo?
Sí, prefiero que lo lea (*or* **leas**).

Las anchovetas, un tipo de sardina que se pesca en la fría corriente del Perú, constituyen el ingrediente principal de la harina de pescado. En esta fotografía tomada en el Perú, una bomba de succión saca las anchovetas del barco para llevarlas por un tubo a la fábrica.

Anchovetas, a kind of sardine, taken from the cold Peru Coastal Current, are the main source of fish meal. In this photograph, taken in Peru, a suction pump lifts the anchovetas from the ship to carry them by pipe to the factory.

¿Salimos?	Sí, prefiero que salgan (*or* salgamos).
¿Nos sentamos?	Sí, prefiero que se sienten (*or* nos sentemos).
¿La termino?	Sí, prefiero que la termine (*or* termines).
¿Lo hacemos?	Sí, prefiero que lo hagan (*or* hagamos).
¿Se la traemos a usted?	Sí, prefiero que me la traigan.
¿Voy con los esquiadores?	Sí, prefiero que vaya (*or* vayas).

F. Preguntas

1. ¿Qué quiere usted que haga yo?
2. ¿Quiere usted que yo explique la lección en inglés o en español?
3. ¿Qué quiere usted que hagan sus compañeros?
4. ¿Quién cree usted que gane el campeonato de ajedrez el año próximo?
5. ¿Qué espera usted que pase entre China y los Estados Unidos?

TESTING / *indicative mood, subjunctive mood, or infinitive*

Give the present-subjunctive form suggested by the cue.

1. **tomar, ella**-form — tome
2. **saber, tú**-form — sepas
3. **pedir, ellos**-form — pidan
4. **sentir, nosotros**-form — sintamos
5. **sentir, usted**-form — sienta
6. The dependent noun clause is always introduced by the word _____. — que

Give a Spanish equivalent.

7. I *want Sara to bargain.* — Yo quiero que Sara regatee.
8. *I want to bargain.* — Quiero regatear.
9. *Sara and I hope Juan will pay.* — Sara y yo esperamos que Juan pague.
10. I *prefer that you* (familiar singular) *arrive at ten.* — Yo quiero que llegues a las diez.
11. HE *knows that Susana is coming on Tuesday.* — Él sabe que Susana viene (*or* llega) el martes.
12. *We believe Alicia lives here.* — Creemos que Alicia vive aquí.
13. *I don't think his father-in-law is sick* (two possibilities). — No creo que su suegro esté (*or* está) enfermo.
14. *Perhaps* (use **quizás**) SHE *may come.* — Quizás ella venga.
15. *Perhaps* (use **quizá**) *Julio may arrive tomorrow.* — Quizá Julio llegue mañana.
16. Another expression meaning **quizá(s)** is _____. — tal vez

LECCIÓN 32

The subjunctive in adjective clauses / Subjunctive after an indefinite antecedent / Subjunctive after an antecedent whose existence is denied or doubted / Subjunctive or indicative depending on the speaker's attitude toward the antecedent

diálogo / UNA CASA DE ESTILO ESPAÑOL

SRA. DE FARÍAS ¿Es cierto que los Ayala piensan mudarse?

SRA. DE SANABRIA Sí, ya todos los hijos están casados y la casa les resulta muy grande. La quieren vender y comprar un apartamento.

SRA. DE FARÍAS Te preguntaba porque mi hermana quiere una casa que tenga jardín y que no esté muy lejos del centro. Por eso pensé en la de los Ayala. Tú conoces la casa, ¿verdad?

A SPANISH-STYLE HOUSE

MRS. F: *Is it true the Ayalas plan to move?*

MRS. S: *Yes, all their children are married and the house has become[1] too big for them. They want to sell it and buy an apartment.*

MRS. F: *I was asking because my sister wants a house that has a yard[2] and is not too far from town. That's why I thought of the Ayalas'. You know the house, don't you?*

---

[1] Or, *has turned out to be.* Literally, *results.*
[2] Literally, *garden.*

SRA. DE SANABRIA	Sí, cómo no. Esa sí es una casa de estilo español, con rejas, patio central, techo de tejas...		MRS. S:	Yes, I sure do. That one certainly is a Spanish-style house, with iron window gratings, central patio, tile roof....
SRA. DE FARÍAS	Todo lo que le gusta a mi hermana. ¿Sabes cuántas habitaciones[3] tiene?		MRS. F:	Everything my sister likes. Do you know how many bedrooms it has?
SRA. DE SANABRIA	Por lo menos tres.		MRS. S:	At least three.
SRA. DE FARÍAS	Eso es lo que Marta necesita, pero ella es tan especial que siempre le encuentra defectos a todo.		MRS. F:	That's what Marta needs, but she is so finicky that she is always finding fault with everything.
SRA. DE SANABRIA	No hay una sola casa que sea perfecta para su gusto. Ahora bien, si no encuentra lo que quiere, ¿por qué no construye una?		MRS. S:	Not a house exists that will ever seem perfect to her.[4] So then, if she can't find what she wants, why doesn't she build one?
SRA. DE FARÍAS	Siempre se lo decimos, pero nos dice que no quiere meterse en esos problemas.		MRS. F:	We always tell her to, but she says she doesn't want to get involved with problems like that.[5]

[3]Some countries use **alcoba, cuarto, dormitorio,** or **recámara**.
[4]Literally, *There's no single house that's perfect for her taste.*
[5]Literally, *get into those problems.*

Santa Ana de Coro, situada cerca de la bahía de Coro, al este del golfo de Venezuela, en el Mar Caribe. Coro, la primera ciudad fundada en Venezuela (1527), fue la capital hasta 1578.

Santa Ana de Coro, situated near the Bay of Coro, east of the Gulf of Venezuela, in the Caribbean. Coro, the first city founded in Venezuela (1527), was its capital until 1578.

Patio de estilo español de una casa del valle del Cauca. Este valle se extiende por cientos de kilómetros entre la Cordillera Central y la Cordillera Occidental de Colombia.

Spanish-style patio in a home in the Cauca Valley. This valley stretches hundreds of miles between Colombia's Cordillera Central and Cordillera Occidental.

ORACIONES Y PALABRAS

Piensan **comprar** un apartamento.	*They plan to buy an apartment.*
alquilar	* rent*
Quiere una casa que tenga **una sala** grande.	*She wants a house that has a big living room.*
una cocina, una piscina, una chimenea, un comedor, un garaje, un baño	* kitchen, pool, fireplace, dining room, garage, bathroom*
No hay ninguna casa que tenga **aire acondicionado**.	*There isn't a single house which has air conditioning.*
calefacción central	* central heating*
Los muebles[6] están en **la planta baja**.	*The furniture is on the ground floor.*
el primer piso[7]	* first floor*

PREGUNTAS SOBRE EL DIÁLOGO

1. ¿Por qué piensan mudarse los Ayala?
2. ¿Dónde viven los Ayala ahora?
3. ¿Adónde piensan mudarse?
4. ¿Piensan comprar o alquilar?
5. ¿Qué otra persona quiere mudarse, además de los Ayala?

---

[6] **El mueble**, singular, means one piece of furniture.
[7] In the Spanish-speaking countries, the ground floor may be called **planta baja** or **primer piso**. Where **planta baja** is used to mean the ground floor, **primer piso** means the second floor.

6. ¿Cómo es la casa que ella quiere?
7. ¿Cómo es la casa de los Ayala?
8. Según la señora de Sanabria, ¿cuántas habitaciones tiene la casa?
9. ¿Por qué dice la señora de Farías que su hermana es muy especial?
10. ¿Por qué no construye Marta una casa?

PREGUNTAS GENERALES

1. ¿Vive usted en una casa o en un apartamento?
2. ¿Piensa usted mudarse pronto?
3. ¿Cuántas habitaciones tiene su casa?
4. ¿En qué parte de su casa come usted?
5. ¿En qué piso y en qué edificio está la oficina del Departamento de Español?
6. ¿Es un defecto ser especial? ¿Por qué?
7. ¿En qué meses hace falta aire acondicionado aquí?
8. ¿Qué coche es mejor en Alaska, uno con aire acondicionado o uno con calefacción?
9. ¿Hay piscina en esta universidad?
10. ¿Qué prefiere usted, nadar en el mar, en un lago o en una piscina? ¿Por qué?

GRAMMAR, EXERCISES, AND TESTING

I. THE SUBJUNCTIVE IN ADJECTIVE CLAUSES

Spanish and English both use adjective clauses to modify nouns or pronouns. In Spanish, either the indicative or the subjunctive mood may be used in the adjective clause. The choice depends upon the type of antecedent the clause is modifying.

II. SUBJUNCTIVE AFTER AN INDEFINITE ANTECEDENT

Queremos una casa que **esté** cerca del parque.	We want a house that is near the park.
Queremos la casa que **está** cerca del parque.	We want the house that is near the park.
Busco un ingeniero que **construya** puentes.	I'm looking for an engineer who builds bridges.
Busco al ingeniero que **construye** puentes.	I'm looking for the engineer who builds bridges.
Quiero hablar con un estudiante a quien le **interese** este trabajo.	I want to speak to a student who would be interested in this job.
Quiero hablar con el estudiante a quien le **interesa** este trabajo.	I want to speak to the student who is interested in this job.

1. The verb of an adjective clause whose antecedent is indefinite must be in the subjunctive mood.
2. The verb of an adjective clause whose antecedent is definite must be in the indicative mood.
3. An antecedent may be called "indefinite" if an indefinite article may be used before it: **Busco una casa**.

Una variación de las casas de estilo colonial en Popayán, Colombia.
A variation of the colonial-style houses in Popayán, Colombia.

Conozco a alguien que vive cerca del centro.
Hay alguien que quiere meterse en esos problemas.
Hay algo que puedes hacer.
Hay algunos testigos que trabajan por la tarde.
Juan conoce a alguien que hace muebles.
Hay una excursión que sale a las tres.

No conozco a nadie que viva cerca del centro.
No hay nadie que quiera meterse en esos problemas.
No hay nada que puedas hacer.
No hay ningún testigo que trabaje por la tarde.
Juan no conoce a nadie que haga muebles.
No hay ninguna excursión que salga a las tres.

C. Respuestas dirigidas

Conteste cada pregunta con una oración subordinada usando las palabras que están en paréntesis como el antecedente. Use su imaginación y varíe sus respuestas lo más posible[10].

Modelos: ¿Qué buscas? (una casa)
Busco una casa que tenga aire acondicionado.
¿Cuál vas a comprar? (la casa)
Voy a comprar la casa que está cerca del centro.

¿Qué quieres? (una cocina)
¿A quién busca usted? (el maletero)
¿Qué necesitas? (un voluntario)

¿Qué quieren comprar? (unos muebles)
¿Qué necesita usted? (el abogado)
¿Qué buscan ustedes? (una azafata)

---

[10] Answer each question with an appropriate dependent clause using the words in parenthesis as the antecedent. Use your imagination and vary your answers as much as possible.

D. Preguntas

Conteste las siguientes preguntas usando una oración subordinada.

Modelo: ¿Qué fotos prefieres?
Prefiero las que están a la derecha.

1. ¿A quién buscan?
2. ¿Hay alguien aquí que hable ruso?
3. ¿Qué cámara vas a comprar?
4. ¿Adónde piensan mudarse?
5. ¿Con quién desea hablar?
6. ¿Hay alguna casa que tenga calefacción central?

TESTING / *adjective clauses, type of antecedents, and verbal moods*

If a word must be added in the blank, add it.
1. ¿Muchachas? No vi _____ ninguna.   — a
2. ¿Clínicas? No vi _____ ninguna.   — - -
3. When **alguien** and **nadie** function as objects, they are always preceded by the word _____.   — a

Supply the missing present-tense form of **tener**.
4. Vienen los señores que _____ plata.   — tienen

Supply a present-tense form of **decir**.
5. ¿Hay alguien en Bogotá que _____ lo contrario?   — diga *or* dice

Change the sentence to the negative.
6. Conozco a alguien que sabe español.   — No conozco a nadie que sepa español.
7. Hay algo que me gusta.   — No hay nada que me guste.

Give a Spanish equivalent.
8. *I know the miners who work here.*   — Conozco a los mineros que trabajan aquí.
9. *He needs a salesman who speaks Chinese.*   — Necesita un vendedor que hable chino.
10. *They are bringing the bottles of beer that are in the kitchen.*   — Traen las botellas de cerveza que están en la cocina.
11. *Pepe, say what you have to say.*   — Pepe, di lo que tienes que decir.
12. *Pepe, say whatever you have to say.*   — Pepe, di lo que tengas que decir.

LECCIÓN 33

The subjunctive in adverbial clauses / Adverbial conjunctions always followed by the subjunctive / Adverbial conjunctions followed by the subjunctive or the indicative

diálogo / LA EMANCIPACIÓN DE LA MUJER[1]

BERTA Tenemos que luchar para que las mujeres tengan los mismos derechos que los hombres.
MERCEDES Yo estoy de acuerdo contigo siempre que la mujer actúe[2] como mujer.
HILDA Todo eso de la emancipación de la mujer quizá pueda pasar en otros países, pero aquí, lo dudo.
MERCEDES Bueno, pero ya hay bastantes cambios. Muchísimas mujeres estudian en la universidad, ocupan puestos del gobierno...

WOMEN'S LIBERATION

B: *We have to fight so that women have the same rights as men.*
M: *I agree with you provided that women act like women.*
H: *All this business about women's lib may possibly be all right in other countries, but here, I doubt it.*
M: *Fine, but there already are quite a few changes. Many more women study at the university, have government positions....*

---

[1] The expression **liberación femenina** is also used.
[2] Verbs ending in **-uar** bear a written accent mark over the *u* throughout the singular and in the third-person plural of the present indicative and present subjunctive.

BERTA ¿Pero ocupan puestos importantes? ¿Quiénes son los ministros, los diputados, los gobernadores, los jueces³? Siempre son hombres. Nuestra obligación es luchar hasta que acabemos con esta discriminación.

HILDA Allá ustedes. En cuanto a mí, yo no tengo interés en competir con los hombres y mucho menos con las mujeres. Prefiero estar tranquila en mi casa con mi marido y mis hijos.

BERTA Sabes que no te comprendo, Hilda. Una muchacha tan inteligente como tú, con una carrera universitaria, y que estés satisfecha metida en la casa el día entero. ¿No te das cuenta que eres una esclava de tu familia?

MERCEDES No discutamos. Cada uno tiene derecho a vivir como quiera. Si a Hilda le gusta esa vida...

BERTA Pero nuestra obligación es abrirle los ojos. Estamos a fines del siglo veinte y no podemos seguir con la mentalidad de la Edad Media.

B: But are they in charge of important positions? Who are the cabinet members,⁴ congressmen, governors, judges? They're always men. Our duty is to fight until we bring an end to this discrimination.

H: That's O.K. for you. As far as I'm concerned, I don't have any desire to compete with men, let alone with women. I prefer to be at peace in my home with my husband and children.

B: You know something, Hilda? I don't understand you. A girl as intelligent as you, a university graduate,⁵ and yet satisfied to be buried at home all day long. Don't you realize you're a slave to your family?

M: Let's not discuss this. Each person has the right to live as he pleases. If Hilda likes that life...

B: But our duty is to open her eyes. We're at the end of the 20th century and we can't continue to exhibit⁶ the mentality of the Middle Ages.

ORACIONES Y PALABRAS

Las mujeres deben tener **los mismos derechos.**
    los mismos deberes, las mismas oportunidades, las mismas responsabilidades

Women should have the same rights.
    duties, opportunities, responsibilities

¿Quiénes son los **ministros**?
    ejecutivos, embajadores⁷, cónsules⁸, funcionarios del gobierno

Who are the ministers?
    executives, ambassadors, consuls, government officials

---

³**El juez**, singular.
⁴Literally, *ministers*.
⁵Literally, *with a university career*.
⁶Literally, *continue with*.
⁷**El embajador**, singular.
⁸**El cónsul**, singular.

Limpiándose los zapatos en la Avenida de Mayo en Buenos Aires.

Getting a shine on the Avenida de Mayo in Buenos Aires.

PREGUNTAS SOBRE EL DIÁLOGO

1. Según Berta, ¿qué deben tener las mujeres?
2. ¿Está Mercedes de acuerdo con Berta?
3. ¿Cree Hilda que la liberación femenina puede ocurrir en su país?
4. ¿Qué cambios hay ya, según Mercedes?
5. ¿Por qué opina Berta que estos cambios no son importantes?
6. ¿Piensa Hilda salir a trabajar y competir con los hombres?
7. ¿Qué prefiere hacer Hilda?
8. ¿Por qué Berta no comprende la actitud de Hilda?
9. ¿Qué piensa Mercedes de la actitud de Hilda?
10. ¿Por qué deben cambiar las mujeres, según Berta?

PREGUNTAS GENERALES

1. ¿Cree usted que la mujer debe tener los mismos derechos que el hombre? ¿Por qué?
2. ¿Cree usted que hay discriminación con las mujeres en este país? ¿Por qué?
3. ¿Qué deben hacer las mujeres para eliminar esta discriminación?
4. ¿Cree usted que el lugar de la mujer es la casa? ¿Por qué?
5. Si la mujer quiere salir a trabajar, ¿quién debe cuidar a los niños?
6. ¿Hay mujeres que ocupan puestos importantes en este país? ¿Quiénes son?
7. ¿Cree usted que si la mujer trabaja fuera de la casa, el marido debe ayudarla con el trabajo de la casa?
8. ¿Cree usted que los hombres y las mujeres deben tener los mismos deberes? ¿Por qué?
9. ¿Cree usted que el concepto de la familia va a cambiar en el futuro? ¿Por qué?
10. ¿Es nueva la idea de la emancipación de la mujer?

Esta mujer, profesora del Instituto Técnico de Agricultura de Paipa, Colombia, les muestra a sus alumnos cómo se examina una oveja para saber si tiene pulgas.

This woman, an instructor at the Technical Agricultural Institute in Paipa, Colombia, is showing her students how one inspects a sheep to find out if it has fleas.

GRAMMAR, EXERCISES, AND TESTING

I. THE SUBJUNCTIVE IN ADVERBIAL CLAUSES

The subjunctive is regularly used in clauses introduced by adverbial expressions indicating purpose, concession, manner, or time.

II. ADVERBIAL CONJUNCTIONS ALWAYS FOLLOWED BY THE SUBJUNCTIVE

para que	*so that*	**antes (de) que**	*before*
sin que	*without*	**con tal (de) que**	*provided that*
a menos que	*unless*		

Te lo digo **para que** lo sepas.	*I'm telling you so that you (may) know.*
Él siempre lo hace **sin que** se lo pidamos.	*He always does it without our asking.*
Las cosas no van a cambiar **a menos que** hagamos algo.	*Things are not going to change unless we do something.*
Habla con él **antes (de) que** se vaya.	*Talk to him before he leaves.*
Yo lo llevo **con tal (de) que** esté aquí temprano.	*I'll take him provided he is here early.*

1. The subjunctive is always used in a clause introduced by these five compound conjunctions.
2. The use of **de** is optional in **antes (de) que** and **con tal (de) que**.

III. ADVERBIAL CONJUNCTIONS FOLLOWED BY THE SUBJUNCTIVE OR THE INDICATIVE

cuando	when	en cuanto	as soon as, insofar as
hasta que	until	siempre que	provided that, as long as
aunque	although		
después (de) que	after	donde	where, wherever
mientras	while, as long as	según	according to
tan pronto (como)	as soon as	como	as

Unlike the adverbial conjunctions in the first group, those in this group are sometimes followed by the indicative instead of the subjunctive. The choice of one mood or the other is not accidental—it is determined by the speaker's conception of the reality (actual versus potential) of the action or situation mentioned in the dependent clause.

Un grupo de mujeres que estudian para hacerse policías de tráfico en la Academia Municipal de la Policía de Madrid.
A group of women studying to become traffic policemen in Madrid's Municipal Police Academy.

Inés Enríquez, abogada chilena que fue la primera mujer elegida al congreso de ese país (1961), en su oficina en Santiago.

Inés Enríquez, Chilean lawyer who was the first woman elected to the congress of that country (1961), in her office in Santiago.

Llámame **cuando** él llegue.	*Call me when he arrives.*
Me llamó **cuando** él llegó.	*She called me when he arrived.*
Me quedo **hasta que** me echen.	*I'm staying until they throw me out.*
Me quedé **hasta que** me echaron.	*I stayed until they threw me out.*
Aunque cueste mucho, no es nada especial.	*Although it may cost a lot, it's nothing special.*
Aunque cuesta mucho, no es nada especial.	*Although it costs a lot, it's nothing special.*
Aunque vengan, no los voy a ver.	*Although they may come, I will not see them.*
Aunque vinieron, no los fui a ver.	*Although they came, I didn't go to see them.*
Lo acepto **siempre que** la mujer actúe como mujer.	*I accept it provided that (as long as) women act like women.*
Yo lo veo **siempre que** voy a la biblioteca.	*I see him every time that I go to the library.*

Doña Felisa Rincón de Gautier, alcaldesa de San Juan, la capital de Puerto Rico, desde 1946 a 1968, ha sido una de las figuras más importantes del Partido Democrático Popular.

Doña Felisa Rincón de Gautier, mayor of San Juan, the capital of Puerto Rico, from 1946 to 1968, has been one of the most important figures in the Popular Democratic Party.

Vamos a comer **donde** él diga. *We are going to eat wherever he says.*
Vamos a comer **donde** él dijo. *We are going to eat where he said.*

1. **Cuando, hasta que,** and **aunque** require the subjunctive whenever they introduce forthcoming events (that is, future time).
2. The three expressions require the indicative when they refer to an action that has happened (once or regularly), is happening, or regularly happens in the present.
3. **Después (de) que, mientras, tan pronto (como),** and **en cuanto** function the same way. The use of **de** in **después (de) que** and of **como** in **tan pronto (como)** is optional.
4. **Aunque** also requires the subjunctive whenever it introduces a condition not regarded as a fact.
5. **Siempre que** requires the subjunctive when it means *provided (that), as long as*.
6. **Donde, según,** and **como** require the indicative when they refer to something definite or known, and the subjunctive when they refer to something indefinite or unknown.

A. Respuestas dirigidas

Conteste las siguientes preguntas usando el apunte[9] después de la expresión **Sí, ... para que**. Haga los cambios que sean necesarios.

Modelo: ¿Vas a comprar las revistas? (leer, ella)
Sí, las voy a comprar para que ella las lea.

¿Vas a traer la pintura? (ver, ustedes) Sí, la voy a traer para que ustedes la vean.
¿Va él a buscar las aspirinas? (tomar, usted) Sí, las va a buscar para que usted las tome.
¿Vas a explicar la receta? (entender, ellas) Sí, la voy a explicar para que ellas la entiendan.
¿Le van ustedes a dar la carne? (servir, él) Sí, se la vamos a dar para que él la sirva.
¿Vas a llevar al embajador? (conocer, tú) Sí, lo voy a llevar para que tú lo conozcas.

B. Ejercicio de transformación

Combine las dos oraciones de cada grupo usando el apunte y haga los cambios necesarios en la oración subordinada.

Modelo: Manuel se levanta. Su hermana se sienta. (para que)
Manuel se levanta para que su hermana se siente.

Ellos van a salir. Juan viene. (a menos que) Ellos van a salir a menos que Juan venga.
Las mujeres luchan. Las cosas cambian. (para que) Las mujeres luchan para que las cosas cambien.
Nos vamos a mudar. Yo consigo otro trabajo. (a menos que) Nos vamos a mudar a menos que yo consiga otro trabajo.
Ellos salen juntos. Sus padres lo saben. (sin que) Ellos salen juntos sin que sus padres lo sepan.
Yo preparo el café. Tú lo traes. (con tal que) Yo preparo el café con tal que tú lo traigas.
Lo va a llamar. Él se acuesta. (antes que) Lo va a llamar antes que él se acueste.

C. Indicativo → subjuntivo

Cambie el verbo de la oración principal al futuro usando la forma adecuada de **ir a + infinitivo** y haga los cambios que sean necesarios.

Modelo: Siempre compro el periódico cuando voy al centro.
Hoy voy a comprar el periódico cuando vaya al centro.

Siempre me quedo hasta que ellos llegan. Hoy me voy a quedar hasta que ellos lleguen.
Siempre salen tan pronto pueden. Hoy van a salir tan pronto puedan.
Siempre lo vemos cuando vamos al teatro. Hoy lo vamos a ver cuando vayamos al teatro.

---

[9]Cue.

Siempre lo llama después que habla con los ejecutivos.

Hoy lo va a llamar después que hable con los ejecutivos.

Siempre lo hago como me lo dice.

Hoy lo voy a hacer como me lo diga.

D. Ejercicio para completar

Complete cada una de las siguientes oraciones usando sus propias palabras.

1. Quiero llamarlo para que...
2. Yo lo hago con tal que...
3. Ellos vinieron sin que...
4. Me voy a quedar hasta que...
5. Llámame cuando...
6. Berta no va a menos que...
7. Vamos a salir antes que...
8. Los alumnos deben luchar para que...
9. Quiero entrar sin que...
10. Vamos a seguir así a menos que...

TESTING / adverbial expressions, indicative and subjunctive mood

1. Of the expressions **para que, después que,** and **en cuanto,** only one is always followed by the subjunctive. It is ___ ___.
2. Of the expressions **a menos que, con tal que,** and **tan pronto como,** only one may ever be followed by the indicative. It is ___ ___ ___.
3. **Antes de que** is also used in the shorter form ___ ___.
4. **Tan pronto como** is also used in the shorter form ___ ___.

Give a Spanish equivalent.

5. *Call me when you* (familiar singular) *have money.*
6. *I'm going to clean the house before Pepe comes.*
7. *We're going to leave as soon as María arrives.*
8. *We left as soon as María arrived.*
9. *I'll buy it provided Cecilia brings it.*
10. *I'm going to stay until I see him.*
11. *I stayed until I saw him.*
12. *He's going to help Cecilia while she is here.*

— para que

— tan pronto como

— antes que

— tan pronto

— Llámame cuando tengas dinero.
— Voy a limpiar la casa casa antes (de) que Pepe venga.
— Vamos a salir tan pronto (como) (*or* en cuanto) María llegue.
— Salimos tan pronto (como) (*or* en cuanto) María llegó.
— Yo lo compro siempre que (*or* con tal que) Cecilia lo traiga.
— Me voy a quedar (*or* voy a quedarme) hasta que lo vea.
— Me quedé hasta que lo vi.
— Va a ayudar a Cecilia mientras esté aquí.

La avenida Bernardo O'Higgins, Santiago. O'Higgins, el gran héroe de la independencia de Chile, era hijo de un virrey español que había nacido en Irlanda.
Bernardo O'Higgins Avenue, Santiago. O'Higgins, the great hero of Chilean independence, was the son of a Spanish viceroy who had been born in Ireland.

RECAPITULACIÓN Y AMPLIACIÓN XI

lectura / CHILE A TRAVÉS DE SU HISTORIA

Chile, desde el punto de vista geográfico, es uno de los países más aislados del mundo. El desierto de Atacama al norte, los Andes al este y el Océano Pacífico al oeste y al sur, lo separan por completo del resto del mundo. Chile es una estrecha faja de tierra que mide unos 4.200 kilómetros[1] de largo pero que sólo tiene un promedio de 190 kilómetros[2] de ancho. No en balde, Benjamín Subercaseaux, en su interesante libro *Chile o una loca geografía* dice: "Un país así se llama *Isla*, aun cuando sus límites no encuadren dentro de la definición geográfica de las islas".

Después de la conquista del Perú, Francisco Pizarro prefirió quedarse solo al frente del gobierno y animó a su compañero Diego de Almagro a conquistar el territorio al sur del Perú. El rey

a través de   *through, across*

aislado   *isolated*

faja   *strip, band*

promedio   *average*

no en balde   *no wonder*

encuadrar   *to fit*

---

[1] 2625 miles.
[2] 120 miles.

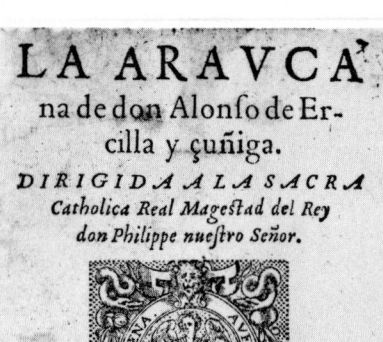

Portada de la primera edición del poema épico *La araucana* de Alonso de Ercilla.

Title page for the first edition of Alonzo de Ercilla's epic poem La araucana.

de España, Carlos V, le concedió a Almagro el título de adelantado y 200 leguas de tierra a partir del límite sur del Perú. En 1535 Almagro y sus hombres se dirigieron a lo que es hoy Chile con grandes esperanzas de encontrar riquezas, pero después de muchos trabajos e infinidad de privaciones sólo encontraron el desierto de Atacama y gran resistencia por parte de los indígenas. Dos años más tarde, desilusionados y furiosos, se dirigieron al Cuzco donde comenzó una guerra civil entre las fuerzas de Almagro y las de Hernando Pizarro, hermano del conquistador del Perú. Las fuerzas de Hernando Pizarro triunfaron y éste tomó prisionero a Almagro y lo mató. Los familiares y seguidores de Almagro no perdonaron esto y esperaron la ocasión propicia para vengarse. Unos años después, un grupo de españoles, bajo el mando del hijo de Almagro, mató a Francisco Pizarro en su palacio de Lima y vengó así la muerte de su líder.

En 1539, Pedro de Valdivia comenzó de nuevo la conquista de Chile. Ésta fue una de las conquistas más arduas y difíciles que

conceder *to bestow*
adelantado *territorial governor*
a partir de *starting from*

seguidores *followers*

llevaron a cabo los españoles debido a la resistencia y al valor indomable de los indios araucanos. Dos años después, Valdivia fundó la ciudad de Santiago, la capital de Chile y recibió el título de Gobernador. Durante algún tiempo, no sólo mantuvo bajo el control español el territorio conquistado sino que logró extenderlo hacia el sur y fundar más ciudades. Cuando todos creían que la conquista de Chile era una realidad, los araucanos, dirigidos por sus valientes caudillos Caupolicán y Lautaro, se rebelaron contra los españoles. En las luchas que siguieron, los araucanos tomaron prisionero a Valdivia y lo mataron después de someterlo a horribles torturas.

sino que logró *but also succeeded in*

La lucha entre españoles y araucanos fue la inspiración del primer poema épico de la literatura hispanoamericana. Alonso de Ercilla y Zúñiga, hombre de armas y letras, prototipo del hombre del Renacimiento, escribió *La araucana* entre 1553 y 1556. En el

Renacimiento *Renaissance*

Glaciar de la Tierra del Fuego, en el extremo sur de Chile. Al acumularse la nieve en la parte superior del centro del glaciar, su peso obliga al hielo a desplazarse hacia las orillas, donde se derrite.
A glacier in Tierra del Fuego, in the far south of Chile. As snow accumulates in the upper part of the center of the glacier, its weight forces the ice to move toward the edges, where it melts.

Una maderera chilena. Las frías regiones del sur de Chile, donde llueve con frecuencia y hay mucho viento, están pobladas de bosques; como la escasez de papel aumenta cada vez más en el mundo, se tendrán que mejorar las condiciones de trabajo en estas regiones inhospitalarias para así poder obtener más madera.
A Chilean lumber mill. The cold regions of southern Chile, where it rains often and is very windy, are heavily forested; as the shortage of paper increases more in the world, working conditions in these inhospitable regions will have to be improved so more wood may be obtained.

prólogo Ercilla dice que escribió gran parte del poema en los campos de batalla y que, a falta de papel, muchas veces tuvo que usar pedazos de cuero o de cartas, algunos de los cuales eran tan pequeños que no le cabían más de seis versos.

cuero *leather*
caber *to fit*

Una de las partes más interesantes de *La araucana* es aquella donde Ercilla describe cómo los araucanos eligieron a su nuevo jefe para luchar contra los españoles. Este jefe debía pasar una prueba que consistía en sostener en sus hombros un gran tronco de árbol. Aquel que podía mantenerlo por más tiempo iba a ser el nuevo jefe. Algunos de los competidores lo sostuvieron solamente unas horas hasta que uno de ellos logró cargarlo un día entero. Todos estaban asombrados ante tal hazaña cuando se adelantó Caupolicán, un joven cacique que Ercilla describe así:

Varón de autoridad, grave, sereno,
amigo de guardar todo derecho,
áspero, riguroso, justiciero,
de cuerpo grande y elevado pecho.

Caupolicán comenzó la prueba a la salida del sol. Al llegar la noche seguía con el tronco a cuestas; amaneció un nuevo día y todavía mantenía el tronco sobre sus hombros. A la mañana siguiente aún caminaba Caupolicán con el tronco a cuestas. Después de dos días lo lanzó contra la tierra y se convirtió así en el nuevo jefe de los araucanos.

A pesar de la superioridad de las armas de los conquistadores, Caupolicán, al frente de los araucanos, luchó con gran valentía hasta que finalmente los españoles lo tomaron prisionero y lo mataron. La figura de Caupolicán es símbolo de una fuerza física extraordinaria y aparece en obras literarias posteriores, como por ejemplo, en el soneto "Caupolicán" de uno de los mejores poetas hispanoamericanos, Rubén Darío (1867–1916).

La tradición literaria chilena que comienza con *La Araucana* en el siglo XVI se mantiene a través de su historia hasta nuestros días. En la primera mitad del siglo XIX, unos años después de su independencia, Chile es un centro cultural de gran importancia. En 1829 el gobierno invitó al conocido intelectual venezolano Andrés Bello, que se encontraba en esa época en Londres, y le ofreció un alto puesto en el Ministerio de Relaciones Exteriores. Al mismo tiempo, la situación política en la Argentina empeoraba cada vez más bajo el gobierno tiránico del general Rosas[3]. Como resultado, muchos patriotas e intelectuales argentinos decidieron abandonar su país y marchar al extranjero. Entre los que emigraron a Chile se encontraba Domingo Faustino Sarmiento, considerado como una de las figuras literarias más importantes del

cargar *to carry*
hazaña *feat*
el cacique *chieftain*

el varón *man*

áspero *rough*
pecho *chest*

a cuestas *on his shoulders*

aún *still*
lanzar *to hurl*

empeorar *to get worse*

---

[3] Juan Manuel Ortiz de Rosas (1793–1877), Argentine general who became dictator from 1835 to 1852. His regime was inflexible and ruthless. After his defeat he fled to England, where he died.

GABRIELA MISTRAL

PABLO NERUDA

siglo XIX. Bello y Sarmiento colaboraron con los chilenos para mejorar el sistema educativo del país. La fundación de la Universidad de Chile y la Escuela Normal para Maestros fue parte del resultado de esta magnífica labor.

En el siglo XX, dos escritores chilenos reciben el Premio Nobel de Literatura: Gabriela Mistral en 1945 y Pablo Neruda en 1971. Gabriela Mistral (1889–1957) es una poetisa de extraordinaria sensibilidad. Su poesía que está llena de ternura y amor hacia Dios, el hombre y la naturaleza, adquiere sus tonos más líricos y tiernos al hablarnos de los pobres, de los desheredados y de los niños. Los siguientes versos de su poema "Himno Cotidiano" son un ejemplo de la presencia de esos sentimientos en su obra.

sensibilidad *sensitivity*
ternura *tenderness*

cotidiano *daily*

En este nuevo día
que me concedes, ¡oh Señor!,
dame mi parte de alegría
y haz que consiga ser mejor.

. . . .

Dichoso yo si, al fin del día,
un odio menos llevo en mí;
si una luz más mis pasos guía
y si un error más yo extinguí.

. . .

Y que, por fin, mi siglo engreído
en su grandeza material,
no me deslumbre hasta el olvido
de que soy barro y soy mortal.

Ame a los seres este día;
a todo trance halle la luz.
Ame mi gozo y mi agonía:
¡ame la prueba de mi cruz!

dichoso *fortunate*
odio *hatred*
paso *step*

engreído *haughty*

deslumbrar *to dazzle*
barro *clay*

ame *may I love*
a todo trance *at any cost*
halle *may I find*
gozo *pleasure*

Pablo Neruda es indiscutiblemente uno de los mejores poetas de la lengua española. Su obra es muy extensa y utiliza gran parte de ella para expresar sus ideas políticas y sociales. Sin embargo, su libro más popular es *Veinte poemas de amor y una canción desesperada*, que publicó en 1924 cuando sólo contaba veinte años de edad. En esta obra se encuentran algunas de las poesías más conocidas en Hispanoamérica. Los siguientes versos pertenecen a su famoso "Poema 20" de ese libro.

indiscutiblemente *unquestionably*

Puedo escribir los versos más tristes esta noche.

Escribir, por ejemplo: "La noche está estrellada
y tiritan, azules, los astros, a lo lejos".

El viento de la noche gira en el cielo y canta.

Puedo escribir los versos más tristes esta noche.
Yo la quise, y a veces ella también me quiso.

En las noches como ésta la tuve entre mis brazos.
La besé tantas veces bajo el cielo infinito.

Ella me quiso, a veces yo también la quería.
¡Cómo no haber amado sus grandes ojos fijos!

. . .

estrellado *starry*
tiritar *to twinkle*

viento *wind*

besar *to kiss*

cómo...amado *How could I not have loved*

Ya no la quiero, pero cuánto la quise.
Mi voz buscaba el viento para tocar su oído.

De otro. Será de otro. Como antes de mis besos.
Su voz, su cuerpo claro. Sus ojos infinitos.

Será de otro *She probably belongs to someone else*
beso *kiss*

Ya no la quiero, es cierto, pero tal vez la quiero.
Es tan corto el amor y es tan largo el olvido.

Porque en noches como ésta la tuve entre mis brazos,
mi alma no se contenta con haberla perdido.

haberla perdido *having lost her*

Aunque éste sea el último dolor que ella me causa,
y éstos sean los últimos versos que yo le escribo.

Si en el campo de las letras Chile es conocido como el único país de la América Latina donde dos de sus escritores recibieron el Premio Nobel, en el campo de la política es el único país de este continente que ha elegido un gobierno socialista a través del voto. Esto ocurrió debido a la división de los partidos demócratas que presentaron dos candidatos en las elecciones de 1970. Salvador Allende, candidato socialista, obtuvo un 36,3 por ciento de los votos, pero como esto no constituía la mayoría necesaria, el Congreso tuvo que confirmar su elección. Tres años más tarde, el 11 de septiembre de 1973, un golpe de estado de las Fuerzas Armadas y la muerte de Salvador Allende dieron fin a su gobierno.

ha elegido *has elected*

PREGUNTAS

1. ¿Por qué es Chile uno de los países más aislados del mundo?
2. ¿Qué forma tiene Chile?
3. ¿Por qué quiere Francisco Pizarro que Almagro vaya a Chile?
4. ¿Cómo terminó el viaje de Almagro a Chile?
5. ¿Qué sucedió cuando regresaron Almagro y sus hombres al Perú?
6. ¿Quién fue el conquistador de Chile?
7. ¿Contra qué indios luchó?
8. ¿Quién escribió el primer poema épico de la literatura hispanoamericana?
9. ¿Cuál es el título de este poema?
10. ¿Cómo eligieron los araucanos a su nuevo jefe para luchar con los españoles?
11. ¿Qué sucedió en Chile durante la primera mitad del siglo XIX?
12. ¿Por qué fueron muchos argentinos a Chile?
13. ¿Quién era Andrés Bello?
14. ¿Quién era Domingo Faustino Sarmiento?

Partidarios del presidente socialista de Chile Salvador Allende antes de su caída y muerte en 1973. Durante muchos años, la inflación ha sido uno de los problemas principales que han tenido los gobiernos chilenos. Al faltarles los recursos necesarios para satisfacer las demandas de los ciudadanos y no establecer un sistema de prioridades para el país, los gobiernos imprimían más dinero. Los diferentes grupos obtenían los aumentos que pedían, pero, a causa de la inflación, no satisfacían sus necesidades y, por consiguiente, aumentaban sus demandas al año siguiente.

Supporters of Chile's socialist president Salvador Allende before his overthrow and death in 1973. For many years, inflation has been one of the main problems that Chilean governments have had. Lacking the resources necessary to satisfy the citizens' demands and not establishing a system of priorities for the country, the governments printed more money. The different groups got the increases they asked, but, because of inflation, their needs were not satisfied, and therefore they increased their demands the following year.

15. ¿En qué año recibió Gabriela Mistral el Premio Nobel?
16. ¿Qué características tiene la poesía de Gabriela Mistral?
17. ¿Quién es Pablo Neruda?
18. ¿Cuál es el libro más popular de Pablo Neruda?
19. ¿Cómo se llama uno de los poemas de este libro?
20. ¿Puede usted recitar algunos de los versos de Ercilla, Neruda o Gabriela Mistral?
21. ¿Qué tuvo que hacer el Congreso en las elecciones de 1970 en Chile?
22. ¿Cuánto duró y cómo terminó el gobierno de Salvador Allende?

READING AND WRITING SUPPLEMENT

Useful expressions

In the dialogs and readings typical useful expressions have been presented, the use of which enhances the native-like quality of spoken and written Spanish. Common expressions of this kind not only serve to link sentences or related parts of a sentence, but also add tone, color, and flavor. Some of the expressions presented are:

sin embargo	*nevertheless*
a propósito	*by the way*
por supuesto	*of course*
en realidad	*really*
por ejemplo	*for example*
a la vez	*at the same time*
en cambio	*on the other hand*
por lo menos	*at least*
de todas formas	*anyway*
cómo no	*of course*
por cierto	*by the way*
ahora bien	*now then, so then*
como de costumbre	*as usual*

Additional expressions which you may utilize are:

al fin	*at last*
al fin y al cabo	*finally, after all is said and done*
de todos modos	*at any rate*
de vez en cuando	*now and then*
de una vez	*once and for all*
por lo visto	*apparently*
ante todo	*above all*
al menos	*at least*
a la larga	*in the long run*
desde luego	*of course*

PROVERBIOS

Antes que te cases[1]**, mira lo que haces.**

No hay mal que dure cien años, ni cuerpo que lo resista[2]**.**

¿Qué quiere decir el primer proverbio? ¿Y el segundo?
¿Hay uso del subjuntivo en el primer proverbio? ¿Dónde?
¿Dónde hay uso del subjuntivo en el segundo proverbio?
¿Cuáles son los infinitivos de los verbos que aparecen en los proverbios?
¿Hay proverbios similares en inglés?

[1]*From* **casarse** *to get married.*   [2]*From* **resistir** *to resist, to put up with.*

TESTING

A. Subordinate noun clauses

Complete the following sentences by using the correct form of the verb in parenthesis.

1. (dejar)   Espero que Juan no _____ de llevar la cámara. — deje
2. (llevar)   Quieren que tú nos _____ a la ciudad. — lleves
3. (estar)   Creo que ella _____ en Portillo ahora. — está
4. (jugar)   Con esta lluvia, no creo que ellos _____ esta tarde. — jueguen
5. (poder)   Dudo que tú _____ hacerlo. — puedas
6. (poder)   Dudo que (yo) _____ terminarlas. — pueda
7. (esquiar)   Ellos quieren _____ este fin de semana. — esquiar
8. (salir)   Él prefiere que nosotros no _____ esta noche. — salgamos
9. (llegar)   Tal vez Jorge _____ mañana. — llegue or llega
10. (afeitarse) ¿Tú crees que ellos _____ todos los días? — se afeiten or se afeitan
11. (pedir)   Desean que nosotros _____ primero. — pidamos
12. (quedarse)   Me alegro que ellos _____ para la reunión. — se queden

B. Subordinate adjective clauses

1. (vivir)   Busco a los señores que _____ en ese apartamento. — viven
2. (hablar)   Busco a alguien que _____ portugués y español. — hable
3. (saber)   Busco una secretaria que _____ francés e inglés. — sepa

4. (conocer) Aquí hay alguien que _____ al Sr. Gómez. — conoce
5. (comprender) No hay nadie que _____ el problema. — comprenda
6. (poder) No hay ningún alumno que _____ hacer el trabajo. — pueda
7. (estar) Tráeme los libros que _____ en la mesa. — están *or* estén
8. (ser) Necesitan una casa que _____ bien grande. — sea
9. (tener) Van a alquilar el apartamento que _____ dos cuartos. — tiene
10. (venir) Hay algunas personas que _____ esta tarde. — vienen *or* van a venir
11. (venir) No hay nadie que _____ esta tarde. — venga
12. (tener) Dile lo que tú _____ que decirle. — tienes *or* tengas

C. Subordinate adverbial clauses

1. (venir) Voy a llamar a los Ortiz para que _____ esta noche. — vengan
2. (estar) Vamos a esquiar mucho cuando _____ en Portillo. — estemos
3. (estar) No pudimos ir a Portillo cuando _____ en Santiago. — estuvimos
4. (llamar) Creo que nos debemos ir antes que Pedro _____. — llame
5. (querer) Debemos luchar por la liberación femenina aunque los hombres no _____. — quieran
6. (ir) Yo salgo con Alicia siempre que su hermana no _____ con nosotros. — vaya
7. (abrir) Ella era la esclava de su familia hasta que nosotros le _____ los ojos. — abrimos
8. (visitar) Debe estar tranquila sin que nadie la _____. — visite
9. (salir) Siempre que nosotros _____ con los Ortiz, hay una discusión. — salimos

10. (irse)   Se quedaron hasta que el tren
    _____ _____.   — se fue
11. (pedir) Yo no voy a menos que ellos me
    lo _____.   — pidan
12. (llegar) Debes llamarlo tan pronto
    _____ al aeropuerto.   — llegues

D. Indicative or subjunctive

Complete the following paragraph by using the correct form of the verb in parenthesis.

EL LUGAR DE LA MUJER EN LA SOCIEDAD

En el mundo contemporáneo hay muchas
personas que creen que las mujeres (deber)   — deben
tener los mismos derechos que los hombres y con
el fin de proteger estos derechos femeninos
existen hoy en día grupos que (trabajar)   — trabajan
activamente para que (terminar) la   — termine
discriminación contra las mujeres. Algunos
de estos grupos (ser) muy radicales y   — son
ven en el hombre un enemigo que no
  (querer) que la mujer (ocupar) puestos   — quiere, ocupe
de importancia en la sociedad y que
  (considerar) a la mujer como un "objeto   — considera
sexual" cuya función es satisfacer al hombre y
ocuparse de la casa y de los hijos. Hay ciertos
puntos en que casi todos estos grupos (estar)   — están
de acuerdo y es que los hombres (deber) tratar   — deben
a las mujeres como a sus iguales para que
  (terminar) definitivamente el mito de la   — termine
superioridad masculina. Mientras esto no
  (suceder) , la mujer no va a ocupar el puesto   — suceda
que realmente (merecer) en la sociedad.   — merece

El gobierno de Chile recibe la mayor parte de sus entradas por los impuestos que pagan las minas de cobre del país, que se cuentan entre las más grandes del mundo. En las guerras se necesita mucho cobre; cuando una guerra termina, o los países industrializados sufren una recesión, el precio mundial del cobre baja, llevando al gobierno de Chile a una crisis económica, y para superarla, se imprime más dinero.

The government of Chile receives most of its revenues from taxes paid by the country's copper mines, which are counted among the world's largest. In wars much copper is required; when a war ends, or the industrialized countries suffer a recession, the world price of copper falls, plunging Chile's government into an economic crisis. To overcome it, more money is printed.

VOCABULARY

actuar	*to behave, to act*	defecto	*fault, defect*
aire acondicionado *m*	*air conditioning*	dejar: no dejar de	*not to fail to*
ajedrez *m*	*chess*	deporte *m*	*sport*
alquilar	*to rent*	diputado	*congressman*
aunque	*although*	discriminación	*discrimination*
baño	*bathroom*	discutir	*to argue, to discuss*
bate *m*	*bat*	divino	*divine, fantastic*
béisbol *m*	*baseball*	dormitorio	*bedroom*
calefacción	*heating*	dudar	*to doubt*
cámara	*camera*	**Edad Media**	*Middle Ages*
cambio	*change*	ejecutivo	*executive*
campeonato	*championship*	emancipación	*emancipation*
carrera	*career*	embajador *m*	*ambassador*
cartas	*playing cards*	entero	*whole, entire*
casado	*married*	esclavo	*slave*
cazar	*to hunt*	especial	*special, finicky*
central	*central*	esperar	*to hope*
cierto	*true*	esquí *m*	*ski*
cocina	*kitchen*	esquiador *m*	*skier*
comedor *m*	*dining room*	esquiar	*to ski*
competir (i)	*to compete*	estar de acuerdo	*to agree*
con tal (de) que	*provided that*	estilo	*style*
cónsul *m*	*consul*	extranjero	*foreign*
cuanto: en cuanto	*as soon as, in so far as*	favorito	*favorite*
chimenea	*fireplace*	femenino	*feminine*
deber *m*	*duty*	**fin: a fines de**	*at the end of*

La Cámara de Diputados en Santiago. Esta cámara y el Senado constituyen el congreso nacional de Chile. Este país está haciendo lo posible para controlar la inflación y regresar a un gobierno democrático.

The Chamber of Deputies in Santiago. This chamber and the Senate constitute the national congress of Chile. This country is doing everything possible to control inflation and return to a democratic government.

foto *f*	*photo*	**obligación**	*obligation, duty*
fotografía	*photograph*	**ocupar**	*to occupy*
funcionario del gobierno	*government official*	**oportunidad**	*opportunity*
		para que	*so that*
fútbol *m*	*football, soccer*	**patín** *m*	*skate*
garaje *m*	*garage*	**patinar**	*to skate*
gobernador *m*	*governor*	**pelota**	*ball*
gobierno	*government*	**pescar (qu)**	*to fish*
gusto	*taste*	**piscina**	*swimming pool*
habitación	*room*	**piso**	*floor*
importante	*important*	**planta baja**	*ground floor*
jardín *m*	*garden, yard*	**quizá(s)**	*perhaps*
juez *m or f*	*judge*	**raqueta**	*racket*
jugar (ue)	*to play*	**reja**	*iron grate*
liberación	*liberation*	**responsabilidad**	*responsibility*
luchar	*to fight, to struggle*	**resultar**	*to be, to result*
mandar	*to send*	**rollo**	*role of film*
menos: a menos que	*unless*	**sacar fotos**	*to take pictures*
mentalidad	*mentality, mind*	**salir**	*to come out*
meterse	*to get oneself into, to get involved*	**siempre que**	*provided that, every time, as long as*
ministro	*minister (political)*	**tal vez**	*perhaps*
mismo	*same*	**techo**	*roof*
mudarse	*to move*	**teja**	*tile*
mueble *m*	*piece of furniture*	**tenis** *m*	*tennis*
nadar	*to swim*	**valer la pena**	*to be worth the trouble*

◀ La calle Florida, Buenos Aires.
Florida Street, Buenos Aires.

LECCIÓN 34

Forms of the past subjunctive / Uses of the past subjunctive / The past subjunctive in noun clauses / The past subjunctive in adjective clauses / The past subjunctive in adverbial clauses / The past subjunctive after **como si**

diálogo / UN PASEO POR LA CALLE FLORIDA[1]

A STROLL THROUGH FLORIDA STREET

LAURA   No en balde querías que viniéramos a la calle Florida. Da gusto caminar por el medio de la calle y no preocuparse por el tránsito.

CONSUELO   Yo sabía que te iba a gustar y por eso quería traerte antes de que te fueras de Buenos Aires.

L: *No wonder you wanted us to come to Florida Street. It's pleasant to walk down[2] the middle of the street and not worry about traffic.*

C: *I knew you'd like it; that's why I wanted to bring you here before you left Buenos Aires.*

---

[1]A famous street in Buenos Aires lined with shops, cafes, art galleries, and bookstores, now redesigned as a colorful mall and reserved for pedestrians only.
[2]Literally, *through*.

LAURA ¿Sabes lo que me llama mucho la atención? Los quioscos[3] de colores brillantes donde venden tantas revistas y periódicos extranjeros. En mi país no tenemos nada así.

CONSUELO Es cierto. Mira, esa es la tienda[4] donde compré la cartera[5] de piel[6] que te gusta tanto. ¿Vamos a ver lo que tienen en el escaparate[7]?

LAURA Sí, vamos. Quizá encuentre algo que me guste.

CONSUELO Con toda seguridad, pero sigue mi consejo y no compres nada todavía. Un poco más allá hay otra tienda que siempre tiene ropa de última moda. Primero puedes ver lo que tienen aquí, y después vamos a la otra y así puedes comparar. ¿Qué te parece?

LAURA Me parece muy buena idea.

CONSUELO Además, está al lado de una galería que las chicas querían que te enseñara.

L: Do you know what really strikes me?[8] The colorful kiosks with all their foreign newspapers and magazines. We don't have anything like that in my country.

C: That's right. Look, that's the shop where I bought the leather purse which you like so much. Shall we see what they have in the window?

L: O.K., let's go. Perhaps I'll find something I like.

C: You can count on that,[9] but take my advice and don't buy anything yet. Further on there's another shop that always carries the latest fashions.[10] First you can see what they have here and then we can go to the other one so you can compare. What do you think?

L: Good idea.

C: Besides, it's next to a gallery the girls wanted me to show you.

ORACIONES Y PALABRAS

Da gusto **caminar**.
    ir de compras
Ésa es la tienda donde compré **la cartera**.
    la falda, la blusa, la bufanda, la camisa, el vestido, el suéter, el pantalón[11], el abrigo, el cinturón, el traje pantalón[12], el sombrero

It's pleasant to walk.
    go shopping
That's the shop where I bought the purse.
    skirt, blouse, scarf, shirt, dress, sweater, pants, overcoat, belt, pants suit, hat

---

[3]These are brightly colored, plastic, cylinder-like stands, about 8 feet tall.
[4]In some parts of South America, the word **negocio** is used. In Argentina, **un almacén** is used for *grocery store* or *warehouse*; in other countries it may also refer to a department store or a larger shop.
[5]Also used are **el bolso** and **la bolsa**.
[6]Some countries use the word **cuero**.
[7]Also used are **la vitrina** and **la vidriera**.
[8]Or, *catches my eye*. Literally, *calls my attention*.
[9]Literally, *with all security*.
[10]Literally, *clothing of the latest fashion*.
[11]The plural **pantalones** is also used.
[12]The expression **sastre pantalón** is also used.

Quizá encuentre **unos zapatos** que me gusten.
unos pañuelos, unos anillos[13], unos guantes, unas botas, unas pulseras, unas corbatas, unas medias[14]

Perhaps I'll find some shoes that I like.
handkerchiefs, rings, gloves, boots, bracelets, ties, stockings

PREGUNTAS SOBRE EL DIÁLOGO

1. ¿Dónde están Laura y Consuelo?
2. Describa la calle Florida.
3. ¿Qué le llama mucho la atención a Laura?
4. ¿Por qué cree usted que le llaman tanto la atención?
5. ¿Qué tienda le muestra Consuelo a Laura?
6. ¿Qué van a ver las chicas?
7. ¿Qué consejo le da Consuelo a Laura?
8. ¿Dónde está la otra tienda?

en balde / de balde } for nothing.

PREGUNTAS GENERALES

1. ¿Cuándo va usted de compras?
2. ¿Prefiere usted ir de compras al centro o a otra parte de la ciudad?
3. ¿Qué le parece a usted el traje pantalón?
4. ¿Es el traje pantalón una manifestación de la libertad de la mujer o es otro ejemplo de la dominación de los hombres?
5. ¿Qué piensa usted de la minifalda?
6. ¿Quiénes le dan más importancia a la moda, los hombres o las mujeres?
7. En general, ¿cómo se visten los muchachos jóvenes hoy en día?
8. ¿Está usted de acuerdo con la ropa que usan los jóvenes? ¿Por qué?
9. ¿Qué clase de ropa usa usted en el invierno? ¿Qué ropa usa usted en el verano?
10. ¿Deben usar trajes diferentes las mujeres y los hombres? ¿Por qué?

GRAMMAR, EXERCISES, AND TESTING

I. *FORMS OF THE PAST SUBJUNCTIVE*

1. The past subjunctive, also known as the imperfect subjunctive, is formed by adding endings to a special stem.
2. To obtain the stem, simply drop the ending **-ron** from the third-person plural of the preterit.
3. To this stem, either of two sets of endings may be added:
   a. -ra, -ras, -ra, -ramos, -rais, -ran.
   b. -se, -ses, -se, -semos, -seis, -sen.
4. Either set of endings may be added to the stem of any verb (**-ar, -er,** or **-ir**). The endings are almost completely interchangeable; however, the **-ra** endings are preferred by most people in Spanish America.
5. The forms of the past subjunctive for several important verbs are presented in the following chart.

---

[13] The word **sortija** is also used.
[14] In some countries, **medias** also means *socks*. Other countries use the word **calcetines** (**el calcetín**, singular) for *socks*.

Buenos Aires. El Río de la Plata que se ve al fondo tiene unos 180 kilómetros de ancho en su desembocadura. Montevideo, Uruguay, está en la orilla opuesta; muchos van a esta hermosa capital cruzando el Río de la Plata en un "aliscafo" de alta velocidad que los lleva hasta Colonia, y de allí siguen en autobús.

Buenos Aires. The Rio de la Plata that is seen in the background is some 120 miles wide at its mouth. Montevideo, Uruguay, is on the opposite bank; many go to this beautiful capital by crossing the Plata in a high-speed hydrofoil which takes them to Colonia, and proceed from there by bus.

		INFINITIVE	THIRD-PERSON PLURAL PRETERIT	PAST-SUBJUNCTIVE STEM	ENDINGS[15]
A.	-ar verbs	hablar	hablaron	habla-	
		dar	dieron	die-	
		estar	estuvieron	estuvie-	
B.	-er verbs	comer	comieron	comie-	
		hacer	hicieron	hicie-	
		leer	leyeron	leye-	
		saber	supieron	supie-	-ra
		tener	tuvieron	tuvie-	-ras
		ver	vieron	vie-	-ra
C.	ser and ir	ser	fueron	fue-	-ramos
		ir			-rais
					-ran
D.	-ir verbs	escribir	escribieron	escribie-	
		decir	dijeron	dije-	
		traducir	tradujeron	traduje-	
		dormir	durmieron	durmie-	
		pedir	pidieron	pidie-	
		sentir	sintieron	sintie-	

---

[15] In this text, the **–ra** endings will be used in the exercises and testing.

6. The first-person plural requires a written accent mark on the vowel preceding the past-subjunctive ending.
7. All verbs without exception form the past subjunctive this way.

II. USES OF THE PAST SUBJUNCTIVE

The general principles which govern the occurrence of the present subjunctive rather than the indicative or an infinitive in noun, adjective, and adverbial clauses also apply to the past subjunctive. The difference between the two tenses is basically one of perspective: the present subjunctive is used to express an action that relates to the present or to the future, whereas the past subjunctive is used to express an action that relates to the past.

III. THE PAST SUBJUNCTIVE IN NOUN CLAUSES

Esperaba que su amiga la **llevara** a la calle Florida.	She expected her friend to take her to Florida Street.
Las chicas querían que **fuera** a la galería.	The girls wanted her to go to the gallery.
Les dijo que **vinieran**.	He told them to come.
Dudaba que yo **pudiera** hacerlo.	I doubted that I could do it.
Se alegraba de que nos **sintiéramos** bien.	She was happy that we were feeling fine.

Whenever the subjunctive is required in a noun clause, if the verb in the main clause is in the past, the verb in the noun clause must be in the past subjunctive.[16]

IV. THE PAST SUBJUNCTIVE IN ADJECTIVE CLAUSES

Queríamos una casa que **estuviera** cerca del parque.	We wanted a house that was near the park.
Queríamos la casa que **estaba** cerca del parque.	We wanted the house that was near the park.
Buscábamos un libro que **tuviera** fotos de los quioscos.	We were looking for a book that had photos of the kiosks.
Buscábamos el libro que **tenía** fotos de los quioscos.	We were looking for the book that had photos of the kiosks.
No había ninguna persona que **supiera** hablar chino.	There was no one who knew how to speak Chinese.
Había alguien que **sabía** hablar chino.	There was someone who knew how to speak Chinese.

---

[16]Other combinations of tenses occur. They will be discussed in Lesson 41.

Whenever the subjunctive is required in an adjective clause, if the verb in the main clause is in the past, the verb in the adjective clause must be in the past subjunctive.

V. *THE PAST SUBJUNCTIVE IN ADVERBIAL CLAUSES*

Te enseñó la corbata para que la **compraras**.	She showed you the tie so that you'd buy it.
Lo hizo sin que se lo **pidiéramos**.	He did it without our asking him.
Me llamó cuando **llegó**.	He called me when he arrived.
Me iba a llamar cuando **llegara**.	He was going to call me when he arrived.
Íbamos a comer donde él **dijo**.	We were going to eat where he said.
Íbamos a comer donde él **dijera**.	We were going to eat wherever he said.

Whenever the subjunctive is required in an adverbial clause, if the verb in the main clause is in the past, the verb in the adverbial clause must be in the past subjunctive.

VI. *THE PAST SUBJUNCTIVE AFTER* **COMO SI**

Hablaba como si **entendiera** el problema.	She spoke as if she understood the problem.
Llamó al secretario como si lo **conociera**.	He called the secretary as if he knew him.
Gastan dinero como si **fueran** ricos.	They spend money as though they were rich.

1. After the expression **como si**, the past subjunctive is required.
2. In the first two examples, the past subjunctive indicates an unreal condition in the past.
3. In the third example, the past subjunctive expresses an unreal condition in the present.
4. The tense of the verbs in the main clause shows whether the unreal condition existed in the past or exists in the present.

A. Ejercicios de sustitución

Cambie el sujeto de la oración subordinada de acuerdo con el apunte y haga los cambios que sean necesarios.

1. Querían que ella comprara esos zapatos.
   - tú — Querían que tú compraras esos zapatos.
   - ellos — Querían que ellos compraran esos zapatos.
   - nosotros — Querían que nosotros compráramos esos zapatos.
   - yo — Querían que yo comprara esos zapatos.
   - él — Querían que él comprara esos zapatos.

2. Dudaba que pudieran hacerlo.
   - (yo) — Dudaba que pudiera hacerlo.
   - (nosotros) — Dudaba que pudiéramos hacerlo.
   - (ella) — Dudaba que pudiera hacerlo.
   - (tú) — Dudaba que pudieras hacerlo.
   - (usted) — Dudaba que pudiera hacerlo.

3. Dijeron que fueras en autobús.
   (ella)   Dijeron que fuera en autobús.
   (ellos)   Dijeron que fueran en autobús.
   (nosotros) Dijeron que fuéramos en autobús.
   (yo)   Dijeron que fuera en autobús.
   (usted)   Dijeron que fuera en autobús.

4. El médico esperaba que durmiera toda la noche.
   (tú)   El médico esperaba que durmieras toda la noche.
   (ellos)   El médico esperaba que durmieran toda la noche.
   (yo)   El médico esperaba que durmiera toda la noche.
   (nosotros) El médico esperaba que durmiéramos toda la noche.
   (él)   El médico esperaba que durmiera toda la noche.

B. Indicativo → subjuntivo

Convierta el antecedente de cada oración subordinada en un antecedente indefinido y haga los cambios que sean necesarios.

Modelo: Buscaba la casa que quedaba cerca.
Buscaba una casa que quedara cerca.

Necesitaba el libro que explicaba esos problemas.

Necesitaba un libro que explicara esos problemas.

Buscaban la calle donde podían conseguir taxis.

Buscaban una calle donde pudieran conseguir taxis.

Necesitaba al señor que traía los muebles.

Necesitaba un señor que trajera los muebles.

Querían ir a la tienda donde vendían pantalones de piel.

Querían ir a una tienda donde vendieran pantalones de piel.

Buscaba el abrigo que tenía un cinturón.

Buscaba un abrigo que tuviera un cinturón.

C. Presente de subjuntivo → imperfecto de subjuntivo

Cambie las siguientes oraciones al pasado de acuerdo con el apunte.

Modelo: Espero que me llames. Esperaba...
Esperaba que me llamaras.

Nos dice que llevemos el abrigo. Nos decía...
Nos decía que lleváramos el abrigo.

Busco una casa que tenga dos cuartos. Buscaba...
Buscaba una casa que tuviera dos cuartos.

No hay nadie que use botas. No había...
No había nadie que usara botas.

Lo llevo para que vea las casas flotantes. Lo llevé...
Lo llevé para que viera las casas flotantes.

La llamo antes de que salga. La llamé...
La llamé antes de que saliera.

Lo va a hacer como le digan. Lo iba a hacer...
Lo iba a hacer como le dijeran.

Le dice que compre el suéter verde. Le dijo...
Le dijo que comprara el suéter verde.

Espero que me laven la camisa gris. Esperaba...
Esperaba que me lavaran la camisa gris.

Dudo que se ponga corbata. Dudaba...
Dudaba que se pusiera corbata.

D. Ejercicio de transformación

Combine cada grupo de dos oraciones con la expresión **como si** y haga los cambios que sean necesarios. Elimine el adverbio **no** en su respuesta.

Modelo: Ellos hablan. Ellos no entienden el problema.
Ellos hablan como si entendieran el problema.

Él llamó al administrador. Él no lo conoce.   Él llamó al administrador como si lo conociera.
Consuelo descansa. Consuelo no está enferma.   Consuelo descansa como si estuviera enferma.
Ellos se visten. Ellos no son jóvenes.   Ellos se visten como si fueran jóvenes.
Pedro habla de la fiesta. Él no piensa ir.   Pedro habla de la fiesta como si pensara ir.

E. Preguntas

1. ¿Había alguien en su clase el año pasado que hablara español?
2. ¿Quién quería usted que ganara el campeonato de béisbol?
3. ¿Qué quería usted que hiciera el profesor?
4. ¿Qué quería usted que hicieran sus compañeros?
5. ¿Qué lección le dijo el profesor que preparara?

La invención de la refrigeración le permitió a la Argentina enviar por barco carne fresca para satisfacer la demanda del importante mercado europeo. Grandes olas de inmigrantes, principalmente de Italia, fueron a trabajar a la Argentina y aumentaron la población de 1.700.000 habitantes en 1869 a 7.800.000 en 1914. Antes de la crisis económica de los años 30, Argentina era uno de los países más ricos del mundo. Hoy en día la Argentina tiene unos 24 millones de habitantes.

The invention of refrigeration allowed Argentina to ship fresh beef to satisfy the demand of the important European market. Large waves of immigrants, mostly from Italy, went to Argentina to work and raised the population from 1.7 million inhabitants in 1869 to 7.8 million in 1914. Prior to the economic crisis of the 1930's, Argentina was one of the richest countries in the world. Today Argentina has some 24 million inhabitants.

Un café en Buenos Aires. Los cafés como éste, que también se ven en otros países hispanoamericanos, ayudan a crear un ambiente europeo en la capital argentina.

A café in Buenos Aires. Cafés like this one, which are also seen in other Spanish American countries, help to create a European atmosphere in the Argentine capital.

TESTING / *past subjunctive, past indicative, or infinitive*

Give the past-subjunctive form corresponding to the present-subjunctive form or other cue shown.
1. hablen
2. diga
3. estemos
4. sepas
5. **ir**, **ella**-form
6. **ser**, **usted**-form

— hablaran
— dijera
— estuviéramos
— supieras
— fuera
— fuera

7. Of the two forms **comieran** and **comiesen,** most people in Spanish America use _____.

— comieran

8. Of the four verb forms **comamos, conociéramos, hable,** and **traiga,** the expression **como si** can introduce only _____.

— conociéramos

Give a Spanish equivalent.
9. *I wanted Sara to study chemistry.*

— Yo quería que Sara estudiara química.

10. *I wanted to study economics.*
11. *He preferred that they arrive early.*
12. *David knew that Laura was coming on Friday.*

— Quería estudiar economía.
— Prefería que llegaran temprano.
— David sabía que Laura venía (*or* llegaba) el viernes.

13. *I didn't think Susana was worried* (two possibilities).

— No creía que Susana estuviera (*or* estaba) preocupada.

14. *They speak Spanish as though they were from Chile.*

— Hablan español como si fueran de Chile.

LECCIÓN 35

The subjunctive after **ojalá** / Impersonal expressions / The versatile verb **hacer**

diálogo / EL PATO[1], UN DEPORTE ARGENTINO

JORGE ¡Estos jinetes son fantásticos!
RICARDO En el pato es necesario que los jugadores monten muy bien a caballo.
ALEJANDRO Tú no conocías este deporte, ¿verdad, Jorge?
JORGE Yo no sabía ni que existía.
RICARDO Es natural que no conozcan el pato en otros países. Es un deporte típicamente argentino. Fíjate que lo declararon deporte nacional hace unos veinte años.
ALEJANDRO Y según tengo entendido, hace mucho tiempo que lo juegan.

PATO, AN ARGENTINE SPORT

J: These riders[2] are fantastic!
R: In pato it's necessary that the players ride very well.[3]
A: You didn't know this sport, right, Jorge?
J: I didn't even know it existed.
R: It's natural that they don't know pato in other countries. It's a typically Argentine sport. You know, they declared it a national sport some twenty years ago.
A: As I understand it,[4] they have been playing it a long time.

---

[1] This game is similar to basketball played on horseback. Each team has four players on the field.
[2] Literally, *horsemen*.
[3] Literally, *ride a horse very well*.
[4] Literally, *according I have understood*.

RICARDO	Muchísimo. Hace más de cuatro siglos que lo practican.	R:	Very long. They've been practicing it for more than four centuries.
JORGE	¡Tanto tiempo! Bueno, ¿y por qué lo llaman pato?	J:	That long! Well, and why do they call it pato?
RICARDO	Porque al principio, en vez de la pelota con asas que usan ahora, usaban un pato vivo que metían dentro de un saco de cuero con asas[5].	R:	Because in the beginning, instead of the ball with handles that they use now, they used a live duck which they put into a leather sack with handles.
JORGE	¡Pobre pato! ¿Y cuándo dejaron de usar a esos pobres animales?	J:	Poor duck! And when did they stop using those poor animals?
RICARDO	Hace unos treinta y cinco años, cuando crearon reglas para el juego y diseñaron la pelota que usan ahora.	R:	About thirty-five years ago, when they established rules for the game and designed the ball they now use.
JORGE	A mí me parece un deporte interesantísimo, una especie de polo o basquetbol[6] a caballo. Ojalá que lo jugaran en mi tierra.	J:	It looks like an interesting sport to me, a type of polo or basketball on horseback. I wish they would play it in my country.

ORACIONES Y PALABRAS

Este jinete es formidable.
Este atleta, este árbitro, este partido, esta corrida, esta jugada
Tú no conocías **este deporte**.
    este equipo, este estadio, esta cancha, esta plaza de toros[8]
Hace **fresco** en las montañas.
    viento, sol
Está **nublado.**
    despejado

This rider is fantastic.
    athlete, referee or umpire, game or match, bullfight, play[7]
You didn't know this sport.
    team, stadium, playing field or court, bullring
It's cool in the mountains.
    windy, sunny
It's cloudy.
    clear

PREGUNTAS SOBRE EL DIÁLOGO

1. ¿Cómo son los jinetes que juegan al pato?
2. ¿Qué es un pato?
3. ¿Qué es el pato en la Argentina?
4. ¿Dónde es popular el pato?
5. ¿Conocía Jorge este deporte?
6. ¿Cuándo declararon el pato deporte nacional en la Argentina?
7. ¿Por qué llaman pato a este deporte?
8. ¿Cuándo diseñaron la pelota que usan ahora?
9. ¿Le gusta a Jorge este deporte?
10. Según Jorge, ¿qué otros deportes son similares al pato?

---

[5]The duck was encased in a leather sack with holes for its head and feet.
[6]The word **baloncesto** is also used.
[7]In the sense of a move or play in sports, cards, chess, games, etc.
[8]Popularly shortened to **plaza**.

PREGUNTAS GENERALES

1. ¿Sabía usted que existía el deporte del pato?
2. ¿Cree usted que es un deporte fácil o difícil?
3. ¿Tienen canchas de tenis en esta universidad?
4. ¿Qué deportes practican los alumnos en las universidades?
5. ¿Cuántos árbitros hay en un juego de fútbol?
6. ¿Cuál es el deporte nacional de este país?
7. ¿Cree usted que debe haber más de un deporte nacional? ¿Por qué?
8. ¿Qué estadio famoso conoce usted?
9. ¿Qué piensa usted de las corridas de toros?
10. Según muchos, ¿es la corrida de toros un deporte o un arte?

GRAMMAR, EXERCISES, AND TESTING

Part 1

I. THE SUBJUNCTIVE AFTER OJALÁ

The expression **ojalá** (**que**), which originally meant *may Allah grant that...*, is always followed by the subjunctive. Its equivalents in English include *I* or *we hope, I* or *we wish, if only..., hopefully,* and *would that....*

Ojalá (que) **puedas** ver el partido.	*I (we) hope* / *Hopefully* you can see the game.
Ojalá (que) **pudieras** ver el partido.	*I wish* / *If only* you could see the game.
Ojalá (que) nuestro equipo **gane.** / **ganara.**	*I hope our team wins.* / *I wish our team would win.*
Ojalá (que) Ricardo **estuviera** aquí ahora.	*I wish Ricardo were here now.* / *If only Ricardo were here now.* / *Would that Ricardo were here now.*

1. The word **que** is optional after **ojalá**.
2. The word **que** tends to be kept if the subject is expressed.
3. The context determines the best English equivalent for **ojalá**.
4. The use of a past subjunctive strongly implies that the wish expressed will not come true.

II. IMPERSONAL EXPRESSIONS

The subjunctive is required after any impersonal expression that comments on or makes a judgment about the occurrence or existence of the matters described in the dependent clause. Typical comments concern the possibility, necessity, or probability of what follows, or cast doubt on its certainty. However, the indicative follows any impersonal expression that denotes certainty.

El pato, dibujo de F. Molina Campos.
El pato, *a drawing by F. Molina Campos.*

Es posible que venga.	*It is possible he may come.*
Es natural que lo diga.	*It is natural for him to say it.*
Fue⎫ **imposible que** lo pudieran hacer. **Era**⎭	*It was impossible for them to do it.*
No es bueno que griten tanto.	*It's not good that they shout so much.*
¿**Es importante que** lo cocine a fuego lento?	*Is it important that I cook it on a low fire?*
Es verdad que los jugadores llegan hoy.	*It's true that the players arrive today.*
No es seguro que ⎧juegan⎫ esta tarde. ⎩jueguen⎭	*It's not certain that they'll play this afternoon.*
Vale la pena que⎫ visites la catedral. **Me interesa que**⎭	*It's worthwhile for you to*⎫ *visit the cathedral.* *It interests me that you*⎭

1. The noun clauses function as subjects of the impersonal verb phrases.
2. The past subjunctive appears in the noun clause when the verb in the impersonal expression is in the past.

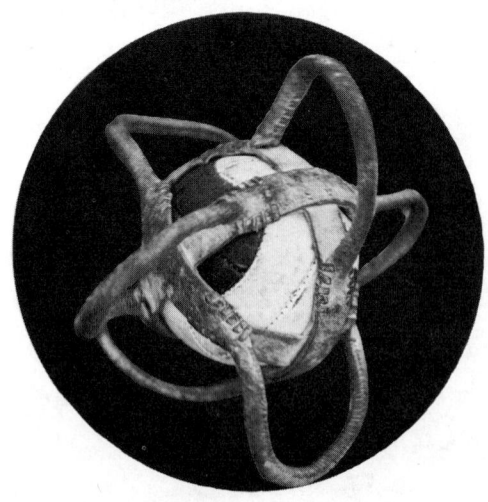

Hoy en día, el pato es una pelota con asas y no un pato vivo en una bolsa de cuero.

Today the pato is a ball with handles, not a live duck in a leather case.

3. Other impersonal expressions which require the subjunctive are:

   es probable que   **es mejor (peor) que**
   es necesario que   **es lástima que**
   es malo que   **es preciso que**

4. Impersonal expressions that express certainty are followed by the indicative. Some of these expressions are:

   es evidente que
   es cierto que
   es obvio que

   However, if used interrogatively or in the negative, these expressions are followed by the subjunctive if there is a lack of certainty on the part of the speaker.

5. Other verbs which require the subjunctive when followed by a noun clause are:

   gustar
   importar

A. Ejercicio de transformación

Comience cada una de las siguientes oraciones con **ojalá que** y haga los cambios que sean necesarios.

Modelo: Los jinetes son muy buenos.
   Ojalá que los jinetes sean muy buenos.

Ellos juegan al pato esta tarde.	Ojalá que ellos jueguen al pato esta tarde.
Nuestro equipo gana el campeonato.	Ojalá que nuestro equipo gane el campeonato.
Hacen mi jugada favorita.	Ojalá que hagan mi jugada favorita.
Traen los caballos más tarde.	Ojalá que traigan los caballos más tarde.
Tú conoces a nuestros atletas.	Ojalá que tú conozcas a nuestros atletas.

B. Presente de subjuntivo → imperfecto de subjuntivo

Ojalá que salgan ahora.
Ojalá que venga a vernos.
Ojalá que le den un buen regalo.
Ojalá que encuentre algo en esa tienda.
Ojalá vendan revistas americanas.
Ojalá traigan buenas noticias.
Ojalá que sea feliz.

Ojalá que salieran ahora.
Ojalá que viniera a vernos.
Ojalá que le dieran un buen regalo.
Ojalá que encontrara algo en esa tienda.
Ojalá vendieran revistas americanas.
Ojalá trajeran buenas noticias.
Ojalá que fuera feliz.

C. Ejercicio de sustitución

Use la forma correcta del verbo en paréntesis de acuerdo con la expresión impersonal.

Modelo: Es difícil   (terminar, ellos)
Es difícil que terminen hoy.

Es imposible   (ir, nosotros)
Es seguro   (quedarse, ellos)
Es mejor   (salir, él)
Es cierto   (divertirse, ellas)
Es probable   (jugar, tú)
Es obvio   (venir, ella)

Es imposible que vayamos hoy.
Es seguro que se quedan hoy.
Es mejor que salga hoy.
Es cierto que se divierten hoy.
Es probable que juegues hoy.
Es obvio que viene hoy.

Para marcar un tanto, el pato tiene que pasar por un aro con una red.

To score a goal, the pato must pass through a hoop into a net.

D. Ejercicio de transformación

Comience cada oración con la expresión impersonal indicada y haga los cambios que sean necesarios.

Modelos: Crean reglas para el juego. Es probable…
            Es probable que creen reglas para el juego.
            Practicaban muchos deportes. Era verdad…
            Era verdad que practicaban muchos deportes.

Lo conocen en otros países. Es natural…	Es natural que lo conozcan en otros países.
Esos jinetes montan bien a caballo. Es imposible…	Es imposible que esos jinetes monten bien a caballo.
Lo declararon deporte nacional. Era importante…	Era importante que lo declararan deporte nacional.
Ellos diseñan la ropa. Es verdad…	Es verdad que ellos diseñan la ropa.
Nosotros fuimos a la huelga. Era lógico…	Era lógico que nosotros fuéramos a la huelga.
Tú la llamas esta tarde. Es necesario…	Es necesario que tú la llames esta tarde.

Argentina, México y España se destacan en las competencias hípicas mundiales. El polo es popular en la Argentina, especialmente entre la clase rica influenciada por las costumbres de Inglaterra. Este país ha sido durante muchos años el comprador principal de las exportaciones agrícolas de la Argentina.
Argentina, Mexico, and Spain excel in world horsemanship competitions. Polo is popular in Argentina, especially with the wealthy influenced by the customs of England. This country has been for many years the principal customer for Argentina's agricultural exports.

TESTING / ojalá and impersonal expressions

1. **Ojalá que venga** may be shortened to _____ _____.
   — Ojalá venga.
2. Of the four verbs **estudiaba, estudió, estudie,** and **va a estudiar,** the word **ojalá** can introduce only _____.
   — estudie
3. Of the five verbs **lee, lea, leyó, leyera,** and **leía,** the word **ojalá** can introduce only _____ and _____.
   — lea, leyera
4. Both **esté** and **estuviera** may follow **ojalá,** but to imply a negative outcome, the best form to use would be _____.
   — estuviera

Give a Spanish equivalent using **ojalá que.**

5. *I hope you* (familiar singular) *can come tomorrow.*
   — Ojalá que puedas venir mañana.
6. *I wish you* (familiar singular) *could come tomorrow.*
   — Ojalá que pudieras venir mañana.
7. *If only the umpires were here now.*
   — Ojalá que los árbitros estuvieran aquí ahora.
8. *It's possible the team may win.*
   — Es posible que el equipo gane.
9. *It's true the team is here.*
   — Es verdad (*or* cierto) que el equipo está aquí.
10. *It was necessary for Ana to call her.*
    — Era (*or* fue) necesario que Ana la llamara.

Part 2

III. THE VERSATILE VERB HACER

Although the verb **hacer** basically means *to do* or *to make*, it is also used to express certain conditions of climate and weather and to comment on the passage of time.

☐ CLIMATE AND WEATHER

¿Qué tiempo **hace**?	*How's the weather?* / *What is the weather like?*
Hace {buen / mal} tiempo.	*The weather is* {*fine.* / *bad.*}
No **hace** mucho sol.	*It's not very sunny.*
Hizo frío.	*It was cold.* (fact)
Hacía mucho calor.	*It was very warm.* (description)
¿**Hace** viento?	*Is it windy?*
Hace fresco en las montañas.	*It's cool in the mountains.*
Está muy nublado.	*It's very cloudy.*
Está despejado.	*It's clear.*
Ojalá que **esté** despejado.	*I hope it's clear.*

1. All verbs used to express weather are in the third-person singular.
2. a. Most expressions of weather using **hacer** + noun correspond to English expressions using *to be* + adjective.
   b. **Mucho** and **poco** are common modifiers for these expressions.
3. a. **Estar** + adjective is also used for a few expressions of weather.
   b. **Muy** is a common modifier of such expressions.

☐ TIME

Hace dos horas que estamos aquí. Estamos aquí (desde) **hace** dos horas.	*We have been here for two hours.*
Hacía cinco meses que trabajaban. Trabajaban (desde) **hacía** cinco meses.	*They had been working for five months.*
Hace diez años que mi padre murió. Mi padre murió **hace** diez años.	*My father died ten years ago.*

Six basic **hacer**-formulas are used to report ongoing or past duration, or time since.

1. When the action is described as beginning in the past and continues into the present:
   a. **hace** + time + **que** + present-tense verb.
   b. present-tense verb + optional **desde** + **hace** + time.
2. When the action is described as beginning, continuing, and then stopping in the past:
   a. **hacía** + time + **que** + imperfect-tense verb.
   b. imperfect-tense verb + optional **desde** + **hacía** + time.
3. To describe the time which has passed since an action stopped or a condition came to an end:
   a. **hace** + time + **que** + preterit-tense verb.
   b. preterit-tense verb + **hace** + time.

E. Preguntas

1. ¿Qué tiempo hace?
2. ¿Qué tiempo hizo ayer?
3. ¿Qué tiempo hace aquí en el invierno?
4. ¿Hace calor hoy?
5. ¿Dónde hace más calor, aquí o en Puerto Rico?
6. ¿En qué meses hace calor aquí?
7. ¿Hace viento hoy?

F. Ejercicio de transformación

Use la palabra **desde** en cada una de las siguientes oraciones y haga los cambios que sean necesarios.

Modelo: Hace tres meses que montan a caballo.
   Montan a caballo desde hace tres meses.

El portero del equipo Independiente de la Argentina impide una anotación mientras su compañero lo protege del delantero del Atlético de Madrid. El fútbol es el deporte más popular de los principales países occidentales, excepto los Estados Unidos.

The goalkeeper for Argentina's Independiente team prevents a score while his teammate protects him from the forward of Atlético of Madrid. Soccer is the most popular sport in the main western countries, except the United States.

Hace diez minutos que espero a Juan.
Hacía tiempo que no veía a tu hermana.
Hacía tres años que conocía a Luisa.
Hace más de tres meses que no juego al ajedrez.

Hace tiempo que no usan un pato vivo.

Espero a Juan desde hace diez minutos.
No veía a tu hermana desde hacía tiempo.
Conocía a Luisa desde hacía tres años.
No juego al ajedrez desde hace más de tres meses.
No usan un pato vivo desde hace tiempo.

G. Ejercicio de transformación

Comience cada una de las siguientes oraciones con la palabra **hace** y haga los cambios que sean necesarios.

Modelo: Usan esa pelota desde hace mucho tiempo.
Hace mucho tiempo que usan esa pelota.

Compro en esa tienda desde hace más de tres años.
Hablaba español desde hacía cuatro o cinco años.
Vi esa película hace unos meses.
No iba al médico desde hacía mucho tiempo.
Vive con sus padres desde hace dos meses.

Hace más de tres años que compro en esa tienda.
Hacía cuatro o cinco años que hablaba español.
Hace unos meses que vi esa película.
Hacía mucho tiempo que no iba al médico.
Hace dos meses que vive con sus padres.

H. Preguntas

1. ¿Cuánto tiempo hace que no vas al cine?
2. ¿Cuándo fuiste de compras?
3. ¿Cuántos meses hace que estudian español?
4. ¿Cuánto tiempo hace que esperas a tu compañera?
5. ¿Cuándo recibió carta de su novia?
6. ¿Cuánto tiempo hacía que no ibas a visitar a tus amigos?

TESTING / hacer

1. A verb commonly used to express climatic conditions is _____.
2. A Spanish equivalent for *very* in **hacer**-idioms is commonly _____.
3. A Spanish equivalent for *very* in expressions involving **estar** + adjective is _____.

— hacer

— mucho

— muy

Give a Spanish equivalent.
4. *How's the weather?*
5. *The weather is fine.*
6. *It was cool.*
7. *It is cloudy.*
8. *It is clear.*
9. *Two days ago.*
10. *He asked me for it* (el boleto) *a week ago.*
11. *Alicia has been studying for an hour* (two formulas).
12. *I had not seen her for two months* (two formulas).

— ¿Qué tiempo hace?
— Hace buen tiempo.
— Hizo (*or* hacía) fresco.
— Está nublado.
— Está despejado.
— Hace dos días.
— Me lo pidió hace una semana.

— Hace una hora que Alicia estudia. Alicia estudia (desde) hace una hora.
— Hacía dos meses que no la veía. No la veía (desde) hacía dos meses.

LECCIÓN 36

Dependent infinitive or subjunctive / The present progressive tense / Forms of the present progressive / Use of the present progressive / The past progressive / Direct, indirect, and reflexive pronouns with the progressive tenses

diálogo / UN VIAJE A LA ANTÁRTIDA[1]

MARTÍN ¿Qué estás leyendo?
EDUARDO Un folleto muy interesante sobre el turismo en la Antártida.
MARTÍN ¿Turismo en la Antártida? Por favor, no me tomes el pelo.
EDUARDO No, no te estoy tomando el pelo. Lee el título.
MARTÍN Tienes razón. Ahora bien, ¿a quién le puede interesar ese viaje? ¿Qué hay que ver allí excepto pingüinos[2] y focas?

A TRIP TO ANTARCTICA

M: *What are you reading?*
E: *A very interesting bulletin on tourism in Antarctica.*
M: *Tourism in Antarctica? Don't pull my leg.*[3]
E: *I'm not pulling your leg. Read the title.*
M: *You're right. Well then, tell me, who could be interested in such a trip? What is there to see except penguins and seals?*

---

[1] Vast region, mainly of ice fields, centering on the South Pole. Argentina, Chile, Australia, New Zealand, France, Norway, and England have made claims to parts of it.
[2] When the **u** of **gue** or **gui** has a dieresis (¨), the **g** is pronounced like the **g** in **gato** and the combinations are pronounced [gue] and [gui].
[3] Literally, *please don't take my hair.*

EDUARDO	No te burles. A ti no te gusta la idea, pero a otras personas sí. Yo estoy pensando muy seriamente en ir.	E:	Don't laugh.[7] You don't like the idea, but others do. I'm seriously thinking about going.
MARTÍN	¡No me digas! ¿Y cuándo piensas ir?	M:	Really! When are you planning to go?
EDUARDO	Tiene que ser en diciembre o en enero que son los únicos meses en que ofrecen el viaje.	E:	It's got to be in December or January because those are the only months when the trips are scheduled.[8]
MARTÍN	¿Y cómo van hasta allá? ¿En barco?	M:	And how do you get there? By boat?
EDUARDO	Sí, los barcos hacen escala en Tierra del Fuego[4] y después van a la Antártida. Allí el Gobierno Argentino nos permite visitar algunas de las bases de las Fuerzas Armadas.	E:	Yes, the boats stop at Tierra del Fuego and then go to Antarctica. There the Argentine Government allows us to visit several bases of the Armed Forces.
MARTÍN	Perdóname, pero eso de congelarse en la Antártida no me interesa nada. Yo prefiero ir a Bariloche[5] o Mar del Plata[6].	M:	I'm sorry, but that business of freezing in the Antarctic doesn't interest me at all. I'd rather go to Bariloche or Mar del Plata.

ORACIONES Y PALABRAS

Estoy leyendo **un folleto** muy interesante.
    un capítulo, un anuncio, un artículo, una novela, una biografía

Nos aconsejaron visitar unas bases
  de las Fuerzas Armadas.
  de las Fuerzas Aéreas, de la Marina, del Ejército

Nos **prohibieron** hacer escala allí.
  ordenaron, mandaron

Después les permitieron **desembarcar.**
    volar[10], fumar

I'm reading a very interesting booklet.
    chapter, ad, article, novel, biography

They advised us to visit several bases of the
  Armed Forces.
  Air Force, Navy, Army

They forbade us to stop there.
  ordered, ordered

Afterwards they allowed them to land.[9]
    fly, smoke

---

[4] Archipielago in the Straight of Magellan at the southern tip of South America. The eastern part belongs to Argentina and the western part to Chile. The main industries are cattle raising, mining, and petroleum.
[5] A tourist area on Lake Nahuel Huapi in the central part of Argentina.
[6] Famous beach resort on the Atlantic Ocean south of Buenos Aires with the largest casino in the world.
[7] Literally, *don't make fun* (of the idea).
[8] Literally, *they offer the trip.*
[9] Literally, *to disembark.*
[10] **Volar (ue).**

La Tierra del Fuego, descubierta por Fernando de Magallanes en 1520, es un grupo de islas con un clima frío y mucho viento que están divididas entre la Argentina y Chile. La minería, la cría de ovejas y la madera son sus principales industrias.

Tierra del Fuego, discovered by Fernando Magellan in 1520, is a group of islands with a cold climate and strong winds, divided between Argentina and Chile. Mining, sheep raising, and lumbering are its main industries.

PREGUNTAS SOBRE EL DIÁLOGO

1. ¿Qué está leyendo Eduardo?
2. ¿Qué piensa Martín del turismo en la Antártida?
3. ¿Adónde piensa ir Eduardo?
4. ¿Cuándo piensa ir?
5. ¿Por qué cree usted que sólo ofrecen los viajes en diciembre y en enero?
6. ¿Cómo van a la Antártida?
7. ¿Dónde hacen escala en este viaje?
8. ¿Qué pueden visitar en ese continente?
9. ¿Le interesa este viaje a Martín?
10. ¿Adónde prefiere ir Martín?

PREGUNTAS GENERALES

1. ¿Qué países quiere visitar usted en el futuro?
2. ¿Es el turismo importante en Europa? ¿Por qué?
3. ¿Adónde prefiere ir usted, a Europa o a la América Latina? ¿Por qué?
4. ¿Vienen muchos turistas a nuestro país? ¿Por qué?
5. Para ser agente de turismo, ¿qué cree usted que debe saber una persona?
6. ¿Qué piensa usted de los anuncios de la televisión?
7. ¿Cuál es su programa favorito?
8. ¿Cree usted que debe existir un ejército voluntario? ¿Por qué?
9. ¿Cree usted que las mujeres deben servir en el Ejército? ¿Por qué?
10. ¿Cree usted que todos los pilotos de las Fuerzas Aéreas deben ser hombres?

GRAMMAR, EXERCISES, AND TESTING

Part 1

I. DEPENDENT INFINITIVE OR SUBJUNCTIVE

Verbs expressing commands, permission, prohibition, and advice may be followed by either a dependent clause or an infinitive construction.

Les aconsejo **que (ustedes) hagan** las reservaciones esta semana. Les aconsejo **hacer** las reservaciones esta semana.	*I advise you to make the reservations this week.*
Tu padre te prohíbe[11] **que fumes.** Tu padre te prohíbe **fumar.**	*Your father prohibits that you smoke.*
Nos exigían **que lo hiciéramos.** Nos exigían **hacerlo.**	*They demanded that we do it.* *required us to do it.*

1. When a dependent clause is used:
   a. its verb must be in the subjunctive.
   b. the verb in the main clause is preceded by an indirect object pronoun which corresponds to the subject of the dependent clause.[12]
2. When the infinitive construction is used:
   a. the main verb is followed by the dependent infinitive.
   b. the indirect object pronoun precedes the main verb.
3. Other verbs which are followed either by a dependent clause or an infinitive are:
   mandar
   ordenar
   permitir
   dejar[13]

A. Infinitivo → subjuntivo

Modelo: Les prohíbo montar a caballo.
Les prohíbo que monten a caballo.

Te aconsejo salir temprano.	Te aconsejo que salgas temprano.
Me prohíbe leer los folletos.	Me prohíbe que lea los folletos.
No le mandó ir de compras.	No le mandó que fuera de compras.

---

[11] The intervocalic **h** is silent; an accent mark is written to indicate that the **i** is stressed and does not form a diphthong with **o**.

[12] There are certain cases in which the indirect object pronoun may be eliminated, especially when the subject of the dependent clause is a noun.
  El médico no permite que Juan fume.
  El médico no le permite que fume.
To maintain a consistent practice the indirect object pronoun will be used in the exercises.

[13] This verb is preceded by a direct object pronoun instead of an indirect object pronoun.
  La dejo ir.
  La dejo que vaya. } *I let her go.*

Algunas partes de la pampa argentina se encuentran entre las tierras de cultivo más ricas del mundo; la capa vegetal llega, en ciertas zonas, a una profundidad de 320 metros. A pesar de que la agricultura argentina está muy mecanizada, los caballos se mantienen como una fuerza motriz adicional. En este país, con pocos yacimientos de petróleo, inestabilidad política y tendencia a la inflación, el precio del combustible para tractores es difícil de predecir.

Some parts of the Argentine pampas are among the world's richest farmlands; topsoil has been measured in certain areas to a depth of 985 feet. Although Argentine agriculture is quite mechanized, horses are kept as an additional source of power. In this country, with scant oil deposits, political instability, and a tendency to inflation, the price of tractor fuel is difficult to predict.

Les permite visitar los jardines.
Nos prohibió tomarle el pelo a Juan.
Los deja fumar en la sala.

Les permite que visiten los jardines.
Nos prohibió que le tomáramos el pelo a Juan.
Los deja que fumen en la sala.

B. Subjuntivo → infinitivo

Modelo: Le aconsejo que tome un taxi.
 Le aconsejo tomar un taxi.

No les permito que salgan.
Te prohibió que llamaras.
Le manda que se acueste después de almuerzo.
Les ordenó que fueran a la base.
El médico me prohíbe que fume.
Nos aconsejó que lleváramos ropa de invierno.

No les permito salir.
Te prohibió llamar.
Le manda acostarse después de almuerzo.
Les ordenó ir a la base.
El médico me prohíbe fumar.
Nos aconsejó llevar ropa de invierno.

C. Preguntas

1. ¿Qué te aconsejó el profesor?
2. ¿Qué les prohíben a los estudiantes?
3. ¿Qué les permiten hacer?
4. ¿Me deja manejar su auto?
5. ¿Les permiten organizar manifestaciones aquí?
6. ¿Qué le ordenó el juez?
7. ¿Cuántas veces aconseja usted que leamos el diálogo?

TESTING / subjunctive or infinitive

Express the thought another way.
1. Les prohíbo que fumen.
2. Nos ordena que salgamos.
3. Le permite llegar tarde.
4. Me aconseja seguir derecho.

— Les prohíbo fumar.
— Nos ordena salir.
— Le permite que llegue tarde.
— Me aconseja que siga derecho.

Give two Spanish equivalents for each sentence.
5. *I advise you* (familiar singular) *to gargle.*

6. *They demanded that we pay the ransom.*

— Te aconsejo hacer gárgaras. Te aconsejo que hagas gárgaras.
— Nos exigían (*or* exigieron) pagar el rescate. Nos exigían (*or* exigieron) que pagáramos el rescate

Part 2

II. THE PRESENT PROGRESSIVE TENSE

Spanish and English have present progressive tenses which are similarly formed and used. This tense differs from the usual present in that it emphasizes that the action is currently in progress. Both languages use an auxiliary verb (**estar**, *to be*) and the present participle of the main verb. All present participles end in *-ing* in English; in Spanish, one ending is used for **-ar** verbs and another for **-er** and **-ir** verbs.

III. FORMS OF THE PRESENT PROGRESSIVE

estar + present participle

		STEM		ENDING
estoy		habl-	+	ando
estás		com-	+	iendo
está	+	viv-	+	iendo
estamos		durm-	+	iendo
estáis		pid-	+	iendo
están		le-	+	yendo

1. Present-tense forms of **estar** function as the auxiliary verb.
2. To form the present participle, the following endings are added to the stem:
   a. **-ando** for **-ar** verbs.
   b. **-iendo** for **-er** and **-ir** verbs.
3. The stem used is ordinarily the infinitive stem. But stem-changing **-ir** verbs whose stem vowel changes **o** → **u** or **e** → **i** in the third-person preterit will show the same change in their present participle.
4. The **i** of **-iendo** becomes **y** between vowels.

5. The two following verbs have special forms:

poder	**pudiendo**
ir	**yendo**

IV. USE OF THE PRESENT PROGRESSIVE

Ellos **están descansando** ahora.	*They are resting now.*
Yo no **estoy durmiendo, estoy leyendo.**	*I'm not sleeping, I'm reading.*
Salen ⎱ esta tarde. Van a salir ⎰	*They are leaving this afternoon.*

1. The present progressive emphasizes the action currently in progress.
2. Contrary to English, Spanish does not use the present progressive to refer to future time.

V. THE PAST PROGRESSIVE

The past progressive is used to express a continuous action in the past, in much the same way that the present progressive expresses a continuous action in the present. Either the imperfect or the preterit of **estar** may be used as the auxiliary verb preceding the present participle of the main verb.

Estuvo hablando con nosotros. ⎱ **Estaba hablando** con nosotros. ⎰ Hablaba con nosotros.	*He was talking with us.*

1. The preterit of **estar** + a present participle expresses a continuous action that ended in the past.
2. The imperfect of **estar** + a present participle expresses a continuous action in the past with no reference to its termination. It differs from the simple imperfect in that it emphasizes that the action was then actually in progress.

VI. DIRECT, INDIRECT, AND REFLEXIVE PRONOUNS WITH THE PROGRESSIVE TENSES

Se lo está leyendo ahora. ⎱ Está leyéndo**selo** ahora. ⎰	*He is reading it to him now.*
La estuvieron buscando hace un rato. ⎱ Estuvieron buscándo**la** hace un rato. ⎰	*They were looking for her a while ago.*
Se estaba vistiendo cuando llamamos. ⎱ Estaba vistiéndo**se** cuando llamamos. ⎰	*She was getting dressed when we called.*

1. Direct, indirect, and reflexive pronouns may either precede the conjugated verb form of **estar** or be attached to the present participle.

2. An accent mark is required on the stressed vowel of the present participle when one or more pronouns are attached to it.

D. Presente → forma progresiva

Modelo: Ella habla con el nuevo profesor.
Ella está hablando con el nuevo profesor.

Desembarcan en la playa.	Están desembarcando en la playa.
Eduardo termina la novela.	Eduardo está terminando la novela.
El árbitro discute con el jugador.	El árbitro está discutiendo con el jugador.
¿Vuelas los fines de semana?	¿Estás volando los fines de semana?
Allí no congelan la carne.	Allí no están congelando la carne.
Oímos los discos que nos gustan.	Estamos oyendo los discos que nos gustan.

E. Pretérito e imperfecto → sus formas progresivas

Modelos: Viajaron el año pasado.
Estuvieron viajando el año pasado.
Mi hermano jugaba fútbol.
Mi hermano estaba jugando fútbol.

Dormían más de ocho horas.	Estaban durmiendo más de ocho horas.
Pensaron en venir.	Estuvieron pensando en venir.
Comiste con mis amigos.	Estuviste comiendo con mis amigos.
Caminaban por el medio de la calle.	Estaban caminando por el medio de la calle.
Visité unas bases del ejército.	Estuve visitando unas bases del ejército.
Terminaba antes de tiempo.	Estaba terminando antes de tiempo.

Mar del Plata, Argentina. Miles de turistas argentinos y extranjeros visitan esta famosa playa para disfrutar del sol y del gran festival internacional del cine que se celebra allí anualmente.

Mar del Plata, Argentina. Thousands of Argentine and foreign tourists visit this famous beach to enjoy the sun and the great international film festival celebrated here annually.

F. Ejercicio de transformación

Repita las siguientes oraciones usando pronombres en vez de nombres. Haga los cambios necesarios y dé las dos construcciones posibles.

Modelo: Juan le está dando los folletos.
Juan se los está dando.
Juan está dándoselos.

Estuvo practicando la jugada.
La estuvo practicando.
Estuvo practicándola.

Les estaba entregando los pasajes.
Se los estaba entregando.
Estaba entregándoselos.

Ahora estoy terminando el capítulo.
Ahora lo estoy terminando.
Ahora estoy terminándolo.

Se estaba poniendo los guantes cuando entré.
Se los estaba poniendo cuando entré.
Estaba poniéndoselos cuando entré.

Estaban trayendo a los heridos.
Los estaban trayendo.
Estaban trayéndolos.

G. Preguntas

1. ¿Qué estuvieron haciendo esta mañana?
2. ¿Quiénes estaban cantando en el patio?
3. ¿Qué estabas haciendo cuando te llamé?
4. ¿Por qué estabas corriendo esta mañana?
5. ¿Quién estuvo escribiendo en esa mesa?
6. ¿Qué estaba pidiendo el profesor?

TESTING / present participle and the progressive tenses

Give the present participle corresponding to the infinitive shown.
1. congelar
2. comer
3. creer
4. escribir
5. sentir
6. ir

— congelando
— comiendo
— creyendo
— escribiendo
— sintiendo
— yendo

Express in a slightly different way.
7. Lo está terminando.
8. Se lo estaba leyendo.

— Está terminándolo.
— Estaba leyéndoselo.

Give a Spanish equivalent using a progressive form.
9. *They are always smoking.*
10. *We are selling the house.*
11. *I am reading the ad.*
12. *She was looking for the booklet* (implying she then stopped and did something else).
13. *She was looking for the booklet* (no reference to the termination of the action).
14. *They are going out tonight* (two possibilities).

— Siempre están fumando.
— Estamos vendiendo la casa.
— Estoy leyendo el anuncio.
— Estuvo buscando el folleto.

— Estaba buscando el folleto.
— Salen esta noche. Van a salir esta noche.

◀ Martín Fierro en una litografía contemporánea de Carlos Alonso.
Martín Fierro, in a contemporary lithograph by Carlos Alonso.

RECAPITULACIÓN Y AMPLIACIÓN XII

lectura / EL GAUCHO ARGENTINO

gaucho *pampas cowboy*

La pampa es una de las características geográficas más distintivas de la Argentina. Se les da este nombre a las enormes extensiones de tierra llana y fértil que forman la base económica de la Argentina. Sarmiento, el gran escritor argentino del siglo pasado, la describe muy poéticamente como "la imagen del mar en la tierra". Es una comparación muy adecuada porque tanto en el mar como en aquella tierra, el horizonte es el único límite que el hombre encuentra.

llano *flat*

Es en la pampa donde el gaucho se desarrolló con todo su colorido y fuerza. Para comprender mejor a este personaje de la pampa que va desapareciendo poco a poco ante el empuje de la civilización, es necesario que retrocedamos en el tiempo y nos situemos en otras épocas. De nuevo acudimos a Sarmiento para que con sus propias palabras nos describa a algunos de los diferentes tipos de gauchos que vivían en la pampa. En su famoso libro *Vida de Facundo Quiroga*[1], Sarmiento nos habla de cuatro

fuerza *strength*
personaje *character*
el empuje *thrust*
retroceder *to go back*
acudir *to refer*
propio *own*

---

[1]Facundo Quiroga, a 19th century militarist known as **El tigre de los llanos.**

489

Cazando el ñandú, el avestruz de la pampa. Litografía de Carlos Alonso. Se puede decir que los conocimientos del gaucho sobre las costumbres de esta enorme ave corredora, los mejores métodos para capturarla y los diversos usos que tienen sus plumas y su piel, han llegado a constituir una ciencia fascinante.

Hunting the ñandú, the ostrich of the pampas. Lithograph by Carlos Alonso. It may be said that the lore of the gaucho about the ways of this enormous running bird, the best ways to capture him, and the diverse uses for his feathers and hide, have come to constitute a fascinating science.

tipos principales: el rastreador[2], el baqueano[3], el gaucho malo y el cantor[4].

"El más conspicuo de todos, el más extraordinario, es el rastreador. Todos los gauchos del interior son rastreadores. En llanuras tan dilatadas, en donde las sendas y caminos se cruzan en todas direcciones, y los campos en que pacen o transitan las bestias son abiertos, es preciso saber seguir las huellas de un animal, y distinguirlas de entre mil... El rastreador es un personaje

dilatado *extensive*
senda *path*
pacer *to graze*

huella *track*

---

[2] One who tracks down or pursues.
[3] A scout in the pampas.
[4] A singing cowboy.

Un gaucho boleando o cazando con boleadoras, sogas que tienen en los extremos piedras u otros objetos pesados cubiertos de cuero. Al lanzarlas a un ñandú, un perro salvaje, un caballo, una res o cualquier otro animal, se le enredan en las patas y lo inmovilizan.
A gaucho boleando, *or hunting with* boleadoras, *ropes that have at their ends stones or other heavy objects covered with leather. When flung at a* ñandú, *a wild pampa dog, a horse, a cow, or whatever other animal, they wind around his legs and entrap him.*

grave, circunspecto, cuyas aseveraciones hacen fe en los tribunales inferiores. La conciencia del saber que posee le da cierta dignidad reservada y misteriosa. Todos le tratan con consideración."

aseveración *testimony*
hacer fe *to be valid*
poseer *to possess*

Para demostrarnos la habilidad del rastreador, Sarmiento nos dice que cuando ocurre un robo, la gente busca las huellas del ladrón y cuando las encuentran, las cubren para que el viento no se las lleve. Inmediatamente llaman al rastreador que las examina cuidadosamente y comienza a seguirlas mirando la tierra de vez en cuando "como si sus ojos vieran de relieve esta pisada que para otro es imperceptible. Sigue el curso de las calles, atraviesa los huertos, entra en una casa y, señalando un hombre que encuentra, dice fríamente: '¡Éste es!' El delito está probado, y raro

robo *theft*
el ladrón *thief*

de vez en cuando *now and then*
pisada *footprint*

huerto *orchard*
delito *crime*

es el delincuente que resiste a esta acusación. Para él, más que para el juez, la deposición del rastreador es la evidencia misma... Se somete, pues, a este testigo que considera como el dedo de Dios que lo señala."

Después de la descripción del rastreador, Sarmiento pasa al baqueano y nos dice que "es un gaucho grave y reservado, que conoce a palmos veinte mil leguas cuadradas de llanuras, bosques y montañas. Es el topógrafo más completo, es el único mapa que lleva un general para dirigir los movimientos de su campaña. El baqueano va siempre a su lado. Modesto y reservado...está en todos los secretos de la campaña; la suerte del ejército, el éxito de una batalla, la conquista de una provincia, todo depende de él."

Sarmiento continúa diciéndonos que en la pampa no hay caminos, y que cuando un viajero quiere ir de un lugar de la pampa a otro, se dirige a un baqueano y le dice adónde quiere ir. El baqueano "se para un momento, reconoce el horizonte, examina el suelo, clava la vista en un punto y se echa a galopar con la rectitud de una flecha, hasta que cambia de rumbo por motivos que sólo él sabe, y, galopando día y noche, llega al lugar designado."

El gaucho malo "es un tipo de ciertas localidades, un *outlaw*, un *squatter*, un misántropo particular...La justicia lo persigue desde muchos años, su nombre es temido, pronunciado en voz baja, pero sin odio, y casi con respeto...Este hombre divorciado con la sociedad, proscrito por las leyes; este salvaje de color blanco, no es en el fondo un ser más depravado que los que habitan las poblaciones."

Según Sarmiento "el gaucho cantor es el mismo...trovador de la Edad Media, que se mueve en la misma escena, entre las luchas de las ciudades y del feudalismo de los campos, entre la vida que se va y la vida que se acerca."

En los cantos de este gaucho está el comienzo de una nueva forma en la literatura hispanoamericana del siglo XIX: la poesía gauchesca. A través de ella, los escritores nos presentan la figura del gaucho, a veces de una manera cómica, mostrándonos su ignorancia e ingenuidad, pero otras veces lo presentan de una manera trágica, al mostrarnos sus desdichas, sufrimientos y dolores.

Entre las muchas manifestaciones de la poesía gauchesca,

Martín Fierro es la obra más conocida. Su autor, el poeta culto José Hernández (1834–1886), imitó la manera de hablar de los gauchos a través de su personaje Martín Fierro. En los siguientes versos podemos ver el ansia de libertad del gaucho, su valor y su vida desgraciada.

    ansia *yearning*

> Cantando me he de morir,
> cantando me han de enterrar
> y cantando he de llegar,
> al pie del Eterno Padre;
> desde el vientre de mi madre
> vine a este mundo a cantar.

    me he de morir *I will die*
    me han de enterrar *they will bury me*
    el vientre *womb*

. . .

> Nací como nace el pez
> en el fondo de la mar;
> nadie me puede quitar
> aquello que Dios me dio
> lo que al mundo traje yo
> del mundo lo he de llevar.

    el pez *fish*
    quitar *to take away*

> Mi gloria es vivir tan libre
> como el pájaro del cielo,
> no hago nido en este suelo
> donde hay tanto que sufrir
> y nadie me ha de seguir
> cuando yo remonte el vuelo.

    pájaro *bird*
    nido *nest*
    remontar *to take up*

. . .

> Y sepan cuantos escuchan
> de mis penas el relato
> que nunca peleo ni mato
> sino por necesidad,
> y que a tanta adversidad
> sólo me arrojó el mal trato.

    pena *sorrow*
    pelear *to fight*
    arrojar *to hurl*

Y estas palabras de Martín Fierro, llenas de tristeza, orgullo y lamento, anuncian la gradual desaparición del gaucho en la vida argentina.

    orgullo *pride*

PREGUNTAS

1. ¿Qué es la pampa?
2. ¿Cómo describe Sarmiento la pampa?
3. ¿Por qué es adecuada esta descripción?
4. ¿Por qué está desapareciendo el gaucho?
5. ¿En qué libro describe Sarmiento a los gauchos?
6. ¿Cuáles son los tipos principales que describe?
7. ¿Qué hacía el rastreador?
8. ¿Qué hacía la gente cuando encontraba las huellas de un ladrón?
9. ¿Qué hacía el rastreador cuando veía las huellas?
10. ¿Qué hacía el delincuente cuando lo encontraban?
11. ¿Existía el rastreador en otras culturas? ¿En cuáles?
12. ¿Qué hacía el baqueano?
13. ¿Por qué era tan importante el baqueano en la pampa?
14. ¿Cómo describe Sarmiento al gaucho malo?
15. ¿Con quién compara Sarmiento al gaucho cantor?
16. ¿Por qué hace esta comparación?
17. ¿Qué es la literatura gauchesca?
18. ¿Dónde está el comienzo de esta literatura?
19. ¿Cómo presenta al gaucho esa literatura?
20. ¿Cuál es la obra más famosa de la literatura gauchesca?
21. ¿Quién es su autor?
22. ¿Cuándo canta el gaucho?
23. ¿Qué dice el gaucho de la libertad?
24. ¿Cuándo pelea y mata el gaucho?

POEMAS

Todo en amor es triste;
mas[1], triste y todo, es lo mejor que existe.
    Ramón de Campoamor (1817–1901)[2]

¿Qué opina el poeta del amor?
¿Está usted de acuerdo con el poeta?
¿Es optimista o pesimista la actitud del poeta? Explique por qué.

Todo el misterio se encierra[3]
en dos palabras, hermano;
siempre y nunca, a que es en vano
buscar salida en la tierra.
    Miguel de Unamuno (1864–1936)[4]

¿A quién se dirige Unamuno en el poema?
¿De qué habla el poeta?
¿Cuáles son las palabras que expresan su conflicto?
¿Ofrece el poeta una solución?
¿Está usted de acuerdo con esta filosofía? ¿Por qué?

[1]**mas** *but*
[2]**Campoamor** Well-known Spanish poet whose poetic themes are amorous, philosophical, and touched with humor.
[3]**encerrar** *to enclose*
[4]**Unamuno** A controversial Spanish writer whose work reveals the deep agony he underwent in trying to reconcile his reasoning with his desire to believe.

Tomando mate. El mate, parecido al té verde, es una infusión de yerba mate. Constituye la bebida nacional de la Argentina y es también muy popular en otros países cercanos. Generalmente se bebe a través de una bombilla, un tubito de metal, y se prepara y se sirve en una calabaza seca, generalmente decorada, que también se llama mate. Poemas, canciones y hasta libros se han escrito para explicar esta costumbre argentina.

Drinking mate. Mate, similar to green tea, is an infusion of yerba mate. It is the national beverage of Argentina and is also very popular in other countries near by. It is generally drunk through a bombilla, *a metal straw, and prepared in a dried gourd, usually decorated, which is also called a mate. Poems, songs, and even books have been written to explain this Argentine custom.*

READING AND WRITING SUPPLEMENT

The prefix in-

Spanish and English both use prefixes to create new words or to alter the meanings of existing ones. Both languages use the prefix **in-** to form antonyms of certain words. Spanish uses **in-** more often because the parallel negative prefix *un-* found in English does not exist in Spanish: English *un* + *necessary*, Spanish **in** + **necesario**. The prefix **in-** changes its form depending on the first letters of the word to which it is assimilated. Study the following words for the various assimilated forms of the prefix.

SPANISH	ENGLISH	SPANISH	ENGLISH
ilógico	*illogical*	inmortal	*immortal*
irregular	*irregular*	incompleto	*incomplete*
imposible	*impossible*	irreal	*unreal*

1. **In-** becomes **i-** before words beginning with **l**.
2. **In-** becomes **ir-** before words beginning with **r**.
3. **In-** becomes **im-** before words beginning with **p**.
4. **In-** remains **in-** before words beginning with **m**.
5. **In-** remains unchanged before words beginning with any other letter.

Make Spanish antonyms of the following words by supplying the correct form of the prefix **in-**.

| competente | legal | personal |
| directo | moral | religioso |

TESTING

A. Imperfect subjunctive or past indicative

Complete the following sentences by using a correct past-tense form of the verb in parenthesis.

1. (comenzar) Quería que ellos _____ el trabajo en seguida. — comenzaran
2. (estar) Les dijo que _____ listas a las tres. — estuvieran
3. (poder) Dudaba que tú _____ hacerlo. — pudieras
4. (poder) Creía que tú _____ hacerlo. — podías
5. (entender) Ella habla como si _____ la situación. — entendiera
6. (venir) Era imposible que ustedes _____ a esa hora. — vinieran
7. (llevar) Nos pidió que _____ el dinero. — lleváramos
8. (hablar) Buscaban un estudiante que _____ chino. — hablara
9. (hablar) Buscaban al profesor que _____ portugués. — hablaba
10. (vender) Era verdad que los Gómez _____ su casa. — vendían *or* vendieron
11. (dormir) La mamá esperaba que el niño _____ hasta las siete. — durmiera
12. (saber) No había nadie que _____ la respuesta. — supiera
13. (salir) Él esperaba que nosotros _____ con su hermana. — saliéramos
14. (llegar) Pudimos hablar con Berta antes que _____ su padre. — llegara
15. (decir) Iba a terminar el trabajo como ellos le _____. — dijeran *or* dijeron
16. (ser) Ellos actúan como si _____ jóvenes. — fueran
17. (esquiar) Era cierto que José _____ muchísimo. — esquiaba *or* esquió
18. (estar) Ojalá que Juan _____ aquí ahora. — estuviera
19. (jugar) Era natural que esos jinetes _____ tan bien al pato. — jugaran
20. (escribir) Quería que nosotros _____ su biografía. — escribiéramos

B. Subjunctive construction or infinitive

For each infinitive construction suggest a corresponding subordinate clause.

1. Nos permitió **visitar** la base. — que visitáramos
2. Le aconseja **viajar** en barco. — que viaje
3. Te prohibió **salir** de noche. — que salieras
4. Me exige **pagar** antes del martes. — que pague
5. Nos ordenó **leer** los nombres. — que leyéramos

C. The progressive tenses

Replace the words in boldface with a corresponding progressive tense.

1. Ella **trae** la comida. — está trayendo
2. Los estudiantes **hablaron** con el decano. — estuvieron hablando
3. Nosotros **comíamos** a esa hora. — estábamos comiendo
4. Alfredo no **se siente** bien. — se está sintiendo *or* está sintiéndose
5. ¿**Discutiste** los precios con el vendedor? — estuviste discutiendo
6. ¿**Van** a la universidad? — están yendo
7. Nosotros les **pedimos** ayuda. — estamos pidiendo
8. **Pienso** ir de viaje este verano. — estoy pensando
9. Los choferes **manejaban** con cuidado. — estaban manejando
10. Él **dice** la verdad. — está diciendo

D. **Hacer** with expressions of time and weather

Complete the following sentences by using a correct form of the verb in parenthesis.

1. (vivir)   Nosotros ____ aquí desde hace tres años. — vivimos
2. (hacer)   ____ cinco años que no veíamos a tu padre. — hacía
3. (desembarcar)   Hace más de cuatro siglos que Cortés ____ en México. — desembarcó
4. (ser)   Hace dos años que ellos ____ novios. — son
5. (hacer)   El señor Gómez murió ____ tres años. — hace
6. (querer)   Tú ____ irte desde hace una hora. — quieres
7. (hacer)   Ayer ____ mucho calor. — hizo *or* hacía
8. (estar)   Ahora ____ muy nublado. — está
9. (visitar)   Hacía mucho tiempo que yo no ____ este lugar. — visitaba
10. (ir)   ¿Cuánto tiempo hace que tú no ____ de viaje? — vas

VOCABULARY

abrigo	overcoat	cinturón m	belt
aconsejar	to advise	congelar	to freeze
anillo	ring	corbata	tie
animal m	animal	corrida	bullfight
anuncio	ad	crear	to create, to establish
árbitro	referee, umpire	cuero	leather
artículo	article	declarar	to declare
asa	handle	dejar de + infinitive	to stop + present participle
atleta m or f	athlete		
balde: no en balde	no wonder	desembarcar (qu)	to land, to disembark
base f	base	despejado	clear, not cloudy
basquetbol m	basketball	diseñar	to design
biografía	biography	ejército	army
blusa	blouse	equipo	team
bota	boot	escaparate m	display window
brillante	brilliant, colorful	especie f	type, kind
bufanda	scarf	estadio	stadium
burlarse de	to make fun of	evidente	evident
caballo	horse	excepto	except
camisa	shirt	falda	skirt
cancha	playing field, court	foca	seal
capítulo	chapter	folleto	pamphlet, booklet
cartera	purse	formidable	fantastic

Gauchos cuidando ganado en la Estación Balcarce cerca de Buenos Aires. Según muchos, la Argentina produce el mejor ganado del mundo. A pesar del gran número de regulaciones sanitarias y otros obstáculos que han sido creados por los Estados Unidos y muchos otros países para proteger a los productores nacionales contra la competencia extranjera, el ganado vacuno, las ovejas y los productos derivados de la ganadería todavía constituyen alrededor de la mitad de las exportaciones argentinas.

Gauchos herding cattle in the Balcarce Station near Buenos Aires. In the opinion of many, Argentina produces the finest cattle in the world. Despite the large number of health regulations and other obstacles that have been created by the United States and many other countries to protect domestic producers against foreign competition, cattle, sheep, and other livestock products still constitute half of Argentine exports.

Una casa de la pampa en 1841. La guitarra, el canto y el mate ayudan hoy, igual que ayer, a hacer más llevadera la soledad de este enorme océano de tierra que es la pampa.

A house on the pampas in 1841. The guitar, song, and mate tea help today, as they did in the past, to make more bearable the loneliness of the vast ocean of land that is the pampa.

fresco	*fresh, cool*	**perdonar**	*to pardon, to forgive*
Fuerzas Aéreas	*Air Force*	**permitir**	*to permit, to allow*
Fuerzas Armadas	*Armed Forces*	**piel** *f*	*leather*
fumar	*to smoke*	**pingüino**	*penguin*
galería	*gallery*	**plaza de toros**	*bullring*
guante *m*	*glove*	**polo**	*polo*
hacer escala	*to stop, to call at*	**posible**	*possible*
ir de compras	*to go shopping*	**principio**	*beginning*
jinete *m*	*rider, horseman*	**probable**	*probable*
juego	*game*	**prohibir**	*to prohibit*
jugada	*trick, play (in a game)*	**pulsera**	*bracelet*
jugador *m*	*player*	**quiosco**	*kiosk*
mandar	*to order, to command*	**regla**	*rule*
marina	*navy*	**ropa**	*clothes*
media	*stocking*	**saco**	*sack*
meter	*to put into*	**sol** *m*	*sun*
moda	*fashion*	**sombrero**	*hat*
montar	*to ride, to mount*	**suéter** *m*	*sweater*
nacional	*national*	**tiempo**	*weather*
novela	*novel*	**título**	*title*
nublado	*cloudy*	**tomar el pelo**	*to pull one's leg*
obvio	*obvious*	**traje pantalón**	*pants suit*
ojalá	*I (we) wish, hope*	**tránsito**	*traffic, transit*
ordenar	*to order, to command*	**único**	*only, sole*
pantalón *m*	*pants*	**vestido**	*dress*
pañuelo	*handkerchief*	**vez: en vez de**	*instead of*
partido	*game*	**viento**	*wind*
paseo	*stroll*	**vivo**	*alive*
pato	*duck; an Argentine sport*	**volar (ue)**	*to fly*
		zapato	*shoe*

◀ Los efectos de un terremoto en Valdivia, Chile.
The results of an earthquake in Valdivia, Chile.

LECCIÓN 37

The past participle / The present perfect indicative / The past participle used as an adjective

diálogo / UN TERREMOTO

CLEMENTE	¿Qué te pasa, Juan? ¿Por qué vienes corriendo[1]?
JUAN	¿No han oído las últimas noticias?
CLEMENTE	No, no hemos oído nada.
JUAN	Un terremoto espantoso en Guatemala. Según el radio[2], ha sido horrible y la Cruz Roja está pidiendo donaciones.
BENJAMÍN	¿Hay muchos muertos?
JUAN	Hasta ahora han reportado unos cien, pero piensan que hay muchos más. Imagínate que el centro de la capital está totalmente destruido.

AN EARTHQUAKE

C: *What's the matter, Juan? Why are you running?*[3]
J: *Haven't you heard the latest*[4] *news?*
C: *No, we haven't heard anything.*
J: *A frightful earthquake in Guatemala. According to the radio, it's been horrible. The Red Cross is asking for contributions.*
B: *Are there many dead?*
J: *Up to now they have reported about a hundred, but they think there are more. Just imagine, the center of the capital is totally destroyed.*

---

[1]Besides **estar**, the verbs **andar, seguir, ir,** and **venir** can be used with a present participle to form the progressive tenses.
[2]**La radio** may also be used.
[3]Literally, *why do you come running?*
[4]Literally, *the last.*

CLEMENTE	¡Dios mío! ¿Y cómo se lo decimos a José María[5]? Su padre está allá en viaje de negocios.	C:	Good Lord! How are we going to tell José María? His father is there on a business trip.
BENJAMÍN	Yo no me atrevo a decírselo.	B:	I can't bring myself to tell him.[6]
CLEMENTE	Ni yo tampoco. Yo nunca he servido para dar malas noticias.	C:	Neither can I. I've never been able[7] to give out bad news.
JUAN	Pues decídanse a hacer algo porque por allí viene José María.	J:	Well, decide what to do because here comes José María.

ORACIONES Y PALABRAS

Según el **radio**, ha sido horrible.
        locutor
Han reportado **un terremoto.**
        un huracán, una inundación, una epidemia
La Cruz Roja está pidiendo **donaciones.**
        medicinas, sangre[8]
Yo no me atrevo a **decirlo.**
        imprimirlo, cubrirlo, romperlo

According to the radio, it has been horrible.
    announcer
They have reported an earthquake.
    a hurricane, a flood, an epidemic
The Red Cross is asking for contributions.
    medicine, blood
I don't dare say it.
    print, cover, break

PREGUNTAS SOBRE EL DIÁLOGO

1. ¿Por qué viene corriendo Juan?
2. ¿Qué noticias trae Juan?
3. ¿Cómo ha sido el terremoto?
4. ¿Cuántos muertos hay?
5. ¿Cómo está el centro de la capital?
6. ¿Por qué no le quieren dar la noticia a José María?
7. ¿Quién se atreve a darle la noticia?
8. ¿Dónde está José María?

PREGUNTAS GENERALES

1. ¿Dónde hay terremotos en este país?
2. ¿En qué otros países hay terremotos?
3. ¿Le gusta a usted escuchar el radio cuando va en el auto? ¿Por qué?
4. ¿Cuál es su estación favorita?
5. ¿Cuál es su locutor favorito?
6. ¿En qué época del año hay más fuegos?
7. ¿Qué es la Cruz Roja?
8. ¿Dónde hay inundaciones en este país?
9. ¿En qué estación del año hay inundaciones?
10. ¿Es importante que una persona sepa que tipo de sangre tiene? ¿Por qué?

---

[5]In Spanish-speaking countries, men often have the name **María** following their given name.
[6]Literally, *I don't dare to tell it to him.*
[7]Literally, *I have never served.*
[8]**La sangre**, feminine.

Alrededor de 50.000 personas perecieron en el terremoto de mayo de 1970 en Perú. En esta fotografía, unos funcionarios del gobierno y un grupo de hombres de Cajamarquilla hablan sobre la reconstrucción.

About 50,000 persons perished in the earthquake of May, 1970, in Peru In this photograph, some government officials and a group of men from Cajamarquilla talk about reconstruction.

GRAMMAR, EXERCISES, AND TESTING

Part 1

I. THE PAST PARTICIPLE[9]

Most past participles are formed by dropping the infinitive ending and adding **-ado** for **-ar** verbs and **-ido** for **-er** and **-ir** verbs.

hablar	**hablado**	*spoken*
comer	**comido**	*eaten*
vivir	**vivido**	*lived*

1. The past participles of all **-ar** verbs end in **-ado**.
2. The past participles of most **-er** and **-ir** verbs end in **-ido**.
3. All **-er** verbs whose stems end in a vowel require a written accent mark over the **i** of the past-participle ending to indicate that no diphthong is formed: **creer, creído**.
4. Irregular past participles of **-er** verbs include:

hacer	**hecho**	ver	**visto**
poner	**puesto**	volver	**vuelto**
romper	**roto**	resolver	**resuelto**

---

[9]El participio pasivo.

5. Irregular past participles of **-ir** verbs include:

abrir	**abierto**	escribir	**escrito**
morir	**muerto**	imprimir	**impreso**
decir	**dicho**	cubrir	**cubierto**

6. Compounds of verbs whose past participles are irregular normally have the same irregularity.

escribir	**escrito**	describir		**descrito**
decir	**dicho**	predecir		**predicho**
poner	**puesto**	posponer	*to postpone*	**pospuesto**

Three exceptions are the verbs **bendecir** *to bless*, **maldecir** *to curse*, and **corromper** *to corrupt*.

bendecir	**bendecido**
maldecir	**maldecido**
corromper	**corrompido**

II. THE PRESENT PERFECT INDICATIVE[10]

HABER, PRESENT TENSE   PAST PARTICIPLE

he **has** **ha** **hemos** **habéis** **han**	+	hablado comido vivido

The present-perfect tense of the indicative is formed by using the present tense of **haber** *to have* as an auxiliary with the past participle of the main verb. The tense reports the past in still another way; as in English, it expresses an action as having been completed at the time of speaking.

Hemos exportado mucho petróleo últimamente.	*We have exported a lot of oil lately.*
No **han oído** las noticias.	*They have not heard the news.*
Se lo **he dicho** varias veces.	*I've told it to him several times.*
Siempre **ha tenido** miedo.	*He's always been afraid.*
Todavía no se **han vestido**.	*They haven't dressed yet.*

1. The forms of **haber** in the present tense are irregular.
2. The past participle is invariable in the present-perfect tense.
3. The past participle immediately follows the auxiliary verb **haber**. Ordinarily no word intervenes between them.

---

[10]**Pretérito perfecto compuesto**, formerly called **pretérito perfecto**.

Obreros peruanos retiran los escombros de una calle. Por toda la cordillera de los Andes ocurren con frecuencia terremotos de gran intensidad.

Peruvian workers clearing away rubble from a street. Quakes of great intensity frequently occur throughout the entire Andes chain.

4. The object and reflexive pronouns always precede the auxiliary verb; they are never attached to the past participle.
5. **Tener** is not used as the auxiliary verb in forming the perfect tenses.

A. Ejercicios de sustitución

1. Mis hermanos han arreglado el radio.
   Yo — Yo he arreglado el radio.
   El señor Rosas — El señor Rosas ha arreglado el radio.
   Pedro y yo — Pedro y yo hemos arreglado el radio.
   Benjamín y Juan — Benjamín y Juan han arreglado el radio.
   Tú — Tú has arreglado el radio.

2. La Cruz Roja ha pedido medicinas.
   Yo — Yo he pedido medicinas.
   Los estudiantes — Los estudiantes han pedido medicinas.
   Tú — Tú has pedido medicinas.
   El rector — El rector ha pedido medicinas.
   Nosotros — Nosotros hemos pedido medicinas.

3. Todavía no han oído las noticias.
   (él, tú, nosotros, yo, usted)
4. Ya hemos visto esa película.
   (yo, ellos, ella, tú, usted)
5. Ha dicho que vienen mañana.
   (tú, él, ustedes, yo, ellas)
6. Se han quejado varias veces.
   (yo, él, nosotros, ellas, tú)

B. Presente → pretérito perfecto compuesto

Él ve a tus hermanos todos los días.
¿Tú vas a la ciudad?
Mueren muchas personas.
Nosotros le escribimos a su casa.
La epidemia es horrible.
Abren la tienda muy temprano.

Él ha visto a tus hermanos todos los días.
¿Tú has ido a la ciudad?
Han muerto muchas personas.
Nosotros le hemos escrito a su casa.
La epidemia ha sido horrible.
Han abierto la tienda muy temprano.

C. Preguntas

1. ¿Qué han hecho ustedes hoy?
2. ¿Cuántas veces han ido al laboratorio esta semana?
3. ¿Ha estado usted en un terremoto?
4. ¿Qué películas han visto esta semana?
5. ¿Y qué libros ha leído?
6. ¿Han estudiado la lección de hoy?

Los habitantes de las zonas que no sufrieron los efectos de un terremoto empiezan inmediatamente a recoger ropa y alimentos para ayudar a los damnificados. Los terremotos, que le hacen recordar al hombre su impotencia ante las fuerzas de la naturaleza, también sirven para aumentar la solidaridad entre los pueblos.

The inhabitants of areas that did not suffer the effects of a quake immediately begin to gather food and clothing to help the victims. Earthquakes, which remind man of his helplessness in the face of the forces of nature, also serve to increase the solidarity among peoples.

TESTING / past participles and the present perfect indicative

1. To form the past participle of any **-ar** verb, replace the infinitive ending by _____. — -ado

Give the past participle.
2. buscar — buscado
3. organizar — organizado
4. To form the past participle of most **-er** and **-ir** verbs, replace the infinitive ending by _____. — -ido

Give the past participle.
5. comprender — comprendido
6. traducir — traducido
7. escribir (*irregular!*) — escrito
8. poner (*irregular!*) — puesto
9. The auxiliary verb used to form the present perfect indicative is _____. — haber

Give a Spanish equivalent.
10. *I have said* — he dicho
11. *Has Juan eaten?* — ¿Ha comido Juan?
12. *They have already told it* (masculine) *to me.* — Me lo han dicho ya (*or* Ya me lo han dicho).

Part 2

III. THE PAST PARTICIPLE USED AS AN ADJECTIVE

When a past participle is used as an adjective, it has the characteristics of a descriptive adjective.

El centro está destruid**o**.	*(The) downtown is destroyed.*
La capital está destruid**a**.	*The capital is destroyed.*
Sus padres están muy preocupad**os**.	*His parents are very worried.*
Ella puso allí las tazas rot**as**.	*She put the broken cups there.*[11]
Los importad**os** son más caros.	*The imported ones are more expensive.*
Lo dicho \ Lo que dijo \ Lo que dijimos } fue suficiente.	*What { was / she / we } said was enough.*

1. When used as an adjective, a past participle:
   a. agrees in gender and number with the noun it modifies.
   b. may be nominalized.[12]

---

[11] When referring to clothing, **roto** means *torn*.
[12] Many past participles have become nouns: **empleado, vestido, entrada, salida**.

2. **Lo** + past participle requires a verb in the third-person singular and is the equivalent of **lo que** + verb.

D. Ejercicios de sustitución

1. Puso las tazas rotas allí.
plato	Puso el plato roto allí.
discos	Puso los discos rotos allí.
blusa	Puso la blusa rota allí.
trajes	Puso los trajes rotos allí.
botellas	Puso las botellas rotas allí.

2. Tú has estado muy preocupado con las noticias.
La policía	La policía ha estado muy preocupada con las noticias.
Nosotros	Nosotros hemos estado muy preocupados con las noticias.
Las maestras	Las maestras han estado muy preocupadas con las noticias.
Los directores	Los directores han estado muy preocupados con las noticias.
Yo	Yo he estado muy preocupado(-a) con las noticias.

E. Preguntas

Conteste las siguientes preguntas sustantivando los participios pasivos[13].

1. ¿Dónde están los jugadores heridos?
2. ¿Cuántos mineros muertos había?
3. ¿Quiénes son las profesoras casadas?
4. ¿Cuánto vale el vino importado?
5. ¿Dónde están las tazas rotas?
6. ¿Cuáles son los ejercicios terminados?

TESTING / *past participles used as adjectives or nominalized*

Give a Spanish equivalent.

1. *one broken glass* — un vaso roto
2. *two written sentences* — dos oraciones escritas
3. *the printed word* — la palabra impresa
4. *the open books* — los libros abiertos
5. *the closed door* — la puerta cerrada
6. *the covered statue* — la estatua cubierta
7. *we are worried* — estamos preocupados
8. *the imported ones* (masculine) — los importados
9. *the other employee* (masculine) — el otro empleado
10. *What was said was sufficient.* — Lo dicho era (*or* fue) suficiente.
11. *the first dress* — el primer vestido
12. *a dead bull* — un toro muerto

---

[13] Answer the following questions, nominalizing the past participles as you do so.

LECCIÓN 38

The past perfect indicative / The passive voice: **ser** + past participle / A resultant condition: **estar** + past participle

diálogo / EN CARACAS[1]

MARTA   Nunca había visto una ciudad tan moderna como ésta.
BEATRIZ   Ya nos lo habían dicho unos amigos que vinieron el año pasado. Por cierto que nos enseñaron unas fotografías de ese edificio.
ALBERTO   Ése es el Centro Simón Bolívar donde están muchas oficinas del gobierno.
MARTA   ¿Es nuevo?
ALBERTO   No, fue construido hace unos cuantos años, pero como muchos de los edificios aquí, tiene líneas muy modernas. Después que lo visitemos, los voy a llevar al proyecto Parque Central.

IN CARACAS

M: *I had never seen a city as modern as this.*
B: *Some friends who came last year had already told us about it. By the way, they showed us some photos of that building.*
A: *That's Simón Bolívar Center where many government offices are.*
M: *Is it new?*
A: *No, it was built some years ago, but like many of the buildings here, it has very modern lines. After we visit it, I'll take you to the Central Park project.*

---

[1] Caracas, capital of Venezuela, was founded in 1567. Perched on the slopes of the Andes overlooking La Guaira—a Caribbean port city situated 10 miles to the north—Caracas is a major metropolis with modern skyscrapers and an extensive network of expressways to facilitate the flow of traffic.

MARTA	¿Qué proyecto es ése?	M:	What project is that?
ALBERTO	Nada menos que la ciudad del futuro en el centro de Caracas, con escuelas, piscinas, tiendas, supermercados, parques—bueno, todo lo que necesita una ciudad.	A:	Nothing less than the city of the future in downtown Caracas, with schools, swimming pools, shops, supermarkets, parks—well, everything a city needs.
MARTA	Eso es lo que hace falta y no más barrios pobres.	M:	That's what's needed and not more ghettos.[3]
BEATRIZ	¿Y va a ser muy grande?	B:	Is it going to be very large?
ALBERTO	Grandísima. Cuando esté terminada, va a tener capacidad para 7.000 familias y los alquileres[2] van a ser bastante módicos.	A:	Extremely large. When it is finished, it will accommodate 7,000 families and the rent will be fairly reasonable.

ORACIONES Y PALABRAS

Nunca había visto **una ciudad** así.
　　　　　una fuente, un correo, un ascensor[4]
¿Qué **proyecto** es ése?
　　plan
Los **ministerios** están allí.
　　senadores[5]
El **capitolio** está allá.
　　congreso, senado

I had never seen such a city.
　　　　a fountain, a post office, an elevator
What project is that?
　　plan
The ministries are there.
　　senators
The capitol is there.
　　congress, senate

PREGUNTAS SOBRE EL DIÁLOGO

1. ¿En que ciudad están los tres amigos?
2. ¿Qué fotografías habían visto Marta y Beatriz?
3. ¿Qué es el Centro Simón Bolívar?
4. ¿Cuándo fue construido?
5. ¿Adónde van a ir después de la visita al Centro Simón Bolívar?
6. ¿Qué va a tener el proyecto Parque Central?
7. ¿Cuántas familias van a vivir allí?
8. ¿Cómo van a ser los alquileres?

PREGUNTAS GENERALES

1. ¿Cuál es el producto principal de Venezuela?
2. ¿Cómo es la ciudad de Caracas?
3. ¿Cuántos senadores hay en este país?
4. ¿Cuánto gana un senador en este país?
5. ¿Cree usted que los funcionarios del gobierno ganan buenos sueldos? ¿Por qué opina así?
6. ¿Hay algún correo cerca de la universiadad?

---

[2] **El aquiler**, singular.
[3] Literally, *poor neighborhoods*.
[4] The word **elevador** is also used.
[5] **El senador**, singular.

Caracas, Venezuela. Aunque Caracas fue fundada en 1567, sus edificios modernos y excelentes vías de comunicación la han convertido en una de las ciudades más modernas del mundo.

Caracas, Venezuela. Although Caracas was founded in 1567, its modern buildings and excellent communications have converted it into one of the most modern cities in the world.

7. ¿Qué problemas hay en los barrios pobres de este país?
8. ¿Cómo puede el gobierno resolver esos problemas?

GRAMMAR, EXERCISES, AND TESTING

Part 1

I. THE PAST PERFECT INDICATIVE [6]

HABER, *IMPERFECT* [7]		PAST PARTICIPLE
había habías había habíamos habíais habían	+	hablado comido vivido

---

[6] El pretérito pluscuamperfecto.
[7] El pretérito imperfecto.

The past perfect indicative, also called the pluperfect, is formed with the imperfect tense of the auxiliary **haber** plus the past participle of the main verb.

Nunca **había visto** una cosa así.   *I had never seen such a thing.*
Ellos **habían salido** cuando yo llegué.   *They had left when I arrived.*

1. The past perfect expresses an action that was completed before something else (mentioned or just implied) took place.
2. The tense is used similarly in Spanish and English.[8]

A. Ejercicios de sustitución

1. El decano había discutido el plan.
   Yo — Yo había discutido el plan.
   Los senadores — Los senadores habían discutido el plan.
   Nosotros — Nosotros habíamos discutido el plan.
   Tú — Tú habías discutido el plan.
   La familia — La familia había discutido el plan.

2. Nunca había estado en Caracas.
   (tú) — Nunca habías estado en Caracas.
   (ellos) — Nunca habían estado en Caracas.
   (ella) — Nunca había estado en Caracas.
   (nosotros) — Nunca habíamos estado en Caracas.
   (yo) — Nunca había estado en Caracas.

---

[8] A second past perfect, composed of the preterit tense of **haber** (**hube, hubiste, hubo, hubimos, hubisteis, hubieron**) + the past participle, is not employed today in the spoken language and only rarely appears in the written language.

El tráfico en Caracas, igual que en todas las grandes metrópolis occidentales, a veces resulta un verdadero problema.

Traffic in Caracas, as in all the great western metropolises, sometimes proves to be a real problem.

3. Ya habían visto esas fotografías.
   (yo, nosotros, él, tú, usted)

4. Juan dijo que había terminado el proyecto.
   Tú, Usted, Nosotros, Yo, Ella

B. Ejercicio de transformación

Cambie la primera oración al pretérito pluscuamperfecto y combínela con la segunda usando la palabra **cuando**[9].

Modelo: Yo me desperté. Ella llegó.
Yo me había despertado cuando ella llegó.

Él salió. Juan llamó.	Él había salido cuando Juan llamó.
Ella no puso la mesa. Nosotros entramos.	Ella no había puesto la mesa cuando nosotros entramos.
Los funcionarios terminaron el trabajo. Él empezó.	Los funcionarios habían terminado el trabajo cuando él empezó.
Los policías resolvieron el problema. Ellos pasaron por allí.	Los policías habían resuelto el problema cuando ellos pasaron por allí.
Alicia no le escribió. Nosotros le preguntamos.	Alicia no le había escrito cuando nosotros le preguntamos.

C. Preguntas

1. ¿Habían estudiado ustedes español antes?
2. ¿Había estudiado usted francés antes de esta clase?
3. ¿Qué comentarios había oído usted sobre las clases de español?
4. ¿Había entrado el profesor cuando usted llegó a clase hoy?
5. ¿Habían entrado sus compañeros?

TESTING / *the past perfect indicative*

Give a Spanish equivalent.
1. *I had spoken.* — Había hablado.
2. *Juan had written.* — Juan había escrito.
3. *we had placed* — habíamos puesto
4. *Had María eaten?* — ¿Había comido María?
5. *What had you (familiar singular) done?* — ¿Qué habías hecho?
6. *When had they had so much work?* — ¿Cuándo habían tenido tanto trabajo?
7. *They had left when I arrived.* — Habían salido cuando llegué.
8. *Had you (formal singular) heard the news when I called?* — ¿Había oído las noticias cuando llamé?

---

[9] Change the first sentence to the past perfect and join it to the second with the word **cuando**.

Venezuela es uno de los países que exporta más petróleo en el mundo. Gran parte de sus yacimientos de petróleo se encuentran bajo el lago de Maracaibo, que tiene unos 16.000 kilómetros cuadrados de superficie y está unido por un canal al golfo de Venezuela. En la foto, unos obreros esperan la salida del barco que los llevará a una de las torres desde donde se perfora el lago en busca de petróleo.

Venezuela is one of the countries that export the most petroleum in the world. A large proportion of its oil deposits are found beneath Lake Maracaibo, which has a 6000-square-mile surface and is connected by channel to the Gulf of Venezuela. In the photo, oil-workers await the departure of the boat that will take them to one of the towers from which the lake is being drilled in search of oil.

Part 2

II. *THE PASSIVE VOICE:* SER + PAST PARTICIPLE

In passive constructions, the subject of the sentence receives the action of the verb. The construction consists of a form of the verb **ser** plus a past participle used as an adjective.

El *Quijote* **fue escrito** por Cervantes.	*The* Quixote *was written by Cervantes.*
Esa novela **fue escrita** por Hemingway.	*That novel was written by Hemingway.*
Las fuentes **son diseñadas** por los alumnos.	*The fountains are designed by the students.*
Fueron construidos hace unos años.	*They were built a few years ago.*
Los otros **habían sido destruidos**.	*The other ones had been destroyed.*

1. The tense of the construction is indicated by the form of the verb **ser**.
2. The past participle used as an adjective agrees in gender and number with the subject.
3. An agent may be expressed or implied.
4. The preposition **por** regularly introduces the agent.

III. *A RESULTANT CONDITION:* ESTAR + PAST PARTICIPLE

Spanish uses an appropriate form and tense of **estar** + a past participle to designate a condition resulting from a previous act.

Una fábrica de textiles. Estimulada por una vigorosa campaña del gobierno, la producción industrial de Venezuela superó a la producción petrolera por primera vez en 1968.

A textile mill. Stimulated by a vigorous government campaign, Venezuela's industrial output surpassed petroleum output for the first time in 1968.

Las ventanas **están cerradas**.	*The windows are shut.*
La puerta {**estaba**/**estuvo**} **abierta**.	*The door was open.*

1. The past participle is used as an adjective.
2. **Estar** is used as the main verb.
3. No agent is either specified or implied.[10]

D. Ejercicios de sustitución

1. El libro fue escrito por su padre.
    - capítulos — Los capítulos fueron escritos por su padre.
    - novela — La novela fue escrita por su padre.
    - poema — El poema fue escrito por su padre.
    - proverbios — Los proverbios fueron escritos por su padre.
    - preguntas — Las preguntas fueron escritas por su padre.

2. La fuente es diseñada por los alumnos.
    - proyecto — El proyecto es diseñado por los alumnos.
    - puentes — Los puentes son diseñados por los alumnos.
    - piscina — La piscina es diseñada por los alumnos.
    - escuelas — Las escuelas son diseñadas por los alumnos.
    - parques — Los parques son diseñados por los alumnos.

---

[10] If an agent is implied, the passive voice must be used: **la puerta fue abierta por el viento** *the door was opened by the wind.*

E. Voz activa → voz pasiva

Modelo: La compañía paga el alquiler.
       El alquiler es pagado por la compañía.

El ingeniero Losa construyó ese puente.   Ese puente fue construido por el ingeniero Losa.
El senador explicó los planes del gobierno.   Los planes del gobierno fueron explicados por el senador.

El empleado abre las ventanas.   Las ventanas son abiertas por el empleado.
María hizo la ensalada.   La ensalada fue hecha por María.
Los estudiantes leyeron las novelas.   Las novelas fueron leídas por los estudiantes.

F. Voz pasiva → estar + participio pasivo

Modelo: La ventana fue abierta por Alicia.
       La ventana está abierta.

El trabajo fue terminado por los empleados.   El trabajo está terminado.
La ciudad fue destruida por el terremoto.   La ciudad está destruida.
Las puertas fueron cerradas por Juan.   Las puertas están cerradas.
Los platos fueron lavados por mí.   Los platos están lavados.

G. Preguntas

Use un participio pasivo en sus respuestas.

1. ¿Cuándo fue terminado ese edificio?
2. En este momento, ¿cómo están las ventanas de la clase?
3. ¿Cómo está la puerta?
4. ¿Por quién fue escrito el *Quijote*?
5. ¿Cuándo fue destruida la ciudad de Managua?
6. ¿Quién construyó el primer avión?
7. ¿Quién ganó el campeonato de ajedrez de 1972?
8. ¿Quiénes hicieron los ejercicios en la pizarra?

TESTING / the passive voice versus resultant conditions

1. The auxiliary verb used with the passive voice is _____.   — ser
2. The preposition which normally introduces the agent is _____.   — por
3. The main verb used to express a resultant condition is _____.   — estar

Give a Spanish equivalent.

4. *The sentence was written by Edesio.*   — La oración fue escrita por Edesio.
5. *The doors and windows were open.*   — Las puertas y las ventanas estaban (*or* estuvieron) abiertas.
6. *The doors were opened by his father.*   — Las puertas fueron abiertas por su padre.
7. *The house is sold.*   — La casa está vendida.
8. *Who said it* (feminine) *was closed?*   — ¿Quién dijo que estaba (*or* estuvo) cerrada?

LECCIÓN 39

Active constructions with passive meanings / **Se** + indirect object + a verb in the third-person singular or plural

diálogo / LA CONTAMINACIÓN DEL AIRE[1]

AIR POLLUTION

ALFREDO   El problema de la contaminación del aire es una cosa muy seria. Los científicos piensan que si sigue así, puede desaparecer la especie humana.

GUILLERMO   Lo peor es que no se encuentra ninguna solución. Cada vez se venden más automóviles, la gente maneja más, y el aire se empeora[2] de día en día.

ALFREDO   Y las industrias contaminan el aire, los ríos, las costas y los lagos. Hay derrames de petróleo en el mar. El día menos pensado vamos a tener que salir a la calle con máscara.

A: *The problem of air pollution is a very serious thing. Scientists think that if it continues like this, the human race may disappear.*

G: *The worst part is that they can't find a solution. More and more cars are sold, people drive more, and the air gets worse day by day.*

A: *And industries are contaminating the air, rivers, coastlines, and lakes. There are oil spills on the ocean. Some day when we least expect it, we'll have to go out with a gas mask.*

---

[1] The English word **smog** is also used in some areas.
[2] The reflexive pronoun **se** may be eliminated.

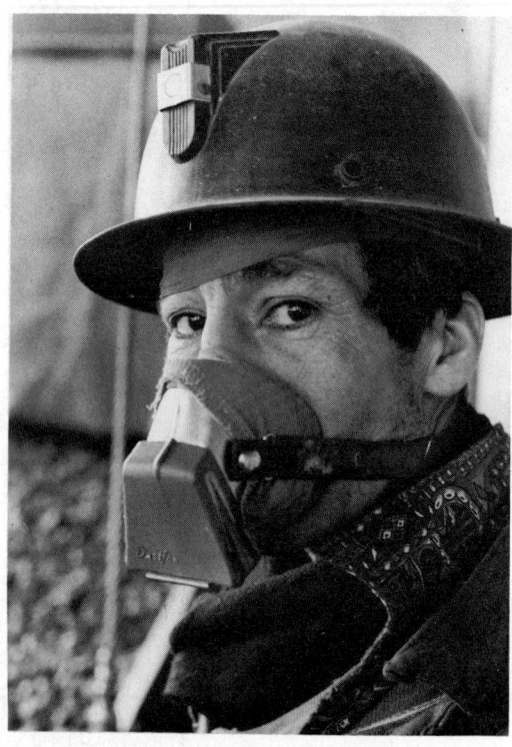

Un obrero chileno usa una máscara para no respirar el polvo en una fábrica. ¿Será necesario que los habitantes de las ciudades usen máscaras en el futuro? En 1973 la ciudad de México, la metrópolis de mayor crecimiento del mundo, tenía un nivel de contaminación del aire cien veces más alto que el nivel tolerable, de acuerdo con un vocero de la UNESCO.

A Chilean worker wears a mask to avoid breathing dust in a factory. Will it be necessary for city dwellers to use masks in the future? In 1973 Mexico City, the fastest growing metropolis in the world, had a level of air pollution 100 times higher than the tolerable level, according to a UNESCO spokesman.

GONZALO Bueno, pero muchos países están estudiando el asunto y ya se piensa seriamente en racionar la gasolina. Yo creo que algunas ciudades van a hacerlo.

FELIPE Lo dudo. Ésa es una medida demasiado drástica. Primero deben dirigirse al público y pedirle su cooperación, y si esto no funciona, entonces que racionen la gasolina.

ALFREDO ¡Ay, qué ingenuo eres! ¿Tú crees que la gente va a hacer algo sin que se lo exijan? Desengáñate, tienen que aprender a las malas.

G: Yes, but many countries are studying the problem[3] and already they're thinking seriously of rationing gasoline. I believe that several cities are going to do it.

F: I doubt it. That's an excessively drastic measure. First they ought to appeal to the public and ask for their cooperation, and if this doesn't work,[4] then let them ration gasoline.

A: Wow, are you naive! Do you think people will do anything without being forced to? Wise up,[5] they've got to learn the hard way.

[3]Literally, *issue, matter.*
[4]Literally, *function.*
[5]Literally, *disenchant yourself.*

GUILLERMO Y mientras tanto, se han exterminado más de 150 especies de animales y muchos hablan de la ecología, pero no hacen nada.

G: *And in the meantime, more than 150 species of animals have been exterminated, and many people talk about ecology but do nothing.*

ORACIONES Y PALABRAS

Va a desaparecer **la especie humana.**
           flora, fauna
Van a desaparecer **los bosques.**
           las plantas
No se encuentra **ninguna solución.**
           ningún remedio
Las fábricas contaminan **el aire.**
           la atmósfera

The human race is going to disappear.
    flora, fauna
The woods are going to disappear.
    plants
No solution is found.
    remedy
Factories contaminate the air.
    atmosphere

Unas 4.500 torres de petróleo se encuentran en el lago de Maracaibo. Los derrames de petróleo han contaminado las aguas de este lago. Venezuela ha tomado fuertes medidas contra las diferentes formas de contaminación y erosión que pueden dañar o destruir sus riquezas naturales, pero los problemas que deben resolver son muy graves.

Some 4,500 oil rigs are found on Lake Maracaibo. Oil spills have fouled the waters of this lake. Venezuela has taken strong action against the different forms of pollution and erosion that can damage or destroy its natural heritage, but the problems that must be solved are very grave.

PREGUNTAS SOBRE EL DIÁLOGO

1. ¿Cuál es el problema serio de que habla Alfredo?
2. ¿Quiénes piensan que puede desaparecer la especie humana?
3. ¿Por qué se empeora cada vez más el aire?
4. ¿Qué contaminan las industrias?
5. ¿Qué piensan racionar algunas ciudades?
6. ¿Qué piensa Felipe de esta medida?
7. ¿Según Felipe, ¿qué deben hacer primero?
8. ¿Qué piensa Alfredo de la idea de Felipe?
9. ¿Cuántas especies de animales se han exterminado?
10. ¿Qué dice Guillermo de la ecología?

PREGUNTAS GENERALES

1. ¿Quién debe ser responsable por la ecología?
2. ¿Es la ecología un problema serio? ¿Por qué?
3. ¿Dónde hay derrames de petróleo en este país?
4. ¿Por qué son peligrosos los derrames de petróleo?
5. ¿Qué les sucede a los árboles cuando el aire está muy contaminado?
6. ¿En qué ciudades de este país es peligrosa la contaminación del aire?
7. ¿Cree usted que deben racionar la gasolina? ¿Por qué?
8. ¿Cómo cree usted que puede resolverse el problema de la contaminación del aire?

GRAMMAR, EXERCISES, AND TESTING

Part 1

I. ACTIVE CONSTRUCTIONS WITH PASSIVE MEANINGS

Spanish uses active constructions in many contexts where English sometimes uses the passive voice as well as the active.

□ *A THIRD-PERSON PLURAL VERB*

Aquí **venden** motos.	*They sell motorcycles here.* / *Motorcycles sold here.*
Dicen que **van** a cerrar la fábrica.	*They say that they are going to shut down the factory.* / *It is said that the factory is going to be shut down.*
Contaminaban el aire.	*They were contaminating the air.* / *The air was being contaminated.*
Allí **ayudan** mucho a los pobres.	*There they help the poor a lot.* / *The poor are helped a lot there.*

1. The verb is always in the third-person plural.
2. The verb has a non-specific subject and is used in a general sense.

□ **SE + *A VERB IN THE THIRD-PERSON SINGULAR OR PLURAL***

Se rompió el auto.	*The car broke down.*
Se habla español.	*Spanish is spoken.*
Se hablan lenguas extranjeras.	*Foreign languages are spoken.*
Se venden solares aquí.	*Lots* { *for sale.* / *are sold here.*
Se alquilan cuartos.	*Rooms* { *for rent.* / *are rented.*

1. Normally no agent is expressed.
2. The subject is generally inanimate and follows the verb.
3. The verb is used in the third person and is preceded by the pronoun **se**.
4. English equivalents may be expressed by the passive or by intransitive verbs.

□ **SE + *A VERB IN THE THIRD-PERSON SINGULAR ONLY***

Aquí **se ayuda** a los extranjeros.	{ *One helps foreigners here.* / *We help foreigners here.* / *Foreigners are helped here.*
Aquí se les **ayudó**.	*They were helped here.*
Se dice que el gobierno va a racionar la gasolina.	{ *It is said that the government is going to ration gas.* / *They say that the government is going to ration gas.*
Se vivía muy bien en aquella época.	{ *People / One / You / We* } *lived well in those days.*

1. The pronoun **se** precedes a verb in the third-person singular.
2. This construction has a variety of English equivalents.
3. When referring to people, the direct object pronouns are **le, les** and not **lo, los; la, las**.

A. Tercera persona plural → se + tercera persona

Modelo: Venden gasolina.
        Se vende gasolina.

Alquilan una habitación.	Se alquila una habitación.
Abren las puertas a las cinco.	Se abren las puertas a las cinco.
Contaminan el aire.	Se contamina el aire.
Encuentran soluciones.	Se encuentran soluciones.
Hablan español.	Se habla español.

B. Forma plural del verbo → se + tercera persona singular

Modelo: Ayudan a los enfermos.
Se ayuda a los enfermos.

Almuerzan a las tres.
Dicen que viene pronto.
Traen a los heridos.
Aquí caminamos muy rápido.
Siempre escuchan a esos locutores.

Se almuerza a las tres.
Se dice que viene pronto.
Se trae a los heridos.
Aquí se camina muy rápido.
Siempre se escucha a esos locutores.

C. Preguntas

1. ¿Cómo se come aquí?
2. ¿Qué venden en aquel quiosco?
3. ¿A quiénes ayudan en el hospital?
4. ¿Se venden o se alquilan esas bicicletas?
5. ¿A qué hora se abre la tienda?
6. ¿Qué se dice de la contaminación del aire?

TESTING / active constructions with passive meanings

Give a Spanish equivalent.
1. *They buy masks.*
2. *Trees sold here.*

— Compran máscaras.
— Se venden árboles aquí *or* Aquí se venden árboles.

Un basurero en las afueras de Barinas, al noroeste de Venezuela. La civilización ha traído consigo el aumento de desperdicios y ha creado uno de los grandes problemas del mundo contemporáneo.

A dump on the outskirts of Barinas, in northwest Venezuela. Civilization has brought with it an increase in garbage and has created one of the great problems of the contemporary world.

Zona industrial en la Argentina. Las chimeneas de las fábricas, consideradas como símbolos de la industrialización, también preocupan a las naciones hispanoamericanas por la contaminación que producen.

Industrial zone in Argentina. Factory chimneys, regarded as symbols of industrialization, also worry the Spanish American nations because of the contamination they produce.

3.	*They have contaminated the lakes.*	— Han contaminado los lagos.
4.	*The river is being polluted.*	— Se contamina el río.
5.	*English is spoken there.*	— Se habla inglés allí *or* Allí se habla inglés.
6.	*Motorcycles for rent.*	— Se alquilan motos (*or* motocicletas).
7.	*One helps the ill.*	— Se ayuda a los enfermos.
8.	*They were helped.*	— Se les ayudó.
9.	*One used to eat well.*	— Se comía bien.
10.	*It is said like this.*	— Se dice así.

Part 2

II. SE + INDIRECT OBJECT + A VERB IN THE THIRD-PERSON SINGULAR OR PLURAL

Se me olvidó la dirección.	*I forgot the address* (the address forgot itself on me).
Se le rompieron los discos a Carlos.	*Carlos broke the records* (the records broke themselves on Carlos).

Se me cayó.	*It dropped*	(from my grasp). (in spite of me). (against my will). ("on me").
Se le cayeron.	*They dropped* (from his grasp, etc.).	

1. The subject is generally inanimate. When expressed, it ordinarily follows the verb.
2. The verb is always in the third person. It agrees in number with the subject.
3. The indirect object is placed between **se** and the verb. It identifies the person to whom the action occurs.
4. This construction shifts responsibility for the action from the person to the thing.

D. Ejercicio de sustitución

Cambie las siguientes oraciones de acuerdo con el apunte.

Modelo: Se le cayó la taza.   vasos
   Se le cayeron los vasos.

Se me olvidó la dirección.   números   Se me olvidaron los números.
A Nicolás se le perdió el dinero.   a ellos   A ellos se les perdió el dinero.
Se nos rompieron los platos.   el plato   Se nos rompió el plato.
Se te cayeron los guantes.   bota   Se te cayó la bota.
A nosotros se nos perdieron los anillos.   a mí   A mí se me perdieron los anillos.

E. Ejercicio de transformación

Cambie las siguientes oraciones de acuerdo con el modelo.

Modelo: Olvidé la dirección.
   Se me olvidó la dirección.

Perdió el dinero.   Se le perdió el dinero.
Rompieron los vasos.   Se les rompieron los vasos.
Olvidaste los ejercicios.   Se te olvidaron los ejercicios.
Perdimos la receta.   Se nos perdió la receta.

F. Preguntas

1. ¿Qué se le olvidó a usted?
2. ¿Qué rompieron los alumnos?
3. ¿Cuándo se le perdió el dinero a su amigo?
4. ¿A quién se le cayó este lápiz?
5. ¿Se me olvidan a mí las fechas?
6. ¿Qué se le rompió a usted ayer?

TESTING / se + indirect object + third-person verb

Give a Spanish equivalent.
1. *He forgot the wine.*
2. *Their cups broke* (on them).
3. *We dropped the glass.*
4. *I lost the address.*
5. *Did Carlos María forget the poem?*
6. *Did you* (familiar singular) *lose the money?*

— Se le olvidó el vino.
— Se les rompieron las tazas.
— Se nos cayó el vaso.
— Se me perdió la dirección.
— ¿Se le olvidó a Carlos María el poema?
— ¿Se te perdió el dinero?

SIMON BOLIVAR LIBERTADOR DE COLOMBIA

DECRETO DEL PRIMER CONGRESO GENERAL DE COLOMBIA DE 20 DE JULIO DE 1821 = 11º

◀ Simón Bolívar.

RECAPITULACIÓN Y AMPLIACIÓN XIII

lectura / VENEZUELA, LA PATRIA DE BOLÍVAR

patria *country*

Cuando los conquistadores llegaron al lago de Maracaibo, al norte de Venezuela, encontraron que los indios de esta región vivían en unas chozas montadas en postes sobre el agua. Como Maracaibo es un lago poco profundo, las hierbas del fondo se veían sobre la superficie del lago. Los indios pasaban en sus canoas entre ellas y las casas, lo que daba la impresión de canales rudimentarios. Esto les recordó a Venecia y de allí proviene el nombre que los españoles le dieron a esa tierra: Venezuela o pequeña Venecia.

choza *hut*
el poste *post*
poco profundo *shallow*

Cuando a principios del siglo XIX Napoleón invadió a España y obligó a Carlos IV y a su hijo Fernando VII a abdicar la corona española en favor de su hermano José Bonaparte, las colonias hispanoamericanas decidieron no obedecer al rey francés. Crearon juntas para gobernarse a sí mismas aunque seguían expresando su adhesión a Fernando VII. Venezuela fue la única colonia que proclamó una independencia total, rompiendo los lazos que la unían a España.

corona *crown*

junta *council*
mismos *themselves*

lazo *tie*

El precursor de la independencia venezolana fue Francisco de Miranda, oficial del ejército español que había luchado en la

La batalla de Araure de Tito Salas. Al centro se ve a Bolívar sobre un caballo blanco.
The Battle of Araure, by Tito Salas. In the center Bolívar is seen on a white horse.

Revolución Francesa y en la Guerra de Independencia de los Estados Unidos. En 1806, después de conseguir alguna ayuda en Europa, desembarcó con un pequeño grupo de patriotas en Venezuela. El país no estaba preparado para esto y la expedición fue un completo fracaso. Después de la invasión de Napoleón, cuando se proclama la independencia de Venezuela, Miranda fue nombrado jefe de estado. Ésta fue una etapa muy breve en la historia de Venezuela. Al año siguiente el poder estaba de nuevo en manos españolas y Miranda fue tomado prisionero y enviado a España, donde murió en una cárcel de Cádiz unos años después.

la cárcel *jail*

El nuevo líder de la independencia venezolana fue Simón Bolívar (1783–1830), quien dedicó su vida entera a luchar por la libertad de su patria y de los países suramericanos.

Cuando terminó el corto período independentista bajo Miranda, Bolívar huyó a Cartagena, Colombia, ciudad que ya se había liberado de la dominación española. Bolívar estaba casi solo y sin dinero, pero siguió luchando abiertamente por la libertad de su patria. Es en Colombia donde organizó su campaña para libertar a Venezuela, con la idea de que cuando llegara a su país, muchos venezolanos se iban a unir a su ejército. Es en esta campaña donde comenzó su "guerra a muerte" ya que publicó un decreto donde condenaba a muerte a cualquier español que no ayudara a los patriotas venezolanos. Muchos han criticado esta decisión de Bolívar y la consideran una mancha en sus esfuerzos para libertar a su país.

condenar *to condemn*

mancha *blot*

Después de una campaña donde demostró su genio militar, Bolívar tomó la ciudad de Caracas y recibió el título de Libertador. En un año ha experimentado la amargura de la derrota y del destierro y la satisfacción de la victoria. Éste es uno de los muchos altibajos que se observan en la vida de Bolívar: un día es el héroe admirado por todos, y otro está solo y abandonado.

amargura *bitterness*
derrota *defeat*
destierro *exile*

Poco después de su entrada triunfante en Caracas, el ejército español vence a los patriotas venezolanos y Bolívar tiene que marchar de nuevo al destierro, primero a Cartagena y después a Jamaica. Es en esa isla donde escribe su famosa *Carta de Jamaica*

Médanos en el estado de Falcón, Venezuela.

Sand dunes in the state of Falcón, Venezuela.

(1815) donde analiza la situación de los pueblos hispanoamericanos y defiende la idea de una federación de estos pueblos para garantizar su libertad y darles al mismo tiempo más fuerza e importancia. En este documento nos muestra otro aspecto de su compleja personalidad, pues Bolívar no es sólo un militar brillante, es también escritor, estadista, orador y crítico literario.

Bolívar pasó por Haití donde obtuvo la ayuda del presidente Petión y se dirigió a la parte oriental de Venezuela para, desde allí, comenzar otra vez la lucha por la independencia de su patria. En 1819 se reunió el Congreso de Angostura[1] que eligió a Bolívar presidente aunque todavía los españoles dominaban gran parte del territorio venezolano.

Bolívar comprendió que Caracas estaba muy cerca del mar y que los españoles podían mandar refuerzos con facilidad, mien-

---

[1]Angostura, a city in the eastern part of Venezuela, now called Ciudad Bolívar.

Terrenos pantanosos en el estado de Barinas en los Llanos, Venezuela. Los Llanos ocupan la tercera parte del territorio venezolano. El río Orinoco, uno de los tres grandes sistemas fluviales de la América del Sur, atraviesa esta región y desemboca en el Atlántico formando un vasto delta.

Swamplands in the state of Barinas, in the Llanos of Venezuela. The Llanos occupy a third of Venezuela's territory. The Orinoco River, one of the three great river systems of South America, crosses this region and empties into the Atlantic, forming a vast delta.

tras que les resultaba más difícil enviárselos a las tropas que ocupaban el centro de Colombia. En una de esas decisiones extraordinarias que caracterizaron su carrera militar, Bolívar atravesó el valle del Orinoco y cruzó los Andes por un paso extremadamente alto y frío. La idea de que un ejército pudiera atravesar la Cordillera Oriental les parecía imposible a los españoles y aun a los mismos hombres de Bolívar, pero una vez más siguieron a su jefe y, después de muchas privaciones y calamidades, cruzaron los Andes y derrotaron a los españoles en la batalla de Boyacá, el 7 de agosto de 1819. Esta victoria garantizó la independencia de Colombia y la creación, más tarde, de la Gran Colombia, que comprendía el territorio ocupado hoy por Venezuela, Ecuador, Panamá y Colombia y que, para Bolívar, era el comienzo de la gran federación de países que esperaba crear en Hispanoamérica.

Bolívar fue nombrado presidente de la Gran Colombia y él

derrotar *to defeat*

aceptó con la condición de que pudiera seguir su lucha para libertar a su patria y a los otros países hispanoamericanos, y que el vicepresidente, Francisco Santander, se ocupara de la parte administrativa.

Bolívar se dirigió a Venezuela y derrotó definitivamente a los españoles en la batalla de Carabobo, garantizando la independencia de su patria. Marchó después hacia el sur donde permaneció desde 1821 hasta 1826. Con la ayuda de su lugarteniente Antonio José de Sucre, a quien Bolívar quería entrañablemente, logró la libertad del Ecuador y del Perú. Sucre libertó además al Alto Perú y le dio el nombre de Bolivia en honor del Libertador.

el lugarteniente *lieutenant*
entrañablemente *with all his heart*

Es en Quito, durante las fiestas que se celebraron con motivo de su entrada triunfal, donde Bolívar conoce a Manuela Sáenz, quien va a ser su compañera y amante. Esta mujer va a permanecer siempre fiel a la memoria de Bolívar, aun en los momentos en que todos lo abandonan.

amante *lover, mistress*

Durante estas campañas en el sur ya la tuberculosis minaba la vida del Libertador, pero él sigue luchando incansablemente para crear una gran federación de naciones, La Federación de los Andes, formada por Venezuela, Colombia, Ecuador, Perú y Bolivia. Este sueño de Bolívar no va a realizarse. Las diferentes naciones que iban a formar parte de esta federación querían ser libres por completo, mientras que Bolívar quería mantener la unión por la que tanto había luchado y para lograrla creó un gobierno absolutista en Bogotá. Muchos colombianos no estaban de acuerdo con los poderes extraordinarios de Bolívar, y en septiembre de 1828 entró en el Palacio Presidencial un grupo dispuesto a acabar con la dictadura. Manuela Sáenz se dio cuenta a tiempo de lo que ocurría, despertó a Bolívar y lo convenció para que no luchara con los asaltantes y huyera por una ventana de la habitación. Cuando los asaltantes entraron en el cuarto y le preguntaron a Manuela por Bolívar, ella les contestó con una gran sangre fría que estaba en la Sala del Consejo, lo que le dio tiempo a Bolívar para ponerse a salvo. Desde ese día, Bolívar llamó a Manuela "la Libertadora del Libertador" y con este nombre ha pasado a la historia.

minar *to undermine*
incansablemente *indefatigably*

a salvo *in safety*

Al mismo tiempo que la enfermedad consumía el cuerpo de Bolívar crecía el descontento entre las diferentes naciones que él había liberado y Venezuela declaró su independencia total. Bolí-

Obreros venezolanos en una de las plataformas de las torres de petróleo del lago de Maracaibo.
Venezuelan workers on one of the platforms of the oil rigs in Lake Maracaibo.

var, ya muy enfermo, decidió abandonar a Bogotá y dirigirse al norte de Colombia. En la ciudad de Santa Marta redactó su última proclama a los colombianos que termina con estas palabras: " Si mi muerte contribuye para que cesen los partidos y se consolide la unión, yo bajaré tranquilo al sepulcro." Una semana después, el 17 de diciembre de 1830, murió rodeado de un pequeño grupo de amigos.

 Bolívar, como otros grandes hombres de la historia, ha tenido sus detractores y sus defensores. Hacer un juicio objetivo y certero de su vida y de su obra resulta muy difícil. Quizás las palabras de otro gran héroe hispanoamericano, José Martí, Apóstol de la Independencia de Cuba, resuma el pensamiento de muchos sobre Bolívar: "Los hombres no pueden ser más perfectos que el sol. El sol quema con la misma luz con que calienta. El sol tiene manchas. Los desagradecidos no hablan más que de las manchas. Los agradecidos hablan de la luz."

bajaré *will descend*

certero *accurate*

quemar *to burn*
desagradecido *ungrateful*

PREGUNTAS

1. ¿Por qué le dan los españoles el nombre de Venezuela a la región del lago de Maracaibo?
2. ¿Cuándo invadió Napoleón a España?
3. ¿En favor de quién abdicaron Carlos IV y Fernando VII?
4. ¿Qué hicieron las colonias hispanoamericanas?
5. ¿Qué hizo Venezuela?
6. ¿Quién fue el precursor de la independencia de Venezuela?
7. ¿Quién fue el nuevo líder de la independencia venezolana?
8. ¿Adónde fue Bolívar después del corto período independentista bajo Miranda?
9. ¿Qué fue la "guerra a muerte"?
10. ¿Dónde recibe Bolívar el título de Libertador?
11. ¿Qué es la *Carta de Jamaica*?
12. ¿Cómo va Bolívar de Venezuela a Colombia?
13. ¿Qué otros países libertó Bolívar?
14. ¿Quién fue Manuela Sáenz?
15. ¿Por qué la llamaba Bolívar "la Libertadora del Libertador"?
16. ¿Qué quería formar Bolívar con las naciones que había libertado?
17. ¿Dónde muere Bolívar?
18. ¿Qué piensa usted de Simón Bolívar?

poema / UN SOLDADO DE LEE (1862)

Lo ha alcanzado una bala en la ribera
de una clara corriente cuyo nombre
ignora. Cae de boca. (Es verdadera
la historia y más de un hombre fue aquel hombre.)
El aire de oro mueve las ociosas
hojas de los pinares. La paciente
hormiga escala el rostro indiferente.
Sube el sol. Ya han cambiado muchas cosas
y cambiarán sin término hasta cierto
día del porvenir en que te canto
a ti que, sin la dádiva del llanto,
caíste como cae un hombre muerto.
No hay un mármol que guarde tu memoria;
seis pies de tierra son tu oscura gloria.

JORGE LUIS BORGES[1]

soldado *soldier*
ribera *bank*

caer de boca *to fall face down*

ocioso *idle*
hoja *leaf*
pinar *pine grove*
hormiga *ant*
rostro *face*

cambiarán *will change*
porvenir *future*
dádiva del llanto *gift of tears*

mármol *marble*

---

[1] This contemporary Argentine prose writer and poet of world renown was born in 1899. His deep poetic vision is reflected in the language of his poems—unadorned, straightforward, and warmly humane.

JORGE LUIS BORGES
Dibujo de Sábat.

PREGUNTAS

1. ¿Qué cree usted que representa el soldado de este poema?
2. ¿Qué hace la hormiga?
3. ¿Por qué es indiferente el rostro del soldado?
4. ¿Cuál es la gloria del soldado?

READING AND WRITING SUPPLEMENT

Cognates: Spanish **-oso** or **-o**, English **-ous**

The following list of Spanish equivalents for selected English adjectives ending in *-ous* shows how easy it is to recognize many cognates, yet also warns one against trying to make up Spanish equivalents for English words without first consulting a dictionary.

SPANISH	ENGLISH	SPANISH	ENGLISH
-oso	*-ous*	**-o**	*-ous*
famoso	*famous*	estupendo	*stupendous*
montañoso	*mountainous*	monótono	*monotonous*
vigoroso	*vigorous*	ridículo	*ridiculous*
religioso	*religious*	obvio	*obvious*

Do you recognize the English cognates of these words?

ingenioso
ambiguo
continuo
nervioso
simultáneo

TESTING

A. The present perfect

Complete each sentence by using the present-perfect tense of the verb in parenthesis.

1. (recibir) Nosotros no ____ ____ la carta. — hemos recibido
2. (leer) Juan ____ ____ todas las novelas. — ha leído
3. (entender) Alicia no ____ ____ el capítulo. — ha entendido
4. (ver) Chela, ¿ ____ ____ a Félix? — has visto
5. (decir) Ellos no ____ ____ nada. — han dicho
6. (terminar) Yo no ____ ____ todavía. — he terminado

B. The passive voice

Complete each sentence by using the passive voice in the past tense of the verb in parenthesis.

1. (escribir) Ese libro ____ ____ por Cervantes. — fue escrito
2. (preparar) Las comidas ____ ____ por los alumnos. — fueron preparadas
3. (contaminar) Las aguas ____ ____ por las industrias. — fueron contaminadas
4. (destruir) La ciudad ____ ____ por el terremoto. — fue destruida
5. (hacer) El vestido ____ ____ por ella. — fue hecho

C. Resultant conditions

Complete each sentence by using the appropriate formula of the verb in parenthesis, indicating a resultant condition.

1. (pintar)   Benjamín pintó la cocina. Ahora la cocina _____ _____.   — está pintada
2. (terminar)   Los científicos terminaron los proyectos. Ahora los proyectos _____ _____.   — están terminados
3. (abrir)   Ella abrió la ventana anoche. Esta mañana la ventana _____ _____.   — estaba abierta
4. (cerrar)   Cerraron la fábrica hace dos meses. Ahora la fábrica _____ _____.   — está cerrada
5. (preparar)   Mi mamá preparó los postres. Ahora los postres _____ _____.   — están preparados

D. Se + a verb in the third person

Complete each sentence by using the correct form of the verb in parenthesis.

☐ PRESENTE DE INDICATIVO

1. (vender)   Se _____ periódicos.   — venden
2. (alquilar)   Se _____ una habitación.   — alquila
3. (decir)   Se _____ que va a haber una huelga.   — dice
4. (ayudar)   Aquí se _____ a los niños.   — ayuda

☐ PRETÉRITO

1. (caer)   Se me _____ el tenedor.   — cayó
2. (perder)   Se le _____ las direcciones.   — perdieron
3. (abrir)   Se _____ las puertas a las tres.   — abrieron
4. (romper)   Se nos _____ el reloj.   — rompió
5. (ayudar)   Aquí se les _____ mucho.   — ayudó

Fábrica de acero en Venezuela. Venezuela suministra a los Estados Unidos la mayor parte de las importaciones de mineral de hierro de este país. Vastos proyectos de ingeniería se llevaron a cabo en el Orinoco para hacer posible la navegación de barcos de gran calado hasta las zonas de los yacimientos de hierro en el estado de Bolívar. Se estima que las reservas de este mineral exceden de dos mil millones de toneladas, con un promedio de un 50 por ciento de hierro puro.

A steel plant in Venezuela. Venezuela supplies the United States with most of its imported iron ore. Vast engineering projects were undertaken in the Orinoco to make possible navigation by deep-draft ships to the zones with iron deposits in the state of Bolívar. Ore reserves are estimated to exceed 2 billion tons, with an average of 50 per cent pure iron.

VOCABULARY

abierto	*open, opened*	**cubierto**	*covered*
alquiler *m*	*rent*	**cubrir**	*to cover*
ascensor *m*	*elevator*	**demasiado**	*excessively*
asunto	*matter, problem*	**derrame** *m*	*spill*
atmósfera	*atmosphere*	**desaparecer (zc)**	*to disappear*
atreverse (a)	*to dare*	**descrito**	*described*
barrio	*neighborhood*	**desengañar**	*to disenchant*
bosque *m*	*woods, forest*	**dicho**	*said*
capacidad	*capacity*	**dios** *m*	*god*
capital *f*	*capital*	**donación**	*contribution, donation*
capitolio	*capitol*	**drástico**	*drastic*
centro	*center*	**ecología**	*ecology*
científico	*scientist*	**elevador** *m*	*elevator*
congreso	*congress*	**empeorar**	*to get worse*
contaminación	*contamination, pollution*	**epidemia**	*epidemic*
		escrito	*written*
contaminación del aire	*air pollution, smog*	**espantoso**	*frightening*
		especie *f*	*species*
contaminar	*to contaminate*	**exterminar**	*to exterminate*
correo	*post office*	**fábrica**	*factory*
costa	*coast*	**fauna**	*fauna*
Cruz Roja *f*	*Red Cross*	**flora**	*flora*

Venezuela, Guayana, Colombia y Brasil son grandes productores de oro, diamantes y otras piedras preciosas y semipreciosas. En esta fotografía aparece un trabajador buscando esmeraldas en Guayana.

Venezuela, Guayana, Colombia, and Brazil are large producers of gold, diamonds, and other precious and semi-precious stones. In this photograph, a worker is seen hunting for emeralds in Guayana.

fuente *f*	*fountain*	**muerto**	*dead, died*
futuro	*future*	**plan** *m*	*plan*
haber	*to have (helping verb)*	**planta**	*plant*
hecho	*made, done*	**proyecto**	*project*
horrible	*horrible*	**público**	*public*
humano	*human*	**puesto**	*placed, put*
huracán *m*	*hurricane*	**racionar**	*to ration*
impreso	*printed*	**radio** *m or f*	*radio*
imprimir	*to print*	**remedio**	*remedy*
industria	*industry*	**reportar**	*to report*
ingenuo	*naive*	**resuelto**	*solved, resolved*
inundación	*flood*	**romper**	*to break*
línea	*line*	**roto**	*broken, torn*
locutor *m*	*announcer*	**sangre** *f*	*blood*
malo: a las malas	*the hard way*	**senado**	*senate*
máscara	*mask*	**senador** *m*	*senator*
medicina	*medicine*	**solución**	*solution*
mientras tanto	*in the meantime, meanwhile*	**supermercado**	*supermarket*
		terremoto	*earthquake*
ministerio	*ministry*	**totalmente**	*totally*
moderno	*modern*	**visto**	*seen*
módico	*reasonable*	**vuelto**	*returned*

◀ Visitando el mercado de San Jorge, Guatemala.
Visiting the marketplace in San Jorge, Guatemala.

LECCIÓN 40

The present perfect subjunctive / More uses of the infinitive

diálogo / EN UN HOTEL

SR. RODRÍGUEZ SANTOS	¿Dice usted que no tenemos reservación[1]?
EMPLEADO	No, señor Rodríguez. Lo siento muchísimo, pero aquí no aparece ninguna reservación a nombre suyo.
SR. RODRÍGUEZ SANTOS	Pero si yo les escribí hace unas tres semanas y ustedes me contestaron confirmando mi reservación para hoy.
EMPLEADO	Un momento, por favor. Déjeme volver a revisar. [Pasan unos minutos.] Lo siento mucho, Sr. Rodríguez, pero

IN A HOTEL

MR. R-S:	*You mean to tell me that we don't have a reservation?*
C[LERK]:	*No, Mr. Rodriguez. I'm very sorry,[2] but there's no reservation here in your name.[3]*
MR. R-S:	*I wrote you about three weeks ago and you wrote me confirming it for today.*
C:	*One moment, please. Let me check again. [A few minutes go by.] I'm very sorry, Mr. Rodriguez, but*

---

[1] The word **reserva** is also used.
[2] Literally, *I feel it very much.*
[3] Literally, *no reservation at your name appears here.*

	aquí no aparece su carta ni la copia de nuestra contestación.		neither your letter nor a copy of ours is here.[5]
SR. RODRÍGUEZ SANTOS	¿Cómo es posible que esto suceda en un hotel de primera categoría?	MR. R-S:	How can this possibly happen in a first class hotel?
SRA. DE RODRÍGUEZ SANTOS	Cálmate, Rodolfo. El médico te ha dicho que debes evitar los disgustos. Acuérdate de tu úlcera.	MRS. R-S:	Don't get excited,[6] Rodolfo. The doctor told you to avoid annoyances. Think of[7] your ulcer.
EMPLEADO	Sentimos mucho que esto haya sucedido y vamos a tratar de conseguirle una habitación en otro hotel.	C:	We much regret this has happened. We'll try to get you a room in another hotel.
SR. RODRÍGUEZ SANTOS	Ahora que me acuerdo, es probable que yo haya puesto la carta que ustedes me enviaron entre mis documentos. [Busca entre unos papeles.] Aquí está.	MR. R-S:	Now I remember. I probably put your letter among my documents. [He searches through his papers.] Here it is.
EMPLEADO	Déjeme verla, por favor. Efectivamente, usted tiene razón. Yo no sé cómo pedirle excusas.	C:	Please let me see it. Of course[8] you are right. Please excuse our oversight.[9]
SR. RODRÍGUEZ SANTOS	Las excusas me las puede dar después. Lo que yo quiero en este momento es una habitación.	MR. R-S:	You can give me your apologies later. What I want now is a room.
EMPLEADO	Señor Rodríguez, fíjese que la carta está dirigida al señor Rodrigo[4] Santos, luego es probable que se haya hecho la reservación bajo este nombre. Déjeme comprobarlo. Aquí está. Una habitación doble para hoy a nombre del señor Santos.	C:	Mr. Rodríguez, notice that the letter is addressed to Mr. Rodrigo Santos. Thus they probably made the reservation in his name. Let me check this out. Here it is. A double room for today, in Mr. Santos' name.

---

[4] A Spanish first name.
[5] Literally, *neither your letter nor the copy of our answer appears.*
[6] Literally, *calm yourself.*
[7] Literally, *remember.*
[8] Literally, *effectively.*
[9] Literally, *I don't know how to ask you for exculpations*, i.e., *your pardon.*

ORACIONES Y PALABRAS

Yo les **escribí** hace tres semanas.	I wrote you three weeks ago.
telefoneé[10], avisé	phoned, informed
Aquí no aparece su **carta**.	Your letter is not here.
telegrama[11], cable[12], cancelación, mensaje[13], tarea, nota, examen[14]	telegram, cablegram, cancellation, message, homework, note,[15] examination
Insistió en reservar una habitación sencilla.	He insisted on reserving a single room.
Quedó, Tardó	agreed, delayed

---

[10] From **telefonear**.
[11] **El telegrama**, masculine.
[12] **El cable**, masculine. Short form of **el cablegrama**.
[13] **El mensaje**, masculine. The word **recado** may also be used.
[14] Also *grade* or *mark* in class.
[15] **El examen**, masculine.

Ruinas del Convento de Santa Clara en Antigua, Guatemala. La primera capital de Guatemala fue destruida en 1548 por inundaciones. La segunda capital se fundó en un sitio cercano, pero en 1773 fue destruida por un terremoto y tuvo que ser trasladada de nuevo, esta vez a su sitio actual. Las ruinas que dejó el terremoto, alrededor de las cuales ha crecido Antigua, recuerdan el esplendor de la segunda capital guatemalteca.

Ruins of Santa Clara Convent in Antigua, Guatemala. The first capital of Guatemala was destroyed in 1548 by floods. The second capital was founded at a nearby site, but in 1773 it was destroyed by an earthquake and had to be moved again, this time to its present site. The ruins that the earthquake left, around which Antigua has grown up, recall the splendor of the second Guatemalan capital.

PREGUNTAS SOBRE EL DIÁLOGO

1. ¿Hay una reservación en el hotel a nombre del señor Rodríguez Santos?
2. ¿Por qué creía el señor Rodríguez que tenía una reservación?
3. ¿En qué clase de hotel están?
4. ¿Quién le dice al señor Rodríguez que debe calmarse?
5. ¿Por qué debe evitar disgustos el señor Rodríguez?
6. ¿Qué va a hacer el empleado para resolver la situación?
7. ¿Qué encuentra el señor Rodríguez entre sus documentos?
8. ¿A nombre de quién estaba dirigida la carta?
9. ¿Qué clase de habitación quería el señor Rodríguez?
10. ¿Consiguieron una habitación los Rodríguez?

PREGUNTAS GENERALES

1. ¿Por qué es importante hacer reservaciones cuando uno viaja?
2. ¿Qué debe hacer una persona que tiene una reservación y no va a usarla?
3. ¿Qué hace usted si necesita una reservación en un hotel?
4. ¿Siempre le dan en su casa los mensajes que han dejado para usted?
5. ¿Quién se los da?
6. ¿Hay alguien que les avisa a ustedes si no hay clases?
7. ¿Cuánto tiempo necesita usted para hacer su tarea de español?
8. ¿Cómo fueron sus notas el año pasado? ¿Y este año?

GRAMMAR, EXERCISES, AND TESTING

Part 1

I. THE PRESENT PERFECT SUBJUNCTIVE[16]

HABER, *PRESENT SUBJUNCTIVE*   *PAST PARTICIPLE*

haya		
hayas		
haya	+	hablado
hayamos		comido
hayáis		vivido
hayan		

This tense is formed by the present subjunctive of the auxiliary **haber** plus the past participle of the main verb.

---

[16]Pretérito perfecto de subjuntivo.

Siento que esto **haya sucedido**.	*I'm sorry this has happened.*
Me alegro (de) que ellos no **hayan cancelado** sus reservaciones.	*I'm glad they haven't cancelled their reservations.*
Es difícil que **haya revisado** todas las tareas.	*It's unlikely that he has reviewed all the homework.*
Ojalá que **haya nevado** en las montañas.	*I hope it has snowed in the mountains.*
Quizás no **hayan recibido** el mensaje.	*Perhaps they have not received the message.*

Subordinate clauses requiring the subjunctive use the present perfect subjunctive if the action in the subordinate clause occurred prior to:

a. the time indicated by the verb in the main clause.
b. the time implied by the speaker in using expressions such as **ojalá**, **quizá**(-s), or **tal vez**.

A. Ejercicios de sustitución

Sustituya el sujeto de la oración subordinada con el apunte y haga los cambios que sean necesarios.

1. Dudo que él haya telefoneado ayer.

ustedes	Dudo que ustedes hayan telefoneado ayer.
el empleado	Dudo que el empleado haya telefoneado ayer.
tú	Dudo que tú hayas telefoneado ayer.
las secretarias	Dudo que las secretarias hayan telefoneado ayer.
nosotros	Dudo que nosotros hayamos telefoneado ayer.

2. Espera que hayan encontrado los documentos.

(tú)	Espera que hayas encontrado los documentos.
(ella)	Espera que haya encontrado los documentos.
(nosotros)	Espera que hayamos encontrado los documentos.
(yo)	Espera que haya encontrado los documentos.
(ellos)	Espera que hayan encontrado los documentos.

3. No creo que hayan recibido el mensaje.
   (él, tú, ustedes, nosotros, yo)

4. Me alegro de que le hayas pedido excusas.
   (él, nosotros, usted, ustedes, ella)

B. Presente de subjuntivo → pretérito perfecto de subjuntivo

Cambie el verbo de la oración subordinada al pretérito perfecto de subjuntivo.

Modelo: Espero que él llegue hoy.
   Espero que él haya llegado hoy.

Siento que no encontremos su telegrama.	Siento que no hayamos encontrado su telegrama.
Es difícil que telefonee hoy.	Es difícil que haya telefoneado hoy.
Dudo que escriba el mensaje.	Dudo que haya escrito el mensaje.
No creo que hagan la reservación.	No creo que hayan hecho la reservación.
Esperan que aparezca esa nota.	Esperan que haya aparecido esa nota.
Es probable que su úlcera empeore.	Es probable que su úlcera haya empeorado.

La más alta de las pirámides que servían de templos en Tikal, al norte de Guatemala. Tikal, la ciudad más grande de los mayas en Guatemala, floreció durante más de cuatro siglos hasta que, alrededor del año 900 d.C., los mayas se trasladaron a Yucatán. Los terremotos y la falta de fertilidad de la tierra debido a las repetidas siembras de maíz son dos de las teorías que tratan de explicar la razón por la cual abandonaron estos lugares.

The tallest of the pyramids that served as temples at Tikal, in northern Guatemala. Tikal, the largest Mayan city in Guatemala, flourished during more than four centuries, until, around 900 A.D., the Mayans moved to Yucatan. Earthquakes and the exhaustion of the land from repeated plantings of corn are two of the theories advanced to explain the reason why they abandoned these places.

C. Preguntas

1. ¿Es probable que la contaminación del aire haya empeorado en los últimos meses?
2. ¿Siente usted que su equipo favorito haya perdido el campeonato?
3. ¿Se alegra usted de que la liberación femenina les haya dado más oportunidades a las mujeres?
4. ¿Es posible que la liberación de la mujer haya cambiado ya la vida de algunas familias en este país?

TESTING / *the present perfect subjunctive*

1. The helping verb used in this tense is a form of the infinitive _____.

— haber

Give the present perfect subjunctive form indicated by the cue.
2. **contestar, ellos**-form
3. **decir, nosotros**-form
4. **avisar, él**-form
5. **poner, vosotros**-form

— hayan contestado
— hayamos dicho
— haya avisado
— hayáis puesto

Give a Spanish equivalent.
6. *I doubt he has checked the documents.*

— Dudo que haya revisado los documentos.

546 LECCIÓN 40

7. *It's probable that they have confirmed it* (feminine).
8. *I'm glad she's received the message.*

— Es probable que la hayan confirmado.
— Me alegro (de) que haya recibido el mensaje *or* recado.

Part 2

II. MORE USES OF THE INFINITIVE

In Spanish, when an infinitive is the subject of a sentence or the object of a preposition, it corresponds to an English noun ending in *-ing*. When it functions as a dependent infinitive, its equivalent in English is an infinitive.

☐ **THE INFINITIVE AS THE SUBJECT OF A SENTENCE**

(El) **fumar** es malo para la salud. *Smoking is bad for your health.*
(El) **nadar** es su deporte favorito. *Swimming is his favorite sport.*
Me gusta **esquiar**. *I like to ski* (literally, skiing pleases me).

1. Infinitives used as nouns are always masculine.
2. When an infinitive introduces a sentence, a definite article may precede it; in conversation, however, the definite article is rarely used.

Varios edificios en el Centro Cívico de la ciudad de Guatemala decorados con motivos indígenas. Los grandes adelantos científicos y culturales de los mayas son un motivo de orgullo para los guatemaltecos de hoy en día.

Several buildings in Guatemala City's Center decorated with Indian motifs. The great scientific and cultural achievements of the Mayans are a source of pride to Guatemalans today.

☐ **THE INFINITIVE AS THE OBJECT OF A PREPOSITION**

Al ver | a su novio, corrió hacia él. Cuando vio ∫	Upon seeing | her boyfriend, she ran When she saw ∫ toward him.
Esperó **sin quejarse**.	He waited without complaining.
Después de hacer las reservaciones, ellos salieron.	After making the reservations, they left.

1. **Al** + infinitive is the equivalent of a subordinate clause introduced by **cuando**.
2. With other prepositions, no article is used.

☐ **DEPENDENT INFINITIVES**

Many verbs may be immediately followed by an infinitive: **necesito trabajar, quieren comer**. Other verbs require a preposition (**a, de, en**) to introduce the infinitive.

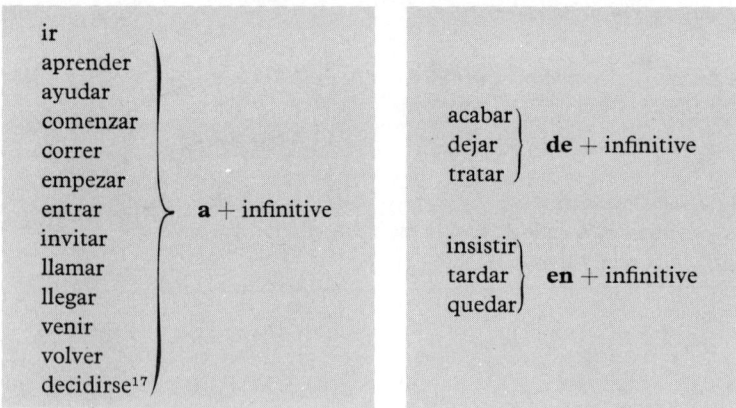

Verbs of motion require the preposition **a** to introduce an infinitive. No other general rules can be formulated to describe which verbs require specific prepositions before a dependent infinitive. The requirements of each verb must be learned separately.

D. Ejercicio de transformación

Repita las siguientes oraciones usando la construcción **al** + infinitivo en vez de **cuando** + verbo.

Modelo: Cuando lo supo, me telefoneó.
　　　　Al saberlo, me telefoneó.

Cuando revisó los papeles, encontró el número de teléfono.	Al revisar los papeles, encontró el número de teléfono.
Cuando vio al empleado, le habló.	Al ver al empleado, le habló.

---

[17]When **decidir** is used non-reflexively, no **a** is needed: **Ellos decidieron enviar los documentos.**

Cuando reciben los mensajes, le avisan.
Cuando oí sus consejos, decidí seguirlos.
Cuando termines la tarea, me llamas.

Al recibir los mensajes, le avisan.
Al oír sus consejos, decidí seguirlos.
Al terminar la tarea, me llamas.

E. Ejercicio de sustitución

Repita las siguientes oraciones sustituyendo los verbos con el apunte. Haga los cambios que sean necesarios.

Modelo: Ellos corren a ayudarlos. dejan
Ellos dejan de ayudarlos.

El señor Valderrama quiere ver al administrador del hotel. insiste

El señor Valderrama insiste en ver al administrador del hotel.

Mi padrino volvió a visitar el museo. quedó.
Nuestros vendedores necesitan hablar español. aprenden
El hotel va a confirmar la reservación. acaba
Alicia vino a darles la noticia. trató

Mi padrino quedó en visitar el museo.

Nuestros vendedores aprenden a hablar español.

El hotel acaba de confirmar la reservación.
Alicia trató de darles la noticia.

F. Preguntas

1. ¿En qué insisten los alumnos?
2. ¿Qué dejó de hacer usted esta mañana?
3. ¿En qué quedaron ustedes?
4. ¿Qué comenzó a hacer usted anoche?
5. ¿Qué ha aprendido usted este año?

TESTING / uses of the infinitive

1. The only article that may be used with an infinitive is ____.
2. Another way to express **cuando me vio** is ____ ____.
3. To introduce a dependent infinitive, verbs of motion are followed by the preposition ____.
4. Other verbs may require no preposition, or they may require the preposition ____, ____, or ____.

— el

— al verme

— a

— a, de, en

Give a Spanish equivalent.
5. *Running is good.*
6. *Ana, call me before eating.*
7. *He delayed in going aboard.*
8. *Miss Contreras, don't try to answer without thinking.*

— (El) correr es bueno.
— Ana, llámame antes de comer.
— Tardó en subir a bordo.
— Señorita Contreras, no trate de contestar sin pensar.

LECCIÓN 41

The past perfect subjunctive / Sequence of tenses when the subjunctive is required in a subordinate clause / Pero and sino

diálogo / LOS CARNAVALES¹ DE PANAMÁ

PILAR ¡Cuánto sentimos que no hubieran venido para los Carnavales! Los estuvimos esperando hasta el último momento.

MERCEDES A nosotros nos hubiera encantado venir, pero tuvimos que posponer el viaje por una reunión que se le presentó a Felipe. Pero cuéntennos, ¿qué tal quedaron?

PILAR Mejor que nunca. El desfile de polleras² fue un

CARNIVAL TIME IN PANAMA

P: How sorry we were that you could not come³ for the Carnival season. We were expecting you until the last moment.

M: We would have been delighted to come, but we had to postpone the trip on account of a meeting that Felipe had to attend.⁴ But tell us—how was it?⁵

P: Better than ever. The parade of the Polleras was an

---

¹**El Carnaval,** singular. A four-day period of revelry and merrymaking, Saturday through Tuesday before Lent. It coincides with the Mardi Gras holidays of New Orleans and Rio de Janeiro.
²**La pollera** is the national costume of the Panamanian woman. The dress is richly embroidered and requires about ten yards of material. It is worn with gold jewelry and shimmering hair ornaments called **tembleques**.
³Literally, *you had not come.*
⁴Literally, *that presented itself to Felipe.*
⁵Literally, *how were they?*

	espectáculo inolvidable. Algunas eran verdaderas obras de arte.		unforgettable sight.[8] Some were real works of art.
ALBERTO	Y las fiestas fueron maravillosas. Yo creo que casi no dormimos durante esos cuatro días.	A:	And the parties were marvelous. I don't think we slept at all during those four days.
FELIPE	Entonces deben estar cansadísimos.	F:	You must be very tired, then.
ALBERTO	¡Qué va! Ya estamos listos para el Carnavalito[6].	A:	Nonsense! We're already ready for the Carnavalito.
PILAR	Lo que me decían mis hermanos. Ustedes nunca se cansan.	P:	Just what my brothers said. You never get tired.
ALBERTO	Hay tiempo para descansar durante la Cuaresma. Además, uno tiene que olvidarse un poco de las preocupaciones[7].	A:	There's plenty of time to rest during Lent. Besides, one has to let go a bit.[9]

ORACIONES Y PALABRAS

¿Qué tal **el desfile**?
    el premio, el conjunto, la orquesta, la carroza, la banda
Deben estar **cansados**.
    agotados
Tuvimos que **posponer** la fecha del viaje.
    adelantar
Hay tiempo para descansar durante
  la Cuaresma.
    la Navidad[10], la Pascua[11], los días de fiesta

How was the parade?
    prize, musical group, orchestra, float, band
They must be tired.
    exhausted
We had to postpone the date of the trip.
    advance
There's time to rest during
  Lent.
    Christmas, Passover, the holidays

PREGUNTAS SOBRE EL DIÁLOGO

1. ¿Quiénes no pudieron ir a los Carnavales de Panamá?
2. ¿Hasta cuándo los estuvieron esperando?
3. ¿Por qué tuvieron que posponer el viaje?
4. ¿Qué tal quedaron los carnavales?
5. ¿Qué son las polleras en Panamá?
6. ¿Descansaron Alberto y Pilar durante los Carnavales?
7. ¿Qué otra fiesta tienen ahora?
8. ¿Cuándo piensan descansar?

---

[6]**Carnavalito** means *little carnival*. These festivities take place the first weekend of Lent.
[7]When the verb **olvidar** is used reflexively, the preposition **de** must precede the direct object.
    Uno tiene que olvidar las preocupaciones.
    Uno tiene que olvidarse de las preocupaciones.
[8]Literally, *spectacle*.
[9]Literally, *one has to forget himself a little from worries*.
[10]**Navidades** and **Pascuas** are also used.
[11]It is also used to mean Easter, Epiphany, and Pentecost.

Una joven panameña exhibe una pollera durante los Carnavales en la ciudad de Panamá.

A young Panamanian displays a pollera *during Carnival in Panama City.*

PREGUNTAS GENERALES

1. ¿Cree usted que a veces es necesario olvidarse de las preocupaciones?
2. ¿Qué hace usted para olvidarse de las preocupaciones?
3. ¿Cuál es su conjunto favorito?
4. ¿Cuál es el desfile de carrozas más famoso de este país?
5. ¿Se ha ganado usted un premio alguna vez?
6. ¿Qué opina usted de los programas de televisión que dan premios?
7. ¿Qué hace usted durante los días de fiesta?
8. ¿Cómo se siente usted después que termina el período de exámenes?

GRAMMAR, EXERCISES, AND TESTING

Part 1

I. THE PAST PERFECT SUBJUNCTIVE[12]

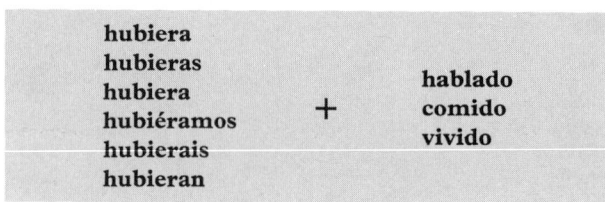

HABER, PAST SUBJUNCTIVE   PAST PARTICIPLE

| hubiera
hubieras
hubiera
hubiéramos
hubierais
hubieran | + | hablado
comido
vivido |

---

[12] El pretérito pluscuamperfecto de subjuntivo.

The past perfect subjunctive is formed by the past subjunctive of the auxiliary **haber** plus the past participle of the main verb.[13]

Esperaba que él **hubiera venido** antes.	*She was hoping that he would have come before.*
Sentí que no **hubieran visto** el desfile.	*I was sorry that you had not seen the parade.*
Era natural que **hubieran pospuesto** el viaje.	*It was natural that they had postponed the trip.*
Ojalá que **hubieran traído** otro conjunto.	*If they had only brought another group.*

Subordinate clauses requiring the subjunctive use the past perfect subjunctive if:
a. the verb in the main clause is in a past tense, and the action in the subordinate clause occurred prior to the time indicated by the verb in the main clause, or
b. the speaker's attitude towards a past event conveys doubt about the outcome, denial, or the like.

---

[13]The alternate form of the past subjunctive of **haber** (**hubiese, hubieses, hubiese, hubiésemos, hubieseis, hubiesen**) may also be used.

La ciudad de Panamá. A la izquierda la Iglesia de San Francisco, detrás la Catedral, y al fondo el Puente de las Américas.
Panama City. At the left the Church of San Francisco, behind it the Cathedral, and in the background the Bridge of the Americas.

II. SEQUENCE OF TENSES WHEN THE SUBJUNCTIVE IS REQUIRED IN A SUBORDINATE CLAUSE

☐ *PRESENT SUBJUNCTIVE*

MAIN CLAUSE	SUBORDINATE CLAUSE
Present Future[14] Present perfect Command	Present subjunctive

Espero que **estés** contenta ahora.   *I hope that you're happy now.*
Queremos que **vayan** al desfile mañana.   *We want you to go to the parade tomorrow.*
Le **voy a pedir** que **posponga** el viaje.   *I'm going to ask him to postpone the trip.*
Yo le **he dicho** que **pida** una entrevista.   *I have told him to ask for an interview.*
Dile que no se **preocupe** tanto.   *Tell him not to worry so much.*

If the main verb is in the present, future, present perfect, or is a command, a subjunctive verb in the subordinate clause will be in the present subjunctive if its action is concurrent with or future in time to the action of the main verb.

☐ *PRESENT PERFECT SUBJUNCTIVE*

MAIN CLAUSE	SUBORDINATE CLAUSE
Present Future Command	Present perfect subjunctive

Espero que **hayas estado** contenta.   *I hope you've been happy.*
Vamos a necesitar una persona que **haya visto** esas obras de arte.   *We're going to need a person who has seen those works of art.*
Alégrese (de) que **hayan pospuesto** la huelga.   *Be glad they have postponed the strike.*

If the main verb is in the present or future, or is a command, a subjunctive verb in the subordinate clause will be in the present perfect subjunctive if its action is previous in time to the action of the main verb.[15]

---

[14]The future tense, equivalent to English *will* + verb, will be discussed in Lesson 43. Until then, the construction **ir a** + infinitive (present tense in form, but future in meaning) is used in the examples and exercises.

[15]In some cases, Spanish speakers interchange the present perfect subjunctive and the past subjunctive.

    Espero que { **hayas estado** / **estuvieras** } contenta.

In this book, only the present perfect subjunctive will be used.

☐ PAST OR PAST PERFECT SUBJUNCTIVE

MAIN CLAUSE	SUBORDINATE CLAUSE
Preterit Imperfect Conditional[16]	Past subjunctive Past perfect subjunctive

Me **alegré** de que **vieran** las carrozas. *I was happy they saw the floats.*
Queríamos que **cerraran** esas fábricas. *We wanted them to close those factories.*

Sentí que no **hubieran venido**. *I was sorry you didn't come.*
Esperaba que **hubieras descansado** un poco. *I was hoping you had rested a little.*

1. If the main verb is in the preterit, imperfect, or conditional, a subjunctive verb in the subordinate clause will be in the past subjunctive if its action is concurrent with or future in time to the action of the main verb.[17]
2. If the main verb is in the preterit, imperfect, or conditional, a subjunctive verb in the subordinate clause will be in the past perfect subjunctive if its action is previous in time to the action of the main verb.

A. Ejercicios de sustitución

1. Sentí que ellos no hubieran venido.
   - tú — Sentí que tú no hubieras venido.
   - él — Sentí que él no hubiera venido.
   - ustedes — Sentí que ustedes no hubieran venido.
   - nosotros — Sentí que nosotros no hubiéramos venido.
   - los alumnos — Sentí que los alumnos no hubieran venido.

2. Era imposible que hubiera visto las carrozas.
   - (tú) — Era imposible que hubieras visto las carrozas.
   - (yo) — Era imposible que hubiera visto las carrozas.
   - (ellos) — Era imposible que hubieran visto las carrozas.
   - (nosotros) — Era imposible que hubiéramos visto las carrozas.
   - (usted) — Era imposible que hubiera visto las carrozas.

3. No creía que hubieran adelantado el viaje.
   (nosotros, yo, ellos, tú, ustedes)

4. Ojalá no hubiéramos alquilado el apartamento.
   (ellos, yo, tú, ella, ustedes)

---

[16]Examples and explanations of the use of the conditional will be discussed in Lessons 46 and 47.
[17]In some cases, the main verb may be a pluperfect.

Yo le { **dije** / **decía** / **había dicho** } que confirmara su pasaje.   I { told / was telling / had told } him to confirm his ticket.

B. Pretérito imperfecto de subjuntivo → pretérito pluscuamperfecto de subjuntivo

Repita la oración cambiando la oración subordinada al pretérito pluscuamperfecto de subjuntivo.

Modelo: Quería que vinieran.
Quería que hubieran venido.

No esperaba que los precios subieran tanto.

No esperaba que los precios hubieran subido tanto.

Era imposible que nos llamara.

Era imposible que nos hubiera llamado.

Quería que oyeras esa orquesta.

Quería que hubieras oído esa orquesta.

Se alegró de que compráramos los platos pintados a mano.

Se alegró de que hubiéramos comprado los platos pintados a mano.

Dudaba que yo regateara.

Dudaba que yo hubiera regateado.

Era difícil que ganáramos el partido.

Era difícil que hubiéramos ganado el partido.

C. Ejercicio de transformación

Repita las siguientes oraciones sustituyendo la expresión de tiempo de la oración subordinada con el apunte. Haga los cambios que sean necesarios.

Modelo: Espero que Sergio llegue esta noche.   anoche
Espero que Sergio haya llegado anoche.

Siento que estés tan cansada hoy.   ayer

Siento que hayas estado tan cansada ayer.

Ayer ella dudaba que terminaran por la noche. la semana pasada

Ayer ella dudaba que hubieran terminado la semana pasada.

Vamos a necesitar una persona que haya vivido en México antes.   ahora

Vamos a necesitar una persona que viva en México ahora.

Espero que estén en Lima muy pronto. el verano pasado

Espero que hayan estado en Lima el verano pasado.

Quería que la visitaran ayer.   el mes pasado

Quería que la hubieran visitado el mes pasado.

TESTING / *past perfect subjunctive, sequence of tenses*

Give the past perfect subjunctive forms indicated by the cue.
1. **subir, ella**-form
2. **empezar, tú**-form
3. **ver, ellos**-form
4. **decir, yo**-form
5. **querer, nosotros**-form

— hubiera subido
— hubieras empezado
— hubieran visto
— hubiera dicho
— hubiéramos querido

La avenida Central, la calle comercial más importante de la ciudad de Panamá. Fundada en 1519, seis años después que Núñez de Balboa cruzó el istmo y descubrió el Océano Pacífico, la ciudad de Panamá fue totalmente destruida por el pirata inglés Morgan en 1673, pero fue reconstruida en muy poco tiempo. Hoy esta ciudad es un centro marítimo y financiero con una población de medio millón de habitantes.

Avenida Central, the most important business street in Panama City. Founded in 1519, six years after Núñez de Balboa crossed the isthmus and discovered the Pacific Ocean, Panama City was totally destroyed by the English pirate Morgan in 1673, but was quickly rebuilt. Today this city is a maritime and financial center with a population of half a million.

Give a Spanish equivalent.

6. *He was sorry they had hijacked the plane.* — Sintió (*or* sentía) que hubieran secuestrado el avión.

7. *It was impossible for him to pay the ransom.* — Era imposible que pagara el rescate.

8. *He's glad the witness has spoken before.* — Se alegra (de) que el (*or* la) testigo haya hablado antes.

9. *I doubt she'll talk to me.* — Dudo que me hable (*or* que hable conmigo).

10. *We doubted that they had polluted that lake.* — Dudábamos (*or* dudamos) que hubieran contaminado ese lago.

Part 2

III. PERO AND SINO

Me duele mucho la cabeza, **pero** no tengo fiebre.	*I have a bad headache, but I don't have a fever.*
Juan no llamó anoche, **pero** sé que quería hablar contigo.	*Juan didn't call last night, but I know he wants to talk to you.*
Ella no viene los martes, **sino** los viernes.	*She doesn't come on Tuesdays, but on Fridays.*
Ella no viene los martes, **sino** que viene los miércoles.	*She doesn't come on Tuesdays, but she comes on Wednesdays.*
No quiere comer, **sino** dormir.	*He doesn't want to eat, but sleep.*

1. The statement preceding **pero** may be affirmative or negative.
2. The statement preceding **sino** must be negative.
3. **Sino** is equivalent to *on the contrary* or *but instead*.
4. If a conjugated verb is used with **sino**, the word **que** must be used between **sino** and the verb.
5. An infinitive after **sino** does not require **que**.

D. Lectura

Lea las siguientes oraciones y complételas usando **pero**, **sino** o **sino que**.

1. Ella quería ir al desfile, _____ fue al cine.
2. Él no pospuso la fecha del viaje, _____ la adelantó.
3. Ellos subieron a bordo, _____ van a bajar antes de que el barco se vaya.
4. Ellos no quieren salir, _____ descansar.
5. El campeonato es el jueves, _____ nosotros no vamos a estar aquí.
6. Ellos no visitaron las ruinas, _____ el templo.

E. Ejercicio de transformación

Combine la primera oración con el apunte y haga una nueva oración usando **pero**, **sino** o **sino que**.

Modelo: Juan trabaja con ellos.   no gana mucho
Juan trabaja con ellos, pero no gana mucho.

No están tristes. cansados	No están tristes, sino cansados.
No quiere descansar. salir	No quiere descansar, sino salir.
Él no es rico. gana un buen sueldo	Él no es rico, pero gana un buen sueldo.
A mí no me gusta el coche rojo. el azul	A mí no me gusta el coche rojo, sino el azul.
Ellos no quieren estudiar. quieren trabajar	Ellos no quieren estudiar, sino que quieren trabajar.

TESTING / pero, sino, sino que

1. A negative or an affirmative statement may precede _____.   — pero
2. Only a negative statement may precede _____ and _____ _____.   — sino, sino que

Give a Spanish equivalent.

3. *The bicycle didn't stop but went on.*   — La bicicleta no paró, sino que siguió.
4. *They are not hungry but thirsty.*   — No tienen hambre, sino sed.
5. *He is very selfish but hardworking.*   — Es muy egoísta, pero trabajador.
6. *His motorcycle isn't black but red.*   — Su motocicleta (*or* moto) no es negra, sino roja.

LECCIÓN 42

> Some Spanish constructions expressing the notion *to become* / Exclamatory **qué** / Interrogative **qué** and **cuál(es)** + **ser**

diálogo / EL COSTO DE LA VIDA

SR. PEÑA ¡Qué día!
SRA. PEÑA ¿Hablaste por fin con tu jefe?
SR. PEÑA No, estaba muy ocupado y no quise molestarlo.
SRA. PEÑA ¡Ay, Pedro! Siempre tienes una excusa para no hablar con don Carlos.
SR. PEÑA No digas disparates, mujer. Es que debo esperar el momento oportuno.
SRA. PEÑA Y mientras tanto tu sueldo no alcanza para todos los gastos que tenemos.

THE COST OF LIVING

MR. P: *What a day!*
MRS. P: *Did you finally speak with your boss?*
MR. P: *No, he was very busy and I didn't want to bother him.*
MRS. P: *Oh, Pedro! You always have an excuse not to speak with Don Carlos.*
MR. P: *Don't be foolish, woman.[1] It's just that I must wait for the right moment.*
MRS. P: *And in the meantime your salary doesn't cover[2] all the expenses we have.*

---

[1] Literally, *don't say absurdities.*
[2] Literally, *doesn't reach.*

SR. PEÑA	Ya lo sé, pero, ¿qué quieres que haga?	MR. P:	I know, but what do you want me to do?
SRA. PEÑA	Hablar de una vez con don Carlos y pedirle un aumento de sueldo. Él sabe perfectamente bien todo lo que ha aumentado el costo de vida.	MRS. P:	Talk to Don Carlos once and for all and ask him for a raise.[4] He knows very well how much the cost of living has gone up.
SR. PEÑA	Es cierto, el problema de la inflación es muy serio...	MR. P:	That's for sure. Inflation is very serious...
SRA. PEÑA	Sí, lo es[3], pero más serio es tratar de pagar las cuentas a fin de mes cuando ya no hay dinero. A veces me vuelvo loca cuando pienso todo lo que debemos.	MRS. P:	Yes, it is, but trying to pay the bills at the end of the month when there's no money is more serious. Sometimes I panic[5] when I think of all we owe.
SR. PEÑA	Tienes razón. La situación se ha puesto grave.	MR. P:	You're right. The situation has become critical.
SRA. PEÑA	Por eso tienes que hablar con don Carlos.	MRS. P:	That's why you've got to speak with Don Carlos.
SR. PEÑA	Te prometo que mañana lo hago sin falta.	MR. P:	I promise you that I'll do it without fail tomorrow.

ORACIONES Y PALABRAS

Tu sueldo no alcanza para pagar **las cuentas.**   *Your salary isn't enough to pay the bills.*
                                      las deudas, los impuestos, los seguros   *debts, taxes, insurance*

Estaba muy **ocupado.**   *He was very busy.*
             pálido, nervioso, deprimido   *pale, nervous, depressed*

PREGUNTAS SOBRE EL DIÁLOGO

1. ¿Por qué no habló el señor Peña con su jefe?
2. ¿Qué piensa la señora Peña de la explicación que le da su esposo?
3. ¿Qué quiere la señora Peña que su esposo haga?
4. ¿Es suficiente el sueldo del señor Peña?
5. ¿Qué ha sucedido con el costo de vida?
6. ¿Qué problemas tiene la familia Peña a fin de mes?
7. Según el señor Peña, ¿cómo está la situación?
8. ¿Qué le promete el señor Peña a su esposa?

---

[3]In the construction **lo** + **ser** or **lo** + **estar**, **lo** is invariable; the verb form indicates the person and number.
    Los problemas son muy serios.   **Sí, lo son.** *Yes, they are.*
    ¿Está cansada Alicia?   **Sí, lo está.** *Yes, she is.*
[4]Literally, *an increase of salary.*
[5]Literally, *turn crazy.*

La inflación afecta a los campesinos porque los gobiernos generalmente congelan los precios de los productos que ellos venden (alimentos) pero no el precio de los que tienen que comprar (p. ej. combustible para tractores). Para sobrevivir, los campesinos tratan de usar lo que tienen a su alcance e intercambian sus productos. Como consecuencia casi desaparecen de la economía monetaria. En esta foto, un campesino lleva una carga de hojas de palma para arreglar el techo de su casa. *Inflation affects farmers because governments usually freeze the prices of the products they sell (food) but not the price of those they have to buy (e.g., tractor fuel). To survive, farmers try to use what they have and barter their products. As a result they almost disappear from the money economy. In this photo a farmer brings in a load of palm leaves to fix his roof.*

PREGUNTAS GENERALES

1. ¿Ha aumentado el costo de vida en este país últimamente?
2. ¿Han subido los sueldos?
3. ¿Qué productos han subido de precio?
4. ¿Cree usted que son justos los sueldos que ganan los empleados en este país?
5. ¿Cree usted que es justo el sistema de impuestos de este país? ¿Por qué?
6. ¿Cree usted que el gobierno debe aumentar los impuestos para mejorar la educación en este país?
7. ¿Hay inflación ahora en este país?
8. ¿Qué debe hacer una persona cuando se siente deprimida?

GRAMMAR, EXERCISES, AND TESTING

Part 1

I. *CONSTRUCTIONS EXPRESSING THE NOTION* **TO BECOME**

The notion of "becoming," expressed in English by such verbs as *to get*, *to go*, *to turn*, and *to become*, is expressed in Spanish in at least as many ways. In certain contexts only one construction is correct, but more often two or more constructions are possible. Here are some guidelines to the usage of **ponerse, volverse, hacerse,** and **llegar a ser**.[6]

Esto **se pone** ridículo.	*This is getting (becoming) ridiculous.*
Nos pusimos nerviosos.	*We got (became) nervous.*
Se pone muy deprimido cuando los ve.	*He gets (becomes) very depressed whenever he sees them.*
El vino **se vuelve** agrio.	*The wine is turning (going, getting, becoming) sour.*
El científico **se volvió** loco.	*The scientist went (became) crazy.*
Se volvieron ricos en muy poco tiempo.	*They got (became) rich in a very short time.*

1. **Ponerse** and **volverse** are used with predicate adjectives, never predicate nouns.
2. **Ponerse** + adjective implies a physical, mental, or emotional change, usually temporary.
3. **Volverse** + adjective implies a basic or violent change.

Ellos {**se hicieron** / **llegaron a ser**} médicos.	*They became doctors.*
A pesar de ser muy joven, {**se ha hecho** / **ha llegado a ser**} riquísima.	*In spite of being very young she has gotten (become) very rich.*
Llegó a ser gerente general.	*He became general manager.*

4. **Hacerse** and **llegar a ser** are used with predicate nouns as well as predicate adjectives.
5. **Hacerse** + noun or adjective implies achieving the status suggested by the noun or adjective as a result of conscious effort.
6. **Llegar a ser** + noun or adjective implies achieving the status suggested by the noun or adjective as the result of a successful process.

A. Ejercicio de sustitución

Repita las siguientes oraciones de acuerdo con el apunte. Haga los cambios que sean necesarios.

Modelo: María se puso muy triste.   Los Peña
Los Peña se pusieron muy tristes.

Mi hermano llegó a ser médico.   Mis hermanos
Yo me puse muy pálida al oír la noticia.   El ingeniero
Él llegó a ser decano.   Esos profesores

Mis hermanos llegaron a ser médicos.

El ingeniero se puso muy pálido al oír la noticia.
Esos profesores llegaron a ser decanos.

---

[6]This lesson is limited to specific verbal equivalents for *to become*. The notion of "becoming" is also implicit in many ordinary verbs when they are used reflexively:

enloquecer	*to drive insane*
enloquecerse	*to go mad, to become insane*
amargar	*to embitter*
amargarse	*to become embittered*

María comía mucho y se ha puesto muy gorda.
    Nosotros

Nosotros comíamos mucho y nos hemos puesto muy gordos.

Después de varios años, tú te hiciste abogado.
    los inspectores

Después de varios años, los inspectores se hicieron abogados.

B. Lectura

Lea y complete las siguientes oraciones con la forma adecuada de **ponerse**, **volverse**, **hacerse** o **llegar a ser**. Los tiempos verbales pueden variar y, en algunos casos, se pueden usar varias construcciones.

1. No sé por qué los empleados _____ tan nerviosos.
2. Después de muchos años de trabajo, el señor Peña _____ director de la compañía.
3. Ella _____ muy deprimida al oír la noticia del terremoto.
4. Últimamente María _____ muy triste.
5. Juan trabajó mucho y _____ muy rico.
6. María estudiaba de noche y después de varios años _____ maestra.

C. Construcción de oraciones

Construya oraciones con las siguientes palabras en el orden en que aparecen. En el espacio en blanco debe usarse la forma adecuada de **ponerse**, **volverse**, **hacerse** o **llegar a ser**. Los tiempos verbales pueden variar.

Los comerciantes tienen que cambiar los precios continuamente cuando hay inflación. Al congelarse los precios de los alimentos básicos, las existencias se agotan y las tiendas tienen que ofrecer otros productos. El dueño de esta frutería de Buenos Aires no tiene ese problema—en la Argentina, la carne es tradicionalmente el producto cuyo precio se congela.

Storeowners must continually change their prices when there is inflation. When the prices of basic foods are frozen, supplies run out, and the stores must offer other products. The owner of this fruit shop in Buenos Aires doesn't have this problem—in Argentina, beef is traditionally the product whose price is frozen.

Una calle con puestos a ambos lados en La Paz, Bolivia. Bolivia, igual que Chile, sufre de inflación crónica. Las huelgas y disturbios producen a veces aumentos de sueldo, pero los precios suben con más rapidez.

A street with shops on both sides in La Paz, Bolivia. Bolivia, like Chile, suffers chronic inflation. Strikes and disturbances at times produce wage hikes, but prices go up faster.

Modelo: Ana Gloria /   / pálido / cuando / oír / noticia
Ana Gloria se puso pálida cuando oyó la noticia.

1. Mi hermano /   / locutor / radio
2. Cecilia /   / gordo / durante / vacaciones
3. doctor Orozco /   / rector / universidad
4. situación /   / peligroso / estos días
5. señores Sosa /   / preocupado / porque / tener / deudas
6. mujer /   / loco / después / hijo / morirse

TESTING / Spanish constructions expressing the notion **to become**

1. Four Spanish verbal equivalents for *to become* are ____, ____, ____, and ____ ____.
   — ponerse, volverse, hacerse, llegar a ser
2. Of these four constructions, when a basic change is expressed, Spanish normally uses the verb ____.
   — volverse
3. When a physical, mental or emotional change is expressed, Spanish normally uses the verb ____.
   — ponerse
4. When the change is the result of a conscious effort, Spanish normally uses the verb ____.
   — hacerse *or* llegar a ser
5. If the change is the result of a process, Spanish normally uses ____ ____ ____.
   — llegar a ser

Give a Spanish equivalent.

6. *He became an engineer.* — Se hizo (*or* llegó a ser) ingeniero.

7. *She became very indifferent.* — Se puso (*or* se volvió) muy indiferente.

8. *You* (formal) *became the university president, didn't you?* — Usted llegó a ser rector de la universidad, ¿verdad?

9. *They* (masculine) *went mad.* — Se volvieron locos.

10. *I became very sad when she didn't talk to me.* — Me puse muy triste cuando no me habló.

Part 2

II. EXCLAMATORY QUÉ

The word **qué** in exclamations may function as an adjective or adverb.

¡**Qué** día!	*What a day!*
¡**Qué** árboles!	*What trees!*
¡**Qué** situación {**tan** / **más**} absurda!	*What an absurd situation!*
¡**Qué** absurda situación!	
¡**Qué** aburrida estoy!	*How bored I am!*
¡**Qué** sencillos son!	*How simple they are!*

1. ¡**Qué**! + noun is equivalent to English *what* (+ *a*) + noun.
2. Spanish has three formulas equivalent to English *what* (+*a*) + adjective + noun:
   a. ¡**qué**! + noun + **tan** + adjective.
   b. ¡**qué**! + noun + **más** + adjective.
   c. ¡**qué**! + adjective + noun.
3. ¡**Qué**! + adjective is equivalent to *how* + adjective.

III. INTERROGATIVE QUÉ AND CUÁL(ES) + SER

Where English asks *what* or *which is*, Spanish asks ¿**qué**? + **ser** in some contexts, ¿**cuál**(es) + **ser** in other contexts.

¿**Qué es** la pollera?	*What is a pollera?*
Es el traje típico de la mujer panameña.	*It is the typical dress of the Panamanian woman.*
¿**Qué es** un chofer?	*What is a driver?*
Es un hombre que maneja un coche o un autobús.	*It's a man who drives a car or a bus.*
¿**Cuál es** su orquesta favorita?	*What (which) is your favorite orchestra?*
La orquesta de Roberto Cuervo.	*Roberto Cuervo's orchestra.*
¿**Cuáles son** las polleras?	*Which ones are the polleras?*
Las primeras que vimos.	*The first ones we saw.*

1. **¿Qué?** + **ser** asks for a definition or an explanation.
2. **¿Cuál(-es)?** + **ser** asks *what?* in the sense *which one(s)?*

D. Ejercicios de sustitución

1. ¿Tu tío? ¡Qué simpático es!   ¿Tu tío? ¡Qué simpático es!
   ¿La señora Peña?   ¿La señora Peña? ¡Qué simpática es!
   ¿Sus primas?   ¿Sus primas? ¡Qué simpáticas son!
   ¿Los empleados?   ¿Los empleados? ¡Qué simpáticos son!

2. ¿Alicia? ¡Qué cansada está!   ¿Alicia? ¡Qué cansada está!
   ¿Los ingenieros?   ¿Los ingenieros? ¡Qué cansados están!
   ¿Las secretarias?   ¿Las secretarias? ¡Qué cansadas están!
   ¿José María?   ¿José María? ¡Qué cansado está!

E. Ejercicio de transformación

Repita cada una de las siguientes oraciones añadiendo el apunte precedido por **tan**. Repítala de nuevo sustituyendo **tan** por **más**.

Modelo: ¡Qué día! (frío)
¡Qué día tan frío!
¡Qué día más frío.

¡Qué vendedores! (ocupado)   ¡Qué vendedores tan ocupados!
    ¡Qué vendedores más ocupados!

¡Qué situación! (serio)   ¡Qué situación tan seria!
    ¡Qué situación más seria!

¡Qué examen! (difícil)   ¡Qué examen tan difícil!
    ¡Qué examen más difícil!

¡Qué fiestas! (divertido)   ¡Qué fiestas tan divertidas!
    ¡Qué fiestas más divertidas!

¡Qué desfile! (largo)   ¡Qué desfile tan largo!
    ¡Qué desfile más largo!

F. Ejercicio para completar

Complete las siguientes preguntas usando **qué** o **cuál(es)** para que correspondan a las respuestas que se ofrecen.

1. ¿_____ es la paella? Es un plato típico de Valencia.
2. ¿_____ es la paella? Es ese plato.
3. ¿_____ son los asientos nuestros? Son aquéllos.
4. ¿_____ es un rector? Es el presidente o jefe de una universidad.
5. ¿_____ es el rector? Es el señor del traje gris.
6. ¿_____ es le postre? Es el último plato de la comida.
7. ¿_____ es la capital de Colombia? Es Bogotá.
8. ¿_____ es un piloto? Es la persona que maneja los aviones.

Una familia a la hora del almuerzo en Nemby, Paraguay. Este país tiene una de las tierras más fértiles de la América del Sur, pero los problemas a través de su historia han traído como consecuencia falta de organización en el campo, producción escasa de alimentos para el mercado nacional y contrabando de alimentos hacia la Argentina. Aun cuando los precios no suben, la inflación ocurre si hay menos productos disponibles.

A family eating lunch in Nemby, Paraguay. This country has some of the most fertile lands in South America, but a troubled history has brought as a consequence disorganization in the countryside, low production of food for the national market, and the smuggling of food to Argentina. Even when prices do not rise, inflation is occurring if less goods are available.

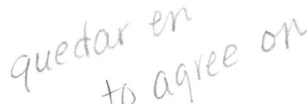

quedar en
to agree on

TESTING / exclamatory **qué**; interrogative **qué** and **cuál**(es)

1. When asking for a definition or an explanation, Spanish uses _____ + **ser**.
2. Where English asks *which one(s)*, Spanish asks _____ + **ser**.
3. A Spanish equivalent for *how!* before an adjective is _____.

Give a Spanish equivalent.
4. *What a parade!*
5. *What a good dog!* (three constructions)

6. *Tito refused to help? How selfish!*

7. *What is a hotel?*
8. *What is his favorite hotel?*
9. *What are the days of the week?*

10. *What riders!*

— ¿qué?

— ¿cuál(es)?

— ¡qué!

— ¡Qué desfile!
— ¡Qué perro tan bueno!, ¡Qué perro más bueno!, ¡Qué buen perro!
— ¿Tito no quiso ayudar? ¡Qué egoísta!
— ¿Qué es un hotel?
— ¿Cuál es su hotel favorito?
— ¿Cuáles son los días de la semana?
— ¡Qué jinetes!

◄ El Puente de las Américas sobre el Canal de Panamá, inaugurado en 1962.
The Bridge of the Americas over the Panama Canal, dedicated in 1962.

RECAPITULACIÓN Y AMPLIACIÓN XIV

lectura / EL CANAL DE PANAMÁ

Una de las obras más extraordinarias de la ingeniería moderna es el Canal de Panamá. Sin embargo, la idea de un canal interoceánico surgió con anterioridad al siglo XX, ya que la posibilidad de su construcción se contempló desde 1517, cuando Vasco Núñez de Balboa, el primer europeo que cruzó el istmo, pensó en la creación de una ruta que uniera los dos océanos.

A partir de 1551 los españoles comenzaron a hacer pruebas para construir un canal, pero poco después abandonaron la idea definitivamente y hasta se llegaron a aprobar unas leyes que permitían castigar con la pena de muerte a aquellos que siguieran haciendo estudios y pruebas en la zona. Casi tres siglos más tarde, en 1829, después que Colombia había obtenido su independencia y Panamá era una de sus provincias, Simón Bolívar pensó seriamente en la posibilidad de un canal en el istmo y ordenó que se hicieran algunas mediciones. Sin embargo, nada definitivo surgió de este proyecto.

La idea de la construcción de un canal iba adquiriendo más importancia al hacerse cada vez más clara la necesidad de unir

con anterioridad *prior to*

prueba *test*

medición *survey*

los dos océanos y evitar así el largo viaje de los barcos alrededor de la América del Sur. Se pensaba principalmente en un canal al nivel del mar, y se consideró a Nicaragua como el lugar más apropiado para su construcción.

Cuando en 1849 se descubrieron grandes cantidades de oro en California, el Istmo de Panamá se convirtió en una de las rutas que seguían los que querían ir del este de los Estados Unidos a California. Muchos buscadores de oro iban en barco hasta Panamá, cruzaban el istmo en mulas o a pie, y llegaban a la costa del Pacífico donde tomaban otro barco que los llevaba a California.

buscador de oro *prospector*

Como las comunicaciones entre las dos costas de Panamá resultaban bastante rudimentarias para el tráfico que sostenían, el gobierno colombiano llegó a un acuerdo con unas compañías norteamericanas en 1850 para la construcción de un ferrocarril que comunicara a la ciudad de Colón, en el Atlántico, con la ciudad de Panamá, en el Pacífico. Aunque este ferrocarril mejoró

ferrocarril *railroad*

El Canal de Panamá, la vía fluvial de más movimiento en el mundo, une el Océano Atlántico con el Pacífico y elimina la necesidad de navegar miles de kilómetros alrededor de la América del Sur. El Canal ha desempeñado un papel importante en la defensa del Hemisferio Occidental y en las relaciones comerciales de todas las naciones.

The Panama Canal, busiest waterway in the world, links the Atlantic Ocean with the Pacific and eliminates the need to sail thousands of kilometers around South America. The Canal has played an important role in the defense of the Western Hemisphere and in the trade relations of all nations.

 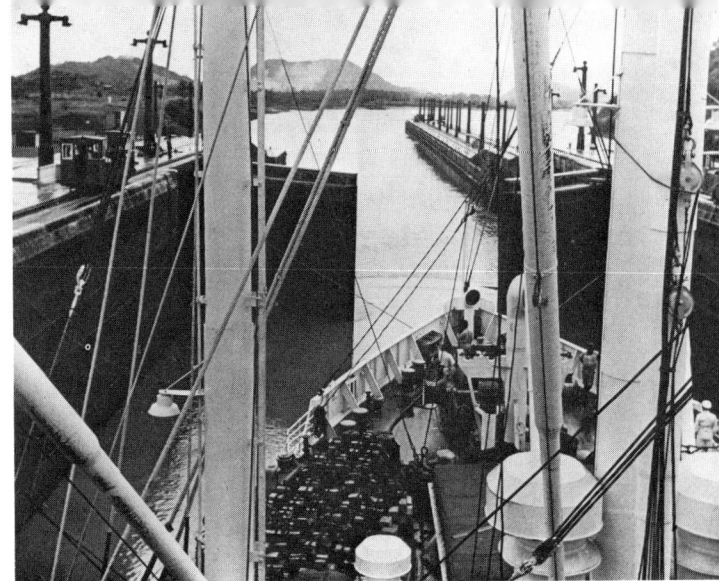

Izquierda: Construcción de una de las esclusas de Gatún en 1913, 30 años después que una compañía francesa había comenzado los trabajos en el Canal. Derecha: Un barco moderno pasando por las esclusas de Gatún.
Left: Construction of one of the locks at Gatún in 1913, 30 years after a French company had begun work on the Canal. Right: A modern ship passing through the Gatún locks.

las comunicaciones entre una costa y la otra, no solucionó el problema del tráfico marítimo y el proyecto de la construcción de un canal siguió adquiriendo más fuerza.

En 1883 una compañía francesa llegó a un acuerdo con Colombia y comenzó las excavaciones para la construcción del Canal de Panamá. El director de este proyecto era Fernando de Lesseps, quien había dirigido la construcción del Canal de Suez en 1869 y cuya reputación como ingeniero era reconocida en todas partes. Al principio, Lesseps pensó en construir un canal al nivel del mar como lo había hecho en Suez. Sin embargo, las dificultades que encontró resultaron infranqueables y, después de tres años, decidió cambiar sus planes y construir un canal con esclusas, similar al que existe hoy en día.

infranqueable *insurmountable*
esclusa *lock*

El cambio de planes, como es natural, produjo algunos inconvenientes que se hicieron sentir más porque la compañía francesa tenía ciertas dificultades económicas. Todos estos problemas eran importantes, pero sin lugar a duda, los problemas mayores con que tuvo que luchar la compañía francesa fueron las enfermedades tropicales, especialmente la fiebre amarilla, que

inconveniente *difficulty*

sin lugar a duda *without a doubt*

atacaba a los trabajadores y no permitía que la obra avanzara con la rapidez que se esperaba.

En 1889, la compañía de Lesseps se declaró en quiebra y aunque otra compañía francesa obtuvo la autorización para continuar la construcción del canal, los trabajos avanzaban con gran lentitud.

En 1903, los Estados Unidos reconocieron la independencia de Panamá y firmaron un tratado con la nueva nación con el fin de poder hacerse cargo de la construcción del Canal. El primer problema que había que resolver era el de las enfermedades tropicales, ya que resultaba casi imposible llevar a cabo ninguna obra de ingeniería sin mejorar las condiciones sanitarias de la zona. Con este fin, se comenzó una campaña muy efectiva para la eliminación de los mosquitos que transmitían la fiebre amarilla y la malaria. Unos años después, el promedio de muertes debido a estas enfermedades había disminuido notablemente.

El primer problema para la construcción del canal se había resuelto, pero todavía quedaba pendiente la decisión sobre el tipo de canal que se iba a construir: a nivel del mar o con esclusas. Los ingenieros que dirigían la obra opinaron que un canal con esclusas se podía construir en menos tiempo y a un costo más reducido. Además pensaron que de esta forma podían controlar mejor las inundaciones del río Chagres que corría a través de la zona donde se planeaba construir el canal.

Después de haber tomado la decisión de construir un canal con esclusas, los ingenieros tuvieron que enfrentarse con tres problemas de cuya solución dependía el éxito del proyecto, la construcción de un dique para crear un lago artificial donde depositar el agua necesaria para las esclusas, la construcción de las esclusas mismas y la excavación a través de los Andes panameños.

Para poder apreciar en su totalidad la magnitud de esta gran obra de ingeniería, sigamos a un barco que va a atravesar el canal desde el Atlántico hasta el Pacífico. A la entrada de la Bahía de Limón, sube a bordo un práctico del canal que se hace cargo del barco, reemplazando al capitán, durante el corto viaje de una costa a otra.

Después de pasar muy cerca del rompeolas que está a la entrada de la Bahía de Limón, el barco atraviesa la bahía y entra en un canal de unas 7 millas de largo que lo lleva a las esclusas de Gatún. Estas esclusas son tres cámaras de concreto construidas

quiebra *bankruptcy*

con gran lentitud *very slowly*

quedar pendiente *to be pending*

de esta forma *in this way*

dique *dike*

mismos *themselves*

práctico *pilot*

rompeolas *breakwater*

a distintos niveles que dan la impresión de unos escalones enormes. Para construir los cimientos de estas esclusas, los ingenieros tuvieron que excavar 21 metros[1] bajo el nivel del mar. Esta obra se dificultó todavía más porque el terreno allí era de una roca sumamente dura.

    Frente a las esclusas de Gatún, el práctico hace apagar los motores y amarran el barco a unas locomotoras eléctricas llamadas "mulas", de las cuales va a depender por completo mientras va de una esclusa a otra. Tan pronto entra en la primera esclusa, se cierran unas pesadas puertas de acero y la esclusa comienza a llenarse de agua. Esta agua procede del lago de Gatún que se encuentra a un nivel más alto. De esta forma no se necesitan bombas de ninguna clase ya que el agua baja movida por la fuerza de la gravedad y entra por el fondo de la esclusa. El barco va elevándose poco a poco a medida que sube el nivel del agua y, después de unos diez minutos, cuando el nivel del agua ha llegado a la altura del agua de la segunda esclusa, se abren las puertas que las comunican y las "mulas" halan de nuevo el barco para llevarlo a la segunda esclusa. La misma operación se repite para pasar a la tercera esclusa donde el barco alcanza la altura máxima del canal, unos 25 metros[2], y entra en el lago de Gatún usando sus propios motores.

    Este lago es un lago artificial de 165 millas cuadradas que se creó al construir uno de los diques más grandes del mundo para obstruir la corriente del río Chagres. Esto elevó el nivel del agua a la altura deseada de 25 metros[2] sobre el nivel del mar. Desde este lago, el barco sigue el curso del río Chagres hasta llegar al Corte de Gaillard en los Andes panameños.

    A este corte se le dio el nombre de Gaillard en honor del ingeniero David BuBone Gaillard que estuvo a cargo de su construcción. Antes se le conocía con el nombre de Corte de la Culebra, ya que al cruzar entre los cerros, su forma recuerda a uno de estos reptiles.

    Esta sección del canal, de unas 8 millas de largo, fue una de las pruebas más difíciles a que se sometieron los ingenieros del canal, pues allí los Andes panameños son principalmente de arcilla.

cimiento	*foundation*
duro	*hard*
apagar	*to turn off*
amarrar	*to tie*
a medida que	*while*
halar	*to pull*
obstruir	*to hold back*
corte	*cut*
culebra	*snake*
cerro	*hill*
arcilla	*clay*

---

[1] About 70 feet.
[2] About 85 feet.

Vista aérea de las esclusas de Miraflores y el lago Miraflores en el oeste de Panamá.

Aerial view of the Miraflores locks and Lake Miraflores in western Panama.

Excavar en este tipo de terreno es como excavar en un montón de arena. Tan pronto se abre un hueco, la arena se desliza y cubre lo que se ha hecho. Un ingeniero llegó a decir que él sólo estaba seguro de una cosa cuando trabajaba en esta obra y era que, al acabar su día de trabajo, sabía que al día siguiente no iba a encontrar el corte como lo había dejado. Finalmente, después de muchos esfuerzos, fue vencida esta barrera que impedía la construcción del canal.

Hoy en día, el Corte de Gaillard es más ancho que como era originalmente y además está equipado con un sistema de luces muy moderno para permitir operaciones durante la noche. Los deslizamientos todavía siguen y hay dragas que trabajan continuamente para mantener la profundidad mínima de unos 14 metros[3].

Al final del Corte de Gaillard se encuentra la esclusa de Pedro Miguel. Desde allí el barco baja al lago de Miraflores, a una altura de unos 16 metros[4] sobre el nivel del mar. Después de este lago hay dos esclusas más que lo colocan al nivel del mar. El número

montón de arena *pile of sand*
hueco *hole*
deslizar *to slip*

deslizamiento *slide*
draga *dredging machine*

[3] About 45 feet.
[4] About 52 feet.

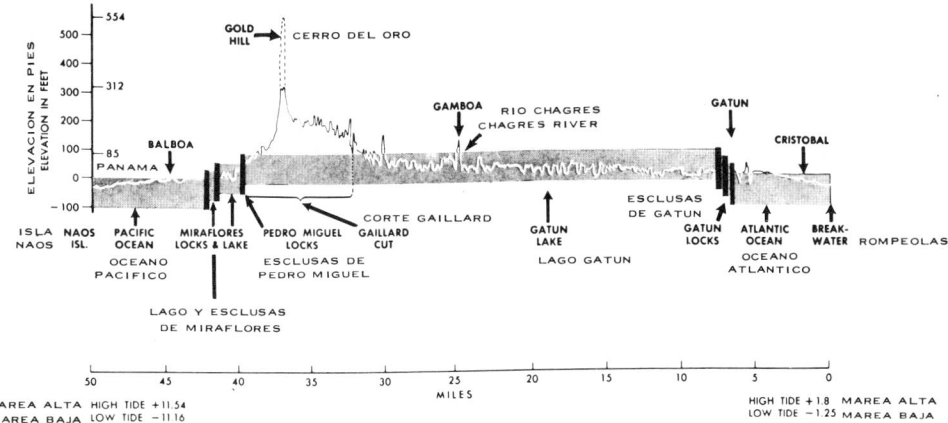

Perfil del Canal, una de las obras de ingeniería mas extraordinarias del mundo. El calor y las enfermedades tropicales presentaron tantas dificultades como el terreno. Las obras de esta magnitud requieren gran energía y trabajo, pero los resultados son beneficiosos para la humanidad.
Profile of the Canal, one of the most extraordinary works of engineering in the world. Heat and tropical diseases posed as many difficulties as the terrain. Works of this magnitude require great energy and work, but the results are beneficial to mankind.

de metros que el barco tiene que descender para llegar a este nivel varía mucho, ya que la diferencia entre la marea alta y la marea baja en el Pacífico llega a ser de unos tres metros y medio[5].   **marea** *tide*

El barco sigue por un canal de unas 8 millas de largo hasta llegar a la bahía de Panamá donde el práctico le entrega la dirección del mismo a su capitán.

Para ir de un océano a otro el barco navegó unas 50 millas en unas 8 horas. Para elevarlo al lago de Gatún y después bajarlo hasta el Océano Pacífico hicieron falta unos 54.000.000 de galones de agua.

Hoy en día hay algunos barcos cuyo gran tamaño no les permite cruzar el canal de Panamá. Algunos ingenieros y técnicos opinan que hace falta otro canal más ancho y más moderno que permita la entrada a estos barcos y a los que se construyan en el futuro, y evitar así el largo viaje alrededor de la América del Sur con el consiguiente gasto de combustible. Quizás la crisis de los   **el combustible** *fuel*
recursos naturales que ya experimentan algunas naciones pueda influir en la construcción de otro canal que una a los dos océanos.

---

[5]About 11 feet.

PREGUNTAS

1. ¿En qué siglo se construyó el Canal de Panamá?
2. ¿Desde cuándo se pensó en la construcción de un canal interoceánico?
3. ¿Por qué era importante la construcción de un canal?
4. ¿Cuál era una de las rutas que seguían los buscadores de oro para ir del este al oeste de los Estados Unidos?
5. ¿Qué construyeron unas compañías americanas alrededor de 1850 en Panamá?
6. ¿Quién era Fernando de Lesseps?
7. ¿Qué clase de canal empezó a construir de Lesseps?
8. ¿Por qué tuvo tantas dificultades la compañía francesa que construía el canal?
9. ¿Cuándo firmaron los Estados Unidos un tratado para poder hacerse cargo de la construcción del canal?
10. ¿Qué problema se resolvió primero?
11. ¿Qué clase de canal decidieron construir los ingenieros americanos?
12. ¿Por qué fue difícil la construcción de las esclusas?
13. ¿Quién está a cargo de un barco mientras éste cruza el Canal de Panamá?
14. ¿Qué pasa cuando un barco entra en una esclusa?
15. ¿Por qué es importante el lago de Gatún?
16. ¿Por qué fue difícil la construcción del Corte de Gaillard?
17. ¿Qué problemas hay hoy en día en el Corte de Gaillard?
18. ¿Pueden pasar los barcos de noche? ¿Por qué?
19. ¿Por qué no pueden cruzar el Canal de Panamá algunos barcos de hoy en día?
20. ¿Cree usted que hace falta otro canal? ¿Por qué?

poema / RIMAS

rima *poem, rhyme*

XVII

Hoy la tierra y los cielos me sonríen
hoy llega al fondo de mi alma el sol;
hoy la he visto..., la he visto y me ha mirado...
　　　　¡Hoy creo en Dios!

sonreír *to smile*

XXI

"¿Qué es poesía?", dices mientras clavas
en mi pupila tu pupila azul.
"¿Qué es poesía?" ¿Y tú me lo preguntas?
　　　　Poesía...eres tú.

　　　　　GUSTAVO ADOLFO BÉCQUER[6]
　　　　　　　(1836–1870)

---

[6]A popular Spanish lyric poet whose *Rimas* were published posthumously. These poems have no titles, but are numbered. Although his language is simple, it reflects his deep feelings of love, sorrow, and despair.

GUSTAVO ADOLFO BÉCQUER
Retrato pintado por su hermano Valeriano Bécquer.

PREGUNTAS

1. ¿Qué cosas sonríen al poeta en la rima XVII?
2. ¿Por qué dice el poeta: "¡Hoy creo en Dios!"?
3. ¿Cuántas personas hablan en la rima XXI?
4. Según esta rima, ¿qué es poesía?

READING AND WRITING SUPPLEMENT

The Spanish suffix -dor

Spanish and English have numerous cognates ending in -**tor**, among them **instructor**, **director**, and **doctor**. The Spanish suffix -**dor**, a variant of -**tor** and a more common ending, designates a person who performs the action denoted by the stem. Many of these words are derived directly from infinitives—notice the vowel preceding the suffix.

cazar	cazador	*hunter*	consumir	consumidor	*consumer*
pescar	pescador	*fisherman*	trabajar	trabajador	*worker*
nadar	nadador	*swimmer*	esquiar	esquiador	*skier*
vender	vendedor	*seller, salesman*	gobernar	gobernador	*governor*

What Spanish nouns ending in -**dor** are derived from these infinitives? What do they mean in English?

correr	conquistar
jugar	importar
narrar	exportar
hablar	entrevistar

The Spanish words **productor** and **escultor** closely resemble the English words *producer* and *sculptor*. Which English words do the following Spanish words resemble?

| diseñador | explorador |
| pintor | aviador |

TESTING

A. Present perfect subjunctive

Provide the correct form of the verb in parenthesis.

1. (suceder) Sentimos mucho que esto _____ _____. — haya sucedido
2. (aumentar) Espero que su jefe le _____ _____ el sueldo. — haya aumentado
3. (posponer) No creo que ellos _____ _____ el viaje. — hayan pospuesto
4. (hacer) Es imposible que tú _____ _____ todo esto. — hayas hecho
5. (revisar) Dudo que nosotros _____ _____ todos los papeles. — hayamos revisado
6. (tardar) Es una lástima que yo _____ _____ tanto en venir. — haya tardado
7. (aparecer) Me alegro que _____ _____ la carta. — haya aparecido
8. (pedir) Espera que nosotros le _____ _____ excusas. — hayamos pedido

B. Past perfect subjunctive

Provide the correct form of the verb in parenthesis.

1. (ver) Sentimos que tú no _____ _____ el desfile. — hubieras visto
2. (adelantar) Era natural que los Fernández _____ _____ el viaje. — hubieran adelantado
3. (ganar) No creían que yo _____ _____ el premio. — hubiera ganado
4. (alcanzar) Esperaba que el sueldo _____ _____ para cubrir los gastos. — hubiera alcanzado
5. (decir) No creía que Juan _____ _____ esos disparates. — hubiera dicho
6. (prometer) Era imposible que ellos _____ _____ ese aumento. — hubieran prometido
7. (pensar) Esperaba que nosotros _____ _____ en pagar los impuestos. — hubiéramos pensado
8. (ponerse) No pensaban que el problema de la inflación _____ _____ _____ tan serio. — se hubiera puesto

RECAPITULACIÓN Y AMPLIACIÓN XIV

C. Sequence of tenses

Provide the correct form of the verb in parenthesis.

1. (salir) Dudo que José María _____ esta noche. — salga
2. (cerrar) Quería que ellos _____ las fábricas tres días después. — cerraran
3. (llegar) Dudo que ese telegrama _____ anoche. — haya llegado
4. (venir) Me alegro de que Alicia _____ _____ a los Carnavales la semana pasada. — haya venido
5. (hablar) Le voy a pedir que _____ con su jefe. — hable
6. (descansar) Esperaba que ustedes _____ antes de llamarme. — hubieran descansado

D. Prepositions and infinitives

Complete the following sentences by using a preposition if needed.

1. Estamos tratando _____ aumentar los sueldos. — de
2. Insistió _____ hablar con el rector. — en
3. Fueron _____ ver la exhibición. — a
4. Queremos _____ pagar todas las deudas. — --
5. Quedó _____ vernos en el cine. — en
6. Los heridos empezaron _____ gritar. — a
7. Van _____ reservar una habitación doble. — a
8. No dejen _____ ver las casas flotantes. — de

E. Infinitives

Complete the following sentences by using the Spanish word suggested by the English word in parenthesis.

1. (*doing*) (_____) _____ ejercicios es muy importante. — (El) hacer
2. (*Upon seeing him*) _____ _____, fue a pedirle una entrevista. — Al verlo
3. (*reading*) Se fue sin _____ el mensaje. — leer
4. (*calling him*) Después de _____, decidió posponer el viaje. — llamarlo
5. (*Upon leaving*) _____ _____, vio a los campesinos. — Al salir *or* al irse

F. Pero, sino, sino que

Complete the following sentences with the most appropriate expression.

1. No necesitamos un carburador, _____ un acumulador. — sino
2. El inspector fue muy amable, _____ revisó todas las maletas con mucho cuidado. — pero
3. Ellos no iban despacio, _____ muy rápido. — sino
4. Yo no llevé el automóvil al taller, _____ yo mismo lo arreglé. — sino que
5. La telefonista me dijo que no estaba, _____ que lo esperaba a las dos. — pero
6. Ellos no fueron al cine, _____ _____ fueron al café. — sino que

G. Constructions expressing the notion *to become*

Complete the following sentences with the most appropriate construction expressing the notion *to become*. Use the preterit tense.

1. Mi hermano _____ abogado. — se hizo *or* llegó a ser
2. María _____ muy contenta cuando nos vio. — se puso
3. Su padre _____ director de la compañía. — llegó a ser
4. Ellos _____ muy nerviosos cuando vieron al testigo. — se pusieron
5. ¿Por qué _____ loco don Quijote? — se volvió
6. Él trabajó mucho y _____ muy rico. — se hizo *or* llegó a ser *or* se volvió

H. Exclamatory qué

Add the adjective in parenthesis to the sentence, using all three possible constructions.

1. (bonito) ¡Qué día! — ¡Qué bonito día!, ¡Qué día tan bonito!, ¡Qué día más bonito!
2. (bueno) ¡Qué mecanógrafa! — ¡Qué buena mecanógrafa!, ¡Qué mecanógrafa tan buena!, ¡Qué mecanógrafa más buena!

I. Interrogative qué and cuál(es)

Complete the following questions with ¿qué? or ¿cuál(es)? to elicit the answer given.

1. ¿_____ es un profesor? Es una persona que enseña en una escuela o en una universidad. — Qué
2. ¿_____ es la habitación más cara? Ésa es la más cara. — Cuál
3. ¿_____ son las carrozas que ganaron los premios? Las que acaban de pasar. — Cuáles
4. ¿_____ es una tarea? Es el trabajo que hacen los alumnos para la clase en su casa o en la universidad. — Qué

VOCABULARY

acordarse (ue)	to remember	inflación	inflation
adelantar	to advance	inolvidable	unforgettable
agotado	exhausted	insistir (en)	to insist
alcanzar (c)	to reach, to cover	loco	crazy
aumentar	to increase	luego	therefore
aumento	increase	llegar a ser	to become
aumento de sueldo	raise (in salary)	mensaje m	message
avisar	to inform, to notify	molestar	to bother
bajo	under	Navidad(es) f (pl)	Christmas
banda	band	nervioso	nervous
cable m	cablegram	nota	note, grade
cablegrama m	cablegram	obra de arte	work of art, masterpiece
cancelación	cancellation	ocupado	busy
cansarse	to get tired	oportuno	oportune, right
carnaval m	carnival	orquesta	orchestra
carroza	float	pálido	pale
comprobar (ue)	to check, to verify	Pascua	Passover, Easter
conjunto	musical group	Pascuas f pl	Christmas
contestación	answer	pollera	national dress of Panamá
copia	copy		
costo	cost	ponerse (g)	to become
Cuaresma	Lent	posponer (g)	to postpone
cuenta	bill	premio	prize
deber	to owe	preocupación	worry, preoccupation
deprimido	depressed	prometer	to promise
deuda	debt	quedar en + infinitive	to agree on + present participle
día de fiesta	holiday		
disgusto	annoyance		
disparate m	absurdity	recado	message
documento	document	reservar	to reserve
efectivamente	effectively, of course	revisar	to review, to check
encantar	to delight	seguro	insurance
enviar	to send	sentir (ie, i)	to feel, to regret
espectáculo	spectacle	sino	but
examen m	examination	situación	situation
excusa	excuse, apology	tardar	to delay
falta: sin falta	without fail	tarea	homework
gasto	expense	telefonear	to telephone
habitación doble	double room	telegrama m	telegram
habitación sencilla	single room	tratar (de)	to try
hacerse	to become	úlcera	ulcer
hotel de primera categoría	first class hotel	verdadero	true, truthful, real
		vez: de una vez	once and for all
impuesto	tax	volverse (ue)	to become

◀ Miguel Antonio de Ustariz, gobernador español de Puerto Rico, obra del gran pintor puertorriqueño José Campeche (1751–1809).
Miguel Antonio de Ustariz, Spanish governor of Puerto Rico, a work by the great Puerto Rican Painter José Campeche (1751–1809).

LECCIÓN 43

The future tense / Relative pronouns

diálogo / EL VIEJO SAN JUAN[1]

SILVIO	Ahora el taxi nos lleva hacia la sección antigua de la ciudad que todos conocen como el Viejo San Juan.	
MARGARITA	Cuando veas las murallas, las calles estrechas y los edificios antiguos, te va a parecer que estás en la época colonial.	
SILVIO	Y para conservarlo así, no permiten construir edificios modernos en el Viejo San Juan. Todos deben ser de estilo colonial.	
CHELA	Tengo entendido que han restaurado muchos edificios últimamente. ¿Es cierto?	

OLD SAN JUAN

S: *Now the cab is taking us toward the old part of the city which everyone calls Old San Juan.*

M: *When you see the city walls, narrow streets, and old buildings, you're going to think that you are back in the colonial period.*

S: *And to keep[2] it as it is, they don't allow modern buildings to be built in Old San Juan. They all must be colonial style.*

CH: *I understand that they have restored many buildings lately. Is that so?*

---

[1] Old section of San Juan, the capital of Puerto Rico. It was once enclosed by city walls and the forts of El Morro and San Cristóbal. Since 1955, the Institute of Puerto Rican Culture has been in charge of conserving its colonial style and has restored several important buildings.

[2] Literally, *to conserve.*

Una calle del Viejo San Juan. En el clima cálido y húmedo del Caribe, las casas antiguas como éstas se deterioran y deben ser restauradas para conservarlas.

A street in Viejo San Juan. In the warm, damp climate of the Caribbean, ancient houses like these deteriorate and must be restored to preserve them.

SILVIO	Sí, nosotros nos sentimos muy orgullosos de esta parte de San Juan y no queremos destruir lo viejo, sino mantenerlo.
MARGARITA	La sección por la cual pasamos es el Condado. Aquí la tierra es muy cara y por eso se construyen hoteles de lujo o edificios muy altos, pero las playas son públicas. Trajiste tu traje de baño[3], ¿verdad, Chela?
CHELA	Eso fue lo primero que metí en la maleta. Yo sabía que iban a menudo a la playa y yo no me lo iba a perder.
MARGARITA	Muchas personas se quejan de los turistas, pero yo creo que estos hoteles son fantásticos. Además, el turismo es una fuente de trabajo.

S: Yes, we feel very proud of this part of San Juan and we don't want to destroy the old, but preserve it.

M: The section we're passing through is the Condado. The land here is very expensive and so they are building deluxe hotels or high-rise buildings, but the beaches are public. You brought your bathing suit, didn't you, Chela?

CH: That's the first thing I put in my suitcase. I knew you often went to the beach and I wasn't going to miss it.

M: Many people complain about tourists, but I believe these hotels are fantastic. Besides, tourism provides a lot of jobs.

---

[3]In some areas of the Caribbean, the word **trusa** is used.

Hato Rey, el centro comercial y financiero de San Juan, ciudad que ya tiene cerca de un millón de habitantes.

Hato Rey, the commercial and financial center of San Juan, a city that now has around a million inhabitants.

SILVIO Y como tú vienes de turista, querémos que conozcas bien a nuestro Borinquen[4]. Esta tarde iremos a la playa y mañana visitaremos otras partes de San Juan. Después queremos llevarte a Barranquitas[5], Ponce[6], El Yunque[7]...

MARGARITA ¡No le hagas caso a mi hermano! Es incansable y, como lo dejes, te va a tener de un lado para otro. Mira, ése es el Castillo de San Cristóbal.

CHELA ¿Crees que podamos parar aquí un momento para sacar unas fotos?

SILVIO Cómo no.

S: *And since you're here as a tourist, we want you to know our Borinquen well. This afternoon we're going to the beach and tomorrow we'll visit other parts of San Juan. Then we want to take you to Barranquitas, Ponce, El Yunque....*

M: *Don't pay any attention to[8] my brother! He's tireless; if you let him, he'll take you from one end to the other. Look, this is the Castillo de San Cristóbal.*

CH: *Do you think we can stop here a moment to take some pictures?*

S: *Of course.*

---

[4] Indian name for Puerto Rico.
[5] Barranquitas, a famous old town in the Cordillera Central, reached only by a lengthy auto trip over endlessly winding roads.
[6] Ponce, Puerto Rico's second largest city, remarkable for its many colonial-style houses.
[7] El Yunque, popular name for the Luquillo rain forest, a major tourist attraction.
[8] Literally, *don't make a case of, don't take notice of.*

ORACIONES Y PALABRAS

Nos sentimos muy **orgullosos**.	*We feel very proud.*
felices[9]	*happy*
Metí **el traje de baño** en el maletín.	*I put the bathing suit in the bag.*
el bikini, el jabón, el peine, el lápiz de labios, el lápiz de cejas, el polvo, las sandalias, las toallas, las gafas de sol	*bikini, soap, comb, lipstick, eyebrow pencil, powder, sandals, towels, sunglasses*
Iban a la playa **a menudo**.	*They went to the beach often.*
con frecuencia, de vez en cuando	*frequently, from time to time*

PREGUNTAS SOBRE EL DIÁLOGO

1. ¿Qué es el Viejo San Juan?
2. ¿Qué clase de edificios no se pueden construir allí?
3. ¿Cómo son los edificios y las calles del Viejo San Juan?
4. ¿Qué han hecho en el Viejo San Juan últimamente?
5. ¿Qué clase de edificios se construyen en el Condado? ¿Por qué?
6. ¿Qué fue lo primero que metió Chela en la maleta?
7. ¿Qué opina Margarita del turismo?
8. ¿Adónde quiere Silvio llevar a Chela?

---

[9]**Feliz**, singular.

Un pescador y su familia pescan con redes al amanecer cerca de la costa de Puerto Rico.

A fisherman and his family fishing with nets at sunrise near the coast of Puerto Rico.

para - purpose
por - Answer to request
because of what you represent.

PREGUNTAS GENERALES

1. ¿Le gustan a usted las ciudades antiguas?
2. ¿Qué ciudades antiguas hay en este país?
3. ¿Cree usted que es bueno sentirse orgulloso de su país? ¿Por qué?
4. ¿Qué cree usted que debe hacerse con las partes más viejas de las ciudades?
5. ¿Prefiere usted las casas modernas o las casas antiguas? ¿Por qué?
6. ¿Qué cree usted que necesita una persona para ser feliz?
7. ¿Cuáles son las playas más famosas de este país?
8. ¿Qué cosas lleva usted a la playa?

GRAMMAR, EXERCISES, AND TESTING

Part 1

I. THE FUTURE TENSE

☐ **FORMS**

1. The future tense is formed by attaching a special set of endings to the infinitive of most verbs.[10]
2. The endings are derived from the present tense indicative of the verb **haber**: **he, has, ha, hemos, habéis, han**.
3. All verb forms but the first-person plural stress the final syllable.

☐ **USES**

Iremos a la playa mañana.	We'll go to the beach tomorrow.
Vamos a ir a la playa mañana.	We're going to go to the beach tomorrow.
Vamos a la playa mañana.	We're going to the beach tomorrow.
No sé quién es esa señora. **Será** la secretaria.	I don't know who that lady is. She's probably the secretary.
¿Quieres café?	Will you have coffee?

1. Spanish, like English, has a choice of three formulas to express the future.
2. The future tense corresponds to the English formula *will* (or *shall*) + verb.
3. In Spanish, the future tense may also be used to express probability in the present.
4. When "willingness" is implied, Spanish uses the present tense, not the future.

---

[10] Only eleven verbs attach the endings to an altered infinitive stem. They will be discussed in Lesson 44.

A. Ejercicios de sustitución

1. Yo iré a la playa mañana.
   - Nosotros — Nosotros iremos a la playa mañana.
   - Luisa — Luisa irá a la playa mañana.
   - Mis amigos — Mis amigos irán a la playa mañana.
   - Tú — Tú irás a la playa mañana.
   - Él — Él irá a la playa mañana.

2. Ellos se sentirán muy felices.
   - Tú — Tú te sentirás muy feliz.
   - Nosotros — Nosotros nos sentiremos muy felices.
   - Usted — Usted se sentirá muy feliz.
   - Yo — Yo me sentiré muy feliz.
   - Ella — Ella se sentirá muy feliz.

3. Esta tarde la llevaremos a las secciones nuevas.
   - (yo) Esta tarde la llevaré a las secciones nuevas.
   - (ellos) Esta tarde la llevarán a las secciones nuevas.
   - (él) Esta tarde la llevará a las secciones nuevas.
   - (tú) Esta tarde la llevarás a las secciones nuevas.
   - (usted) Esta tarde la llevará a las secciones nuevas.

4. Así conocerá bien a Borinquen.
   (tú, yo, ellos, nosotros, usted)

5. Después veremos las murallas.
   (yo, ella, tú, ellas, usted)

B. Ejercicio de transformación

Cambie las siguientes oraciones usando el futuro de probabilidad.

Modelos: Es probable que sea la secretaria.
   Será la secretaria.
   Creo que se siente muy feliz.
   Se sentirá muy feliz.

Creo que son las tres. — Serán las tres.
Me parece que está en la sección antigua. — Estará en la sección antigua.
Creo que viven cerca. — Vivirán cerca.
Es probable que lo produzca la contaminación del aire. — Lo producirá la contaminación del aire.
Es probable que encuentren una solución. — Encontrarán una solución.

C. Preguntas

Conteste las siguientes preguntas usando el tiempo futuro.

1. ¿Adónde irán ustedes mañana?
2. ¿Qué van a hacer esta noche?
3. ¿Qué va a suceder si sigue la contaminación del aire?
4. ¿Qué equipo va a ganar el campeonato de béisbol este año?
5. ¿Quién es ese señor?
6. ¿Qué hora es?

TESTING / the future tense

1. The endings attached to the infinitive to form the future are derived from the present indicative of the verb _____.

— haber

Give the indicated future-tense form.
2. **conocer, yo**-form — conoceré
3. **construir, él**-form — construirá
4. **dejar, nosotros**-form — dejaremos
5. **pasar, ustedes**-form — pasarán

Give a Spanish equivalent using the future tense.
6. *I will go.* — Iré.
7. *They will feel better.* — Se sentirán mejor.
8. *She's probably his cousin.* — Será su prima.
9. *Who can they be?* — ¿Quiénes serán?

Give a Spanish equivalent.
10. *Shall I open the door?* — ¿Abro la puerta?
11. *Shall we shut the suitcase?* — ¿Cerramos la maleta?

Part 2

II. RELATIVE PRONOUNS

Los edificios **que** vimos son muy antiguos.	The buildings (that) we saw are very old.
El señor **que** acaba de entrar está a cargo de las restauraciones.	The gentleman who just came in is in charge of the restorations.
El Embajador, {**quien** / **que**} vino de los Estados Unidos, asistirá a la función.	The Ambassador, who came from the United States, will attend the performance.
Es el niño **a quien le** / Son los niños **a quienes les** } dimos pan.	He is the child / They are the children } to whom we gave bread.
La señora del director, {**la cual** / **la que**} llamó ayer, preguntó por usted.	The director's wife, who called yesterday, asked for you.
Los árboles, entre **los cuales** corrían los niños, serán cortados muy pronto.	The trees, among which the children ran, will be cut down very soon.
Decidieron hacer algo por la ecología, {**lo cual** / **lo que**} nos sorprendió mucho.	They decided to do something about the ecology, which surprised us a lot.

1. The most commonly used relative pronoun is **que**.
2. It may refer to persons or things.
3. English sometimes omits relative pronouns. Spanish never does: **que** or some other relative pronoun must always be expressed.
4. **Que** may be a subject or object.

            subject
El señor **que** acaba de entrar está a cargo de las restauraciones.

           object   subject
Los edificios **que nosotros** vimos son muy antiguos.

Paisaje montañoso del interior de Puerto Rico, cerca del pueblo de Aguas Buenas. El ganado, el tabaco y el café son los productos principales del interior; la piña y la caña de azúcar se cultivan cerca de la costa. Durante la elaboración del azúcar se produce la miel. De la miel se saca el alcohol para la fabricación del ron, producto que se puede transportar con facilidad a los diferentes mercados del mundo.

Mountainous countryside of the interior of Puerto Rico, near the town of Aguas Buenas. Cattle, tobacco, and coffee are the main products of the interior; pineapples and sugarcane are grown along the coast. During the processing of the sugar, miel, *a syrup, is produced. Alcohol is derived from the miel for the production of rum, a product that can easily be shipped to various world markets.*

5. The pronoun **quien(es)** refers only to persons.
6. **Quien(es)** may replace **que** if it introduces a nonrestrictive clause (one set off by commas).
7. After a preposition, **que** refers only to things and **quien** only to persons.
8. The pronouns **el cual, la cual, los cuales, las cuales** are used:
   a. to clarify the antecedent in case of ambiguity.
   b. after prepositions except **a, con, de,** and **en**.
   c. to replace **el que** for a more literary style.
9. When the antecedent refers to a general idea, action, or situation rather than to a specific masculine or feminine word, the neuter form **lo que** or **lo cual** is used.

La playa de Luquillo.
Luquillo Beach.

D. Ejercicios de transformación

Combine las dos oraciones en una nueva oración usando un pronombre relativo.

1. *Modelo:* Necesito las sandalias. Metiste las sandalias en el maletín.
   Necesito las sandalias que metiste en el maletín.

Voy a comprar las gafas de sol. Vimos las gafas en la tienda.

Voy a comprar las gafas de sol que vimos en la tienda.

Éste es el barrio antiguo. Todos conocen este barrio.

Éste es el barrio antiguo que todos conocen.

Ésas son las casas. Restauraron esas casas el año pasado.

Ésas son las casas que restauraron el año pasado.

No me gusta el traje de baño. Marta compró el traje de baño.

No me gusta el traje de baño que Marta compró.

Mañana llegará ese jugador. Monta muy bien a caballo.

Mañana llegará ese jugador que monta muy bien a caballo.

2. *Modelo:* Ese equipo no es el mejor. Ese equipo ganó el campeonato.
   Ese equipo que ganó el campeonato no es el mejor.

La carta confirmaba la reservación. La carta llegó esta mañana.

La carta que llegó esta mañana confirmaba la reservación.

El elevador no funciona bien. Lo arreglaron ayer.

El elevador que arreglaron ayer no funciona bien.

El premio es muy importante. Se lo dieron a Juan.

El premio que le dieron a Juan es muy importante.

Las toallas son muy pequeñas. Ellos trajeron las toallas.

Las toallas que ellos trajeron son muy pequeñas.

Los señores llamaron. Cancelaron la cita.

Los señores que cancelaron la cita llamaron.

3. *Modelo:* Ése es el señor. Le ofrecieron un puesto muy bueno.
   Ése es el señor a quien le ofrecieron un puesto muy bueno.

Vimos al chofer. Te hablé de él ayer.

Vimos al chofer de quien te hablé ayer.

Tú conoces al muchacho. Yo salía con él.

Tú conoces al muchacho con quien yo salía.

Les escribirá a los voluntarios. Va a trabajar con ellos.

Les escribirá a los voluntarios con quienes va a trabajar.

Ahí viene el médico. Le entregaron el mensaje.

Ahí viene el médico a quien le entregaron el mensaje.

Ésos son los campesinos. Juan te habló de ellos.

Ésos son los campesinos de quienes Juan te habló.

E. Respuestas dirigidas

Conteste las siguientes preguntas usando el apunte y un pronombre relativo.

Modelo: ¿Qué dijo el empleado? No entendí...
   No entendí lo que dijo el empleado.

¿Qué les compraron a los novios? No sé...

No sé lo que les compraron a los novios.

¿Qué explicó el profesor? Después me van a decir...

Después me van a decir lo que explicó el profesor.

¿Qué van a hacer en San Juan? No saben...

No saben lo que van a hacer en San Juan.

¿Qué va a necesitar para el viaje? No ha decidido...

No ha decidido lo que va a necesitar para el viaje.

F. Ejercicio para completar

Complete las siguientes oraciones con el pronombre relativo adecuado.

1. Ésta es la novela de _____ te hablé el otro día.
2. Nos gustaron mucho los barrios antiguos _____ visitamos.

3. Ésos son los señores a _____ les dieron los contratos.
4. Los jabones _____ compré están en el auto.
5. Las columnas, detrás de _____ estaban los policías, no se veían desde aquí.
6. La hermana de Juan, _____ es muy inteligente, ganó un premio.
7. El senador, _____ estuvo en la clínica hasta hace unos días, fue a la sesión de ayer.
8. La muchacha _____ quieres conocer va a estar en la fiesta.

G. Preguntas

Conteste las siguientes preguntas usando oraciones con pronombres relativos.

1. ¿Quiénes son esos señores?
2. ¿Qué compraste ayer?
3. ¿A quién verás esta noche?
4. ¿Con quién va a salir este fin de semana?
5. ¿Qué películas has visto últimamente?
6. ¿Qué novelas has leído?

TESTING / *relative pronouns*

1. The relative pronoun most commonly used is _____. — que
2. The pronoun that refers only to persons is _____. — quien(es)
3. When the antecedent refers to a general idea, situation, or action, Spanish uses _____ or _____. — lo que, lo cual

Give a Spanish equivalent.
4. *the films we saw* — las películas que vimos
5. *the man who ran* — el hombre que corrió
6. *the delegate of whom I spoke to you* (familiar singular) — el delegado de quien te hablé
7. *the columns they will restore* — las columnas que restaurarán *or* que van a restaurar
8. *the secretary to whom we gave the note* — la secretaria a quien (*or* a la cual *or* a la que) le dimos la nota
9. *this man's daughter who* — la hija de este hombre, la cual *or* la que
10. *They don't destroy the old buildings, which is an excellent idea.* — No destruyen los edificios antiguos, lo cual (*or* lo que) es una idea excelente.

LECCIÓN 44

Verbs using an altered stem in the future tense / The future perfect tense

diálogo / EN NUEVA YORK

JOSÉ ANTONIO	Ya yo no aguanto más esta vida. En cuanto pueda, me voy a Puerto Rico.
ALFREDO	Tienes que tener un poco de paciencia, José Antonio. Ya vendrán tiempos mejores.
JOSÉ ANTONIO	No, Alfredo. No es cuestión de paciencia. Tú bien sabes que yo no hablo inglés, y sin inglés no voy a encontrar ningún trabajo que valga la pena. Yo no quiero quedarme en Nueva York para lavar platos y pasar necesidades.
ALFREDO	Pero, José Antonio, todo no se logra en un día.

IN NEW YORK

J-A:	I can't stand this life any longer. As soon as I can, I'm going to Puerto Rico.
A:	You've got to be patient, José Antonio. Better times will come.
J-A:	No, Alfredo. It's not a question of patience. You know very well that I don't speak English, and without English I'm not going to find any work that is worth while. I don't want to stay in New York to wash dishes and suffer hardships.[1]
A:	But, José Antonio, Rome wasn't built in a day.[2]

[1] Literally, *necessities.*
[2] Literally, *all is not obtained in a day.*

JOSÉ ANTONIO	Ya llevo seis meses aquí[3] y lo que gano casi no me alcanza para vivir. Además, no resisto este frío. Allá, por lo menos...	J-A:	I've been here six months, and what I earn does not give me enough to live. Besides, I can't take[5] this cold weather. Down there, at least....
ALFREDO	Todo se resuelve con el tiempo.	A:	Everything is solved with time.
JOSÉ ANTONIO	Y cuando se resuelva, ya me habrán enterrado[4].	J-A:	And when it's solved, they'll already have buried me.
ALFREDO	¡Qué cosas tienes!	A:	What ideas you have!
JOSÉ ANTONIO	Es la verdad. Uno viene con muchas ilusiones y después se da cuenta que la vida aquí es muy dura. Mira, si voy a pasar trabajos, prefiero pasarlos en Puerto Rico.	J-A:	It's the truth. One comes here with lots of dreams[6] and later realizes that life here is very hard. Look, if I'm going to have a tough time, I prefer to have it in Puerto Rico.
ALFREDO	Tú verás como cambias de opinión. Nosotros nos hemos acostumbrado a la vida de aquí y estamos muy contentos.	A:	You'll see how you'll change your mind.[7] We have become accustomed to life here and we are very happy.
JOSÉ ANTONIO	Es que tú perteneces a la minoría que le ha ido bien.	J-A:	That's because you belong to the minority who have made it.
ALFREDO	No, a muchos les va bien. Tienes que ser optimista y pensar que las cosas van a mejorar.	A:	No, many people have made it. You've got to be optimistic and think that things will get better.
JOSÉ ANTONIO	Bueno, no pueden ponerse peor.	J-A:	Well, they can't get worse.

ORACIONES Y PALABRAS

No resisto **este frío**.
      este pueblo, este clima, esta humedad,
      esta pobreza, a estos vecinos
La vida aquí es muy **dura**.
      complicada
Pertenecen a la **minoría**.
      mayoría, clase media, clase obrera

I can't stand this cold.
      this town, this climate, this humidity,
      this poverty, these neighbors
Life here is very hard.
      complex
They belong to the minority.
      majority, middle class, working class

---

[3] The verb **llevar** + expression of time is equivalent of **hacer** + expression of time. If another verb is used with **llevar**, it must be a present participle: **Llevo seis meses viviendo aquí.**
[4] From **enterrar** (ie).
[5] Literally, *I can't resist*.
[6] Literally, *illusions, delusions*.
[7] Literally, *opinion*.

Cientos de miles de puertorriqueños asisten al desfile del Día de Puerto Rico en la ciudad de Nueva York. Los Young Lords están a favor de la independencia de Puerto Rico, que es ahora un estado libre asociado con los Estados Unidos. Este grupo tiene un programa de almuerzos para las escuelas en El Barrio.
Hundreds of thousands of Puerto Ricans attend the Puerto Rican Day Parade in New York City. The Young Lords favor independence for Puerto Rico, which is now a free state associated with the United States. This group has a school lunch program for schools in the Barrio.

PREGUNTAS SOBRE EL DIÁLOGO

1. ¿Qué es lo que no aguanta más José Antonio?
2. ¿Adónde quiere irse José Antonio?
3. ¿Por qué no puede encontrar un trabajo que valga la pena?
4. ¿Qué cree José Antonio que le va a pasar si se queda en Nueva York?
5. ¿Qué clase de sueldo gana ahora José Antonio?
6. ¿Qué cree Alfredo que debe hacer José Antonio?
7. ¿Está satisfecho Alfredo en Nueva York?
8. Según José Antonio, ¿a qué clase social pertenece Alfredo?

PREGUNTAS GENERALES

1. ¿Cómo es la vida en las grandes ciudades?
2. ¿Qué vida prefiere usted, la de las ciudades o la del campo?
3. En general, ¿cómo son las relaciones entre los vecinos en las grandes ciudades? ¿Y en los pueblos?

4. ¿Cree usted que se ha notado un cambio en estas relaciones en los últimos años? ¿Por qué?
5. ¿Dónde es más importante la clase media, en Hispanoamérica o en los Estados Unidos?
6. ¿Cree usted que la clase obrera tiene sueldos justos en este país?
7. ¿Es la pobreza un problema social de importancia aquí?
8. ¿Cree usted que debe haber cambios sociales en este país? ¿Por qué?
9. ¿Se siente más el frío cuando aumenta la humedad?
10. ¿Qué lugares son famosos en este país por su clima agradable?

GRAMMAR, EXERCISES, AND TESTING

Part 1

I. VERBS USING AN ALTERED STEM IN THE FUTURE TENSE

Eleven verbs and their derivatives form the future tense by attaching the regular future endings to an altered form of the infinitive.

□ **-ER VERBS THAT DROP THE THEME VOWEL**

INFINITIVE	ALTERED STEM	ENDINGS
haber	habr-	
poder	podr-	-é, -ás, -á, -emos, -éis, -án
querer	querr-	
saber	sabr-	

The four **-er** verbs above alter their infinitives by dropping the theme vowel **e**.

□ **THEME VOWEL → d**

INFINITIVE	ALTERED STEM	ENDINGS
poner	pondr-	
tener	tendr-	
valer	valdr-	-é, -ás, -á, -emos, -éis, -án
salir	saldr-	
venir	vendr-	

The five **-er** and **-ir** verbs above alter their infinitives by replacing the theme vowels **e** and **i** by a **d**.

□ **SPECIAL FORMS**

INFINITIVE	ALTERED STEM	ENDINGS
decir	dir-	-é, -ás, -á, -emos, -éis, -án
hacer	har-	

These two verbs use a special form.

A veces, las familias numerosas viven en pequeños apartamentos en El Barrio. La vida tampoco era fácil para esta familia en Puerto Rico. Todos sus miembros trabajan aunque sea parte del tiempo y pronto podrán mudarse a un lugar mejor y más amplio.
Sometimes large families live in small apartments in the Barrio. Life wasn't easy in Puerto Rico, either. Every family member works if only part time and soon they may be able to move to a better and larger home.

A. Ejercicio de sustitución

1. Él vendrá a Puerto Rico el verano próximo.
   - Tú — Tú vendrás a Puerto Rico el verano próximo.
   - Ellos — Ellos vendrán a Puerto Rico el verano próximo.
   - Nosotros — Nosotros vendremos a Puerto Rico el verano próximo.
   - Yo — Yo vendré a Puerto Rico el verano próximo.
   - Ella — Ella vendrá a Puerto Rico el verano próximo.

2. Tendrán que ayudar a las clases pobres.
   - (yo) — Tendré que ayudar a las clases pobres.
   - (nosotros) — Tendremos que ayudar a las clases pobres.
   - (usted) — Tendrá que ayudar a las clases pobres.
   - (tú) — Tendrás que ayudar a las clases pobres.
   - (ustedes) — Tendrán que ayudar a las clases pobres.

3. No podrás resistir un clima con tanta humedad.
　(yo)　　　　No podré resistir un clima con tanta humedad.
　(él)　　　　No podrá resistir un clima con tanta humedad.
　(nosotros)　No podremos resistir un clima con tanta humedad.
　(ustedes)　　No podrán resistir un clima con tanta humedad.
　(ella)　　　No podrá resistir un clima con tanta humedad.

4. No querrán lavar platos.
　(ella)　　　No querrá lavar platos.
　(yo)　　　　No querré lavar platos.
　(nosotros)　No querremos lavar platos.
　(tú)　　　　No querrás lavar platos.
　(ellos)　　　No querrán lavar platos.

5. Dirás que es cuestión de paciencia.
　(nosotros, ella, ellos, yo, usted)

6. Sabré la contestación esta noche.
　(él, tú, ellos, nosotras, usted)

B. Presente → futuro

Salen a ver las murallas.
Tengo a mis amigos de un lado para otro.
Sabemos resolver esa situación complicada.
Vienen con muchas ilusiones.
Tú puedes acostumbrarte a esta vida.
Hacen verdaderas obras de arte.

Saldrán a ver las murallas.
Tendré a mis amigos de un lado para otro.
Sabremos resolver esa situación complicada.
Vendrán con muchas ilusiones.
Tú podrás acostumbrarte a esta vida.
Harán verdaderas obras de arte.

Las azoteas de los edificios de apartamentos proporcionan un escape temporal a los ruidos de la calle y la falta de espacio en los apartamentos.

The flat roofs of apartment buildings provide a temporary escape from the noise of the street and the lack of space in apartments.

De los ocho millones de habitantes de la ciudad de Nueva York, unos dos millones son de habla española. En todas partes se ven anuncios en español.
Of New York City's eight million inhabitants, some two million are Spanish-speaking. Signs in Spanish are seen everywhere.

C. Preguntas

Conteste las siguientes preguntas usando el tiempo futuro.

1. ¿A qué hora van a salir esta noche?
2. ¿Quiénes van a hacer el trabajo?
3. ¿Quiénes van a venir a la reunión?
4. ¿Cree usted que las minorías van a mejorar de situación?
5. ¿Cree usted que los hombres del año 2.000 van a tener las mismas ideas que tienen los hombres de hoy en día?
6. ¿Qué cree usted que van a decir los políticos del futuro?
7. ¿Puede explicarme estos problemas ahora?

TESTING / verbs using an altered stem in the future

1. Four verbs which drop their theme vowel **e** to form the future are _____, _____, _____, and _____.
   — haber, poder, querer, saber
2. Five verbs which replace their theme vowel **e** or **i** by a **d** to form the future are _____, _____, _____, _____, and _____.
   — poner, tener, valer, venir, salir
3. The two verbs which use a special form for the future are _____ and _____.
   — decir, hacer

Give the indicated future-tense form of the verb shown.

4. **saber, yo**-form — sabré
5. **tener, usted**-form — tendrá
6. **hacer, nosotros**-form — haremos
7. **decir, tú**-form — dirás
8. **haber, nosotros**-form — habremos

Give a Spanish equivalent.

9. *The neighbors will do the work.* — Los vecinos harán el trabajo.
10. *She'll leave as soon as she can.* — Saldrá tan pronto (*or* en cuanto) pueda.
11. *It will cost ten dollars.* — Valdrá (*or* costará) diez dólares.
12. *I'll put the letter in the drawer.* — Pondré la carta en la gaveta.
13. *When will they come?* — ¿Cuándo vendrán?
14. *The working class will want higher salaries.* — La clase obrera querrá sueldos más altos.
15. *He won't be able to restore that painting.* — Él no podrá restaurar esa pintura.

Part 2

II. THE FUTURE PERFECT TENSE[8]

HABER, FUTURE TENSE   PAST PARTICIPLE

habré		
habrás		hablado
habrá	+	comido
habremos		vivido
habréis		
habrán		

This tense is formed by the future tense of the auxiliary **haber** plus the past participle of the main verb.

Habré dormido un poco para entonces.   *I will have slept a little by then.*

Habrán registrado las maletas, ¿verdad?   *They must have searched* } *the suitcases, right?*
They probably have searched

Habrá cambiado de opinión.   *He will have* } *changed his mind.*
He has probably

1. The future perfect tense is used:
   a. to present a future action as having occurred before another future action (mentioned or merely implied). It corresponds to the English future perfect.
   b. to express probability. Used this way it corresponds to the English present perfect + *probably*.
2. The context tells whether a verb in the future perfect is future in meaning or expresses probability.

D. Ejercicios de sustitución

1. Yo habré preparado el equipaje para entonces.
   El cónsul   El cónsul habrá preparado el equipaje para entonces.
   Tú   Tú habrás preparado el equipaje para entonces.
   Mi novia   Mi novia habrá preparado el equipaje para entonces.
   Nosotros   Nosotros habremos preparado el equipaje para entonces.
   Usted   Usted habrá preparado el equipaje para entonces.

2. Él la habrá recogido a esa hora.
   Alfredo y yo   Alfredo y yo la habremos recogido a esa hora.
   Usted   Usted la habrá recogido a esa hora.
   Tú   Tú la habrás recogido a esa hora.
   José Antonio   José Antonio la habrá recogido a esa hora.
   Ellos   Ellos la habrán recogido a esa hora.

3. ¿Habrás resuelto todos los problemas? (yo, ellos, ella, nosotros, usted)

4. Habrán salido a ver las murallas. (usted, tú, nosotros, ellas, él)

---

[8]El futuro perfecto.

No hace falta que nadie se quede cuidando a los niños—la familia completa va al cine del barrio para ver un programa doble. La unión familiar es una característica de las comunidades hispanas.

No need for someone to stay watching the children—the whole family goes to the neighborhood theater to see a double feature. Family unity is a characteristic of Hispanic communities.

E. Ejercicio de transformación

Cambie las siguientes oraciones al futuro perfecto.

Modelo: Es probable que hayan llegado ya.
Habrán llegado ya.

Es probable que la situación haya mejorado con el nuevo programa.	La situación habrá mejorado con el nuevo programa.
Creo que ya enterraron a los muertos.	Habrán enterrado a los muertos.
Es probable que hayas cambiado de opinión.	Habrás cambiado de opinión.
Creo que se han acostumbrado a la vida de Nueva York.	Se habrán acostumbrado a la vida de Nueva York.
Creo que el cónsul pertenecía a la clase media.	El cónsul habrá pertenecido a la clase media.

TESTING / *the future perfect*

Give the indicated future-perfect form.
1. **resolver, ellas**-form
2. **encontrar, yo**-form
3. **pertenecer, él**-form
4. **resistir, nosotros**-form
5. **abrir, tú**-form

— habrán resuelto
— habré encontrado
— habrá pertenecido
— habremos resistido
— habrás abierto

Give a Spanish equivalent.
6. *They will have left by then.*
7. *He has probably changed his mind.*
8. *The earthquake will have destroyed the buildings.*

— Habrán salido para entonces.
— Habrá cambiado de opinión.
— El terremoto habrá destruido los edificios.

LECCIÓN 45

Uses of **por** and **para** / Further uses of **por** and **para** / More uses of **para** / More uses of **por** / Special expressions with **por** / Spanish past participles used where English uses present participles

diálogo / EN LA PEQUEÑA HABANA[1]

JOSEFINA Bueno, ya estás en la Pequeña Habana.
LAURA No en balde sólo oigo hablar español.
JOSEFINA Caminemos por esta calle y verás que algunas tiendas tienen letreros que dicen: " Se habla inglés ".
LAURA Es cierto. Allí veo uno.
JOSEFINA Hace unos cuantos años, para ver un letrero así tenías que ir a España o a Hispanoamérica.
LAURA Por cierto, Josefina, me han dicho que la comida cubana es riquísima[2] y que no es picante.

IN LITTLE HAVANA

J: *Well, now you're in Little Havana.*
L: *No wonder I hear only Spanish spoken.*
J: *Let's walk along this street and you'll see that some shops have signs which say "English spoken here."*
L: *That's the truth. I see one over there.*
J: *A few years ago, you had to go to Spain or Spanish America to see a sign like that.*
L: *By the way, Josefina, they told me that Cuban food is delicious and not spicy.*

---

[1] Section in the southwestern part of Miami where a high concentration of Cubans settled in the 1960's.
[2] When referring to food, **rico** means *delicious*, not rich or highly caloric. Its basic meaning is *rich* or *wealthy*.

JOSEFINA	Sí, y aquí en Miami hay muchos restaurantes que la preparan muy bien. Mañana mi hermano nos va a llevar a uno que, según él, es el mejor. Para esta noche, mamá va a preparar la cena típica cubana de Nochebuena[3].	J:	Yes, and here in Miami there are many restaurants that prepare it very well. Tomorrow my brother will take us to one which, according to him, is the best. For tonight, my mother is making a typical Cuban Christmas Eve meal.
LAURA	Ya se me hace la boca agua.	L:	My mouth is watering already.
JOSEFINA	Frijoles negros, lechón asado[4], arroz blanco[5], yuca con mojo[6], y turrones[7].	J:	Black beans, roast pork, white rice, yuca in garlic sauce, and nougats.
LAURA	Y por supuesto que no faltará el café[8]. Me gustó tanto el de anoche que me tomé tres tacitas y después me desvelé.	L:	And for sure there will be[9] coffee. I liked what we had last night so much that I had three demitasses[10] and then I couldn't fall asleep.
JOSEFINA	Ya te acostumbrarás. Yo a veces me tomo cinco o seis al día.	J:	You'll get used to it. Sometimes I drink five or six cups a day.

ORACIONES Y PALABRAS

Celebran **la Nochebuena.**
    el Año Nuevo, el cumpleaños, el santo[11]

Allí veo **un letrero.**
    un paquete, una bandera, una tarjeta de identificación, una tarjeta de crédito, una página

Después **me desvelé.**
    me arrodillé, me paré[12], tuve pesadillas

They celebrate Christmas Eve.
    New Year's Day, the birthday, the Saint's Day

There I see a sign.
    package, flag, I D card, credit card, page

Later I couldn't fall asleep.
    knelt down, stood up, had nightmares

PREGUNTAS SOBRE EL DIÁLOGO

1. ¿Qué es la Pequeña Habana?
2. ¿Qué dicen los letreros de algunas tiendas?
3. ¿Qué le han dicho a Laura de la comida cubana?

---

[3]**Nochebuena** (December 24) is a traditional religious holiday when families gather with their relatives to celebrate the birth of Christ. The meal in each Spanish-speaking country varies according to local traditions.
[4]**Cerdo** is the usual word for *pork* in the Hispanic world. Cubans normally use the expression **lechón asado** when referring to *roast pork.*
[5]The adjective **blanco** is used with **arroz** to distinguish it from **arroz amarillo,** rice colored with saffron or some other ingredient.
[6]A starchy root served in garlic sauce.
[7]**El turrón**, masculine. Nougats made of almond paste, filberts, and walnuts mixed with honey and oven-toasted.
[8]Strong black coffee similar to *caffè espresso* or Turkish coffee.
[9]Literally, *there will not be lacking.*
[10]Literally, *small cups.*
[11]In Hispanic countries, a person's Saint's Day is celebrated as well as his birthday.
[12]In some countries, the expression **ponerse de pie** is used instead of **pararse.**

4. ¿Dónde preparan muy bien la comida cubana?
5. ¿Adónde van a ir las chicas al día siguiente?
6. ¿Con quién irán?
7. ¿Qué va a preparar la mamá de Josefina para la comida?
8. ¿Por qué no durmió bien Laura?

PREGUNTAS GENERALES

1. ¿Qué es la Nochebuena?
2. ¿Cuándo es su cumpleaños?
3. ¿Dónde celebran el día del santo?
4. ¿Qué fiestas celebran en su casa?
5. ¿Tiene usted una tarjeta de identificación?
6. ¿Cree usted que es una buena idea tener tarjetas de crédito? ¿Por qué?
7. ¿Cree usted que ha cambiado la actitud de los jóvenes hacia la bandera de su país? ¿Por qué?
8. ¿Qué hace usted cuando se desvela?

La Pequeña Habana. La calle 8 en el Suroeste de Miami es una importante calle comercial del barrio cubano.
Little Havana. Eighth Street Southwest in Miami is an important business street in the Cuban section.

GRAMMAR, EXERCISES, AND TESTING

Part 1

I. USES OF POR AND PARA

Por and **para** are not interchangeable, even though at times a single English preposition is the best equivalent for both of them.[13] Usually the difference between the two prepositions is obvious, but sometimes it is very subtle. In general, **por** conveys the idea of motive (the main reason why something was done), imprecise location (roughly where it happened), or means (the cause or person or thing responsible for the action). **Para** usually suggests exact aim towards a precise goal.

☐ **WITH PHRASES OF TIME**

Llegarán {**por** / **para**} las Navidades.   They'll arrive {around / by} Christmas.

☐ **WITH PHRASES OF PLACE**

Salió {**por** / **para**} el túnel.   He left {through / for} the tunnel.

Iban caminando {**por** / **para**} la playa.   They were walking {along / toward} the beach.

☐ **IN QUESTIONS**

¿**Por** / ¿**Para**} dónde se va?   How does one get there? or, How is he leaving? (through where) / Where is he going?

¿**Por** qué / ¿**Para** qué} debemos trabajar mucho?   Why should we work hard? / What should we work hard for?

☐ **WITH THE PASSIVE VOICE**

La nota fue escrita {**por** / **para**} el niño.   The note was written {by / for} the child.

In these sentences, the distinct meanings conveyed by **por** and **para** can be seen in the different English equivalents chosen to translate them. In the next section, notice that some of the English equivalents do a very poor job of showing the distinct meanings conveyed by **por** and **para**.

---

[13] Most often the English preposition *for*, but occasionally also *around*, *by*, or another of many possible equivalents.

El primero de diciembre de 1965, el gobierno de Fidel Castro permitió la salida del primer "Vuelo de la Libertad" hacia los Estados Unidos. En esta foto se ve a los primeros 75 refugiados al llegar a Miami. En 1973 se calculaba que más de 600.000 cubanos habían emigrado a los Estados Unidos; otros se han ido a México o a España, y desde allí muchos de ellos esperan la visa que les permita la entrada en este país.

On December 1, 1965, the government of Fidel Castro permitted the departure of the first "Freedom Flight" to the United States. In this photo the first 75 refugees are seen arriving in Miami. In 1973 it was estimated that more than 600,000 Cubans had emigrated to the United States; others had gone to Mexico or to Spain, and from there many await the visa that will permit them to enter this country.

II. *FURTHER USES OF* **POR** *AND* **PARA**

Me dio poco dinero {por/para} el coche.	He gave me little money	{for the car. (in exchange for) / for the car. (in order to buy it or fix it)}
Lo hice {por/para} usted.	I did it	{for you. (your sake) / for you. (so that you may have it)}
Trabajé {por/para} él.	I worked	{for him. (as a substitute) / for him. (as an employee)}
Llegó tarde {por/para} recoger el vino.	He was late	{because he picked up (reason) / to pick up (in order to)} the wine.

Sections I and II present sentences in which either **por** or **para** can be used, depending on the speaker's exact meaning. Sections III-V, following, present sentences in which only one of the two prepositions can ever be used—the other would be wrong.

III. *MORE USES OF* **PARA**

Estudió **para** piloto.	*He studied to be a pilot.* (to become)
Para mi hermano, es el mejor lugar.	*According to my brother, it is the best place.* (in his opinion)

IV. *MORE USES OF* **POR**

Lo mandó **por** correo.	*He sent it by mail.* (by means of)
Ese banco paga seis **por** ciento de interés.	*That bank pays six per cent interest.*
¿Ocho millas **por** minuto? No lo puedo creer.	*Eight miles a minute? I can't believe it.* (per + time)
Fue **por** el médico.	*He went to get the doctor.* (the object of an errand)
Se quedó (**por**) tres horas.	*He stayed (for) three hours.*
Estaban **por** allá.	*They were around there.* (general area)

V. *SPECIAL EXPRESSIONS WITH* **POR**

Por also occurs in a number of fixed expressions. The following have appeared in earlier lessons.

por cierto	*by the way*	**por fin**	*finally, at last*
por ejemplo	*for example*	**por lo menos**	*at least*
por eso	*that's why*	**por poco**	*almost*
por favor	*please*	**por supuesto**	*of course*

A. Respuestas dirigidas

1. Conteste las siguientes preguntas usando **para** más el apunte.

    Modelo: (calle) ¿Adónde van esos señores?
    Van para la calle.

    (muelle) ¿Adónde vas? Voy para el muelle.
    (terraza) ¿Adónde va el ingeniero? Va para la terraza.
    (Cruz Roja) ¿Adónde va usted? Voy para la Cruz Roja.
    (supermercado) ¿Adónde va tu prima? Va para el supermercado.

2. Conteste las siguientes preguntas usando **por** más el apunte.

    Modelo: (parque) ¿Dónde estuvieron esta mañana?
    Estuvimos por el parque.

Muchos de los trabajos en la industria del vestido requieren gran habilidad y pagan poco; tradicionalmente, los últimos emigrantes que llegan a los Estados Unidos son los que ocupan estos puestos. En Miami, expertas costureras cubanas han colocado a las empresas locales entre las más prósperas del país.

Many of the jobs in the garment industry require great skill and pay little; traditionally, the most recent immigrants to arrive in the United States are the ones to get these jobs. In Miami, expert Cuban seamstresses have made local firms some of the most prosperous in the country.

(piscina) ¿Dónde anduvieron ellos por la tarde? — Anduvieron por la piscina.
(bosque) ¿Por dónde estuvieron caminando tus amigos? — Estuvieron caminando por el bosque.
(calle Florida) ¿Dónde hiciste las compras? — Hice las compras por la calle Florida.
(campo) ¿Dónde corrían los atletas? — Corrían por el campo.

3. Conteste las siguientes preguntas usando **por** más el apunte.

   Modelo: (barco) ¿Cómo viajaron ellos?
   Viajaron por barco.

   (avión) ¿Cómo fueron ustedes a Puerto Rico? — Fuimos por avión.
   (tren) ¿Cómo viajan tus padrinos? — Viajan por tren.
   (automóvil) ¿Cómo irán ustedes al campo? — Iremos por automóvil.
   (teléfono) ¿Cómo te dieron la noticia? — Me dieron la noticia por teléfono.

B. Ejercicio de transformación

Combine las dos oraciones en una nueva usando la preposición **por**.

Modelo: Yo le di cinco pesos. Usted me dio el paquete.
Yo le di cinco pesos por el paquete.

Le dio un dólar. Ella le dio el lápiz de labios.	Le dio un dólar por el lápiz de labios.
Te ofrezco seis dólares. Tú me das las sandalias.	Te ofrezco seis dólares por las sandalias.
Pagaron trescientos dólares. Les dieron los pasajes.	Pagaron trescientos dólares por los pasajes.
Nos dio cinco pesos. Le dimos las gafas de sol.	Nos dio cinco pesos por las gafas de sol.

C. Ejercicio para completar

Complete el siguiente párrafo usando **por** o **para** según convenga.

El mes pasado estuvimos en Miami _____ tres semanas. El día que salimos _____ Miami, estaba lloviendo muchísimo y el avión salió con media hora de atraso _____ el tiempo. Cuando llegamos al aeropuerto, nuestros primos nos estaban esperando y desde ese momento nos tuvieron de un lado _____ otro. Yo quería ir a la Pequeña Habana _____ ver las tiendas y los restaurantes cubanos. El novio de mi prima es cubano y _____ él no hay nada como la comida cubana. Un día nos llevó a un restaurante _____ probarla. A todos nos gustó mucho y después de almorzar, caminamos _____ la Pequeña Habana. En una de las tiendas compré un disco de música cubana _____ tres dólares. Pasamos unos días muy agradables en Miami. Esperamos que nuestros primos puedan venir a visitarnos a Nueva York _____ llevarlos a todos los lugares interesantes que hay en esta gran ciudad.

En tiendas como el *Oso Blanco*, los cubanos de Miami compran sus productos típicos. La demanda de estos productos ha hecho que muchas de estas tiendas hayan crecido hasta convertirse en supermercados.

In stores like the Oso Blanco *(Polar Bear), the Cubans of Miami buy their typical products. The demand for these products has resulted in many of the stores having grown until they turned into supermarkets.*

TESTING / **por** and **para**

Give a Spanish equivalent using **por** or **para**.

1. *He left through the hall.*	— Salió por el pasillo.
2. *He left for the hall.*	— Salió para el pasillo.
3. *Pepe will ski for him.* (in his place)	— Pepe esquiará (*or* va a esquiar) por él.
4. *They went by train.*	— Fueron por tren.
5. *He brought that package for Cecilia.* (so she may have it)	— Trajo el paquete para Cecilia.
6. *He works for Mr. Santos.* (he is Mr. Santos' employee)	— Trabaja para el señor Santos.
7. *According to her, that orchestra is the best.*	— Para ella, esa orquesta es la mejor.
8. *I want the reservation for Wednesday.* (definite time)	— Quiero la reservación para el miércoles.

Cuba ha sido mundialmente famosa por sus habanos. Esta industria ha florecido en Miami donde expertos tabaqueros cubanos siguen practicando el arte de producir habanos enrollados a mano. Sin embargo, la mayor parte de los refugiados cubanos han tenido que desempeñar empleos diferentes a los que ocupaban en su país. La extraordinaria rapidez con que han avanzado demuestra que la motivación y el deseo de superarse cuentan más que la experiencia acumulada en un empleo determinado.

Cuba has been world famous for its cigars. This industry has flourished in Miami, where expert Cuban tobacco workers continue to practice the art of producing hand-rolled cigars. However, most Cuban refugees have had to take different jobs than the ones they had in their own country. The extraordinary speed with which they have advanced shows that motivation and the desire to improve oneself count for more than experience accumulated in a specific job.

Part 2

VI. SPANISH PAST PARTICIPLES USED WHERE ENGLISH USES PRESENT PARTICIPLES

Ellos están { **parados.** / **sentados.** / **acostados.** }

They are { *standing.* / *sitting* (seated). / *lying down.* }

La ropa está **colgada** en el jardín.
The clothes are hanging in the garden.

La estatua del niño **arrodillado** es muy antigua.
The statue of the kneeling child is very old.

Los niños están **recostados** contra la pared.
The children are leaning against the wall.

To express a position which is being prolonged, Spanish uses a past participle. In the same context, English would use a present participle.

D. Ejercicio de transformación

Cambie las siguientes oraciones usando el presente de indicativo del verbo **estar** y el participio pasivo del verbo que aparece en la oración.

Modelo: Las señoras se sentaron.
Las señoras están sentadas.

Ya los niños se acostaron. Ya los niños están acostados.
Mis amigas se arrodillaron en la iglesia. Mis amigas están arrodilladas en la iglesia.
Alfredo se acostó hace rato. Alfredo está acostado hace rato.
María se paró frente a la puerta. María está parada frente a la puerta.

E. Preguntas

Conteste las siguientes preguntas usando participios pasivos.

1. ¿Quién está arrodillado junto al herido?
2. ¿Quiénes son tus primos?
3. ¿Dónde están los empleados?
4. ¿Quién es la chica que está sentada frente a Juan?
5. ¿Dónde están las señoras?

TESTING / Spanish past participles used where English uses present participles

Give a Spanish equivalent.
1. *They (feminine) are sitting in the living room.*
2. *She is standing behind the policeman.*
3. *She is lying next to the pool.*
4. *He was standing at the corner.*
5. *I (masculine) was kneeling in front of the statue.*

— Están sentadas en la sala.
— Está parada detrás del policía.
— Está acostada al lado de (*or* junto a) la piscina.
— Estaba parado en la esquina.
— Estaba arrodillado frente a la estatua.

◀ *Spanish Harlem,* parte de El Barrio, en la ciudad de Nueva York.
Spanish Harlem, part of the Barrio in New York City.

RECAPITULACIÓN Y AMPLIACIÓN XV

lectura / LA INMIGRACIÓN HISPANA

En los Estados Unidos existe un gran número de personas de habla española que se han concentrado principalmente en estas zonas: el suroeste del país[1], el área metropolitana de Nueva York, Chicago y Milwaukee y algunas ciudades de la Florida. Estos grupos, integrados por miembros de todos los pueblos de habla española, tienen ciertas características que los distinguen entre sí, pero al mismo tiempo están unidos por la herencia española de la lengua y la cultura.

La inmigración de estos grupos ha traído como consecuencia una convivencia de culturas—la hispánica y la anglosajona—que dan características propias a las zonas donde se han establecido. Al mismo tiempo, esta emigración, ya sea por motivos políticos o económicos, deja sentir sus efectos en los pueblos hispanos, que se enfrentan al problema de la "fuga de cerebros". Muchos de los profesionales hispanos vienen a este país con la esperanza de una

fuga de cerebros *brain drain*

---

[1]The **lectura** of **Recapitulación** XVI is particularly concerned with the Spanish-speaking minority of this area.

mejor remuneración económica, más libertad política, o mayores facilidades para realizar trabajos científicos e investigaciones. Esta "fuga de cerebros" afecta indiscutiblemente a los países que entrenaron a estas personas, ya que no pueden utilizar sus conocimientos en un momento en que la tecnología y la ciencia tienen cada vez más importancia.

Los profesionales y técnicos que llegan a los Estados Unidos encuentran que si dominan el inglés, existen buenas oportunidades para conseguir trabajo. Sin el dominio del inglés, estas oportunidades disminuyen notablemente. En cambio, los que llegan sin ningún entrenamiento específico que la sociedad pueda utilizar, no tardan en darse cuenta que sus oportunidades económicas son muy limitadas. Muchas veces dejan una vida de pobreza en sus respectivos países para seguir viviendo en la pobreza en un país extranjero.

El prejuicio racial es otro problema que encuentran muchos de estos inmigrantes. La conquista y colonización en Hispanoamérica se caracterizó, entre otras cosas, por la mezcla de razas: blanca, india y negra. Este mestizaje se observa en la mayoría de los pueblos de Hispanoamérica, y los que tienen sangre india o negra se han encontrado con mayores dificultades para progresar.

mezcla *mixture*
mestizaje *interbreeding*

Para poder entrar en los Estados Unidos, los hispanos están sujetos a un sistema de cuotas, además de los requisitos que deben llenar para obtener una visa. En cambio, los puertorriqueños, que son ciudadanos americanos desde 1917, no necesitan ningún permiso especial. Esto explica el gran número que se ha establecido en el área metropolitana de Nueva York. De los dos millones de personas de habla española en esa zona, más de 1.300.000 son puertorriqueños.

requisitos *provisions*

Aunque siempre hubo migración de puertorriqueños a los Estados Unidos, las grandes olas migratorias ocurrieron a partir de 1950. El motivo que los impulsaba a dejar a Puerto Rico era básicamente el desempleo. En los últimos años ha habido un gran desarrollo económico en Puerto Rico y, hoy en día, tiene el nivel de vida más alto de Hispanoamérica, pero es preciso recordar que el costo de vida es equivalente al de los Estados Unidos, y que todavía (en 1973) el desempleo llegaba a un 12,2 por ciento. Sin embargo, este desarrollo económico sigue aumentando y como consecuencia, gran número de puertorriqueños han regresado a su querida isla, donde muchos han encontrado las oportunidades que soñaron encontrar en Nueva York, o si las habían encontrado en la gran metrópolis, las han podido mantener y aun mejorar en Puerto Rico.

En la Florida, los cubanos constituyen la colonia de habla española más numerosa. El motivo de esta emigración ha sido básicamente político y la gran ola migratoria cubana comenzó a partir de 1959, después que Fidel Castro ocupó el poder. Actualmente hay más de 800.000 cubanos que han abandonado su patria, de los cuales alrededor de 600.000 se han establecido en los

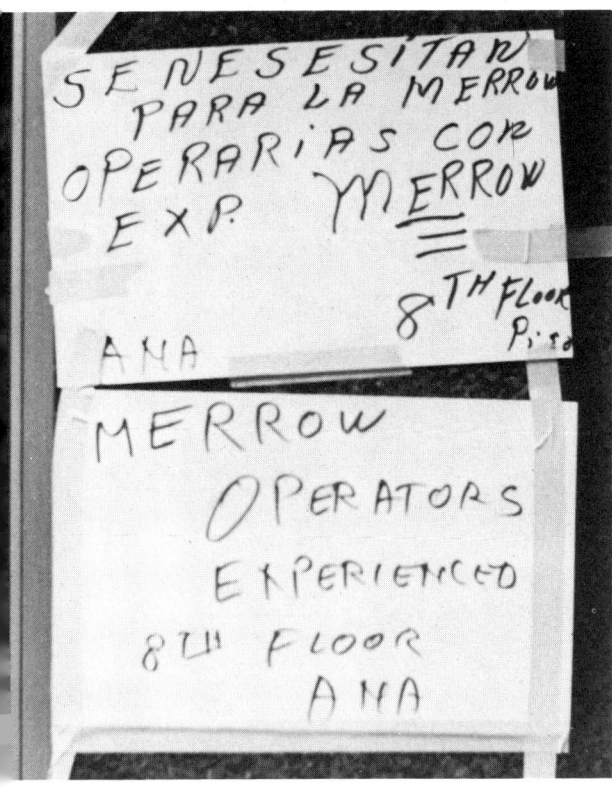

A veces, los trabajos disponibles en la industria del vestido no pagan mucho y, además, no se pueden conseguir sin experiencia previa. La educación, si se tienen los medios para obtenerla, proporciona la preparación necesaria para conseguir mejores empleos.
Sometimes the jobs available in the garment industry don't pay much, and besides, one can't get them without previous experience. Education, if you have the means to get it, provides the necessary preparation to get better jobs.

Estados Unidos. Muchos vinieron a través del "Puente Aéreo", también conocido con el nombre de "Vuelos de la Libertad". Por medio de este programa, los ciudadanos de origen cubano residentes en los Estados Unidos podían reclamar a sus familiares en Cuba. Los nombres de estos familiares eran incluidos en una lista de espera, y cuando llegaba su turno, muchas veces después de varios años, se dirigían a este país en dos vuelos diarios costeados por el gobierno de los Estados Unidos.

reclamar *claim*

Siempre hay la esperanza de encontrar trabajo en las grandes ciudades. A veces sólo se encuentran problemas. Las drogas y el ser miembro de las pandillas son soluciones ilusorias para la ansiedad y el desempleo.
There is always the hope of finding work in the big cities. Sometimes one finds only problems. Drugs and membership in neighborhood gangs are illusory solutions to anxiety and unemployment.

Miami es el centro de la colonia de cubanos expatriados. Su llegada ocurrió en el momento en que muchas de las familias que vivían en el centro de la ciudad comenzaban a mudarse hacia las afueras, fenómeno que ha sucedido en casi todas las ciudades de los Estados Unidos. Al mismo tiempo, el área de Miami estaba experimentando una recesión económica y la llegada de los refugiados cubanos, en su mayoría de la clase media, creó un nuevo mercado y, como consecuencia, nuevos empleos para satisfacer las

Las leyes se han modificado como consecuencia del interés mostrado por los millones de hispanohablantes en los problemas comunes. Hace unos años, esta notificación bilingüe enviada por la Junta Electoral de la ciudad de Nueva York a los electores registrados hubiera estado sólo en inglés.
Laws have been modified as a result of the interest shown by the millions of Spanish-speakers in common problems. A few years ago, this bilingual notification sent by New York City's Board of Elections to registered voters would have been only in English.

General Information

Statements of candidates for Community School Boards have been collected and compiled for this publication as a public service by the nonpartisan LEAGUE OF WOMEN VOTERS OF THE CITY OF NEW YORK.

The statements are published as submitted, without editing or factual verification. Neither the LEAGUE OF WOMEN VOTERS nor the BOARD OF EDUCATION assumes responsibility for the material contained herein.

If candidates did not submit a statement by the deadline, only their names and addresses appear. (If a candidate's petition is ruled invalid, his name will not appear on the ballot although his statement may be included in this folder.)

Voting Information

All voters registered permanently or as parent voters by April 20 are eligible to vote. Your polling place appears on the cover of this publication.

Each Community School Board will have nine members elected by Proportional Representation.

Paper ballots will be used. Each ballot will have the names of the candidates plus blank lines for write-in votes. The alphabetical order of names will be rotated from polling place to polling place in each school district so that no candidate will have the advantage of a particular place on all of the ballots. This is a nonpartisan election. No party or group symbol will appear next to any candidate's name.

Voters may vote in order of preference for as many or as few candidates as they think will be good school board members.

The number 1 should be put in the box next to the name of the first choice, and so on, including a number next to any names voters wish to write in. Only numbers should be used. Do not sign the ballot.

Following are the instructions which will appear on your ballot:

Mark Your Choices with NUMBERS Only. (Do NOT Use X Marks.)

Put the number 1 in the square opposite the name of your first choice.

Información General

Las declaraciones de los candidatos para las juntas escolares comunales han sido recogidas y recopiladas para esta publicación como un servicio público de la LIGA DE MUJERES VOTANTES DE LA CIUDAD DE NUEVA YORK, una organización no-partidista.

Las declaraciones se publican según fueron sometidas, sin editarlas ni verificarlas factualmente. Ni la LIGA DE MUJERES VOTANTES ni la JUNTA DE EDUCACION asumen responsabilidad por el material aquí contenido.

Si los candidatos no sometieron sus declaraciones para la fecha límite, solamente aparecen sus nombres y direcciones. (Si se invalidan las peticiones de algún candidato, su nombre no aparecerá en la papeleta.)

Información de Votación

Todo votante permanentemente inscrito o inscrito como padre votante para el 20 de abril es elegible para votar. Su lugar de votación aparece en la portada de esta publicación.

Cada junta escolar comunal tendrá 9 miembros electos mediante la representación proporcional.

Se utilizarán papeletas de papel. Cada papeleta tendrá los nombres de los candidatos y líneas en blanco para votos escritos. El orden alfabético de los nombres variará en rotación de un lugar de votación a otro en cada distrito escolar de manera que ningún candidato tenga la ventaja de un lugar en particular en todas las papeletas. Estas son elecciones no-partidistas. No aparecerá ningún símbolo de grupo o partido al lado del nombre de ningún candidato.

Los electores pueden votar en orden de preferencia por tantos o tan pocos candidatos como ellos crean buenos miembros de las juntas escolares comunales.

Deberá ponerse el número 1 en el cuadrado al lado del nombre de su primera selección, y así sucesivamente, incluyendo un número al lado de cualquier nombre que los electores deseen escribir. Deberá usarse números solamente. No firme la papeleta.

A continuación están las instrucciones que aparecerán en su papeleta:

Marque sus selecciones solamente con NUMEROS. (NO use una X.)

Ponga el número 1 en el encasillado al lado opuesto del nombre de su primera selección.

Ponga el número 2 al lado opuesto de su segunda selección, el número 3 al lado opuesto de su tercera selección, y así consecutivamente. Usted puede indicar la cantidad de

Izquierda: Roberto Clemente, estrella puertorriqueña de los Piratas de Pittsburg y uno de los más grandes jugadores en la historia del béisbol, murió en un accidente aéreo en 1972 cuando llevaba auxilios desde Puerto Rico a los damnificados del terremoto de Nicaragua. Estas grandes estrellas del mundo deportivo ayudan a que el público americano comprenda mejor a los hispanos.
Derecha: En 1973, el congresista de Nueva York Hernán Badillo era el puertorriqueño que ocupaba el puesto más alto elegido a través del voto en el área continental de los Estados Unidos.
Left: Roberto Clemente, Puerto Rican star of the Pittsburg Pirates, one of the greatest players in baseball history, died in an aerial accident in 1972 while carrying relief supplies from Puerto Rico to the victims of the Nicaraguan earthquake. These great heroes of the world of sports help the American public understand Spanish-speakers better.
Right: In 1973, New York Congressman Herman Badillo was the highest elected Puerto Rican official in the continental United States.

necesidades de la comunidad, resolviendo así un grave problema económico.

Hoy en día hay más de 300.000 cubanos en Miami y la "cubanización" de algunas zonas de esta ciudad ha sido completa. En la "Pequeña Habana" casi todos los cafés, restaurantes, tiendas, farmacias y mercados tienen nombres en español y se recibe la impresión de estar en un país hispano.

Hace unos años, las inmigraciones que llegaban a los Estados Unidos trataban de olvidar gran parte de su propia cultura y poco a poco iban asimilándose a la nueva sociedad americana. Últimamente el movimiento ha cambiado. Estas minorías tratan por todos los medios de mantener su propia cultura y su propia identidad en el mosaico demográfico de los Estados Unidos.

PREGUNTAS

1. ¿En qué zonas de los Estados Unidos se han concentrado las personas de habla española?
2. ¿Qué une a estos grupos?
3. ¿Qué se observa en las zonas donde se han establecido estos grupos?
4. ¿Qué es la "fuga de cerebros"?
5. ¿Qué efecto produce la "fuga de cerebros" en las naciones hispanas?
6. ¿Encuentran oportunidades de trabajo los profesionales y técnicos extranjeros cuando llegan a los Estados Unidos?
7. ¿Quiénes tienen más oportunidades de trabajo?
8. ¿Qué encuentran los que llegan sin ningún entrenamiento específico?
9. ¿Cuál fue una de las características de la conquista y colonización de Hispanoamérica?
10. ¿Qué problemas encuentran los hispanos para poder entrar en los Estados Unidos?
11. ¿Qué pueblo hispano no tiene esos problemas? ¿Por qué?
12. ¿Cuándo comienzan las grandes olas migratorias de los puertorriqueños?
13. ¿Cuál es el motivo principal de la migración puertorriqueña?
14. ¿Qué cambios económicos han ocurrido en los últimos años en Puerto Rico?
15. ¿Cómo ha afectado estos cambios a la migración puertorriqueña?
16. ¿Cuál es la colonia hispana más numerosa en la Florida?
17. ¿Cuál es el motivo principal de la emigración cubana?
18. ¿Qué son los "Vuelos de la Libertad"?
19. ¿En que zona de Miami ha habido una gran "cubanización"?
20. ¿Cuántos cubanos hay en el área de Miami?
21. ¿Qué hacían las inmigraciones que llegaban a los Estados Unidos hace unos años?
22. ¿Qué cambio ha ocurrido en las inmigraciones de los últimos años?

poema / VERSOS SENCILLOS[2]

Yo soy un hombre sincero
de donde crece la palma,
y antes de morirme quiero
echar mis versos del alma.

  * * *

Con los pobres de la tierra
quiero yo mi suerte echar:
el arroyo de la sierra
me complace más que el mar.

  * * *

echar *cast*

arroyo *brook*
complacer *to please*

---

[2] These verses were written in 1890. The first three stanzas became the lyrics for the popular song *Guantanamera*.

JOSÉ MARTÍ
Pintura de Henry Norman.

Mi verso es de un verde claro
y de un carmín encendido;
mi verso es un ciervo herido
que busca en el monte amparo.

    *   *   *

Yo quiero, cuando me muera,
sin patria, pero sin amo,
tener en mi losa un ramo
de flores, —y una bandera.

    *   *   *

Yo sé de un pesar profundo
entre las penas sin nombre:
¡La esclavitud de los hombres
es la gran pena del mundo!

          JOSÉ MARTÍ[3]
          (1853–1898)

carmín encendido *bright red*
ciervo *deer*
monte *woods*
amparo *protection*

amo *master*
losa *grave*
ramo *bouquet*

pena *grief*
esclavitud *slavery*
pena *sorrow*

PREGUNTAS

1. ¿Qué quiere hacer el poeta antes de morir?
2. ¿Con quiénes quiere echar su suerte?
3. ¿Cómo describe sus versos el poeta?
4. ¿Qué quiere tener el poeta después de su muerte?
5. Según Martí, ¿cuál es la gran pena del mundo?

---

[3]A famous Cuban patriot whose literary creations and political treatises embrace a variety of themes ranging from intimate personal love to a fervid universal empathy with all of mankind. His language is colorful, rich in imagery, highly symbolic, simple, and warm.

READING AND WRITING SUPPLEMENT

Spanish -**ero**, English -*er*, -*boy*, -*man*, -*maker*

Spanish uses the ending -**ero** to designate a person who performs the task indicated by the basic noun to which it is attached. Some nouns may undergo minor modifications. These words usually correspond to English words ending in -*er*, -*boy*, -*man*, or -*maker*.

mina	**minero**	*mine*	*miner*
vaca	**vaquero**	*cow*	*cowboy*
leche	**lechero**	*milk*	*milkman*
zapato	**zapatero**	*shoe*	*shoemaker*

Can you tell what these words mean?

barbero	marinero
carnicero	peluquero
carpintero	portero
obrero	torero

Obreros esperando el pago en la planta de petróleo Phillips cerca de Guayama, en la costa sur de Puerto Rico. Cientos de miles de trabajadores viajan entre Puerto Rico y el área continental de los Estados Unidos. En un mundo económicamente perfecto, las fuerzas laborales deberían tener libertad para trasladarse a aquellos lugares donde puedan obtener un trabajo mejor.

Workers waiting to be paid at the Phillips Petroleum plant near Guayama, on the south coast of Puerto Rico. Hundreds of thousands of workers travel between Puerto Rico and the continental United States. In an economically perfect world, the labor force would be free to move anywhere that better jobs could be obtained.

TESTING

A. The future tense

Provide the correct future-tense form of the verb in parenthesis.

1. (llevar) Nosotros te _____ a ver las murallas. — llevaremos
2. (conocer) Tú _____ bien a nuestro Borinquen. — conocerás
3. (ir) Me dijeron que ellos _____ a verla de vez en cuando. — irán
4. (traer) Yo _____ las toallas. — traeré
5. (poder) Ustedes no _____ encontrar ningún trabajo que valga la pena. — podrán
6. (venir) Alicia _____ con muchas ilusiones. — vendrá
7. (acostumbrarse) Estoy segura que tú _____ _____ a la vida de este país. — te acostumbrarás
8. (pasar) Ellos _____ muchos trabajos en la ciudad. — pasarán
9. (celebrar) Nosotros _____ el Año Nuevo. — celebraremos
10. (tener) Tú _____ tu tarjeta de identificación mañana. — tendrás
11. (decir) Y después ella _____ que no la aconsejamos. — dirá
12. (hacer) La clase obrera _____ todo lo posible por mejorar. — hará

B. The future perfect

Provide the correct future-perfect form of the verb in parenthesis.

1. (resistir) Ellos no _____ _____ ese clima. — habrán resistido
2. (preparar) Yo _____ _____ la comida para entonces. — habré preparado

3. (ponerse) Tú _____ _____ _____ muy contenta con las noticias.
   — te habrás puesto
4. (tomar) Ellos _____ _____ todo el café.
   — habrán tomado
5. (mejorar) La situación _____ _____ con los aumentos de sueldo.
   — habrá mejorado
6. (pagar) Ya ellos _____ _____ el rescate.
   — habrán pagado
7. (resolver) Nosotros _____ _____ el problema para el martes.
   — habremos resuelto
8. (faltar) Con todos los preparativos, estoy segura que no les _____ _____ nada.
   — habrá faltado

C. Relative pronouns

Complete the following sentences by using the appropriate relative pronoun.

1. Los señores _____ nos llevaron al Viejo San Juan estuvieron muy amables.
   — que
2. Los vecinos de _____ te hablé se piensan mudar.
   — quienes
3. Han tratado de acostumbrarse a esta vida, _____ _____ me parece muy bien.
   — lo cual *or* lo que
4. Las casas _____ restauraron son maravillosas.
   — que
5. La profesora _____ vimos esta mañana está dando un seminario sobre la liberación de la mujer.
   — que
6. No sé cómo se llama la secretaria a _____ le entregué el paquete.
   — quien
7. Los edificios, detrás de _____ _____ estaba el banco, fueron registrados por la policía.
   — los cuales
8. El jefe, _____ siempre llega con unos minutos de atraso a las reuniones, quiere que todos lleguen a tiempo.
   — quien *or* que
9. La hermana de Juan, _____ _____ llegó ayer, piensa pasarse una semana aquí.
   — la cual *or* la que
10. Las esculturas, entre _____ _____ caminaba el profesor, serán restauradas el mes próximo.
    — las cuales

D. Spanish past participles as equivalents for English present participles

Complete the following sentences by using the Spanish word suggested by the English equivalent in parenthesis.

1. (*sitting*) A Juan no le gustó que su novia estuviera _____ al lado de Felipe. — sentada
2. (*standing*) ¿Por qué están _____ los alumnos frente a la oficina del decano? — parados
3. (*kneeling*) Yo estaba _____ para recoger los papeles. — arrodillado (-a)
4. (*lying down*) María Elena vino muy cansada y estaba _____ cuando llamé. — acostada

E. Por and para

Complete the following sentences using **por** or **para** according to the speaker's meaning suggested by the context and occasional English cues.

1. (*through*) Salió _____ el patio. — por
2. _____ lo menos, nos pagó parte de lo que nos debía. — Por
3. (*for him to have*) La tarjeta de crédito es _____ el señor Acevedo Díaz. — para
4. (*in exchange for*) Le di cuatro pesos _____ el disco. — por
5. Voy a salir esta tarde _____ comprar las sandalias que me gustaron. — para
6. (*for his sake*) Lo hizo _____ su hermano. — por
7. (*general area*) Queremos que caminen _____ allá. — por
8. _____ el profesor, esa novela es la más importante de todas. — Para
9. Ellos fueron _____ avión. — por
10. ¡ _____ poco pierden el partido! — Por
11. (*toward*) Cuando los vi, iban _____ el hotel. — para
12. (*as a substitute*) Puedo ir con ustedes porque Alicia va a trabajar _____ mí. — por
13. _____ fin llegaron los pasajeros. — Por
14. Me dio diez pesos _____ arreglar la guitarra. — para *or* por

VOCABULARY

acostumbrarse	to become accustomed, to get used to	Nochebuena	Christmas Eve
aguantar	to stand, to bear	opinión	opinion
Año Nuevo	New Year	cambiar de opinión	to change one's mind
arrodillarse	to kneel down	optimista	optimistic
asar	to roast	orgulloso	proud
bandera	flag	paciencia	patience
bikini *m*	bikini	tener paciencia	to be patient
caso: hacer caso	to pay attention	página	page
clase media	middle class	paquete *m*	package
clase obrera	working class	pararse	to stand up
clima *m*	climate	parte *f*	part
colonial	colonial	peine *m*	comb
complicado	complex	pertenecer (zc)	to belong
conservar	to conserve, to keep	pesadilla	nightmare
cumpleaños *m*	birthday	picante	spicy
desvelarse	to keep awake	pie: ponerse de pie	to stand up
duro	hard	pobreza	poverty
enterrar (ie)	to bury	polvo	powder
estrecho	narrow	pueblo	town
feliz	happy	resistir	to bear, to resist
frecuencia: con frecuencia	frequently	restaurar	to restore
gafas de sol *f pl*	sunglasses	rico	delicious, rich, wealthy
humedad	humidity	sandalia	sandal
ilusión	illusion	santo	Saint's Day
incansable	tireless	sección	section
interior *m*	interior	supuesto: por supuesto	of course
jabón *m*	soap	tarjeta	card
lápiz de cejas *m*	eyebrow pencil	tarjeta de crédito	credit card
lápiz de labios *m*	lipstick	tarjeta de identificación	ID card
lechón *m*	pork	toalla	towel
letrero	sign	trabajo: pasar trabajos	to have a tough time
lograr	to obtain	traje de baño *m*	bathing suit
lujo: de lujo	deluxe	turista *m or f*	tourist
mantener (g, ie)	to maintain, to keep	turrón *m*	nougat
mayoría	majority	últimamente	lately
mejorar	to improve	vecino	neighbor
menudo: a menudo	often	vez: de vez en cuando	now and then
minoría	minority	yuca	yuca
mojo	garlic sauce		
muralla	wall (of a city)		
necesidad	necessity		
pasar necesidades	to suffer hardships		

◀ La calle Olvera, Los Ángeles, California.
Olvera Street, Los Angeles, California.

LECCIÓN 46

The conditional tense / The conditional perfect

diálogo / UNA ENTREVISTA TELEVISADA

ENTREVISTADOR	Héctor, ¿les quisieras explicar a nuestros televidentes algo sobre la fundación de Los Ángeles[1]?
REPORTERO DE LOS ÁNGELES	Cómo no. Hace unos dos siglos llegó aquí un grupo de familias mexicanas y se establecieron en lo que es hoy el centro de Los Ángeles.
REPORTERO DE DENVER	¿No es raro que hayan fundado la ciudad tan lejos del puerto de San Pedro[2]?
REPORTERA DE EL PASO	Supongo que lo habrán hecho para evitar los ataques de los piratas.

A TELEVISED INTERVIEW

E: *Héctor, would you like to explain to our T.V. audience something about the founding of Los Angeles?*
R(LA): *Of course. About two centuries ago a group of Mexican families arrived here and settled in what today is downtown Los Angeles.*
R(D): *Isn't it strange that they founded the city so far from the Port of San Pedro?*
R(EP): *I suppose that they did it to avoid attacks by pirates.*

---

[1] The first Mexican settlers arrived in 1781. Present-day Los Angeles was officially named **El Pueblo de Nuestra Señora la Reina de Los Ángeles de Porciúncula**. It was formerly called **El Pueblo**; today many refer to the city as "**L.A.**"
[2] Port city 20 miles south of Los Angeles.

REPORTERO DE LOS ÁNGELES	En caso de un desembarco, tendrían más tiempo para prepararse.	R(LA):	If the pirates did land,[6] they would have more time to prepare themselves.
ENTREVISTADOR	Y ahora, para que nuestros televidentes puedan apreciar mejor la influencia mexicana, vamos a trasladarnos todos a la calle Olvera[3]. Además, sería una lástima que nuestros visitantes no la vieran durante su estancia en Los Ángeles.	E:	And now, so that our viewers may better appreciate the Mexican influence, we are all going[7] to Olvera Street. Besides, it would be a shame if our visitors didn't see it during their stay in Los Angeles.

* * *   * * *

	[El entrevistador y los reporteros aparecen ahora en la calle Olvera.]		[The interviewer and the reporters are now seen in Olvera Street.]
REPORTERO DE LOS ÁNGELES	Como ven, nosotros nos sentimos muy orgullosos de todo lo que nuestra cultura ha contribuido al desarrollo de esta ciudad.	R(LA):	As you see, we feel very proud of everything that our culture has contributed in the development of this city.
ENTREVISTADOR	Sí, pero hace falta que más gente se dé cuenta de esto y también de los problemas del Barrio[4]...	E:	Yes, but more people need to realize this and also the problems of the Barrio....
REPORTERO DE TUCSON	Que son los mismos problemas que se observan en los barrios de nuestras ciudades.	R(T):	Which are the same problems that are seen in the barrios of our cities.
SR. SMITH	Ahora bien, yo he oído decir que la situación en el Barrio ha mejorado bastante.	MR. S:	Well, now I have heard that the situation in the Barrio has improved quite a bit.
REPORTERO DE LOS ÁNGELES	Sí, ha mejorado algo, gracias al interés de la juventud chicana[5], pero todavía hay muchos problemas que resolver.	R(LA):	Yes, it has improved somewhat, thanks to the interest of the Chicano youth, but there still are many problems to solve.

---

[3]A quaint street near the city's Union Station, lined with shops, restaurants, and contiguous stalls specializing in Mexican food and wares. The old buildings, the cobblestone pavement winding its way to the old Plaza, and the festive mood of the crowds on the sidewalks recall the colorful Mexican heritage of early Los Angeles.
[4]The Mexican-American sections of the city of Los Angeles. Spanish-speaking neighborhoods in other American cities are often also called **el Barrio**.
[5]The expression **chicano** is used to refer to people of Mexican descent in the United States. The younger generation prefer this term to the expression Mexican-American because **chicano** reflects an attitude of identity, pride, and solidarity.
[6]Literally, *in case of a landing.*
[7]Literally, *move ourselves.*

ENTREVISTADOR	¿Qué opinas de la Plaza de la Raza[8], Héctor?	E:	Do you have any opinion about the Plaza de la Raza, Héctor?
REPORTERO DE LOS ÁNGELES	Yo creo que la Plaza de la Raza va a ayudar a que nos conozcan mejor. Allí todos los hispanos, y especialmente los que vivimos en el Barrio, nos podemos reunir, tener clases, organizar festivales, en una palabra, mantener nuestra cultura.	R(LA):	I believe that the Plaza de la Raza is going to help so that they know us better. All the Spanish-speaking people, and especially those of us who live in the Barrio, can meet there, hold classes, organize festivals—in a word, conserve our culture.

ORACIONES Y PALABRAS

Lo hicieron para evitar **los ataques.**   They did it to avoid the attacks.
                               los prejuicios, las guerras,   prejudice(s), wars,
                               las enfermedades[9] *epidemias*   illness(es)
Tendrían más tiempo para **prepararse.**   They would have more time to prepare themselves.
                           defenderse[10]   defend
Podremos mantener nuestra **cultura.**   We'll be able to conserve our culture.
                             música, literatura,   music, literature,
                             lengua   language
Estudian nuestras **costumbres.**   They're studying our customs.
                      canciones[11]   songs

PREGUNTAS SOBRE EL DIÁLOGO

1. ¿Quiénes fundaron la ciudad de Los Ángeles?
2. ¿Cuándo la fundaron?
3. ¿Por qué la fundaron lejos del puerto?
4. ¿Qué es el Barrio?
5. ¿Qué es la calle Olvera?
6. ¿Qué cultura ha contribuido al desarrollo de Los Ángeles?
7. ¿Por qué ha mejorado algo la situación en el Barrio?
8. ¿Qué pueden hacer los hispanos en la Plaza de la Raza?

PREGUNTAS GENERALES

1. ¿Por qué deben sentirse orgullosas de su cultura las minorías?
2. ¿Cree usted que las costumbres hispanas son muy diferentes de las costumbres típicas de este país? ¿Por qué?

---

[8] Cultural center established in 1970 in Lincoln Park, three miles from downtown Los Angeles. The joint project of grass-roots groups of Chicanos and the city, it symbolizes the city's pride in its Mexican heritage and serves as a bridge of understanding between the Chicano minority group and the community at large.
[9] **La enfermedad**, singular.
[10] **Defender (ie).**
[11] **La canción**, singular.

La alegre música mexicana anima una fiesta celebrada en Los Ángeles.

Happy Mexican music enlivens a fiesta celebrated in Los Angeles.

3. ¿Cómo cree usted que pueden desaparecer los prejuicios raciales?
4. ¿Ha mejorado la situación de las minorías en este país últimamente?
5. ¿Es justo que unas personas tengan menos derechos que otras? ¿Por qué?
6. ¿Qué debemos hacer para evitar las guerras?
7. ¿Cuáles son los problemas del Barrio?
8. ¿Qué lenguas habla usted? ¿Es el conocimiento de otra lengua un puente para mejorar las relaciones entre grupos sociales?

GRAMMAR, EXERCISES, AND TESTING

Part 1

I. THE CONDITIONAL TENSE[12]

☐ FORMS

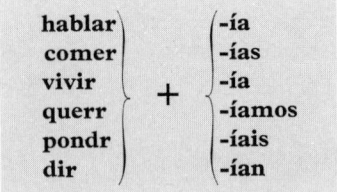

1. The conditional tense is formed by attaching a special set of endings to the stem used in the future tense.
2. The endings used are the imperfect-tense endings of the **-er** and **-ir** verbs.

---

[12]**El condicional,** formerly called **el potencial simple.**

☐ **USES**

El reportero me dijo que lo **prepararían**.	*The reporter told me that they would prepare it.*
No **sabría** qué hacer en tal caso.	*I wouldn't know what to do in such a case.*
¿A quién **preferiría** usted?	*Whom would you prefer?*
Serían las tres cuando sucedió.	*It was probably three when it happened.*

1. The conditional tense often corresponds to the English formula *would* or *should* + verb.[13]
2. The conditional is also used to express:
    a. an action that is or was future to some other past action, expressed in a past tense or merely implied.
    b. probability in the past.

A. Ejercicios de sustitución

1. El grupo organizaría festivales de vez en cuando.
    Los alumnos — Los alumnos organizarían festivales de vez en cuando.
    Tú — Tú organizarías festivales de vez en cuando.
    El director — El director organizaría festivales de vez en cuando.
    Nosotros — Nosotros organizaríamos festivales de vez en cuando.
    Yo — Yo organizaría festivales de vez en cuando.

2. Podrían mantener esas costumbres.
    (yo) — Podría mantener esas costumbres.
    (ustedes) — Podrían mantener esas costumbres.
    (tú) — Podrías mantener esas costumbres.
    (usted) — Podría mantener esas costumbres.
    (nosotros) — Podríamos mantener esas costumbres.

3. Cubriríamos todos los gastos.
    (él) — Cubriría todos los gastos.
    (ustedes) — Cubrirían todos los gastos.
    (yo) — Cubriría todos los gastos.
    (tú) — Cubrirías todos los gastos.
    (ella) — Cubriría todos los gastos.

4. Tendrían más tiempo para defenderse.
    (usted, tú, yo, nosotros, ellos)

5. Apreciaría mejor la influencia mexicana.
    (tú, ellos, usted, nosotros, yo)

B. Ejercicio de transformación

Cambie las siguientes oraciones usando el condicional.

Modelo: Probablemente eran las tres.
Serían las tres.

Creo que la fundaron en este lugar. — La fundarían en este lugar.
Así evitaban los ataques de los piratas. — Así evitarían los ataques de los piratas.

---

[13] The Spanish tense that corresponds to English *would* meaning *used to* is the imperfect (see page 293).
The Spanish verb that corresponds to English *should* meaning *ought to* is **deber** (see page 64).

Viva la Raza, letrero en el escaparate de una fotografía en el Este de Los Ángeles.

Viva la Raza (*long live the Spanish-speaking peoples*), *a sign in a photographer's window in East Los Angeles.*

Era probable que se sintieran muy orgullosos.　　Se sentirían muy orgullosos.
Hay que resolver muchos problemas.　　Habría que resolver muchos problemas.
Creo que es una lástima.　　Sería una lástima.

C. Ejercicio de transformación

En vez del presente, use el pretérito en la oración principal y el condicional en la oración subordinada.

Modelo: Dicen que la situación estará mejor.
　　　　　Dijeron que la situación estaría mejor.

Creen que podrán acabar con los prejuicios.　　Creyeron que podrían acabar con los prejuicios.
Dice que contribuirá al proyecto.　　Dijo que contribuiría al proyecto.
Piensan que será música mexicana.　　Pensaron que sería música mexicana.
Sé que ellos mantendrán sus costumbres.　　Supe que ellos mantendrían sus costumbres.
Dicen que así evitarán las enfermedades.　　Dijeron que así evitarían las enfermedades.

TESTING / the conditional tense

Give the indicated conditional form of the verb shown.

1. **evitar, yo**-form　　— evitaría
2. **defenderse, tú**-form　　— te defenderías
3. **hacer, nosotros**-form　　— haríamos
4. **contribuir, ellos**-form　　— contribuirían
5. **conocer, usted**-form　　— conocería
6. **mantener, vosotros**-form　　— mantendríais

El Paso, Tejas. Cada año se registran más de 100 millones de personas que cruzan la frontera entre los Estados Unidos y México. Entre los mexicanos que vienen a los Estados Unidos se encuentran estudiantes, jornaleros o braceros e inmigrantes permanentes. Las relaciones entre los chicanos, cuyos orígenes en los Estados Unidos son anteriores a la llegada del·*Mayflower*, y los recién llegados suelen ser muy cordiales.

El Paso, Texas. Each year more than 100 million persons are recorded crossing the border between the United States and Mexico. Among Mexicans coming to the United States are students, temporary farm-hands or braceros, and permanent immigrants. Relations between the Chicanos, whose origins in the United States predate the arrival of the Mayflower, and the newer arrivals are usually very friendly.

Give a Spanish equivalent.
7. *It was probably six when he came.*
8. *He told us that we would be able to organize meetings.*
9. *They would conserve their customs.*
10. *There were probably many problems.*

— Serían las seis cuando llegó *or* vino.

— Nos dijo que podríamos organizar reuniones.

— Mantendrían sus costumbres.

— Habría muchos problemas.

Part 2

II. *THE CONDITIONAL PERFECT*[14]

HABER, CONDITIONAL TENSE		PAST PARTICIPLE
habría habrías habría habríamos habríais habrían	+	hablado comido vivido

This tense is formed by the conditional tense of the auxiliary **haber** plus the past participle of the main verb.

Habría sido peor.
Yo no lo **habría defendido**.

Ellos **habrían enviado** la carta para esa fecha.

It would have been worse.
I wouldn't have defended him.
They {*would have* / *had probably*} *sent the letter by that date.*

---

[14]**El condicional perfecto,** formerly called **el potencial perfecto.**

1. The conditional perfect often corresponds to the English formula *would* or *should* + present perfect.
2. The conditional perfect may also be used to express probability in the past.

D. Ejercicios de sustitución

1. Yo habría resuelto ese problema.
   Mis compañeros   Mis compañeros habrían resuelto ese problema.
   Tú   Tú habrías resuelto ese problema.
   José y yo   José y yo habríamos resuelto ese problema.
   Ustedes   Ustedes habrían resuelto ese problema.
   La juventud chicana   La juventud chicana habría resuelto ese problema.

2. Habrían evitado esos ataques.
   (yo, nosotros, ellos, tú, usted)

3. Se habría sentido muy orgulloso.
   (tú, ellas, él, yo, nosotras)

E. Condicional → condicional perfecto

Modelo: Leería ese artículo.
         Habría leído ese artículo.

Mantendrían su cultura.
Tendríamos menos problemas en el Barrio.

Habrían mantenido su cultura.
Habríamos tenido menos problemas en el Barrio.

Fundarían la ciudad cerca del puerto.
Contribuiríamos más al desarrollo económico.

Habrían fundado la ciudad cerca del puerto.
Habríamos contribuido más al desarrollo económico.

Así se evitarían las guerras.

Así se habrían evitado las guerras.

F. Preguntas

1. ¿Qué habrían hecho ustedes anoche?
2. ¿Qué programa habría visto usted en vez de las noticias?
3. ¿Cómo habrían resuelto ustedes los problemas universitarios?
4. ¿Adónde habría ido usted el domingo pasado?
5. ¿Qué novela habría leído usted en vez de ésta?

TESTING / *the conditional perfect*

Give the indicated conditional perfect form.
1. **aprender, ellos**-form
2. **evitar, nosotras**-form
3. **poner, tú**-form
4. **usar, yo**-form
5. **decir, vosotros**-form

— habrían aprendido
— habríamos evitado
— habrías puesto
— habría usado
— habríais dicho

Give a Spanish equivalent.
6. WE (masculine) *would have prepared him.*
7. *It would have been better.*
8. *He had probably changed his mind by then.*

— Nosotros lo habríamos preparado.
— Habría sido mejor.
— Habría cambiado de opinión para entonces.

LECCIÓN 47

If clauses / Softened requests and statements

diálogo / LA EDUCACIÓN BILINGÜE

SRA. ROJAS   El otro día estaba leyendo un artículo en el periódico y me quedé asombrada al ver la cantidad de escuelas que tienen programas bilingües.

AURORA   Era absurdo prohibirle a un niño que usara su propia lengua en la escuela. Lo lógico es que la mantenga y que además aprenda inglés.

SR. ROJAS   Si lo hubiéramos hecho, las cosas no estarían como están.

SRA. ROJAS   Bueno, pero ahora lo estamos haciendo. Más vale tarde que nunca.

AURORA   Además, con un programa bilingüe, los niños que sólo hablan inglés tienen la oportunidad de

BILINGUAL EDUCATION

MRS. R: *The other day I was reading an article in the paper and I was astonished to see the number of schools that have bilingual programs.*

A: *It was absurd to prohibit a child to use his mother tongue. The logical thing is that he conserve it and learn English besides.*

MR. R: *If we had done that, things wouldn't be as they are.*

MRS. R: *Well, but now we're doing it. Better late than never.*

A: *Besides, with a bilingual program, children who only speak English would have the opportunity*

	aprender un idioma extranjero cuando son pequeños, y ésa es la mejor época para aprenderlo.		to learn a foreign language when they're little, and that's the best time to learn it.
SR. ROJAS	Cuando yo tenía catorce años fui a visitar a unos parientes en México y yo casi no podía hablar español. No se rieron de mí por pena.	MR. R:	When I was fourteen, I went to visit some relatives in Mexico and I could hardly speak Spanish. Out of kindness[2] they didn't laugh at me.
AURORA	Pero ahora lo hablas correctamente, papá.	A:	But now you speak it correctly, Dad.
SR. ROJAS	Querer es poder. Cuando regresé a Tejas[1], empecé a estudiar español en la escuela secundaria y después en la universidad. Me hice el firme propósito de hablarlo bien.	MR. R:	Where there's a will there's a way.[3] When I returned to Texas, I began studying Spanish in high school and later the university. I firmly resolved[4] to speak it well.
SRA. ROJAS	Y tú conoces a tu padre. Cuando se le mete una cosa en la cabeza…	MRS. R:	You know your Dad. When he gets something in his head.…
SR. ROJAS	Mis parientes me invitaban continuamente a que los fuera a visitar, pero yo esperé varios años. Cuando por fin fui a verlos y me oyeron hablar español, no lo podían creer.	MR. R:	My relatives kept on inviting me to go visit them, but I waited several years. When I finally visited them and they heard me speak Spanish, they couldn't believe it.
AURORA	¿Y por eso nos obligabas a hablar español cuando éramos pequeños?	A:	That's why you made[5] us speak Spanish when we were little?
SR. ROJAS	Y ustedes protestaban todo el tiempo, pero si no los hubiera obligado, habrían olvidado el español. Ahora me lo agradecen, ¿no es cierto?	MR. R:	And you complained all the time, but if I hadn't insisted, you'd have forgotten Spanish. Now you thank me. Isn't that so?

---

[1] Many Spanish-speaking people, especially in the United States, write **Texas**.
[2] Literally, *pity*.
[3] Literally, *to wish is to be able*.
[4] Literally, *I made to myself the firm proposal*.
[5] Literally, *obligated*.

Una piñata en una clase bilingüe en Austin, Tejas. Algunas piñatas se rompen halando las diferentes cintas que cuelgan de ellas; en otros casos, a cada niño le toca su turno y, con los ojos vendados, trata de romperla dándole con un palo. El resultado siempre es una lluvia de golosinas.

A piñata in a bilingual class in Austin, Texas. Some piñatas are broken by pulling the various ribbons that hang from them; in other cases, each child takes a turn and, with his eyes blindfolded, tries to break one by hitting it with a stick. The result is always a shower of sweets.

ORACIONES Y PALABRAS

Nos obligaban a **hablar.**
    saludar, estar callados
Seguí cursos de **español** en la universidad.
    psicología[6], sociología, geografía,
    latín, griego
Fui a visitarlos el **semestre** pasado.
    trimestre

They forced us to speak.
    greet or *say hello, be quiet*
I took courses in Spanish at the university.
    psychology, sociology, geography,
    Latin, Greek
I went to visit them last semester.
    quarter

PREGUNTAS SOBRE EL DIÁLOGO

1. ¿Qué leyó la señora de Rojas en el periódico?
2. Si un niño no hablaba inglés, ¿podía usar su propia lengua en la escuela?
3. Según Aurora, ¿qué se debe hacer en estos casos?
4. ¿Por qué es bueno un programa bilingüe para los niños que sólo hablan inglés?
5. ¿Adónde fue el señor Rojas cuando tenía catorce años?
6. ¿Qué problema tenía el señor Rojas entonces?

---

[6]Also written **sicología**.

7. ¿Cómo aprendió español el señor Rojas?
8. ¿Cuándo regresó el señor Rojas a México?
9. ¿Qué no podían creer los parientes del señor Rojas?
10. ¿Qué tenían que hacer los hijos de los señores Rojas cuando eran pequeños?

PREGUNTAS GENERALES

1. ¿Cuándo se aprende mejor una lengua extranjera?
2. ¿Cree usted que los programas bilingües son buenos? ¿Por qué?
3. ¿Sabe usted dónde hay programas bilingües en este país? ¿Cuáles son las lenguas de estos programas?
4. ¿Cree usted que las minorías deben mantener su propia lengua? ¿Por qué?
5. ¿Por qué es importante hablar más de una lengua?
6. ¿Cree usted que una persona puede entender por completo una cultura extranjera sin hablar su lengua?
7. ¿Por qué cree usted que han pasado tantos años sin programas bilingües en los Estados Unidos?
8. ¿Qué cursos sigue usted este año?
9. ¿Cuáles son sus cursos favoritos? ¿Por qué?
10. ¿Cree usted que las universidades deben obligar a los alumnos a estudiar lenguas extranjeras?

GRAMMAR, EXERCISES, AND TESTING

Part 1

I. *IF CLAUSES*

An *if* clause is a subordinate clause expressing a condition which may be real, contrary to fact, or unlikely to happen. It is accompanied by a main clause which states the conclusion to the condition.

Si tienes el boleto, puedes entrar. / podrás entrar.	*If you have the ticket, you may enter.*
No vayas **si has visto las pinturas.**	*Don't go if you've seen the paintings.*
Si Alfredo te lo dijo, es verdad. / **lo terminó,** lo terminó anoche.	*If Alfredo* told it to you, it is true. / finished it, he finished it last night.
Si estuviera aquí ahora, se lo podrías preguntar.	*If he were here now* (but he isn't), *you could ask him.*
Si viniera temprano, iríamos al teatro.	*If he'd come early* (but it's unlikely), *we'd go to the theater.*
Si hubiera llegado, nos habría llamado.	*If he had arrived* (but he didn't), *he would have called us.*
Si lo hubiéramos hecho, las cosas no estarían como están.	*If we had done it* (but we didn't), *things wouldn't be as they are.*

1. The *if* clause may precede or follow the main clause.
2. When the *if* clause is based on reality, Spanish, like English, uses an appropriate tense in the indicative mood in both clauses. A command form may also be used in the main clause.
3. To express a condition that is unlikely to happen or contrary to fact in the present:
   a. the verb in the *if* clause is in the past subjunctive.
   b. the verb in the main clause is in the conditional or the past subjunctive.[7]
4. To express a condition which is contrary to fact in the past:
   a. the verb in the *if* clause is in the past perfect subjunctive.
   b. the verb in the main clause is in the conditional perfect or the past perfect subjunctive.[8]
5. When the *if* clause expresses a condition contrary to fact in the past and the main clause expresses a present condition:
   a. the verb in the *if* clause is in the past perfect subjunctive.
   b. the verb in the main clause is in the conditional.

A. Presente → imperfecto de subjuntivo

Use el imperfecto de subjuntivo en vez del presente en la oración subordinada, y haga los cambios que sean necesarios.

Modelo: Si sigo esos cursos, termino antes.
   Si siguiera esos cursos, terminaría antes.

Si tenemos ese programa, los niños serán bilingües.

Si tuviéramos ese programa, los niños serían bilingües.

Si compran las legumbres ahora, consiguen mejores precios.

Si compraran las legumbres ahora, conseguirían mejores precios.

Van a ver restaurantes mexicanos si van a la calle Olvera.

Verían restaurantes mexicanos si fueran a la calle Olvera.

Si hablan español, los entenderé.
Se reirán de ti si haces eso.

Si hablaran español, los entendería.
Se reirían de ti si hicieras eso.

B. Imperfecto de subjuntivo → pretérito pluscuamperfecto de subjuntivo

Use el pretérito pluscuamperfecto de subjuntivo en vez del imperfecto en la oración subordinada, y haga los cambios que sean necesarios.

Modelo: Si tuviera dinero, compraría ese auto.
   Si hubiera tenido dinero, habría comprado ese auto.

---

[7] In this text, only the conditional will be used.
[8] In this text, only the conditional perfect will be used.

Si conociera a esa chica, la invitaría.

Si fuera un hotel de lujo, los precios serían más altos.

Si evitaras los disgustos, te sentirías mejor.

Lo perdonaría si me pidiera excusas.

Si pagaran los impuestos, no tendrían estos problemas.

Si hubiera conocido a esa chica, la habría invitado.

Si hubiera sido un hotel de lujo, los precios habrían sido más altos.

Si hubieras evitado los disgustos, te habrías sentido mejor.

Lo habría perdonado si me hubiera pedido excusas.

Si hubieran pagado los impuestos, no habrían tenido estos problemas.

C. Dos oraciones → una oración con si

1. Combine las dos oraciones de cada grupo poniendo la conjunción **si** delante de la primera oración. Haga todos los cambios que sean necesarios para que la nueva oración exprese una condición que probablemente no va a ocurrir.

    Modelo: Ellos tienen una reunión mañana. Podrán discutir esos asuntos.
    Si ellos tuvieran una reunión mañana, podrían discutir esos asuntos.

    Ellos me piden ayuda. Yo no les hago caso.
    Vamos a ese cine. Veremos una buena película.
    Venden la colección. El museo va a mejorar.
    Susana sigue ese curso. Aprende mucho.
    Él viene esta noche. Conoce a mis primas.

    Si ellos me pidieran ayuda, yo no les haría caso.
    Si fuéramos a ese cine, veríamos una buena película.
    Si vendieran la colección, el museo mejoraría.
    Si Susana siguiera ese curso, aprendería mucho.
    Si él viniera esta noche, conocería a mis primas.

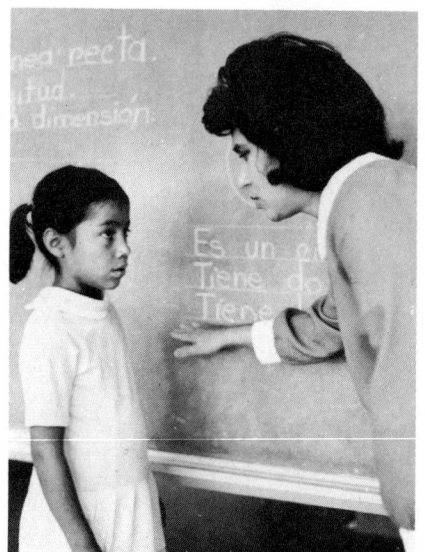

Escribir en español es fácil si se pronuncian las palabras como lo hacen los locutores. Cuando esta clase bilingüe usa el inglés, los problemas aumentan.

Writing in Spanish is easy if you pronounce the words the way radio announcers do. When this bilingual class uses English, the problems increase.

2. Combine las dos oraciones de cada grupo en una nueva para que ésta exprese una condición contraria a la realidad en el pasado.

Modelo: Recibimos la carta. Le íbamos a avisar.
Si hubiéramos recibido la carta, le habríamos avisado.

Fuimos al desfile. Nos divertimos mucho.

Arreglaron el ascensor. No ocurrió ningún accidente.

Tú manejas con cuidado. No tienes problemas con la policía.

Compraron el azúcar. Hicimos helado de vainilla.

Camina rápidamente. Llegó a tiempo.

Si hubiéramos ido al desfile, nos habríamos divertido mucho.

Si hubieran arreglado el ascensor, no habría ocurrido ningún accidente.

Si tú hubieras manejado con cuidado, no habrías tenido problemas con la policía.

Si hubieran comprado el azúcar, habríamos hecho helado de vainilla.

Si hubiera caminado rápidamente, habría llegado a tiempo.

D. Ejercicio para completar

1. Si trabajara allí...
2. Si lo hubiera visto...
3. Si voy al concierto...
4. Si fuéramos a México...
5. Si mi novio (-a) hablara español...
6. Si hoy es lunes...
7. Si hubiera tenido plata...
8. Si yo fuera profesor (-a) en una escuela bilingüe...

E. Preguntas

1. ¿Qué haría usted si tuviera mucho tiempo libre?
2. ¿Qué harían ustedes si yo terminara la clase ahora?
3. Si alguien le diera el pasaje, ¿qué país visitaría usted?
4. ¿Qué ciudades habría visitado usted en las vacaciones si hubiera tenido la oportunidad?
5. ¿Qué película vería usted si fuera al cine esta noche?

TESTING / *if clauses*

To express a condition that is unlikely to happen, give the correct tense form of the verbs shown.

1. Si lo (**ver, ellos**-form) _____ , lo (**saludar, ellos**-form) _____ .
2. Si (**evitar, tú**-form) _____ esas cosas, no (**tener, nosotros**-form) _____ tantos problemas.
3. Si (**venir, ustedes**-form) _____ , yo (**preparar, yo**-form) _____ la cena.

— vieran, saludarían

— evitaras, tendríamos

— vinieran, prepararía

Plaza Sésamo, programa educacional semejante al que se ve en la televisión de los Estados Unidos, es muy popular en Hispanoamérica.

Plaza Sésamo, *an educational program similar to the program* Sesame Street *seen on television in the United States, is very popular in Spanish America.*

To express a condition contrary to fact in the past, give the correct tense form of the verbs shown.

4. Si (**competir, nosotros**-form) _____ , nos (**ayudar, él**-form) _____ .

5. Si lo (**decir, ella**-form) _____ , (**salir, tú**-form) _____ a buscarlo.

6. Si nos (**visitar, ellos**-form) _____ , (**alegrarse, nosotros**-form) _____ mucho.

— hubiéramos competido, habría ayudado

— hubiera dicho, habrías salido

— hubieran visitado, nos habríamos alegrado

Give a Spanish equivalent.

7. *If I had bought it* (masculine), *I would have it now.*

8. *They would have told it to me if they had called her.*

9. *If you* (familiar singular) *see her, give her the message.*

10. *If he were here, we could invite him.*

— Si lo hubiera comprado, lo tendría ahora.

— Me lo habrían dicho si la hubieran llamado.

— Si la ves, dale el mensaje *or* recado.

— Si estuviera aquí, lo podríamos invitar.

Part 2

II. SOFTENED REQUESTS AND STATEMENTS

> ¿**Podrías** ⎫
> ¿**Pudieras**⎭ explicarnos este problema?
> ¿**Hablarías** con él?
> **Habría** ⎫ sido mejor evitar las guerras.
> **Hubiera**⎭
>
> *Would* ⎫ *you explain this problem to us?*
> *Could* ⎭
> *Would you talk to him?*
> *It* ⎧*would*⎫ *have been better to avoid wars.*
>   ⎩*might*⎭

1. For softened requests and statements, Spanish may use:
   a. the conditional tense.
   b. the past subjunctive.
   c. their corresponding compound tenses.
2. The subjunctive forms soften the request or statement even more than does the conditional.
3. With **deber**, **poder**, and **querer**, the past subjunctive or the conditional may be used.
4. With other verbs, the conditional is the tense normally used.
5. When compound tenses are used, either the subjunctive or the conditional may be used.

F. Presente → condicional

Modelo: ¿Puede traer la maleta?
   ¿Podría traer la maleta?

Los idiomas se aprenden con facilidad cuando hay deseos. En esta clase bilingüe, el canto ayuda a crear el ambiente adecuado para aprender con rapidez.

Languages are learned easily when the wish is there. In this bilingual class, song helps to create the proper mood for rapid learning.

Yo no hablo con ese grupo.
Es mejor no decirles nada.
¿Tienes tiempo para prepararlo?
Ellos deben evitar esos ataques.
¿Me hace el favor de llamarla?

Yo no hablaría con ese grupo.
Sería mejor no decirles nada.
¿Tendrías tiempo para prepararlo?
Ellos deberían evitar esos ataques.
¿Me haría el favor de llamarla?

G. Presente → imperfecto de subjuntivo

Modelo: Quiero ver ese traje de baño.
Quisiera ver ese traje de baño.

Nos podemos reunir allí.
Deben oír esa música.
¿Puede subirnos el sueldo?
Quiero pedirles un favor.
Puedes hablar con tu jefe.

Nos pudiéramos reunir allí.
Debieran oír esa música.
¿Pudiera subirnos el sueldo?
Quisiera pedirles un favor.
Pudieras hablar con tu jefe.

H. Preguntas

Conteste las siguientes preguntas usando el condicional o el imperfecto de subjuntivo.

1. ¿Qué podemos hacer para evitar la huelga?
2. ¿Qué quiere usted que hagan los alumnos?
3. ¿Qué deben hacer las minorías para mejorar la situación en que se encuentran?
4. ¿Qué quiere comprar usted?
5. ¿Adónde le interesa ir esta tarde?

TESTING / *softened requests and statements*

1. The three verbs which normally use the past subjunctive to soften requests and statements are ____, ____, and ____.

— deber, poder, querer

Soften the following sentences.
2. ¿La llama usted?
3. ¿Puede venir? (*two ways*)
4. Yo no voy a esa tienda.

— ¿La llamaría usted?
— ¿Podría venir? ¿Pudiera venir?
— Yo no iría a esa tienda.

Give a Spanish equivalent.
5. *Could you* (formal singular) *measure the kitchen?*
6. *I would like to buy that belt.*
7. *They should cancel the trip.*
8. *Could I eat lunch now?*
9. *Yes, it would have been worse.*
10. *Could he come later?*

— ¿Podría (*or* pudiera) medir la cocina?
— Querría (*or* quisiera *or* me gustaría) comprar ese cinturón.
— Deberían (*or* debieran) cancelar el viaje.
— ¿Podría (*or* pudiera) almorzar ahora?
— Sí, habría (*or* hubiera) sido peor.
— ¿Podría (*or* pudiera) venir más tarde?

LECCIÓN 48

The progressive tenses, continued / Diminutives

diálogo / LOS SEFARDITAS[1]

RICARDO Hoy estuve hablando en la cafetería con un estudiante sefardita de Turquía que se llama Samuel Arditi.

IGNACIO A mí me da pena decirlo, pero yo nunca he entendido bien quiénes son los sefarditas.

RICARDO Son los judíos españoles que los Reyes Católicos[2] expulsaron en 1492.

ARMANDO Era uno de los grupos más cultos que había en España, y sus descendientes todavía hablan una lengua emparentada con el español.

THE SEPHARDIM

R: *Today I was speaking in the cafeteria with a Sephardic student from Turkey, by the name of Samuel Arditi.*

I: *I hate to say this,[3] but I've never really understood who the Sephardim are.*

R: *They are Spanish Jews who were expelled in 1492 by the Catholic Kings.*

A: *They were one of the most advanced[4] groups in Spain, and their descendants still speak a language related to Spanish.*

---

[1] Spanish and Portuguese Jews and their descendants are known as **sefarditas** or **sefardíes**, from **Sefarad**, the Hebrew word for Spain. Those who refused to convert to Catholicism were expelled from Spain in 1492 and from Portugal in 1497. About 200,000 left and established themselves mainly in North Africa, Greece, and Turkey, and later in other countries. Many still speak and write **djudesmo** (*Dzhudezmo*), a language related to Spanish.

[2] Ferdinand and Isabella, under whose reign Spain emerged as a modern nation.

[3] Literally, *it gives pain to me*.

[4] Literally, *cultured*.

Derecha: La Sinagoga del Tránsito en Toledo, España, construida en el siglo XIV por Samuel Leví, tesorero de Pedro I de Castilla.

Right: The Synagogue of the Tránsito in Toledo, Spain, built in the 14th century by Samuel Leví, treasurer of Pedro I of Castile.

Izquierda: Las letras en hebreo en la parte superior de la pared reproducen los salmos 83 y 99. La mayor parte de la decoración restante es un ejemplo del mejor estilo mudéjar. La comunidad judía, que existió en España durante muchos siglos y fue severamente restringida por las leyes romanas y visigóticas, prosperó mucho bajo los árabes y, más tarde, durante los reinados de Fernando III y Alfonso X. A fines del siglo XIV comenzó la represión contra los judíos.

Left: The Hebrew letters on the upper part of the wall spell out Psalms 83 and 99. Most of the remaining decoration is an example of the best Mudejar style. The Jewish community, which existed in Spain for many centuries and was tightly restricted by Roman and Visigothic laws, prospered greatly under the Arabs and, later, during the reigns of Fernando III and Alfonso X. Late in the 14th century, repression of the Jews began.

IGNACIO	¿De veras? ¿Durante todo este tiempo la han estado hablando a pesar de estar en otros países?	I:	Really? During all this time they've been speaking it in spite of being in other countries?
RICARDO	Bueno, algunos no la hablan, pero según Samuel, la gran mayoría de los sefarditas hablan[5] esta lengua.	R:	Well, some don't speak it, but according to Samuel, the great majority of the Sephardim speak this language.
IGNACIO	Seguramente es muy difícil de entender.	I:	It certainly must be difficult to understand.
RICARDO	Es bastante diferente del español de hoy en día, pero él y yo nos pudimos entender.	R:	It's quite different from present-day Spanish, but he and I could understand each other.
ARMANDO	Debe ser muy interesante poder comparar el español que hablamos hoy con la lengua que hablan los sefarditas y ver cómo ha evolucionado el español.	A:	It must be very interesting to be able to compare the Spanish we speak today with the language the Sephardim speak and see how Spanish has changed.[7]
IGNACIO	Imagínate, una conversación así en la época de las computadoras[6], la televisión y los viajes a la Luna. Es como si hubiéramos vuelto a la España del siglo XV.	I:	Just imagine, a conversation like that in the age of computers, television, and flights to the moon. It's as if we had returned to the Spain of the 15th century.
ARMANDO	Me pregunto si nosotros, los hispanos que vivimos ahora en los Estados Unidos, mostraremos tanta lealtad a la lengua española como los sefarditas mostraron a la suya.	A:	I wonder if we Spanish-speakers now living in the United States will show as much loyalty to Spanish as the Sephardim showed to theirs.

ORACIONES Y PALABRAS

Estuve hablando con él en la **cafetería.**   *I was speaking with him in the cafeteria.*
                 tintorería, pastelería, lavandería   *drycleaners, pastry shop, laundry*

Estamos en la época de **la televisión.**   *We are in the age of television.*
                 la automatización, la electrónica, la energía atómica, los astronautas, los satélites, los cohetes, los aviones supersónicos   *automation, electronics, atomic energy, astronauts, satellites, rockets, supersonic planes*

---

[5]**La Mayoría, la mayor parte**, and similar expressions are singular. However, a plural verb is used when these expressions are followed by **de** + a plural expression.
    La mayoría habla español.
    La mayoría de {los sefarditas / ellos} **hablan español.**
    La mayoría de la gente habla español.

[6]The expressions **calculadora** and **máquina calculadora** are also used.

[7]Literally, *evolved.*

PREGUNTAS SOBRE EL DIÁLOGO

1. ¿Con quién estuvo hablando Ricardo?
2. ¿Quiénes son los sefarditas?
3. ¿En qué año los expulsaron de España?
4. ¿Qué han mantenido los sefarditas?
5. Según Samuel, ¿qué hablan la mayoría de los sefarditas?
6. ¿Se entendieron Ricardo y Samuel?
7. Según Armando, ¿qué comparación debe ser muy interesante?
8. ¿Cómo dice Ignacio que es el siglo XX?

PREGUNTAS GENERALES

1. ¿Cree usted que somos esclavos de la automatización? ¿Por qué?
2. ¿Qué opina usted de los aviones supersónicos?
3. ¿Cree usted que debe haber mujeres astronautas? ¿Por qué?
4. ¿Cree usted que la energía atómica puede resolver la crisis que se espera en el futuro?
5. ¿Le gustaría a usted ir a la Luna?
6. ¿Para qué se usan hoy en día los satélites hechos por el hombre?
7. ¿Lleva usted la ropa a la tintorería o la lava en la casa?
8. ¿Dónde hay una pastelería cerca de aquí?
9. Además de España, ¿qué otros países han tratado de mantener una unidad ideológica o religiosa? ¿Qué consecuencias tuvo esto?
10. Si el gobierno de este país tratara de imponer una unidad religiosa, ideológica o política, ¿qué haría usted?

En 1654, se establecieron 23 sefarditas en Nueva Amsterdam, donde fundaron una sinagoga llamada Shearith Israel, "un pedazo de Israel". Las lápidas sepulcrales que se observan en esta fotografía se encuentran en el primer cementerio de Shearith Israel, único ejemplo arquitectónico del siglo XVII que existe en Manhattan.

In 1654, 23 Sephardim settled in New Amsterdam, where they formed a synagogue called Shearith Israel, "remnant of Israel." The tombstones seen in this photograph are found in the first Shearith Israel graveyard, the only example of 17th century architecture still existing in Manhattan.

GRAMMAR, EXERCISES, AND TESTING

Part 1

I. THE PROGRESSIVE TENSES, CONTINUED

The present, imperfect, and preterit progressive tenses were discussed in lesson 36 (pages 484–86). Additional progressive tenses may be formed by using other tenses of **estar** with the present participle of the main verb. These tenses may be indicative or subjunctive. Here is a summary of the range of progressive tenses used in Spanish.

INDICATIVE MOOD

present	Está	⎫	present perfect	Ha	⎫
imperfect	Estaba	⎪	past perfect	Había	⎪
preterit	Estuvo	⎬ cantando.			⎬ estado cantando.
future	Estará	⎪	future perfect	Habrá	⎪
conditional	Estaría	⎭	conditional perfect	Habría	⎭

SUBJUNCTIVE MOOD

present		{esté	
past	Ojalá que	estuviera}	durmiendo.
present perfect		{haya	
past perfect	Ojalá que	hubiera}	estado durmiendo.

1. The uses of progressive tenses in Spanish generally correspond to their uses in English.
2. The past perfect progressive of the indicative mood is formed with the imperfect of **haber**, never the preterit.
3. The future progressive and conditional progressive sometimes express probability.

A. Tiempos simples → sus formas progresivas

Mantendrán sus costumbres. Estarán manteniendo sus costumbres.
Los expulsaría de la reunión. Los estaría expulsando de la reunión.
Tú cocinabas todo el tiempo. Tú estabas cocinando todo el tiempo.
Ojalá que protesten por esas medidas. Ojalá que estén protestando por esas medidas.
La lengua evolucionará más. La lengua estará evolucionando más.
Ojalá mejoraran los sueldos. Ojalá estuvieran mejorando los sueldos.

B. Tiempos compuestos → sus formas progresivas

Hemos trabajado con computadoras. Hemos estado trabajando con computadoras.
Había pasado muchos trabajos en el campo. Había estado pasando muchos trabajos en el campo.

Le habrán preguntado sobre los cohetes. Le habrán estado preguntando sobre los cohetes.
Ojalá que hayan exportado más café. Ojalá que hayan estado exportando más café.

Habrían leído sobre los viajes a la Luna.

Se han muerto muchos árboles últimamente.

Habrás comparado las dos lenguas.

Habrían estado leyendo sobre los viajes a la Luna.

Se han estado muriendo muchos árboles últimamente.

Habrás estado comparando las dos lenguas.

C. Formas progresivas de tiempos simples → formas progresivas de tiempos compuestos

Estarán recogiendo la ropa.
Estará preparando la cena.
Ojalá que estuvieran acordándose de nosotros.

Estuvo haciendo comentarios sobre los aviones supersónicos.

Ojalá que estén discutiendo esos asuntos.
Estaría hablando con su novia.

Habrán estado recogiendo la ropa.
Habrá estado preparando la cena.
Ojalá que hubieran estado acordándose de nosotros.

Había estado haciendo comentarios sobre los aviones supersónicos.

Ojalá que hayan estado discutiendo esos asuntos.
Habría estado hablando con su novia.

D. Preguntas

Conteste las siguientes preguntas usando formas progresivas.

1. ¿Qué han estado haciendo últimamente?
2. ¿Quiénes han estado trabajando los domingos?
3. ¿Qué estarán haciendo en esa esquina?
4. ¿Qué ha hecho usted este trimestre?
5. ¿Dónde trabajarían esos chicos?
6. ¿Qué había estado haciendo tu amigo?

TESTING / *the progressive tenses*

Restate the sentences using the corresponding progressive tense of the verb.
1. Entonces lo ayudaremos.
2. Saludarías a los astronautas.

3. Ojalá que salgan ahora.
4. Ojalá que lo hiciera.

Restate using the corresponding perfect tense.
5. Está lloviendo.
6. Estabas explicando el proyecto.
7. Estuvimos leyendo anoche.
8. Estarán esperando la contestación.

— Entonces lo estaremos ayudando.
— Estarías saludando a los astronautas.
— Ojalá que estén saliendo ahora.
— Ojalá que lo estuviera haciendo.

— Ha estado lloviendo.
— Habías estado explicando el proyecto.
— Habíamos estado leyendo anoche.
— Habrán estado esperando la contestación.

9. Quizás estén organizando una exhibición.

10. Estaríais hablando en la cafetería.

Give a Spanish equivalent.
11. *The majority of the girls will have been competing.*

12. *Who would have been running so much?*

— Quizás hayan estado organizando una exhibición.
— Habríais estado hablando en la cafetería.

— La mayoría de las chicas habrán estado compitiendo.
— ¿Quién habría estado corriendo tanto?

Part 2

II. DIMINUTIVES

A diminutive is a word formed from another by the addition of an ending expressing smallness in size and sometimes endearment or contempt.[8] The most common ending in Spanish is **-ito** and its variations. Certain areas of the Spanish-speaking world prefer to use the endings **-ico** and **-illo**.

-ito (-a, -os, -as)	
Rodolfo	**Rodolfito**
papel	**papelito**
lápiz	**lapicito**[9]
poca	**poquita**[9]
largo	**larguito**[9]

-cito (-a, -os, -as)	
café	**cafecito**
madre	**madrecita**
doctor	**doctorcito** (used in contempt)
mujer	**mujercita**
jardín	**jardincito**

-ecito (-a, -os, -as)	
rey	**reyecito**
flor	**florecita**
voz	**vocecita**

---
[8] Some diminutives have acquired special meanings: **señora, señorita**.
[9] Observe the orthographic change.

Derecha: La actual Sinagoga Shearith Israel en la ciudad de Nueva York, construida en 1897. Abajo: En el interior de la nueva sinagoga hay una réplica exacta de la primera sinagoga americana, construida hace más de 300 años.

Right: The current Shearith Israel Synagogue in New York City, built in 1897. Bottom: Inside the new synagogue is an exact replica of the first American synagogue, built more than 300 years ago.

SALMO VEINTITRÉS

(א) סאלמו דה דוד ה׳ וי פאסטור נון וייננואירי: (ב) אין
וורדאדאס די טירוולייו וי חרה ייחזיר סוברי
טנוחס די הולנגהנסהס וי ניארה: (ג) וי אלמה אחול־
גהנטהרה גיארוייאה אין סינדירוס די נוסטידאד פור סו
נוונברי: (ד) אהון קי אנדארי אין באלייי די טיניילה נון
טיוויי מאל קי טו קונוייגו טו ברה חי טו הסופרינסייה
אלייוס וי קונורטארהן: (ה) אורדינארהס דילאנטרי וי
ויזה איסקונטינארה ויס אנגוסטיאדורים אינביסיאסטי קון
הזייטי וי קאביסה ויאזו ארטורה: (ו) דיסיירטו ביין חי
ויסיד וי פירסינירהן טודוס דיאס די וויס בידהס חי
טולנגהרי אין קאזה די ה׳ אלונגורה די דיאס:

(a)	salmu a daví achem'i pastór no minguaré:	1	Salmo de David. Es Yavé mi pastor; nada me falta.
(b)	i'muradez d'armoyu my'ará yazér sovry'aguez d'ulganzez mi gyará:	2	Me pone en verdes pastos y me lleva a frescas aguas.
(g)	my'alme aulgantará gyarmyá in sinderuz di djustidá pur su nombri:	3	Recrea mi alma y me guía por las rectas sendas, por amor de su nombre.
(d)	anky'andaré in vayi di tinyevle non timiré mal ki tu kumigu tu vare i tu asufrensye euz mi kunurtarán:	4	Aunque haya de pasar por un valle tenebroso, no temo mal alguno, porque tú estás conmigo. Tu clava y tu cayado son mi consuelo.
(h)	urdinaráz dilantri mi meze iskontre miz angustyadoris invisyasti kun azeyti mi kavese mivazu arture:	5	Tú pones ante mí una mesa, enfrente de mis enemigos. Has derramado el óleo sobre mi cabeza, y mi cáliz rebosa.
(v)	disyartu byen i mirsé mi pirsigirán toduz diez di miz videz y'ulgaré in kaze d'achém algungure di dies:	6	Sólo bondad y benevolencia me acompañan todos los días de mi vida, y estaré en la casa de Yavé por muy largos años.

The text at the top is Psalm 23 in **ladino**, taken from a Hebrew Bible with **ladino** translation printed in Vienna in 1816. Ladino, used in translating sacred Hebrew texts, is a semi-archaic version of **djudesmo**, the language of the Sephardim.

The left column above is a transcription of this **ladino** text, prepared by David L. Gold to suggest how a Sephardi from Bitola, Yugoslavia, might pronounce it. Most of the letters may be pronounced about as in Spanish.

The text in the right column above is from the standard modern Spanish version of Psalm 23 from the **Sagrada Biblia** by Eloíno Nácar Fuster and Alberto Colunga.

1. Words ending in -o or -a replace those endings by -ito or -ita.
2. Words ending in any consonant except -n or -r directly attach the ending -ito or -ita.
3. Words whose singular ends in -e, -n, or -r directly attach the ending -cito or -cita.
4. Words of one syllable ending in a consonant attach the ending -ecito or -ecita.
5. Some endings are never used with certain words. In particular cases a diminutive changes the meaning of the word or gives it a very different connotation. Prudence must therefore be exercised in formulating new diminutives.
6. Diminutives are always stressed on the next to the last syllable and never have a written accent mark.
7. To form the plural of a word with a diminutive suffix, add an -s to the suffix.

E. Ejercicio sobre el uso de -ito

Repita las siguientes oraciones usando diminutivos.

Modelo: Las vi en la sala.
Las vi en la salita.

¿Cuál es la casa? ¿Cuál es la casita?
Quisiera esas tazas. Quisiera esas tacitas.
¿Quién es el español? ¿Quién es el españolito?
Trajeron sólo un lápiz. Trajeron sólo un lapicito.
¿Puedes esperarme un momento? ¿Puedes esperarme un momentito?

F. Ejercicio sobre el uso de -cito

Repita las siguientes oraciones usando diminutivos.

Modelo: El jardín queda allí.
El jardincito queda allí.

Le compró un traje carísimo. Le compró un trajecito carísimo.
Fueron unos choques sin importancia. Fueron unos choquecitos sin importancia.
No quiero ese cinturón. No quiero ese cinturoncito.
¡Qué viaje hicieron! ¡Qué viajecito hicieron!
¿Cuántos entraron en ese comedor? ¿Cuántos entraron en ese comedorcito?

G. Ejercicio sobre diminutivos

Repita las siguientes oraciones usando los diminutivos adecuados.

Me voy a tomar un café. Me voy a tomar un cafecito.
¿Por qué se sentó en esa silla? ¿Por qué se sentó en esa sillita?
¿Qué perros compró? ¿Qué perritos compró?
Ella era muy joven entonces. Ella era muy jovencita entonces.
¿Qué hiciste con la tarjeta? ¿Qué hiciste con la tarjetita?

No me gusta ese doctor.
Oímos una voz allá.
Viven en una calle muy estrecha.
Ricardo viene ya.

No me gusta ese doctorcito.
Oímos una vocecita allá.
Viven en una callecita muy estrechita.
Ricardito viene ya.

TESTING / diminutives

1. Words ending in **-o** or **-a** may replace these endings by the diminutive suffix _____ or _____.
2. Words whose singular ends in **-e, -n,** or **-r** directly attach the ending _____ or _____.
3. Singular words of one syllable ending in a consonant attach the ending _____ or _____.

— -ito, -ita

— -cito, -cita

— -ecito, -ecita

Give the diminutive of the following words.

4. hijo — hijito
5. verde — verdecito
6. luz — lucecita
7. color — colorcito
8. cuarto — cuartito
9. mesa — mesita
10. dolor — dolorcito
11. canción — cancioncita
12. árboles — arbolitos
13. brazos — bracitos
14. cabezas — cabecitas
15. Rafael — Rafaelito

◀ Un líder chicano organiza a los braceros en Homestead, Florida.
A Chicano leader organizes farmhands in Homestead, Florida.

RECAPITULACIÓN Y AMPLIACIÓN XVI

lectura / LOS CHICANOS

La minoría más numerosa de habla española de los Estados Unidos está constituida por los chicanos, cuyo número se calcula en unos siete millones. Sus centros principales son las ciudades del suroeste, aunque también hay un gran número de chicanos en las zonas rurales de esta región. Sin embargo, en los últimos años, según los censos de 1960 y 1970, muchos han abandonado estas zonas y se han establecido en el centro y el este de los Estados Unidos, especialmente en las grandes ciudades como Chicago, Gary, Detroit, Toledo y Washington. El deseo de una vida mejor los impulsa a irse a otros lugares, con la esperanza de encontrar allí más y mejores oportunidades económicas.

A diferencia de las otras minorías de habla española que han llegado a este país recientemente, la historia de los chicanos ha estado siempre unida al suroeste de los Estados Unidos, ya que se cree que una parte de esta región era el lugar de origen de los aztecas. Más tarde, españoles y mexicanos conquistaron estas

Hernández, Nuevo México, en una foto tomada por Ansel Adams. La cultura chicana tiene raíces históricas muy profundas en este país.
Hernandez, New Mexico, in a photo taken by Ansel Adams. Chicano culture has very deep historical roots in this country.

tierras, que pasaron a formar parte del Virreinato de la Nueva España hasta el siglo XIX, en que los mexicanos lograron su independencia y el Virreinato se convirtió en una nueva nación: México. Como se puede ver, el chicano ha formado parte integral de la cultura de esta región y sus raíces son anteriores a la llegada de los europeos al continente americano.

la raíz *root*

La primera ciudad que fundaron españoles y mexicanos en el suroeste fue Santa Fe de Nuevo México en 1609, once años antes del desembarco de los peregrinos del Mayflower. A partir de ese momento, muchas otras fueron surgiendo en los estados de Nuevo México y Colorado. En el siglo XVIII, con la fundación de las

peregrino *pilgrim*

misiones en los estados de Arizona, Tejas y California, se llegó a consolidar en la extensa región del suroeste, una cultura que era diferente de la cultura del este de los Estados Unidos, y donde la influencia mexicana se dejaba sentir en la arquitectura, las artes, la economía y las leyes. Aún hoy en día, la repartición de las aguas y los derechos de propiedad de las minas están basados en los sistemas de aquella época.

repartición *distribution*

Como consecuencia de la guerra entre los Estados Unidos y México, toda la región que constituye hoy en día el suroeste de los Estados Unidos pasó a poder de este país a través del tratado de Guadalupe Hidalgo en 1848. Los mexicanos que decidieron quedarse en esta región adquirieron la ciudadanía norteamericana, pero su situación había cambiado radicalmente: eran los vencidos y no los vencedores. Sus descendientes creen que no se les ha reconocido todas las contribuciones que han hecho al desarrollo económico y cultural del suroeste, y piensan que la sociedad los ha marginado por muchos años.

marginar *to push aside*

Otra guerra, esta vez la Segunda Guerra Mundial, vino a influir en el problema chicano, pues una de sus consecuencias fue que muchos soldados chicanos conocieron otros lugares dentro y fuera de los Estados Unidos. En sus viajes vieron diferentes ciudades, costumbres y problemas, y así pudieron comparar todo esto con las condiciones en que muchos de ellos vivían en el Barrio.

Unos años después, la minoría negra de los Estados Unidos, a través de la violencia o la resistencia pasiva, demostró que hacían falta cambios sociales y económicos que les permitieran a las minorías las mismas oportunidades que tenían otras clases sociales.

Algunos grupos chicanos, que habían estado conscientes durante mucho tiempo de estos problemas, crearon diferentes organizaciones para defender sus derechos. Una de estas organizaciones activistas es **La Raza Unida** que ha tenido gran importancia en el suroeste y cuya influencia se está haciendo sentir ya en otras partes del país, especialmente en los estados de Michigan y Ohio. En Tejas, varios candidatos de La Raza Unida han

Un bracero chicano recoge uvas en California.
A Chicano farmhand picks grapes in California.

sido elegidos concejales y miembros de las juntas directivas de las escuelas. Esto les ha abierto el camino a los chicanos y les ha demostrado que uniéndose pueden hacer valer sus derechos y alcanzar las metas que se proponen: igualdad, justicia y las mismas oportunidades para todos.

    El problema chicano se complica más debido a que muchos mexicanos que no pueden encontrar trabajo en su propio país, se concentran en las ciudades fronterizas con la esperanza de poder entrar en los Estados Unidos y obtener un trabajo que les permita vivir decentemente. Muchos de ellos reciben el permiso oficial, con el cual pueden trabajar en este país; otros no logran obtenerlo. Entre este último grupo hay muchos que de un modo u otro cruzan la frontera sin tener los documentos necesarios, y tratan de vivir con parientes o amigos ya establecidos en la zona, que los

concejal *councilman*

hacer valer *to assert*
meta *goal*

Bracero chicano cargando lechuga en Tejas.
A Chicano farmhand carries lettuce in Texas.

ayudan a buscar trabajo. Infortunadamente, la gran mayoría de los que cruzan la frontera de esta forma no tienen entrenamiento especial. Como además carecen de la documentación necesaria para poder trabajar, muchos patronos se aprovechan de esta situación y les ofrecen sueldos inferiores a los que establece la ley. Ellos, movidos por la necesidad, se ven obligados a aceptarlos. Al mismo tiempo, la automatización, tan extendida en nuestra sociedad, disminuye cada vez más los trabajos que este grupo puede realizar.

Hay quienes opinan que el chicano debe aculturarse y asimilarse a la sociedad americana. Hay otros que están en contra de esto y opinan que el chicano debe mantener su propia personalidad, su individualidad, y no dejar que una sociedad lo amolde a su imagen y semejanza. Estas dos tendencias tan opuestas tienen algo en común: el deseo de eliminar la pobreza y mejorar la situación económica, política y social del chicano. Por su parte, los chicanos no quieren perder su cultura. Luchan por mantener su identidad y quieren que la sociedad los acepte tal como ellos son.

Poco a poco, nuestra sociedad va comprendiendo los problemas de las diferentes minorías y ofreciendo más oportunidades de mejoramiento a sus miembros. En el caso específico de los

César Chávez, líder de UFWU con Coretta Scott King, viuda del líder de los derechos civiles Martin Luther King, durante una entrevista por radio.
César Chávez, leader of the UFWU (United Farm Workers Union), with Coretta Scott King, widow of the civil rights leader Martin Luther King, during a radio interview.

chicanos, muchos piensan que el paso es demasiado lento y que ya han esperado bastante el cumplimiento de promesas que no han llegado a realizarse. Otros dicen que en los últimos años se ha notado una mejoría en la situación del chicano y que por medio de la educación bilingüe, de candidatos chicanos que conozcan las necesidades de esta minoría, de estudios chicanos en las universidades y otros medios semejantes, es de esperar que los problemas se resuelvan favorablemente y que el chicano no sea un

La Causa, la lucha de UFWU para mejorar las condiciones de trabajo de los braceros migratorios, produjo gran interés en toda la nación. Carteles como éste se pudieron observar en la ciudad de Nueva York.
La Causa (*the cause*), *the struggle of the UFWU to improve working conditions for migrant farm workers, created great interest in the entire nation. Posters like this one could be observed in New York City.*

Izquierda: Joseph M. Montoya, senador de Nuevo México y miembro de una de las familias más antiguas de ese estado.
Derecha: Lee Treviño, uno de los muchos atletas profesionales de origen mexicano, está considerado como uno de los mejores golfistas de los Estados Unidos.
Left: Joseph M. Montoya, Senator from New Mexico and member of one of the oldest families of that state.
Right: Lee Treviño, one of the many professional athletes of Mexican origin, is regarded as one of the best golfers in the United States.

ciudadano de segunda categoría, sino que ocupe el puesto que merece en una sociedad a la cual tanto ha ayudado.

PREGUNTAS

1. ¿Cuál es la minoría de habla española más numerosa de los Estados Unidos?
2. ¿Cuáles son sus centros principales?
3. ¿Qué se ha notado en los últimos años en la población de habla española de las zonas rurales?
4. ¿Qué diferencia básica existe entre los chicanos y otras minorías de habla española?
5. ¿Cuál fue la primera ciudad que fundaron españoles y mexicanos en el suroeste?
6. ¿En qué año la fundaron?

Una familia de origen mexicano en Placentia, California, delante de su casa construida con la ayuda de un programa para viviendas.
A family of Mexican origin in Placentia, California, in front of their house constructed with the help of a housing program.

7. ¿Qué otras fundaciones ocurrieron en el siglo XVIII?
8. ¿Qué contraste hay entre la cultura del suroeste y la del este de los Estados Unidos?
9. ¿Qué fue el tratado de Guadalupe Hidalgo?
10. ¿Qué consecuencias tuvo esto para los mexicanos del suroeste?
11. ¿Qué importancia tuvo la Segunda Guerra Mundial en el problema chicano?
12. ¿Qué ha demostrado la minoría negra de los Estados Unidos?
13. ¿Qué es La Raza Unida?
14. ¿Qué hacen muchos mexicanos que no pueden encontrar trabajo en su país?
15. ¿Cómo se aprovechan algunos patrones de la situación de los que no tienen documentos para estar en los Estados Unidos?
16. ¿Cuáles son las opiniones que existen acerca del problema chicano?
17. ¿Qué elemento común tienen estas dos tendencias?
18. ¿Ha mejorado la actitud de la sociedad hacia las minorías?
19. ¿Qué medios pueden usarse para mejorar la situación del chicano?
20. ¿Qué otros medios cree usted que pueden emplearse para mejorar su situación?

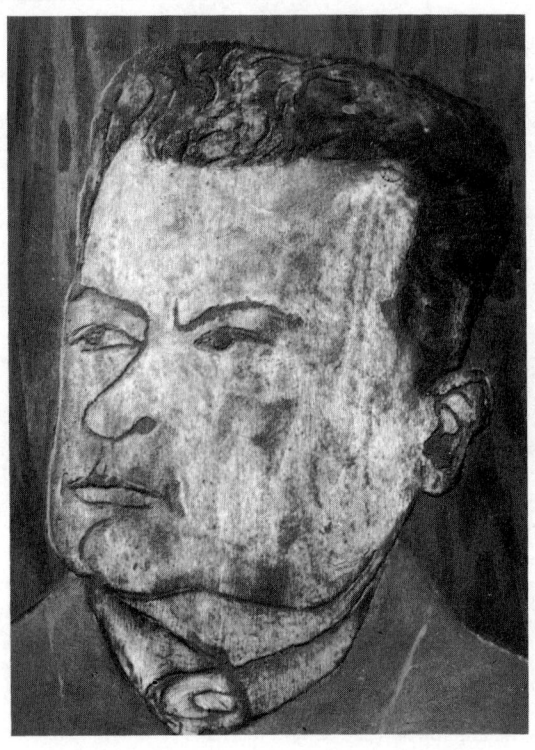

RUBÉN DARÍO
Relieve en madera, pintada, de Antonio Frasconi.

poema / UN SONETO A CERVANTES

Horas de pesadumbre y de tristeza
paso en mi soledad. Pero Cervantes
es buen amigo. Endulza mis instantes
ásperos, y reposa mi cabeza.

Él es la vida y la naturaleza,
regala un yelmo de oros y diamantes
a mis sueños errantes.
Es para mí: suspira, ríe y reza.

Cristiano y amoroso caballero
parla como un arroyo cristalino
¡Así le admiro y quiero,

pesadumbre *grief*

endulzar *to sweeten*
áspero *harsh*

yelmo *helmet*

suspirar *to sigh*
rezar *to pray*

parlar *to speak*

viendo cómo el destino
hace que regocije al mundo entero   **regocijar** *to rejoice*
la tristeza inmortal de ser divino!

Rubén Darío[1]
(1867–1916)

PREGUNTAS

1. ¿Cuántos versos hay en un soneto?
2. ¿Por qué es Cervantes un buen amigo del poeta?
3. ¿Con qué compara el poeta a Cervantes?
4. ¿Por qué cree usted que el poeta dice: "[Cervantes] es para mí"?
5. ¿Por qué admira Darío a Cervantes?

READING AND WRITING SUPPLEMENT

Spanish -ería, English *shop* or *store*

Just as the suffixes **-ero** and **-or** indicate the person who is engaged in a task or profession, the ending **-ería** identifies the place where something is made or sold.

SPANISH	ENGLISH
librería	*bookstore*
mueblería	*furniture store or shop*
papelería	*stationery store*
pastelería	*pastry shop*

Although the Spanish word **cafetería** originally meant a place where coffee or other drinks were sold, today it means the same as its English cognate *cafeteria*. Can you identify the following words?

barbería
carnicería
carpintería
lechería
panadería
zapatería

---

[1]Great Nicaraguan poet, the chief founder of Modernism in Hispanic literature. His highly intimate, sensuous, and sensually exquisite prose and verse reveal an elegant poetic sensitivity.

TESTING

A. The conditional

Use a conditional form of the verb in parenthesis.

1. (organizar) Yo _____ ese festival. — organizaría
2. (oír) Estoy segura que tú _____ esas canciones. — oirías
3. (hacer) Ellos lo _____ para evitar disgustos. — harían
4. (poder) Así los niños _____ ser bilingües. — podrían
5. (ir) Seguramente los choferes _____ muy rápido. — irían
6. (agradecer) El empleado se lo _____ mucho. — agradecería
7. (mantener) Nosotros _____ nuestras costumbres. — mantendríamos
8. (estar) Tú _____ a cargo de la cafetería. — estarías

B. The conditional perfect

Use a conditional perfect form of the verb in parenthesis.

1. (resolver) Yo creo que ellos _____ _____ la situación. — habrían resuelto
2. (evitar) Esas pastillas le _____ _____ el dolor de garganta. — habrían evitado
3. (descansar) Yo _____ _____ más, pero no tenía tiempo. — habría descansado
4. (dejar) ¿Tú _____ _____ el puesto? — habrías dejado

5. (ir) Con un programa así, nosotros _____ _____ a la Luna antes. — habríamos ido
6. (hacer) ¿Qué _____ _____ ustedes con todo ese material? — habrían hecho
7. (esperar) Tú los _____ _____ más tiempo. — habrías esperado
8. (reírse) Yo no me _____ _____ de él. — habría reído

C. *If* clauses

Complete the following sentences by using the correct tense of the verb in parenthesis.

1. (esperar) Si él viniera dentro de unos minutos, nosotros lo _____. — esperaríamos
2. (hablar) Si ellos _____ español, yo los podría entender. — hablaran
3. (seguir) Si tú _____ _____ mis consejos, no habrías pasado tantos trabajos. — hubieras seguido
4. (desear) Yo los llevo si _____ comer allí. — desean
5. (leer) Si fuera más corta, yo _____ esa novela. — leería
6. (organizar) Si nos hubieran dado el voto, nosotros no _____ _____ la huelga. — habríamos organizado
7. (manejar) No habrían chocado si _____ _____ más despacio. — hubieran manejado
8. (querer) Si tú _____, yo se lo pido. — quieres
9. (estar) Si hubiéramos ayudado a las minorías, la situación no _____ como está. — estaría

D. Softened requests

Choose an appropriate verb form to express the following sentences in a softer manner.

1. Él puede hacerlo. — podría *or* pudiera
2. Yo quiero comprar ese abrigo. — querría *or* quisiera
3. Deben usar energía atómica. — deberían *or* debieran
4. ¿Puede usar tu auto? — podría *or* pudiera
5. Yo defiendo sus derechos. — defendería

E. Progressive tenses

Use the verb shown in one of the simple progressive tenses.

1. (corregir) El profesor _____ _____ los exámenes esta noche. — estará (*or* está) corrigiendo
2. (arreglar) Nosotros _____ _____ la sala cuando él llamó. — estábamos arreglando
3. (comentar) Ayer ellos _____ _____ esas cosas conmigo. — estuvieron (*or* estaban) comentando
4. (dormir) Ojalá que Alicia no _____ _____ cuando lleguemos. — esté durmiendo
5. (extraer) Yo dudaba que los mineros _____ _____ tanta sal. — estuvieran extrayendo
6. (competir) Sabía que los esquiadores _____ _____ más tarde. — estarían compitiendo

F. Progressive perfect tenses

Use the verb shown in a progressive perfect tense.

1. (discutir) Antes de saludarnos, Ricardo _____ _____ _____ con los delegados. — había estado discutiendo
2. (preparar) Esperaba que ellos _____ _____ _____ la exhibición. — hubieran estado preparando
3. (preguntar) Sé que tus amigos _____ _____ _____ mucho por ti. — han (*or* habían) estado preguntando
4. (ayudar) Me alegro de que tú _____ _____ _____ a los nuevos vecinos. — hayas estado ayudando
5. (practicar) Ella monta muy bien a caballo porque _____ _____ _____ mucho últimamente. — ha estado practicando
6. (vender) ¿Bajaron los precios? Me imagino que _____ _____ _____ muchísimo. — habrán estado vendiendo

VOCABULARY

apreciar	to appreciate	**influencia**	influence
asombrado	astonished	**invitar**	to invite
astronauta m or f	astronaut	**judío**	Jew
ataque m	attack	**juventud**	youth
atómico	atomic	**latín** m	Latin
automatización	automation	**lavandería**	laundry
bilingüe	bilingual	**lealtad**	loyalty
cafetería	cafeteria	**lengua**	language, tongue
callado	quiet	**literatura**	literature
canción	song	**Luna**	moon
cantidad	quantity, number	**música**	music
católico	Catholic	**obligar**	to obligate, to force
cohete m	rocket	**observar**	to observe, to see
computadora	computer	**pariente** m	relative
continuamente	continually	**pastelería**	pastry shop
correctamente	correctly	**pena**	sorrow, pity, pain
costumbre f	custom, habit	**prejuicio**	prejudice
culto	cultured, enlightened	**propio**	own
cultura	culture	**propósito**	intention, proposal
curso	course	**protestar**	to complain, to protest
chicano	Chicano	**psicología**	psychology
defender (ie)	to defend	**raza**	race
desarrollo	development	**reírse (i)**	to laugh
descendiente m or f	descendant	**reportero**	reporter
desembarco	landing	**reunir**	to meet, to gather
educación	education	**rey** m	king
electrónica	electronics	**saludar**	to greet, to say hello
emparentado	related	**satélite** m	satellite
energía	energy	**sefardita** m or f	Jew expelled from Spain in 1492 or from Portugal in 1497, or a descendant
enfermedad	illness		
entrevistador m	interviewer		
establecerse (zc)	to settle		
estancia	stay	**seguir (i) cursos**	to take courses
evolucionar	to evolve, to change	**semestre** m	semester
expulsar	to expel	**sicología**	psychology
festival m	festival	**sociología**	sociology
firme	firm	**supersónico**	supersonic
fundación	founding	**suponer (g)**	to suppose
fundar	to found, to establish	**televidente**	T.V. viewer
geografía	geography	**televisada**	televised
griego	Greek	**televisión**	television
guerra	war	**tintorería**	dry cleaners
hispano	Spanish-speaking person	**trasladar**	to move
		trimestre m	quarter
idioma m	language	**visitante** m or f	visitor

VERB TABLES

I. REGULAR VERBS

	-ar	-er	-ir
Infinitive	**hablar**	**comer**	**vivir**
Present participle	hablando	comiendo	viviendo
Past participle	hablado	comido	vivido

Simple tenses

□ INDICATIVE MOOD

Present	hablo	como	vivo
	hablas	comes	vives
	habla	come	vive
	hablamos	comemos	vivimos
	habláis	coméis	vivís
	hablan	comen	viven
Imperfect	hablaba	comía	vivía
	hablabas	comías	vivías
	hablaba	comía	vivía
	hablábamos	comíamos	vivíamos
	hablabais	comíais	vivíais
	hablaban	comían	vivían

	-ar	**-er**	**-ir**
Preterit	hablé	comí	viví
	hablaste	comiste	viviste
	habló	comió	vivió
	hablamos	comimos	vivimos
	hablasteis	comisteis	vivisteis
	hablaron	comieron	vivieron
Future	hablaré	comeré	viviré
	hablarás	comerás	vivirás
	hablará	comerá	vivirá
	hablaremos	comeremos	viviremos
	hablaréis	comeréis	viviréis
	hablarán	comerán	vivirán
Conditional	hablaría	comería	viviría
	hablarías	comerías	vivirías
	hablaría	comería	viviría
	hablaríamos	comeríamos	viviríamos
	hablaríais	comeríais	viviríais
	hablarían	comerían	vivirían

◻ **IMPERATIVE MOOD**[1]

Affirmative	**tú**	habla	come	vive
	vosotoros	hablad	comed	vivid

◻ **SUBJUNCTIVE MOOD**

	-ar	**-er**	**-ir**
Present	hable	coma	viva
	hables	comas	vivas
	hable	coma	viva
	hablemos	comamos	vivamos
	habléis	comáis	viváis
	hablen	coman	vivan
Past (**-ra**)	hablara	comiera	viviera
	hablaras	comieras	vivieras
	hablara	comiera	viviera
	habláramos	comiéramos	viviéramos
	hablarais	comierais	vivierais
	hablaran	comieran	vivieran
Past (**-se**)	hablase	comiese	viviese
	hablases	comieses	vivieses
	hablase	comiese	viviese
	hablásemos	comiésemos	viviésemos
	hablaseis	comieseis	vivieseis
	hablasen	comiesen	viviesen

---

[1]For the negative **tú** and **vosotros** command forms, and for both affirmative and negative **usted** and **ustedes** command forms, see the corresponding subjunctive verb forms.

Compound tenses

☐ INDICATIVE MOOD

		-ar	-er	-ir
Present perfect	he, has, ha, hemos, habéis, han	hablado	comido	vivido
Past perfect[2]	había, habías, había, habíamos, habíais, habían	hablado	comido	vivido
Future perfect	habré, habrás, habrá, habremos, habréis, habrán	hablado	comido	vivido
Conditional perfect	habría, habrías, habría, habríamos, habríais, habrían	hablado	comido	vivido

☐ SUBJUNCTIVE MOOD

		-ar	-er	-ir
Present perfect	haya, hayas, haya, hayamos, hayáis, hayan	hablado	comido	vivido

---

[2] The second past perfect, rarely used today, is:
hube, hubiste, hubo, hubimos, hubisteis, hubieron   hablado   comido   vivido

		-ar	-er	-ir
Past perfect (-**ra**)	hubiera hubieras hubiera hubiéramos hubierais hubieran	hablado	comido	vivido
Past perfect (-**se**)	hubiese hubieses hubiese hubiésemos hubieseis hubiesen	hablado	comido	vivido

II. STEM-CHANGING VERBS

A. Stressed **e** changes to **ie** and stressed **o** changes to **ue** throughout the singular and in the third-person plural of the present indicative and in the present subjunctive of some -**ar**, -**er**, and -**ir** verbs.

1. Stressed e → ie

pensar	perder	sentir

PRESENT INDICATIVE

pienso	**pierdo**	**siento**
piensas	**pierdes**	**sientes**
piensa	**pierde**	**siente**
pensamos	perdemos	sentimos
pensáis	perdéis	sentís
piensan	**pierden**	**sienten**

PRESENT SUBJUNCTIVE

piense	**pierda**	**sienta**
pienses	**pierdas**	**sientas**
piense	**pierda**	**sienta**
pensemos	perdamos	sintamos
penséis	perdáis	sintáis
piensen	**pierdan**	**sientan**

Other verbs whose stem vowel **e** *changes to* **ie** *are*: arrepentirse, atravesar, calentar, cerrar, comenzar, confesar, defender, despertar, divertirse, empezar, entender, enterrar, nevar, preferir, querer, recomendar, sentar, sugerir.

2. Stressed o → ue

	contar	volver	morir
PRESENT INDICATIVE			
	cuento	**vuelvo**	**muero**
	cuentas	**vuelves**	**mueres**
	cuenta	**vuelve**	**muere**
	contamos	volvemos	morimos
	contáis	volvéis	morís
	cuentan	**vuelven**	**mueren**
PRESENT SUBJUNCTIVE			
	cuente	**vuelva**	**muera**
	cuentes	**vuelvas**	**mueras**
	cuente	**vuelva**	**muera**
	contemos	volvamos	muramos
	contéis	volváis	muráis
	cuenten	**vuelvan**	**mueran**

Other verbs whose stem vowel **o** *changes to* **ue** *are*: acordarse, acostar, almorzar, comprobar, contar, costar, doler, dormir, encontrar, llover, poder, probar, recordar, resolver.

Jugar is the only verb that changes **u** *to* **ue**.

B. Unstressed **e** changes to **i** and unstressed **o** changes to **u** in the third-person singular and plural of the preterit; in the present participle; in the first and second persons plural of the present subjunctive; and throughout the two versions of the past subjunctive.[3]

1. Unstressed e → i

sentir

PRETERIT	PRESENT SUBJUNCTIVE	PAST SUBJUNCTIVE	
sentí	sienta	**sintiera**	sintiese
sentiste	sientas	**sintieras**	sintieses
sintió	sienta	**sintiera**	sintiese
sentimos	**sintamos**	**sintiéramos** *or*	sintiésemos
sentisteis	**sintáis**	**sintierais**	sintieseis
sintieron	sientan	**sintieran**	sintiesen

PRESENT PARTICIPLE
sintiendo

Other -ir *verbs whose stem vowel* **e** *changes to* **i** *are*: arrepentirse, divertirse, preferir, sugerir.

---

[3] These verbs belong in the preceding section **A** as well because of their other stem-change, stressed **e** to **ie** and stressed **o** to **ue** in the present indicative and present subjunctive.

2. Unstressed o → u

morir

PRETERIT	PRESENT SUBJUNCTIVE	PAST SUBJUNCTIVE	
morí	muera	muriera	muriese
moriste	mueras	murieras	murieses
murió	muera	muriera	muriese
morimos	**muramos**	muriéramos *or*	muriésemos
moristeis	**muráis**	murierais	murieseis
murieron	mueran	murieran	muriesen

PRESENT PARTICIPLE
muriendo

Another **-ir** *verb whose stem vowel* **o** *changes to* **u** *is* dormir.

C. The change **e → i** occurs throughout the singular and in the third-person plural of the present indicative, in the third-person singular and plural of the preterit, in the present participle, and throughout the present and past subjunctive of some **-ir** verbs.

e → i

pedir

PRESENT INDICATIVE
- **pido**
- **pides**
- **pide**
- pedimos
- pedís
- **piden**

PRETERIT
- pedí
- pediste
- **pidió**
- pedimos
- pedisteis
- **pidieron**

PRESENT SUBJUNCTIVE	PAST SUBJUNCTIVE	
pida	pidiera	pidiese
pidas	pidieras	pidieses
pida	pidiera	pidiese
pidamos	pidiéramos *or*	pidiésemos
pidáis	pidierais	pidieseis
pidan	pidieran	pidiesen

PRESENT PARTICIPLE
pidiendo

Other **-ir** *verbs whose stem vowel* **e** *changes to* **i** *are*: competir, conseguir, corregir, despedir, medir, reír, repetir, seguir, vestir.

III. ORTHOGRAPHIC-CHANGING VERBS

A. Verbs ending in **-car**: **c → qu** before **e**
The change **c → qu** occurs in the first-person singular preterit and throughout the present subjunctive.

chocar

Preterit	choqué, chocaste, chocó, chocamos, chocasteis, chocaron
Present subjunctive	choque, choques, choque, choquemos, choquéis, choquen

B. Verbs ending in **-gar**: **g → gu** before **e**
The change **g → gu** occurs in the first-person singular preterit and throughout the present subjunctive.

llegar

Preterit	llegué, llegaste, llegó, llegamos, llegasteis, llegaron
Present subjunctive	llegue, llegues, llegue, lleguemos, lleguéis, lleguen

C. Verbs ending in **-zar**: **z → c** before **e**
The change **z → c** occurs in the first-person singular preterit and throughout the present subjunctive.

comenzar

Preterit	comencé, comenzaste, comenzó, comenzamos, comenzasteis, comenzaron
Present subjunctive	comience, comiences, comience, comencemos, comencéis, comiencen

D. Verbs ending in **-ger** and **-gir**: **g → j** before **a** and **o**
The change **g → j** occurs in the first-person singular of the present indicative and throughout the present subjunctive.

coger

Present indicative	cojo, coges, coge, cogemos, cogéis, cogen
Present subjunctive	coja, cojas, coja, cojamos, cojáis, cojan

E. Verbs ending in **-guir**: **gu → g** before **a** and **o**
The change **gu → g** occurs in the first-person singular of the present indicative and throughout the present subjunctive.

seguir

Present indicative	sigo, sigues, sigue, seguimos, seguís, siguen
Present subjunctive	siga, sigas, siga, sigamos, sigáis, sigan

F. Verbs ending in **e** + **er**: unstressed **i** → **y**
The change **i** → **y** occurs in the third-person singular and plural of the preterit, the present participle, and throughout the past subjunctive.

leer

Preterit	leí, leíste, leyó, leímos, leísteis, leyeron
Past subjunctive	leyera, leyeras, leyera, leyéramos, leyerais, leyeran
Present participle	leyendo

G. Verbs ending in a consonant + **cer** or **cir**: **c** → **z** before **a** and **o**
The change **c** → **z** occurs in the first-person singular of the present indicative and throughout the present subjunctive.

torcer

Present indicative	tuerzo, tuerces, tuerce, torcemos, torcéis, tuercen
Present subjunctive	tuerza, tuerzas, tuerza, torzamos, torzáis, tuerzan

IV. *IRREGULAR VERBS*

A. Verbs ending in a vowel + **cer** or **cir**: **c** → **zc** before **a** and **o**
The letters **zc** occur in the first-person singular of the present indicative and throughout the present subjunctive.

conocer

Present indicative	conozco, conoces, conoce, conocemos, conocéis, conocen
Present subjunctive	conozca, conozcas, conozca, conozcamos, conozcáis, conozcan

B. Verbs ending in **-uir** (except **-guir**): insert **y** before **a** and **o**[4]
The letter **y** is inserted in all singular forms and in the third-person plural of the present indicative and throughout the present subjunctive.

construir

Present indicative	construyo, construyes, construye, construimos, construís, construyen
Present subjunctive	construya, construyas, construya, construyamos, construyáis, construyan

---

[4]These verbs also have an orthographic change: unstressed **i** changes to **y** in the third-person singular and plural of the preterit (**construyó, construyeron**), throughout the past subjunctive (**construyera, construyeras,** etc.), and in the present participle (**construyendo**).

C. Other irregular verbs[5]

andar *to walk, to go*

Preterit	anduve, anduviste, anduvo, anduvimos, anduvisteis, anduvieron
Past subjunctive	anduviera, anduvieras, anduviera, anduviéramos, anduvierais, anduvieran

caer *to fall*

Present indicative	caigo, caes, cae, caemos, caéis, caen
Preterit	caí, caíste, cayó, caímos, caísteis, cayeron
Present subjunctive	caiga, caigas, caiga, caigamos, caigáis, caigan
Past subjunctive	cayera, cayeras, cayera, cayéramos, cayerais, cayeran
Present participle	cayendo

dar *to give*

Present indicative	doy, das, da, damos, dais, dan
Preterit	di, diste, dio, dimos, disteis, dieron
Present subjunctive	dé, des, dé, demos, deis, den
Past subjunctive	diera, dieras, diera, diéramos, dierais, dieran

decir *to say, to tell*[6]

Present indicative	digo, dices, dice, decimos, decís, dicen
Preterit	dije, dijiste, dijo, dijimos, dijisteis, dijeron
Present subjunctive	diga, digas, diga, digamos, digáis, digan
Past subjunctive	dijera, dijeras, dijera, dijéramos, dijerais, dijeran
Future	diré, dirás, dirá, diremos, diréis, dirán
Conditional	diría, dirías, diría, diríamos, diríais, dirían
Affirmative **tú** command	di
Present participle	diciendo
Past participle	dicho

---

[5] Only the tenses in which irregularities occur are shown.
[6] Compounds of **decir** (**contradecir, predecir**) have the same irregularities.

estar to be

Present indicative	estoy, estás, está, estamos, estáis, están
Preterit	estuve, estuviste, estuvo, estuvimos, estuvisteis, estuvieron
Present subjunctive	esté, estés, esté, estemos, estéis, estén
Past subjunctive	estuviera, estuvieras, estuviera, estuviéramos, estuvierais, estuvieran

haber to have (auxiliary)

Present indicative	he, has, ha, hemos, habéis, han
Preterit	hube, hubiste, hubo, hubimos, hubisteis, hubieron
Present subjunctive	haya, hayas, haya, hayamos, hayáis, hayan
Past subjunctive	hubiera, hubieras, hubiera, hubiéramos, hubierais, hubieran
Future	habré, habrás, habrá, habremos, habréis, habrán
Conditional	habría, habrías, habría, habríamos, habríais, habrían

hacer to do, to make

Present indicative	hago, haces, hace, hacemos, hacéis, hacen
Preterit	hice, hiciste, hizo, hicimos, hicisteis, hicieron
Present subjunctive	haga, hagas, haga, hagamos, hagáis, hagan
Past subjunctive	hiciera, hicieras, hiciera, hiciéramos, hicierais, hicieran
Future	haré, harás, hará, haremos, haréis, harán
Conditional	haría, harías, haría, haríamos, haríais, harían
Affirmative **tú** command	haz
Past participle	hecho

ir to go

Present indicative	voy, vas, va, vamos, vais, van
Imperfect	iba, ibas, iba, íbamos, ibais, iban
Preterit	fui, fuiste, fue, fuimos, fuisteis, fueron
Present subjunctive	vaya, vayas, vaya, vayamos, vayáis, vayan
Past subjunctive	fuera, fueras, fuera, fuéramos, fuerais, fueran
Affirmative **tú** command	ve
Present participle	yendo

oír *to hear*

Present indicative	oigo, oyes, oye, oímos, oís, oyen
Preterit	oí, oíste, oyó, oímos, oísteis, oyeron
Present subjunctive	oiga, oigas, oiga, oigamos, oigáis, oigan
Past subjunctive	oyera, oyeras, oyera, oyéramos, oyerais, oyeran
Affirmative **tú** command	oye
Present participle	oyendo

poder *to be able to, can, may*

Present indicative	puedo, puedes, puede, podemos, podéis, pueden
Preterit	pude, pudiste, pudo, pudimos, pudisteis, pudieron
Present subjunctive	pueda, puedas, pueda, podamos, podáis, puedan
Past subjunctive	pudiera, pudieras, pudiera, pudiéramos, pudierais, pudieran
Future	podré, podrás, podrá, podremos, podréis, podrán
Conditional	podría, podrías, podría, podríamos, podríais, podrían
Present participle	pudiendo

poner *to put*[7]

Present indicative	pongo, pones, pone, ponemos, ponéis, ponen
Preterit	puse, pusiste, puso, pusimos, pusisteis, pusieron
Present subjunctive	ponga, pongas, ponga, pongamos, pongáis, pongan
Past subjunctive	pusiera, pusieras, pusiera, pusiéramos, pusierais, pusieran
Future	pondré, pondrás, pondrá, pondremos, pondréis, pondrán
Conditional	pondría, pondrías, pondría, pondríamos, pondríais, pondrían
Affirmative **tú** command	pon
Past participle	puesto

---

[7]Compounds of **poner** (**componer, disponer, proponer**) have the same irregularities.

producir *to produce*[8]

Present indicative	produzco, produces, produce, producimos, producís, producen
Preterit	produje, produjiste, produjo, produjimos, produjisteis, produjeron
Present subjunctive	produzca, produzcas, produzca, produzcamos, produzcais, produzcan
Past subjunctive	produjera, produjeras, produjera, produjéramos, produjerais produjeran

querer *to want*

Present indicative	quiero, quieres, quiere, queremos, queréis, quieren
Preterit	quise, quisiste, quiso, quisimos, quisisteis, quisieron
Present subjunctive	quiera, quieras, quiera, queramos, queráis, quieran
Past subjunctive	quisiera, quisieras, quisiera, quisiéramos, quisierais, quisieran
Future	querré, querrás, querrá, querremos, querréis, querrán
Conditional	querría, querrías, querría, querríamos, querríais, querrían
Affirmative **tú** command	quiere

saber *to know*

Present indicative	sé, sabes, sabe, sabemos, sabéis, saben
Preterit	supe, supiste, supo, supimos, supisteis, supieron
Present subjunctive	sepa, sepas, sepa, sepamos, sepáis, sepan
Past subjunctive	supiera, supieras, supiera, supiéramos, supierais, supieran
Future	sabré, sabrás, sabrá, sabremos, sabréis, sabrán
Conditional	sabría, sabrías, sabría, sabríamos, sabríais, sabrían

salir *to go (come) out, to leave*

Present indicative	salgo, sales, sale, salimos, salís, salen
Present subjunctive	salga, salgas, salga, salgamos, salgáis, salgan
Future	saldré, saldrás, saldrá, saldremos, saldréis, saldrán
Conditional	saldría, saldrías, saldría, saldríamos, saldríais, saldrían
Affirmative **tú** command	sal

---

[8]Verbs ending in -**ducir**, besides changing c ⟶ zc before **a** and **o**, change c ⟶ j throughout the preterit and the past subjunctive.

VOCABULARY

This vocabulary includes all the active words presented in the grammar lessons and all the passive words presented in the chapters of **recapitulación y ampliación**, except for proper nouns spelled the same in Spanish and English, diminutives with a literal meaning, and certain words encountered only in the pronunciation exercises or bilingual picture captions.

The gender of nouns is indicated except for masculine nouns ending in **-o** and feminine nouns ending in **-a, -d,** and **-ión**.

Numbers indicate the lesson in which each word first appears. Roman numbers refer to the chapters of **recapitulación y ampliación**, and indicate that the word is passive vocabulary, not available for use in exercises. Arabic numbers refer to the grammar lessons and indicate that the word becomes active vocabulary at that point. (Words mentioned in footnotes, used in drill instructions, or cited as examples in grammar explanations but not appearing in a dialog are tagged *inactive*.) If a Roman number is followed by an Arabic number, it means that the word is first passive, then becomes active. Words introduced in the minidialogs, the sections of **oraciones y palabras**, or the list of useful expressions in the **Lección preliminar** are marked with the abbreviation *L.P.*; they are regarded as passive vocabulary until they are reintroduced in a grammar lesson.

The following abbreviations are used:

adj	adjective	*m*	masculine
adv	adverb	*pp*	past participle
aux	auxiliary	*pl*	plural
f	feminine	*pron*	pronoun
inf	infinitive	*sing*	singular
L.P.	Preliminary Lesson		

a to, *L.P.*, 5; at, 4; for, from, 11
abajo downstairs, 13
abandonar to abandon, to leave, VII
abdicar (qu) to abdicate, XIII
abiertamente openly, XIII
abierto open, opened, XII, 37
abogado lawyer, 14
abono fertilizing, fertilizer, 22
abreviatura abbreviation, IX
abrigo overcoat, 34
abril *m* April, 20
abrir to open, *L.P.*, 7
absolutista dictatorial, autocratic, XIII
absurdo absurd, 12
abstracto abstract, 19 (*inactive*)
abuela grandmother, 28
abuelo grandfather, 28
a. C. before Christ, B.C., V
aburrido bored, boring, 25
acá here, 30
acabar to finish, to complete, to end, 5; **acabar con** to do away with, XIII; **acabar de** + *inf* to have just + past participle, 5
accidente *m* accident, 16
acción action, III
aceite *m* oil, V, 24; **aceite de oliva** olive oil, 26
aceituna olive, III
acelerar to accelerate, 16
aceptar to accept, VII
acercarse (qu) to approach, XII
acero steel, XIV
acompañar to accompany, III
acondicionado: aire acondicionado air conditioning, 32
aconsejar to advise, 36
acontecimiento event, happening, X
acordarse (ue) to remember, 40
acostar (ue) to put to bed, 25; **acostarse** to lie down, to go to bed, 25
acostumbrado used to, accustomed, IX
acostumbrarse to become accustomed, to get used to, IX, 44
actitud attitude, 10
activamente actively, IV
actividad activity, V
activista *m or f* activist, XVI
activo active, IV
acto act, 21
actor *m* actor, I
actualmente at the present time, XV
actuar to behave, to act, 33
acudir to refer, XII

acueducto aqueduct, 30
acuerdo agreement, XIV; **estar de acuerdo** to agree, I
aculturarse to adapt to a new culture, XVI
acumulador *m* battery, 17
acusación accusation, XII
adaptar to adapt, VII
adecuado adequate, IX
adelantado territorial governor, XI
adelantar to advance, 41; **adelantarse** to come forward, XI
adelanto early, 18; advancement, VIII
además besides, I, 6; **además de** in addition to, 4
adhesión allegiance, adhesion, XIII
adicional additional, VII
adiós good-bye, *L.P.*, 10
adjetivo adjective, 28 (*inactive*)
administrador *m* administrator, manager, 14
administrar to administer, 23
administrativo administrative, XIII
admiración admiration, VI
admirar to admire, IX
admisión admission, IV
adónde where (to), 8
adorar to adore, to worship, X
adquirir (ie) to acquire, V
aduana customs, 18
adverbio adverb, IX
adversidad adversity, XII
aéreo *adj* air, aerial, 21
aeropuerto airport, 18
afectar to affect, IV
afeitarse to shave, 25
afirmación affirmation, 32 (*inactive*)
afirmativo affirmative, 28 (*inactive*)
afueras outskirts, XV
agente *m* agent, I
ágil agile, X
agonía agony, suffering, XI
agosto August, 20
agotado exhausted, 41
agradable pleasant, 6
agradecer (zc) to thank, 14
agradecido grateful, XIII
agrario agrarian, 10
agregar (gu) to add, 26
agrio sour, 42 (*inactive*)
agua water, 4
aguacate *m* avocado, V
aguantar to bear, to stand, 44

águila eagle, VII, 27
ahí there, 7; **ahí mismo** right there, 7
ahijada goddaughter, 25
ahijado godson, 25
ahora now, 6; **ahora mismo** right now, 8
aire *m* air, I, 32; **aire acondicionado** air conditioning, 32
aislado isolated, XI
ajedrez *m* chess, 31
ají *m* green pepper, 26
ajo garlic, 26
al (contraction of **a** + **el**) to the, 7; **al lado de** next to, 7
alcanzar (c) to achieve, to attain, VIII; to reach, to cover, 42
alcoba bedroom, 32 (*inactive*)
alcohol *m* alcohol, V
aldea village, town, 30
alegrarse to be glad, 25
alegre happy, glad, 22
alegría happiness, joy, XI
alemán *m* German, 1
alérgico allergic, 27
alfabeto alphabet, III
alfombra rug, 28
álgebra *m* algebra, V
algo something, 4; anything, 17
alguien somebody, someone, anyone, 26
algún any, some, IV, 18
alguno (-a, -os, -as) any, *L.P.*, 26; some, several, IV, 26
alma soul, 27
almacén *m* store, grocery store, warehouse, 34
almorzar (ue, c) to have lunch, 11
almuerzo lunch, 4
aló hello, 13
alpaca alpaca, 28
alquilar to rent, 32
alquiler *m* rent, 38
alrededor (de) around, 23
altibajos *m pl* ups and downs, XIII
alto tall, 5; loud, 13; high, 23; **de alto** in height, X
altura elevation, VIII; height, IX
alumno student, 3
allá there, 15
allí there, 1
amable nice, kind, 18
amado loved, XI
amanecer (zc) to dawn, XI
amante *m or f* lover, mistress, XIII
amar to love, XI
amargura bitterness, XIII
amarillo yellow, 6

amarrar to moor, to tie up, XIV
Amazonas *m sing* the Amazon, 29
ambiguo ambiguous, XIII
ambulancia ambulance, 16
América Central Central America, V
América del Sur South America, V
americano American, 5
amigo friend, 2
amistad friendship, VII
amo master, XV
amoldar to mold, XVI
amor *m* love, I
amoroso loving, lovable, XVI
amparo protection, help, XV
ampliación expansion, extension, I
amplio large, VI
analizar (c) to analyze, XIII
anciano old man, IX
ancho wide, VI, 23
Andalucía Andalusia, II
andar to go, to walk, 19
anglosajón Anglo-Saxon, XV
anillo ring, 10 (*inactive*), 34
animal *m* animal, X, 35; **animal de carga** beast of burden, X
animar to encourage, XI
anoche last night, 16
ansia yearning, XII
Antártida Antarctica, 36
ante: ante todo above all, XI
anteanoche night before last, 16
anteayer day before yesterday, 16
antecedente *m* antecedent, 32 (*inactive*)
antenoche night before last, 16
anterior before, earlier, VII
anterioridad: con anterioridad prior to, XIV
antes (de) before, 9; **antes (de) que** before, 33
antibiótico antibiotic, 27
antiguo ancient, old, VI, 22; former, 22
antropología anthropology, 19
antropólogo anthropologist, VII
anunciar to announce, XII
anuncio ad, 36
añadir to add, 29 (*inactive*)
año year, 10; **Año Nuevo** New Year, 44; **año que viene** next year, 10; **tener —— año(s)** to be —— year(s) old, 21
apagar to turn off, to shut, XIV
aparecer (zc) to appear, to show up, 25

apartamento apartment, 7
apartamiento apartment, 7
aplaudir to applaud, 7(*inactive*),8
apóstol *m* apostle, XIII
apoyo support, 12
apreciar to appreciate, XIV, 46
aprender to learn, 4
aprobación approval, 12
aprobar (ue) to approve, XIV
apropiado appropriate, XIV
aprovecharse (de) to take advantage (of), XVI
apunte *m* cue, 33 (*inactive*)
apurarse to hurry up, 29
aquel that, 7; **aquel que** he who, the one who, XII
aquél that (one), the former, 16
aquella that, 7
aquélla that one, the former, 16
aquello that, 16
aquellos (-as) those, 7
aquéllos (-as) those, the former, 16
aquí here, 2; **por aquí** this way, 18
árabe Arab, II
araucano Indian of Chile, XI
árbitro referee, umpire, 35
árbol *m* tree, 6
arcilla clay, XIV
arduo arduous, XI
área area, XV
arena sand, XIV
Argentina (la) Argentina, 5
argentino Argentinian, 5
árido arid, dry, II
arma weapon, 27
arqueólogo archeologist, VII
arquitecto architect, VI
arquitectura architecture, I
arreglar to tidy, to fix, 9
arrepentirse (de) (ie, i) to regret, to repent, 25
arriba upstairs, 13
arrodillarse to kneel down, 45
arrojar to throw, VIII; to hurl, XII
arroyo brook, stream, XV
arroz *m* rice, 4
arte: Palacio de Bellas Artes Palace of Fine Arts, 15
articular to articulate, VI
artículo article, 36
artificial artificial, XIV
artista *m or f* artist, II
artístico artistic, VII
asa handle, 35
asado roast, 4
asaltante *m or f* assailant, XIII
asar to roast, 45

ascenso promotion, 14
ascensor *m* elevator, 38
asegurar to assure, 29
aseveración testimony, XII
así this way, 11; **así así** so-so, 2
asiento seat, 8
asignatura subject, IV
asimilar to assimilate, XV
asistir to attend, IV
asociación association, VIII
asombrado astonished, VII, 47
aspecto aspect, XIII
áspero rough, tough, XI; harsh, bitter, XVI
aspirina aspirin, 27
astro star, VII
astronauta *m or f* astronaut, IX, 48
astronomía astronomy, VII
astronómico astronomical, VII
asturiano Asturian, from Asturias, II
asunto matter, problem, 39
atacar (qu) to attack, XIV
ataque *m* attack, 46
Atenas Athens, VIII
atención attention, 30
aterrizar (c) to land, 18
Atlántico Atlantic, XIV
atleta *m or f* athlete, 35
atmósfera atmosphere, 39
atómico atomic, 48
atractivo attractive, II
atraer to attract, VIII
atrás back, 17; **puerta de atrás** rear door, 17
atraso: de atraso late, 18
atravesar (ie) to cross, 24
atreverse (a) to dare (to), 25 (*inactive*), 37
aula classroom, 27
aumentar to increase, to go up, V, 42
aumento increase, 42; **aumento de sueldo** raise in salary, 42
aun even, XI
aún still, XI
aunque although, IV, 33
auto auto, 8 (*inactive*), 16
autobús *m* bus, 5
automatización automation, 48
automóvil *m* automobile, 16
autopista freeway, 15
autor *m* author, XII
autoridad authority, XI
autorización authorization, XIV
avanzado advanced, IV
avanzar (c) to advance, IV
avenida avenue, 7

aviador *m* aviator, XIV
avión *m* plane, 18
avisar to inform, to notify, 40
ayer yesterday, 16
ayuda help, 12
ayudar to help, 9
ayuntamiento city hall, VI
azafata stewardess, 18
azafrán *m* saffron, 26
azteca *m or f* Aztec, VII
azúcar *m or f* sugar, 26
azul blue, 5

bacteria bacteria, I
bachiller high school graduate, IV; **título de bachiller** high school diploma, IV
bachillerato high school curriculum, IV
bahía bay, XIV
bailar to dance, III
baile *m* dance, 8
bajar to descend, to go down, IX, 30
bajo *adj* short, 5; under, XI, 40; low, XII
bala bullet, XIII
balde: no en balde no wonder, XI, 34
baloncesto basketball, 34 (*inactive*)
balsa raft, VIII, 29
banco bank, 23
banda band, 41
bandera flag, VII, 45
bañarse to bathe, to take a bath, 25
baño bathroom, 32
baqueano scout in the pampas, XII
bar *m* bar, III, 21
barato inexpensive, 28
barba beard, 25
barbería barbershop, XVI
barbero barber, XV
barco boat, ship, 29
barrera barrier, IV
barrio neighborhood, VI, 38; Spanish-speaking sector of a city, 47
barro mud, clay, XI
basado based, X
basar to base, XVI
base *f* base, 36
básicamente basically, XV
básico basic, VI
basquetbol *m* basketball, 35
basta enough, 21
bastante rather, *L.P.*, 8 ; a great deal, 14; enough, 19
batalla battle, XI

bate *m* bat, 31
beber to drink, 4
bebida drink, II
béisbol *m* baseball, 31
bellas: Palacio de Bellas Artes Palace of Fine Arts, 15
bendecir to bless, 37 (*inactive*)
beneficioso beneficial, IX
besar to kiss, XI
beso kiss, XI
bestia beast, XII
biblioteca library, 1
bicicleta bicycle, 16
bien well, *L.P.*, 1; very, 4
bigote *m* moustache, 25
bikini *m* bikini, 43
bilingüe bilingual, 47
billete *m* ticket, 20
biografía biography, 36
biología biology, I
bisiesto: año bisiesto leap year, VII
bisté *m* beefsteak, 4
blanco white, 4
blusa blouse, 34
boca mouth, 27
bocacalle *f* intersection, 15
boleto ticket, 8
boliviano Bolivian, II
bolsa purse, 34 (*inactive*)
bolso purse, 34 (*inactive*)
bomba pump, XIV
bonito pretty, 4 (*inactive*), 6
bordo: a bordo aboard, 29
bosque *m* woods, forest, XII, 39
bota boot, 34
botella bottle, 26
brazo arm, 27
breve brief, X
brillante brilliant, colorful, 34
broma joke, 21
buen good, 22
bueno good, 1; well, 3; hello, 13
bufanda scarf, 34
burlarse (de) to make fun (of), 36
burro donkey, VI
bus *m* bus, 16
buscador: buscador de oro gold prospector, XIV
buscar (qu) to look for, 1

caballero gentleman, cavalier, XVI
caballo horse, 35
caber to fit, XI
cabeza head, 25; **lavarse la cabeza** to wash one's hair, 25
cable *m* cablegram, 40
cablegrama *m* cablegram, 40

cabo: llevar a cabo to fulfill, to achieve, X; to successfully undertake, XI
cacique *m* Indian noble, chief, XI
cada each, II, 19; **cada vez más** more and more, XI, 39
caer to fall, 30; **caer de boca** to fall face down, XIII
café *m* coffee, 4; café, III, 12; *adj* brown, 28
cafetería cafeteria, I, 48
calamidad calamity, V
calcetín *m* sock, 31 (*inactive*)
calculadora computer, 48
calcular to calculate, to figure, XVI
caldo broth, 26
calefacción heating, 32
calendario calendar, VII
calentar (ie) to heat, 26
caliente hot, 4
calma calm, VI
calmar to calm down, 25
calor *m* heat, 21; **tener calor** to be hot, 21
caluroso hot, 20 (*inactive*)
callado quiet, 47
calle *f* street, 7
cama bed, 2
cámara camera, 31; chamber, room, XIV
camarero waiter, 4
cambiar to change, to exchange, *L.P.*, 8; **cambiar de opinión** to change one's mind, 44
cambio change, IV, 33; **en cambio** on the other hand, IX
caminar to walk, VI, 19
camino road, 21; **una hora de camino** an hour's drive, 21
camión *m* truck; (in Mexico) bus, 16
camisa shirt, 34
campamento camp, 24
campaña campaign, XII
campeón champion, 31 (*inactive*)
campeonato championship, 31
campesino farmer, VI, 22
campo country, 13; **campo petrolero** oil field, IX
canadiense Canadian, 5 (*inactive*)
canal *m* canal, I
canario canary, X
cancelación cancellation, 40
cancelar to cancel, 20
canción song, XI, 46
cancha playing field, court, 35
candidato candidate, XI
canoa canoe, XIII
cansado tired, 27

cansarse to get tired, 41
cantar to sing, 1
cantidad quantity, number, XIV, 47
canto song, XII
cantor: gaucho cantor singing cowboy of the pampas, XII
capacidad capacity, 38
capital *f* capital, II, 37
capitalista *m or f* capitalist, VII
capitán *m* captain, XIV
capitolio capitol, 38
capítulo chapter, 36
cara face, 25
carácter *m* character, VI
característica characteristic, VI
caracterizar to characterize, XIII
carburador *m* carburetor, 17
cárcel *f* jail, prison, XIII
carecer (**zc**) (**de**) to lack, XVI
carga load, burden, X
cargar to carry, XI
cargo: estar a cargo to be in charge, 22; **hacerse cargo de** to take charge of, XIV
Caribe *m* Caribbean, V
carmín red, XV
carnaval *m* carnival, 41
carne *f* meat, 4
carnicería butcher shop, XVI
carnicero butcher, XV
caro expensive, VI, 28
carpintería carpenter shop, XVI
carpintero carpenter, XV
carrera career, 33
carretera highway, 15
carro car, 16
carroza float, 41
carta letter, 7
cartas *f pl* playing cards, 31
cartera purse, 34
casa home, house, 5 (*inactive*), 7
casado married, 32
casarse to get married, XI
casi almost, 3
caso case, 43; **hacer caso** to pay attention, 43
castellano Castilian, 6
castigar to punish, IX
catalán *m* Catalan (language), II
Cataluña Catalonia, II
catarata cataract, waterfall, IX
catedral *f* cathedral, II, 23
católico Catholic, 48
catorce fourteen, 3
caudillo chief, leader, XI
causante instigator, cause, IX
causar to cause, XI

cazador *m* hunter, XIV
cazar (**c**) to hunt, 31
cebolla onion, II, 26
celda cell, X
celebrar to celebrate, VI
cemento cement, mortar, 30
cena supper, 4
cenar to have dinner, III
censo census, XVI
central central, I, 32
centro downtown, 7; center, II, 37
cerámica ceramics, I, 28
cerca (**de**) near, II, 7
cerdo pork, 4
cerebro brain, XV
ceremonia ceremony, VIII
cero zero, 3
cerrado closed, 14
cerrar (**ie**) to close, to shut, *L.P.*, 10
cerro hill, XIV
certero accurate, XIII
certificado certificate, 20; **certificado de vacuna** vaccination certificate, 20
cerveza beer, 4
cesar to cease, XIII
cielo sky, heaven, 6
cien one hundred, 8
ciencia science, I; **ciencias económicas** economics, I
científico scientist, 39
cien(to) one hundred, 8; **por ciento** per cent, VIII
cierto certain, IV; true, 32; **es cierto** that's right, 6; **por cierto** by the way, 19
ciervo deer, XV
cimiento foundation, XIV
cinco five, 3
cincuenta fifty, 3
cine *m* theater, 7
cinturón *m* belt, 34
circular to circulate, VI
círculo circle, III
circunspecto circumspect, XII
cita appointment, date, 11
ciudad city, I, 5
ciudadanía citizenship, XVI
ciudadano citizen, XV
civil civil, X
civilización civilization, VII
clase *f* class, 2; **clase media** middle class, 44; **clase obrera** working class, 44
clasicismo classicism, IV
clavar to fix, XII

clima *m* climate, 44
clínica clinic, hospital, 2
cobre *m* copper, 23
cocina kitchen, 32
cocinar to cook, 26; **cocinar ligeramente** to sauté, to simmer, 26
coche *m* car, 8 (*inactive*), 16
coger (**j**) to gather, to catch, 15
cohete *m* rocket, 48
cola line, tail, 8; **hacer cola** to stand in line, 8
colaborar to collaborate, XI
colección collection, II, 19
colectivo collective, IX
colegio school, IV
colocar (**qu**) to place, to set, XIV
colombiano Colombian, 5
colonia colony, V
colonial colonial, VI, 43
colonización colonization, XV
color *m* color, 28
colorido color, XII
columna column, 23
combinación combination, VI
combinar to combine, 29 (*inactive*)
combustible *m* fuel, XIV
comedia play, 8
comedor *m* dining room, 32
comentar to comment, 21
comentario comment, commentary, 21
comenzar (**ie, c**) to begin, 10
comer to eat, 1 (*inactive*), 4
comercial *adj* commercial, business, I
cómico comical, XII
comida dinner, food, meal, 4
comienzo beginning, XII
comisión commission, IV
comité *m* committee, 10
como such as, I; since, 13; as, like, 5; **como de costumbre** as usual, 19; **como es natural** naturally, 5
cómo how, 3; **cómo no** of course, 15
comodidad comfort, 22
compañero companion, friend, 11
compañía company, 14
comparación comparison, XII
comparar to compare, 3
comparativo comparative, 29 (*inactive*)
competencia competence, VIII
competente competent, XII
competidor competitor, challenger, XI

competir (i) to compete, 31
complacer (zc) to please, XV
complejo complex, XIII
completamente completely, 6
completar to complete, 29 (*inactive*)
completo: por completo completely, XI
complicado complex, 44
complicar (qu) to complicate, XVI
componer (g) to compose, to make, X
comprar to buy, 1
comprender to understand, 4; to comprise, to comprehend, X
comprobar (ue) to check, to verify, 40
computadora computer, 48
común common, VIII
comunicación communication, 30
comunicarse to communicate, VI; to join, XIV
comunidad community, IV
comunismo communism, VII
con with, 3; **con tal (de) que** provided that, 33
conceder to bestow, to concede, XI
concejal *m* councilman, XVI
concentrar to concentrate, XV
concepto concept, I
conciencia conscience, XII
concierto concert, 8
concreto concrete, XIV
condenar to condemn, XIII
condición condition, VI
condicional *m* conditional, 46 (*inactive*)
conducir (zc) to conduct, to lead, to drive, 14
conectar to connect, VI
conferencia lecture, 3
confesar (ie) to confess, 29
confirmar to confirm, 20
congelar to freeze, 36
congreso congress, XI, 38
conjunción conjunction, 46 (*inactive*)
conjunto collection, X; musical group, 41
conmigo with me, 13
conocer (zc) to know, to be acquainted with, 14
conocido (well) known, X
conocimiento knowledge, VII
conquista conquest, III
conquistado conquered, XI
conquistador *m* conqueror, V
conquistar to conquer, XIV

consciente aware, conscious, XVI
consecuencia consequence, VII
conseguir (i) to get, to obtain, 15
consejero adviser, VII
consejo advice, 12
conservar to conserve, to keep, 43
consideración consideration, XII
considerado considered, XI
considerar to consider, III
consiguiente resultant, XIV
consistir to consist, XI
consolidarse to consolidate, XIII
conspicuo conspicuous, XII
constantemente constantly, VII
constituir to constitute, XI
construcción construction, VI
construir (y) to construct, to build, 13
cónsul *m* consul, 33
consulado consulate, 20
consulta doctor's office, 27
consultorio doctor's office, 27
consumidor *m* consumer, XIV
consumir to consume, to waste away, XIII
contacto contact, V
contaminación contamination, pollution, 39; **contaminación del aire** smog, air pollution, 39
contaminar to contaminate, 39
contar (ue) to count, to tell, 11; to be, XI
contemplar to contemplate, to think about, XIV
contemporáneo contemporary, VI
contener (g, ie) to contain, 10 (*inactive*)
contento happy, 6
contestación answer, 40
contestar to answer, L.P., 1
contigo with you (*familiar sing*), 13
continente *m* continent, IX
continuamente continuously, IX, 47
continuar to continue, 11
continuo continuous, XIII
contra against, 10; **en contra de** against, 10
contrabando contraband, 18 (*inactive*)
contradecir (g, i) to contradict, 12
contrario contrary, X
contraste *m* contrast, II
contrato contract, 14
contribución contribution, V
contribuir (y) to contribute, 13
control *m* control, XI
controlar to control, XIV

convencer (z) to convince, 10
conveniente convenient, X
conversación conversation, 3
conversar to talk, III
conversión conversion, IV
convertir (ie, i) (en) to change (into), to transform, IX; **convertirse en** to become, VIII
convivencia coexistence, XV
cooperación cooperation, 12
cooperar to cooperate, VI
cooperativa cooperative, 22
copa glass, goblet, 4
copia copy, 40
corbata tie, 34
cordillera mountain range, 24
coro chorus, 8
corona crown, XIII
correctamente correctly, 47
correcto correct, 35 (*inactive*)
corredor *m* runner, racer, X
corregir (i) to correct, 15
correo mail, communication, X; post office, 38
correr to run, 17; to flow, XIV
corresponder to correspond, 42 (*inactive*)
correspondiente corresponding, 28 (*inactive*)
corrida bullfight, 35
corriente *f* current, running water, XIII
corromper to corrupt, 37 (*inactive*)
cortado cut up, 26
cortar to cut, 26; **cortar en pedazos pequeños** to dice, 26
corte *m* cut, XIV
corte *f* court, X
cortés courteous, 29
cortijo farm, 13 (*inactive*)
corto short, brief, 6
cosa thing, II, 19
cosecha harvest, 22
costa coast, II, 39
costar (ue) to cost, 28
costarricense Costa Rican, II
costear to pay the cost, XV
costo cost, VI, 42
costumbre *f* custom, habit, II, 46; **como de costumbre** as usual, 19
cotidiano daily, XI
coyote *m* coyote, V
creación creation, XIII
creador *m* Creator, God, IX
crear to create, to establish, IX, 35
crecer (zc) to rise, IX; to grow, XIII

creencia belief, IX
creer to believe, to think, 4; **creer que sí** to think so, XII
crema cream, 3 (*inactive*)
crisis *f* crisis, I
cristalino crystalline, transparent, XVI
cristiano Christian, XVI
criticar (**qu**) to criticize, XII
crítico critic, XIII
Cruz Roja *f* Red Cross, 37
cruzar (**c**) to cross, 16 (*inactive*), 19
cuaderno notebook, 9
cuadra block, 7
cuadrado square, XII
cuál which, which one, 3
cualquier any, 25
cuando when, I, 23; **aun cuando** even when, XII
cuándo when, 3
cuanto: en cuanto as soon as, in so far as, 33
cuánto how much, 3; *pl* how many, 3
cuarenta forty, 3
Cuaresma Lent, 41
cuarto room, bedroom, 2; quarter, 5; fourth, 8
cuatro four, 3
cuatrocientos four hundred, 8
cubanización Cubanization, XV
cubano Cuban, 5
cubierto *pp* covered, VIII, 37; *noun* silverware, 26
cubrir to cover, VII, 37
cuchara tablespoon, 26
cucharada tablespoonful, 26
cucharadita teaspoonful, 26
cucharita teaspoon, 26
cuchillo knife, 26
cuello neck, 27
cuenta bill, 42; **darse cuenta (de)** to realize, to become aware of, 30
cuento story, 36
cuero leather, XI, 35
cuerpo body, 27; **Cuerpo de Paz** Peace Corps, 22
cuestas: a cuestas on one's shoulders, XI
cuestión matter, 10
cuidado care, 21; **con cuidado** carefully, 18; **tener cuidado** to be careful, 21
cuidadosamente carefully, XII
culebra snake, XIV
cultivar to cultivate, II
cultivo cultivation, 22; **de cultivo** for farming, 22

culto cult, X; *adj* cultured, enlightened, 48
cultura culture, V, 46
cultural cultural, VIII
cumpleaños *m sing or pl* birthday, 45
cumplimiento fulfillment, XVI
cumplir to fulfill, to honor, IX
cuñada sister-in-law, 28
cuñado brother-in-law, 28
cuota quota, XV
cupo seat, 20
curiosidad curiosity, IX
curso course, IV, 47
cuyo whose, IX

champaña *m* champagne, II
charla talk, II
chasqui *m* Quechuan runner, X
chibcha *m or f* Indian of Colombia, 23
chicano Chicano, Mexican-American, 46
chico boy; *pl* boys, boys and girls, 3
chile *m* green pepper, 26 (*inactive*)
chileno Chilean, 5
chimenea fireplace, 32
chino Chinese, 1
chisme *m* piece of gossip, X
chispa spark, IV
chocar (**qu**) to collide, 16
chocolate *m* chocolate, I
chofer *m* driver, 16
choque *m* crash, 17
choza hut, XIII
chuleta chop, 4

dádiva gift, XIII
danza dance, 8
dar to give, 9; **dar a** to lead to, X; **dar clases** to hold classes, to teach, 22; **dar miedo** to frighten, 16; **darse cuenta (de)** to realize, to become aware (of), 30; **darse prisa** to hurry up, 28
d.C. Anno Domini, A.D., V
de of, from, 3; than, 18
debate *m* debate, 10
deber *m* duty, 33; *verb* ought to, should, 4; to owe, 42; **debido a** because of, due to, III
débil weak, 27
decano dean, 11
decentemente decently, XVI
decidir(**se**) to decide, IX, 28
décimo tenth, 8

decir (**g, i**) to say, to tell, 12; **es decir** that is to say, V
decisión decision, IV
decisivo decisive, XI
declarar to declare, 35
decorar to decorate, VI
decreto decree, XII
dedicar (**qu**) to dedicate, VI
dedo finger, XII
defecto fault, defect, 33
defender (**ie**) to defend, XIII, 46
defensor *m* defender, XIII
definición definition, XI
definitivamente definitively, XIII
definitivo definitive, X
dejar to leave, 14; to let, to allow, 26; **dejar de** + *inf* to stop + present participle, 35; **no dejar de** not to fail to, not to forget to, 31
del (contraction of **de** + **el**) of the, 4
delegado delegate, 11
delegar to delegate, VI
delgado thin, 5
delicioso delicious, 4
delincuente *m or f* delinquent, XII
delito crime, XII
demagogia demagogy, X
demanda demand, 12
demás: los demás the rest, VII
demasiado too much, 19; excessively, 39; *pl* too many, 19
demócrata democratic, XI
demográfico demographic, XV
demostrar (**ue**) to show, VII
dentista *m or f* dentist, VII
dentro (**de**) inside, 13; in, 15
departamento department, 3 (*inactive*)
depender to depend, XII
deporte *m* sport, 31
deposición deposition, testimony, XII
depositar to deposit, to store, XIV
depravado depraved, XII
deprimido depressed, 42
derecha right, 15; **a la derecha** on the right, 28
derecho law, I; right, 10; *adv* straight ahead, 15
derivado derivative, 29 (*inactive*)
derrame *m* spill, 39
derrota defeat, XIII
derrotar to defeat, XIII
desagradecido ungrateful, XIII

desaparecer (zc) to disappear, XII, 39
desaparición disappearance, XII
desarrollar to develop, XII
desarrollo development, 46
desayuno breakfast, 4
descansar to rest, 18
descartar to reject, IX
descender (ie) to descend, to lower, XIV
descendiente *m or f* descendant, X, 48
desconocido unknown, IX
descontento discontent, XIII
describir to describe, 7 (*inactive*), 8
descripción description, XII
descrito *pp* described, 37
descubrimiento discovery, VII
descubrir to discover, VII, 30
desde from, since, IV; **desde luego** of course, XI
desdicha misfortune, XII
desear to wish, to desire, 4
desembarcar (qu) to land, to disembark, 36
desembarco landing, 46
desempleo unemployment, XV
desengañar to disenchant, 39
deseo desire, XVI
desesperado desperate, XI
desfile *m* parade, 12
desgraciadamente unfortunately, IV
desgraciado unfortunate, XII
desheredado disinherited, XI
desierto desert, XI
designar to designate, XII
desilusionado disillusioned, XI
deslizamiento slide, XIV
deslizarse (c) to slip, to slide, XIV
deslumbrar to dazzle, XI
despacio slow(ly), 17
despedir (i) to say good-bye, to fire, to dismiss, 12
despegar to take off, 18
despejado clear, not cloudy, 35
despertar (ie) to awaken, to wake up, 25
después (de) after, 8
destierro exile, XIII
destino destination, X; destiny, fate, XVI
destruido destroyed, 37
destruir (y) to destroy, 13
desvelarse to keep awake, 45
detalle *m* detail, 11
detener (g, ie) to detain, to stop, 19 (*inactive*)

detenido detained, stopped, 17
detractor *m* detractor, critic, XIII
detrás (de) behind, 7
deuda debt, 42
día *m* day, L.P., 2
 día de fiesta holiday, III, 41; **día libre** day off, 13; **hoy en día** nowadays III
dialecto dialect, V
diálogo dialog, 1
diamante *m* diamond, XVI
diario daily, XV
diciembre December, 20
dictador *m* dictator, XI
dictadura dictatorship, IV
dicho *pp* said, 37
dichoso fortunate, XI
diecinueve nineteen, 3
dieciocho eighteen, 3
dieciséis sixteen, 3
diecisiete seventeen, 3
diente *m* tooth, 25; **diente de ajo** clove of garlic, 26; **lavarse los dientes** to brush one's teeth, 25
diez ten, 3
diferencia difference, V; **a diferencia de** unlike, XVI
diferente different, 6; various, VI, 22
difícil difficult, 15
dificultad difficulty, problem, 14
dificultarse to become difficult, XIV
¡diga! hello?, 13
dignidad dignity, XII
dilatado extensive, XII
dimensión dimension, IV
diminutivo diminutive, 48 (*inactive*)
dinero money, 2
dios *m* god, VII, 37
diputado congressman, 33
dique *m* dike, XIV
dirección address, direction, 7; command (of a ship), XIV
directamente directly, IV
directivo: junta directiva executive board, XVI
directo direct, IV
director *m* director, school principal, I, 11
dirigido directed, 31 (*inactive*), 37
dirigir (j) to direct, 15; **dirigirse (a)** to go, X
disco record, 9
discrepancia discrepancy, VIII
discriminación discrimination, 33

discusión discussion, 10
discutir to argue, to discuss, 33
diseñador designer, XIV
diseñar to design, 35
diseño design, VI, 28
disgusto annoyance, 40
disminuir (y) to diminish, XIV
disparate *m* absurdity, 42
dispénseme excuse me, 1
dispuesto (a) disposed (to), XIII
distancia distance, VIII
distinguir to distinguish, XII
distintivo distinctive, II
distinto distinct, different, XIV
divertido enjoyable, 25
divertirse (ie, i) to have a good time, 25
dividido divided, I
dividir to divide, 12
divino divine, fantastic, 31
división division, split, X
divorciado divorced, XII
doblar to turn, 15
doce twelve, 3
docena dozen, 27 (*inactive*)
doctor *m* doctor, 2
documentación documentation, XVI
documento document, 20 (*inactive*), 40
dólar *m* dollar, 15
doler (ue) to hurt, to ache, 27
dolor *m* sorrow, I; ache, pain, 27; **dolor de cabeza** headache, 27; **dolor de garganta** sore throat, 27; **tener dolor** to have a pain, 27
dominación domination, V
dominar to dominate, VI
domingo Sunday, 20
dominicano Dominican, II
dominio control, knowledge, XV
don title of respect, L.P., 10
donación contribution, donation, 37
donde where, 3; wherever, 33
dónde where, 1
doña title of respect, L.P., 7
Dorado: El Dorado The Golden One, VIII
dormir (ue, u) to sleep, 11; **dormirse** to fall asleep, 25
dormitorio dormitory, 2; bedroom, 32
dos two, L.P., 3
doscientos two hundred, 8
draga dredging machine, XIV
drama *m* drama, I
drástico drastic, 39
droga drug, 18

duda doubt, IX
dudar to doubt, 31
dueño master, owner, VI
durante during, V, 18
durar to last, 3
duro hard, XIV, 44

e and, 18
ecología ecology, 39
economía economics, 3
económico economic, economical, 10; financial, 14
ecuador *m* equator, VIII
ecuatoriano Ecuador(i)an, II
echar to cast, to throw, XV; **echar de menos** to miss, 22; **echarse a** + *inf* to start + infinitive, XII
Edad Media Middle Ages, 33
edificio building, 1
educación education, I, 41
educativo educative, educational, XI
efectivamente effectively, of course, 40
efectivo effective, XIV
efecto effect, XV
eficiente efficient, X
egoísta *m or f* selfish, 10
ejecutivo executive, 33
ejemplo example, 3; **por ejemplo** for example, 3
ejercicio exercise, 2
ejército army, 36
el the, *L.P.*, 2; **el que** he who, V
él he, 1
elección election, XI
electricista *m or f* electrician, VII
eléctrico electric, XIV
electrónica electronics, 48
elegante elegant, VI
elegir (i, j) to elect, 15
elevado proud, stuck out, XI
elevador *m* elevator, 38
elevar to rise, to elevate, XIV
eliminación elimination, XIV
eliminar to eliminate, VI
ella she, 1
ellos (-as) they, 1
emancipación emancipation, liberation, 33
embajada embassy, 20
embajador *m* ambassador, 33
embargo: sin embargo nevertheless, I, 28
emigración emigration, XV
emigrar to emigrate, II
emoción emotion, IV
emparentado related, 48
empeorar to get worse, 39

emperador *m* emperor, IX
empleado clerk, employee, III, 18
empezar (ie) to start, to begin, 10
empleo job, 14
en in, on, at, *L.P.*, 1
encajar to mesh, to fit, X
encantado delighted, 19
encantar to delight, 41
encendido bright, XV
encerrar (ie) to enclose, XII
encontrar (ue) to find, 11; **encontrarse** to be, XI
encuadrar to fit, XI
encuentro encounter, VII
endulzar (c) to sweeten, XVI
energía energy, 48
enero January, 20
énfasis *m* emphasis, IV
enfermedad illness, XIII, 46
enfermo ill, 2
enfrentarse to face, XIV
enfrente (de) across from, 8
engrasar to grease, 16
engreído haughty, XI
enorme enormous, 23
ensalada salad, 4
enseñanza teachings, instruction, IV
enseñar to teach, 1; to show, 34
entender (ie) to understand, 10
entendido: tener entendido to understand, 35
entero whole, entire, 33
enterrar (ie) to bury, XII, 44
entonces then, 2; that era, that time, 30
entrada ticket, 8; arrival, VII; entrance, XIII
entrañablemente dearly, with all one's heart, XIII
entrar to enter, to go in, 21
entre between, among, 3; **entre una cosa y otra** all in all, 21
entregar to hand in, to give, 14
entrenado trained, 18
entrenamiento training, XV
entrenar to train, X
entretener (g, ie) to entertain, 10 (*inactive*)
entrevista interview, 3
entrevistador *m* interviewer, 46
entrevistar to interview, X
enviar to send, IX, 40
épico epic, XI
epidemia epidemic, 37
época epoch, age, 25; time, 31
equipaje *m* luggage, 18

equipar to equip, XIV
equipo equipment, 24; team, 35
equivalente equivalent, XV
equivaler (g) to be equivalent, to equal, XI
equivocado wrong, 21
erosión erosion, IV
errante errant, wandering, XVI
erróneamente erroneously, wrongly, X
error *m* error, XI
esa that, 7
ésa that (one), 16
escala: hacer escala to stop, 36
escalar to climb, to scale, XIII
escalera stairway, 30
escalón *m* step, 30
escaparate *m* display window, 34
escena scene, XII
esclavitud slavery, XV
esclavo slave, 33
esclusa lock, floodgate, XIV
escocés *m* Scot, Scotch, II
escoger (j) to choose, 15
escondido hidden, X
escribir to write, *L.P.*, 7
escrito *pp* written, 37
escritor *m* writer, X
escritorio desk, 3
escuchar to listen to, *L.P.*, 1
escuela school, 3; **escuela secundaria** high school, 3; **escuela normal** teachers' college, XI
escultor *m* sculptor, XIV
escultura sculpture, I
ese that, 1
ése that (one), 16
esfuerzo effort, XIII
esmeralda emerald, 23
eso that, 16; **a eso de** about, around, 13
esos (-as) those, 7
ésos (-as) those, 16
espacio space, room, VI; **espacio en blanco** blank, 42 (*inactive*)
espalda back, 27
espantar to drive away, I
espantoso frightening, 37
España Spain, I, 45
español Spanish, 1; Spaniard, III, 23
especial special, I; finicky, 32
especialmente especially, II, 18
especie *f* type, kind, 35; species, 39; **especie humana** human race, 39
específico specific, XV
espectáculo spectacle, 41

espera: lista de espera waiting list, 20
esperanza hope, VI
esperar to wait (for), 8 (*inactive*), 10; to hope (for), 31
esplendor *m* splendor, X
esposa wife, IX, 28
esposo husband, 28
espumoso sparkling, II
esquí *m* ski, 31
esquiador *m* skier, 31
esquiar to ski, 31
esquina corner, 7
esta this, 2
ésta this (one), the latter, 16
establecerse (zc) to settle, XV, 46
estación station, 1
estación de las lluvias rainy season, 29
estacionar to park, 16
estadio stadium, 35
estadista *m* statesman, XIII
estado state, 5
Estados Unidos United States, 5
estancia farm, 13 (*inactive*); stay, 46
estar to be, *L.P.*, 2; to look, to taste, 6; **estar a cargo** to be in charge, 22; **estar al + inf** to be about to + infinitive, 9; **estar de acuerdo** to agree, I, 33
estatua statue, 19
este *adj* (*m*) this, 4
este *m* east, III
éste this (one), the latter, 16
estética aesthetic, VI
estilo style, 32
esto this, II, 16
estómago stomach, 27
estos (-as) these, 7
éstos (-as) these, the latter, 16
estrecho narrow, VI, 43
estrellado starry, star-studded, XI
estructura structure, VI
estudiantado student body, IV
estudiante *m or f* student, 2
estudiar to study, 1
estudio study, IV
estupendo stupendous, great, XIII
etapa period, episode, XIII
eterno eternal, XII
Europa Europe, XIII
europeo European, II
evidencia evidence, XII
evidente evident, V, 35
evitar to avoid, 11

evolución evolution, V
evolucionar to evolve, to change, 48
examen *m* examination, 40
examinar to examine, 27
excavación excavation, VII
excavar to excavate, XIV
excelente excellent, 4
excepto except, 36
exclusivo exclusive, VI
excursión tour, excursion, 5
excusa excuse, pretext, X; apology, 40
exhibición exhibition, exhibit, 19
exigir (j) to require, to demand, 21
existencia existence, IX
existir to exist, IV, 23
éxito success, XII
expansión expansion, 29 (*inactive*)
expatriado expatriate, XV
expedición expedition, VII
experiencia experience, 14
experimentar to experience, XIII
experto expert, VIII
explicación explanation, 3
explicar (qu) to explain, 11
explorador *m* explorer, VII
explorar to explore, VII
explotar to exploit, 23
exportador *m* exporter, XIV
exportar to export, 24
expresar to express, XI
expresión expression, IV
expulsar to expel, 48
extender (ie) to stretch, to extend, X
extendido widespread, extensive, XVI
extensión extension, XII
extenso extensive, XI
exterior *m* exterior, outside, X
exterminar to exterminate, 39
extinguir to extinguish, to erase, XI
extraer to extract, 23
extranjero foreigner, 5; *adj* foreign, IV, 31; **en el extranjero** abroad, III
extrañar to miss, 22
extraordinario extraordinary, V
extremadamente extremely, 29

fábrica factory, 38
fabuloso fabulous, IX
fácil easy, 15

facilidad ease, 29 (*inactive*); **con facilidad** easily, 29; with facility, XV
facilitar to ease, to facilitate, VI
facultad college, school, I
faja band, strip, XI
falda skirt, 34
falta: a falta de for lack of, XI; **hacer falta** to need, 24; **sin falta** without fail, 42
faltar to lack, to be missing, 12
familia family, 5
familiar *m* relative, XI; *adj* familiar, 29 (*inactive*)
famoso famous, II
fantástico fantastic, out of this world, VI, 19
farmacia pharmacy, I
fase *f* phase, VIII
fatalismo fatalism, VII
fatalista *m or f* fatalist, VII
fauna fauna, 39
favor *m* favor, 10; **a favor de** in favor of, 10; **por favor** please, *L.P.*, 4
favorablemente favorably, XVI
favorito favorite, 31
fe: hacer fe to be valid, XII
febrero February, 20
fecha date, 20
federación federation, XIII
felicidad happiness, IX
feliz happy, 19 (*inactive*), 43
femenino feminine, 33
fenómeno phenomenon, XV
feo ugly, 6
ferrocarril *m* railway, railroad, XIV
fértil fertile, II
festival *m* festival, 46
feudalismo feudalism, XII
fiebre *f* fever, 27
fiel faithful, XIII
fiesta party, II, 25; celebration, holiday, XIII
figura image, symbol, figure, XI
fijarse to notice, 30
fijo fixed, steadfast, XI
Filipinas (las) Philippines, V
filipino Filipino, Philippine, II
filosofía philosophy, 3
fin *m* end, 13; purpose, XIV; **al fin** at last, XI; **al fin y al cabo** after all is said and done, XI; **en fin** finally, 22; **fin de semana** weekend, 13; **por fin** finally, 19
final *m* final, I; **al final** at the end of, XIV
finalmente finally, XI

finca farm, 13
fines: a fines de at the end of, 33
fingir (j) to pretend, to feign, 15 (*inactive*)
fino fine, X
firmar to sign, XIV
firme firm, 47
física physics, 3
físico physicist, VII; physical, XI
flamenco a type of Spanish dance, III
flecha arrow XII
flexibilidad flexibility, IV
flor *f* flower, 2 (*inactive*)
flora flora, 39
flotante floating, 29
foca seal, 36
folleto pamphlet, booklet, 36
fondo bottom, XII; depths, XIII; **en el fondo** down deep, XII
forma form, III; type, VII; **de esta forma** in this way, XIV; **de todas formas** anyway, 29
formal formal, I
formar to form, III, 22
formidable fantastic, I, 34
foto *f* photo, 31
fotografía photograph, 31
fracaso failure, XIII
fracción fraction, IV
fragancia fragrance, VIII
Francia France, II
francés *m* French, 1
frase *f* phrase, 28 (*inactive*)
fraternidad fraternity, V
frecuencia frequency, VII, 43; **con frecuencia** frequently, 43
freír (i) to fry, 26
frenar to brake, 16
freno brake, 16
frente *m* front, 8; **al frente de** at the head of, XI; **en frente de** across from, 7; **frente a** in front of, 8; facing, XIV
fresco fresh, X; cool, 35
fríamente coldly, XII
frijol *m* bean, 2
frío cold, 4; **tener frío** to be cold, 21
frito *pp* fried, 4
frontera frontier, border, XVI
fronterizo border, XVI
fuego fire, 26; **cocinar a fuego lento** to simmer, 26
fuente *f* fountain, VI, 38
fuera outside, 13
fuerte main, III; heavy, strong, 27

fuerza strength, XI; **Fuerzas Aéreas** Air Force, 36; **Fuerzas Armadas** Armed Forces, XI, 36
fuga: fuga de cerebros brain drain, XV
fumar to smoke, 36
función performance, 8
funcionar to work, to function, 17
funcionario: funcionario del gobierno government official, 33
fundación founding, XI, 46
fundar to found, to establish, X, 46
furioso furious, angered, XI
fútbol *m* football, soccer, 31
futuro future, 33 (*inactive*), 38

gafas: gafas de sol *f pl* sunglasses, 43
galería gallery, VI, 34
galón *m* gallon, XIV
galopar to gallop, XII
gallego *m* Galician, II
gana: tener ganas de + *inf* to feel like + present participle, 21
ganado cattle, 22
ganar to win, to earn, 12
garaje *m* garage, 32
garantizar (c) to guarantee, XIII
garganta throat, 27
gárgaras: hacer gárgaras to gargle, 27
gasolina gas, 24
gastar to spend, 28
gasto expense, 42; waste, XIV
gato cat, 2
gauchesco *adj* gaucho, of the gaucho, XII
gaucho pampas cowboy, XII
gaveta drawer, 9
gazpacho a type of cold soup, II
generador *m* generator, 17
general general, 1; **por lo general** generally, VI
generalidad generality, V
generalmente generally, III
genio genius, XIII
gente *f* people, VI, 20
geografía geography, IV, 47
geográfico geographic, V
geología geology, I
geométrico geometric, VII
girar to turn, to revolve, XI
gitano gypsy, III
gloria glory, VII

gobernador *m* governor, 33
gobernar to govern, XIII
gobierno government, VI, 33; **funcionario del gobierno** government official, 33
golpe: golpe de estado coup d'etat, XI
gordo fat, 5
gozo joy, pleasure, XI
gracias thanks, *L.P.*, 1
grado degree, VII
gradual gradual, XII
gramática grammar, V
gran great, 22
grande great, V, 22; big, 22
grandeza greatness, grandeur, XI
granja farm, 13 (*inactive*)
gratis gratis, 19
grave serious, grave, seriously hurt, 16
gravedad gravity, XIV
griego Greek, VII, 47
gris gray, 28
gritar to scream, 17
grueso thick, VI
grupo group, 11; team, 22
guagua bus, 16 (*inactive*)
guante *m* glove, 34
guardar to keep, 9; to retain, to store, XIII
guatemalteco Guatemalan, II
guerra war, VII, 46; **Guerra de Independencia** War of Independence, XIII
guía *m or f* guide, 6
guiar to guide, IV
guitarra guitar, 9
guitarrista *m or f* guitarist, VII
gustar to like, to appeal to, to please, 12; **gustar más** to prefer, 28
gusto pleasure, 14; taste, 32

haber to have, 3 (*inactive*), 37
había there was, there were, 23
habilidad ability, XII
habitación room, 32; **habitación doble** double room, 40; **habitación sencilla** single room, 40
habitante *m* inhabitant, 15
habitar to live, XII
habla: de habla española Spanish-speaking, V
hablador talker, XIV
hablar to speak, 1; **hablar más alto** to speak louder, 13; **hablar en serio** to be serious, 23

hace: hace + *time expression* + *preterit* ago, 35
hacer (g) to do, to make, 4; **hacer caso** to pay attention, 43; **hacer cola** to stand in line, 8; **hacer escala** to stop, to call at, 36; **hacer falta** to need, 24; **hacerse** to become, 42; **hacerse cargo de** to take charge of, XIV; **hacer valer** to assert, XVI
hacia toward, 17
hacienda farm, 13 (*inactive*)
hacha axe, hatchet, 27
halar to pull, XIV
hallar to find, to encounter, to meet, XI
hambre *f* hunger, 21; **tener hambre** to be hungry, 21
hasta until, *L.P.*, 13; even, 18; **hasta la vista** so long, *L.P.*; **hasta más tarde** until later, *L.P.*; **hasta que** until, IV, 33
hay there is, there are, 3; **hay que** + *inf* it's necessary + infinitive, 21
hazaña feat, deed, XI
hecho *noun* deed, fact, X; *pp* made, 37
helado ice cream, 4
helicóptero helicopter, 24
herencia heritage, XV
herido wounded, hurt, 16
herir to wound, to hurt, XV
hermana sister, 2
hermano brother, 2; *pl* brothers, brothers and sisters, 2
hermoso beautiful, 25 (*inactive*)
héroe hero, XIII
hierba grass, XIII
hierro iron, 23
hija daughter, 23
himno hymn, XI
hipocresía hypocrisy, III
hipócrita hypocrite, III
hispánico Hispanic, XV
hispano *adj* Hispanic, I; *m* Spanish-speaking person, 46
Hispanoamérica Spanish America, III, 44
hispanoamericano Spanish American, IV
histeria hysteria, IX
historia history, 3; story, X
historiador *m* historian, VII
histórico historic, IX
hoja knife blade, X; leaf, XIII
hola hi, hello, 12
holandés *m* Dutchman, II

hombre *m* man, III, 14; **hombre de negocios** businessman, 14
hombro shoulder, XI
hondureño Honduran, II
honor *m* honor, XIII
honrado honest, 14
hora hour, 3; time, 4; **a la hora debida** on schedule, 18 (*inactive*); **a la hora indicada** on schedule, 18 (*inactive*); **a su hora** on time, on schedule, 18; **a última hora** at the last minute, 20; **una hora de camino** an hour's drive, 21
horizonte *m* horizon, XII
hormiga ant, XIII
horrible horrible, I, 37
horror *m* horror, 16; **divertirse un horror** to have a grand time, 25; **¡qué horror!** how horrible!, 16
hospital *m* hospital, clinic, 2
hotel *m* hotel, 6; **hotel de primera categoría** first-class hotel, 40
hoy today, 8; **hoy en día** nowadays, III, 21
hueco hole, XIV
huelga strike, 10
huella track, XII
huerto orchard, XII
huevo egg, 4
huir (y) to flee, to run away, 13 (*inactive*)
humanístico humanistic, IV
humano human, 39
humedad humidity, 44
humorismo humor, humorism, X
huracán hurricane, 37

idea idea, III, 19
ideal ideal, I
idealismo idealism, IV
identidad identity, V
ideológico ideological, 48
idioma *m* language, 47
iglesia church, 23
ignorancia ignorance, XII
ignorar not to know, XIII
igual equal, 19; **me da igual** it's the same to me, 19
igualdad equality, XVI
ilógico illogical, XII
ilusión illusion, dream, 44
imagen *f* image, XII; likeness, XVI
imaginación imagination, VI
imaginarse to imagine, 30
imitar to imitate, XII

impedir (i) to impede, XIV
impenetrable impenetrable, VI
imperceptible imperceptible, XII
imperialismo imperialism, VII
imperialista *m or f* imperialist, VII
imperfecto imperfect, 38 (*inactive*)
imperio empire, X
impersonal impersonal, 35 (*inactive*)
imponer (g) to impose, 48
importador *m* importer, XIV
importancia importance, II
importante important, II, 33
importar to matter, 8; to import, 24
imposible impossible, IV, 35
impresión impression, III
impresionar to make an impression, 23
impreso *pp* printed, 37
imprimir to print, 37
impuesto tax, VI, 42
impulsar to impel, XV
inaccesible inaccessible, 24
inca *m or f* Inca, 28
incansable tireless, 43
incansablemente indefatigably, XIII
incluir (y) to include, XV
incógnita unknown, VIII
incompleto incomplete, XII
inconveniente *m* difficulty, obstacle, XIV
increíble unbelievable, 3
indefinido indefinite, 32 (*inactive*)
independencia independence, VIII
independentista of independence, XIII
independiente independent, 10
indicado indicated, 35 (*inactive*)
indicar (qu) to indicate, V
indiferente indifferent, 10
indígena *m or f* indigenous, native, VII
indio Indian, V
indirecto indirect, 30 (*inactive*)
indiscutiblemente unquestionably, XI
individualidad individuality, XVI
indomable indomitable, unyielding, XI
industria industry, VIII, 39
industrial industrial, II
infancia infancy, VIII
infección infection, 27

inferior inferior, XII
infinidad infinity, many, IX
infinitivo infinitive, V
infinito infinite, XI
inflación inflation, 42
influencia influence, II, 46
influir (y) to influence, IX
información information, 14
informal informal, 28 (*inactive*)
infortunadamente unfortunately, XVI
infranqueable insurmountable, XIV
ingeniería engineering, I
ingeniero engineer, 24
ingenioso ingenious, witty, XIII
ingenuidad ingenuousness, naïveté, without guile, XII
ingenuo naïve, 39
inglés *m* English, 1
ingrediente *m* ingredient, II
inicial initial, III
inmediato immediate, XII
inmigración immigration, XV
inmigrante *m or f* immigrant, XV
inmortal immortal, XII
innumerable innumerable, VII
inolvidable unforgettable, 41
insistir (en) to insist (on), 40
insoluble insoluble, IX
inspector *m* inspector, 18
inspiración inspiration, XI
instante instant, XVI
instigar to instigate, VI
institución institution, IV
instituto institute, I; secondary school, II
instructor *m* instructor, XII
integral integral, XVI
integrar to integrate, XV
intelectual *m or f* intellectual, IX
inteligente intelligent, 14
intercambiar to interchange, VII
intercambio interchange, IV
interés *m* interest, IV, 14
interesante interesting, 5
interesar to interest, 12
interior *m* interior, VII, 43
interno internal, IV
interoceánico interoceanic, XIV
intérprete *m or f* interpreter, VII
interrumpir to interrupt, 11
intervenir (g, ie) to intervene, 10
introducción introduction, IV
introducir (zc) to introduce (something), X

inundación flood, VI, 37
inundar to inundate, VI
invadir to invade, XIII
invasión invasion, XIII
invención invention, VII
investigación investigation, research, XV
investigar to investigate, VI
invierno winter, 29
invitar to invite, XI, 47
ir to go, 5; **ir de compras** to go shopping, VI, 34
irlandés *m* Irish, II
ironía irony, X
irreal unreal, XII
irrefutable irrefutable, VII
irregular irregular, XII
irritado irritated, sore, 27
irse to go away, to leave, 25
isla island, VII
istmo isthmus, XIV
Italia Italy, X
italiano Italian, 1
izquierda left, 15

jabón *m* soap, 43
jactarse (de) to boast (of), 25
jamás not ever, never, 26
jamón *m* ham, III
japonés *m* Japanese, 1
jardín *m* garden, yard, 32
jefe *m* boss, chief, 14; **jefe de ventas** salesmanager, 14
jerez *m* sherry, III
jet *m* jet, 18 (*inactive*)
jinete *m* rider, horseman, 34
jota a type of Spanish dance, III
joven *adj* young, 4 (*inactive*), 5
judío Jew, 48
juego game, 35
jueves *m* Thursday, 20
juez *m or f* judge, 33
jugada trick, play (of a game), 35
jugador *m* player, 35
jugar (ue) to play, 31
juicio judgment, XIII
julio July, 20
junio June, 20
junta council, XIII
junto: junto a next to, 9
juntos together, 8 (*inactive*), 19
justicia justice, XII
justiciero just, lawful, XI
justo just, 12
juvenil young, IV
juventud youth, 46

kilo kilo (2.2 lbs.), 30
kilómetro kilometer (.62 miles), 7

la *pron* her, you, it, 9; *article* the, *L.P.*, 1
labor *f* labor, undertaking, I
laboratorio laboratory, 2
lado side, 7; **al lado de** next to, 7
ladrón *m* thief, XII
lago lake, 6
laguna lagoon, VIII
lamento lament, XII
lámpara lamp, 9
lanzar (c) to hurl, to throw, XI
lápiz *m* pencil, 2 (*inactive*), 9; **lápiz de cejas** *m* eyebrow pencil, 43; **lápiz de labios** *m* lipstick, 43
larga: a la larga in the long run, XI
largo long, 8; **de largo** in length, long, 23
las *pron* them, you, 9; *article* the, 2
lástima pity, 2
latín *m* Latin, V, 47
Latinoamérica Latin America, 5
latinoamericano Latin American, 5
lavandería laundry, 48
lavar to wash, 25
lazo lasso, V; tie, bond, XIII
le (to) him, her, it, you (polite), 11
lealtad loyalty, 48
lección lesson, *L.P.*; 1
lectura reading, 3
leche *f* milk, 4
lechería dairy, XVI
lechero milkman, XV
lechón *m* pork, 45
lechuga lettuce, 4
leer to read, *L.P.*, 4
legal legal, XII
legislar to legislate, VI
legua league, XI
legumbre *f* vegetable, 4
lejos (de) far, 7; **a lo lejos** in the distance, far away, XI
lengua language, tongue, II, 46
lentitud slowness, XIV
lento slow, 25
les (to) them, you, 11
letra letter, I
letrero sign, 45
levantar to raise, 25 (*inactive*); **levantarse** to get up, 25
ley *f* law, 22 (*inactive*)
leyenda legend, VII
liberación liberation, 33; **liberación femenina** women's lib, 33

liberar to liberate, XIII
libertad liberty, freedom, 2
libertador *m* liberator, XIII
libertar to liberate, XIII
libra pound, 30
libre free, off, 13; **día libre** *m* day off, 13
librería bookstore, 1
libro book, *L.P.*, 1
licencia license, VIII
liceo secondary school, IV
líder *m or f* leader, XI
ligeramente lightly, 26; **cocinar ligeramente** to sauté, 26
ligero light, 4
límite *m* limit, boundary, XI
limpiar to clean, 25 (*inactive*)
lindo pretty, 28
línea line, 38
lírico lyrical, XI
lista list, 20; **lista de espera** waiting list, 20
listo *adj* ready, smart, 6
literario literary, XI
literatura literature, IV, 46
lo *pron* him, you, it, 9; *article* the, that, 28; **lo de** that business about, 28; **lo que** what, 28
local local, V
localidad locality, XII
loco crazy, IX, 42; **loco de remate** completely crazy, IX
locomotora locomotive, XIV
locutor *m* announcer, 37
lógica logic, IV
lógico logical, 12
lograr to be successful, to succeed in, XI; to obtain, 44
Londres London, XI
los *pron* them, you, 9; *article* the, *L.P.*, 2
losa gravestone, XV
lucha struggle, IV
luchar to fight, to struggle, 33
luego therefore, 40; **desde luego** of course, XI
lugar *m* place, spot, area, 11; **sin lugar a duda** without a doubt, XIV
lugarteniente *m* lieutenant, XII
lujo luxury, X; **de lujo** deluxe, 43
luna moon, IX, 48
lunes *m* Monday, 20
luz *f* light, 16

llama llama, VI
llamado called, named, II
llamar to call, *L.P.*, 9; **llamar la atención a alguien** to attract someone's attention, 30; **llamarse** to be called, *L.P.*, 25
llano flat, XII
llanta tire, 16
llanto weeping, crying, tears, XIII
llanura plain, XII
llegada arrival, 9
llegar to arrive, 2; **llegar a ser** to become, V, 42; **llegar a +** *inf* to succeed in + present participle, 42
llenar(se) to fill (out), 14; to fill up, XIV
lleno full, 20
llevar to take, 16; to take from, X; to bring (back), 28; **llevar a cabo** to fulfill, to achieve, X; to successfully undertake, XI
llover (ue) to rain, 6
lluvia rain, VI, 29; **estación de las lluvias** rainy season, 29

machacar (qu) to crush, 26
madera wood, 5
madre *f* mother, 2
madrina godmother, 25
maestro teacher, 17
magia magic, IX
magnífico great, magnificent, 13
magnitud magnitude, XIV
maíz *m* corn, III
mal ill, sick, 2; bad, 22; *m* sorrow, I; evil, IX; **menos mal** good thing, lucky, 16
malaria malaria, XIV
maldecir (g) to curse, 37 (*inactive*)
males *m pl* sorrows, I
maleta suitcase, 18
maletero skycap, 18
maletín *m* attaché case, 18
malo bad, evil, 4; sick, 6; **lo malo** the bad part, XI; **a las malas** the hard way, 39
mamá mother, mama, mom, 21
mancha blot, blemish, XIII
mandar to send, 31; to order, to command, 36
mandato command, 28 (*inactive*)
mando command, XI
manejar to drive, 16
manera manner, IX
manifestación demonstration, manifestation, 10

mano *f* hand, 2; **a mano** by hand, 28
mantener (g, ie) to maintain, to keep, X, 43
mantequilla butter, 26
mañana tomorrow, *L.P.*, 11; morning, 5; **a la mañana siguiente** the next day, XII; **pasado mañana** day after tomorrow, 10
mapa *m* map, XII
máquina: máquina calculadora computer, 48
mar *m* sea, 6; **Mar Caribe** Caribbean Sea, VIII
maravilla marvel, VI
maravilloso marvelous, 6
marcado marked, X
marchar to march, 25 (*inactive*); **marcharse** to go away, to leave, 25
marea tide, XIV
margarina margarine, 26
marginar to push aside, XVI
marido husband, 28
marina navy, 36
marinero sailor, XV
marisco seafood, II
marítimo maritime, XIV
mármol *m* marble, XIII
marrón brown, 28
martes *m* Tuesday, 20
marxismo Marxism, VII
marzo March, 20
mas but, XII
más more, 3
masa dough, III
máscara mask, 39
matar to kill, to murder, X
matemáticas *f pl* mathematics, 3
materia field, area, X
material *m* material, 24
materialismo materialism, VII
materialista materialist, IV
maternidad maternity, V
máximo maximum, X
maya *m or f* Maya, VII
mayo May, 20
mayor older, bigger, 23; oldest, 25
mayoría majority, VI, 44
me me, 9; to me, 11; myself, 25
mecanógrafo typist, 14
mecánico mechanic, VI
media half, 5; stocking, 34
medianoche *f* midnight, 5
medicina medicine, I, 37
medición survey, measurement, XIV
médico doctor, 2

medida measure, 21; **a medida que** while, in proportion as, XIV; **medida de seguridad** security measure, 21
medieval medieval, II
medio middle, VI, 30; **en medio de** in the middle of, VI, 30
mediodía *m* noon, 5
medios means, 30; **por todos los medios** by every means, XV
medir (i) to measure, 23
Méjico Mexico, 5
mejor better, 23; best, VI, 25; **a lo mejor** perhaps, 20
mejoramiento betterment, improvement, XVI
mejorar to improve, to better, IV, 44
mejoría improvement, XVI
memoria memory, 14; **saber de memoria** to know by heart, 14
memorista based on memorization, IV
menor younger, 23; youngest, 25; **la menor idea** the slightest idea, XI
menos fewer, less, 3; minus, 5; least, 25; **a menos que** unless, 33; **al menos** at least, XI; **echar de menos** to miss, 22; **menos mal** good thing, lucky, 16; **por lo menos** at least, 21
mensaje *m* message, X, 40
mentalidad mentality, mind, 33
mente *f* mind, IX
mentira lie, 29
menú *m* menu, 4
menudo: a menudo often, 43
mercado market, 13; marketplace, 28
merecer (zc) to deserve, IX
mes *m* month, 10
mesa table, 9
meseta *f* plateau, II
mestizaje *m* interbreeding, XV
meta goal, aim, XVI
metal *m* metal, 7
metalurgia metallurgy, IX
meter to put into, 35; **meterse** to get oneself into, to get involved, to meddle, 32
método method, 22; means, X
metro subway, VII; meter, VIII, 23
metrópolis *f* metropolis, VI
metropolitano metropolitan, II
mexicano Mexican, 5
México Mexico, 5
méxico-americano Mexican-American, V
mezcla mixture, XV
mi(s) my, 3
mí me, 4
miedo fright, 16; **tener miedo** to be afraid, 21
miembro member, XV
mientras while, II, 22; whereas, IX; so long as, XII; **mientras que** whereas, IX; **mientras tanto** in the meantime, meanwhile, 39
miércoles *m* Wednesday, 20
migración migration, XV
migratorio migratory, XV
mil one thousand, 8
militar military, XIII
militarismo militarism, VII
militarista *m or f* militarist, VII
milla mile, 7
millón *m* million, I, 15
mina mine, 23
minar to undermine, XIII
minero miner, 23
minidiálogo minidialog, L.P.
minifalda miniskirt, 34 (*inactive*)
mínimo minimum, XIV
ministerio ministry, 38; **Ministerio de Relaciones Exteriores** Ministry of Foreign Affairs, XI
ministro minister (political), 33
minoría minority, 44
minuto minute, 15
mío (-a, -os, -as) mine, of mine, 10
mirar to look at, 1
misántropo misanthrope, XII
miseria misery, X
misión mission, IV
mismo same, II, 33; **ahí mismo** right there, 7; **ahora mismo** right now, 8; **a sí mismos** themselves, XIII
misterio mystery, IX
misterioso mysterious, IX
mitad *f* half, II
mitin *m* meeting, 12
mito myth, VIII
moda fashion, 34
modelo model, 28 (*inactive*)
moderno modern, VI, 38
modesto modest, humble, XII
módico reasonable, 38
modificación modification, V
modificado modified, 28 (*inactive*)
modo: de todos modos at any rate, XI
mojo garlic sauce, 45
molestar to bother, 42
momento moment, I, 9
monasterio monastery, X
monótono monotonous, XIII
montado mounted, XIII
montaña mountain, 6
montañoso mountainous, 6
montar to ride, to mount, 35
monte *m* woods, thicket, XV
montón *m* pile, heap, XIV
moral moral, XII
morena brunette, 5
morir (ue) to die, 11 (*inactive*), 25
moro Moor, V
mortal mortal, 19 (*inactive*)
mosaico mosaic, XV
mosquito mosquito, XIV
mostrar (ue) to show, 11
motivo reason, XII; **con motivo de** because of, XIII
moto *f* motorcycle, 16
motocicleta motorcycle, 16
motor *m* motor, 17
mover (ue) to move, 30
movimiento movement, III
muchacho boy, 9; *pl* boys, boys and girls, 9
mucho much, 2; *pl* many, 1
mudarse to move, 32
mueble *m* piece of furniture, 32
mueblería furniture store or shop, XVI
muelle *m* pier, wharf, 29
muerte *f* death, X
muerto dead, 37; *pp* died, 37
muisca *m or f* Indian of Colombia, 23 (*inactive*)
mujer *f* woman, III, 17; wife, 28
mula mule, electric locomotive, XIV
mundial *adj* world, VIII
mundo world, V; **Nuevo Mundo** New World, V
muralla wall (of a city), X, 43
museo museum, 6; **Museo de Antropología** Anthropological Museum, 19
música music, 46
muy very, L.P., 2

nacer (zc) to be born, IX
nación nation, 22 (*inactive*); **Naciones Unidas** United Nations, V
nacional national, 35
nacionalidad nationality, V
nacionalismo nationalism, VII

nacionialista *m or f* nationalist, VII
nada nothing, 10; **de nada** you're welcome, 1
nadador *m* swimmer, XIV
nadar to swim, 31
nadie no one, nobody, 26
naranja orange, II
narrador *m* narrator, XIV
narrar to narrate, VI
natural natural, 5; **como es natural** naturally, 5
naturaleza nature, XI
navegar to navigate, to sail, XIV
Navidad *f*, *or* **Navidades** *f pl* Christmas, 45
necesario necessary, 21
necesidad necessity, IV, 44; **pasar necesidades** to suffer hardships, 44
necesitar to need, 1
negación negation, 32 (*inactive*)
negocio business, shop, 34; **hombre de negocios** businessman, 14; **viaje de negocios** business trip, 37
negro black, 4
nervioso nervous, XIII, 42
nevar (ie) to snow, 10 (*inactive*)
ni neither, nor, 21
nicaragüense *m or f* Nicaraguan, II
nido nest, XII
nieve *f* snow, VIII, 29
ningún no, none, not any, 26
ninguno (-a, -os, -as) no, none, not any, 26
niñez *f* childhood, X
niño child, III, 17
nivel *m* level, VI
no no, not, 1; **no en balde** no wonder, 34; **no más que** only, nothing but, XIII
noche *f* evening, night, *L.P.*, 2; **esta noche** tonight, 2
Nochebuena Christmas Eve, 45
nombrar to name, to call, XIII
nombre *m* name, *L.P.*, 14
noreste *m* northeast, II
noroeste *m* northwest, II
norte *m* north, II
norteamericano American, 5
nos (to) us, 9; ourselves, 25; (for, from) us, 11
nosotros (-as) we, 1
nota note, grade, 40
notable notable, II
notablemente noticeably, V
notario notary, VI
notarse to notice, II
noticia news, 13

novecientos nine hundred, 8
novela novel, 36
noveno ninth, 8
noventa ninety, 8
novia girlfriend, sweetheart, 28
noviembre November, 20
novio boyfriend, 28
nube *f* cloud, 6
nublado cloudy, 35
nuestro (-a, -os, -as) our, 10
Nueva York New York, XV
nueve nine, 3
nuevo new, 7; **de nuevo** again, 15; **Nuevo Mundo** New World, V
número number, 7
numeroso numerous, VII
nunca never, 22; (not) ever, 26

o or, 3; **o ... o** either ... or, 26
obedecer (zc) to obey, 14
obituario obituary, X
objetivo objective, IV
objeto object, VII
obligación obligation, duty, 33
obligar (gu) to obligate, to force, XIII, 47
obligatorio obligatory, X
obra work, 23; project, XIV; **obra de arte** work of art, 41
obrero worker, XV
observar to observe, to see, VIII, 46
observatorio observatory, VII
obstruir (y) to obstruct, to hold back, XIV
obtener (g, ie) to obtain, to get, IV
obvio obvious, 35
ocasión occasion, XI
occidental occidental, VIII
océano ocean, VIII
ocioso idle, lazy, XIII
octavo eighth, 8
octubre October, 20
ocupado occupied, XIII; busy, 42
ocupar to occupy, II, 33
ocurrir to happen, to occur, XI
ochenta eighty, 8
ocho eight, 3
ochocientos eight hundred, 8
odio hate, XI
oeste west, III
ofender to offend, 25 (*inactive*); **ofenderse** to take offense, 25 (*inactive*)
oficial official, I
oficina office, 1; **oficina de boletos** ticket office, 20
ofrecer (zc) to offer, 14

oído (inner) ear, 27
¡oigo! hello?, 13
oír to hear, 13
ojalá I (we) wish, hope, 35
ojo eye, 14
ola wave, XV
oleoducto pipeline, 24
olímpico Olympic, X
olmeca Olmec, VII
olvidar to forget, 11
olvido oblivion, XI
once eleven, 3
onza ounce, 30
operación operation, IV
opinar to think, 2
opinión opinion, 44; **cambiar de opinión** to change one's mind, 44
oportunidad opportunity, III, 33
oportunista *m or f* opportunist, IV
oportuno right, opportune, 42
optimismo optimism, VII
optimista *m or f* optimist, XII; *adj* optimistic, 44
opuesto opposite, XVI
oración sentence, *L.P.*, 1
orador *m* orator, XIII
orden *m and f* order, 42 (*inactive*)
ordenar to arrange, 9; to order, to command, VII, 36
oreja ear, 25
organización organization, IX
organizado organized, X
organizar (c) organize, 10
orgullo pride, XII
orgulloso proud, 43
oriental eastern, VIII
oriente Orient, IX
origen *m* origin, source, V
originalidad originality, VI
originalmente originally, V
oro gold, 5
orquesta orchestra, III, 41
ortografía orthography, III
os (to) you (*familiar pl*), 9; (for, from) you, 11; yourself, yourselves, 25
oscuro dark, IX
otoño autumn, 29
otro other, another, 3; **otra vez** again, 15; **de otro** someone else's, 32

pacer (zc) to graze, XII
paciencia patience, 44; **tener paciencia** to be patient, 44
paciente patient, XIII
Pacífico Pacific, XI
padre *m* father, 2; *m pl* parents, fathers, 2

padrino godfather, 25
paella paella, 4
pagar (gu) to pay, 16 (*inactive*), 19
página page, L.P., 45
país *m* country, nation, 2
paisaje *m* landscape, 6
pájaro bird, XII
palabra word, L.P., 1
palacio palace, 6
pálido pale, 42
palma palm tree, XV
palmos: a palmos like the back of his hand, XII
pampa pampa, XII
pan *m* bread, 4
panadería bakery (bread), XVI
Panamá Panama, II, 41
panameño Panamanian, 5
panorama *m* panorama, II
pantalón *m* pants, 34
pañuelo handkerchief, 34
papa potato, 4; **papas fritas** French fries, 4
papá *m* dad, father, 28
papel *m* paper, 9
papelería stationery store, XVI
paquete *m* package, 45
para for, L.P., 13; in order to, 3; by, for, toward, according to, 45; **para que** so that, 33
paraguayo Paraguayan, II
parar to stop, 16; **pararse** to stand up, 25 (*inactive*), 45; to stop, XII
parecer (zc) to seem, 12; **parecerse** to resemble, 25
pared *f* wall, 2 (*inactive*), 23
paréntesis *m* parenthesis, 29 (*inactive*)
pariente *m* relative, 47
parlar to speak, XVI
parque *m* park, 13
párrafo paragraph, 45 (*inactive*)
parte *f* part, II, 43; **en todas partes** everywhere, XIV; **formar parte de** to become a part of, III; **por parte de** by, on the part of, XI
participar to participate, III
participio pasivo past participle, 37 (*inactive*)
partido party, XI; game, 35; faction, XIII
partir: a partir de starting from, XI
pasado last, past, 16; **pasado mañana** day after tomorrow, 10; **semana pasada** last week, 16
pasaje *m* ticket, 20

pasajero passenger, 17
pasaporte *m* passport, 20
pasar to happen, to pass, 12; to go through, 17; to spend, 22; **pasar a ser** to become, X; **pasar necesidades** to suffer hardships, 44; **pasar por** to pick up, 13; **pasar trabajos** to have a tough time, 44
Pascua Passover, Easter, 41
Pascuas *f pl* Christmas, 41
paseo boulevard, 7; stroll, 34
pasillo hallway, 2
pasión passion, 2 (*inactive*)
pasivo passive, 38 (*inactive*)
paso step, footstep, XI; mountain pass, XIII; pace, XVI
pastelería pastry shop, 48
pastilla pill, 27
pastor *m* shepherd, II
patata potato, III
patilla sideburn, 25
patín *m* skate, 31
patinar to skate, 31
patio patio, 2
pato duck, 35; Argentine sport, 35
patria native country, XIII
patriota *m or f* patriot, XI
patrón *m* boss, XVI
paz *f* peace, 22; **Cuerpo de Paz** Peace Corps, 22
peatón *m* pedestrian, VI
pecho chest, breast, XI
pedazo piece, chunk, 26
pedir (i) to ask for, 12; to order, 14
peine *m* comb, 43
pelear to fight, XII
película movie, 12
peligroso dangerous, 24
pelo hair, 25; **tomar el pelo** to pull someone's leg, 36
pelota ball, 31; **pelota de tenis** tennis ball, 31
peluquero barber, hairdresser, XV
pena sorrow, pity, XII, 47; penalty, XIV; **valer la pena** to be worth the trouble, 31
pendiente: quedar pendiente to be pending, XIV
península peninsula, V
pensamiento thought, XIII
pensar (ie) to think, 10; **pensar + inf** to plan on, to intend, 10; **pensar en** to think of, 21
peor worse, 23; worst, 25; **lo peor** the worst part, 39
pepino cucumber, II

Pequeña Habana Little Havana (in Miami), XV
pequeño small, little, III, 22
perder (ie) to lose, to waste, 10; to miss, 29
perdido lost, 30
perdonar to pardon, to forgive, XI, 36
peregrino pilgrim, XVI
perfección perfection, VIII
perfecto perfect, 28
periódico newspaper, 19
período period, VII
permanecer (zc) to stay, V
permiso permission, XV
permitir to permit, to allow, IX, 36
pero but, 2
perro dog, 18
perseguir (i) to persecute, 15 (*inactive*)
persona person, III, 14
personaje *m* character, XII
personal personal, XII
personalidad personality, V; identity, XVI
pertenecer (zc) to belong, V, 44
Perú (el) Peru, 28
peruano *m* Peruvian, 2
pesadilla nightmare, 45
pesado heavy, XIV
pesadumbre *f* grief, XVI
pesar *m* sorrow, grief, XV; *verb* to weigh, 30; **a pesar de** in spite of, II, 16
pescado fish, 4
pescador *m* fisherman, XIV
pescar (qu) to fish, 31
peseta peseta (monetary unit of Spain), 14
pesimismo pessimism, VII
pesimista *m or f* pessimist, XII
peso peso, 14; weight, VIII
petróleo oil, 24
petrolero *adj* oil, VIII
pez *m* fish, XII
pianista *m or f* pianist, VII
piano piano, 9
picante spicy, 45
pico beak, VII
pie *m* foot, 23; **ponerse de pie** to stand up, 45
piedra rock, stone, 28 (*inactive*), 30
piel *f* leather, 34
pierna leg, 27
piloto pilot, 18
pimienta black pepper, 26
pimiento green pepper, 20 (*inactive*)

pinar *m* pine grove, XIII
pingüino penguin, 36
pintado painted, 28
pintar to paint, 19
pintor *m* painter, II
pintura painting, I, 19
pirámide *f* pyramid, VII
pirata *m* pirate, 21; **pirata aéreo** skyjacker, 21; **piratería aérea** skyjacking, 21
pisada footprint, XII
piscina swimming pool, 32
piso floor, 32
pizarra blackboard, L.P., 9
pizca pinch (of something), 26
plan *m* plan, 38; **plan de estudios** curriculum, IV
planear to plan, XIV
planta plant, VI, 39; **planta baja** ground floor, 32
plata silver, money, 23
platillo volador flying saucer, IX
plato dish, 4
playa beach, 6
plaza square, plaza, III, 13; **plaza de toros** bullring, 35; **Plaza de la Raza** cultural center for Spanish-speaking people in Los Angeles, 46
pleno: en pleno in the middle of, 29
pluma pen, 9
plural plural, V
población population, VIII; town, city, XII
pobre poor, unfortunate, 22
pobreza poverty, 44
poco little, 9; **un poco** a little, a bit, 9; **poco a poco** little by little, V; **por poco** almost, 16; **pocos** a few, III, 19
poder (ue) to be able to, can, 11; *m* power, IV
poema *m* poem, VII
poesía poetry, XI
poeta *m* poet, XI
poéticamente poetically, XII
poetisa poetess, XI
policía *m* policeman, 17
policía *f* police force, 17
politécnico polytechnic, I
político politician, IV; *adj* political, I, 10
polo polo, 35
polvo dust, VIII; powder, 43
pollera national dress of Panama, 41
pollo chicken, 4
poncho poncho, cape, 28

poner (g) to put, 9; **poner la mesa** to set the table, 26; **ponerse** to put on, 25; to become, 42; **ponerse de pie** to stand up, 45
popular popular, II
por in, 5; for, III, 45; by, II, 38; through, 34; around, because, per, 45; **por aquí** this way, 18; **por ciento** per cent, VIII, 45; **por cierto** by the way, 19; **por ejemplo** for example, 3; **por eso** that's why, VI, 16; **por favor** please, L.P., 4; **por fin** finally, 19; **por lo menos** at least, 21; **por lo visto** apparently, XI; **por poco** almost, 16; **por supuesto** of course, 45
porcentaje *m* percentage
porque because, 6; ¿**por qué**? why?, 3
portero doorman, XV
portorriqueño Puerto Rican, 5
portugués *m* Portuguese, 1
porvenir *m* future, XIII
poseer to have, XII
posibilidad possibility, IX
posible possible, 35
posponer (g) to postpone, 37 (*inactive*), 41
pospuesto postponed, 37 (*inactive*), 41
posta post, station, X
poste *m* post, pole, XIII
posterior later, IV
postre *m* dessert, 4
potencia power, V
potencial conditional, 46 (*inactive*)
pozo well, 24
practicar (qu) to practice, 1
práctico practical, IV; **práctico del canal** canal pilot, XIV
preceder to precede, III
precio price, VI, 28
precioso beautiful, precious, 28
precisión precision, VII
preciso necessary, 21; **es preciso** it's necessary, 21
precolombino pre-Columbian, VIII
precursor *m* precursor, XIII
predecir (g, i) to predict, 12 (*inactive*)
predicho predicted, 37 (*inactive*)
preferir (ie, i) to prefer, 10
pregunta question, 1
preguntar to ask, 14; **preguntar por** to ask for or about, 14; **preguntarse** to wonder, 30

prejuicio prejudice, XV, 46
preliminar preliminary, L.P.
premio prize, XI, 41
preocupación worry, preoccupation, 41
preocupado worried, 2
preocupar(se) to worry, 21
preparación preparation, IV
preparar to prepare, IV, 19
preparativo preparation, 20
presencia presence, VIII
presentado presented, X
presentar to present, to introduce, 12
presente *adj* present, VI; *m* present, present tense, 34 (*inactive*)
presidencial presidential, XIII
presidente *m* president, XIII
prestigio prestige, V
pretérito: pretérito imperfecto imperfect tense, 34 (*inactive*); **pretérito perfecto** present perfect tense, 37 (*inactive*); **pretérito pluscuamperfecto** past perfect tense, 38 (*inactive*)
prevenir (g, ie) to prevent, 10
primavera spring, 29
primer(o) first, 8
primo cousin, 28
principal principal, IV
principalmente principally, II
principio beginning, IX, 35; **al principio** in the beginning, at first, IX, 35; **a principios** at or to the beginning, IX
prisa: darse prisa to hurry up, 28; **tener prisa** to be in a hurry, 21
prisionero prisoner, X
privación privation, ordeal, XI
privilegio privilege, VI
probabilidad probability, 14
probable probable, 35
probado proved, XII
probar (ue) to try, 4
problema *m* problem, 10
proceder to originate, to come from, XIV
proceso process, III
proclama proclamation, XIII
proclamar to proclaim, XIII
producción production, IV, 22
producir (zc) to produce, IV, 15; to cause, XIV
producto product, VI
productor *m* producer, VIII
profesional *m* professional person, XV
profesor *m* professor, teacher, 2

profesorado faculty, 12
profundidad depth, XIV
profundo deep, XV; **poco profundo** shallow, XIII
programa *m* program, 22
progresar to progress, to make progress, XV
progresivo progressive, 36 (*inactive*)
progreso progress, I
prohibir to prohibit, to forbid; VI, 36
prohibitivo prohibitive, VI
prólogo prologue, XI
promedio average, XI
promesa promise, XVI
prometer to promise, IX, 42
pronombre *m* pronoun, 28 (*inactive*)
pronto soon, V, 13
pronunciación pronunciation, V
pronunciado pronounced, XII
propicio propitious, opportune, XI
propiedad property, XVI
propio own, 33 (*inactive*), 47
proponer (g) to propose, XVI
propósito intention, IV; proposal, 47; **a propósito** by the way, 3
proscrito exile, XII
proteger (j) to protect, 15
protestante *m or f* Protestant, 27 (*inactive*)
protestar to complain, to protest, 47
prototipo prototype, XI
provenir (g, ie) to come, XIII
proverbio proverb, I
provincia province, II
próximo next, 10
proyecto project, XIV, 38
prueba proof, VII; test, XI
psicología psychology, 47
publicar to publish, XI
público public, VII, 39
pueblo town, III, 44; people, IV
puente *m* bridge, 24; **puente aéreo** air lift, XV
puerta door, 9; **puerta de atrás** rear door, 17
puerto port, 29
puertorriqueño Puerto Rican, 5
pues well, 7
puesto *noun* stall, place, 28; position, 14; *pp* placed, put, 37
pulgada inch, 23
pulsera bracelet, 34
punto point, VII; **en punto** sharp, 5; **punto de vista** point of view, XI

pupila pupil of the eye, XIV
puro pure, IX

que that, 2; **el que** he who, V; **que viene** next, coming, 10
qué what, 1; **¿ por qué?** why?, 3; **¡qué bueno!** Oh, good!, 1; **¿qué hay?** hello, 13; **¿qué tal?** how are you?, 13; **qué va** of course not, 19
quechua *m or f* Quechuan, Indian of South America, X
quedar to be (located), 1; to be left, 8; to have (something) left, 12; **quedar asombrado** to be astonished, VII; **quedar en +** *inf* to agree on + present participle, 40; **quedarse** to stay, to remain, 25
queja complaint, 21
quejarse (de) to complain (of), 25
quemar to burn, XIII
querer (ie) to want, 10
querido beloved, XV
quiebra: en quiebra bankrupt, XIV
quien(es) he who, I, 43
quién(es) who, 3; **de quién(es)** whose, 6
quilate *m* carat, VIII
química chemistry, 3
químico chemist, VII
quince fifteen, 3
quinientos five hundred, 8
quinto fifth, 8
quiosco kiosk, 34
quitar to take away, XII; **quitarse** to take off, 25
quizá(s) perhaps, 31

racial racial, 10
ración ration, IV
racionar to ration, 39
radiador *m* radiator, 17
radicalismo radicalism, VII
radicalmente radically, XVI
radio *m or f* radio, I, 37
raíz *f* root, XVI
ramo bouquet, XV
rancho farm, 13 (*inactive*)
rapidez *f* rapidity, XIV
rápido fast, rapid(ly), 17
raqueta racket, 31
raro odd, 2
rascacielos *m sing or pl* skyscraper, VI
rastreador *m* one who tracks down or pursues, XII

rato while, time, 18
raya line, mark, VII
raza race, XV, 46
razón *f* reason, VI; **tener razón** to be right, 21
real royal, X
realidad reality, VIII; **en realidad** really, 24
realizado undertaken, VII
realizar to realize, to undertake, VII; **realizarse** to become a reality, XIII
realmente really, 29 (*inactive*), 30
reata lariat, V
rebelar to rebel, XI
recado message, 40
recámara bedroom, 32 (*inactive*)
recapitulación review, recapitulation, I
recesión recession, XV
receta recipe, 26; prescription, 27
recetar to prescribe, 27
recibir to receive, 7
recientemente recently, XVI
recitar to recite, XI
reclamar to reclaim, XV
recoger (j) to pick up, 15
recomendar (ie) to recommend, III, 14
reconocer (zc) to examine, XII; to recognize, XIV
recordar (ue) to remember, 11; to recall, VII
rectitud straightness, XII
rector *m* university president, 11
recuperar to make up, 18
recurso resource, XIV
red *f* net, network, X
redactar to write, XIII
reducir to reduce, III
reemplazar (c) to replace, VI
referencia reference, 14
referirse (ie, i) to refer, X
refinamiento refinement, X
reflejar to reflect, VI
reforma reform, 10
refuerzo reinforcement, XIII
refugiado refugee, XV
regalar to give (a gift), XVI
regalo present, VII, 28
regatear to bargain, 28
región region, 4
registrar to search, 18
regla ruler, 9; rule, 35
reglamentado regimented, regulated, X
regocijar to rejoice, XVI
regresar to return, 19
regular so-so, 2; *verb* to regulate, V

reino reign, kingdom, X
reírse (i) to laugh, 47
reja iron grate, 32
relación relation, XI
relatar to relate, to narrate, 17
relativo relative, 43 (*inactive*)
relieve *m* relief, XII
religioso religious, XII
reloj *m* watch, clock, 5
remate: loco de remate completely crazy, IX
remedio remedy, 39
remero rower, VIII
remontar to take up, XII
remoto remote, far, distant, X
remuneración remuneration, XV
Renacimiento Renaissance, XI
reparar to repair, VI
repartición distribution, XVI
repetir (i) to repeat, *L.P.*, 12
reportar to report, 37
reportero reporter, 46
reposar to rest, to repose, XVI
reposo rest, 2
representante *m or f* representative, 11
representar to represent, VII
representativo representative, VI
reptil *m* reptile, XIV
república republic, 23
República Dominicana Dominican Republic, II
republicano republican, 27 (*inactive*)
reputación reputation, XIV
requisito provision, XV
rescate *m* ransom, 21
reserva reservation, 20
reservación reservation, 20
reservado reserved, VI
reservar to reserve, VI, 40
residente *m or f* resident, XV
resistencia resistance, XI
resistir to bear, to resist, to put up with, XI, 44
resolver (ue) to solve, 11
respectivamente respectively, XI
respectivo respective, XV
respetar to respect, VI
respeto respect, XII
responder to answer, 4
responsabilidad responsibility, 33
responsable responsible, 14
respuesta answer, response, IX
restar to diminish, VII
restaurante *m* restaurant, 4
restaurar to restore, 43

resto rest, remaining, XI
resuelto *pp* solved, resolved, 37
resultado *m* result, consequence, IV
resultar to be, to result, to make into, II, 32; **resulta** it results, the problem is, it turns out, 20
resumir to summarize, XIII
retirarse to go away, IX
retroceder to go back, XII
reunión reunion, III; meeting, 10
reunir to meet, to gather, XIII, 46
revisar to review, IV; to check, 40
revista magazine, 9
revolución revolution, IV
rey *m* king, II, 48; *m pl* kings, king and queen, kings and queens 48
rezar (c) to pray, XVI
ribera river bank, XIII
rico rich, delicious, 34 (*inactive*), 45
ridículo ridiculous, XIII
rígido rigid, IV
riguroso rigorous, XI
rima poem, rhyme, XIV
río river, 6
riqueza wealth, IV
rival *m or f* rival, I
robo theft, XII
roca rock, XIV
rodeado *pp* surrounded, II
rodear to surround, II
rojo red, 16
rollo roll of film, 31
romano Roman, V
romanticismo romanticism, VII
rompeolas *m sing or pl* breakwater, XIV
romper to break, IX
ropa clothes, 34
rosario rosary, X
rostro face, XIII
roto *pp* broken, torn, 37
rubio blond, 5
rudimentario crude, rudimentary, XIII
rueda wheel, X
ruido noise, 11
ruina ruin, VII, 30
rumbo course, direction, XII
rural rural, 22
ruso Russian, 1
ruta route, XIV

sábado Saturday, 20
saber to know, 1; to taste, 26; **saber de memoria** to know by heart, 15

sacar (qu) to take out, 1; **sacar entradas** to get tickets, 8; **sacar fotos** to take pictures, 31
saco sack, 35
sacrificio sacrifice, VIII
sal *f* salt, 23
sala living room, 9; room, 19; **Sala del Concejo** Council Chamber, XIII
salario salary, 14
salida departure, 21; **hora de salida** departure time, 21; **salida del sol** daybreak, XI
salir (g) to go out, to leave, 9; **salir bien** to come out well, 31
salpicado sprinkled, X
salsa sauce, 26; **salsa de tomate** tomato sauce, 26
salto falls, IX
salud health, 40 (*inactive*)
saludar to greet, 47
salvadoreño Salvador(i)an, II
salvaje savage, XII
salvo: a salvo in safety, XIII
sandalia sandal, 43
sangre *f* blood, 37
sanitario sanitary, XIV
santo saint, 45; **día del santo** saint's day, 45
sarape sarape or serape, Mexican shawl, V
sardana sardana, typical Catalonian dance, III
sastre pantalón *m* pants suit, 34 (*inactive*)
satélite *m* satellite, 48
satisfacción satisfaction, IV
satisfacer to satisfy, IX
satisfecho *pp* satisfied, 22
se yourself, one, *L.P.*; (to) him, her, you, it, them, 12; himself, herself, itself, onself, yourself, yourselves, themselves, 25; one, 39
sección section, I, 43
seco dry, 6
secretario secretary, 11
secreto secret, I
sector *m* sector, I
secuestrar to hijack, 21
secuestro hijacking, 21
secundario secondary, 3
sed *f* thirst, 21; **tener sed** to be thirsty, 21
sefardita *m or f* Jew expelled from Spain in 1492 or from Portugal in 1497, or a descendant
seguidor *m* follower, XI

seguir (i) to go on, to continue, to follow, L.P., 15; **seguir cursos** to take courses, IV, 47; **seguir detenido** to be still stopped, 17
según according to, I, 5
segundo second, 8
seguridad security, 21; **con seguridad** safely, IX
seguro sure, 5; *noun* insurance, 42
seis six, 3
seiscientos six hundred, 8
selva jungle, VI, 24
semáforo traffic light, 17
semana week, 3; **a la semana** per week, 3; **fin de semana** weekend, 13; **semana pasada** last week, 16; **semana próxima** next week, 10
semejante similar, XVI
semejanza sameness, likeness, XVI
semestre *m* semester, 47
seminario seminar, 3
senado senate, 38
senador *m* senator, 38
sencillo easy, simple, 15
senda path, XII
sensibilidad sensitivity, XI
sentarse (ie) to sit down, 27
sentido sense, X
sentimiento thought, IX; feeling XI
sentir (ie, i) to feel, to regret, 40; **sentirse** to feel, 27
señal *f* sign, VII
señalar to point out, XII
señor *m* mister, gentleman, L.P., 1; lord, XI
señora Mrs., L.P., 1; wife, 28
señorita miss, L.P., 1
separar separate, III
septiembre September, 20
séptimo seventh, 8
sepulcro sepulcher, XIII
ser to be, 5; *m* being, XI; **llegar a ser** to become, V, 42
sereno serene, calm, XI
seriamente seriously, 36
serio serious, 23
serpiente *f* serpent, VII
servilleta napkin, 26
servir (i) to serve, 12
sesenta sixty, 8
sesión session, 12
setecientos seven hundred, 8
setenta seventy, 8
setiembre September, 20
sétimo seventh, 8
sexto sixth, 8

si if, 12; **si es que no** unless, 21
sí yes, 1; *reflexive pron* each other, XV
sicología psychology, 47
sidra cider, II
siembra seeding, 22
siempre always, 4; **siempre que** provided that, as long as, every time, 33
sierra mountain, XV
siete seven, 3
siglo century, 8 (*inactive*), 23
siguiente *adv* following, V
silencio silence, 11
simbolizar to symbolize, X
símbolo symbol, VII
similar similar, II
simpático nice, charming, 14
simple simple, 46 (*inactive*)
simultáneo simultaneously, XIII
sin without, 13; **sin que** without, 33; **sin embargo** nevertheless, I, 28
sincero sincere, IV
singular *m* singular, V
sino but, XI, 41
síntoma *m* symptom, 27
sirope *m* syrup, 11 (*inactive*)
sistema *m* system, VII
situación situation, IV, 42
situado *pp* situated, II
situar to place, to situate, XII
soberano sovereign, king, X
sobra: de sobra plenty of, in excess, 29
sobre on, about, 1; above, XIV
sobrecargo steward, 18
social social, 10
socialismo socialism, VII
socialista *m or f* socialist, VII
sociedad society, III
sociología sociology, 47
sol *m* sun, X, 35
solar *m* lot, 39
soldado soldier, XIII
soledad solitude, loneliness, XVI
solicitud application, 14; **solicitud de empleo** job application, 14; **solicitud de trabajo** job application, 14
solo alone, 19
sólo only, 3; just, 4
solución solution, IV, 39
solucionar to solve, 11
sombrero sombrero, hat, V, 25 (*inactive*), 34
someter to submit, to undergo, XI; **someterse** to submit, XII
soneto sonnet, XI

sonreír (i) to smile, XIV
soñar (ue) to dream, XV
sopa soup, 4
sorprender to surprise, 43 (*inactive*)
sortija ring, 34 (*inactive*)
sostener (g, ie) to sustain, to keep, XI; to bear, XIV
su(s) your, L.P.; his, her, your, its, their, 2
subir to climb up, to go aboard, 29; to rise, XIII
subjuntivo subjunctive, 31 (*inactive*)
subordinado subordinate 32 (*inactive*)
subterráneo underground, VII
suceder to happen, 17
sucesión succession, X
suceso happening, VII
suegra mother-in-law, 28
suegro father-in-law, 28
sueldo salary, 14
suelo terrain, XII
sueño dream, XIII; **tener sueño** to be sleepy, 21
suerte *f* luck, 8; **tener suerte** to be lucky, 21; **echar su suerte** to cast one's lot, XV
suéter *m* sweater, 34
suficiente enough, 19
sufrimiento suffering, XII
sufrir to suffer, XII
sugerir (ie, i) to suggest, 10
suicidarse to commit suicide, 25
sujeto subject, 34 (*inactive*)
sumado *pp* totaled, XI
sumamente exceedingly, very, 25
superficie *f* surface, VIII
superior superior, 3
superioridad superiority, X
supermercado supermarket, 38
supersónico supersonic, 48
suponer (g) to suppose, 46
supuesto: por supuesto of course, IV
sur *m* south, southern, 2; **América del Sur** South America, V
suramericano South American, XIII
surgir (j) to rise, to surge, X
suroeste southwest, XV
suspirar to sigh, XVI
sustantivación nominalization, 28 (*inactive*)
sustantivado nominalized, 28 (*inactive*)

sustantivar to nominalize, 28 (*inactive*)
sustitución substitution, 31 (*inactive*)
sustituir to substitute, 40 (*inactive*)
suyo (-a, -os, -as) your, his, her, its, their, of yours, of his, of hers, of its, of theirs, 10

tagalo Tagalog (one of the official languages of the Philippines), V
Tajo Tagus (river), II
tal: con tal (de) que provided that, 33; **¿qué tal?** How are you?, 11; **tal como** the way, XVI; **tal vez** perhaps, 31
taller *m* shop, workshop, 16
tamaño size, 23
también also, 6
tampoco neither, not either, 26
tan as, 23; **tan mal** that sick, 2
tanto so much, 19; as, 23; **tanto como** as much as, 23; **tantos** so many, 19; as many, 23
tapa appetizer, III
tapar to cover, 26
taquilla ticket office, 8
tardar to delay, 40
tarde *f* afternoon, *L.P.*, 5; *adv* late, *L.P.*, 13
tarea homework, task, 40
tarifa tariff, V
tarjeta card, 20; **tarjeta de identificación** I D card, 45; **tarjeta de crédito** credit card, 45; **tarjeta de turismo** tourist card, 20
taxi *m* taxi, 16
taxista *m or f* taxi driver, 16
taza cup, III, 26
te you, 9; (to) you, 11; yourself, 25
té *m* tea, 4
teatro theater, 8
técnica technique, VIII
técnico technician, XIV; *adj* technical, IX
tecnología technology, IX
techo ceiling, 23; roof, 32
teja tile, 32
Tejas Texas, V
tejer to weave, IX
telefonear to telephone, 40
telefonista *m or f* telephone operator, 14
teléfono telephone, 13
telegrama *m* telegram, 40
televidente *m or f* T.V. viewer, 46
televisado televised, 46

televisión television, IX, 48
temido feared, XII
templo temple, VI, 30
temprano early
tendencia tendency, VIII
tenedor *m* fork, 26
tener (g, ie) to have, *L.P.*, 10; **tener —— año(s)** to be —— year(s) old, 21; **tener calor** to be hot, 21; **tener cuidado** to be careful, 21; **tener frío** to be cold, 21; **tener ganas de** + *inf* to feel like + present participle, 21; **tener hambre** to be hungry, 21; **tener miedo** to be afraid, 21; **tener paciencia** to be patient, 44; **tener prisa** to be in a hurry, 21; **tener que** + *inf* to have to + verb, 21; **tener razón** to be right, 21; **tener sed** to be thirsty, 21; **tener sueño** to be sleepy, 21; **tener suerte** to be lucky, 21
tenis *m* tennis, 31
tercer(o) third, 8
terminar to finish, to end, 1
término end, XIII
ternura tenderness, XI
terraza terrace, 30
terremoto earthquake, 37
terreno ground, soil, terrain, XIV
terrible terrible, I
territorio territory, XI
tesis *f* thesis, III
tesorero treasurer, 11
tesoro wealth, treasure, X
testigo *m or f* witness, 17
ti you, 9; (to) you, 11
tía aunt, 30
tibio lukewarm, tepid, 27
Ticiano Titian (Italian Renaissance painter), II
tiempo time, III, 10; weather, 35; **a tiempo** on time, 16
tienda shop, III, 28
tierra soil, 22; earth, XI; land, ground, XII
timbre *m* electric bell, 9
tintorería dry cleaners, 48
tío uncle, 28
típico typical, 4
tipo type, XII
tiránico tyrannical, despotic, XI
tiritar to twinkle, XI
titular *m* headline, 21
título diploma, IV; title, rank, XI; title, 36; **título de bachiller** high school diploma, IV
toalla towel, 43

tocar (qu) to touch, to ring, 9; to play an instrument, 9; to knock, 9
todavía even, 23; still, yet, 29
todo (-a, -os, -as) all, 11; **de todas formas** anyway, 29; **todo el mundo** everybody, 18
tolerancia tolerance, VIII
tomar to drink, to take, 4; **tomar helado** to eat ice cream, 4; **tomar sopa** to eat soup, 4; **tomar el pelo** to pull someone's leg, 36
tomate *m* tomato, 4
tonelada ton, 30
tono tone, XI
tontería nonsense, 21
topógrafo topographer, XII
torcer (ue, z) to turn, 15 (*inactive*)
torero bullfighter, XV
toro bull, 2 (*inactive*), 35
tortilla omelet, tortilla (cornmeal cake), III
tortura torture, XI
tostada toast, III
total *m* total, V; **en total** in total, V; all in all, VIII
totalidad totality, XIV
totalmente totally, 37
trabajador *adj* hard working, 14; *m* worker, 24
trabajar to work, 1
trabajo work, job, 14; ordeal, VII; **pasar trabajos** to have a tough time, 44
tractor *m* tractor, 24
tradición tradition, X
tradicional traditional, IV
traducir (zc) to translate, *L.P.*, 14
traer to carry, to bring, 13
tráfico traffic, 17
trágico tragic, XII
traje *m* suit, 5; **traje pantalón** pants suit, 34; **traje de baño** bathing suit, 43
trance: a todo trance at any cost, XI
tranquilizar (c) to tranquilize, to calm down, 21
tranquilo tranquil, peaceful, 10; **estar tranquilo** to be at ease, XII
transformación transformation, 29 (*inactive*)
transitar to roam, to move about, XII
tránsito traffic, transit, 34
transmitir to transmit, XIV
transporte *m* transport, transportation, VI

trasladar to move, to transport, IX, 46
tratado *noun* treaty, XIV
tratar (de) to deal with, X; to treat, XII; to try, IX, 40
trato treatment, XII
través: a través de across, by means of, X
trece thirteen, 3
treinta thirty, 3
tren *m* train, 5
tres three, *L.P.*, 3
trescientos three hundred, 8
tribu *f* tribe, VIII
tribunal *m* tribunal, XII
trimestre *m* quarter, 47
triste sad, 22
tristeza sadness, XII
triunfal triumphal, XIII
triunfante triumphant, XIII
triunfar to win, XI
trivial trivial, X
tronco (tree) trunk, XI
tropa troop, X
tropical tropical, XIV
trovador *m* troubadour, XII
trusa bathing suit, 43 (*inactive*)
tu(s) your, 3
tú you (*familiar sing*), 1
tuberculosis *f* tuberculosis, XIII
túnel *m* tunnel, 23
turismo tourism, 20; **tarjeta de turismo** tourist card, 20
turista *m or f* tourist, VI, 43
turístico *adj* tourist, II
turno turn, XV
Turquía Turkey, 48
turrón *m* nougat, 45
tuyo (-a, -os, -as) your, of yours, 10

u or, 18
úlcera ulcer, 40
últimamente lately, 43
último last, 8; ultimate, XII
un(a) a, an, 2
único only, sole, VIII, 36
unidad unity, 48
unido joined, united, VII
unión union, V
unir to tie, to unite, to join, VII
universidad university, 1
universitario *adj* university, 10
universo universe, IX
uno one, *L.P.*, 3
unos (-as) some, 2; about, 3
urbano urban, 10
uruguayo Uruguayan, II
usar to use, V, 18
uso use, X

usted you (formal), *L.P.*, 1; **ustedes** *pl* you (formal or familiar), 1
utilidad usefulness, VI
utilizar (c) to use, to utilize, XI

va: qué va of course not, 19
vaca cow, 2 (*inactive*)
vacación vacation, 5; **estar de vacaciones** to be on vacation, 5
vacío empty, 20
vacuna vaccination, 20; **certificado de vacuna** vaccination certificate, 20
vainilla vanilla, 26
valentía valor, courage, XI
valer (g) to be worth, 28; **valer la pena** to be worth the trouble, 31
valiente valiant, XI
valor *m* valor, courage, XI
valle *m* valley, 6
vano: en vano in vain, XII
vaquero cowboy, XV
variado different kinds of, VI
variar to vary, III
varios several, 9
varón *m* male, man, XI
vasallo vassal, X
vasco Basque, II
vaso glass, tumbler, V, 26
veces: a veces at times, 18
vecino neighbor, 44
vehículo vehicle, VI
veinte twenty, 3
veinticinco twenty-five, 3
veinticuatro twenty-four, 3
veintidós twenty-two, 3
veintinueve twenty-nine, 3
veintiocho twenty-eight, 3
veintiséis twenty-six, 3
veintisiete twenty-seven, 3
veintitrés twenty-three, 3
veintiuno twenty-one, 3
velocidad *f* speed, velocity, X
vencedor *m* winner, victorious, X
vencer (z) to win, IX; to overcome, XIV
vencido *noun* one who is conquered, XVI
vendedor *m* seller, salesman, 14
vender to sell, 4
Venecia Venice, XIII
venezolano Venezuelan, 5
vengar (gu) to take revenge, to avenge, XI
venir (g, ie) to come, IV, 10
venta sale, 14; **jefe de ventas** salesmanager, 14
ventana window, 9

ver to see, 9
verano summer, 29
veras: de veras really, 3
verbal verbal, 42 (*inactive*)
verbo verb, 33 (*inactive*)
verdad true, truth, 2
verdadero true, real, VI, 40
verde green, 6
versión version, IX
verso verse, poem, XI
vestido dress, 34
vestirse (i) to get dressed, 25
veterinaria veterinary, I
vez *f* time, 3; **a la vez** at the same time, 11; **a veces** at times, 18; **de una vez** once and for all, XI, 42; **de vez en cuando** now and then, XI, 43; **en vez de** instead of, II, 35; **otra vez** again, 15; **tal vez** perhaps, 31; **una vez más** once again, XIII
viaje *m* trip, 2 (*inactive*), 6; **viaje de negocios** business trip, 37
viajero traveler, XII
vicepresidente vice-president, XIII
vicio vice, X
victoria victory, X
vicuña vicuña, X
vida life, 22
vidriera show window, 34 (*inactive*)
viejo old, VI, 22
viento wind, XI, 35
vientre *m* womb, belly, XII
viernes *m* Friday, 20
vigoroso vigorous, XIII
vinagre *m* vinegar, 26
vino wine, 4; **vino tinto** red wine, 4
violencia violence, outbreak, riot, XVI
violinista *m or f* violinist, VII
virgen *adj* virgin, VIII
virreinal *adj* viceregal, X
virreinato viceroyalty, X
virrey viceroy, X
visa visa, 20
visado *noun* visa, 20
visita visit, 19
visitante *m or f* visitor, 46
visitar to visit, 5
vista view, 30; **hasta la vista** so long, *L.P.*; **punto de vista** point of view, XIII
visto *pp* seen, 37; **por lo visto** apparently, XI
vitamina vitamin, 27
vitrina show window, 34 (*inactive*)

vivir to live, 1 (*inactive*), 7
vivo alive, 35
vocabulario vocabulary, V
volador: platillo volador flying saucer, IX
volar (**ue**) to fly, 36
voltear to turn, 15
voluntario volunteer, 22
volver (**ue**) to return, 5; **volverse** to become, 42
vosotros (**-as**) you (*familiar pl*), 1

voto vote, 12
voz *f* voice, 12; **voz activa** active voice, 38 (*inactive*); **voz pasiva** passive voice, 38 (*inactive*)
vuelo flight, 18
vuelto *pp* returned, 37
vuestro (**-a, -os, -as**) your, 10
vulgar vulgar, V

y and, *L.P.*, 1
ya since, 4; already, 9; **ya que** since, 4; because, VIII

yate *m* yacht, 29
yelmo helmet, XVI
yo I, 1
yuca yucca, 45

zapatería shoestore, shoe shop, XVI
zapatero shoemaker, XV
zapato shoe, 25
zona zone, area, XIV

INDEX

/a/, 3, 321
a
  after **jugar**, 416 *n 10*
  before a dependent infinitive, 548
  personal, 122, 188 *n 1*, 429
abbreviations, 364
absolute superlative, 338
acabar de + infinitive, 70 *n 6*
accentuation, 13–14, 43
active constructions with passive meanings, 520–21
adjectives
  absolute superlative of, 338
  agreement of, 67
  comparisons of equality of, 304–05
  comparisons of inequality of, 305–06
  demonstrative, 106–07
  descriptive and limiting, 106
  gender of, 65–66
  limiting, 106, 259–60
  number of, 66
  of nationality, 66
  past participles used as, 507
  placement, special meanings, and spelling of descriptive, 295–96
  regular and irregular comparative forms of certain, 306–07
  shortened forms of, 296
  stressed possessive, 146
  superlative of, 337–38
  unstressed possessive, 144–46
  with **lo**, 378
  with **ser** and **estar**, 81, 330 *n 9*
adónde, 111
adverbs, 387
  comparison of, 387
  ending in **-mente**, 389
  superlative of, 387–89
affirmative and negative expressions, 346–47
ahí, 196 *n 2*
[ai], 321
al, 104 *n 5*, 548
alphabet, 11–12
allá, 196 *n 2*
allí, 196 *n 2*
andar
  as an auxiliary verb to form the progressive tenses, 501 *n 1*
  instead of **caminar**, 256
articles
  definite, 33, 10 *n 11*, 62 *n 12*, 333, 354–56
  indefinite, 33, 355–56
  neuter, 378
  singular feminine nouns with masculine, 62 *n 12*, 356
  with dates, 268
  with infinitives, 547
[au̯], 321

/b/, 7–8
    [b], 7–8
    [b̄], 8
bajo, 79 *n 2*
become, 561–62

cardinal numbers. See numbers.
cognates, 45, 52–53
    adjectives and nouns of nationality and locality, 91–92
    ending in **-ancia** and **-encia,** 321
    ending in **-ar,** 246–47
    ending in **-ción** and **-sión,** 172
    ending in **-dad,** 208-09
    ending in **-ería,** 669
    ending in **-ero,** 623
    ending in **-ia** and **-io,** 408
    ending in **-ismo** and **-ista,** 281–82
    ending in **-oso,** 535
combinations and usage of object pronouns, 165–67
commands. See direct commands, indirect commands.
cómo, 43
comparisons
    of equality of adjectives, nouns, and pronouns, 304–05
    of inequality, 305–06
conditional
    in *if* clauses, 640–41
    in softened requests and statements, 645
    perfect, 635–36
    tense, 632
    use of the, 633
conmigo, 185
conocer
    versus **saber,** 182 *n 3,* 192
    special meaning in the preterit, 313–14
consonants, 4
    voiced and unvoiced, 172–73
contigo, 185
corto, 79 *n 2*
cuál(es)
    as a pronoun, 44–45
    as an adjective, 44
    ser used with, 565–66
cuándo, 43
cuánto as an adverb, 43
cuánto (-a, -os, -as)
    as a pronoun, 44–45
    as an adjective, 44

/ch/, 283

/d/, 53
    [d], 54
    [d̄], 54
dates, 267–68
days of the week, 266
de
    and pronoun to replace **su** and **suyo,** 146
    indicating possession, identification, and source or origin, 41–42
    meaning *in* or *with,* 69 *n 2*
definite articles. See articles.
dejar versus **salir,** 189 *n 9*
del, 61 *n 1*
demonstrative adjectives. See adjectives.
demonstrative pronouns. See pronouns.
dieresis, 91 *n 7,* 479 *n 2*
diminutives, 653, 656
diphthongs, 6–7, 12, 321–22
direct commands
    -ar verbs, formal, 342–43
    -ar verbs, informal, 373–74
    -er and **-ir,** formal, 351–52
    -er and **-ir,** informal, 382–83
    first-person plural, 398–400
    formal, 14–15, 342
    reflexive and object pronouns used with, 344
    stem-changing **-er** verbs, informal, 385
    stem-changing **-ir** verbs, informal, 383
direct object nouns. See nouns.
direct object pronouns. See pronouns.
doler, 351 *n 3*
dónde, 43

/e/, 3, 322
e in place of **y,** 240
[ei], 322
el with feminine singular noun, 62 *n 12,* 356
el que, 589–90
estar
    + **al** + infinitive, 118 *n 1*
    present indicative, 28
    or **ser** with predicate adjectives, 81, 330 *n 9*
    some uses of, 29, 475–76
    used with past participle, 514–15

/f/, 248
former and latter, 224–25
future
    perfect, 602
    tense, 587
    using the present of **ir** + **a** + infinitive to express, 111, 587
    verbs with an altered stem in the, 597

/g/, 93
    [g], 93–94
    [ḡ], 93–94
gender
    of nouns, 31–32
    of adjectives, 65–66
    of words of Greek origin ending in **-ma,** 139 *n 1*
gustar, 162–63

/h/, 133
haber
    as an auxiliary verb, 41 *n 9,* 504, 511–12, 544–45, 552–53, 602, 635

había used impersonally, 302
hacer
    falta, 310 *n 4*
    + expressions about weather, 475–76
    + expressions of time, 476, 595 *n 3*
    uses of, 475–76
hacerse meaning *to become*, 562
hay, 41
hay que, 272

/i/, 3
[i̯a], 322
[i̯e], 322
if clauses, 640–41
imperative. See direct commands, indirect commands.
imperfect tense
    of first-conjugation verbs, 293
    of second and third conjugation verbs, 302
    of **ver**, **ser**, and **ir**, 311
    use of the, 293
    versus preterit, 293, 313–14
impersonal expressions, 271–72
    subjunctive after, 470–72
indefinite articles. See articles.
indicative
    in *if* clauses, 641–42
    or subjunctive according to the attitude of the speaker, 421, 429
    or subjunctive, adverbial conjunctions followed by, 437–39
    versus subjunctive, 417
    See also individual tenses.
indirect commands, 396–97
    reflexive and object pronouns with, 397
indirect object nouns. See nouns.
indirect object pronouns. See pronouns.
infinitive, 20
    as the object of a preposition, 548
    as the subject of a sentence, 547
    dependent, 548
    instead of a noun clause, 420, 482
intonation, 7
    of normal statements, 7
    of questions with a yes-or-no answer, 45
    of questions with question word, 45–46
    questions formulated by, 46
[i̯o], 322
ir
    as an auxiliary verb to form the progressive tenses, 501 *n 1*
    + **a** + remainder, 110
    + **a** + infinitive, 111–12
-ísimo, 338

/k/, 5

/l/, 247
la que, 589–90

last names
    paternal and maternal, 188 *n 2*
    singular or plural forms of, 139 *n 3*
latter and former, 224–25
let's, 398–99
linking, 6
lo
    adjectives, phrases, and clauses introduced by, 378
    + past participle, 508
    + **que**, 589–90
    + **ser** or **estar**, 560 *n 3*

llegar a ser meaning *to become*, 562
llevar + expression of time, 595 *n 3*

/m/, 209–10
mayoría and **mayor parte**, 649 *n 5*
months, 267–68, 284

/n/, 210
[ŋ], 210
necessity, expressions of obligation and, 271–72
negative, 24
    and affirmative expressions, 373, 385
nominalization
    of adjectives, 376–77
    of adjectives, phrases, and clauses introduced by **lo**, 378
    of past participles, 507
    of phrases and clauses, 377
nouns
    comparisons of equality of, 304–05
    comparisons of inequality of, 305–06
    direct object, 122
    gender of, 31–32, 356
    indirect object, 155
    number of, 32–33, 139 *n 3*, 266 *n 8*
    of Greek origin ending in **-ma**, 139 *n 1*
numbers
    cardinal, 38–40, 114–15, 201–02
    ordinal, 115

/ñ/, 210

/o/, 4, 322
o replaced by **u**, 240
object pronouns. See pronouns.
obligation, expressions of necessity and, 271–72
[o̯i], 322
olvidar(se), 551 *n 7*
ordinal numbers. See numbers.
orthographic-changing verbs, 198–99, 222–23, 343, 681–82

/p/, 4–5
para
    and **por**, 607–609
    more uses of, 609
passive voice, 514

past participle, 503–04
  as adjective, 507
  forms of the, 503–04
  in perfect tenses, 504, 511–12, 544–45, 552–53, 602, 635
  used where English uses present participle, 613
  used with **estar**, 514–15
  used with **ser**, 514
past perfect (indicative), 511–12
past subjunctive. See subjunctive.
pedir versus **preguntar**, 194–95
pensar
  en, 270
  de, 270 *n 9*
  plus infinitive, 139 *n 2*
pero and **sino**, 557–58
person marker, 21
personal **a**, 122, 188 *n 1*, 429
personal pronouns. See pronouns.
ponerse meaning *to become*, 562
por
  and **para**, 607–09
  and expressions of time, 76
  special expressions with, 609
possessive adjectives. See adjectives.
possessive pronouns. See pronouns.
prefix **in-**, 495
preguntar versus **pedir**, 194–95
prepositions
  infinitives after, 548
  pronouns as objects of, 185
present participle
  forms of, 484
  past participle in Spanish where English uses, 613
present perfect (indicative), 504
  object and reflexive pronouns used with, 505
present subjunctive. See subjunctive.
present tense (indicative)
  irregular verbs in the first-person singular of the, 119–20
  of first-conjugation regular verbs, 21
  of second-conjugation regular verbs, 63–64
  of stem-changing verbs (e→ie), 141–42
  of stem-changing verbs (o→ue), 152
  of stem-changing verbs (e→i), 159–60
  of third-conjugation regular verbs, 104–05
  of verbs ending in a vowel plus **-cer** or **-cir**, 190–91
  of verbs ending in **-ger** and **-gir**, 198–99
  of verbs ending in **-guir**, 199
  of verbs ending in **-uir**, 183
  to express immediate future, 11–12, 587
  use of the, 21–22
preterit tense
  irregular, 157, 263
  of **dar**, **ser**, and **ir**, 229
  of first-conjugation regular verbs, 221
  of first-conjugation regular verbs ending in **-car**, **-gar**, and **-zar** 222–23
  of second and third conjugation regular verbs, 228
  of third-conjugation verbs with a stem **vowel** change, 238
  of verbs requiring an intervocalic **y**, 238
  verbs with special meanings in the, 313–14
  use of the, 222
  versus imperfect, 293, 313–14
probability
  future of, 587, 602
  conditional of, 633, 635–36
progressive tenses
  conditional, 651
  future, 651
  in the subjunctive, 651
  past, 485, 651
  present, 484, 651
  reflexive and object pronouns used with the, 485–86
  uses of the present, 485
  verbs that can be used with the present participle to form the, 501 *n 1*
pronouns
  combinations and usage of object, 165–67
  commands using reflexive and object, 344
  comparisons of equality of, 304–05
  comparisons of inequality of, 305–06
  demonstrative, 224–25
  direct object, 121–23
  further uses of indirect object, 155
  indefinite and negative, 346
  indirect object, 155–56
  interrogative, 44–45
  position of direct object, 122–24
  possessive, 231–32
  preceded by **a** to clarify or emphasize indirect object pronouns, 155
  progressive tenses using reflexive and object, 485
  reciprocal, 334
  reflexive, 332
  relative, 589–90
  sequence of object, 164
  subject, 18–20, 121
  use of reflexive, 333–34
  use of subject, 17 *n 4 and 5*, 21–22
punctuation, 7

que, 589. See also **el que**.
qué
  as an adjective, 44
  as a pronoun, 44
  exclamatory, 565
  ser used with the interrogative, 565–66
quedar, 29
question words, 43–45
  introduced by prepositions, 83–84
quien(es) as a relative pronoun, 589–90
quién(es) as an interrogative pronoun, 44–45

/r/, 8
  after a consonant, 9
  before a consonant, 10

between vowels, 7–8
   in contrast with /rr/, 10
   in final position, 10
radical-changing verbs. See stem-changing verbs.
reflexive pronouns. See pronouns.
reflexive verbs, 332–34
   change in meaning of, 334
rhythm, 6
/rr/, 9
   in contrast with /r/, 10

/s/, 9 *n 10*, 172–73
saber
   special meaning, 257 *n 4*, 313–14
   versus **conocer**, 188 *n 3*, 192
salir versus **dejar**, 189 *n 9*
se
   + a verb in the third-person singular, 521
   + a verb in the third-person singular or plural, 521
   + indirect object and a verb in the third-person singular or plural, 523
   replacing **le** and **les**, 165–67
seguir as an auxiliary verb to form the progressive tenses, 501 *n 1*
ser
   and the time of day, 75–76
   or **estar** with predicate adjectives, 81, 330 *n 9*
   present tense of, 71
   used with past participle, 514
shortened forms. See adjectives.
sí preceding a verbal expression, 181 *n 4*
sino versus **pero**, 557–58
[sión], 173
spelling differences between Spanish and English, 132
spelling-changing verbs. See orthographic-changing verbs.
stem-changing verbs, 141–42, 152, 159–60, 238, 678–80
su and **suyo** replaced by a prepositional phrase, 146
subject pronouns. See pronouns.
subjunctive
   adverbial conjunctions always followed by the, 436
   after an antecedent whose existence is dubious, 429
   after an indefinite antecedent, 428–29
   after **como si**, 464
   after **dudar**, 420
   after impersonal expressions, 470–72
   after **ojalá**, 470
   dependent infinitive or, 482
   in adjective clauses, 428, 463
   in adverbial clauses, 436, 464
   in noun clauses, 419, 463
   in softened requests and statements, 645
   or indicative according to the attitude of the speaker, 421, 429
   or indicative, adverbial conjunctions followed by, 437–39

   past, 461–62
   past perfect, 552–53
   present, 417–19
   present perfect, 544–45
   sequence of tenses with, 554–55
   versus the indicative, 417, 421, 429
superlative
   of adjectives, 337–38
   of adverbs, 387–89
syllabication, 12

/t/, 5
tener
   dolor de, 351 *n 3*
   + **que** + infinitive, 272
   present tense of, 141–42
   special expressions with, 273–74, 351
   to express age in the past, 302
theme vowel
   of first conjugation, 20–21
   of second conjugation, 20, 63
   of third conjugation, 20, 104–05
time of day, 75–76
triphthongs, 12

/u/, 4
u in place of **o**, 240
[u̯a], 322
[u̯e], 322
useful expressions, 14–15, 451–52

vamos a + infinitive
   to express commands, 112, 399–400
   to express future, 112
venir
   as an auxiliary verb to form the progressive tenses, 501 *n 1*
   present tense, 141–42
verbs
   reflexive, 332–34
   See also individual tenses.
voice
   passive, 514
   passive meaning of sentences in the active, 520–21
volverse meaning *to become*, 562
vowels
   stressed, 2
   strong, 6–7
   theme, 20–21, 63, 104–05
   unstressed, 2
   weak, 6–7

word-order patterns, 45–47

x, pronunciation of, 173

/y/, 282–83
y replaced by **e**, 240

ILLUSTRATION ACKNOWLEDGMENTS

COVER

Pérez Celis. *Sun Bird. (Pájaro Sol)* 1966. Serigraph, 21 11/16 x 17 7/8 inches. Collection, The Museum of Modern Art, New York. Inter-American Fund. Photo by Felix Cooper.

COLOR

Plate 1: Huffman from Monkmeyer
Plate 2: (left): Monroe from Magnum
(top, right): Fusco from Magnum
(bottom, right): Ernst Schrader
Plate 3: (top, left): Lanks from Monkmeyer
(top, right): Gerster from Rapho Guillumette
(bottom): Bobrowsky from Monkmeyer
Plate 4: (top): Fusco from Magnum
(bottom): Courtesy of the Commonwealth of Puerto Rico
Plate 5: (top, left): Lanks from Monkmeyer
(top, right): Guthrie from EPA
(bottom): Riding from Monkmeyer
Plate 6: 3 photos: Banker from Monkmeyer
Plate 7: 2 photos: Fujihira from Monkmeyer
Plate 8: (top — 2 photos): Fujihira from Monkmeyer
(bottom): Courtesy of the Panama Government Tourist Office

BLACK AND WHITE

Cervantes, Goya. *Dibujos originales de maestros españoles* by A. L. Mayer.
Halperin from Monkmeyer: 16
Courtesy of the Spanish National Tourist Office: 19, 25, 34, 35, 40, 41, 43, 46, 49, 54, 55, 60, 63, 66, 67, 73, 75, 80, 83, 84, 92, 93, 94, 95, 100, 101, 102, 107, 108, 111, 113, 117, 120, 123, 124, 125, 128, 215 (left), 648 (top and bottom).
Courtesy of Ernst Schrader: 20, 206 (right), 215 (right), 584, 601 (top left), 603, 617, 618 (left), 650, 654 (top), 665.
The Poster: An Illustrated History from 1860 by Harold Hutchison. © 1968, Viking Press, New York: 30.
Courtesy of J. Uriach & Cia. S.A., División Biohorm, Barcelona: 31.
Rapelye from EPA: 50.
Frank from DPI: 52.
Mujica from EPA: 53.
View of Toledo, El Greco. The Metropolitan Museum of Art, Bequest of Mrs. H. O. Havemeyer, 1929. The H. O. Havemeyer Collection: 72.
Tristana, Courtesy of Forbes Films, New York: 77.
Kolda from Monkmeyer: 82.
Maps by Felix Cooper: 86, 242, 276.
The Surrender of Breda, Velázquez. Museo del Prado Madrid. Art Reference Bureau: 88.
Self-Portrait with Dr. Arrieta, Goya. The Minneapolis Institute of Arts: 90.
Lipmann from Magnum: 130, 437.
Shelton from Monkmeyer: 131.
Courtesy of WHO: Photos by Almasy—137, 152, 154, 236, 244, 245, 336, 342, 343, 355, 386, 540, 561, 567, 635; Photos by Larsen—345, 350, 518, 523; Photo by Rice—170; Photo by Muckenhirn—352; 252.
Capa from Magnum: 138, 370, 413.
Courtesy of the Organization of American States: 142, 147, 168, 178, 208, 241, 254, 256, 271, 295, 304, 312, 316, 318, 326, 327, 328, 332, 362, 363, 369 (right), 375, 394, 399, 404, 407, 408, 414, 420, 427, 430, 435, 456, 457, 458,

467, 474, 481, 483, 486, 495, 499, 500, 506, 514, 515, 526, 530–31, 533, 538, 543, 546, 563, 564, 568, 571, 574.
Courtesy of the Mexican National Tourist Council: 144, 145, 166, 180, 187, 193, 202, 203, 221, 230, 232, 233, 282, 284.
Cagnoni from Magnum: 161, 165.
Courtesy of the World Bank: 171, 174, 265, 412, 423, 512.
Courtesy of Braniff International: 184, 218, 377, 419, 462, 491, 570.
Pease from Monkmeyer: 186, 198, 229, 288.
Courtesy of IBM World Trade Corp.: 191.
Courtesy of the Colombian Government Tourist Office: 194, 274, 275, 301, 305, 319, 358, 431.
The Hispanic Society of America: 204, 206 (left).
Fujihira from Monkmeyer: 209, 224, 253, 658.
Courtesy of the United Nations: 211, 247, 264, 267, 297, 320, 347, 436, 466, 498, 505.
Night Fishing at Antibes. (1939, August). Pablo Picasso. Oil on canvas, 6'1" x 11'4". Collection, The Museum of Modern Art, New York. Mrs. Simon Guggenheim Fund: 216.
Courtesy ICI de México, S.A. de C.V.: 217.
Courtesy of Avianca Airlines: 237, 248, 262, 315, 360.
Miller from Magnum: 259.
Courtesy of the Museum of Primitive Art: 278, 279, 361, 396, 397.
Views of Ancient Monuments in Central America, Chiapas and Yucatán by Frederick Catherwood. Vizetelly Bros. & Co., 1844, London: 280.
ACTION/Peace Corps: 290.
Courtesy of Texaco, Inc. Photo by Robert Y. Ritchie: 311.
The Presidential Family, Fernando Botero. 1967. Oil on canvas, 80⅛ x 77¼". Collection, The Museum of Modern Art, New York. Gift of Mr. and Mrs. Warren D. Benedek: 331.
Mexican Art and Life, April, 1939: 369 (left).
Courtesy of PerTur International: 384.
Courtesy of Varig Airlines: 385.
José Olaya, José Gil de Castro. Courtesy of the Museo Nacional de Historia, Lima, Peru: 402.
Grabitzky from Monkmeyer: 406.
Courtesy of the Venezuelan Government Tourist Office: 426, 511, 529, 539.
Larrain from Magnum: 438, 445, 446.
Courtesy of the Commonwealth of Puerto Rico: 439, 585, 586, 590, 591, 622.
Courtesy of Lan-Chile Airlines: 442.
La Araucana, Alonso de Ercilla y Zuñiga. Salamanca, Casa de Domingo de Portonarijs, 1574. Rare Book Division, The New York Public Library, Astor, Lenox and Tilden Foundations: 444.
"Fantasia," Picture Collection, The New York Public Library: 448 (left).
Cartier-Bresson from Magnum: 448 (right).

Paireault from Magnum: 451.
El Pato, original drawing by F. Molina Campos, reproduced from *Pampa Argentina,* año xx, no. 223, marzo 1946. Courtesy of the Hall of the Horsemen, The University of Texas at Austin: 471.
Courtesy of *Argentina,* July, 1972: 472, 473.
United Press International: 477, 608.
El Gaucho Martín Fierro y La Vuelta de Martín Fierro, José Hernández. Emecé Editores S.A., Buenos Aires, 1960. Lithographs by Carlos Alonzo: 488, 490.
La Batalla de Araure, Tito Salas. Courtesy of the OAS: 528.
Jorge Luis Borges, drawing by Sábat. © 1970, The New Yorker Magazine, Inc.: 535.
Courtesy of the Panama Government Tourist Office: 552, 553.
Gross from Monkmeyer: 557.
Courtesy of the Panama Canal Company: 575.
Gustavo Adolfo Bécquer, Valeriano Bécquer. *Obras Completas,* © 1961, Aguilar, Madrid: 577.
Miguel Antonio de Ustariz, José Campeche. Instituto de Cultura Puertorriqueña, San Juan de Puerto Rico, Puerto Rico: 582.
Anspach from EPA: 596.
Hal Yaeger: 598.
Davidson from Magnum: 599, 614.
Courtesy of The Great Atlantic & Pacific Tea Company, Inc.: 601 (top, right).
Courtesy of the Banco Popular de Puerto Rico: 601 (top).
Courtesy of Wyse Advertising. Photo by Felix Cooper: 601 (bottom).
Courtesy Miami-Metro Department of Publicity and Tourism: 610, 612.
Wide World Photographs: 606, 611.
Combs from Rapho Guillumette: 618 (right).
Courtesy of the League of Women Voters of the City of New York: 619.
Courtesy of the Pittsburgh Pirates: 620 (left).
José Martí, Henry Norman. Courtesy of the OAS.
Courtesy of El Pueblo de Los Angeles, Inc.: 628, 632.
Lisciandro from EPA: 634.
Courtesy of Southwest Educational Development Laboratory, Austin, Texas: 639, 642, 644.
Courtesy of Children's Television Workshop: 645.
Courtesy of Shearith Israel. Photo by Charles Konarian: 654 (bottom).
"Moonrise, Hernandez, New Mexico," Ansel Adams: 660.
Fusco from Magnum: 662.
Heron from Monkmeyer: 663, 667.
Magee from EPA: 664.
Courtesy of the Professional Golfers' Association of America: 666 (right).
Rubén Darío, Antonio Frasconi. Courtesy of the OAS.